大專用書

心理學

劉安彥著

三民書局 印行

國家圖書館出版品預行編目資料

心理學／劉安彥著.－－修訂三版二刷.－－臺北市；
三民，民91
　　面；　　公分
參考書目：面
含索引
ISBN 957–14–0371–7　（平裝）

1.心理學

170　　　　　　　　　　　　　　　　81004002

網路書店位址　http：// www. sanmin. com. tw

© 心 理 學

著作人　劉安彥
發行人　劉振強
著作財
產權人　三民書局股份有限公司
　　　　臺北市復興北路三八六號
發行所　三民書局股份有限公司
　　　　地址／臺北市復興北路三八六號
　　　　電話／二五〇〇六六〇〇
　　　　郵撥／〇〇〇九九九八——五號
印刷所　三民書局股份有限公司
門市部　復北店／臺北市復興北路三八六號
　　　　重南店／臺北市重慶南路一段六十一號
初版一刷　中華民國六十七年七月
增訂二版一刷　中華民國八十一年十二月
修訂三版一刷　中華民國八十六年十月
修訂三版二刷　中華民國九十一年六月
　編　號　S 17002
　基本定價　拾貳元陸角
行政院新聞局登記證局版臺業字第〇二〇〇號

有著作權·不准侵害

ISBN　957–14–0371–7　（平裝）

增訂新版序

　　對一般人而言，十四個寒暑當不會是一段短暫的日子，而在這樣長的歲月裡，顯著的變化自是期待中事。本書自民國六十七年出版迄今，整整十四個年頭，多承讀者們的惠顧，仍能陪襯於各大書店中的名著巨編之旁，實在很令筆者感激欣慰。然現代科技，日新月異，進步良多，心理學雖不像電腦、物理和生化科學之突飛猛進，但也因大量研究經費與人力之投入（這尤以美國爲然），十多年來新知識與研究成果的累積，也是頗爲可觀。本書增訂新版，其目的即在反應心理學的進展概況，爲讀者們提供一些較新的相關資訊和理論。

　　增訂新版之編寫仍本過去初版時的基本原則：內容取材，力求中允，並兼採各家精華，以簡明通順之文字，協助讀者獲得科學心理學的基本知識與理論。有一點筆者特別想在此指出的是：因筆者長年旅居美國，相關資料之收集和使用也主要以美國出版者爲準，以此作法，實有不得已之苦衷，一方面因爲國內的心理學專家學者們近年來對於心理學知識的推廣不遺餘力，著述相當豐富，讀者當可從閱讀這些大作中獲得所需資料，筆者實無「越俎代庖」的必要；另一方面則因筆者旅美任教，接觸美方資料最多也最方便，寫作資料取捨上的偏差，自在意料之中，筆者希望這種偏差能夠爲讀者提供較多的雙方資料，以期達到中外並重的目的。再從跨文化、比較心理學的觀點來看，這種偏差自有其正面的意義在，尚祈讀者鑒諒爲幸。

　　美國的心理學深受實用、功利主義的影響，純理論的研究雖不缺乏，但心理學知識的實際應用，近年來更爲各方所重視，除了傳統的學習、教育與異常行爲及其矯治等領域外，神經科學、健康心理學以及工業、組織心理學、環境心理學等各方面，近年來，生氣勃勃，貢獻良多，這

在本書此次增訂中，儘量加以反應出來，以饗讀者。

　　本書增訂新版，由於筆者能力有限，學疏才淺，費時頗長，個人深感內疚。惟增訂編寫期間，內人眉眉全力支持，而校正排印稿，筆者在臺又多承好友陳英豪和宋玉堂兩對賢伉儷兄嫂的照顧，特此一併致謝。在老家雙福校稿時，慈母「伴讀」，家妹芳滿和她的兩位寶貝兒子招呼起居，使筆者得以重享大家庭的溫暖，更是一大樂事和收穫。又三民書局總經理劉振強先生以及編輯部各位同仁多方協助本書的增訂工作，特別要謝謝他（她）們。

　　書成問世，自是一大樂事，然書中錯誤疏漏之處則令筆者深感惶恐，尚祈讀者、先進、學者專家們不吝賜正。若能提供具體改進意見，請直接賜教三民書局轉筆者，將來再度出版時，當遵照儘快改正之。

劉安彥

民國八十一年八月於民雄雙福

序　言

　　人類對其本身的心理現象及事件一向抱持著濃厚的興趣，因此有關人類心理的觀察與探討，由來已久，而非現代科學的產物；不過，以科學的方法來對人類的行為和心理現象做系統化的分析研究，卻是十九世紀以後的事，自從德人馮德氏於公元1879年首創心理實驗室於萊比錫大學迄今，雖只是短短百年，然而經由心理學家們所做的許多努力，現代心理學已被接受為科學的一環。本書所要介紹的就是學者們從事科學研究所累積的心理學基本知識與理論，以及心理學家們目前所關心研究的一些主要問題。

　　本書共分十七章，除對心理學的傳統領域如行為發展、學習、遺忘、感覺、知覺、情緒、動機、人格、變態行為和社會行為等做系統化和全盤性的介紹外，對於目前為心理學家們所特別注意的一些其他問題，如行為的生理基礎和遺傳、語意記憶、變更的意識狀態和都市環境問題等，又儘量收集新近的研究發現，扼要地為讀者提供及時的知識與資料。由於心理學的領域相當廣泛，而從事心理學研究的人又為數甚眾，加上各家所採理論基礎與步驟又頗有不同，因此各家所持見解與立論之紛歧不一，自在意料之中。本書既為一入門書籍，內容取材，自當力求中允，兼採各家精華，為初學者提供最基本的心理學知識。

　　為顧及初學者的瞭解與領悟，本書所用文字，力求簡明通順，對於生澀難懂的專門術語儘量加以避免；而基本概念的解說則力求詳盡；必要時又採用各種圖表來幫助讀者的理解和增進讀者的興趣。本書在每章正文之前，特以整頁篇幅表列該章之大綱，以便讀者在閱讀正文之先，對該章之內容有一概括性的認識，期能有助於

內容的閱讀與理解。

　　作者本人從事心理學的教學工作多年，根據過去的經驗，發現合適有趣的教本，對於學生的學習，往往可收事半功倍之效，而且又可啓發學生進一步深入研討的興趣。本書的編寫，旨在爲心理學這一科的初學者以及對心理學感興趣的一般讀者們，提供一本簡明易懂而又切合實際的入門書籍，希望他（她）們在閱讀過本書之後，對科學心理學的基本知識有正確的認識與瞭解，同時還希望本書能進一步引起他們研習心理學的興趣。

　　本書初稿完成後，承留美學人溫世頌教授和國立臺灣師範大學簡茂發教授詳爲校閱，並惠示高見，特此致謝。三民書局總經理劉振強先生和編輯部諸位同仁對本書之排印、校對和出版等事宜，多方協助支持，倂此謹申謝意。

　　本書付印倉促，遺漏欠妥之處在所難免，尚祈先進時賢不吝賜正。

劉安彦

民國六十七年八月

心理學　目次

增訂新版序

序　言

第一章　心理學簡介

　　一、什麼是心理學？ ·······················3

　　二、心理學家及其工作 ·····················4

　　三、研究心理學的方法 ·····················11

　　四、心理學簡史 ·························18

第二章　行為的生理基礎

　　一、神經細胞 ··························32

　　二、神經系統 ··························36

　　三、大腦的構造及其功能 ···················45

　　四、內分泌腺系統 ·······················53

　　五、行為遺傳學 ·························57

第三章　個體的生長與發展

　　一、影響個體生長與發展的因素 ·················68

二、產前的生長 ‧‧‧‧‧‧‧‧‧‧‧‧‧‧‧‧‧‧‧‧‧‧‧‧‧‧‧‧‧‧‧‧‧‧‧‧‧‧75

三、肢體的生長 ‧‧‧‧‧‧‧‧‧‧‧‧‧‧‧‧‧‧‧‧‧‧‧‧‧‧‧‧‧‧‧‧‧‧‧‧‧‧79

四、認知的發展 ‧‧‧‧‧‧‧‧‧‧‧‧‧‧‧‧‧‧‧‧‧‧‧‧‧‧‧‧‧‧‧‧‧‧‧‧‧‧87

五、人格與社會行爲的發展 ‧‧‧‧‧‧‧‧‧‧‧‧‧‧‧‧‧‧‧‧‧‧‧95

六、成年期的三項社會要務 ‧‧‧‧‧‧‧‧‧‧‧‧‧‧‧‧‧‧‧‧‧‧109

七、老年的改變與適應 ‧‧‧‧‧‧‧‧‧‧‧‧‧‧‧‧‧‧‧‧‧‧‧‧‧‧‧‧115

第四章　制約與學習

一、古典式制約 ‧‧‧‧‧‧‧‧‧‧‧‧‧‧‧‧‧‧‧‧‧‧‧‧‧‧‧‧‧‧‧‧‧‧‧‧127

二、操作式制約 ‧‧‧‧‧‧‧‧‧‧‧‧‧‧‧‧‧‧‧‧‧‧‧‧‧‧‧‧‧‧‧‧‧‧‧‧134

三、其他的學習方式 ‧‧‧‧‧‧‧‧‧‧‧‧‧‧‧‧‧‧‧‧‧‧‧‧‧‧‧‧‧147

四、技能學習 ‧‧‧‧‧‧‧‧‧‧‧‧‧‧‧‧‧‧‧‧‧‧‧‧‧‧‧‧‧‧‧‧‧‧‧‧‧‧152

五、語文學習 ‧‧‧‧‧‧‧‧‧‧‧‧‧‧‧‧‧‧‧‧‧‧‧‧‧‧‧‧‧‧‧‧‧‧‧‧‧‧154

六、學習遷移 ‧‧‧‧‧‧‧‧‧‧‧‧‧‧‧‧‧‧‧‧‧‧‧‧‧‧‧‧‧‧‧‧‧‧‧‧‧‧162

第五章　記　　憶

一、記憶的測量 ‧‧‧‧‧‧‧‧‧‧‧‧‧‧‧‧‧‧‧‧‧‧‧‧‧‧‧‧‧‧‧‧‧‧‧‧167

二、記憶的過程和種類 ‧‧‧‧‧‧‧‧‧‧‧‧‧‧‧‧‧‧‧‧‧‧‧‧‧‧‧170

三、記憶的生理基礎 ‧‧‧‧‧‧‧‧‧‧‧‧‧‧‧‧‧‧‧‧‧‧‧‧‧‧‧‧‧175

四、遺忘的本質 ‧‧‧‧‧‧‧‧‧‧‧‧‧‧‧‧‧‧‧‧‧‧‧‧‧‧‧‧‧‧‧‧‧‧‧‧179

五、增進記憶的方法 ‧‧‧‧‧‧‧‧‧‧‧‧‧‧‧‧‧‧‧‧‧‧‧‧‧‧‧‧‧184

第六章　語言和思考

一、語言的結構 ‧‧‧‧‧‧‧‧‧‧‧‧‧‧‧‧‧‧‧‧‧‧‧‧‧‧‧‧‧‧‧‧‧‧‧‧191

二、人類語言的學習與發展 ‧‧‧‧‧‧‧‧‧‧‧‧‧‧‧‧‧‧‧‧‧193

三、語言與思考……………………………………194

四、動物的語言學習………………………………196

五、思考………………………………………………198

六、問題解決…………………………………………207

七、做決定與判斷……………………………………210

第七章　智能及其測量

一、智能的本質………………………………………219

二、普通智能的測量…………………………………223

三、測量智力所引起的一些問題……………………234

四、智商的分佈………………………………………243

五、創造力……………………………………………247

第八章　感覺歷程

一、感覺的測量………………………………………254

二、視覺………………………………………………260

三、聽覺………………………………………………270

四、其他感覺…………………………………………275

第九章　知　　覺

一、空間知覺…………………………………………283

二、移動知覺…………………………………………287

三、知覺的恆常性……………………………………291

四、知覺的組織………………………………………293

五、注意………………………………………………298

六、圖案識別……………………………………………301

七、超感覺知覺…………………………………………302

第十章　不同的意識狀態

一、變更意識狀態的特性………………………………307

二、睡眠和夢……………………………………………308

三、藥物作用……………………………………………315

四、打坐冥思……………………………………………320

五、催眠狀態……………………………………………322

第十一章　情　緒

一、情緒的界說與理論…………………………………331

二、情緒的發展與表現…………………………………339

三、情緒的作用…………………………………………345

四、快樂、悲哀與嫉妒…………………………………349

五、測謊器………………………………………………352

第十二章　動　機

一、生理性動機…………………………………………358

二、尋求刺激的動機……………………………………372

三、人類的其他動機……………………………………375

四、人類需求的層次……………………………………380

第十三章　心理壓力與健康

一、壓迫感的來源………………………………………386

二、身體對壓迫感的反應……………………388

三、克制壓力的對策…………………………391

四、健康心理學………………………………397

第十四章　人　　格

一、人格類型與特質論………………………411

二、心理分析論………………………………415

三、社會學習理論與人格……………………425

四、人本主義的人格說………………………429

五、人格的衡量………………………………432

第十五章　不良適應與心理失常

一、心理失常的不同觀點……………………442

二、心理失常的分類…………………………445

三、焦慮失常…………………………………448

四、解離失常…………………………………451

五、軀體性失常………………………………453

六、情緒失常…………………………………454

七、人格失常及其他病態……………………457

八、精神病……………………………………463

第十六章　心理治療法

一、心理分析法………………………………474

二、人本的心理治療法………………………476

三、行爲治療…………………………………479

四、認知治療法……………………………………484

五、團體治療法……………………………………486

六、生理治療法……………………………………488

七、社區心理學與社區心理衛生……………………493

八、心理治療的功效………………………………496

第十七章　社會心理學

一、社會認知………………………………………504

二、人際吸引………………………………………513

三、團體中的個人行爲……………………………522

四、團體歷程與團體行爲…………………………530

五、態度的形成與改變……………………………535

六、侵害、衝突與和解……………………………545

第十八章　心理學與現代問題

一、都市問題………………………………………554

二、工業心理學……………………………………562

三、商業應用………………………………………572

參考書目………………………………………………579
索　　引………………………………………………645

第 一 章

心理學簡介

大　綱

一、什麼是心理學？

二、心理學家及其工作

甲、心理學家的素描

乙、心理學的門類

三、研究心理學的方法

甲、個案研究法

乙、系統觀察法

丙、相關法

丁、實驗法

戊、心理學研究的倫理問題

四、心理學簡史

甲、近代哲學與生理學的影響

乙、心理學的主要學派

丙、當代心理學的新研究途徑

　　在交際場合裡，當我們知道有心理學家在場時，我們往往覺得在這樣一個人面前，我們的舉止言行都要特別小心留意，否則，因為心理學家「善於察言觀色」，很可能會看穿我們的心事，洞悉我們的動機。而且，一般人總認為，研究心理學主要是在認識自己，瞭解別人。不過，心理學是一門很廣泛、很分歧的科學，其範圍並不只限於人際關係或人格特質的探討，而舉凡我們日常生活中的大小行為經驗，都是心理學家所關心的研究對象。心理學家們對探討行為所採的觀點與步驟頗有差別，其用來研究行為的方法也因而有所不同，這就更增加了對心理學正確認識的不易。本章的主要目的，乃是在概括地介紹心理學家們在其專業上的所作所為、心理學的研究方法，以及科學心理學的發展簡史，希望讀者於閱讀這些資料後，對於心理學的本質有較深入的認識與瞭解。

一、什麼是心理學？

　　簡單地說，心理學乃是以科學的方法來研究行為的科學。這裡所指的行為不但包括外在的、易被觀察的動作行為，而且也包括了內在的心理事件和歷程。過去，心理學家們雖然懷疑研究內在心理事件如思想、意象、情感等之是否得當，不過，時至今日，大部份的心理學家都同意這些內在心理事件的研究有其必要。由此可見，心理學所研究的是廣泛的行為而不是狹義的行動。

　　科學的研究與普通的日常觀察又有那些不同呢？一般人大多瞭解，科學的研究是系統化的研究，它是客觀的，經得起考驗的。經由科學研究所得的結果不但易於與他人溝通，而且在類似的探討情境下，別人可以獲得相同的後果來加以驗證。科學研究之所以客觀，一方面是因為研究者對於研究變項的定義予以明確地界說，如此一來，受過適當訓練的

人對於有關的研究事項，不至於有誤解或不同的看法；在另一方面，科學的研究往往運用各種控制設計，以使觀察所得的結果正確地反應實際現象的發生，而避免因個人偏見或好惡所可能引起的主觀解釋。

科學的研究須要保持客觀，而科學研究的結果也須要能經得起別人的驗證，所謂科學是公開的，就是這個道理。在某一實驗室或由某一心理學家所做的研究，如果所得的研究結果，不能被其他的實驗室或心理學家用類似的研究情境來獲得類似的結果，那麼這項結果並不一定是客觀、科學的研究結果，因此這種結果的溝通性也將相對地減低，而其可靠性也就要被大大地打折扣。

科學的研究所重視的是全盤化和系統化的研究，孤立性或片面的觀察與研究並不是科學化的研究。除非我們能就與某一現象有關的其他許多現象同時予以解釋說明，我們的知識是不完整的。任何科學的終極目的乃是在對其所研究的對象內容能有透徹的瞭解，能對此一現象做全盤化的分析解說，進而達到能夠預期其發生，並能施以適當有效的控制，科學的心理學當然也不應該有所例外。

二、心理學家及其工作

當你碰到一個心理學家時，你會認得出他（她）是一個心理學家嗎？心理學家平常所從事的又是一些什麼樣的工作呢？他們的工作單位又是如何呢？像這一類的問題看來似乎簡單，但是有許多人對於這些問題的解答，卻不見得有明確的認識與瞭解。在本節中，我們將為讀者提供一些有關的資料。

甲、心理學家的素描

與其他的專家們一樣，心理學家是受過專業訓練的人才，當然由於

專精的不同，他們所從事的工作也頗有差異。到底心理學家是怎麼樣的一個人呢？這可由多方面來加以探討：例如他們所受的教育、他們的工作情形、他們所關心的問題等等。

以教育程度而言，一般心理學家至少需要受過研究所教育而獲有碩士學位者，通常四年的大學教育是不夠的。這尤其是以美國的情形更是如此。美國心理學會（American Psychological Association，簡稱 APA）是由美國心理學家們所組成的一個專業團體，成為這個學會正式會員所需要的學歷是博士程度，當然並不是所有的會員都具有博士學位，有許多人是以較低的學歷先成為副會員，而於幾年後升為正式會員，有些人則因為對心理學有特殊貢獻，或從事有關心理學的工作有年，而被接受成為正式會員。該一學會在 1992 年底的會員總數約十二萬人，而這些會員們又因個人所關心問題，及有關心理學興趣上的差異，分別屬於四十多個不同的組別（divisions）。大的組，會員超過幾千人，而小的組，則只有四、五百人。也有一些人同時屬於兩、三個不同的組別。美國心理學會每年於八月底九月初開年會一次，各組分別宣讀、討論論文，平時各組也都有自己的期刊或通訊出版。

由於心理學家們的興趣相當廣泛而分歧，同時他們所從事的工作又是差異甚大，有些人從事基本理論的研究，有些人則從事比較實際的工作，因此他們的工作單位也頗有不同，這可由美國心理學會的一項統計資料看出來（Pion 等，1987）。根據該項資料，美國心理學家們所屬的工作單位及其所佔的人數百分比如下：

大專院校	33.9%
醫院、診所和社區中心	24.5%
私人開業	22.0%
工商諮詢	8.0%

政府機構	5.0%
中、小學校	3.7%
其他（軍事、司法或研究機構等）	2.9%

從這項資料我們可以看出，絕大多數的心理學家是在大專院校任職工作，這一方面是因為一般大專院校都開有許多有關心理學方面的課程，而選修心理學的學生又多，因此許多心理學家都從事教學與研究的工作。另一方面，心理學專業人才（如輔導員、臨床心理學家、工業心理學家等等）的培養與訓練也都在大學中進行，因此這方面的師資也需要很多。除了在大專院校從事教學與研究的工作外，也有許多心理學家是在醫院裡、診所裡或社區心理健康中心從事有關心理治療、諮詢或測驗等工作。近年來，從事教學工作者有所減少，但是在醫院工作或自行開業者卻有大幅度增加。

乙、心理學的門類

由於心理學家們研究興趣的廣泛，以及知識累積的結果，現代心理學正如醫學和其他專業學科，其分工專精的程度相當細密。上面提過，美國心理學會內分組多達四十多個，而所出版的專門期刊為數十餘種，這正是此一現象的極佳寫照。現在讓我們簡單地把心理學的門類介紹一下，首先我們所要介紹的主要是與教學和研究有關，然後我們再介紹一些比較實際的應用心理學。

教育心理學（Educational Psychology） 教育心理學所關心的是有關教育方面的心理問題。尤其是有關學習、測驗以及教學技術等方面的問題。除此之外，教育心理學家也講授教育心理學，參與教育工作人員的培養與訓練。**學校心理學**（School Psychology）則偏重學生智力和學力的鑑定與測量，診斷中、小學校學生在動機、人格、社會或學業上

的困難，而爲學校任課老師提供有關這方面的諮詢服務。從另一個觀點來看，學校心理學家有些類似諮商心理學家，他們爲學校裡的學生提供個別的輔導，不過對於較嚴重的心理問題之處理，學校心理學家往往要借重其他專家們的協助，而很少單獨提供治療。

發展心理學（Developmental Psychology）　傳統上，發展心理學家偏重於兒童發展的研究，不過，近年來有關青少年、成人和老年人的心理問題，也逐漸受到發展心理學家們的重視，差不多整個生命歷程的發展問題都是他們所關心的。發展心理學的研究項目，包括有發展常模的建立、個別差異、動作行爲的發展、認知過程、社會行爲和人格的發展，以及各發展時期的適應問題等。兒童心理學、青年心理學和老年心理學（Psychology of Aging）等就是針對某一發展時期的發展心理學。

實驗心理學（Experimental Psychology）　偏重於行爲基本法則與因素的研究，而很少關心實際應用的問題。感覺、知覺（perception）、學習、記憶、動機、情緒，以及行爲的生理基礎等等，乃是實驗心理學的主要課題。由於研究對象的不同，實驗心理學又有人類實驗心理學和動物實驗心理學之分。動物實驗心理學家所用來做實驗的動物主要是白鼠、狗、鴿子、猿猴和貓等，而以研究與學習歷程有關的實驗爲最多。其實有許多的學習理論，都是先以動物實驗所得的結果做基礎而逐漸形成的。由於實驗心理學家所研究的行爲歷程是最基本和最主要的，這方面所獲得的知識乃是瞭解其他心理學所必需。

生理心理學（Physiological Psychology）　它以行爲的生理基礎爲主要內容。生理心理學家的研究，主要是針對行爲與生理變化間的關係，他們特別重視腦、神經系統、內分泌等對行爲所產生的影響，尤其是對動機與情緒所產生的影響。近年來，生理心理學對於學習與記憶的生化反應（biochemical reactions）和睡眠、夢等的生理歷程也做了許

多研究。生理心理學與生物科學關係十分密切,因此,有時又被稱爲生物心理學(biopsychology)或心理生物學(psychobiology)。生理心理學內由於所偏重的研究主題之不同,又有許多分支,例如行爲遺傳學(behavioral genetics)就是專門研究遺傳因素與正常或變態行爲間的關係的;而心理藥物學(psychopharmacology)則偏重各種化學藥物與行爲間的關係之研究。

社會心理學(Social Psychology) 其主題乃是個人在社會中交互作用的本質。社會心理學家研究個人在群體中的行爲,以及別人對於某種個人行爲所可能產生的影響。社會行爲如攻擊、人際間相互吸引、說服、競爭與互助以及服從等,乃是社會心理學家所常研究的現象。社會心理學家也研究態度的形成與改變,而且對於民意調查技術的發展與改變也有相當貢獻。

心理計量學(Psychometrics) 又叫**數量心理學**(Quantitative Psychology)。心理計量學家從事心理測驗理論的探討、心理測量工具的編製,以及心理研究統計方法的發展與精進。心理計量學家的研究成果爲實用心理學家(如學校心理學家、諮商和臨床心理學家、工業心理學家等)提供他們所必須的心理診斷工具與量表。近年來有些心理學家則企圖運用統計上與數學上的理論與模式,來代表重要的行爲歷程,而有所謂的**數學心理學**(Mathematical Psychology),這與感覺和知覺、學習理論和歷程,以及做決定(decision-making)的研究具有密切關係。

上面所介紹的心理學門大多偏重理論的研究,底下我們再來介紹一些比較實用的心理學門。實用心理學家應用他們的技術與知識來爲個人或團體解決有關的心理問題,有些實用心理學家也從事研究工作。

臨床心理學(Clinical Psychology) 臨床心理學家的專長是變態行爲的研究與治療。在所有心理學門中,臨床心理學是較爲大眾所知曉

的，而臨床心理學家在所有心理學家中所佔的比例也最大。臨床心理學家與精神病醫生（psychiatrist）有別，精神病醫生受過醫學訓練，他可以用開刀和藥物處方來做必要的治療，他對肉體器官的功能具有相當的認識與瞭解；相反地，一般的臨床心理學家並沒有受過正式的醫學訓練，不過，他們對於心理歷程以及人格測驗、心理輔導與治療則受過較多的訓練。臨床心理學家通常在大學、醫院、診所裡任職，也有許多是自己設立私人診所而開業的。

諮商心理學（Counseling Psychology） 諮商心理學家的主要諮商對象是遭遇輕度心理適應問題的正常人，他們也為遭遇某些個人問題的人提供諮商的服務。例如剛剛退休的人在適應上也許覺得有困難，諮商心理學家也可以提供建議，幫助他們克服困難，對於個人的職業問題、教育問題或家庭問題，諮商心理學家也運用心理學上的知識與方法來協助解決。對於遭受情緒上嚴重困擾的人，或極度異常的個人，諮商心理學家是很少直接施以輔導或治療的，這些病人的診治，大都由臨床心理學家來做。

工業心理學（Industrial Psychology） 工業心理學家可能在某一公司任職，也可能為不同的行業、機構提供顧問性的服務。他們主要是關注工作人員的士氣、選拔、訓練與升遷、工作環境的改良、勞資雙方之協調等等。人事心理學家（Personnel Psychologist）則是安置適當人員於適當工作的心理學專家。其他有關的另一個重要分支是針對人與機器間的關係及其設計，這又叫做工程心理學（Engineering Psychology），工程心理學家設法使人與機器間的關係更為協和有效，因此他們的研究包括有機器與工具的設計，以期使使用者獲益更多，合乎更安全有效而又舒適的要求，這個專業有時又以（human factors）「人體因素」名之。消費心理學（Consumer Psychology）則是關心消費者對於產品採購消費的心理問題，廣告的使用、商場的調查以及顧客對於新產品的

取捨就是消費心理學家所研究的一些問題。

環境心理學（Environmental Psychology） 它是所有心理學門中新興的一個門類，而且近年來有著顯著的發展，也受到各方面的廣泛注意。研究環境心理學的心理學家所關心的是環境對行爲的影響，這裡所指的環境包括社會的以及實體的物理環境。環境心理學家研究熱、聲響、擁擠等對於個人感受、行動甚或健康所可能產生的影響。雖然這是一門新興的心理學，但是它在社區計劃、建築學以及交通方面都將會產生重要的功用和影響。

至此，我們概略地對心理學的主要門類做了介紹，雖然還有許多其他的分科我們未加介紹，但是讀者們一定可以從上面的敍述中瞭解心理學範圍的廣泛，以及心理學家們所從事工作的紛歧。在結束本節之前，特就心理學各主要門類所屬心理學家的比例，列表如下，以供讀者參考。有一點需要提醒讀者的是，這項統計資料是根據對美國心理學會會員所做問卷調查而得，這與國內的情形當有出入。而且，這些百分比並不是絕對的，它們所顯示的，乃是不同專業人才的一般分佈情況而已。

主要門類	百分比
臨床心理學	45%
諮商心理學	10%
教育心理學	6%
實驗、生理和比較心理學	14%
工業、人事和消費心理學	5%
學校心理學	5%
社會心理學，人格心理學	6%
發展心理學	4%
其他	5%

三、研究心理學的方法

　　爲了研究行爲，心理學家們採用各種不同的方法，有些方法是特別爲研究心理學而設，有些方法則是從其他科學所使用的方法加以修訂而來。心理學方法之採用，一般根據所要研究之行爲以及所要發掘之事實而定。對研究方法有了基本的認識，往往是有助於學科內容的瞭解，這裡我們將簡單地介紹幾種研究心理學的主要方法。

甲、個案研究法

　　在所有研究法中，個案研究法可能是最簡單而且又是最直接的方法。採用個案研究法時，心理學家往往對某一個人做深入而詳盡的觀察與研究，以期發現與該個人有關的所有資料。個案研究法的使用，有時也輔以其他的方法，如個人傳記資料的收集、心理測驗的使用以及個別會談等，因此完成一個個案調查，往往要花費很多時間。

　　個案研究法最常被應用於變態行爲的研究，心理學家往往使用個案研究法對某一個人（如情緒適應上有困難或其他的毛病）做深入研究，以期獲知引起適應困難的可能原因，而做爲心理治療上的依據與參考。另外，個案研究法的使用，也往往可以使研究者獲得某種假設，然後根據這個假設，再以其他的方法來予以證實或推翻。心理分析學派的理論大都建立於個案研究所得的資料上，其學理的豐富爲各方所共認，但是也有許多心理學家們認爲這些學理之可靠性仍有待證實。

乙、系統觀察法

　　系統觀察法有時又叫自然觀察法，這也就是說研究者在自然的情境

中對某一事項做系統性的觀察與記錄。在這種自然的情境下,研究者對於所觀察的事項不能如意地加以控制與操縱。系統觀察法的使用,有時是因為人為的控制或操縱,可能會影響到實際行為的產生,或是更詳密的控制無法達到時才加以應用。心理學家有時因為倫理道德的因素之考量,而不能隨意對所要研究的事項予以操縱控制,在這種情況下,他們只好借重系統觀察法來進行研究。

觀察法的好處是被觀察者在自然情況下的反應比較真實自然,當然觀察者也要盡量設法避免被觀察者因在意被觀察而引起的困擾與造作。不過,被觀察者的反應往往因人、因時、因地而有所變化,系統的觀察並不是一個簡單易行的方法,加上許多行為反應往往只出現在某種情況下,欲求該等行為反應的重複出現,往往相當困難,這在科學知識的驗證上也就不太容易。觀察法的另一個缺點是不同的觀察者,對同一行為或反應的解說往往並不一致,觀察的準確性也因人而異,這種因觀察者的主觀偏見所造成的影響,限制了由觀察所得結果的可靠性。

丙、相關法 (correlational method)

心理學家應用相關法來發掘兩種變項 (variables) 間的關係。所謂變項乃是屬於人、事、物的特性,而這些特性又因人、事、物的不同而有所不同者,例如我們的身高、體重或年齡等都是變項,因為每個人的身高、體重等都有所不同。在使用相關法時,研究者首先選定兩個可測量的變項 (如身高和體重),然後對每一受試者就這兩個變項加以測量,再採用相關統計的方法來計算這兩個變項間的關係。根據所得相關係數的高低,我們可以決定這兩個變項間關係的疏密,而且相關係數又有正負之分,正相關表示一個變項的數量增加時,另外一個變項的數量也會隨之增加;當一個變項的數量減少時,另外一個變項的數量也減少。但是,如果一個變項的數量增加時,而另外一個變項的數量卻反而減少,

這就會產生負相關的現象。

　　相關法只能表明兩種變項間的關係，至於兩個變項間因果關係的存在，卻不能光以相關法來確定，相關的存在並不一定表示因果關係的存在，這也就是說，我們不能根據相關的存在，而解釋某一變項的改變是由另一變項所引起或導致。例如我們發現觀看電視的時間數，與學生的學業成績有相關，至於是否因看太多電視，所以影響到學業成績的問題，則須要再進一步做研究才能加以確定。因此，研究者對由相關法所得研究結果的引伸，尤其要注意到這一點。

　　相關法雖然不能對縱的發展歷程提供太多的資料，不過，在研究橫的關係上是一個很重要的方法。相關法的使用也往往可以補助因實際情況限制而無法使用實驗法的不足。另外，在心理與教育測驗的編製上，相關法是不可或缺的，測驗工具的有效與否，以及其可靠性的高低，大都應用相關法來加以探討決定。

　　應用相關法做研究時所需的資料，往往是透過測驗、會談或問卷調查的方式獲得。心理學家編有許多的測驗量表，可以用來對個人的某些特質進行度量，這些量表不只包括智力測驗、性向測驗、興趣測驗，而且還包括有關人格、態度以及其他許多心理特質的測驗，由測驗所得的分數或結果可以被採用來做相關的研究。會談的方式通常可分為非結構式與結構式兩種，非結構式的會談通常與個案調查法合併使用，在會談時，討論的內容事先並沒有加以確定，而隨意進行交談；結構式的會談，其內容與程式大多於事先確定，主要是用來對許多人進行資料的收集，以期獲得原則性的結論。問卷調查法的使用，也是對許多人就某些問題或意見、看法加以調查確定。這種方法的使用，其結果之適用性如何，與所取樣本（被調查者）之是否具代表性有密切的關聯。取樣的方法很多，但是有一個基本原則，那就是所取的樣本要儘可能代表所有的母群體。如果所取樣本不能代表母群體，那麼由該樣本所得的調查結果也就

用途有限，少有引伸的可能和價值。

丁、實驗法

實驗法爲心理學的主要研究方法。簡單地說，實驗法乃是實驗者在控制的情境下操縱某種變項，而研究此種變化對另外一個變項所產生的後果與影響。前面說過，變項是一種可因人、因物、因時、因地而異的特性。由實驗者所控制操縱的變項叫做**實驗變項**（experimental variable）或**獨立變項**（independent variable）；在另一方面，由操縱獨立變項所引起的某種特定反應稱爲**依變項**（dependent variable）。舉個例子來說，你也許有興趣研究一下睡眠對學習效率的影響，睡眠的多寡（以小時計或以分鐘計）就是獨立變項，你可以加以操縱（讓受試者多睡或少睡），而學習效率（可以記憶外文單字的多少來表示）則是依變項，在每次對獨立變項加以操縱後，你要觀察和記錄由此種變化所引起學習效率（依變項）的變化。

進行實驗，通常把受試者以隨機分派的方式，區分爲實驗組和控制組。實驗組的受試者，接受獨立變項的處置，以便觀察由此一變項所可能引起的依變項的變化；而爲了使那些屬於控制組的受試者感受同等待遇，實驗研究者往往運用某些替代物（placebo），以達此目的。實驗完成後，實驗者比較實驗組和控制組在依變項上所測得的差異來分析研判，而獲得結論。如果兩組間存在著顯著的差異，這就可證實獨立變項是導致依變項產生變化的一個因素。

從事實驗，往往是以某一假設（hypothesis）爲開端，再以上面睡眠對學習效率的影響之研究爲例，我們可以提出以下的一個假設：「睡眠時數的多寡並不影響學生的學習效率。」根據此一假設，我們利用實驗來收集必要的數據（實驗組和控制組在依變項上顯著差異的存在與否），以驗證此一假設是否能夠成立。如果實驗結果顯示那些睡眠不足的

受試者，其學習效率有欠佳的現象，那麼上述的假設就不能成立，而需要加以拒絕。

實驗方法雖然是一個很重要而又有效的研究方法，但是如果實驗者或是受試者不能保持客觀超然的態度，就很容易引起實驗誤差。爲了減少這些誤差，實驗設計中又有所謂「單矇法」（single-blind）和「雙矇法」（double-blind）的措施。

單矇法在避免受試者得知個人是屬於實驗組，還是屬於控制組；雙矇法則把受試者和實驗資料的經手者或收集者（實驗者）都矇在鼓裡，以避免主觀因素所可能造成的影響，這些措施在藥物效用的實驗上更顯重要。

實驗需在控制的情況下進行，而如何去控制非相干的因素，以使獨立變項與依變項間的關係不受此等非相關因素的干擾與混淆，乃是實驗法的一個很重要的步驟。我們都知道，學習效率的高低因人而異，而個人的動機、情緒或其他因素也都會左右其學習效率，因此在進行上項實驗之先，實驗者應加以控制。爲了避免因受試者個別差異而引起實驗結果的偏差，通常實驗者對於受試者的安排與選擇都特別小心。下列的步驟常被採用來儘量減少參與受試者組別間的差異：(1)對於受試者的選擇通常採隨機取樣的方式，而且是從擬適用的母群體中採取樣本；(2)受試者之分配於不同的實驗情境，以及控制情境也是採用隨機的方式；(3)在每一組中，設法採用足夠的受試者參與實驗，以便將個別間所可能存在的差異予以平均化；(4)採取所有可能的方法來避免主觀化的影響。

實驗法的優點在於實驗者能操縱並控制實驗的進行，實驗設計的詳細安排使得實驗所得的結果具有**可重複性**（repeatability），這種能夠被別人「重做」而獲得相類似後果來驗證的特性，乃是科學的一個重要本質。實驗法的缺點則在此一方法並不適用於一些行爲的研究，一方面基於道德上或法律上的顧慮，有好多實驗並不能直接地用在人的身上，設

想發展心理學家能夠把初生嬰兒的眼睛矇住幾年,或把耳朵塞住幾年以便觀察這種經驗對小孩日後知覺能力的影響嗎?實驗法的另一個缺點是實驗情境的人為化,由於控制操縱上的方便與需要,實驗的情境往往與自然的情境相去甚遠,受試者在這種人為情境下的反應,也很可能與他在自然情況下的反應大有差別,如此一來,實驗結果之類化性也就相對地要打折扣了。基於上述的理由,實驗所得結果的引用和解釋,要相當謹慎,而且對於獲得結果的實驗情境也要特別加以說明。

上面我們所討論的一些方法,主要是用來研究人類行為的。不過,這裡我們要特別指出,有許多的心理學研究並不是以人類為研究對象的,較低級的動物如白鼠、鴿子、猿猴等也常被心理學家們拿來做實驗。雖然有些心理學家,如比較心理學家們,他們是因為要研究動物行為而以動物做為實驗對象,但是其他的心理學家們有時也需要用動物來做研究,主要的原因有下列數端:(1)上面已提過,有些實驗基於道德上和法律上的因素,無法以人做為實驗對象,在這種情況下,心理學家們有兩種對策,一方面,他們可以用系統的觀察法或用相關法來進行研究;在另一方面,則拿動物來做實驗,只要不過份虐待動物,通常是不會受到太多反對的。(2)雖然有些實驗可以用人來做為實驗對象,但是因為以動物做實驗,控制較易而且操縱也較方便,所以有許多實驗者也就以動物來代替人類做為實驗的對象。(3)許多有關遺傳或長期性的發展歷程之研究,由於有些動物的繁殖力較強,而其成熟的速度也很快,因此心理學家也常常利用這個優點而以動物做實驗。

戊、心理學研究的倫理問題

從1953年開始,美國心理學會就定期地修訂和出版一本叫做《心理學家的倫理準則》(*Ethical Principles of Psychologists*)的小冊子,以規範該學會所屬會員在從事心理學方面之研究和專業活動時的行為,

最近的版本是在1992年問世的。心理學家們在從事研究工作時，應該要留意那些與倫理有關的問題呢？

首先，任何研究的進行，應先確定是否具有相當的危險性，權衡所冒的危險與所可能得到的利益（新知識的發現），做一明確的取捨。如有過份的危險性存在，雖然因研究成果能得到相當的新知，一般是應再三加以考慮的。研究計畫通常應先經由諮詢指導委員會審核通過之後，才能進行資料收集、從事研究工作。審核的重點在於危險性的考慮以及受試者人權和隱私權的合理保障。

其次，研究者應在獲得受試者的「告知的同意」（informed consent）之後，才能對受試者進行必要的資料收集和相關研究。所謂「告知的同意」指的是，研究者首先就研究有關問題，以及受試者所須參與的活動告知受試者，徵得受試者同意參與研究。受試者之參與應該是出於自願的，不能被研究者或有關權威人士強迫去參加，而在參與之後，又有權隨時退出，且不因此而得到懲罰或報復。

瞞騙（deception）的作爲，研究者往往很難加以避免，這種暫時（在研究進行之前）對受試者加以瞞騙，編造某些故事來隱瞞研究的眞正意圖，乃是獲得可用研究資料所必須的。例如，你要研究中學生在沒有人監考時的作弊行爲，如果事先明告學生，那麼他（她）們的行爲將有造作之嫌，研究者也就無法從那些學生（受試者）獲得眞實的行爲方式（是否會作弊），所以事先往往不會告訴受試者有關研究的眞正目的。不過，在研究完成之後，研究結果則須從實向每一個受試者做詳細的報告，讓參與的受試者瞭解瞞騙的使用與必要，以及有關資料收集和使用等等重要事項。

從受試者所收集到的任何資料，都應絕對保密，除非是與研究直接有關的重要人員，此等資料不得隨意過目或使用，這也是受試者個人隱私權的絕對保障和尊重。在許多情況下，某些資料（如入學考試分數、

學科成績、操行記錄等等）之屬於那一個受試者，往往只有直接參與的研究者才有資格和途徑去識別，否則都以代號來區別之，以免透露受試者的身分，使受試者蒙受不必要的困擾和可能傷害。研究者對所獲得的研究資料的保管必須要十分地慎重，以確保受試者的個人權益，這在國內更應加強推動。

四、心理學簡史

心理學是一門現代科學，但是心理學的前身，可以追溯到人類早期的歷史。因為人是群居的動物，所以人對其本身行為以及其同類之特質個性的認識與瞭解，一向存著濃厚的興趣。廣泛地說，今日心理學所探討的問題，有許多是早在幾世紀前，甚或幾十世紀前，已為當時的思想家、哲學家所關切、所研究。現代心理學之所不同於早期的哲學，主要是在其所使用來解答問題的方法頗有不同，因為早期的哲學家、思想家一向以憑空想像、直覺和本著經驗上的推理，來研究人類的本性與行為。一直到了十九世紀末期，由於受到自然科學的影響，仔細控制的觀察與實驗才取代了上述的方法，而成為研究人類行為的主要工具。也直到那個時候，心理學才開始脫離哲學而躋身於科學之門。現代心理學發展的初期，深受近代哲學與生理學的影響，這裡我們先從這方面來加以介紹。

甲、近代哲學與生理學的影響

1. 近代哲學的影響

十七世紀以後，客觀的觀察與描述成為研究人類行為的主要工具，心理學歷史學家玻琳（Boring, 1950）認為笛卡兒（R. Descartes, 1596～1650）是這個演變中的重要人物，笛卡兒是法國的哲學家與數學家，他有兩個見解對於心理學的發展與演變有過重要的影響。第一，他

認為動物與機器無異，動物只不過是物質世界的一部份，而沒有意識的存在。笛卡兒認為人的身體也不過是一種物質材料，它可以由肌肉的運動來加以解說。第二，他認為人類除了肉體外，還超然地擁有心靈，人的心靈是完全與其肢體分開而互不相干的。人的心靈可以自由思想、記憶和想像。笛卡兒的心身兩立觀念，以及肉體機械化的見解，對於日後心理學的發展，有其重要的地位。

從十七世紀到十九世紀中期，英國的實用主義哲學思想也深深地影響了現代心理學的發展。英國實用主義哲學家們偏重觀念的產生與結合之研究。洛克（J. Locke, 1632～1704）就曾提出「簡單的觀念是由感官經驗而來」的看法，許多簡單的觀念經由心靈的結合而成為複雜觀念。而另一個英國實用主義者米勒（J. Mill, 1773～1836），認為觀念的結合乃是瞭解人類學習與思考的基本法則，這些基本看法對於日後的聯想心理學（Associationistic Psychology）有著深切的影響。

2.實驗生理學的貢獻

近代哲學為現代心理學提供了理論的基礎，也多少啓發了客觀方法的應用。然而，現代心理學的成立，仍有待於實驗步驟的採用，在這方面，實驗生理學的貢獻是很大的。

到了十九世紀中期，生理學已變成一門以實驗為中心的科學，這可以說是繆爾（Johannes Müller, 1801～1858）的主要功勞。繆爾有關神經細胞的特殊功能的看法，不但對生理學本身有傑出的貢獻，而且也激起了包括心理學家在內的許多學者在這方面的興趣與研究。生理學所用的許多科學方法，如解剖和臨床方法等，也相繼被應用到行為的研究上。德國科學家黑慕士（H. Helmholtz, 1821～1894），專精物理、數學、哲學和生理學，而且也是實驗心理學的先驅，他在聽覺和視覺方面的研究與學說，至今仍為一般心理學教科書所引用。

不過，黑慕士的見解卻不為哲學物理學家費希納（G. Fechner,

1801～1887）所採納，費希納爲一反物質主義者，他的貢獻主要是在心身計量關係的建立，以及心理物理學方法（psychophysic methods）的發明。另一位有貢獻的德國生理學家是韋柏（E. Weber, 1795～1878），韋柏所做的研究可以說是最富實驗性，他有系統地變化刺激的強度來觀察個體的反應，而在感覺閾的研究與測量方面做出了特殊的貢獻。

乙、心理學的主要學派

上述有關哲學與生理學方面的貢獻，已在十九世紀中期爲科學的心理學建立了良好的基礎，而現代心理學的成立只待統整的工夫。稍後，德國人馮德（W. Wundt, 1832～1920）於1879年在萊比錫大學（University of Leipzig）成立心理實驗室，科學的心理學於焉誕生，而馮德也因之榮膺科學心理學之父的尊號。在此心理學初創的時候，馮德集各家之大成，對心理學的內容、方法以及研究的目的，有著決定性的影響，當時的心理學在他的領導下已自成一個科學體系。

不過，後來心理學家人數日增，紛歧的見解與新的理論也相繼形成，有些心理學家開始對「馮德式」的心理學提出異議。到了二十世紀初期，心理學本身已存在了幾個不同的學派，根據不同的看法，各自對心理學進行實驗與研究。下面接著我們所要討論的，就是一些主要學派的主張以及其對日後心理學發展所產生的影響。

1.結構學派（Structualism）

結構學派是現代心理學的第一個學派，馮德是此一學派的創始人。他認爲心理學的內容應該是意識經驗的分析，首創**內省法**（introspection）來從事這方面的研究。所謂內省法就是自我對其內在經驗感受的客觀觀察與分析，這是一種自我觀察的方法。馮德認爲心理學的主要目的是在將意識經驗分析成若干基本的心理要素，然後再研究整合此等基本要素的法則。根據他的研究結果，馮德認爲人的心靈意識是由感覺、意

象（image）和感情等三個基本元素所構成。馮德由於首創心理實驗室而吸引了許多有志研究心理學的青年，他的得意門生之一，乃是來自英倫的鐵欽納（E. B. Titchener, 1867～1927），鐵欽納於學成後赴美國任教，而把結構學派移植到美國並加以發揚光大。

鐵欽納出生於英倫，在德國受教於馮德門下爲時兩年之久，在1892年完成學位時，他本有意回英國提倡心理學的新理論，但因當時的英倫仍盛行實用主義哲學的思想，未能如願以償，翌年乃應聘到美國康乃爾大學，他在那兒任教，一直到1927年終其身。鐵欽納師承馮德，仍以內省法研究意識經驗，他又常把心理學與化學相比較，認爲人的心理類似於能被細分爲基本元素的化學複合物，結構學派的稱呼即是因爲其對心理基本元素分析與整合的強調而來。結構學派因爲其內容與方法都甚狹窄，加上鐵欽納固執而拒絕適應思想潮流的改變，等到他死後，此一學派也就趨於沒落。不過，結構主義運動把科學帶入心理學的領域裡，而使心理學成爲科學的一門，此功實不可滅。雖然較之其他學派，結構學派後繼乏人，但以其思想理論體系而言，其他的主要學派並不見得比它來得完整。

2.功能學派（Functionalism）

功能學派主要是由早期的美國心理學家們所倡導而形成，其主要目的在研究心靈對於個體適應其環境的功能。功能學派觀點的根源可以追溯到達爾文的進化論以及詹姆士（W. James, 1842～1910）的實用哲學。詹姆士是美國早期的名心理學家，他是第一個在美國創設心理實驗室的人，因此有人稱他爲美國心理學之父。詹姆士認爲心靈是一種持續的意識流，因此不能加以細分爲元素，他所強調的是行爲的功能，而不是其結構。詹姆士的名著《心理學原理》一書於1890年問世，而爲心理學教科書創風氣之先。

功能學派以芝加哥大學爲重鎮，杜威（J. Dewey, 1859～1952）、安

吉洛（J. Angell, 1869～1949）和卡爾（H. Carr, 1873～1954）相繼為
此一學派的領袖。此一學派的全盛時期雖在本世紀初期，但其學說理論
延續至今，有些人甚至認為今日的美國心理學乃是功能派的心理學，因
為美國心理學強調學習、測驗、知覺以及其他「功能式」的歷程。功能
學派的理論體系，並沒有結構學派者之來得嚴謹，不過就因為它深具彈
性，所以它的影響也就十分廣泛長遠。

3.行為學派 (Behaviorism)

當結構學派達於高峰而功能學派也漸趨成熟之時，年輕的美國心理
學家華森（J. B. Watson, 1878～1958）的腦中正醞釀著一個革命性的
反動思想。華森雖在芝加哥大學唸研究所，而當時的芝加哥大學又是功
能學派的大本營，但是由於他對動物行為的濃厚興趣，而極力反對用內
省法來分析意識經驗。他於1913年出版〈行為主義者眼中的心理學〉
（Psychology As the Behaviorist Views It）一文，坦白地指出意識
與心靈生活都是迷信而玄妙的，他認為研究這種不能捉摸的東西是不科
學的，他強調心理學應該單單研究可觀察、可測量的行為，而以刺激與
反應間的關係為心理學的主要內容，心理學的方法應該是直接的觀察與
測量，結構學派的內省法是不客觀也不科學的。

行為學派的心理學可以說是一門真的科學，它不受心靈意識和主觀
方法的牽連，這種心理學不但運用簡單的刺激—反應歷程來解釋不太複
雜的行為，甚至複雜的思考和情緒等現象，他們也認為可用機體內分泌
和器官各部門的活動來加以解釋。當此一學派創始時，雖然有人認為華
森的見解過份極端，不過到了1920年前後，行為學派的理論與方法已廣
被接受。由於華森的大力提倡，美國心理學由過份重視心靈過程而轉移
到其他更廣泛的研究範圍。雖然華森的主張未見全部付諸實現，但是行
為學派的觀點迄今仍深植於許多心理學家的心目中。

4.完形心理學派 (Gestalt Psychology)

完形心理學派乃是對於結構學派的另一種反動，此一學派於二十世紀初期在德國興起。剛開始時，此一學派是以結構學派的理論爲主要攻擊對象，但是一旦它站住脚跟，也就開始對當時盛行的行爲學派發難。在基本上，此一新學派反對簡單元素的分析。德國字 Gestalt 所代表的意義就是整體性或是形式，這也就是爲什麼我們稱之爲「完形」的道理。

　　完形學派由德國心理學家魏德莫（M. Wertheimer, 1880～1943）所首創，與他共事的尙有庫勒（W. Köhler, 1887～1967）和柯夫卡（K. Koffka, 1886～1941）等人。他們所研究的，主要是有關知覺歷程方面的問題，這個選擇，與反對馮德的結構學派有關，因爲他們認爲，證明馮德理論有偏差的最好方法，就是從馮德所研究的知覺現象下手。完形學派的理論深受物理科學的影響，尤其是物理學中的場地理論（field theory），從此一觀念，完形學派認爲現象的整體，並不只是其所有元素部份的總和。完形學派所用的方法，乃是一種簡單直覺的觀察法，而以敍述現象的產生爲主。但是，完形學派的理論，其適用性並不只限於知覺歷程的研究，差不多所有重要的行爲問題，都可以根據完形學派的理論來進行研究，例如在學習方面，完形心理學家曾對頓悟學習（insight learning）和問題解決（problem solving）進行研究；近年來也有人倡導完形心理治療（gestalt therapy）的方法。當然，完形心理學者的主要貢獻，仍然是在知覺歷程方面，這可由一般心理學或實驗心理學的教科書在討論「知覺」現象時，無不申明完形學派的影響來佐證。

5.心理分析學派（Psychoanalytic Psychology）

　　嚴格地說，心理分析學派並不是一個主要的心理學派，因爲此一學派的理論基礎，是來自醫學的臨床經驗，而不是系統的科學實驗。不過，心理分析學派的理論，對以後心理學的發展所產生的影響，較之其他學派卻往往有過之而無不及，尤其在人格以及心理治療方面更是如此。心理分析學派的鼻祖是奧國維也納的精神病醫生佛洛伊德（S. Freud,

1856～1939），他的有關潛意識動機的理論，對於心靈以及行爲的研究有著革命性的影響，加上他著述豐富，因此除心理學外，他對精神病學、現代文學以及一般大衆的影響相當廣泛。

佛洛伊德根據他的行醫經驗所得，建立了一個人格發展的理論，而且又提供了變態行爲的治療方法。他相信人的大部份行爲，是由潛意識和內在的動機所左右，因此唯有透過思想、感覺和夢等的分析與解釋，我們才能瞭解行爲的本質，而這種瞭解乃是治療變態或問題行爲所必需。佛洛伊德的人格發展理論，特別強調個人早期生活經驗對人格發展的影響，而又以潛意識性慾望之獲得滿足與否，作爲人格發展健全與否的主要根源。有關心理分析學派的理論，我們在另章（第十四章和第十六章）討論人格與心理治療時，將做較詳細的介紹。

丙、當代心理學的新研究途徑

前面所討論的不同學派，到了1930年代，除了心理分析學派外，大多已漸趨消失瓦解。導致這種現象的原因很多，但主要是因爲各學派老成凋謝，加以新知識的累積擴張，一般心理學家已感到單一的學派理論，很難適當地去對整個人的行爲做完整而有系統的描述；另外，一般心理學家也慢慢地發現，不同學派的不同觀點，在對某方面心理現象的解釋上有其獨具的見解與價值，如此一來，許多心理學家慢慢地博採衆議，而失去了對某一特殊學派的認同與固執，當然，他們在從事心理學研究的步驟與方法上，有時多少仍秉承某學派的傳統與精神。

1.行爲派研究途徑 （behavioristic approaches）

日後繼承華森行爲學派道統的領袖可以說是施金納（B. F. Skinner, 1904～1990）。施金納在哈佛大學任敎多年，自從1938年他出版《個體的行爲》（*The Behavior of Organisms*）一書以來，即成爲研究操作性制約行爲（operant behaviors）最具影響力的人物。操作性制約爲

一基本的學習歷程，此一學習方法的主要目的乃在用增強的作用（rein-forcement）來強化所要求於個體的反應方式。有關制約以及增強的現象與法則，我們將在學習一章（第四章）中做較詳細的介紹。

施金納認為操作性制約的學習原理，可以用來解釋人類的許多行為，甚至可以用來解釋人類的所有行為。根據施金納的看法，一個傑出的歌唱家並不一定是具有音樂天才，而主要的是當她小時候練習唱歌時，曾受其雙親積極的增強（positively reinforced）所造成，這也就是說，她的雙親多方地鼓勵她習唱，而使她變成很會唱歌。如此推而廣之，施金納認為，瞭解一個人過去所受的增強經驗，可以用來預測與控制該個人日常行為的種種。施金納的看法為一些社會科學家們所攻擊與懷疑，不過他的許多見解，卻為心理學家和教育工作者所推崇，他的理論已被廣泛地應用到教學（編序教學、教學機的使用等）、心理治療、犯人的改造再教育、低能與情緒受挫兒童的教學上（主要是採用行為塑造的方法），這些我們將在學習與人格適應的章次中再作詳細的討論。

2.生物派研究的途徑（biological approaches）

有許多心理學家則以開刀解剖、化學藥物以及微電刺激（electrical stimulation）的方法來研究行為與神經系統間的關係。有些心理學家則偏重感覺行為的研究。生物派的心理學家主要是在探求外在行為的神經生理基礎。例如，從這個觀點來研究學習行為的人，對於因學習而引起的生理或神經變化最感興趣，而知覺現象與行為的研究，也可以從視覺神經，或其他感覺細胞對某些刺激所做的反應來下手。

近年來，生物派心理學家的研究，對於動機和情緒理論也發生了很大的影響，他們發現對大腦皮質某些部位的微電刺激，可以使個人產生快活與痛苦等情緒反應。另外，他們在研究個人如何能夠學習去控制類似心跳或血壓等基本生理歷程方面，也有了突破性的進展，美國洛克菲勒大學的米勒教授（N. Miller, 1909～）所從事的生理反饋（biofeed-

back）研究，深爲各界所矚目。近年來有些心理學家甚至對冥思打坐
（meditation）和瑜伽術（yoga）都具有濃厚的研究興趣。當然，由於
腦部以及整個神經系統的複雜，目前我們在這方面所知的仍是相當有
限，加上這方面的研究又相當精密複雜，所以有些心理學家也就採取其
他的研究步驟來探討行爲的奧妙。

3.認知派研究途徑（cognitive approaches）

認知派心理學家認爲：個體並不只是消極地接受外來的刺激，其實
個體對於外來的刺激與訊息，都主動而積極地加以選擇處理，因此我們
對外來刺激的反應，又是受到除了刺激以外的許多其他因素的影響。認
知派認爲行爲派的觀點過份狹窄，這尤其是在複雜思想歷程上的應用爲
然。行爲派爲了保持心理學的客觀性，對於「心靈歷程」往往拒絕加以
研究，不過認知派的心理學家則認爲，思考、知覺、意象等複雜的心理
歷程，應該用客觀的方法來加以研究而不應該予以忽略。

瑞士的皮亞傑（J. Piaget, 1896〜1980）可以說是近代最有名的認知
心理學家，他有關認知發展歷程的理論，已廣被其他心理學家所接受。
他認爲兒童需要達到某一成熟階段之後，才能做更高一層的推理思考活
動，因此認知的發展是循序按階漸進的，周詳的訓練與指導雖然有助於
某一特殊階段的發展，但卻不能達到越級式的進展，有關皮亞傑的認知
發展理論，我們將在第三章中做較多的介紹。

4.人本派研究途徑（humanistic approaches）

人本派的心理學家認爲：任何個人對其本身的行爲，都有自由選擇
取捨的能力與權力，因此他們對於「行爲爲非理性與衝動性的動機所左
右」的看法很難加以接受。人本派的學者認爲，個人既有自由選擇其行
爲的能力與權力，那麼每一個人對本身的行爲應負全責，而不應該以周
遭的環境、其他個人或因素做爲藉口。人本主義的思想是從存在主義哲
學的思想演變而來，它所強調的是個人的自由意志，以及個人追求「自

我實現」（self-actualization）的驅力，所謂自我實現乃是盡其在我，而使自己的才賦發揮極致的本能。

　　人本派心理學家所關心的，主要是個人的主觀感受。個人對於自己的知覺看法，以及他對周遭環境的體會，對人本派的心理學家來說，是要比個人的實際行為來得重要。基於這個看法，有些人本派的心理學家甚至反對科學的行為研究，因為他們認為科學的心理學並不能對瞭解人的本性有所助益。當然，這種極端的看法對於整個心理學的發展是少有幫助的。

第 二 章

行爲的生理基礎

大　　綱

一、神經細胞

甲、神經細胞的構造

乙、神經傳導

二、神經系統

甲、神經系統的分支

乙、自主神經系統

丙、中樞神經系統

三、大腦的構造及其功能

甲、大腦皮質及其分區功能

乙、大腦兩半球的不同功能

丙、研究大腦的方法

四、內分泌腺系統

五、行為遺傳學

甲、遺傳的基本歷程

乙、遺傳與變態發展

丙、行為遺傳的研究方法

丁、遺傳諮詢與優生

　　我們都知道人類的行為深受其肢體的影響，因此，要瞭解個體的行為，就需要對肢體的生理歷程有所認識與瞭解。雖然有人認為，心理學家應該研究行為的本身，而不是肢體的機能與作用，但是自從心理學成為一門獨立的科學以來，一直就有許多心理學家潛心研究肢體的機能，以及此等機能與行為間的關係。這些生理心理學家的工作，在第一章中當我們討論心理學的門類時已簡略地提過。近年來生理心理學家的研究範圍益廣，而參與此等研究工作的人也益衆，他們在這方面的研究成果，對增進人類行為的瞭解，有其重要的貢獻。

　　任何行為，諸如外在世界的感受、情緒反應、思考以及基本慾求的滿足，都需要經過統整的過程，因此，肢體的整合系統是瞭解其行為生理基礎的主要關鍵，人類整合其肢體生理機能的兩個主要系統是神經系統和內分泌腺系統。神經系統所整合的是有關講求快速的活動與反應，例如：當你的手指頭不小心地碰到灼熱的熨斗時，一個快速的反應是很重要的，在這種情況下，神經衝動以飛快的速度，從你的手的感覺受納細胞經由其他神經而到達脊髓，再傳入大腦，而大腦處理後，又經脊髓馬上把神經衝動送到手的肌肉，於是你迅速地把手縮回來。內分泌腺系統則透過其所分泌的化學物荷爾蒙，來影響肢體內其他細胞的機能，我們體內不講求快速的生理機能，如消化、生殖和生長等，都是由內分泌腺所產生的荷爾蒙來加以整合。在本章中，我們首先要介紹的是神經系統的構造及其功能，然後我們再討論內分泌腺系統對行為的影響。

一、神經細胞

甲、神經細胞的構造

　　有機體的所有細胞都由下列三個主要部份所組成：細胞核、細胞質和細胞外膜。神經細胞為體內細胞的一種，因此其構造也沒有例外。人類的神經系統是由神經細胞（或稱為**神經原**，neuron）所構成，構成神經系統的神經原，其總數估計在百億左右，其形狀與大小因所屬部位而有不同；不過，他們的主要功能都是在受納與傳遞訊息。神經原的形狀要比其他的細胞來得複雜，而且許多神經原要比其他細胞細長很多，圖2～1所顯示的是一個典型的神經原。神經原與其他細胞所不同的是在其細胞質的外圍有許多細短的外伸纖維，這就是所謂的**枝狀突**（dendrites），枝狀突的主要作用在收取外來的訊息，並將此等訊息傳遞到細胞體（soma），細胞體向外延伸的單一長條叫做**軸狀突**（axon），軸狀突的作用在將訊息外輸到其他細胞，或直接傳輸到肌肉和內分泌腺體以引起動作及反應。

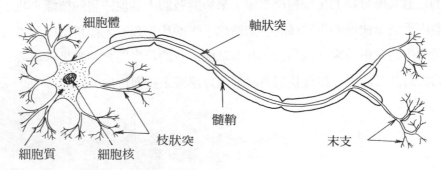

圖2～1　神經原（神經細胞）

　　神經細胞因其作用的不同而分為下列三種：**內導神經原**（afferent neurons）、**外導神經原**（efferent neurons）和**聯接神經原**（association neurons）。內導神經原的功用是在收集和傳導肢體內與肢體外的訊息刺激到脊髓或大腦，因此又叫做**感覺神經原**（sensory neurons）；外導神經原又叫**運動神經原**（motor neurons），其作用在將脊髓和大腦的訊息傳遞到肌肉或內分泌腺體；聯接神經原大多分佈於脊髓和大腦內，其作用在聯接內輸與外送的訊息，此等神經原體形較小。

乙、神經傳導

　　神經原所受刺激，可經由細胞的一部份傳導到另一部份，這種同一細胞內的傳導叫做**神經衝動**（nerve impulses）。這種傳遞方式是由細胞膜內、外電位的變化所產生，不過，神經衝動不像電流中的電子，它們的運動速度較電子要緩慢許多。訊息的傳遞也可能是在不同的神經原間，這種神經原間的傳遞作用是一種化學性的作用，神經原間的傳導作用叫做**觸處傳導**（synaptic transmission）。電流性與化學性的兩種傳遞信號是我們體內所有細胞所共同瞭解的語言，我們五官內的不同感覺與反應，則是由體內不同部位受納此等傳導語言所造成和引起。

1.神經衝動

　　上面提過，神經衝動是由細胞膜內、外正負電位產生變化所造成。這種電位的變化是由外來刺激所引起，外來刺激需要達到某一強度才能引起細胞的反應。當刺激達到此一強度界限時（不管剛好達到或強出許多），細胞就會因受到刺激而做適當的反應。細胞衝動反應的強弱並不依外來刺激的大小強弱而有所變化，這種神經衝動的反應原則叫做**全有或全無原則**（all-or-none principle）。神經細胞衝動的這個特性，使訊息不因經由細胞的一端到另一端而消弱。當然，這種「全有或全無」的反

應原則，只限於一個細胞內本身的衝動反應。外來刺激有強弱之分，神經細胞對強弱不同刺激的反應是以神經衝動的速度（在每秒鐘內所產生的神經衝動數）和受刺激而反應的神經原數來決定，較強的外來刺激不但引起較快速的神經衝動，而且也引起較多的神經原的反應。

2.觸處傳導

　　在一個神經原的尾端與另外一個神經原枝狀突之間有一個小小的間隙，這個間隙叫做**觸處**（synapse），其寬度約只有500萬分之一英吋，這個細微空隙的存在，使得神經原可由各不同部位受納刺激和傳導訊息，同時與許多其他神經原保持聯繫。上面提過，神經原間的傳遞作用是一種化學性的作用，這種現象的產生是當神經衝動經由軸狀突傳達神經原尾端時，引起一種化學交流物的產生，這種化學物隨即溢過神經原間的空隙，而與其他神經原的受納部位發生接觸，這種接觸對受納神經原可以發生興奮或抑止的兩種不同作用。在興奮的情況下，由此傳來的訊息可能繼續傳遞到其他的神經原；但是，在抑止的情況下，所傳遞的訊息即止於此一受納神經原而不作繼續的傳導。神經傳導的方向是一定的，神經衝動是由軸狀突傳到末支，在此放出後再透過觸處的化學物（neurotransmitter）而由另一個細胞的枝狀突受納再進入其細胞體內，然後再透過其軸狀突、末支而傳到其他細胞，相反方向的傳遞是不可能發生的，這種單方向的傳導原則就叫做**前進傳導法則**（law of forward conduction）。

　　神經原所能產生的化學交流物有好幾種，其作用或為興奮或為抑止，而各有不同。不過到目前為止，科學家們還不能確定這些化學物的種類。有關觸處傳導的另外一個問題是：化學交流物在產生傳導作用後所產生的變化，最近的研究結果指出，有些化學交流物在產生傳導作用後，即為其他化學物所摧毀取代，而有些化學交流物則被細胞吸收回來以備再用。化學藥物安非他命（amphetamines）的一個作用，就是在

防止某些神經傳導所產生的化學交流物之被吸回神經細胞內，而使細胞衝動與傳導得以繼續不斷而造成興奮的狀況。除此之外，新近的研究也發現觸處傳導的異常可能與精神失常病症（如抑鬱和精神分裂症）有關，這在第十五章中我們將做較詳細的介紹。

　　每一個細胞原只生產和放出一種神經傳導物（neurotransmitter），而目前科學家們已認定的神經傳導物，高達六十種之多，而且可能還有許多種尚未被認定。這些傳導神經衝動（neural impulses）的化學物，對我們的心理作用產生很多重要的影響，它們在動機上，吸毒與濫用藥物方面，以及心理異常（精神分裂症）及其藥物治療上，都會有顯著的作用，這在後面相關的章節中，我們會再度說明，這裡先讓我們看看幾種較常見的神經傳導物。

　　乙醯膽鹼（acetylcholine，簡稱 Ach）在整個神經系統中都存在，它是所有興奮性傳導物（excitatory transmitter）中最常見者，它不但存在於腦部，而且在神經細胞與肌肉間的觸處縫口（synaptic cleft）也有，這種傳導物與正常的記憶功能有關，因此在研究記憶問題時（例如歐塞末症──Alzheimer's disease，俗稱老人痴呆症），常是一種重要的研究變項。重要的抑制性傳導物（inhibitory neurotransmitter）包括有去甲腎上腺素（norepinephrine）和多巴胺酸（dopamine），這兩種化學物都與情緒有關，亢奮的情緒往往與多量的去甲腎上腺素有關，古柯鹼的作用就在增加這種傳導物的釋放量，以維持一種亢奮的情緒感受。相反地，腦中的去甲腎上腺素如果太少，則會有憂鬱的現象。多巴胺酸的作用相當地複雜，它好像與許多反應都有關，精神分裂症的許多癥狀，往往被發現是與這種化學物的多少直接有關聯；它也與動作行為的控制有關，分泌數量過多時，往往會有肌肉抽動失控的現象。腦啡（endorphins）則是一種天然的止痛物，這種化學物的多少，與痛覺高低有關，多量的這種化學物，使一個人的痛覺變得遲鈍。

幾種神經傳導物及其主要功能

神經傳導物	主要來源和功能
乙醯膽鹼（Acetylcholine）（Ach）	分佈最廣泛；大多存在於與肌肉控制相關的系統；又與注意和記憶密切有關。
多巴胺酸（Dopamine）	主要在腦部，存量過多會引起幻想和幻覺。
腦啡（Endorphins）	在腦部和脊髓區中；有止痛作用。
珈瑪胺基丁酸（Gamma-amino-butyric acid; GABA）	存在於腦內各部；與其他傳導物產生制衡作用，尤其是多巴胺酸。
去甲腎上腺素（Norepinephrine）	多存在於中樞神經系統，會增加一個人的警覺性，與情緒運作有關。
血清緊素（Serotonin）	存於腦內；其功用與去甲腎上腺素相反，引起睡眠和昏沈。

二、神經系統

甲、神經系統的分支

在我們的身體內，為數百億的神經細胞擔任著訊息傳遞的重要功能，如此眾多的細胞，各司其特定的不同作用，而不發生差錯與混亂，確是一項不可思議的事。我們的神經系統為什麼能夠維持這樣一個高度的效能呢？主要的一個原因是：各種不同的神經細胞，有其獨特的聯絡管道，來與較高級的神經中心取得聯絡，這些不同管道的存在，不但有助於神經細胞高度功能的維持，而且也為神經系統的研究，提供了一個劃分的依據。

依其結構的不同，我們可以將神經系統分為中樞神經系統和周緣神經系統（peripheral nervous system）兩大類。中樞神經系統包括腦部和脊髓，周緣神經系統則包括除了腦部和脊髓以外的其他神經細胞。這些細胞又可以分為感覺神經細胞與運動神經細胞兩種。感覺神經細胞將外來的訊息傳到中樞神經系統，而運動神經細胞則將來自中樞神經系統的訊息傳到肌肉各部和內分泌腺體。

周緣神經系統也可根據其所負責身體部位的不同而做下列的劃分：(1)**體幹神經系統**（somatic nervous system），其作用在溝通感受細胞與體幹肌肉間的訊息。(2)**自主神經系統**（autonomic nervous system），其作用在管制內臟肌肉與內分泌腺體的分泌和操作。體幹神經系統一方面接受外來的刺激而將此等訊息傳到中樞神經，然後再將中樞神經系統所做的反應訊息傳到體幹肌肉，而由運動器官產生必須的反應動作。自主神經系統的構造比較複雜，現在讓我們來做較詳細的介紹。

乙、自主神經系統

一般說來，自主神經所管制的功能如消化、心跳等大都是自主的，不過，其他與經驗和表情有關的情緒反應卻不一定是自主的。自主神經系統又可分為**交感神經**（sympathetic nerve）和**副交感神經**（parasympathetic nerve）兩種，這兩種神經的作用往往是相互牽制的，其劃分則以腦幹和脊髓的不同段落為準。自主神經的構造及其所控制的內臟器官，請參看圖2～2。

1.交感神經

交感神經細胞與體內各器官相連接，而對此等器官的作用具有增進的功能。基本上，我們可以把交感神經看做是緊急情況的處置者，當我們的生命受到威脅時，或當我們在掙扎和搏鬥時，或當我們有著強烈的情感反應時（如恐懼與憤怒等），交感神經馬上發生作用，其主要功能

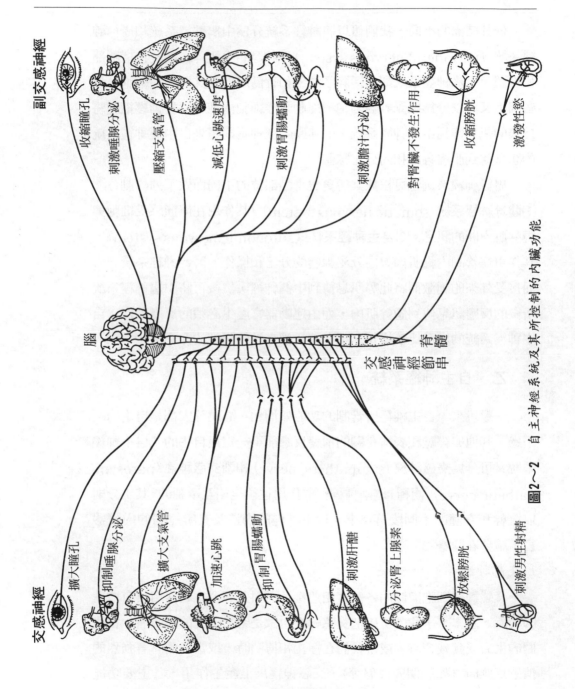

副交感神經

收縮瞳孔
刺激唾腺分泌
壓縮支氣管
減低心跳速度
刺激胃腸蠕動
刺激膽汁分泌
對腎臟不發生作用
收縮膀胱
激發性慾

腦
脊髓
交感神經節串

交感神經

擴大瞳孔
抑制唾腺分泌
擴大支氣管
加速心跳
抑制胃腸蠕動
刺激肝醣
分泌腎上腺素
放鬆膀胱
刺激男性射精

圖2～2　自主神經系統及其所控制的內臟功能

在：加速我們的心跳、下令肝臟釋放更多的血醣以備肌肉運動之用、促進腎上腺素的分泌，以及暫時緩慢或停止消化器官的活動，如此以動員肢體各部，來應付危急。

2.副交感神經

　　副交感神經的作用恰與交感神經的作用相反，因此與交感神經相互產生制衡的作用，副交感神經的作用主要是由腦幹所控制，而我們肉體內的大部份生理機能都受到副交感神經的支配與管制，例如呼吸、血液循環、消化和排泄等功能都由副交感神經所操縱。副交感神經具有維護機體的功能，它抑制體內各器官的過度興奮，而使這些器官獲得必要的休息。

　　過去一般人都認為自主神經系統是「自主自律的」，它的作用不能由我們的心願隨意加以控制。不過，近年來有許多研究結果指出，我們對自主神經所可能做的控制，也許要比我們所想像的來得多，透過學習的歷程，有些人確能依其心願對自主神經的作用做相當程度的控制，有關這方面的一些研究，當我們討論學習原理時，將做較詳細的介紹。

丙、中樞神經系統

　　中樞神經系統主要包括脊髓和腦部，這裡我們分別加以介紹。

1.脊髓

　　脊髓是中樞神經系統的一個主要部份，人的脊髓是類似小手指頭粗細的一根繩子，位於脊柱之內，上接腦部，而外連周緣神經。脊髓有兩個主要功能：第一，脊髓是周緣神經與腦部神經間的橋梁。脊髓外部的白色物質將感覺神經內輸的訊息轉達到腦部，並把腦部外送的訊息傳到運動神經；第二，脊髓內部的灰色物質控制反射性的運動，將感覺神經內輸的訊息，不經腦部的指示與處理，直接加以處理後，迅速地命令運動反應神經做必要的快速反射動作。我們身體的反射活動都是具保護性

的，它們的主要功能乃是在避免身體遭受外來刺激的損害，例如手指頭觸電後的即速收回就是一種具保護性的反射動作。不過，有些反射動作是經過腦部的處理後再發生的，打噴嚏即是一例，這種動作的發生比較緩慢，有時，我們可以加以控制而避免其發生。

由脊髓所指使的**反射活動**（spinal reflexes），腦部具有加以控制和更改的力量，例如當醫生為小孩做膝蓋反射試驗時，小孩可能因為對醫生或診療室具有恐懼感而相當緊張，如此一來，小孩的膝蓋就會變得僵硬而抑制膝蓋的反射動作，膝蓋之所以變得僵硬，乃是由小孩的腦部所控制造成的。在這種情況下，醫生會叫小孩說出自己的名字，活動大拇指，或做其他的反應，設法暫時轉移小孩的注意力，如此可使小孩的膝蓋放鬆。

在人類，或其他較高等的哺乳動物中，脊髓的許多功能多為腦部所取代控制，因此腦部的功能並不只在修正脊髓的反射功能。就以青蛙為例，當青蛙的大腦被割除後，它仍能依靠脊髓的控制，在被刺激的情況下做適當的跳躍活動。但是，如果較高等的動物的腦部一旦被割除，它連站立的本事都隨之消失，由此可見，在生物進化的過程中，腦部的控制功能越來越多，相反地，脊髓的功能卻相對地越來越少。

2.腦部的構造與功能

人的腦部是由為數上百億的神經細胞所組成，它可以說是宇宙中最複雜的一個結構。欲對如此高度複雜的結構進行分析研究，實在是一件很不簡單的事，不過，在人們的腦中存在著思考、推理、意識、記憶和創造力等重要的心理歷程，為了增進我們對這些重要心理歷程的認識與瞭解，有關腦部構造及其功能的探討與研究，不但深具意義，而且頗有需要。加上個別間差異的存在，有許多是因其腦部的不同所造成，如此一來，腦部構造與功能的研究，對心理學家而言也就更具挑戰性。

雖然人腦的構造十分複雜，大體上我們仍可加以細分，以便利研究

與探討，為了方便起見，我們在此將把它分為**後腦**（hindbrain）、**中腦**（midbrain）和**前腦**（forebrain）三大部來介紹。不過，有一點我們需要提醒讀者的是，腦部的功能並不能以特定的部位來做詳確的劃分，因為在一般的情況下，腦部的許多作用是由許多小部份共同參與的；同時，人腦的功能也深具彈性，當腦部某一區域遭受損壞時，其他的區域往往可以取而代之，以維持個人的正常活動。

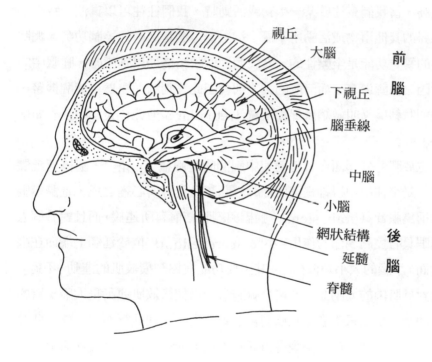

圖2～3　腦部縱剖圖

後腦　後腦的下半部叫做**延髓**（medulla），它控制呼吸與心跳，以及其他非自主性的反射動作，同時，延髓也是介於脊髓與其他腦部間神經傳導所必經的要域。我們也知道，左腦控制右邊身體運作，右腦控制左邊身體，而訊息的進入與輸出，則以延髓為分支點。貫穿延髓、中腦

以及前腦視丘部位（thalamus）的是一個名叫**網狀結構**（reticular formation）的複雜的神經組織。網狀結構的主要作用在警覺和刺激腦部的其他部位，這尤其是以大腦皮質和視丘爲然。例如當有人敲門時，感覺神經把這個消息傳到大腦皮質，但是除非網狀結構也同時受到刺激，你是不會做任何的反應的。網狀結構在傳遞訊息上具有高度的選擇性，對於外來的刺激並不會全部加以傳達到大腦，網狀結構的這個管制作用效率很高，當我們貫注於某一事物或活動時，我們往往可以貫注一致而不爲外界的其他事物或活動所干擾，這主要是網狀結構的控制功勞。網狀結構的警覺功能是全盤性的，當我們對網狀結構加以刺激時，睡眠中的人會因之而醒過來，而清醒的人，則會因此等刺激而變爲更清醒機警，因此網狀結構又叫做**網狀促動系統**（reticular activating system，簡稱RAS）。

位於腦幹外圍而介於延髓與中腦間的是**腦橋**（pons），腦橋與延髓一樣，是來往於中樞神經與周緣神經間訊息傳導所必經之道，延髓與腦橋合稱爲腦幹（brain stem）。腦橋與網狀結構有所連接，而且對於個人的睡眠具有控制調節的作用。**小腦**（cerebellum）位於延髓上端而在腦幹背面，小腦的大小類似棒球，其主要功能在協調橫紋肌的運動，不過，小腦對於肌肉的運動並不直接發號施令，指使橫紋肌運動是大腦皮質的一個功能，小腦只不過是查核適當運動之是否順利執行而已，如果此等運動未被適當地執行，小腦會再通知大腦，而由大腦另外發佈命令。由此看來，小腦的功能只是一種協調的功能，而不是一種直接控制的功能。不過，由於視覺與身體的運動密切相關，許多眼睛的轉動乃是由小腦來發起的。

中腦 高等動物的中腦日漸退化，這主要是因爲前腦擴張發展的後果。不過，中腦在整個中樞神經系統裡仍佔重要地位，它不但溝通前腦與後腦，而且是視覺肌肉運動的主要控制者。當然，由於前腦的發達，

許多以前中腦所具有的感覺性功能，已多爲前腦所取代。

　　前腦　在所有動物中，以人的前腦在腦部所佔比例爲最大，**大腦皮質**（cerebral cortex）的擴大是造成大前腦的主要原因，而大腦的存在乃是人之所以異於其他動物的所在。

　　灰色的大腦皮質是由衆多的神經細胞所組成，實際上，絕大多數的腦神經細胞都是用來組成大腦皮質。雖然大腦皮質擁有這麼許多神經細胞，其厚度卻只有兩公分左右而已，爲了使大腦皮質的接觸面儘量擴大，大腦皮質的表面十分地皺，衆多的皺紋使得大腦有廣大的接觸面而無須增大頭蓋骨。大腦中分爲左右兩半球，而由**胼胝體**（corpus callosum）所接連。除了大腦外，前腦還包括**視丘**（thalamus）、**下視丘**（hypo-thalamus）和**枝狀系統**（limbic system），底下我們先分別加以介紹，由於大腦的結構與功能十分複雜，我們留待下節中專門討論。

　　A.　視丘：位於腦幹之上而介於大腦兩半球間的兩個蛋形的神經圈就是所謂的**視丘**。視丘的一部份是轉運站，來自視覺、聽覺、觸覺、味覺和嗅覺的訊息在此加以統整後，轉到大腦有關各部位；視丘的另一部份則被認爲是網狀系統的一環，因爲它對於睡眠與清醒的控制，具有重要的功能。

　　B.　下視丘：下視丘正如其名所示，位於視丘之下，是一個很小的構造（其體積全部還佔不到腦部的百分之一）。雖然下視丘體積很小，但對於不同的動機卻具有重要的功能。下視丘管制飲食、性行爲、睡眠和體溫。下視丘也管制內分泌腺的活動，並維持體內的**均衡**（homeostasis），這裡所指的均衡乃是正常體溫的保持，正常心跳和血壓的維持，例如當個人的體溫過高時，我們會流許多汗來降低體溫，而當體溫過低時，身體會因之而發抖，這些都是由下視丘所控制的。在情緒的控制上，下視丘也佔有重要的地位，以微波電流刺激下視丘的某些部位可以使人產生快感，而刺激附近的另一部位，卻會使人產生痛苦和不快的感覺。

下視丘又能對緊接其下的腦下垂體發生影響，因此對於恐懼與緊張情緒的反應，也產生了控制的作用。

　　C.　枝狀系統：散佈於大腦左右兩半球內緣中心部位是一種叫做**枝狀系統**的構造。枝狀系統與下視丘間關係密切，對於滿足下視丘所管制的基本情緒與動機欲求所需的行動，枝狀系統具有控制的作用。枝狀系統部份受損的人，缺乏執行一系列活動的能力，一點小小的插入活動，往往使得這些人忘記他們原先所從事的活動，由於這項觀察，有些人認為枝狀系統也許與我們的記憶有關，尤其是新近的記憶，有些研究報告指出，枝狀系統受損的人，無法將新近的記憶匯入長期記憶裡。

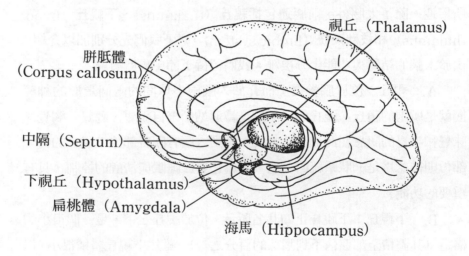

圖2～4　枝狀系統是由大腦內許多小部位組合而成

　　枝狀系統其實是由許多相連的不同小部位所組成，這個系統包括有扁桃體（amygdala）、中隔（septum）、視丘、下視丘以及海馬（hippocampus）。扁桃體受到刺激時，憤怒和攻擊性的行為就會發生；而中隔的功用則似乎是剛好相反，當它遭受刺激時，激烈的情緒反應會隨之減少。這些功用在一般動物中相當顯著而直接，不過，人類的情緒

反應因又受到其他部位的影響，這兩個小部位的影響力就沒有那麼直截
了當。海馬與記憶的形成密切相關，這個部位受損的人，往往無法組成
永久性的記憶，但在該部位受損以前所已有的老記憶，則不會受到不利
的影響而無遺忘之慮。

三、大腦的構造及其功能

　　大腦對稱地分為左、右兩半球，右半球控制左半身的感覺與運動，
左半球則剛好相反，它控制右半身的感覺與運動。連接左右兩半球的是
胼胝體，這是由許多傳入與輸出的神經纖維束所組成，為訊息出入兩半
球的主要幹道，並協調左、右兩半球的活動。

甲、大腦皮質及其分區功能

　　生理學家根據大腦皮質上顯明的溝紋，將大腦皮質劃分為許多主要
部份，最主要的有**前葉**（front lobe）、**顳顬葉**（temporal lobe）、**頂葉**
（parietal lobe）和**枕葉**（occipital lobe），有關各部位及其主要功能請
參閱圖2～5。大腦皮質除了上述的主要部位外，又可依其專司功能的不
同而分為下列幾個中樞。

1.運動中樞

　　位於大腦前葉。人類身體的每一個不同動作都有其相對的控制中
心，此一特區只對該相對動作產生控制的作用。每一特定運動控制中心
區域的大小，與該等動作之頻繁與否成正比例，動作越頻繁者，其控制
中心區域也越大，因此人腦中控制嘴唇與手指頭活動的區域，要比控制
背部其他部位的大一些。

2.感覺中樞

　　位於大腦頂葉。感覺中樞與運動中樞的部位相互配合。外來刺激的

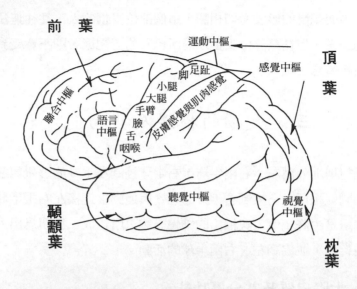

圖2～5 大腦皮質分區功能圖

感覺與解釋,主要是依賴接受訊息的不同皮質部位而定,不同的感覺在大腦皮質上有其特定的部位;而屬於同一感覺,又因刺激的不同,而由特定的神經細胞來應付。例如有些視覺細胞專司對垂直線的反應,有些視覺細胞則專司對橫線的反應,而有些則對這兩種刺激都有反應的功能,這在其他的感覺上又同。

3.聯合中樞 (association cortex)

　　大腦約有四分之三的部位職司非專定的功能,遺憾的是,我們對這廣大部份的瞭解,卻比對上述特定區域的瞭解更爲有限。大腦皮質的非專定功能區域叫做聯合中樞。此等區域的主要功能是組織、處理和儲藏出入大腦的訊息。聯合中樞也是主掌語言、學習、記憶和思考等複雜行爲的大本營,不過,除了一些片段的實驗報告外,我們對於人類大腦聯合中樞的瞭解實在不多。

　　有關聯合中樞的一個重要發現是：此一中樞的功能是高度聯合統整的。對於此一中樞內某一部位的損傷，並不一定會引起感覺或運動機能上的缺陷。此等功能的失常與否，主要是要看受損程度的大小而定，而與受損的部位，似乎少有直接關係。經由對腦部受傷者的觀察與研究，生理心理學家已確定在聯合中樞受損時，可能產生語言、知覺或運動上單一或複合性的缺陷。

　　聯合中樞又因其部位的不同而可細分如下：

　　A. 前聯合中樞：對用來解決問題所需的思想過程有其重要的地位，大腦前葉受損的人，對於需要經過思考之後才能解決的問題，似乎特別感到困難。

　　B. 後聯合中樞：爲位於各主要感覺中樞間的不同皮質所組成，每一特定區域對於某一感覺有其特定的功能。例如，顳顬葉的下部與視覺有關，割除此一部位，會使一個人認識與區別不同形狀的能力因之受到損害，但是對視覺的正確性卻不會發生不良的影響，這與割除位於枕葉的視覺中心所產生的影響是有所不同的。位於顳顬葉附近的一些部位與語言行爲有關，此一部位受到損壞時，一個人對語言的「瞭解」能力就會受到不良影響，但是卻不影響其「說話」的能力。顳顬葉內的聯合中樞似乎也與我們的記憶有關，以微電刺激這個部位，可以使受刺激者產生明顯而生動的記憶，但如果將此一部位予以割除，微電刺激卻無法再引起生動的記憶。

4.語言中心

　　一般人的說話能力是由大腦左半球所控制，這與其他的能力兼由大腦左右兩半球所控制者有所不同。早在1861年，法國神經生理學家博洛卡（P. Broca, 1824～1880）在解剖一個說話能力失常的病人的腦部時，發現此一病人大腦左半球前葉側裂上方的部位有所損壞，因此斷定此一部位與語言（說話）能力有關，爲記念博洛卡的功勞，此一部位被命名

為博洛卡區（Broca area），這也就是我們所謂的語言中心，其實它只是一個說話中心而已，因為語言能力還包括有理解語意的能力。

博洛卡區附近的部位與瞭解語言的能力有關，至於書寫與閱讀的能力，則由大腦前葉的另一部份所控制。由於我們的說話中心在大腦左半球，因此由高血壓所造成的腦部損害（腦充血），如果主要是在左半球，那麼這個病人的說話能力受到不良影響的可能性就要大些。由於一般人都是右利（主要使用右手來操作），其大腦左半球為控制右半身動作運動的中心，所以一般人在遭受腦充血侵害而造成腦部受傷後，往往也會發生語言失常的困擾。

個人用手雖有左利或右利的差別，但是慣用左手的人，其說話中心並不一定就在右半球，有些左利的人，他們的語言中心位於右半球，或是平均地分配於左右兩半球。不過大部份左利的人，其語言中心仍是跟右利的人一樣，位於左半球。由於這種個別上的差異，有關因糾正手勢而造成語言障礙的論說也就不能一概而論，通常一般人都認為強迫一個小孩變換用手習慣（由左利而右利），會造成口吃或其他的語言障礙，但是基於上面所說的個別差異之存在，這種現象並不一定都會發生，對於那些慣用左手，而其語言能力又由右半球所控制的人，因強迫改用右手而引起語言失常的可能性就較大。一般小孩在兩、三歲以前，往往是左右手並用而沒有左利或右利之分，如果在小時候常常鼓勵他（她）用右手而避免使用左手，慢慢地他（她）就會變成右利，而不必以強迫的方法來加以改變。

乙、大腦兩半球的不同功能

上面介紹大腦的構造時，我們曾指出大腦左右兩半球是相對稱的，而且每一個半球又都具有感覺、運動、視覺、聽覺等特定功能區域。不過，近年來有關大腦的研究卻發現，大腦左右兩半球的功能有著顯著的

不同。基本上我們都知道大腦左半球控制我們的右半身，而右半球控制左半身，我們又知道語言區位於左半球；另外，當我們向前注視時，左視野的影像透過雙眼而到達大腦右半球，右視野的影像則到達左半球。在正常的情況下，進入任何一個半球的刺激與訊息很快地經由兩半球間的胼胝體而傳達到另外一個半球，如此整個大腦的操作與運用是貫通而統一的。不過，假如胼胝體被切開，而左右兩半球不能直接相互聯絡時，大腦的作用將有何變化呢？現在讓我們來看看所謂「分開腦」（split-brain）的現象。

　　把大腦從胼胝體切開的手術是醫學上爲了防止癲癇症惡化，由大腦的一個半球，蔓延到另一半球而做的，這種醫學上的手術在1961年由博根（Brogan）醫師首做嘗試成功。根據對接受過這種手術的病人的觀察與實驗，專家們發現許多奇異的「雙腦」（分開的左右兩半球）現象。史貝利等（Sperry, 1968; Gazzaniga, 1972）發現這種病人雖視力正常，但卻不能迅速地閱讀出任何出現在左視野的東西，當他看見左視野的一樣東西時，他無法叫出該東西的名稱，但是他卻可以用其他的方法來表達他所看到的東西，例如，當他看到一頂帽子的照片時，他雖然不能說出「帽子」來，但他可以用左手撿起帽子來。如果把這種病人的雙眼加以矇住，然後放一件日常物品（如牙刷）在他的左手，他可以用動作來表示該物品的用途，但是他卻缺乏以語言來表達的能力；不過，如果他的右手有機會碰到那件東西，或者該件東西發出其特有的聲響（如牙刷的沙沙聲），病人馬上可以用語言來述說該物品的用途。由此可見，當胼胝體被切開後，因爲左右兩半球失去直接聯絡，由左視野而傳進來的刺激或訊息，無法經由胼胝體傳達到左半球的說話中心以便引起必須的語言反應。

　　另外一種實驗是把一個名詞分爲兩半而同時投射到左右兩視野（例如使「鉛」出現在左視野，「筆」在右視野），胼胝體被割開的人，只能

唸出「筆」字，但卻說不出「鉛」字，這種實驗證明這種人只知道發生於左半球的事物，而且由於說話中心位於左半球，因此他可以用語言來表達（叫出）出現於左半球的事物。這裡我們需要特別強調的一點是，在做這種實驗時，所有外來刺激都只在瞬息間出現，這樣可以避免兩眼掃視而獲得較多的訊息，通常我們以雙眼注視東西時，往往左右掃視，以獲取較多的訊息，使左右兩半球都受到刺激，這也就是為什麼動過胼胝體分割手術的人平常在感覺與適應上並沒有太大的問題，而且也不會顯出任何不正常反應的道理。

由於這方面的研究以及其他以動物所做的研究，專家們認為我們的左半球是主要的半球，左半球不但控制我們運用語言的能力，而且也具有數學演算和思考分析的能力。右半球的功能大多為次要的，它所能瞭解的只是很簡單的語言，而對於抽象的語言方式卻無能為力；不過，有些科學家卻認為右半球可能在空間關係、音樂和藝術等方面具有重要的功能（Kosslyn, 1994）。所以，我們需要加以強調的是，不管任何行為或心理歷程，絕不是由任何單一半球所控制（Hellige, 1993），只是兩個半腦的功能有所偏重專精而已，例如當我們閱讀一個故事時，左半球瞭解字義，而右半球則依此做出必要的感受和意象。

丙、研究大腦的方法

研究大腦的主要目的乃是在其不同部位所司功能的確定。專家們研究大腦的主要方法大體上可分為下列四種。

1.割除法

運用這種方法時，首先將動物大腦的某一部位予以割除或加以破壞或用其他手術使其失去功能，然後再觀察這種手術對行為所可能發生的影響。例如割除下視丘的某一部位，可以使白鼠過食而發生身體過胖的後果，但是割除另一部位，卻會造成白鼠拒食的反應而餓死；由這種實

驗，我們可以認定下視丘對於進食的行為具有重要的管制作用。

2.刺激法

　　另外一個研究腦部的方法是運用電流或化學藥物來對腦部的某一特定位置實行刺激，由於此等刺激而引起的行為反應可以用來對該部位所司功能加以推論。例如，當下視丘的某一部位受到電流刺激時，雖然已經吃飽的白鼠仍然會繼續進食，但是如果刺激下視丘的另一部位，卻能使十分飢餓的白鼠停止進食，由此可見，進食與否完全是由所刺激的部位來決定。由刺激所引起的作用與由割除所引起的反應一般是恰好相反，例如割除某一部位而引起動物過食，以電流或藥物刺激此一部位卻可使它停止進食，由此，我們知道該一部位的功能是與節制進食的行為有關。反之，如果割除導致動物拒食而餓死，以電流刺激或藥物刺激此一部位卻可以引起過食的現象，這個部位的功能則與引起進食的行為有關。化學藥物的功能主要有促進或抑止的分別，具有抑止作用的化學藥物可以引起短暫性的類似割除的效用，因此運用促進性或抑制性的化學藥物，我們也可以對腦部的功能進行研究以便認定其專司。

3.電測法

　　這種方法是運用高度精密的電子儀器來測量並記錄腦部的電波反應。腦部電波反應的測量與記錄可透過多種方式來進行，有一種方法是把很小的電極（electrode）置放於某一部位或植於某一神經細胞內，以便偵測腦部的電波反應，這種方法叫做微電極法（microelectrode method），另一種方法是用較大的電極，植於腦內或放於大腦皮質之上來偵測（evoked potential method），還有就是較為一般人所知曉的腦電波偵測器（electroencephalogram，簡稱 EEG），這是直接把大的電極置於頭皮上以偵測腦電波的活動與變化。利用這些設備，我們可以觀察由外來刺激所引起的相關反應，或是內在某些機體功能活動所引起的腦波之變化，而對某一部位的功能有所瞭解。例如，假設腦波的活動在

個體從事某些行為時（如吃東西或喝水等）有顯著的增加，但在其他時候卻沒有變化，那麼也許此一部位的功能是與飲水和進食有關。

4. 顯微透視法

電測法主要在測量由腦部所放射出來的電波，研究因不同行為而造成的腦波（brainwaves）上之變化，我們身心舒鬆時的腦波型態與緊張、興奮時的腦波型態頗多差異，甚至在睡眠過程中的不同階段，腦波的型態也隨之發生變化。顯微透視法則是一種利用高度顯微儀器，來直接透視整個腦部的方法，其實，因所用儀器的不同，顯微透視法又細分為多種，目前最常被使用的包括有 CATs、PETs 和 MRIs。利用 X 光照射，我們也可以看到腦部的主要部位，只是其影像不太清楚而已。

所謂 CATs，乃是利用電腦來放大 X 光照片（computerized axial tomography），這是一般我們常聽到的電瞄法，可以轉動的 X 光管繞著頭部轉一圈，由此所照到的各部位圖片，經由電腦處理後，組成一個明確的腦部全圖（立體圖形）。採用電瞄法，不必對腦部開刀動任何手術。這種方法在八十年代初期開始被使用迄今。MRIs 儀器更精密，影片也更清楚，它是把腦部置於一個強大磁場內，經由記錄腦細胞所放射的動能而構圖，MRI 是 magnetic resonance imaging 的縮寫。

PETs（positron emission transaxial tomography scan）不但可以得到清晰的圖片，而且透過鎖定某種注入於腦中的某些放射性化學物，PETs 還可以探討腦內某些部位的活動，及其引起的行為功能。PETs 掃描提供了腦部新陳代謝作用的資訊，指出在某一時間中腦部特定部位的活動情形。透過所注入之放射性化學物，通常會有向腦部特別活動部位聚集的狀況（腦部活動性之高低，因氧氣或血醣，或是血液循環等新陳代謝作用之速度而定），PETs 可以顯示那些是與特別行為（如閱讀或是聽音樂）具有密切相關的腦部位置。目前還有一種叫做 SPECT（single-photon emission computed tomography）的技術，比 PETs

的功能更佳，能對更細小的部位以及腦內部更深的地方掃描做圖（Hol-man & Tumeh, 1990）。

四、內分泌腺系統

內分泌腺系統與神經系統一樣，是統整肢體生理機能的主要系統。內分泌腺系統分泌不同的荷爾蒙，此等化學物透過血液而輸送到身體各部，肢體各器官運用這些荷爾蒙來整合有關生長和生殖等不講求速度的生理機能。內分泌腺體的功能並不亞於神經系統，實際上，神經系統有賴內分泌腺系統來執行其統整的功能，而個人的情緒反應也深受內分泌腺的影響。內分泌腺的控制，有些是由神經系統來執行，有些則依體內的情況而自作調節適應。內分泌腺的主要作用乃是在維持體內的均衡。我們體內內分泌腺體所分泌的荷爾蒙種類很多，目前專家所確定的已高達二十七種，有些腺體只分泌一種荷爾蒙，有些則分泌數種不同的荷爾蒙。圖2～6所示就是人體內的主要內分泌腺。下面所介紹的是與我們的行為有密切關係的腺體。

1.甲狀腺

位於喉頭下端，分泌甲狀腺素，其主要作用在新陳代謝的管制。過多的甲狀腺素使得一個人的胃口大增，但這卻不一定會迅速地增加其體重；過多的甲狀腺素也會促使一個人的反應變得十分敏感，往往造成過度緊張的現象。甲狀腺素如果分泌不足，則會使一個人精神遲鈍，感到極度疲倦。如果一個人在幼兒期患有甲狀腺素分泌不足的症狀，這往往會導致矮小遲鈍症（cretinism）的發生，這是一種與智能不足有關的病症。

2.副甲狀腺

副甲狀腺是位於甲狀腺內的四個小豆形的腺體，其所分泌的副甲狀

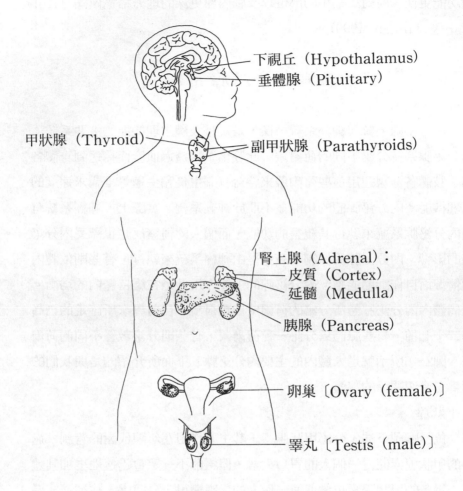

下視丘（Hypothalamus）
垂體腺（Pituitary）
甲狀腺（Thyroid）
副甲狀腺（Parathyroids）
腎上腺（Adrenal）：
皮質（Cortex）
延髓（Medulla）
胰腺（Pancreas）
卵巢〔Ovary（female）〕
睪丸〔Testis（male）〕

圖2～6　人體內分泌腺

腺素具有使血液內與細胞內的鈣質成分保存一定比例的功能。血液內的
鈣質成分與神經系統的感應性有密切的直接關聯，副甲狀腺素如果分泌
不足，往往會使一個人變為過度敏感，反之，過多的副甲狀腺素卻會導
致反應遲鈍和肢體協調不良的現象。

3.胰腺

　　位於胃之下端，胰腺分泌胰島素，其作用在控制血醣的成分。當胰島素分泌不足時，血醣量大增，腎臟為了去除過量的血醣而排出多量的水。由於水分減少，血液中含毒的廢物增加，而導致糖尿病。糖尿病可由注射胰島素和安排特別的飲食來加以控制和治療。過多的胰島素則會引起血醣量的減少，而使人長期疲倦，精神不振。

4.腎上腺

　　腎上腺有兩個，位於左右腎臟之上，每一個腎上腺又分為皮質和髓質兩部份。髓質部由神經系統的提醒而分泌腎上腺素和非腎上腺素。腎上腺素的分泌，主要是當一個人感到恐懼害怕時，其作用在加速心跳，促進血液循環。非腎上腺素則在一個人發怒時分泌，其作用在使血管收縮，加高血壓；非腎上腺素由血液循環而到達前葉腦下腺，而引起腎上腺激素（adrenocorticotropic hormone，簡稱 ACTH）的分泌，這種荷爾蒙刺激腎上皮質腺加速新陳代謝，而造成身體肌肉的緊張。停止消化，擴大瞳孔，增加血醣等反應繼之發生，以準備對付引起恐懼與憤怒的外來事物。由此可見，腎上腺所分泌的腺素主要在準備個體應付緊急情況，其作用與自主神經系統內的交感神經的作用具有密切的關係。

5.垂體腺

　　垂體腺所分泌的荷爾蒙，種類最多，而對身體機能的影響也最大，而且，垂體腺又控制多種不同的內分泌腺，因此它又有「主腺」之稱。垂體腺因其功能的不同而可分為兩個主要部份。

　　後葉垂體腺是由神經系統所控制，分泌兩種腺素，其中之一在女人生產時指揮子宮做必要的收縮，並通知乳腺開始分泌乳汁；而另一種腺素則對於血壓的增高和人體細胞中水分的調節具有控制的作用。

　　前葉垂體腺同後葉垂體腺一樣受下視丘的管制。前葉垂體腺所分泌

的腺素有多種,其中有一種對人體生長發育的速度與時間具有重要的調節作用,這種腺素如果分泌過多,可使身體急速生長,而造成巨人症;反之,如果分泌不足,則會遲滯生長而導致侏儒症。其他由前葉垂體腺所分泌的腺素,則對其他的內分泌腺(甲狀腺、性腺和腎上腺)的分泌作用具有刺激促進的作用。

6.性腺

性腺因男、女而有別。女性的卵巢除排卵外,又分泌三種不同的荷爾蒙,此等荷爾蒙與前葉腦下腺的分泌物發生作用而產生下列的功能:促進第二性徵的發育(如陰毛的產生、乳房的發展等)、月經週期的控制、懷孕前和懷孕期間子宮環境的控制以及生產時產道的膨脹等。男性的睪丸除製造精子外,其所分泌的雄性腺素也具有刺激男性第二性徵發育的作用,對於性慾也會有左右的影響。

近年來有關性腺的研究很多,有些研究報告指出,男女兩性所分泌的荷爾蒙並不限於其本性的,這也就是說男人不但分泌男性荷爾蒙,而且也分泌女性荷爾蒙,而女人也分泌有男性荷爾蒙。個人所分泌的兩種不同的性荷爾蒙並不是由同一腺體所分泌,根據研究結果,女性所分泌的男性荷爾蒙是來自她的腎上腺。另外,有些研究指出,男性荷爾蒙對於男、女兩性的性慾都具有促進的作用,口服或注射男性荷爾蒙不但可以促進男人的性慾,而且對於女人的性慾也有促進的功效。

7.肽素(peptides)

上面我們提到一些主要的神經傳導化學物(neurotransmitters),這大都是屬於兒茶酚氨類(catecholamines),包括有乙醯膽鹼(acetylcholine),非腎上腺激素(norepinphrine),多巴胺酸(dopamine)和血清緊素(serotonin)等。肽素則是人體內的另一類重要化學物,有些肽素的功能與神經傳導物的功能無異,但是,大部份的肽素則較類似荷爾蒙,因為它們一般是直接進入血液中,不但會影響神經系統的作用,

也會影響到其他器官的作用。

　　腦部裡的肽素（brain peptides）也有許多種，有些與痛覺和情緒有關（Bloom & Lazerson, 1988），其他的肽素，對飲食、肌肉的運動以及記憶也會發生重大的影響。例如，一種名叫皮質醇（cortisol）的產生，是在一個人受到壓力和痛苦時，由腎上腺所分泌，不過，其幕後的主宰，則是由下視丘（hypothalamus）所分泌的一種叫做「促腎上腺皮質激素」（corticotropin-release factor，簡稱 CRF）的腦肽素。已被專家認定的肽素已超過100種，而新的則繼續地被發現中（National Institute of Mental Health, 1988）。

　　另一組腦肽素叫做「內啡肽」（腦啡，endorphins），這個希臘字的原義是「體內的嗎啡」，因為其作用與止痛用的嗎啡相類似。我國中醫術針灸（acupuncture）的止痛道理，可能是與內啡肽的分泌有關，在特定部位用針刺，可以促進內啡肽的分泌，而達到止痛的效果（Watkins & Mayer, 1982）。此外，內啡肽的存在與分泌，也可能可以解釋所謂「安慰劑效用」（placebo effects）（Fields & Levine, 1984）。所謂的安慰劑之使用（placebo），使人相信是真的服用了止痛藥，這種信念可促使腦部分泌內啡肽。而吸毒成癮的現象，也可能與此有關，鴉片一類的藥，不只有止痛的功用，而且也使吸用者產生一種快活舒暢的感覺，因此容易上癮。長跑者在完成全程後，激烈運動所造成的痛楚，可能促使內啡肽的分泌，這不但有止痛的功能，而且還會提神振奮（Colt et al., 1981）。

五、行為遺傳學

　　行為遺傳學（behavioral genetics）是一門新興的科學，它所探討的是行為特質的遺傳，從另一個角度來看，行為遺傳學是一門應用遺傳

學知識於心理學研究的科學，它的主要目的在探討行爲遺傳的程度與本質。有關行爲遺傳學的早期研究，當以英國科學家高登（F. Galton, 1822～1911）所做的有關天才的研究爲最有名，高登是達爾文的遠房表親，根據他對當時許多望族才子的研究，他發現許多名人才子都出自同一宗族，而且，也有許多作奸犯科者，他們的祖先也多有過不良的記錄。高登以及其他人在這方面所做的研究，多少指出有些行爲特質至少是與遺傳因素有某種程度的相關。

甲、遺傳的基本歷程

染色體是遺傳生理與心理特質的主要物質，染色體內有許多的基因存在，這些基因就是把身體上或心理上特質遺傳到下一代的媒介體。每個基因裡面含有許多去氧核糖核酸（deoxyribonucleic acid，簡稱 DNA），這是遺傳特質存在的地方。一般人體內的每一個細胞（精子和卵細胞除外）都擁有二十三對染色體，每一對的一半是來自母親，另一半則來自父親，這四十六個染色體對於個體的生長具有支配的作用。由二十三對染色體所可能做成的不同組合，高達八百萬種之多（2^{23}），而且，每個染色體內所包含的基因爲數超過數千，如此眾多基因的排列可能，其相同的機會自是十分微小，因此，也就很難找到兩個完全一模一樣的人；不過，同卵雙生子，由於是來自同一個受精卵，因此其染色體以及基因的排列等都是相同的。每一個性細胞（精子和卵細胞）都只有23個染色體，但受精後的卵細胞，則又擁有46個染色體（來自父母各一半）。

個體的特質，有些是由單一基因所造成，而基因所攜帶的遺傳特質也有顯性和隱性之分。由於基因也是成對存在，某種特質的出現與一對中兩個基因之爲顯性或隱性有關，如果一對中的兩個基因都是顯性，那麼此一特質就會出現，如果兩個都是隱性，此一特質也會出現；如果一對中的基因有一個是顯性，另一個是隱性，那麼顯性的特質就會出現，

而隱性的特質雖沒有出現，但可能於下一代子孫中顯示。個體的大部份特質並不是由單一基因所造成，而是由許多基因共同影響所致，這些影響某一特質的基因可能來自同一染色體，也可能來自多個不同的染色體，這種所謂**多基因遺傳**（polygenic inheritance）的現象要比單基因遺傳的現象來得複雜而較難加以研究。

　　染色體的第二十三對因個人之性別而有不同，女性通常擁有兩個相同的染色體，這種染色體叫做 X 染色體，在正常的男人，我們可以發現一個略有不同的染色體，這叫做 Y 染色體。正常女性的第二十三對染色體通常以 XX 代表，而男性則以 XY 來代表。第二十三對染色體的異常與某些有遺傳傾向的行為異常有關。

乙、遺傳與變態發展

　　染色體的分裂以及配合成對，有時因某些因素而造成畸形短缺的現象，這種現象對於個體的發展產生不良的後果，這就是所謂的變態發展。**董氏症**（Down's syndrome）（又叫**蒙古症**，Mongolism）就是與遺傳有關的一種變態發展。患這種病的人通常都是智能不足，其智商大約在二十到六十之間（常人的智商在100左右）。此一症狀之被稱為蒙古症，乃是因其患者在身體上具有下列的特徵：斜眼、臉部輪廓平坦和舌頭厚大。董氏症與第二十一對染色體的異常有關，患董氏症的人，其第二十一對染色體或多出一個染色體，或在兩個染色體之外，又有一點點多餘的東西。

　　還有一種染色體異常通常是在女性中出現，叫做**通諾氏症**（Turner's syndrome）。這種異常會導致性發育的萎縮，使得個體短小和頸部粗短等變態發展。患此症者通常只有四十五個染色體，她們所缺的是與性別有關的一個 X 染色體。患有此症的人之智能雖與常人沒有顯著差別，但是在算術和空間、形狀知覺上卻多有缺陷。與性染色體有關的另一種變

態是叫做**堪非特氏症**（Klinefelter's syndrome），通常在男性中發現，這種人擁有 XXY 型性染色體，其睪丸小而精子又少，但其胸部乳房卻比一般男人要發達，約有一半患此症者為智能不足。

另外一種與男人有關的染色體異常曾受過廣大的注意，這種叫做 XYY 型的異常，曾被認為與犯罪和破壞性行為有關，因為有些研究結果指出，拘禁於重監的重犯，其中擁有 XYY 型染色體的比率要比常人高，這些人體格粗壯但智能卻不及常人（Jacobs and Others, 1965, 1968）；不過，新近的研究結果卻對這種患者的較具攻擊性發生懷疑（McClearns & DeFries, 1973），因為有許多擁有 XYY 型的人，其體格、智能和常人無異，而且也一樣地守法。

丙、行為遺傳的研究方法

用來研究行為遺傳的方法有多種，**雙生子研究法**（twin study）在研究人類行為的遺傳上特別有用。雙生子有同卵雙生與異卵雙生之別，利用雙生子來做研究，可以對環境的因素做相當程度的控制，而針對遺傳的因素加以觀察探討。應用這種方法，心理學家們（如 Bouchard, 1987; Bouchard et al., 1990）發現同卵雙生子的智能要比異卵雙生子來得相像，而且在人格特質上和感染精神分裂症的可能性上，同卵雙生子也要比異卵雙生子具有更多的類似性。

選擇交配（selective breeding）和**近親交配**（inbred strains）則是用來研究其他動物行為遺傳的兩個方法。所謂選擇交配，乃是選擇某一特殊行為特質，而再根據動物之擁有此一行為特質的多寡者進行交配，以觀察其後裔在此一行為特質上的變化。例如，為了研究白鼠學習走迷津的能力之遺傳，心理學家選擇一批能力高的和另一批能力低的白鼠，使能力高的公鼠與能力高的母鼠交配，由此所生的白鼠，則用來觀察其走迷津的能力；同樣地，能力低的公鼠與能力低的母鼠交配，其所

生的白鼠也用來做學習迷津的研究，如果高能力所生的，其學習能力也較強，而低能力所生的，其能力也較低，而且兩組所處的環境完全相同，那麼遺傳可以說是造成能力高低不同的原因。科學家從事品種改良的工作，有很多是利用選擇交配法來完成的。

近親交配往往要經過好幾代，由於是血親相近者互相交配，其所生後裔的遺傳差異將逐代減少，因此與遺傳有關的行爲特徵也將隨之遞減。但是如果近親交配數代後，顯著的行爲特徵仍然存在於同一世代之不同份子中，那麼此一行爲特徵可能是環境因素所造成而缺少遺傳的基礎。

在許多研究人類特質遺傳方法中，**家庭研究法**（family studies）可能是最早也是最廣被使用的一個研究方法。採用這種方法，研究人員分析血親上的密疏與某些行爲特質間的關係，如果遺傳是導因，那麼血親越密者，行爲特質的**顯型**（phenotype）也就越類似，因爲這些人的內在**基因形態**（genotype）存在著較多的類似處，親兄弟較表兄弟或是堂兄弟具有較多的相同處，血親疏密上的差異是一主要原因。

心理學家們以家庭研究法來研究心理異常行爲（如精神分裂症），發現這種疾病可能由遺傳而來（如 Gottesman & Shields, 1982; McGuffin & Reich, 1984）。因爲，一般估計，患這種病的可能性，以總人口而言，大概是在百分之一左右，而那些患有這種病的人，其第一血親也患有這種病者，則高達百分之八左右，這也就是說，如此密切的血緣（二分之一），使患病的可能性增加了八倍之多。至於第二血親（只有四分之一的血緣關係），其可能性降爲百分之三；第三血親（百分之十二•五的血緣關係），其可能性則在百分之二左右。

不過，以家庭研究法所獲得的結論，卻不能完全證實因果關係的存在，這也就是說：家庭成員共具某些特徵，此等特徵卻並不一定是由遺傳所造成。其道理何在呢？因爲家庭成員不但是血緣關係密切，而且他

（她）們所生長的環境也是同樣的。另外，關係越密切的親戚，住在同一環境的機會也越大，相同的環境可能也是造成此等人士間許多類似處的一個很重要的因素。再加上遺傳與環境兩大因素間交互作用的後果，以家庭研究法所得的結果，雖可為我們提供有用的見識，但並不能做為一個強有力的證據，這一點在研究結果的解釋上，是需要加以留意的。

丁、遺傳諮詢與優生

由行為遺傳所研究得來的知識對於人類的生活有著重要的影響，所謂**遺傳諮詢**（genetic counseling）就是應用行為遺傳學知識的一種新興專業。遺傳諮詢從業人員對有意生男育女的夫婦，就有關他們的遺傳背景以及生育變態嬰兒的可能性，提供專門性的知識，以為欲為人父母者之參考。這些專業人員運用精密的生化技術來測定胚胎可能擁有的異常基因或染色體，如此可以在懷孕的早期，發現胚胎出生後之是否能夠健全發育。

要求遺傳諮詢的夫婦大多是有過畸形子女的經驗，因此他們要知道懷孕中的胚胎是否也有變為畸形的可能；另外有些夫婦，則因為在懷孕期間曾受過具有危害性藥物或疾病（如德國麻疹）或放射性物質的影響，而懷疑體內的胚胎也可能受其影響而成為異常；也有些人在結婚之前先進行遺傳諮詢，這尤其是以那些家庭背景中曾有過變態遺傳的人為多。

遺傳諮詢人員根據接受諮詢者的家庭歷史，以及由生化試驗所得的結果，就出生畸形嬰兒的可能性做最佳的判斷，他們所提供的只是顧問性的意見，至於最後的取捨（保有胎兒或人工流產）則由當事人（夫婦）來自行決定。遺傳諮詢的使用，在防止畸形嬰兒的出生以及增進父母對遺傳現象的瞭解自有其重要的貢獻。

與遺傳諮詢有關的是**優生學**（eugenics）的應用。所謂優生學簡單地說就是「去蕪存菁」的一種政策，為了社會的健全與福利，有些人認

為防止不健全的人生男育女是應該而且必須的。從遺傳學的觀點來看，如果我們能夠避免不健全的人生殖後代，而鼓勵健全美好者多生子女，經過幾個世代的努力，整個社會上的個人將可漸趨完美健全而能幹。此一構想，曾經獲得許多人的贊成。但是從另一個角度來看，也有許多人認為在人道上，在法律上，在倫理上，優生的做法是不妥當的；而且，在政治上和種族問題方面（如希特勒之殺害猶太人），優生的做法很可能被操縱濫用。因此有很多人覺得改善之道，應該從環境方面著手，何況改變環境總要比改變遺傳來得容易進行和控制。有關遺傳與環境對行為之影響以及這兩者間所存在的許多爭論，在以後的章節中我們將會有較詳細的討論。

第 三 章
個體的生長與發展

大　綱

一、影響個體生長與發展的因素

甲、環境
乙、成熟

二、產前的生長

甲、肢體的生長
乙、產前環境的影響

三、肢體的生長

甲、早期的生長與發展
乙、兒童期和青年期的肢體生長

四、認知的發展

甲、認知發展理論
乙、語言的發展

五、人格與社會行爲的發展

甲、早期的人格發展
乙、育兒方式與家庭因素的影響
丙、青年期的發展
丁、道德的發展

大　綱

六、成年期的三項社會要務

甲、愛情與婚姻

乙、養兒育女

丙、工作

七、老年的改變與適應

甲、生理上的變化

乙、認知上的轉變

丙、老年人的適應

丁、退休、延年與益壽

從幼稚無知到懂事明理，從依賴別人到獨立自主，從牙牙學語到口若懸河，我們每個人所經歷的生長過程是漫長而多彩的。這個個體生長與發展的歷程，就是發展心理學家所關心和探討的主要領域。研究生長與發展的歷程，不但有助於個人行為的瞭解，而且又可以建立正常發展的常模，以為育嬰養兒的依據與參考。當然，我們都知道，人之不同各如其面，個別間差異的存在乃是一個不爭的事實，因此，研究造成個別差異的因素，也是心理學家所重視的。在本章中我們將對個人肢體、認知以及社會行為和人格的發展加以介紹，底下我們首先討論影響個體生長與發展的主要因素。

一、影響個體生長與發展的因素

影響個體生長和行為發展的因素很多，但是，基本上，我們可以把這些因素歸納為來自環境的和來自遺傳的兩大類。過去人們曾有過環境與遺傳孰重孰輕的爭論，不過近年來學者專家們所關心討論的主題，已轉移到環境和遺傳如何在交互作用的過程中造成個別差異的原因。在第二章中，當我們討論行為遺傳學時，我們已就遺傳與行為的關係加以介紹，現在就讓我們來看看環境對個體生長和發展的影響。

甲、環境

遺傳決定個體生長發展的可能性，然而生長發展的本身卻時刻受到環境的影響。環境的因素相當複雜，不管是人、事的因素，或是物質的因素，都可能對個體的生長與發展發生影響。由於個人際遇的不同，其由環境中所獲得的經驗也因人而異，這是造成個別差異的一個主要原因。心理學家在這方面所做的研究，大多偏重於早期生活經驗對個體發

展的影響；早期生活經驗之所以受到重視，主要是一般人相信早期的經驗對個人的行為會有長期性的影響。心理學家在做這方面的研究時，通常操縱環境中刺激物的多寡，以便觀察此種變化對行為發展所可能發生的影響。

1.環境的剝奪 (environmental deprivation)

這裡所謂的**環境的剝奪**指的乃是以人為的方法，造成環境中感覺經驗、一般外來刺激以及社會交際機會等的貧乏。有關剝奪幼小動物的感覺經驗的研究報告指出，此等動物的神經系統，需要早期的刺激去啟發其功能。哈洛夫婦 (Harlow & Harlow, 1966) 以幼小的猿猴為研究對象，他們發現把剛出世的猴子孤立六個月，可以造成這些猴子在社會行為與性行為方面的永久性缺陷；他們還發現得不到母愛的小猴子，在長成後，其行為多少都不太正常。有關人類小孩子的研究，也已證實缺乏母愛的照撫，可能造成小孩在智力上的不足，而且也會造成情緒上的挫折與異常 (Goldfarb, 1945; Bowlby, 1951, 1960)。魯特 (Rutler, 1972) 也指出下列的因素可以左右早期缺乏母性撫育的影響：性別、性格、早期的母子（女）關係、以前的隔離經驗、隔離時間的長短，以及母親以外其他人士的存在等。

有些心理學家以育幼院的小孩為研究對象，他們主要是在探討社會與知覺上外來刺激對於個人發展所生影響的相對作用和價值。這些心理學家發現外來刺激的「份量」在影響個人發展上要比刺激的「形式」來得重要。根據此一事實，他們認為以一到三個月大的嬰兒來說，母親的撫育與照顧並不是最重要的因素；但是，對年紀大一點的小孩而言，一個穩定而富感情的照顧者（並不一定要是自己的親生母親）乃是達成正常發展所必需的 (Brossard & Be'Carie, 1971)。

2.環境的充實 (environmental enrichment)

反過來說，假如我們充實一個人的周圍環境，提供豐富的外來刺激，

這樣做對一個人的行為發展又會有何影響呢？實驗結果發現，環境的充實似乎可以加速或促進個體的發展。丹尼伯等人（Dennenberg et al., 1968）就曾發現在充實與自由的環境中成長的白鼠，其解決問題的能力似乎要比在貧乏環境中成長的白鼠的能力為佳。

人與動物有所不同，因此我們對於由動物實驗所得的結果，在推論到人的情形時，須要特別地小心。不過，以人為研究對象所得的實驗結果，似乎也指出環境中刺激物的充實可以增進個體的發展和提高個體的能力。哈佛大學的心理學家懷特（White, 1969），發現那些常受撫弄，睡在有花紋的床單上，而其床上又吊有會轉動的音樂玩具，仰臥而能自由觀察周圍活動事物的嬰孩，在實驗開始兩個禮拜後，就會試著伸手抓東西，而那些在控制組內不受上述多餘刺激的小孩，卻要在五個月以後才有這種能力。這個實驗的一個有趣的附帶發現是：在充實環境中受許多外來刺激的小孩，要比控制組的小孩晚些對自己的小手發生興趣。這也許是因為控制組的小孩沒有什麼有趣的東西可看，所以把玩自己的小手以為代替所致。

外來的刺激只有在個體已適當成熟時才有促進發展的作用，否則徒有揠苗助長之譏。有關成熟對個體發展的影響，接著我們將進一步加以討論。以小孩子而言，太早提供過多的外來刺激不但沒什助益，而且還會引起小孩的不快與困擾。上段所說的實驗，在實驗剛開始的五個禮拜，實驗組的小孩花在注視多彩外在環境的時間比較少，而這一組的小孩在此一期間卻要比控制組的小孩哭的次數和時間都多。一個可能的原因是，實驗組的小孩由於外來刺激的過剩，產生一種應接不暇的困擾。其他有關的實驗，發現在小孩剛出生後的兩個月，只要在小床上掛個簡單但是富色彩的小東西，以後再逐漸加些比較複雜的裝飾物或玩具，這樣做可以產生最佳的效果，由此可見，提供適合於個體成熟程度的刺激是促進生長和發展的重要原則。

3.早期刺激與日後的發展

　　早期經驗的重要性乃在為日後的發展建立良好的基礎。我們都知道，經驗需要透過外來刺激與個人交互作用而得，由此看來，那些以整日不吵不鬧，靜靜躺在小床上無所事事的「乖小孩」為豪的父母親，也許是忽略了為他們的小孩提供最適當有利的學習機會。早期經驗與日後發展的關係可以由史基爾士等（Skeels & Dye, 1939）所做的研究與觀察來進一步加以說明。

　　史基爾士等首先把一組大約一歲半大的小孩由孤兒院轉到為智能不足者而設的收容所，在這個收容所裡，他們把每一個小孩交給一個年紀較大但其智能不足的程度卻較輕的女人來照顧，這些女人是用來取代小孩的母親的，她們大部份的時間都陪著小孩遊戲，同小孩說話，而且還非正式地訓練小孩；除此之外，這些小孩的起居場所也遠較孤兒院裡的來得寬敞，而且又有許多玩具可以玩。等到這些小孩一能走路，他們就被送到托兒所，在托兒所裡，這些小孩再接受較多的外來刺激與玩具，如此繼續了四年之久，四年後，這些接受特別環境安排刺激的小孩，其平均智商長進了三十二分，相反地，留在孤兒院裡的控制組，其平均智商卻降低了二十一分。二十多年後所做的追縱研究，發現實驗組（被送去給智能不足女人照顧的）的那些人，仍然要比控制組的人來得優秀（Skeels, 1966）。屬於實驗組的大部份人都唸完高中，其中有三分之一的人還上大學，而結婚以後所生育的子女也都具有中等之資；但是，那些留在孤兒院裡的人，卻沒有一個修完小學三年級的課程，有些人甚至還留在慈善機構（如收容所）裡，有些則無法謀生養活自己。

　　雖然參與這項實驗的小孩不多（實驗組有13人，控制組12人），而且有關實驗組與控制組的小孩，是否在先天上就已有智力上的顯著差異也沒有加以控制平衡，但是由此一實驗的結果來看，早期適當有利的環境刺激在日後智能發展上的重要性似乎是不容忽視的。

乙、成熟

簡單地說，**成熟**乃是一個個體遵照其遺傳基礎而自然生長發展的歷程。成熟的發生並不需依賴某種特定的環境事件。世界上的嬰兒，雖因種族、環境以及其他因素不同，其肢體生長可能產生某種程度的差別，不過，在基本上所有的小孩都是經過先會翻身，再會坐直、獨自站立，而後才能走路，先會走路，再進而能夠跑步，這一系列的發展是有其固定的順序的，控制這些順序發展的就是成熟的歷程。雖然每一個小孩動作行為的發展有快慢之分，例如有些小孩十個月會走路，有些則要到一歲半才有此能力，但是基本的生長順序是一致的，而沒有個別上的差異。圖3～1所示的就是基本動作發展的常模。

1.成熟的基本法則

個體的成熟雖然不必依賴某種特定的環境事件，但這並不是說成熟與環境截然無關。其實，環境可以對成熟發生的早晚，在時間上和速度上產生某種程度的作用，例如提供適當的機會與鼓勵，我們可以幫助嬰孩早些學會走路，但是有一點需要特別強調的是，這種外來的環境因素一直要等到嬰孩的肌肉和骨骼有了相當發展，而其必要的動作協調也有適當發展才能產生作用。

在生命剛開始的前幾年，成熟所佔的地位相當重要，不過小孩慢慢長大以後，其主動地與環境接觸的機會大增，如此一來，他（她）對自己本身發展所生的直接影響也就與日俱增，而成熟在發展過程中所佔的重要性也就相對地逐漸減少。在幼兒期以後，由於個人環境與經驗益趨紛歧，有關個體發展的預測也將日形困難。雖然我們不能也不該忽視個別差異的存在，但以個體的成熟情況而言，大體上我們可以提出下列的幾個基本原則：

A. 肢體的生長是以頭部為中心，受精卵的早期發展，一般是以頭部

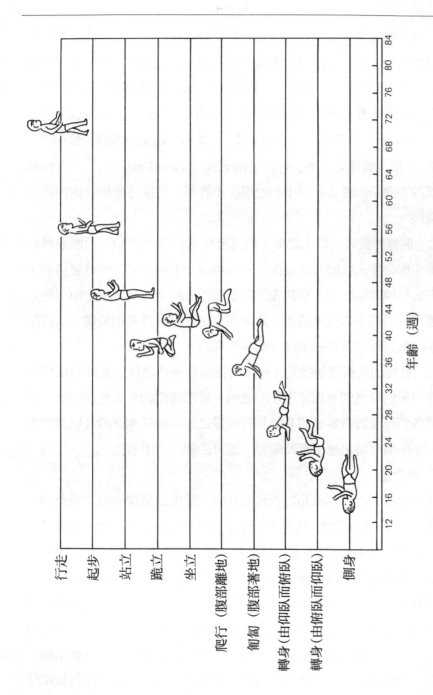

圖3～1 嬰兒基本動作的發展

為主。到了嬰兒出生時,其頭部的成長大約已達到成人頭部的百分之六十。出生以後,頭部生長的速度減低,但軀幹的生長卻加快,到了兩歲大時,小孩的軀幹大致已有成人軀幹的一半。這種先由頭部,而到軀幹,然後四肢的發展順序就是所謂的**「從頭到尾的發展」**(cephalocaudal development)。人類動作行為的發展,在基本上也是遵循此一原則的。

B. **「從近而遠的發展」**(proximodistal development) 人類肢體發展的方向是由靠近軀幹中心的部位先發展,然後遠離軀幹的四肢才接著發展。

C. 個體的發展大體上是從全體籠統性的行為先開始,而漸漸地向特殊細小的動作去發展。如果你仔細地觀察一下小孩用手的進展情形,你一定會發現剛開始時,小孩先是用整隻手去抓東西,慢慢地他(她)才會運用不同的手指(大拇指、食指和中指等)去書寫和繪畫,小孩這種用手的發展現象就是遵循此一原則而來的。

D. 肢體的發展是連續的,現在的行為發展乃是以過去的發展為基礎,而以後的發展則有賴於現在的發展。雖然肢體的發展具連續性,但是肢體各部以及體內器官的發展卻有快慢之分,而其本身的發展速度也因不同年齡而有時迅速,有時緩慢。這可由圖3~2中看出。

2.成熟與學習

成熟為學習提供其所必需的預備基礎,這也就是說個體在能有效地學習任何行為、動作之先,其生理的基礎需要到達某種適當的成熟地步。我們都知道,一個三個月大的小孩是無法學習拿筆寫字的,理由很簡單,主要的是因為他的骨骼與肌肉控制等還沒有達到寫字所需要的成熟地步。當然,成熟本身並不一定保證行為的發生,一個沒有學過寫字的成人,他的骨骼與肌肉控制和協調雖已達成熟階段,但是因為缺乏學習的機會,他是不會寫字的。不過,人類的許多基本的動作行為(如走路、跑步等)是於個體達到某種程度時即自然發生,這一類的動作行為所受

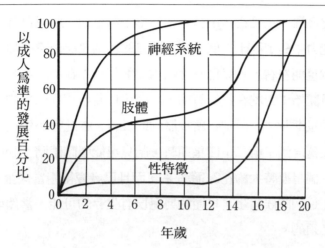

圖3～2　身體各部位的發展狀況，神經系統發展較早，而性特
徵要到青春期才快速發展（採自 Tanner, 1970）。

到學習的影響是很有限的。

二、產前的生長

甲、肢體的生長

人類懷胎的時期，一般約在二百六十六天左右，此一時期是以母體所生的卵子在輸卵管內與來自父體的精子結合而成受精卵為其開端。在受精作用發生後的兩個星期，受精卵變成一個凹形的細胞團，胎兒就是由此一細胞團發展而成。在此後的六個星期中，胎兒的主要器官開始形成，我們把這一時期的個體稱為**胚胎**，當此一時期告一段落時，胚胎已具有手腳、手指和腳指，其臉形也酷似人臉，而個體的內分泌腺系統也在此一時期形成，但是胎兒男女性別的不同，並不能在此時予以測定。

胚胎期之後是**胎兒期**（fetal period），在胎兒期，已初具形式的肢

體繼續分化發展,在受精作用發生後的第十個星期,胎兒已有呼吸和吸吮的動作能力;到了第十二個星期,胎兒的性別已能由專家加以鑑定;到了十六個星期左右,胎兒已有吞嚥的反射作用;在第二十與二十八星期間,心跳開始;也就在這個時期,孕婦可以開始感到胎動的存在。在懷孕二十個星期時,一般孕婦所經歷到的反胃、欲吐等不快現象,到此也就告一段落。到了第二十四星期時,胎兒已能張閉眼睛;胎兒的重量在第二十八個星期時大約在2.5磅左右,而且已發育得相當健全,要是早產的現象在這個時候發生,早產的嬰兒已有生存的可能,當然產後的特別照顧是必須的。

乙、產前環境的影響

當我們談到環境因素時,我們往往想的是小孩出生後的環境因素,其實,在子宮內生長的胎兒,也受到外在環境因素的影響。底下我們所要討論的是一些有關的因素,這些因素對於產前個體生長發生影響的可能性較大。

1.母體的年齡

母體年紀的大小對於體內胎兒的生長發生重要的影響。這個因素卻不容易加以解釋,因為專家們對於母體年齡如何影響體內胎兒生長的原因,還沒有一致的看法。一般來說,由年齡低於二十一歲或高於二十九歲的母體所懷孕的胎兒,其殘廢缺陷的比例要比在此二年齡間的母體所生者來得高。以智能而言,有些研究指出,由二十歲以下或三十五歲以上的母體所生的小孩產生智能不足的可能性較高,這尤其是以智能不足中的蒙古症(董氏症),大多是由年紀較大的母體所生最為突出(Pasamanick & Knobloch, 1966)。由年紀過輕或過大的母親所生的嬰兒,其夭折的比例也較高(Mussen, Conger & Kagan, 1974)。

2.疾病和其他異常現象

　　由於體內主要器官在胚胎期中迅速生長發展，因此此一時期中的胎兒最容易受到母體疾病的不良影響，當然影響程度的高低與胚胎器官發展的順序有著密切的關係。例如在胚胎期中，如果母體感染德國麻疹，胚胎可能嚴重受到損害，甚或死亡。不過，如果母體在懷孕三個月之後才感染德國麻疹，胎兒受到影響的可能性就減少很多。梅毒的影響則主要是對五個月大小的胎兒最為嚴重。其他如糖尿病、心臟病等慢性的不正常現象也會影響到胎兒的生長。愛滋病（AIDS）的感染，如果孕婦是HIV 的帶菌者，其胎兒也可能受到感染（Minkoff, 1987）。過度的 X 光照射或其他放射性物質對母體的輻射，也可能造成體內胎兒的畸形或難產的後果。

3.藥物

　　在1961年，有許多孕婦為了治療嘔吐的不快現象而服用一種叫做沙利多命（thalidomide）的藥劑，結果這些孕婦所生的小孩有許多是缺手或是缺腳等的畸形不幸現象。這個不幸事件使一般大眾對於孕婦所使用藥物的管制感到有其迫切的需要。不幸的是，可能對未出世胎兒產生不良影響的藥物，似乎越來越多。例如以動物為實驗對象的研究，發現在懷孕期間吸食 LSD（一種迷魂藥）的母體，可能造成染色體的受損而影響到胎兒的健全發展（Kennedy, 1971）。吸食海洛因和其他較強烈的毒品的母親，往往造成她們剛出世的小孩也有毒癮的現象，這些剛出世的小孩，如得不到適當而迅速的處理與治療，為數在一半以上是無法倖存的。

　　廣被使用的藥物如尼古丁（香菸）和酒精，以及一些其他由醫師開處方指定使用的藥物，對於體內的胎兒都可能產生不良的影響，因此懷孕的女性，在服藥方面，是要特別小心的（Vaughn, Mckay & Behrman, 1979)。藥物的影響依其種類、劑量以及產前胎兒不同的發展階段而有顯著差別，孕婦用藥治療疾病自是難免，但為顧及體內胎兒的安全，應當隨時請教醫師，儘量避免不良副作用的發生。

孕婦酗酒（大量飲酒）可能對其體內胎兒造成嚴重不良後果，胎兒酒精中毒症（fetal alcohol syndrome, FAS）就是由此所造成的，此症包括許多問題：頭部小，心臟缺陷，過度好動，性急易怒以及心理和動作發展上的遲滯。有些研究還發現，在懷孕最後幾個月的期間，中度的飲酒，也可能對體內胎兒產生不良影響（Haynes, 1982; Raymond, 1987）。吸菸會減少由母體流入胎兒的氧氣，這可能與大量吸菸的孕婦，往往會有流產、早產或其他毛病有關（Quigley et al., 1979; Niswander, 1982）。

4.情緒

在討論行為的生理基礎時（第二章），我們提過，內分泌腎上腺素的增加，與個人焦慮和困惱的程度有關，當此一腺素增加分泌時，個體的心跳和血壓也隨之加快和增高。當懷孕的母體有此狀況時，在其子宮內的胎兒也會受到類似的影響，根據有些研究結果，這種影響對胎兒的發展是有害的，情緒欠佳的母親往往生出情緒不穩的嬰兒，不過這到底是否與產後母體的不良情緒有關，目前仍無定論。

5.營養

懷孕期間母體營養不良與流產、死胎、早產和嬰兒夭折有密切的關係（Pasamanick & Knoblock, 1966）。營養不足也可能造成嬰兒腦部細胞數量的不足，營養不足發生越早，腦細胞數量受到影響的程度也越嚴重（Winick & Rosso, 1969）。從動物的實驗中，專家們又發現母體內維他命的缺乏，對胎兒也會產生不良的影響，維他命 B 的缺乏似乎會減低心思活動的頻率，維他命 C 和 D 的不足，則會緩慢生長的速度，而且引起不同程度的肢體缺陷，也可能引起學習的遲緩。在另一方面，過多

的維他命 A，在早期的懷孕階段可能造成肢體的畸形；在懷孕後期則可能導致嬰兒動機的低落和注意距（attention span）的短暫。雖然這些都是由動物實驗所發現，不過一般專家們認爲這種現象可以類化到人類的身上。

近年有些研究發現，母體中度的營養不良與嬰兒的動作技能欠佳、冷淡和性急易怒有關（Bhatia et al., 1979; Zeskind & Ramey, 1981）。胎兒在最後三個月最需要充分的營養，因此發生在這一階段的母體嚴重營養不足，有可能會發生早產甚或死胎的嚴重不良後果。

三、肢體的生長

甲、早期的生長與發展

初生的嬰兒並不如我們所想像的能夠隨由外力來加以塑造，因爲初生的嬰兒已具有許多複雜的行爲能力。除了味覺外，嬰兒的感覺器官已相當發達，他的眼睛能跟隨燈光而轉動，他的頭也能由外來的觸摸而轉向，對於引起痛苦和不快的外來刺激，初生的嬰兒也有收縮避免的能力。

前面我們提過，人類行爲的發展有其固定的法則，下面所要介紹的發展與生長情況，主要是以一般常態兒童的發展爲準，由於個別間顯著差異的存在，**發展常模**（developmental norms）只能給關心發展過程的人士提供參考，除非某一個體的發展與一般常模有著顯著的差異，不同於常模的發展也是正常健全的。

1.肢體的生長

嬰孩的肢體在最初兩年發展十分迅速，他的身長在頭一年增高三分之一，而其體重的增加，則高達三倍之多。一個出生時身高二十一吋，體重八磅的嬰兒，一年後，他的身高大約要增加爲二十八吋，體重則將

在二十四磅左右。嬰兒肢體的生長，其實是由許多不同部位的不同速度的生長所合成，由於生長速度的不同，嬰孩肢體不同部位所佔的比例也因之而有顯著的變化。一般嬰孩在剛出生時，他的頭部顯得很大（約佔身長的四分之一，為成熟後的百分之六十），但由於軀幹的迅速增長，到兩足歲時，他身體的不同部位的比例，已相當接近成人體型的比例。就以腿長為例，初生嬰兒的腿長只佔全部身長的三分之一，但到達成年時，他的腿長成為全部身長的一半。嬰兒肢體的生長與適當的營養之獲得有密切的關係，營養不良的小孩，其身長和體重都會受到嚴重的不良影響（Meredith, 1970）。

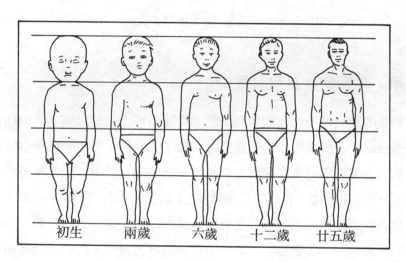

初生　　兩歲　　六歲　　十二歲　　廿五歲

圖3～3　身體各部比例的發展

初生嬰兒的頭部特大，而腿部最短，從出生到成熟，人的腿部長的最多，為成熟時身長的一半，而頭部則只佔十分之一而已。

（採自 Morris, Human Anatomy, 1966）

2.動作的發展（motor development）

嬰兒出生後的第一年，其動作行為有著顯著的發展，在一般的情況

下,動作行爲的發展方向是依照**由頭而尾**（cephalocaudal）和**由內而外**
（proximodistal）的兩大原則。所謂由頭到尾的原則,指的是與頭部有
關的反應動作,要比身軀其他部位的發展來得早,嬰兒先會注視某一事
物,然後才會控制他的手去抓拿或觸摸,至於站立與走動的行爲,則更
要晚一些發展。所謂由內而外的原則,指的是與軀幹有關的動作行爲先
行發展,然後慢慢地延伸到手脚四肢部位。

表3～1　貝理嬰兒發展量表中的一些項目

發展事項	常模（以月計；百分之五十者爲準）
對由手所造成的陰影眨眼	1.9
頭隨著消失的東西轉動	3.2
在小床裡找到玩具	4.9
有技巧而直接地拿起積木	5.7
玩弄小東西	6.5
學大人模樣用湯匙	9.7
牙牙學語	12.5
以兩個積木堆塔	13.8
說兩個字	14.2
以手勢要東西	14.6
以蠟筆塗畫	17.8
根據指示指出玩偶的不同部位	19.5
以六個積木堆塔	23.0
認識三種東西（能加以命名）	24.0

　　有關動作行爲發展之基本原則,我們在第一節中討論「成熟」現象
時已有論列,這裡將不再贅述。我們只引用加州大學人類發展研究所的

貝理博士所編製的嬰兒發展量表（The Bayley Scales of Infant Deve-lopment）中的一些項目做爲讀者的參考，貝理博士（Nancy Bayley）曾研究許多一至二十個月大的美國嬰孩，根據研究結果，她編有一套八十一項目的動作發展量表，此一量表的使用，可以測得某一嬰孩動作發展之正常程度。

3.知覺的發展

研究嬰兒的知覺與感覺發展，由於嬰兒缺乏語言表達能力，無法對自己的知覺與感覺經驗做口頭上的描述與報告，因此有關這方面的研究大多採用間接的方法，從嬰兒所顯示的行爲，如注視時間的長久等，或是其生理上可測定的反應，如呼吸速度的變化、心跳之快慢等，來加以推測。近年來心理學家測量嬰兒對外來刺激所產生的生理反應，結果發現嬰兒在感覺上和知覺上的反應能力要比我們一般人所想像的來得強（Lipsitt, 1971），有些研究發現剛出生不久的嬰兒的眼睛能夠沿著幾何圖形的輪廓而轉動（Salapatek & Kessen, 1968）；另外一些研究，則發現當嬰兒聽到聲響時，他們的心跳和呼吸會因之而加快；而且，剛出生不久的嬰兒，他們吸吮糖水要比吸吮白開水來得起勁，由此可見他們的味覺也相當發達（Kobre, 1971）；初生的嬰兒對於惡臭也會有把頭轉開的反應，但對於香味，他們卻往往會因之而增加其活動量（Disher, 1934）。底下我們簡單地介紹一些基本視覺和聽覺現象的發展。

⑴視覺辨別（visual discrimination）

嬰兒對於有圖案而又較複雜的視覺刺激物要比對於簡單而沒有圖案的刺激物來得有興趣（Fantz, 1961）。以四天到六個月大的嬰兒來說，他們注視人臉圖片的時間要比其他非人臉或空白橢圓形的圖片來得長（Haaf & Bell, 1967）。

⑵深度與距離知覺（depth and distance perception）

嬰兒出生不久，他們在深度知覺方面所需的整合和調節的能力就開

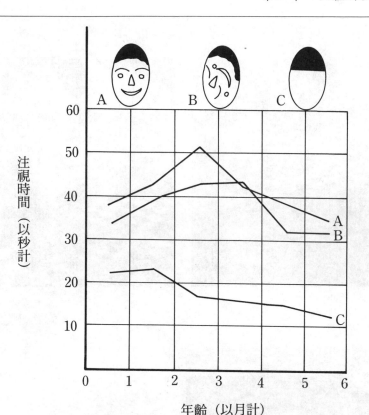

圖3～4　嬰兒的圖案知覺實驗，一般嬰兒注視人臉的時間最長，
　　　　　而橢圓形（C）的時間最短（採自 Fantz, 1961）。

始發展，大約到了六個月左右，一般嬰兒已具有深度知覺的能力。嬰兒
知道深度存在的能力可以用一種叫做**視覺懸崖反應**（visual　cliff
response）來顯示（見圖3～5）。視覺懸崖反應的實驗是一個很典型的實
驗，根據這項研究的結果，發現六個月到十四個月大的嬰兒，雖然他們
的母親站在另外一端以玩具引誘小孩爬過一種類似懸崖的表面，但是絕
大多數的小孩都拒絕爬過另一端（Walk & Gibson, 1961）。不到六個月
大也不會爬動的小孩，當他們看到類似懸崖的設計時，也有著類似常人
看到新景象而減低心跳的反應（Campos et al., 1970）。

圖3～5　視覺懸崖 (visual cliff)

五、六個月開始會爬的小孩以及很小的動物似乎都已有深度視覺的能力。視覺懸崖的設計是在同一圖案上放置一片厚玻璃,有一半的圖案就在玻璃下面,另一半則與玻璃間有空間隔離(深的一邊),一般小孩都不願意在深的一邊爬動,但是在「淺」的一邊卻無所顧慮地移動。

⑶圖案識別（pattern recognition）

　　圖案識別的能力與個人發展的程度有著密切的關係。小孩年紀太小時，對於由虛線所構成的圖案往往無法加以識別，例如四歲大的小孩就有這種困難，但是等到七、八歲時，一般小孩都可以一眼就加以辨別，如此看來，當小孩年紀增大時，他對於某一刺激物加以命名所需的知識和訊息也因之而遞減。

⑷聽覺能力

　　剛出生的嬰孩已具有聽覺的能力，而且對於不同的音調也相當敏感，嬰孩對於語言的辨別能力也很強，有一個以一個月大的小孩所做的實驗，就發現一個月大的小孩聽到"pah" 聲時和聽到 "bah" 聲的吸吮反應有顯著的變化。實驗開始時，他們首先以 pah 聲來鼓勵嬰兒的快速吸吮反應，過了一些時候，小孩的反應逐漸緩慢下來，但是如果把 pah 聲變成 bah 時，小孩又恢復快速的吸吮反應。由此可見，一個月大的小孩對於差別很小的語音已有辨別的能力，此種能力是否在出生時已存在，或是出生後不久就開始迅速發展，則迄無定論。

乙、兒童期和青年期的肢體生長

　　兩歲以後，小孩肢體生長的速度顯著地減低，從兩歲到四歲間，小孩身高與體重的增加速度只有一歲時速度的三分之一左右，這種緩慢的生長速度繼續多年，一直到青春期才有顯著的變化。雖然在兒童期，身高與體重增加緩慢，但是身體其他方面的生長卻相當迅速，這尤其是以神經系統為然，以中樞神經的腦部為例，在三歲時，腦部的成熟已達百分之七十五，而到六歲時，其成熟率已達百分之九十。

　　女孩到了十一、二歲，男孩到了十三、四歲時，一向發展很少的性腺開始迅速的發展，這也就是青春期的開端。性腺、性徵以及生殖能力的發展與成熟乃是青春期的最主要發展。除此，個體肢體的顯著變化也

隨之發生，以身高而言，男孩子在此一期間一年內可能增高六吋左右，
而女孩子則可能增高五吋之多。不過，個體的生長一直要到二十五歲左
右才會完全成熟，而男女間，女孩子一般都要比男孩子早熟兩年。

　　青年期間肢體與生理上的變化很大，而個別間的差異也因之益形顯
著，加上此一時期的個人又特別注重外表，對於個別間的差異也十分敏
感。因此，青年期的適應問題並不只是適應自己本身急速長成的問題，
而且也要對成長過程中因個別差異而導致的許多社會以及性方面的壓力
加以克服適應。過份早熟的女孩子，往往高出同年齡的男孩子甚多而遭
到物議，而發展較遲的男孩子，由於身體上的發育趕不上一般的其他男
孩，更容易遭到同儕的揶揄和恥笑；個人如何去克服適應這種發展上的
「痛苦」，乃是青年期的重要課題和任務。有些學者（如 Peterson, 1988）
則認為，急速發展中的當事人以及其他的人，對這種肢體迅速發展的反
應，可能要比此一發展的本身，來得更為重要。

　　從個人的角度而言，過份早熟減少了個人適應其身心急速變化所需
的時間（Brooks-Gunn, 1987）。例如，一個十一歲的女孩，因早熟而乳
房及其他性徵都十分顯著，別人對她的這種早熟的反應，她在心理上可
能一時無法適應。因此，有些學者（Powers 等，1989）認為，對一般女
孩子而言，與其同儕大約同時地進入青春期可能是一個比較順適而有利
的轉變。但青春期發展的時機與意義，還受到其他許多因素的影響，例
如，一般的女性運動員，大多趨於較晚成熟，而這些晚熟者似乎又是較
為成功的運動員，比較之下，個人的感受也就少有晚熟的遺憾。再者，
種族與國度以及生活環境（尤其是氣候和營養因素）也是左右早熟與否
的重要因素，例如，美國黑人女孩一般都要比白人女孩早熟一些，而一
般美國女孩又要比捷克女孩早熟些。

四、認知的發展 (cognitive development)

　　所謂「**認知**」(cognition)，簡單地說乃是從無知到懂事的歷程；我們個人知識的獲取、累積以及運用，都是與認知的歷程有關。我們將在思考與語言一章（第六章）中對認知的本質加以介紹，這裡所討論的，偏重與認知具有密切關係的兩項發展問題：㈠皮亞傑（J. Piaget）的認知發展理論；㈡語言的發展。

甲、認知發展理論

　　在所有認知發展理論中，以瑞士心理學家皮亞傑所提倡者為最具影響力，皮亞傑認為所有的小孩，不論其文化背景上是否有著顯著的差異，在認知發展的過程上，都經歷了四個階段。根據皮亞傑的看法，幼小的嬰兒已是一個主動與其所處環境交互作用而追求知識的個體，從直接與環境接觸作用中，每個小孩逐漸地瞭解了存在於事物間的變化法則。皮亞傑所關心的並不是小孩認知的實際內容，他所關心的乃是小孩如何獲取此等法則的歷程。

1. 平衡 (equilibration)

　　平衡的觀念是皮亞傑認知理論中的一個基本觀念。根據皮亞傑的說法（Piaget, 1959; 1970），當小孩的認知結構與外在的世界相吻合時，平衡的現象即存在。在小孩的認知結構裡，對於外在的世界會持有各種不同的看法與知覺，當然這些看法與知覺並不一定完全正確，不過，外在世界往往可以為小孩提供他所需的資料以及反饋，來顯示其認知結構的正確性。如果由外在世界所提供的反饋顯示出認知結構的缺乏正確性，那麼就會使小孩產生不平衡的現象。

　　為了消除這種不平衡現象的存在，皮亞傑又提出了**同化**（assimilation) 和調適 (accommodation) 兩個歷程。所謂**調適**指的是修訂已有的認知結構來適合環境的需求。調適的作用是當外在世界有所變化時,或是個體遇到新的環境而無法運用過去的認知法則加以應付時發生。調適作用的發生是透過個體從新環境所得知覺而來,由於調適的作用,小孩的反應也就會變得更能適應環境。所謂**同化**,具有兩種意義,一是小孩企圖以存在的認知結構加諸於外在環境事物的歷程;另外,同化作用又指變化外在環境中事物以配合已存在的認知結構的歷程。透過同化與調適的交互作用,小孩慢慢地增加其適應的能力,這也就是認知發展的根源。

2.認知發展的階段

皮亞傑認為小孩的認知發展是循序漸進,前後歷經四個主要階段,雖然小孩個人發展的速度或有不同,但其所經歷的階段順序卻都是一致的。

(1)**感覺動作期** (sensorimotor period)

認知發展的第一個階段叫做**感覺動作期**,包括從出生到大約兩足歲的那段日子。在此一期間的小孩由於缺乏抽象的語言符號來代表外在世界的事物,因此他與外在世界的接觸與交互作用主要是依靠動作和感覺,透過手腳以及五官的直接動作經驗,小孩慢慢地對外在事物有了較正確的認識。在此一階段的初期,小孩對於物體的存在還沒有正確的認識,眼前看得見的東西他們認為是存在的,但是如果把這個東西藏起來,那麼他就認為東西已經不存在,因此,也就沒有尋找的企圖;不過慢慢地他會瞭解物體不見時並不就意味著物體已經不存在,皮亞傑認為這種叫做**物體永存** (object permanence) 觀念的形成,乃是感覺動作期的一個重要認知成就。

(2)**運思前期** (preoperational period)

到了一歲半、兩歲大時,一般小孩已慢慢地以意象來代表其周遭的

事物，而且，到了這個時候，一般小孩也開始有了語言的能力來輔助其思考，如此，感覺動作期告一段落，而運思前期也隨之有了啓端，運思前期包括兩歲到七歲左右的一段時間，又分爲**運思前段**（preoperational phase，2〜4歲）和**直覺段**（intuitive phase，4〜7歲）等前後兩階段。

　　運思前期的小孩雖然已慢慢地有了運用抽象符號、意象的能力，不過，其思考的能力仍然十分幼稚，此一時期的一個特色乃是**自我中心**（egocentric），一般小孩在這個時候並不能對外在事物做客觀的分析與處理，對於別人所持的不同看法往往感到不可思議。例如，首先讓兩歲大的小孩觀看一塊紙板的兩面，在這塊紙板的一面畫的是一隻狗，而在另外一面是一隻貓；然後，把這塊紙板放在小孩與實驗者之間，而使小孩只能看到有狗的那一面，再問小孩「你看到什麼動物」，同時也問他「實驗者（我）看到什麼動物」，結果有許多小孩都認爲實驗者與他所看到的都是狗（Flavell, 1973），這種反應乃是一種自我中心的顯示。

　　此一時期的另外一個重要特色乃是**保留**（conservation）概念的缺乏。這裡所謂的「保留」，指的是物體不因其形式的變化而產生質量上的實際變化。處於運思前期的小孩往往缺乏瞭解「保留」現象的能力。例如，以大小形式相同的兩個透明玻璃杯各裝一半的水，而由四歲大的小孩來觀看，然後把其中一個玻璃杯中的水全部倒入另外一個細小瘦長的玻璃杯，再問小孩，現在那個玻璃杯中的水比較多，或者兩個杯子中的水是一樣多，一般四、五歲大的小孩都會說瘦長玻璃杯中的水比較多。皮亞傑認爲這種錯誤之所以會發生，主要是因爲一般四、五歲大的小孩只注視事物的一個徵象，而不能同時對某一個事物的許多徵象加以留意，由於他們只注意到瘦長玻璃杯中的水高一些，於是就認爲該杯子中有比較多的水。

(3)具體運思期（concrete operations period）

　　當小孩子到了七歲大左右，大都能夠正確地回答上面有關「保留」
的問題，根據皮亞傑的看法，「保留」概念的精通乃是認知發展第三階段
的開始，**具體運思期**乃是介於七歲到十一歲間的一段時期，在此一時期，
一般小孩對於事物間存在的關係有了進一步的瞭解，而且對於別人所持
不同於自己的看法也較能接受；同時，正式的邏輯思考也啓了端，不過
這只限於他眼前所能觀察到的事物而已。在此一時期，小孩也逐漸能夠
對外在事物依序加以分類，而且，**「可逆性」**（reversibility）和**「轉化性」**
（transitivity）也在這個時期內出現，小孩慢慢地能夠運用這兩個原則來
推理。例如，某甲高於某乙，而某乙又高於某丙，那麼某甲高於某丙的
道理都能爲這個時期的小孩所瞭解。

⑷形式運思期（formal operations period）

　　到了十一、二歲，一般小孩進入認知發展的最後一個時期——**形式
運思期**。在此一時期內，所有成人性的思考與推理能力都逐漸出現，而
且一般人也都能夠提出各種假設，然後搜集資料來做求證驗判的工夫。
綜而言之，形式運思期的思考方式與推理方式已不再依賴具體實在的事
物，抽象性、符號性的觀念與概念變成思考與推理的主要依據，而個人
在思考與推理的過程中，也都能仔細觀察，小心驗證，其所顯示的特性
是客觀與周密。

　　是否每一個人都會發展到形式運思期的思考與推理方式呢？近年來
有些人對此提出懷疑。皮亞傑本人（Piaget, 1972）曾經說過，也許只有
需要運用抽象思考與推理者（如數學家、物理學家等）才有需要發展到
此一地步。不過，也有人認爲形式運思期並不一定是認知發展的最後時
期，由於社會要求於個人者各有不同，如果個人在適應上有需要，形式
運思期的發展是一般人都能夠達成的（Riegel, 1973）。

　　近二十年來，許多心理學家曾運用實驗的方法來對皮亞傑的理論進
行驗證，綜合各方所得到的結果，一般認爲大體上皮亞傑的認知發展理

論是正確的，不過有些實驗結果卻與他的理論有出入，例如，皮亞傑認
為小孩認知發展的速度不能以人為的方法來加以促進，而且其發展的順
序也不能加以顛倒。不過，有一些新近的實驗（例如 Gelman, 1969;
Brainerd, 1976）卻發現，透過特別的訓練，皮亞傑認為太小的小孩卻能
夠瞭解「保留」的概念，由此可見，小孩認知的發展也許並不如皮亞傑
所想像的那麼難以改變。另外一些心理學家則懷疑皮亞傑有關形式運思
期的看法，這些心理學家認為形式運思期最易受環境因素的影響，因此
其所顯示於個別上的差異也一定很大。

乙、語言的發展

　　心理學家們對於小孩語言學習與發展的過程，目前並沒有全盤性的
瞭解。一般人都知道小孩子出生不久後，就會發出聲音，牙牙學語，而
且在很短的期間內就學會了說話；我們也都知道小孩在會說話以前，他
已有瞭解他人說話的能力，這也就是說一般小孩聽話的能力要比說話的
能力早些發展。在另外一方面，我們也都知道小孩在入學就讀以前，其
說話的能力已有了相當的基礎，這不只是因為他已有足夠的字彙與詞彙
來表達自己，而且他說話用字的順序，也大都符合文法上的規則，這種
能力如何學習發展而來，乃是心理語言學家們所關心探討的一個主題。

1.語言發展的基本歷程

　　嬰孩在剛出生後的幾個星期，哭乃是唯一的傳達己意之工具，當然，
小孩子的哭並不是一成不變，稍有經驗的父母，都可以感覺到小孩在各
種不同情況下所做的哭聲是有相當差異的。到了三個月大左右，一般小
孩開始發出類似語言的聲音，而到了六個月大時，才真正開始牙牙學語，
在這段期間，小孩所發出的許多聲音，並不一定限於其本身母語語音範
圍之內，這也就是說小孩在這一個時候能發出許多他母語裡所沒有的語
音。根據觀察所得，一般嬰孩在這個時候都會牙牙學語，甚至天生耳聾

的小孩也沒有例外，因此有人認爲早期的語言發展大部份是由成熟而來。不過，大人對於小孩牙牙學語如果加以注意與鼓勵（例如當小孩出聲時輕拍其身體或對之微笑），似乎可以促進這種語言行爲的發展。而且，由於成人對於小孩所發聲音做選擇性的增強，類似母語的語音得到鼓勵，而怪音則被忽略，如此一來，慢慢地小孩所發的語音也就限於他母語裡所用的語音。一歲大以前的小孩，往往把發音出聲的活動當遊戲，對於語言中所需的語音反覆地練習模倣，到了一歲大左右，一般小孩就會說出第一個單字。

小孩字彙的增加十分迅速，國內學者雖沒有詳細的統計資料以供參考，但根據對英語國家兒童語言發展所做的觀察，滿週歲的小孩大約有三個單字的能力，到了一歲半時，其字彙增爲二十左右，到了兩足歲時，平均約爲二百七十個字，三歲時則近九百字，而到了五足歲時，一般小孩所擁有的字彙（以能聽懂者爲準）約在二千字左右（Smith, 1926）。當然，這項資料是以常態兒童爲準，兒童間個別上的差異很大，其語言能力也不例外。另外，英語的結構與國語或其他語言的結構頗有不同，這項資料之是否適用於我國小孩，也是值得考慮。

當小孩的字彙增多後，他們慢慢地把許多字連在一起而造成短句，小孩所用的短句，在文法上與成人所用者並沒有太大的差別。小孩到了兩歲半時，他們開始在單字之後加上字尾而使之成爲複數，或是使之變成動詞的過去式，當然他們所採用的是最基本的法則，例如在字尾加上 s 而使之成爲多數，加上 ed 而使時態成爲過去式，這種法則的使用雖然不一定都是正確（因爲有時名詞變爲多數並不只是加上 s 而已，動詞的過去式也不一定是加上 ed 就行），但由這種事實，我們不難看出小孩對於文法規則已有初步的認識，而實驗的結果也得到驗證（Berko, 1958）。小孩所使用的文法規則，隨其年齡的增加而增加，剛開始學話時，一般小孩很少使用代名詞或介詞，但是慢慢地也就會正確地使用。在另一方

面，小孩所使用的句子，也因年齡的增加而增長，小孩剛開始學話時，一個很明顯的特徵就是運用簡單的字來表達複雜的用意，小孩說「吃」，可能代表著他肚子餓想吃東西，而在不同的場合裡，他看到爸爸走進餐廳時，他也可能說「吃」，來代表「爸爸要吃東西了」。

　　小孩語言的發展除了個別間存在著顯著的差異外，來自不同社會背景的小孩，其語言能力也有顯著的差異。根據標準化語言發展測驗的結果，低階層社會（貧困的家庭）的小孩，其語言能力並沒有中階層社會的小孩的語言能力高，而且少數民族的小孩的語言能力，也沒有一般白人的子弟的語言能力好（這主要是指美國社會而言）（Bernstein, 1970; Hall & Freedle, 1973）。為什麼有這種現象發生呢？過去一個很普遍的看法是，來自低階層社會的小孩在語言能力上有缺陷，所以其語言能力抵不上中等階層社會小孩的能力。不過，近年來有許多人卻認為這種階層上的差異並不意味著低階層社會小孩的語言能力不及中階層社會的小孩的語言能力，實際上低階層社會所使用的語言與中階層社會所使用者在根本上有所不同，由於所處背景的不同，小孩所學到的語言也有顯著的差異，而且標準化語言發展測驗常模的擬定是以中階層社會的小孩為準，這也就難怪不同階層的小孩的測驗成績會有顯著的差異。

2.語言發展的理論

　　為什麼小孩學說話的能力那麼強？為什麼在短期間內一般小孩很快地就學會說話呢？而且他們對於複雜的文法規則似乎也有著相當的認識，在說話造句中又能適當地予以運用，專家們對於這些問題有著三種不同的看法。

⑴操作式制約說

　　施金納（Skinner, 1957）是這個學說的主要倡導者，他認為由於小孩的父母積極而主動地教導小孩說話，而當小孩正確地說話時，就得到大人的讚許，這種增強的作用促進小孩學話的行為。施金納的解釋雖然

有道理，但是小孩在極短暫的時間內學會很多的字彙，而且又能正確地使用複雜的文法，這似乎不是完全能由操作式的制約來加以說明的。而且小孩所使用的一些文法規則，一開始時並不是學自成人的，這也增加了施金納學說上的困難（Slobin, 1971）。

⑵觀察學習說

有些人則認為小孩學說話大多是根據其本身所做的觀察而來，從觀察別人的說話行為，慢慢地就學會了說話，根據這種學說，外來的增強作用並不一定是學習發生的必要條件，小孩可以從父母、兄弟或其他人那裡學習許多說話的能力，而不必經過正式的訓練與增強。小孩學話有許多是來自自我的觀察，因為他所學到的並不一定完全是大人所認可而增強的，我們都知道小孩也會用些難聽不堪入耳的字，而且其說話的口氣也有很多是與父母說話的口氣相像。不過，小孩的說話能力也是十分富創造性，他們所使用的字彙或文法規則，有些只限於小孩所使用，而少為大人所瞭解或認可，由此可見，觀察本身似乎也無法完全說明小孩的語言發展。

⑶本能說

這個學說的看法是：小孩具有學話的本能。根據麻省理工學院莊士奇（Chomsky, 1968）教授的說法，每個小孩在其神經系統裡都生有一個語言學習器（language acquisition device，簡稱 LAD），這個「構造」使每一個小孩能夠很容易地學會複雜的文法規則。莊士奇是根據下列的觀察而提出其看法：⑴一般小孩在學話時，雖多少會有錯誤，但是錯誤的地方並不多；⑵一般小孩的學話歷程大體上並沒有很多的差異；⑶在我們的大腦裡具有語言中心，專司說話功能。莊士奇的學說也曾受過攻擊，最主要的是他認為小孩少犯文法上錯誤的看法。

雖然上述的三種學說在某些方面都可以用來解釋說話能力的發展與學習，但是截至目前為止，並沒有一個學說能夠完全對說話以及其他語

言能力的發展做全盤的解說，而得到大家的推崇。

五、人格與社會行為的發展

人格與社會行為的發展，牽涉範圍甚廣，這裡我們將強調影響人格和社會行為早期發展的一些重要因素，至於有關人格發展的不同理論，則將留在第十四章中再行討論。

甲、早期的人格發展

每一個小孩的人格是由遺傳和環境的因素相互作用演變而來，由於發展階段的不同，影響人格發展的主要因素也因之而有差別，根據依呂克生（Erikson, 1963）的人格理論，影響嬰兒期人格發展的兩個主要因素是**喂哺**和**依附**（attachment）。

1.喂哺

飢餓是一個很基本的生理動機，嬰兒需要由別人來喂哺以滿足此一生理上的基本欲求。喂哺的方式很多，而且各有不同，母親親自喂乳或是以牛乳代替，定時喂哺或不定時喂哺，各種方式利弊互見，取捨之間，專家們也還沒有一致的看法。不過，喂哺的方式似乎不是影響人格發展的關鍵問題，與嬰兒人格發展有關的乃是喂哺者（一般為母親）對喂哺嬰兒所持的態度以及她喂哺嬰兒時的情緒。嬰兒接受喂哺時，除了獲取肉體生長所需的營養外，他也需要喂哺者的溫暖與接觸撫摸。母親喂哺嬰兒的態度與情緒可以透過有形的式樣而傳達到嬰兒，這種樣式包括懷抱嬰兒的方式、母親的聲調、喂哺的速度以及喂哺時情緒之緊張與否。母親喂哺嬰兒的素質對嬰兒人格的發展有著重要的影響，嬰兒飢餓的適當滿足可以使嬰兒產生一種信賴他人以及外界的個性；反之，如果飢餓得不到適當的滿足，他將會對外界以及別人產生恐懼和疑慮的反應。

2.依附

　　這兒我們所談的**依附**，乃是對母親的依附。嬰兒對母親產生依附的行為反應大約在六個月大時開始，這種依附母親的行為在爾後的三、四個月中，益形強烈，不過不同小孩間存在著顯著的個別差異。

　　心理學家們對於嬰兒依附母親的行為源由有著不同的說法。根據學習理論家的看法，依附母親的行為是一種由學習或由制約而形成的行為反應，由於母親的在場或出現，往往也是他獲得食物、溫暖和愛撫、安全的時候，這些安逸快樂的感受與母親多次配合出現，母親慢慢地變成快活與滿足的制約刺激，如此一來，嬰兒就會希望母親留在自己身邊，親近她或同她在一起成為一種強烈的欲望，一旦母親有事他去，嬰兒也就感到不安而大哭。其他的學者則認為依附的行為是一種天生的本能，而不必經由學習而來。

　　威斯康辛大學的哈羅教授和他的同事們就曾以小猴子做過許多有關這方面的研究（Harlow & Zimmerman, 1959; Harlow & Harlow, 1966），他們首先用鐵絲做成人工的「母」猴子（見圖3～6），有的「母」猴子是光著身子，其他的則以厚絨布加以包裹，然後把初生不久的小猴子放在籠中與人工母猴相處，有些小猴子是從光著身體的母猴那兒獲得乳吃，其他的則從裹著布的人工母猴獲得乳吃，當兩組不同的小猴子可以自由隨便接近任何人工母猴時，差不多所有的小猴子都選擇裹著衣布的母猴，且長時間地攀附在她身上。而且，差不多所有的小猴子在害怕恐懼的情況下，都跑到裹著衣布的人工母猴身邊，由這項研究結果看來，小猴子的依附行為似乎是一種本能。至於人類的嬰孩是否也是由於身體接觸撫摸上的需要（contact comfort）而對母體產生依附的行為呢？對於這個問題，因為我們無法以人類小孩做類似的實驗，所以結論性的答案目前尚不存在。不過這種本能的存在，其可能性似乎相當大。

圖3～6　小猴子和人工母猴

小猴子喜歡依附在包著衣物的人
工母猴,雖然它從光著身體的人
工母猴那裡獲得食物,但在生疏
和恐慌的情況下,小猴子卻都攀
附在裹著衣物的「母猴」身上。

乙、育兒方式與家庭因素的影響

小孩子慢慢長大以後,他的能力與瞭解力也隨之增加,因此,他與父母雙親間的交互作用也變得更廣更複雜。等到小孩子上了托兒所、幼稚園,雙親滿足小孩如飢餓等基本需求的方式,對小孩的人格和行為所產生的影響也就沒有早一時期來得重要。不過,一般的家庭氣氛以及行為態度卻變得更為重要,小孩的人格、社會行為以及態度受到育兒方式以及家庭因素的顯著影響,現在我們就來討論幾個主要的因素。

1.父母對小孩的控制

父母對小孩的控制大致可以分為民主式的和權威式的兩大類。在民主的家庭裡,雙親具容忍性,他們鼓勵、激發小孩子的好奇心和自我表現,有關整個家庭的重要決定,也大都經由家庭成員討論而得。反之,在權威式的家庭裡,父母的限制與控制較多也較嚴,有關行為的規定與準則都由雙親決定交待,問題的解決與訓導的步驟,小孩少有參與商討的餘地。來自這兩種不同家庭的小孩,其人格造型也有顯著的差別。生長於民主式家庭裡的小孩,大多比較外向、活潑,而且主動、好奇,其自信心和競爭心也較強,在托兒所裡,他常居領導的地位,熱心參與各種活動,自由表現自我。來自高度控制家庭的小孩,則比較順從、安靜,其好奇心和主動性也較低,同時對自我的表現,往往加以抑制。

在加州大學所做的一項研究(Baumrind, 1967)與此有關。實驗者在此研究中首先深入地觀察托兒所裡的小孩,然後就自我控制、好奇心、自立、友善和熱心等個人性格予以評鑑。根據觀察評鑑的結果,他們選出兩組不同的小孩做進一步的研究。其中一組的小孩是最成熟、能幹、自足而且獨立性強的,另外一組的小孩則是最不成熟、依賴性很強、自我控制很差的。研究人員然後對這兩組小孩做深入的家庭訪問,觀察小孩與雙親在特定的情況下所發生的交互作用,並單獨會晤小孩的父母

親。從這些所得到的資料，他們再就控制、成熟要求（要求小孩表現與自己年紀能力相當的行為，並做某些必要的決定）、親子間溝通的方式以及父母的友善與參與等四項加以評鑑。

這個研究的結果發現：最成熟而能幹的小孩的雙親在上述四項評鑑上所得的分數較高，這些父母親們都能有效地循循善誘，而且對小孩所做的要求也比較高，親子間溝通也比較有效。在教導小孩時，這些父母親大都給他們的小孩必要的支持，同時尊重他們小孩的獨立與自主，對自己所做決定的原因也都詳細地對小孩加以解說，以說理的方式來對小孩的行為做必要的控制。相反地，那些不成熟小孩的父母，對於小孩的行為少加控制，他們雖然也都很友善，但這些父母親大多過份保護他們的小孩，管教不嚴，要求也不高，很少鼓勵和教導他們的小孩，對於小孩的獨立與自主也少加以激勵。

2.與父母的表同作用

在小孩成長的過程中，他學到了許多態度和行為的樣式，這些行為的樣式與態度往往跟他自己父母所具有者十分類似，有些小孩走路的樣子、說話的腔調以及對於事物的看法十分類似自己的父親或母親，我們說這個小孩是與他的父親或母親發生了**表同**的作用，通常我們說有其父必有其子，除了遺傳的因素外，表同作用所發生的影響是相當大的。

表同（identification）的概念是佛洛依德人格發展理論中的一個很重要的概念。在心理分析學說中，表同作用指的是一種潛意識的過程，一個人透過此一過程而習得了其他人的某些特性，這些特性不只是包括動作行為的式樣，而且也包括個人的性格、情緒以及態度等。一個人所扮演的性別角色（sex role），主要是與同性雙親發生表同的後果，男孩子學父親的粗獷，女孩子學母親的細緻，在有形無形中，我們學會了與自己性別相當的行為方式，這不但左右了個人的性格，也影響了個人的社會行為。在成長的過程中，表同作用還有一個重要的功能，它減低了

小孩因長大而逐漸脫離疏遠父母所產生的困難，因為透過表同的歷程，小孩本身已存在著父母的某些特徵。

有些心理學家則認為表同的作用並不一定是潛意識的，他們認為表同作用乃是一種學習模倣的歷程，小孩由於父母親的鼓勵而學習了父母親的某些特性。遊伴、師長、電視上的角色以及其他許多人物，都可能成為小孩表同的楷模，小孩透過表同的作用，不斷地從與他人相處的過程中，學習到新的榜樣。雖然心理學家們的見解有所不同，但是一般人都同意表同作用是小孩社會化和人格發展過程中的一個基本歷程，由於父母是小孩最先接觸也最親近的關係人物，父母親成為小孩表同的主要對象乃是理所當然的。

小孩的表同作用受到許多因素的影響，很多研究報告指出，親切友善的人要比其他人容易被小孩模倣表同。成人控制小孩環境的權力也影響表同作用，在母權較大的家庭裡，女孩子表同母親的傾向要比表同父親來得多，相反地，在這樣一個家庭裡成長的男孩，要發展其男性所具有的角色將會有困難；在父權較大的家庭裡，女孩子比較像父親，但是仍然以母親為表同的主要對象。小孩自己對本身和所模倣之榜樣間之類似與否的看法，也是影響表同作用的一個要素，個子較高大而又酷似父親的女兒，較難對其嬌小的母親產生表同的作用。一般小孩對於和藹而能幹的雙親都會產生某種程度的表同作用，但是，其主要的表同對象仍然是以同性的父母為最普遍。

3.親子關係和自我觀念

積極有利的**自我觀念**（self-concept）和自尊心（self-esteem）乃是個人快活與有效社會行為的基本要件，所謂**自我觀念**乃是小孩個人對自己所持的看法。具有積極有利自我觀念和自尊心的小孩，一般都是活潑進取，獨立自主的，而且其自信心也很強；相反地，缺乏自信的小孩，往往是受困擾、多疑，而不敢表達自己，這些小孩往往感到孤獨無助，

看不起自己和自己的成就，凡事萎縮不前，缺乏奮發進取的鬥志。

　　這兩種小孩的差別可追溯到其成長的家庭背景和親子間的關係。根據測驗和會晤小孩父母親所發現的結果，具自信和自尊的小孩，其雙親的自我觀念也是有利而積極的，這些小孩的父母親一般都是情緒穩定，獨立自主，其養育子女的方式也較為有效，這些父母親為自己的小孩提供良好的榜樣，而且支持和接受自己的小孩，當有關整個家庭的重大計劃須做決定時，這些家庭的小孩們也有機會提供意見，同時受到父母親的鼓勵來參與討論，小孩子的意見雖不一定受到採納，但是小孩子的意見是受到父母親的尊重的，同時，這些父母親也有既定的行為準則，確實要求他們的小孩去遵從，如果小孩的某些行為需要加以改變時，獎勵的方式是主要的手段，但是，當小孩子須要接受懲罰時，他們也施以直接而適當的懲罰而不加以縱容。相反地，那些自尊心和自信心低的小孩，他們的父母親大都是冷淡而不太接近自己的小孩，對於小孩的需求往往不予必須的注意與照顧，而這些小孩對自己的父母親，也往往態度冷淡而具敵對的態度（Coopersmith, 1967）。

4. 托兒措施及其影響

　　近年來由於雙親都外出全時工作的情形驟增，幼兒被置放於托兒所變成相當普遍，托兒措施及其可能發生的影響，也就深受各方所重視（不只是為人父母者，其他如僱主、社會福利機構等也都關注到此一重要問題）。現在讓我們來簡介一下有關的研究發現。

　　托兒措施影響如何，各方見仁見智。有些專家認為幼兒被置於托兒所照顧，可能對其情緒發展會有不良影響（Dreskin & Dreskin, 1983）。不過，有些事實證明：托兒所（措施）本身的優劣，可能是最為重要的決定因素。托兒措施與活動，素質優劣相差很大。有項研究（Howes, 1990）發現，小孩一歲大時的托兒經驗，對日後學前期會發生相當作用，那些接受過高品質托兒照顧的小孩，一般比較溫順，自律較佳，做事認

眞，也較能體諒他人；而那些接受低品質托兒照顧者，則比較難與其同
儕相處，較易分心和不友善。

　　評鑑托兒措施的一個重要因素是：照顧人員與被照顧的小孩人數上
的比例。好的托兒所，一般一個成人只照顧三、四個嬰兒或是五、六個
幼兒。當然托兒所內的活動和節目也是很重要，好的托兒所應該提供小
孩各方面發展所需的各種刺激以及練習機會。例如有一項報告（McCart-
ney, 1984）指出，照顧人員多和小孩說話者，受托小孩的語言發展也較
佳。

　　綜合各方研究結果來看，在良好的托兒環境下，小孩的發展與留在
自己家裡長大者並沒有什麼差別。如果托兒措施優秀，這種早期的經驗，
可能還會有助於日後上學（Howes, 1988）。這種影響對於那些來自貧困
家庭的幼兒，更爲有利，有一項研究發現，有過良好托兒經驗的四歲小
孩，他們的智商要比那些少有如此經驗者多出十五分左右（Burchinal et
al., 1989）。而那些人手不夠，又多方限制幼兒探索經驗的托兒措施，則
可能會有不良的後果。

丙、青年期的發展

　　就一般人來說，青年期是一個充滿壓力與衝突的時期，在從十二歲
到十八、九歲介於兒童期與成年期間的這段日子，青年人遭遇到許多問
題，這些問題大都是棘手而又得於短期內同時加以解決。青年人身體各
部所發生的急速變化、性的成熟、性內分泌的增加等，往往引起青年人
的許多困擾。同時，我們的社會對青年人又有著許多的要求，這些要求
包括擺脫對父母的依賴、同異性朋友間正常關係的建立、在學業上以及
未來職業做適當的準備與決定。加上青年人開始有了建立自己人生觀的
需求，在成人所訂準則與個人興趣、條件、志願等間需做必要的妥協與
安排，更重要的是，青年人需要建立正確積極的自我認定（sense of iden-

tity)。要在短期間內完成上述的多種要求，這也就難怪許多青年人感到困擾重重了。

1.自我認定

簡單地說，進入青年期的男女，他們對自己之為何人？對自己之屬於何處？以及個人存在的意義何在的問題，開始做必要的探討與發現，這就是依呂克生（Erikson, 1963）所指的**自我認定**。根據他的看法，青年期的男女所涉足的是一個「自我認定危機」（identity crisis）的境界，這裡所指的危機並不是某種危險情況的存在，它所指的乃是一種人生必經的轉捩點，一個關鍵性的時刻，個人的成長到了青年期步入了一個新的境界。

一個人到了青年期，由於過去模倣表同的後果，他已擁有許多不同的性格，在青年期中，每一個青年男女所需要的，乃是就過去所形成的性格態度作一番統整的工夫，以期達成一種個人獨特的自我認定（ego identity）。根據依氏的說法，適當的自我認定乃是對自己肉體的存在感到安全舒適，而且對自己之何去何從有所認識，他對自己有把握而少發生自疑，對於有關人士對自己的認可也具有信心。反之，一個缺乏適當自我認定的人，他有自我混淆（self-diffusion）的毛病，他是一個尚未找到自己而仍然失落的人，對於自己缺乏信心，對自己之何去何從也缺乏適當的認識。

2.同儕關係

雖然青年人有許多看法是與自己父母親的看法相類似，而且也從與父母相處中得到安全感，但是同儕團體關係（peer relationships）對青年期男女的成熟與發展具有相當重要的地位，青年男女所關心的外表容貌、衣著服飾、受人歡迎與否、男女間的關係等等問題，往往可以透過同儕好友間的討論而得到必須的解答。因為青年男女所面臨的問題大致相類似，青年男女需要年紀相當的朋友同伴之支持與認可來幫助他們達

成自我認定的要求。

　　青年同儕的價值觀念似乎與他們父母親的觀念相去不遠,因為青年男女日常所接觸交遊的朋友,主要是那些具有相同家庭背景的青年人,如此一來,他們所建立的社會價值觀與道德標準,往往也就是他們父母親所持觀念與標準的延伸。不過,在某些有形的方面,如服飾、音樂欣賞、約會和談吐等,卻往往與他們的父母親有著顯著的差別,這種顯而易見的不同,往往使人感到年輕的一代乃是完全與上一代不同的一群。

　　每個年輕人順從附會其父母和同儕的程度與需要各有不同,一個比較具自信和有把握的人,他對盲目地去附和別人常模的需求也較少;而且青年人在家裡所受到的注意與尊重也會影響他附和同儕之需求程度,根據一項研究報告,受同儕團體影響很深的年輕人,往往是那些在家裡少受到父母理會和溫暖的人,而且這些人對自己本人以及他的朋友的看法,也往往是不滿意的(Bronfenbrenner, 1970)。

　　男女青年對同儕團體的看法也有所不同。女孩子通常喜歡親密而個人化的友誼,到了青年中期,一般女孩子大都要比同年齡的男孩子較可能結交一、兩個很親密要好的朋友(大多為同性),女孩子一般也較能體會友情的眞諦,而且對於好朋友的個性也有較正確的認識。在青年初期的男孩子們則大都只關心黨派的形成,以及由加入某一團體為成員所能獲得的安全感,他們對於團體中個人的性格少加注意,不過,到了青年中期,男孩子們也漸漸地跟女孩子一樣,對樂觀、自信、幽默感和吸引力等個人特質開始加以重視,這種變化,與青年中期以後男女兩性接觸交往機會的顯著增加有關。

3.代溝的問題

　　青年期的男女,往往覺得自己的父母親保守固執,不瞭解他們的心理,在另一方面,為人父母者又都感嘆青年奇裝異服,不懂規矩,這種兩代間看法以及態度上的差異,往往使人感到代溝的存在。代溝是否眞

正存在呢？如果是眞正有代溝的存在，那麼這一道溝到底又有多寬多深呢？

　　一般人的看法是，代溝的存在是不容否認的，不過這一道溝並沒有許多人想像中的寬與深。根據調查二百二十五個大學生的態度與看法，一般大學生所持的觀點與他們父母親所持有者十分相近，而且男女青年在這方面的看法也相當一致，這不只是在宗教信仰方面，而且有關性的開放、音樂欣賞和服飾方面也不例外（Meisels & Cantor, 1972）。另外一項調查指出，約有百分之七十左右的青年及其父母覺得代溝是存在的，但是並不深，而只有百分之二十五左右的青年人和成人感到嚴重的代溝問題（Yankelovich, 1969）。爲什麼一般人都有代溝相當深的感覺呢？專家們的看法是，許多有關的研究過份偏重代與代間的差異而忽略了其相似處，而且青年同儕間所存在的差異其實比代與代間的差異要大的問題又少爲各方所注目（Conger, 1973）。

4.親子關係

　　當家裡有小孩進入青年期階段時，雖不一定意味著家庭衝突無可避免，但卻有很多家庭在這個時候，經歷到比其他發展階段要來得多的親子間糾紛與不快。在這個階段，親子間衝突之所以會常常發生，主要與長成中青少年多方運用其新開展的推理能力有關，許多青少年都覺得與何人結交朋友、如何安排自己的起居，以及如何去支配自己的時間，應該是由自己來決定，而無需父母親介入干預；但相反地，許多父母親又覺得青少年子女仍未成熟，判斷能力不夠，因此需要繼續在許多方面控制子女的行止，於是雙方爭執也就很難避免。

　　青年期親子關係與父母親的管教方式密切相關。專制的父母往往會有較多的困難，因爲這種父母強調子女的無條件服從，要求子女遵行一定的規則，子女完全沒有參與、商討的權力。當青少年子女有任何不聽話的作爲時，專制的父母又往往會嚴責苛罵，強迫子女順從，這種做法

往往會傷害青少年的自尊與自信，甚至導致沮喪的心理。許多父母嚴格
要求其子女去達成某些由父母所決定的願望和行為方式，並以不妥當的
利誘、脅迫方式來管教子女，這對青少年子女心理的不良影響是令人擔
憂的。

　　採權威式管教方法的父母，則確立子女的行為基本準則，而在此一
規範內，充分與子女溝通妥協，幫助子女在相當自由的範圍內來達到雙
方合訂的目標，如此做法，往往可以減少許多親子間的衝突。由於父母
親並不認為自己永無差錯，武斷專橫的行為也就不會發生，加之以支持、
鼓勵、愛心和投入來管教子女，抓緊大原則，不溺愛也不高高在上，透
過合理、公平、相互尊重的方式，一方面熱心期待子女的長大成熟，獨
立自主，一方面則瞭解此一生長過程的許多困難而從旁協助支持子女，
這種做法不但可以降低親子糾紛，也可為未來子女的責任感和快活奠定
良好基礎。

丁、道德的發展

　　初生的嬰兒並沒有道德觀念的存在，他們對於什麼是「是」，什麼是
「非」是一無所知的，不過，在短短的幾年內，他們慢慢地有了道德的觀
念，對於自己的行為以及他人的行為，慢慢地開始加以判斷。這種由是
非不辨到逐漸懂事明理的過程，學者們有多種不同的說法。根據心理分
析學派創始人佛洛伊德的說法，良心的形成，乃是幼年時謀求解決重要
內在衝突的後果，由於佛洛伊德認為道德是人格的一面，所以有關他的
道德發展的說法，我們將留在人格一章中再加討論。這裡所要介紹的是
皮亞傑（Piaget & Inhelder, 1969）和柯爾柏（Kohlberg & Gilligan,
1972）的兩個不同學說。

1.皮亞傑的道德觀

　　根據皮亞傑的看法，小孩子最初的道德觀念主要是基於行為的後果

而定，而此種觀念是缺乏變通性的——一般小孩都認爲對自己產生有利後果的行爲是「好」的行爲，而引起不利或有害結果的是「壞」的行爲，這種道德觀，皮亞傑稱之爲**客觀的道德觀**（objective moral orientation）。另外一種道德觀，他稱爲**主觀的道德觀**（subjective moral orientation）。主觀的道德觀大約在小孩七歲左右時開始形成，這是一種比較成熟的道德觀念，較大的孩子對於行爲好壞的衡量不再以行爲的後果爲唯一標準，而是以行爲者的動機爲衡量的主要根據，凡是動機善良的，其行爲也是道德的，若是動機欠佳，那麼行爲本身也就是不道德而不應被接受。皮亞傑根據觀察研究所得，認爲所有兒童的道德發展都經過「由客觀而主觀」的歷程，而且他又認爲這種由客觀而主觀的發展並不能用人爲的方法予以促進。對於他的第二點看法，有許多其他的心理學家認爲值得商榷（Dorr & Fey, 1974），因爲小孩的客觀與主觀的看法往往受到周遭其他人士看法的左右，從觀察模倣他人的看法，小孩往往對自己的看法做相當程度的改變與修正。

2.柯爾柏的階段說

柯爾柏和他的同事們研究兒童道德發展的方法是，首先向小孩敍說一個假設的情境，然後要求小孩就情境中某人的行爲加以判斷，根據這些資料的分析，柯爾柏提出了一個包括六個時期的道德發展學說。例如：他們告訴小孩，有一個太太患癌症的先生，他爲了救太太，偸入藥房竊取價昂的藥物以便救治他的太太。然後問小孩：這個先生的行爲是否合理？爲什麼？從小孩對這些問題的答案中，他們加以分析研判，而發現小孩道德觀念的發展歷經下列六個時期：

⑴第一時期

在這個時期，小孩的道德判斷是根據服從與懲罰。凡是服從父母、師長等權威人物或是不會受到懲罰的行爲都是「好」的行爲。根據這種判斷，小孩認爲丈夫偸藥的行爲是合理的，因爲他如果不這樣子做，太

太病死，他會受到譴責。

(2)第二時期

　　這個時期可以稱之爲自私時期，因爲在這個時期的小孩，其道德判斷是根據行爲對自己需求之能否滿足爲依據，能夠滿足個人需求的行爲是「好」的，不能滿足需求的行爲是「壞」的。柯爾柏把第一時期和第二時期的道德合稱爲「**習俗前階段**」（preconventional level）的道德。這一階段的小孩，還沒有內在的道德標準，他們用來做爲道德判斷的乃是行爲的後果。由此看來，習俗前階段的道德與皮亞傑學說中的客觀道德觀的發展程度是差不多的。

(3)第三時期

　　小孩到了這個時期，其道德判斷乃是以他人對其本身行爲之許可與否爲主要衡量標準，別人所許可的行爲就是「好」的行爲，別人所反對的行爲就是「壞」的。以上面所提丈夫爲太太偷藥治病的事來說，在這個時期的小孩會認爲那樣做是不應該的，因爲偷竊是犯法的行爲，而犯法爲別人所不許可，而且有辱家風。

(4)第四時期

　　這個時期所強調的是「循規蹈矩」，順從法律與權威，以及良好社會秩序之維持。由於情、法、理三者有時難加兼顧，因此在這個時期的道德判斷有時也會產生相互矛盾的現象。例如偷藥的事，從救治自己妻子的觀點來看，並無可厚非，但是偷竊的行爲爲法律所禁止，因此偷藥也是不應該的。柯爾柏把第三和第四兩個時期合稱爲「**習俗階段**」（conventional level）的道德。這個階段的道德標準與判斷乃是一般普通成人所持有的。

(5)第五時期

　　達到第五時期道德標準發展的人，認爲自己對社會負有某種道義職責，對於社會中的其他成員，他也負有道義責任。因此，他們認爲只有

那些兼顧他人權益與福利的事才是「好」的，而有違這個基本原則的則是「壞」的。

(6)第六時期

　　只有很少數的人達到這個最高階段的發展。具有這種道德標準的人，本其良心良知，凡事符合此一準繩者為是，否則為非，而放之四海皆可，不受外在因果或法規的制衡。柯爾柏把第五和第六兩時期的道德發展稱之為**「超習俗階段」**（postconventional level）的道德，因為這個階段的道德判斷已超乎現實的法律和權威標準，而以天地良心為行事的基本原則。

　　柯爾柏編有一套測驗，可以用來測定一個人道德發展的程度，而依第一期到第六時期的標準加以分類。小孩的道德發展一般都是循序漸進的，當然每個人的發展速度容有快慢之別，而達到「習俗階段」或更高一級準繩的年紀也就隨之而異。至於「超習俗階段」的道德標準並不是一般人都能成就的。柯爾柏等（Kohlberg & Turiel, 1971）曾對我國十歲到十六歲的兒童做過調查研究，發現十歲兒童的道德發展屬於第一階段——「習俗前階段」，主要以行為的後果為道德判斷的標準，避免懲罰，求取滿足。而十三歲到十六歲間的青年，其道德發展已進入第二階段，以維持社會秩序，遵守法規為道德判斷的主要依據。

六、成年期的三項社會要務

　　成年期是一個很長的人生階段，為了討論上的方便，一般把它定位於二十歲到六十五歲間的時段，乃是介於青年期和老年間的一段人生過程，漫長的四十多年，身心上的許多變化自是無可避免，有些學者又將此一階段細分為許多層次（如 Levinson, 1986），不過，在此一階段中，個別差異與族群間的差異都是十分地顯著，因此要根據年歲的因素來細

分不同層次，往往相當困難。尤其是在社會發展方面，一個人結婚生子，改變工作，退休再求其他發展，時間上並沒有一定的表格形式可循。

從社會發展方面來看，成年期有三大重要任務：愛情與婚姻；家庭與子女；工作與職業。根據依呂克生的心理社會發展理論，成年期的兩大要項是親密關係（intimacy）和結果成實（generativity），親密關係指的是愛情和婚姻，而結果成實則包括了「成家與立業」的重大任務，由照顧自己推進到貢獻社會，服務人群。

甲、愛情與婚姻

依呂克生認爲成年初期的發展關鍵，乃是愛情、親密與投入的人際關係之建立，這對一般人而言，就是經由培養愛情，並進而結婚成家的發展過程。雖然傳統的愛情與婚姻觀念隨著時代在變，單身貴族的頭銜也頗令人嚮往傾慕，但基本上絕大部份的成年人早晚都會完成所謂的人生大事──結婚──成家──養兒育女。甚至許多離過婚的人，又再度結婚，另組家庭。美國人口普查的資料指出，四十歲以上的美國人，有百分之九十五是結過婚的，而這一年齡階段的女人，十個裡有九個是有過小孩的（Bureau of the Census, 1989）。

結婚對於一個人的身心健康具有相當的保護作用，最近的一些研究結果指出：結婚或是同居的人，一般較少生病（與單身者相比較），而且也較少有長期性的病痛（Schoenborn & Wilson, 1988）。其他許多研究又指出：結婚的人一般比那些沒有結婚者，較少感到寂寞，也較少有憂鬱和情緒受挫的情事（Cargan & Melko, 1982）。

當然，並不是所有的婚姻都是圓滿的，近年來，離婚率的急速上升，頗受各方重視。缺乏愛情與關切爲基礎的婚姻往往會造成婚姻失敗的不良後果，而夫妻關係也隨著時日的進展而多有變化，專家們認爲雙方溝通的情願與能力，以及相互滿足配偶需求的努力，乃是保持婚姻圓滿所

不可或缺的要素（Sternberg, 1986b）。幸福的婚姻可以增進個人生活上的滿足，不過，婚姻上的困難會給當事人帶來憂鬱與不樂，而離婚又不一定就能解決問題，有時更會帶來其他的困擾與難題。

在美國，有很多人以同居試婚的方式意圖先增加雙方瞭解，以期減少婚後的摩擦，提高婚姻的品質。這種未婚先同居的生活方式，在七十年代的美國，增加了三倍，而在八十年代，又增了一倍（Bennett et al., 1988）。美國人口普查局的資料指出，在1984年，異性同居者高達兩百六十萬，這個數目遠超過七十年代的數目的五倍（Bureau of the Census, 1988）。這種趨勢在西歐與北歐也相當流行。

根據1987年針對三十萬美國大學生所做的一項相關調查研究結果，有半數以上（52%）的人同意：有意結婚的當事人應先同居再結婚（Ameircan Council on Education, 1988）。如此安排，是否有助於不幸婚姻的減少或消除呢？有關的許多研究資料指出，這又不盡然，同居後再結婚者的離婚率反而比較高（Newcomb, 1987）。另外，有一項研究四千多位瑞典婦女的報告指出：同居過後再結婚者，其婚後分居或是離婚的可能性要比那些無同居經驗者高出百分之八十（Bennett et al., 1988）。

為什麼先同居再結婚者的離婚率反而要高呢？學者們提供了幾種可能的解釋：(1)同居者通常較會有婚外情，這當然會破壞婚姻；而同居經驗越多者（以同居人數而論），婚姻不幸福的機會也越大。(2)同居的人，一般較少接受婚姻的約束，較少重視婚姻的神聖性。(3)同居者的人格可能較缺容忍的特質，而這種特質又是圓滿婚姻所必須。再者，同居者一般在宗教信仰方面以及家庭約束方面又是比較不堅定深入。這些都是可能的相關因素（Bumpass & Sweet, 1989）。

乙、養兒育女

在現代家庭裡，養兒育女並不一定是必然的，有很多夫妻並不希望有子女，為人父母；不過，絕大多數的人，卻仍然繼承了傳統的做法，無後的安排，還是佔少數（估計不到百分之二十）。

對一般人而言，家裡有了小孩總是令人欣喜的一件事，不過，第一個小孩的出生，卻又往往給家庭帶來預想不到的許多變化。有些研究指出，小孩出生以後，夫妻爭吵以及對婚姻不滿的情事往往會隨之增加（Belsky & Pensky, 1988; Cowan & Cowan, 1988），不過，這並不會在基本上影響到幸福婚姻的繼續存在。職業婦女在有了子女之後，其所受的壓力較多，裡外兼顧的困難往往是造成婚姻幸福減少的主因。

養兒育女，為人父母是一件相當艱苦的工作，它要求一種付出的責任感，也常常帶來緊張與壓力，而且一旦擔負起這種差事，雖然很多時候，有許多為人父母者頗有洗手不幹的感慨，但是這種工作是無法辭掉的（除非去當一個不負責任，不稱職的父母）。而且，為人父母所需要的是各種不同的技巧與本領，對小孩的動靜與需求，必須具有高度的敏感性；當小孩子需要父母的幫助來克服其所遭到在生長過程中的許多難題和困擾時，為人父母者必應全力以赴，克盡職責；在日常生活中，如何去與孩子溝通，陪孩子遊戲消遣，也是父母的一項要務；當然，必要的管教，更是不可疏忽。我們中國人早就有「養子不教，父之過」的說法，為人父母的職責是很重大的。

為人父母者的這種無條件付出，其實對自己本人所能獲得的報酬也是很重要的，尤其是從心理健康的觀點來看，更是如此。依呂克生所謂的「滋生」（generativity）要務，除了在職業、事業上貢獻個人才智之外，養兒育女乃是一項很重要的「滋生」工作，培育下一代的工作，對一般的中年人而言，其所能得到的成就感，並不是其他的東西所能替代

的。子女長大成人，陸續離家自立，過去曾有人提過這種現象可能造成所謂「空巢症」（empty nest syndrome）的困擾，一時感到人生目的不再？過去忙碌的生活（為養兒育女而起），頓時叫停，而有了無所事事的空洞與子女離去的冷寞。但是，根據學者的研究（Neugarten, 1974），一般的母親大多很樂意看到自己的子女長大成年的，有了個人的小家庭，在工作上能夠獨當一面，不須要自己（母親）的日夜照料，因此能夠安享清閑。

丙、工作

工作也是達成「滋生」要務的另一途徑，有了一份工作（包括扮演賢妻良母的家庭主婦工作），使一個人的生活有了目的。從另一個角度來看，一個人的工作乃是界定該一個人之「為何人？」（who am I？）的重要指標，有了合適的工作，使一個成年人在生活上有了寄託與追求的目標，這也就是我們常聽到的「生活得有意義」。

不同的個人選擇各種不同的工作，一份令人滿意的工作之安排與獲得並不是一件簡單的事，很多人都需要經歷嘗試、磨練的階段之後，才逐漸地安定於某一固定的工作，而且因為生活上許多變化，改變工作在現代化的社會裡是相當頻繁正常的。「一試定終身」的現象雖然主要是針對大學入學考試的嚴重性而言，但是此一現象本身，其實還不止於此，那些能夠考試及格得到分發入學的人，往往並不是能夠以第一志願或第二志願入學受教的，而進了大學之後，轉學轉系的重重困難，不知造成了多少令人不滿的人事安排，而畢業之後的所謂「用非所學，學非所用」的遺憾，更為各方所批評、詬病。許多職業輔導人員認為，良好的大學教育不應該是一種狹窄的職業訓練，過去「一技在身勝過良田千畝」的說法，值得我們深思考慮，工作並不只是營生餬口討生活的差事，人要活得有意義、滿足，工作應該是一份切合個人志趣與目標的事業。既然

一般人在一生中多方摸索之後，才會找到合適的工作而安定下來，過早的束縛個人（如一進入大學就決定了將來一生的工作），乃是不太明智的做法；相反地，廣博的通才教育，致力個人明辨是非，具高度判斷能力的培養，這在個人未來事業的發展上可能更爲實際而重要。除非一個人甘願一輩子當個技術員，否則以四年大學來「學以致用」，未免是太狹窄了，而這種做法對個人前途發展上所設的限制，更是叫人無法接受認同。

一個人的職業選擇受到許多因素的影響，除了個人的背景因素：如社經層次、性別、才智以及所受教育等之外，其他還受到角色模範，如父母、兄長之職業等之影響，另外的重要影響因素還包括了個人的生活經驗，個人的志趣和人格特質，以及職業市場和工作機會等諸多項目。而個人在職業上和事業上的成就和滿足，對於一個人的自尊、婚姻上的幸福，以及身體健康都會產生重大的直接影響。因此，如何配合個人之志趣和個性，力求工作上的滿足，乃是成年人的一大要務。

許多人在進入中年（一般以四十五歲爲準）以後，其生活方式會產生很大的變化。男人可能在中年期變換工作，從過去爲營生賺錢而工作的方式，改變爲與個人志趣個性相吻合的工作。而女性過去留在家裡相夫教子，而如今子女相繼長大自立，也可能因此而第一次外出工作，如此做法雖然會給她們帶來一些新的問題，但也會給她們帶來生活上的另一種滿足，有些學者（Levinson, 1978）認爲中年期乃是人生中最圓滿又最具創造性的一段好時光。而男、女兩性在這一時期，其人格特質又有了相當大的變化，男人一般變得較溫和而少打拚；女人則從過去的依賴柔順，而變成較爲獨立、自信和具競爭性（Zube, 1982）。當然，這許多顯著的變化是經過相當時日才完成的，並不是人一到四十五歲，就變得與從前截然不同。

七、老年的改變與適應

由於生活環境的改善、醫學技術的發達，一般人的壽命有了顯著的增長，老年人在所有人口中的比率，因之也有顯著的增加，而且這種趨勢似乎是與年俱增。老年人的適應問題也漸漸成為一個嚴重的社會問題，而受到發展心理學家們的廣泛注意。這裡我們將很簡單地就老年期的變化與適應做一個報告。

甲、生理上的變化

人一進入老年期，體力以及體內器官的功能都有轉弱的趨向，而且老年期的死亡率也比較高，為什麼呢？當然，一個人的身體經過六、七十年的操作，磨損故障自是難免，就像一部機器，在使用若干年後，當然會有老朽破損的現象發生；不過有些人認為人之所以變老，體力之所以不如從前，主要是由於我們體內自律器官功能的逐漸失常而來，而這種生理效率的失常對於老年人生理上、社會上以及心理上的轉變有著重要的影響（Kimmel, 1974）。

上了年紀的人，往往為疾病所苦，這種現象加上因害病而導致的有關社會與心理上的因素，可能也與衰老有關。年紀大但不為疾病所苦的人，一般都比較沒有衰老的徵象，而且高齡並不造成對個人的太大壓力與威脅。不幸的是，只有很少數的老年人得免於疾病纏身之苦，而且老年人一般所患的又多是長期性疾病，如風濕、關節炎、心臟病、高血壓等，其他如視力消失、重聽也很普遍。根據統計資料，大約有三分之二年紀在七十五歲以上的老年人至少都患有一種長期性的疾病。

老年人在生理上也有顯著的徵象，如身軀的微縮、牙齒的脫落、皮膚乾而多皺紋、老人斑之出現、灰白的頭髮、禿頭、聲音的改變、感覺

能力的消弱以及反應的遲鈍等等都是。這些年老的徵象可能對老年人的自我意象產生嚴重的不良影響。這尤其是在一個缺乏「尊老敬老」傳統的社會更是如此，這也就是為什麼許多人花費大量的金錢，設法以人工的方式來掩蓋上述年老徵象的道理。

老人痴呆症（senile dementia; senility）是年紀很高的一些老人因腦部神經細胞受損所造成，其症狀包括有定位混淆（disorientation）——迷失方向，不知身處何位，找不到自己的家；注意力低落；記憶力減失；以及無法記存新的資訊。不過此一生理上的老化現象並不是一定會發生在高齡時期，根據美國的研究資料，約只有百分之六、七的老人受到這個疾病的困擾。

近年來深受各方注目的另一種叫做歐塞莫氏症（Alzheimer's disease）的老人痴呆症，也是因腦部神經惡化所引起，此一疾病的受害者，往往在其智力和情緒方面造成嚴重的虧損和障礙，而老年人年過六十五歲者，罹患此一疾病的機會大量增多，美國的資料（Evans et al., 1989）顯示，從六十五歲到八十五歲這個階段，老年人罹患此症的百分率增加了十五倍之多（從六十五歲到七十四歲的百分之三左右，增到七十五歲和八十四歲間的百分之十九，八十五歲以上，患此病的百分率將近百分之五十）。另一項資料指出，在美國約有一百五十萬的老人受到此一疾病的嚴重為害，而需要旁人日夜持續地照顧他們（Light & Lebowitz, 1989）。而且，罹患此一疾病者，一般在七至十年內就會病死（Heston & White, 1983）。更不幸的是，到目前仍然不知此疾病的導因以及有效的治療方法和藥物，此一嚴重問題的解決，仍有待醫學專家的努力。

由於生活環境的改善以及醫學技術的進展，年紀的增長並不一定意味著身體上的衰弱和罹病。雖然一般年紀在七十五歲以上的人大都至少會有一種長期性的病痛，但一般老年人卻大多認為自己的健康情形尚佳，尤其是那些不需要住進老人院或其他養老機構的老年人，多達百分

之七十的人都以為自己的健康狀況，與其他同年紀的人來比較，一般都是良好的，甚或是極佳的。近年來各界重視飲食和運動身體，這在延年益壽上，其功效自不可忽視。

乙、認知上的轉變

一個人的智力是否因年紀的增長而增長，抑或因年紀的增長而遞減呢？前面我們說過，一個小孩的智能是逐漸發展而成的，年紀較大的小孩一般都比年紀小的要能幹些，但是我們的智能發展是否到某一階段即停止？根據一些長期性的研究結果，我們的智能似乎在二十五歲至三十歲間達到高峰，但卻不因之而停止發展，只是在此後的歲月，其發展速度與數量變得很小而已。雖然具中、上之資的人，很可能會保持或繼續增進他們的智能一直到五十歲，但是，一般常人的智能，則會因年紀的增大而開始有少量的遞減（Botwinick, 1967）。不過，其他的研究卻認為，我們的智能會繼續增長，直到超過七十歲（Baltes & Schaie, 1974）。我們都知道，影響智能測驗成績的因素很多，除了個人本身的因素外，其他與智能沒有直接關係的許多因素，也可能左右該項成績，這也許是造成上述不同研究結果的一個原因。

年老是否也會影響到我們的記憶能力呢？根據報告（Botwinick, 1967）指出，年老並不一定會造成記憶的減退；不過我們常常聽到一般人說記憶力不如從前，有些研究結果認為年老與短期記憶的減低有關。記憶力的減退，以及學習能力的減少，與我們的創造力和智能都有直接的關係，在日常生活中，由於一般人都能設法克服這方面的困難，因此也就很少感到障礙的存在。就創造力而言，李門（Lehman, 1953）的研究指出，在各種行業中，三十幾歲的人創造素質最佳，而隨後遞減，一般人到了五十歲左右，他們已完成了百分之八十左右的主要貢獻；不過，像哲學一類的學科，創造性的貢獻通常在六十到六十四歲左右達到

高峰。由此看來，認知能力的遞減與否，似乎也與工作的性質有關。

老年人認知能力消長的問題，學者間的看法仍欠一致，因為不同研究方法的使用（如過去常被採用的橫斷法 cross-sectional），其所得結果受到方法本身一些非切題因素的影響，認知能力本身的變化往往很難加以確定。近年來有些學者採用同群連續的分析法（cohort-sequential analysis）對此一問題進行研究（Schaie & Parham, 1977; Schaie & Hertzog, 1983）。此方法是針對同一群的受試者做長期的研究分析，例如史傑（Schaie）和何若（Hertzog）就曾追蹤一群受試者長達四十五年之久（從二十二歲到六十七歲），研究結果發現這些人在六十歲以前，其智力並沒有多大的降低，雖然其間存在著相當大的個別差異。另外，過去的研究又過分強調反應速度（speed of response），因此老人也就受到不利的影響，而有智力降低的結論。

智力的內涵，學者們有不同的理論，根據卡特洛（Raymond Cattell）的說法，智力有液態普通能力（fluid intelligence）和晶態能力（crystallized intelligence）兩大類，這在第七章中將另有說明。簡單地說，液態能力是學習新知的能力，它與知覺和記憶力關係密切；晶態能力則是運用既有知識以做判斷和解決問題的能力（Cattell, 1971; Horn, 1982）。根據目前的研究結果，一般學者大都同意，當一個人年紀衰老後，液態能力有減低的現象，但在晶態能力方面卻沒有這種變化（Smith & Baltes, 1990）。

在記憶力方面，學者們也發現各種不同的記憶力，在年老時的變化又多有不同（Mitchell, 1989）。以語意性記憶（semantic memory）和事故性記憶（episodic memory）相比較，六十歲以上的老年人在語意性記憶上的能力並不遜於二、三十歲的年輕人；但是，在需要記住細節經驗的事故性記憶上，老年人則沒有年輕人的那種好記性。

丙、老年人的適應

　　心理學家對於老年人適應良好與否之評估標準的看法頗不一致，不過在基本上有兩種不同的學說針對此一現象進行說明。

1.退隱說（disengagement theory）

　　根據這個說法（Cumming & Henry, 1961），老年人在過去已爲社會盡了義務，現在年紀大了，他應該功成而退，以享天年。由於他們已對社會做過貢獻，社會本身也同意他們退休養老，在這種兩相情願的狀況下，進入老年期的人應採取退隱的態度，不再主動地參與社會事務，但自覺心安理得，適應良好。反之，若是個人在不甘願的情況下被迫退隱，則在適應上將會有較多困難。

2.活動說（activity theory）

　　有些心理學家對於上述的看法表示異議，由梅達士（Maddox, 1970）所提出的乃是與之正好相反的「活動說」，根據梅達士的看法，在任何人生階段裡，一個人越是活躍而多貢獻，這個人就越滿足快樂。因此，老年人也不會例外，他們也希望能夠繼續活躍，繼續爲社會提供服務與貢獻，不幸的是，社會並不再爲他們提供所需的機會，於是老年人只好退隱下來。

　　上面兩種截然不同的說法引起了許多人的興趣與研究，有一項新近的報告發現老年人退隱的現象是常發生，不過這種現象的存在是否是老年人主動選取或是受迫不得已而如此，則難加確定（Havighurst, Neugarten & Tobin, 1973），這些專家的看法有些傾向於被迫的說法，他們認爲在美國社會裡，老年人往往因爲社會的結構而被迫退隱，而不是主動地退出。

　　心理學家對於年老歷程以及老年人適應問題的研究，目前還是很有限，而且由於大部份有關的研究又多屬橫斷法（cross-sectional）的方

式,所以學者們在判斷何種差異是由年老而造成,何種差異是研究對象個人背景與文化傳統上差異的反應時,頗感困難;加上老年人的轉變也許只是整個社會價值觀念與態度轉變的一部份,目前具結論性的說法尚付闕如。爲了解決這些方法上的困難,只有偏重同樣個人的長期觀察與研究,也許在不久的未來,專家們在這方面所做的努力將能夠爲我們提供一個較具權威性的看法。

丁、退休、延年與益壽

現代人壽命的延長,加上生活環境的改善,享受十來年的退休生活乃是一般人所預期安排的。而對一般人而言,退休生活的開始,也往往是老人生活的啓端。此一階段生活之是否滿足,主要受到個人收入和健康情況兩大因素的影響,通常一個身體健康,又有足夠收入(退休金等)來維持相當生活水準的人,退休的日子是可以好好享受一番的。對年老的退休者而言,夕陽無限好、餘暉照大地的寫照,則又有賴一個社會支持網的建立,親朋好友的往來與關照,這種精神上和心理上的支持,大大有助於退休生活的滿足與快樂。而那些身體健康、活動自如的老年人,又有很多是退而不休,繼續爲自己、爲他人做些有創意、有意義的事(如當義工,追求自己的嗜好、興趣等),這種日子更是愜意又豐富。

追求長生不老的目標,目前仍然沒有任何良方可促成,但是,延年益壽乃是一般人能夠努力追求而實現的。身體的老化以及心理認知功能的降低,受到飲食、生活方式以及生活習慣等諸多非生理因素的重大影響(Rodin, 1987)。如何保持身體健康,使日子過得愉快,這在第十三章討論健康心理學時將有較詳細的說明。在基本上,一個不抽菸(吸菸)、不酗酒、飲食正常、吸取適當營養、常做身體運動、保持適當體重,以及輕鬆自己、獲得足夠休息的人,其保持身體健康與延長壽命的機會是很大的(National Institute on Aging, 1984)。

　　在心理方面，一個年過六十而又沒有嚴重的健康問題的人，其生活態度與日常活動對長壽的影響，可能要比生理因素的影響來得大些（Segerberg, 1982）。個人對自己生活之是否感到擁有主宰權、能夠控制自如，似乎是一個很重要的心理因素，通常年紀大的人，其體內免疫抗體因年齡的增大而隨之減弱，而那些對個人生活感到沒有主宰、控制力的老年人，其體內免疫體系可能會受到更為不利的影響（Rodin, 1987）。其實，所謂的主宰、控制力並不一定是要直接參與重大的決定，而只要在日常生活中，對自己的飲食、娛樂以及其他休閒活動具有參與決定的機會，而不是完全由他人來安排決定，這在維持老年人身體健康上，就會產生正面有益的效果。老年人（尤其是住進養老院者）如果能夠直接參與日常生活中的一些例行事務，往往可以使得他們精神愉快、神志清醒，而大大地減低了死亡率。破除或減少老年人的無力感和被動性，在延年益壽上，功效頗為可觀。

　　有些學者（Berger, 1991）則針對其他的地域環境因素來探討長命的道理，在世界上的某些地區，如新成立的蘇協喬治亞、巴基斯坦、秘魯等偏遠高山地區，八十歲以上的人口數很多，而且這些老年人仍然保持身體健康、心智靈活。學者對這些人研究所得的結果，發現住在這種環境的人，平時常常運動身體，飲食又相當節制，脂肪的吸取有限，吸菸喝酒也都適度控制，尤其這些地方的人對於老者又多有尊敬的文化傳統，年紀的增高並不意味著生活的老化，更沒有現代文明社會所謂的退休生活方式，這許多相關因素，似乎都是促成該等地區居民長命的重要因素。

　　避免緊張與壓力（尤其是長期性的緊張與壓力），在延年益壽上也頗多幫助，緊張與壓力對於身體所可能造成的許多傷害，我們在討論健康心理學時（第十三章）將有較詳細的論述，這裡我們要再度強調的是，長期性的病痛如高血壓和腸胃病，有很多是與長期性的緊張與壓力密切

相關；而從心理方面來看，一個人若對緊張與壓力感到無法加以控制和
克服，則有進一步發展成令人失望、憂慮，甚或絕望的地步，這不但使
生活失去了情趣，更可能因此導致輕生念頭的出現，其後果的嚴重性自
是不可不加重視。

第 四 章

制約與學習

大　綱

一、古典式制約

甲、巴氏的實驗

乙、古典式制約成立的要件

丙、古典式制約的基本現象

二、操作式制約

甲、施金納的實驗

乙、增強作用

丙、操作式制約的實際應用

三、其他的學習方式

甲、模倣

乙、認知性學習

四、技能學習

甲、技能學習的歷程

乙、集中與分散練習

五、語文學習

甲、語文學習的方式

乙、影響語文學習的因素

六、學習遷移

甲、特定的遷移因素

乙、一般性的遷移因素

　　心理學家為「學習」所下的定義是：「學習乃是經由練習和經驗而持久地改變行為的一種歷程」。那些不必經由練習而來，或是暫時性的行為變化並不叫做學習，不必經由練習的行為變化包括因成熟、發展、疾病或其他肢體上損傷所引起的變化；而暫時性的行為變化指的是那些因身體疲勞，或由酒精、藥物所造成的短期性變化。

　　行為的學習及其實際**表現**（performance）是有所不同的，經由學習的歷程，我們習得了某種預期的行為反應，而所謂「表現」，乃是學習的行為化。例如：一個小學生學習加減乘除的基本運算，聽老師講解說明和做習題作業等乃是學習的歷程；至於他是否已經學會加減乘除，我們需要從這個學生的行為表現（如知道 $2 \times 3 = 6$）來加以推斷。雖然心理學家所關心的是學習歷程的本身，不過他們的觀察須要以行為表現為根據。由外顯的行為表現來推斷學習是否發生，有時並不是很可靠的，因為我們通常並不一定把我們所習得的都給表現出來，學習而得的行為變化，有時需要等到適當的時機才能顯示出來。例如，在實驗室裡，一隻不餓的白鼠，雖然它有過許多走迷津的經驗，但並不一定會表現出它會走迷津的本領，由此可知，行為的表現常為個體短時性的情況所左右，但是學習本身並不一定如此，已學習到的技能，很少會為時、空所限制。

　　學習並不如一般人所想像的都是好的、有益的，我們常說「開卷有益」，總認為多看書，多少可以學到一些好處，但是仔細想想看，一些所謂含有色素的書籍（黃色、灰色甚或紅色），多看不但無益，甚或有害身心。學習也是如此，因為不但是良好有益的行為是由學習而得，一些對本身無益甚或有害的行為，如不良習慣、嗜好的養成與習得，也是透過學習而來，所謂近朱者赤，近墨者黑，好與壞的行為，都可由學習而來。

　　在對學習的意義與本質有了初步的認識後，我們也許可以進一步提出「我們如何學習」的基本問題。這個問題也就是「學習歷程」本身的

問題。心理學家們對於這個基本問題的解答，並不持一致的看法。有些心理學家認爲學習乃是新聯結的建立，這裡所謂的聯結，主要是介於刺激與反應間的，例如當一個小孩看到「糖果」時，他的媽媽教他說「糖果」兩個字，糖果本身乃是一種刺激，說出「糖果」兩個字，則是一種反應。持這種看法的心理學家，在基本上認爲學習乃是一種聯結的歷程，不但簡單的學習是經由此一歷程，而且複雜的學習也是由許多簡單的聯結歷程而來，行爲學派的心理學家，主要是持這種看法。

其他的心理學家則認爲建立刺激與反應聯結的過程只能夠被用來說明簡單的學習，這些心理學家覺得知覺和領悟瞭解在複雜的學習歷程中佔有重要的地位，他們認爲從認知心理學的觀點來看，我們可以對記憶、問題解決和思考等複雜的學習歷程做較適切的解說與分析。這種以認知歷程（cognitive processes ）來解釋學習歷程的看法，是與上述以聯結歷程（associative processes）來解說學習歷程的看法有所不同的。認知派的學者認爲刺激本身並不一定會引起某一特定的反應，因爲個體對某一刺激的反應，除了刺激本身的因素外，其他諸如個體過去的經驗、刺激發生的情境，以及個體當時的內在感受等等因素，都可能左右個體的學習。

由於心理學家對學習歷程的看法不同，他們研究學習歷程的步驟與方式也有所差異，大體上我們可以將心理學家研究學習歷程的方式分爲下列四種：(1)古典式制約（classical conditioning），(2)操作式制約（operant conditioning），(3)模倣（modeling），(4)認知性學習（cognitive learning）。古典式和操作式制約爲刺激──反應聯結學派所常用；模倣、領悟和認知性學習方式則爲認知派學者所偏好。

學習是人類行爲的根本，它不只是知識與技能的習得，而且也與情緒的發展、動機、社會行爲和人格等有著密切的關係。在本章中我們將對學習歷程的本身做一個系統性的探討，針對上述幾種不同的理論與方

法加以介紹，以期讀者們對於變化行爲的基本原則有所認識與瞭解。

一、古典式制約

所謂「**制約**」（conditioning）乃是一種很基本的學習歷程，古典式制約又叫做**反應式制約**（respondent conditioning），是由俄國生理學家巴夫洛夫（Ivan Pavlov, 1848～1936）在從事消化過程的研究中所發現，爲了測定狗在獲得食物時的唾液分泌，巴氏將一小導管插入狗的口中，在這個簡單的測量實驗中，巴氏及其助手們發現，在將食物放入狗口中之前，狗已開始分泌唾液，其實，狗在一看到食物時，就有分泌唾液的現象發生，甚至在它聽到餵食者的腳步聲時，也有分泌唾液的反應，此一現象引起巴氏的好奇心，於是進一步加以實驗研究，而爲古典式制約的原理創下基礎。

甲、巴氏的實驗

爲了瞭解爲什麼狗對計時器的聲音（本來是用來作測定食物放入口中後，唾液分泌時間的長短）有時也有分泌唾液的反應，巴氏將計時器的滴噠聲與食物配合出現，或在食物馬上要送到狗的口中之先，或在食物送達狗嘴巴的同時，計時器開始作響，在重複多次這種配合出現的方式後，狗對計時器的聲響（不必食物的配合）開始有分泌唾液的反應，這也就是說狗已學到了計時器聲響是得到食物的信號，唾液因此一信號的出現而分泌，而不必等到食物的正式出現，如此一來，狗已被「制約」（Conditioned）而能對本來不引起唾液分泌的聲響做出分泌唾液的反應（Pavlov,1927）。

我們可以把巴氏的這個實驗分爲四個基本要素，這四個基本要素是在任何古典式制約中都出現的。第一個要素叫做**非制約刺激**（Unconditioned Stimulus，簡稱 UCS），巴氏實驗中的食物就是一種非制約刺激，非制約刺激可以引起受試者（狗）的某一特定反應——分泌唾液，這種非制約刺激所引起的反應叫做**非制約反應**（Unconditioned Response，簡稱 UCR），非制約刺激的出現，自然地會引起非制約反應。

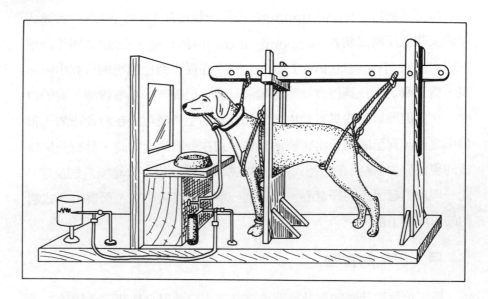

圖4～1　巴夫洛夫的古典式制約實驗情境

　　狗在聽到滴嗒聲響所做的分泌唾液反應，須經多次學習聯結而來。這裡所用的聲響叫做**制約刺激**（Conditioned Stimulus，簡稱 CS），這是古典式制約的第三個要素，制約刺激可以是聲響、光線、壓力或其他能為受試者察覺的事物，這種刺激本來是不能引起特定的**制約反應**（Conditioned Response，簡稱 CR），制約刺激與制約反應的聯結須經多次的學習而得到，制約反應乃是古典式制約的第四個要素。其實制約反應與非制約反應並沒有兩樣（在本實驗中同為分泌唾液），其名稱的不同，主要是根據因不同的刺激所引起而來，如果分泌唾液是由食物所引起，它是非制約反應，如果分泌唾液是由計時器的聲響所引起，那麼

這個反應就叫做制約反應。

乙、古典式制約成立的要件

制約的成立並不是一種自然發生的現象，學習之發生，有賴某些要件的存在與配合。在古典制約過程中，最重要的因素乃是制約刺激的強度與可察性，制約刺激需要達到能夠容易引起受試者感覺的強度，而且也需要與其他刺激有所不同而易為受試者所辨識。從事實驗的人，可以運用一種叫做定向反射（Orienting Reflex，簡稱 OR ）的試驗來決定制約刺激的強度與可察性，如果當制約刺激一出現時，受試者有轉向刺激物所在方向的反應，那麼這個制約刺激物大概具有適當的強度與可察性。

制約刺激與非制約刺激出現的順序，是影響制約過程的另一個重要因素，最有效的安排是讓制約刺激首先出現，然後緊接著非制約刺激；讓制約與非制約兩種刺激同時出現的方式，在制約效果上比較差；如果制約刺激安排在非制約刺激之後出現，這種學習往往是沒有什麼效果的。制約刺激也可以先出現，然後持續到非制約刺激的出現後停止。制約刺激與非制約刺激出現間的時間之長短也是與制約效果有關。如果兩種刺激的出現在時間上相距太遠或太近，對學習是有不利影響的。一般來說，這兩種刺激出現的時間間隔大約在一秒或兩秒左右，這種時間間隔因學習任務和受試者本身的條件而有差別。

古典式制約主要在建立制約刺激與非制約反應間的聯結，此一聯結的建立有賴多次的嘗試練習（trial）。經過多次的練習後，刺激與反應間的聯結才有成立的可能。學習的進展也不是很均衡的，在剛開始的幾次練習，進步也許很大，但達到某一地步後，進步就不再持續。每一練習與練習間的間隔與練習的次數同樣具重要性，適當的間隔可以促進學習，但是過分靠近或離得太遠，對學習的效果都會產生不良的影響。最

後，要使制約有效，我們首先需要確定在受試者中，非制約刺激引起非制約反應的頻率必須是相當高的。

制約前
CS   →無反應，不過UCS →UCR
(鈴聲)   (食物)   (唾液分泌反應)

制約中
CS   隨著UCS →UCR
(鈴聲)   (食物)   (唾液分泌)

制約後
CS   →CR
(鈴聲)   (唾液分泌)

圖4～2　古典式制約的歷程

丙、古典式制約的基本現象

1.學習階段（acquisition stage）

上面我們提過，制約刺激與非制約刺激的每一次配合出現叫做一個**嘗試**（trial），在古典式制約過程中，學習者學習制約刺激與非制約刺激間聯結關係的階段就是所謂的學習階段。前面我們已經提過，制約刺激與非制約刺激兩者出現的間隔對學習的產生有重要的影響，一般來說，在**延宕制約**（delayed conditioning）的情況下，學習的效果較佳；所謂延宕制約，乃是指制約刺激在非制約刺激出現數秒鐘前首先出現，同時兩種刺激繼續存在，一直到反應產生為止。在**同時制約**（simultaneous conditioning）的情況下，制約與非制約刺激差不多同時出現，而且繼續存在一直到反應出現為止。第三種方式叫做**痕跡制約**（trace conditioning），此種方式之所以得名，是因為制約刺激先出現一下，而在非制約刺激出現以前已消失，如此制約刺激之所以發生作用，乃是依賴某種痕跡之存在以引起反應。巴夫洛夫也試過先提供非制約刺激，接著提供制約刺激的方式，這種叫做**倒向制約**（backward conditioning）之方

式,學習的現象似乎很少發生。「倒向」一詞的使用,主要在強調非制約刺激首先出現的安排。

制約反應的出現乃是學習發生的指標,在延宕制約和痕跡制約的方式下,制約刺激與非制約刺激出現間有一段時距的存在,因此如果制約刺激一出現,受試者即有制約反應,這表示學習已發生;但是,在同時制約的方式下,試驗者需要利用一些所謂「試驗性嘗試」來檢定學習之是否已發生,在這一種嘗試中,試驗者只提供制約刺激,但對非制約刺激則加以控制而不使它出現,假如受試者只因制約刺激的出現就有反應,這表示學習已經發生。

學習的發生及其進行可以用學習曲線來表示,一般的學習曲線所顯示的情況,大都是在剛開始的幾次嘗試,進步快速,然後逐漸持平,學習曲線的高度可以用來指示制約反應的強度。其他如制約刺激出現後到制約反應發生間的**時距**(latency),達到某種標準所須的嘗試次數(number of trial to criterion)和制約刺激引起制約反應的比例,也都可以用來測定制約反應的強度。在一般情況下,這些不同指標所測得的學習強度的差別相當有限,不過由於實驗事項的不同,有些學習是比較不容易加以測定的。

2.消除歷程(extinction process)

在古典式制約中,如果非制約刺激不再與制約刺激成對配合出現,**消除**的現象就會發生。例如,當聲響出現後,若無食物緊接著出現,則先前由聲響所引起的分泌唾液的反應將會慢慢地消失。根據消除歷程所畫的曲線與學習曲線正好相反(見圖4〜3),剛開始時,消除的程度比較大,然後逐漸緩慢下來,直到完全消除為止。

3.自發性恢復(spontaneous recovery)

在制約反應消失之後,如果受試者獲得一段時間的休息,之後,如制約刺激出現,制約反應會再度出現,只是這個反應的強度沒有先前的

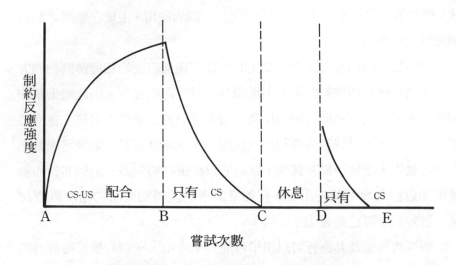

圖4～3　學習曲線和消除歷程

學習的現象由 A 到 B 漸增，由 B 到 C 為消除歷程，C 到 D 為

休息階段，由 D 到 E 則顯示自發性恢復現象。

反應來得高；這種在隔一段休息時間後，不需經過再學習而產生的制約
反應的現象叫做**自發性恢復**。在自發性恢復發生後，如果繼續學習的嘗
試，制約反應可以很快恢復到原先的強度，否則會逐漸消弱而至完全沒
有反應。

4.類化 （generalization）

在古典式制約的學習初期，許多與制約刺激相類似的其他刺激也可
能引起同樣的制約反應，這種現象叫做**刺激類化**。刺激類化的現象通常
發生在同一種類的刺激中，例如不同強度的光刺激或聲響，當然不同種
類的刺激也會引起刺激類化的現象。類化的現象不只是發生在刺激上，
有時受試者也會有**反應類化**的現象發生，這種情況剛好同刺激類化相
反，受試者是以多種不同的反應來對同一刺激做反應。

行為學派創始人華森所做過的一個實驗（Watson & Rayner,

1920）,可以用來解釋刺激類化的現象,華森的受試者是一個名叫Albert的小男孩,他本來就害怕巨大的聲響,但並不怕狗、白鼠等有毛的動物,華森和他的助手每於小白鼠出現在小男孩面前時,即以鐵棒重擊來製造巨大聲響以嚇唬小 Albert,如此經過多次嘗試後,小男孩慢慢地在看見小白鼠時就會有害怕的反應,到後來他連看到類似棉花一類毛毛的東西時,也都會害怕而哭,這就是刺激類化所產生的後果。

5.辨別與抑制 (discrimination and inhibition)

辨別的現象剛好與類化現象相反,辨別乃是一種對不同刺激做不同反應的過程。在學習的歷程中,如果某一刺激可以被認定為最可靠而有效的刺激,那麼受試者對其他刺激或類似的刺激做相同的反應是沒有什麼意義的,因此受試者需要學習對不同的刺激加以辨別,但對不重要或不適當的刺激,**抑制**可能發生的相同反應。通常如果制約刺激與其他刺激間存在著顯著的不同,辨別與抑制的過程往往費時不久即可達到學習目的。

6.高層次制約 (higher-order conditioning)

經由制約刺激與非制約刺激多次成對配合出現後,制約刺激逐漸會變成非制約刺激,如此一來,在該制約刺激出現前的某些刺激,也就會取代此一制約刺激而成為一種制約刺激,並具有引起制約反應的能力,這種過程就叫做**高層次制約**。在巴夫洛夫的實驗室裡,實驗工作人員曾發現狗在被注射嗎啡後,會有嘔吐的反應,這種反應在狗看到針筒但未被注射時也發生,甚至在準備給狗注射前,摩擦酒精以對欲注射部位做消毒時,也會引起狗的嘔吐反應;狗後來對於用來裝注射針筒的盒子也會有嘔吐的反應,到最後,連實驗室本身都可以使狗產生嘔吐的反應。這種高層次的制約反應現象,有些心理學家認為可以用來解釋一些有關迷信的心理現象。

二、操作式制約 (operant conditioning)

操作式制約是研究聯結性學習的另一方式。在古典式制約中，制約反應與由非制約刺激所引起的自然反應相類似，以巴夫洛夫所做的實驗爲例，狗的分泌唾液是獲食時的一種自然反應，由聲響或其他制約刺激所引起的唾液分泌，與由獲得食物時的唾液分泌並沒有兩樣。其實，古典式制約的主要過程，乃是在應用非制約刺激爲媒介物，以形成制約刺激與非制約反應間的聯結。但在操作式制約中，受到增強的行爲反應，與增強物本身所能引起的一般反應是不一樣的，在操作式制約中，食物常常被用來當做增強物，而被增強的行爲反應卻是像壓桿、走迷津等一類的行爲，我們都知道，在一般的情況下，食物或水等東西並不會引起按動控制桿或走迷津等反應的。

人類的很多行爲雖然可以用古典式制約來加以解釋，不過，絕大部分的行爲，並不是由外來刺激所引起的自然反應。其實，我們的許多行爲都是針對外界所發生的積極主動反應，例如，小狗在餐桌旁搖動尾巴以期獲得食物的行爲，與其因獲得食物而分泌唾液的行爲是大不相同的；搖動尾巴是小狗積極主動的行爲，這種行爲叫做**操作性行爲**（operant behavior），這種行爲具有引起環境變化的效力。操作性制約所習得的行爲因具有這種功能，所以操作性制約又叫做工具性制約（instrumental conditioning）。由古典式制約所習得的反應方式是由其前導的刺激所控制，而操作性的行爲乃是由隨後的增強物所操縱。

也許動物馴服師們並不使用像我們現在所用的一些術語，不過，他們在很久以前就已應用工具式制約來訓練動物。其實，我們每個人也都多多少少運用工具式制約於日常生活中，讀者中也許有養狗經驗的，許多狗的小動作，諸如見人擺尾巴、聽指示而坐下，或尾追著你丟出去的

皮球,然後把球咬回來等等,這些動作並不是每一隻狗都會做的,你養
的狗之所以有這些本領,主要是因為它被訓練過,也許就是你教它的。
在訓練的過程中,其基本步驟大致是先讓狗顯示或嘗試某種你所要加以
訓練的動作,然後在訓練的過程中,當狗每次有該動作反應時,你就給
狗一種鼓勵(或給東西吃,或撫摸它的頭等),如此慢慢地經過許多次的
練習後,狗就會學習到該一動作。

甲、施金納的實驗

在實驗室裡,心理學家們用不同的設備來研究操作式制約,一個最
常被使用的設備叫做**施金納箱**(Skinner box),施金納箱之所以得名,
乃是因為發明這種設備的人是有名的心理學家施金納氏(B. F. Skin-

圖4~4 施金納箱及其他實驗設備

ner），施金納生前是哈佛大學的教授，除了施金納箱外，他還發明了許多操作式制約的技術與方法。施金納箱的大小與形式和設備，因實驗的設計和動物（受試者）的不同而有所不同，用來實驗老鼠的箱子一般都是小小的，箱子裡除了一根槓桿和位於槓桿下的小杯子外（用來提供食物或水等增強物），其他並沒有什麼設備，當然有些自動化的施金納箱，則還有照明和收集記錄受試者反應的設計。

在受試者（小白鼠或鴿子等）被放入施金納箱做實驗之前，受試者需要經過短時期的節食，或者減少飲水量，此一措施的目的乃在使食物或飲水具有增強的功效，節食之後的動物，因對食物有較迫切的需要，如此一來，我們才能有效地應用食物為**增強物**（reinforcer），增強物之功用是在使受試者重複所要訓練的動作或行為反應。

當受試者被放入施金納箱之後，它首先對箱子裡的環境做一番探討的工夫，它在箱子裡到處走動，碰碰不同的地方，有時也按按槓桿等，實驗者可以先測定受試者的**操作程度**（operant level），以確定在未提供增強物前受試者按桿次數的多寡，在測定操作程度後，受試者一有按桿行為，增強物即開始出現，受試者因此獲得食物，吃完食物之後，它又嘗試按桿以求食，由於食物的增強作用，受試者按桿的動作會急速增多；反之，如果食物不因按下槓桿而繼續出現，按桿的反應會漸漸消失，這種消失的現象與古典式制約中的消除現象相類似。操作式制約的許多現象與古典式制約的許多現象都相類似，如自發性恢復、類化現象和高層次制約等，也都在操作式制約中發生。

受試者操作性行為發生的次數，可用一種叫做累積記錄器來自動地加以記錄（見圖4～5），由於操作性行為的發生完全是由受試者自行決定，操作性行為的學習曲線常因不同的受試者而有顯著的差別。這種個別間的差異，可以很容易地從累積記錄表中看出。

圖4~5 自動累積記錄器，紙上的曲線指出操作性行為反應

乙、增強作用 (reinforcement)

　　當受試者所做的動作反應是我們所要訓練的反應時，我們就給予受試者某種獎勵，這就是心理學上所稱的**增強作用**，因為獎勵會增強所需的動作反應，而且增加此一動作反應再度發生的可能性。其實，增強有正負之分，在所需動作出現之後，為受試者提供滿意快活的經驗，是所謂的**正增強**（positive reinforcement），我們上面所說的食物或水，在受試者按桿後出現，就是一種**正增強**。要是在所要動作發生後，某種不快活的經驗或是事物也因之而消逝，這就是所謂的**負增強**（negative reinforcement），在實驗室裡，白鼠學習按下槓桿以避免或停止電擊（electric shock），即是負增強的一個例子。負增強與懲罰是有所不同

的，懲罰主要是以一種不快活，甚或痛苦的經驗來**抑制**不要的動作行為，或是不良的行為反應；負增強所使用的雖然也是不快活或是痛苦的經驗事物（如電擊），但其目的乃在**強化**某種所要的動作，並增加此一動作重複出現的可能性。正增強與負增強的目的都是在促使學習的發生，其所不同的，乃是所用增強物之引起快活或痛苦之差別。

應用負增強作用以促進學習的實驗包括**逃脫訓練**（escape train-ing）與**避免訓練**（avoidance training）兩種。在逃脫訓練的設計中，白鼠一進入實驗箱中即受到電擊，終止電擊的方法乃是按壓槓桿，按桿的反應，可以使白鼠逃脫電擊的不愉快情況，白鼠為了逃脫電擊，因此而習得按桿的反應；又當我們頭痛時，吃下兩顆止痛藥，如此做的目的就是在終止不愉快的痛苦。在避免訓練情況下，雖然也是以不愉快的事物作為增強物，但是如果受試者動作反應適當，學習者是可以完全避免痛苦或不愉快事物的發生的，在避免訓練中，通常在負增強出現之前，某種警報信號首先出現，如果學習者一見到或聽到警訊，很快地做適當的動作反應，不愉快的事物（負增強）就暫緩出現，否則，在警訊發生後很短一段時間內，學習者如果沒有適當的反應，負增強就會發生。在日常生活中，如果我們知道會下雨，出門時我們就會帶把傘或雨衣，這種動作是由避免訓練而習得，因為如果不事先做必要的準備，不愉快的淋雨經驗就會產生。

1. 增強的安排與分配（reinforcement schedules）

操作式制約的主要原理乃是先等待所要行為反應的出現，而在此等行為出現後，隨即加以增強，以增加此等行為以後發生的可能性。增強是否在每一反應之後都有需要呢？如果隔一些時候再提供增強物，對學習的效果有何影響呢？這些就是有關增強的分配與安排的問題。其實，在我們的日常生活中，我們的許多行為反應並不是每次都會得到增強的，甚至賭徒們也不敢期望每次都贏錢的，因此，有關操作式制約的許

多研究，乃是針對部份增強（partial reinforcement） 對反應行為所可能發生的影響而做的。

　　部份增強的方式有多種，不過這許多不同的方式，可根據時間上的安排，以及反應次數與增強發生的比例加以區分為四種：

⑴固定比例增強（fixed-ratio reinforcement）

　　在這種方式下，受試者在做數次必要的反應後（例如每五次反應後），才得到一次增強。這種增強方式可以獲得高的反應速度，因為受試者在短期間內完成所需的反應次數後即可得到增強，在日常生活中所謂「論件計酬」的方式就是一種固定比例式增強的實例。

⑵固定時距增強（fixed-interval reinforcement）

　　這種增強方式是在某一固定的時間給予增強物。例如，一般人每個月領一次薪水，有些人則每隔兩個星期領一次薪，這些都是一種固定時距式的增強。這種增強方式以時間的長短為給予增強的依據，至於在該一時距內反應次數的多寡，則不會影響到增強次數的多寡。在這種增強方式下，學習者在剛得到增強後的反應速率相當低，但慢慢地提高，而在期待增強即將發生前的反應則很高。

⑶不定時距增強（variable interval reinforcement）

　　在這種增強方式下，增強的提供並沒有一定的時間標準，有時在短期間內增強物就出現，有時則隔相當長一段時間才有增強物出現，由於受試者很難知道增強物何時會出現，因此他們的動作反應相當持續而少有起伏。

⑷不定比例增強（variable-ratio reinforcement）

　　不定比例增強的方式也是在反應發生數次後給予，不過，增強的發生並不一定在固定的幾次反應之後，有時兩、三次反應後即行增強，有時卻要等八、九次之後才予增強。賭博機（吃角子機器）的設計就是根據不定比例增強方式。不定比例增強下的行為反應一般相當持續而且反

應的速率也很高。

　　由於增強方式的不同，受試者的行爲反應也因之而大有不同（見圖4～6）。在固定與不定比例增強方式下的學習，其反應的次數大致相當平穩，而且反應的速度也相當快；不過，在運用不同時距的增強安排時，受試者似乎能夠體會得出「時間」而不是「反應次數」是影響增強的主要因素。在固定時距的情況下，受試者於剛獲得增強後那段時間的反應速度很低，不過，當增強很快就要出現之前，反應的速度又急速增加；在不定時距增強下，由於受試者不易辨別增強之於何時出現，其反應較爲平穩正常，但是反應速度則較低。

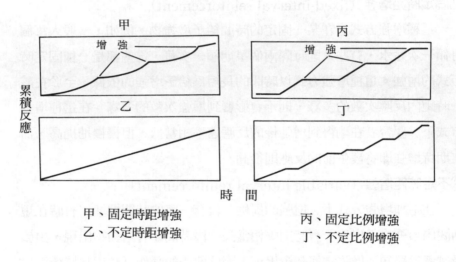

甲、固定時距增強
乙、不定時距增強

丙、固定比例增強
丁、不定比例增強

圖4～6　增強方式與反應狀況

　　在日常生活中，增強的安排與分配往往不是根據單一法則的，而是綜合成一種**複合方式**（compound schedules），在這種情況下，增強的發生首先可能根據某一原則，然後由於某一辨別刺激物的出現，增強的方式轉變爲根據另一個法則。有時增強的產生也可能根據同時存在許多法則中之任一法則，例如公司裡的人事晉升，有時根據當事人爲公司所

完成的工作或貢獻（固定或不定比例的增強），有時則根據個人在公司裡年資的深淺做決定（固定時距方式），如此一來，人事的晉升是受到多項簡單的增強方式所同時控制。

　　增強方式對新反應的學習具有左右的功能，一般來說，學習的速度在持續的增強情況下比較迅速，部份增強的方式，對於學習的促進功能並不如持續增強者來得有效。不過，增強方式的不同，對於所習得行為的消除則有出乎意外的作用。

　　一般人也許會認為由連續增強所習得的行為反應，要比由部份增強所習得的行為反應較難予以消除，但是，事實卻不是如此。根據許多實驗結果，由部份增強方式所養成的行為反應，要比由持續增強所養成的行為反應更難加以消除（Robbins, 1971），這種現象通常被稱之為**部份增強效應**（partial reinforcement effect）。對於這種現象，心理學家有不同的解釋，有些人認為部份增強所養成行為之所以更難消除，是因為在部份增強的情況下，受試者不易獲知「消除」歷程的開始。由於在部份增強下，增強並不是於每次反應後發生，因此一旦增強停止（消除歷程的開端），受試者往往不易察覺，所以消除也較慢。另外一種說法是，在部份增強的過程中，受試者往往學習到對增強不出現的情況加以容忍應付，而繼續其反應行為，如此一來，當增強完全停止而開始消除過程時，受試者仍本著容忍應付的工夫，繼續反應，這也就是為什麼部份增強學習下的消除歷程較為不易的原因。心理學家們對此一現象所持的看法並不限於上述兩種，目前還沒有一個看法是廣為大家所共同接受的。

2.懲罰

　　前面我們提過，不管是正增強或是負增強，其目的和作用都是在增加某一所需行為重複發生的可能性。然而，在某一不良行為發生後，我們對行為者施以懲罰，其目的乃是在減低該一不良行為再度發生的可能性。這裡我們所要強調的是，懲罰與負增強並不一樣，雖然負增強所使

用的增強物也具有引起受試者不快經驗的性質。

在我們的日常生活中，來自環境的懲罰處處存在，走路不小心而跌倒，因而擦破表皮，即是一例。但是，我們是否應該在社會環境中，運用懲罰來對人類的行為加以控制，則是一個辯論已久的問題。

⑴懲罰的原則

一般來說，正增強在學習與保持所需行為的過程中，效果最佳，不過，有時為了要停止不良行為，正增強的單獨使用並不一定產生預期的效果，在這種情況下，適當地運用懲罰，有時有助於不良行為的糾正。根據一些心理學家的研究（Church, Wooten & Matthews, 1970; Taylor, 1974），有效地使用懲罰（並不是體罰）應該遵照下列數原則。

A. 為受懲者提供取代的行為方式，而且以正增強來鼓勵良好取代行為的發生。

B. 應使受懲者明瞭懲罰的對象乃是不良的行為，而且對於為什麼受懲，以及可能的改變方式都應有詳細的說明，而且也應設法減少引起不良行為的動機。

C. 懲罰應於不良行為發生後，隨即施予；而且應在每一次不良行為發生後給予懲罰而無例外。

D. 懲罰的輕重應配合行為的嚴重性，而予以適當的懲罰，長期的懲罰應加避免。

E. 施以懲罰者應絕對避免在懲罰的同時又給予受懲者某種正增強，否則被懲的行為將不易停止。例如，母親罵了小孩之後，小孩痛哭，母親因此覺得於心不忍，又抱起小孩來哄，或給糖吃等，以使小孩不哭，這種懲罰與正增強連續發生的情況應該加以避免，否則懲罰的效果是得不到的。

F. 取消正增強可以用來達到懲罰的效果，例如小孩功課沒有做完不准看電視就是一例。

G.　執行懲罰的人絕對不可以把不良的行為類推到受懲者的其他人格本質。例如學生沒做作業，老師不但給予懲罰，還要罵學生是笨瓜，沒有上進心等，這種作法，往往會使受懲者產生自卑消極的不良後果。

⑵懲罰的弊端

懲罰的適當運用雖然可以遏止不良的行為，不過，在日常生活中，父母、師長、上司以及警察等在使用懲罰時，往往忽略了上述的基本原則，因此懲罰的後果常常造成許多弊端，現在讓我們來看看導致反效果的一些原因。

A.　施懲者與受懲者都可能因懲罰而產生強烈的情緒反應，甚者，有些施懲者以懲罰他人而取樂，而受罰者又因受罰而對施懲者產生怨恨的心理，或者因受懲而產生自卑的心理。

B.　上面討論原則時，提到有效的懲罰應該在不良行為發生之後，隨即予以執行，而且懲罰也要一致。但是這種立即和一致的原則，在實際執行上卻往往遭到困難。

C.　施懲者往往低估懲罰的嚴厲性，而易造成過度懲罰或亂用懲罰的弊端。

D.　懲罰的功用限於不良行為的制止，而對於良好行為或所需要的行為方式，並未提出積極的指導作用。學生因考試成績欠佳而受罰，懲罰本身並不能改進考試的成績，如何積極地鼓勵學生準備功課，以應付考試，似乎要比光懲罰有效得多。

E.　由於懲罰是在不良行為發生而被發現後才施予，如此一來，良好的行為似乎也只在監視的情況下才會發生；在另一方面，由於缺乏指導和再學習的機會，受懲者有時對自己的不良行為，往往缺乏自我控制的能力，但又得不到適當的輔導。

F.　懲罰的執行往往有第三者在場，在這種情況下，受懲者的自尊心更易受損。學生考試成績欠佳，心裡可能已經很難過，當老師發考卷

時，又在班上同學面前指名道姓地臭罵一頓，這種雙重的懲罰，往往產生不良後果應該是顯而易見的。

G. 所謂「殺一儆百」的作法，實際上是嚴重地違反懲罰的原則。而且也容易造成偏私歧見的口實，「公平」的原則是絕對要加以維持的。

H. 有些施懲者由於動機不純正，或持報復心理，或作威作福，或以懲罰爲要挾，如此一來，因懲罰而產生許多弊端也就更難免了。

3.行爲塑造 (shaping of behavior)

新行爲的學習，特別是複雜行爲的學習，往往不能單靠簡單的制約歷程來完成。例如馴獸師訓練大象隨音樂而搖擺跳舞，要是馴獸師等著此一行爲自然出現，然後再加以增強，我們可以想像到他一定要等上很長一段時間。不過，馴獸師可以運用一種叫做**漸次接近法**（method of successive approximation）來實行訓練，這種訓練法對與最後所需行爲相近似的各種細節行爲，予以分層式的增強，由簡而繁，到最後完成複雜的行爲反應。

就拿教大象跳舞的過程來說，首先運用食物來鼓勵大象舉起右前腳的動作，並在同一時間放某一種音樂，如此使音樂與食物間慢慢地建立關係，而成爲次要增強物，等到大象一聽到音樂就會舉起右前腳時，再訓練它於放下右前腳後即舉起左前腳，當然在大象完成此一動作後，即應予以增強物，而且音樂也要做適當的配合。如此一步一步，慢慢地大象就會由右而左，由前而後，終於達成配合音樂而舉腳舞動的最後行爲。這種行爲塑造的方法曾被用來教鴿子彈鋼琴、教白鼠升旗等複雜的學習行爲。人類的許多學習活動，特別是動作行爲的學習（如學騎腳踏車），漸次接近法也是適用的。

丙、操作式制約的實際應用

1.自主制約與生理反饋（autonomic conditioning and biofeedback）

　　所謂**自主制約**乃是以自由意志來控制像血壓和心跳等生理機能。血壓和心跳的功能，一向被視爲是身體的自主機能，個人無法隨意加以控制，不過，在過去幾十年心理學家們努力觀察、研究，發現如果能爲個人提供鼓勵和反饋資料，動物和人類都能夠學習如何去控制體內的自主機能。

　　有關自主制約的早期實驗，以米勒和其助手們所做的最有名（Miller & DiCara, 1967）。他們以微電刺激白鼠腦部的**快活中心**（pleasure center）做爲鼓勵，來訓練白鼠改變心跳的速度。爲了控制肌肉所可能產生的影響，他們以麻醉藥使白鼠癱瘓不能動。有些白鼠接受微電刺激以增加心跳，有些則減低心跳的速度，實驗結果發現白鼠可以自由地控制心跳的速度。以後其他的實驗，有用猴子做受試者，而成功地訓練它控制血壓，和改變其膚電反應等。

　　自主制約的實驗都使用某些反饋的事物，例如鈴聲、燈光或視覺刺激等，來爲受試者指示其訓練的進展狀況，由於這些提供反饋資料的事物都與所實驗的生理體系相連接，因此這一類的反饋就叫做**生理反饋**（biofeedback）。例如當受試者是在學習如何降低血壓時，每當其血壓下降時，鈴聲就會響，如此使受試者獲知他所做的努力是有效的。近年來心理學家對於訓練受試者產生阿法型腦波（alpha brain waves）頗感興趣，因爲這種腦波與打坐養神時所產生的舒鬆現象有直接關聯，不過有些新近的資料卻指出，阿法型腦波的產生，在一個人閉眼靜坐於暗房中最爲有效，也許此種腦波的形成乃是一種控制眼睛張閉的反應（Hilgard & Bower, 1975)。

自主制約和生理反饋的使用目前仍停留在實驗的階段，許多人認爲生理反饋的訓練方法在醫學上有相當的適用性，這尤其是在自我控制血壓和心跳等方面爲然，不過生理反饋所造成的生理變化往往缺乏持久性，受試者對於如何產生變化的過程也往往一無所知，而且所產生的變化也往往很小，這些問題的解決和解釋，仍有待專家們的努力，也許將來有一天我們眞能使用自主制約來控制某些疾病，這將是實驗心理學對人類的一大貢獻。

2.行爲改變技術 （behavior modification）

行爲改變技術乃是一種應用制約的原理來改變行爲的方法，這種方法在改變兒童的不良行爲上有其重要的地位，不過，行爲修改的方法並不只限於不良行爲的糾正，對於良好行爲的學習或其他的學習活動，行爲修改的方法也曾廣被採用。這種方法的使用，主要在增強所需的良好行爲方式，而減少對不良行爲的增強，在一般的情況下，良好行爲一出現，增強也隨之發生，但是當不良行爲出現時，則加以忽視，因爲有時對不良行爲的關注，會產生正增強的作用，而造成不良行爲的消除更爲困難的麻煩問題。

行爲改變技術也被採用於醫院以及其他場合，這種方式的使用特別稱之爲「**代幣經濟**」（token economy）。在學校裡，如果學生行爲良好或成績優秀，老師就給該學生某種數量的「代幣」（如小金星，或其他塑膠做的倣幣等），這些代幣可以用來交換糖果或其他權利（如看電影或游泳等），這種方法可以給學生提供立即的反饋，而且對不同的學生可以提供不同的增強物。代幣經濟在造成短期的行爲改變上，效果頗佳，不過有些心理學家認爲這種方法的使用十分不當，因爲學生是爲了賺取代幣而學習，並不是爲學新東西而學習，一旦代幣停止給付，那麼學習也可能隨之停止。

編序教學（programmed instruction）也是學習原則的一種直接應用。在這種教學方式下，學生從程式化的資料中教導自己，程式化的教材由簡而繁，循序漸進，單元細目妥加安排，當學生試答教材中之問題後，馬上有正確的答案以資比較，並爲學習者提供必要的立即回饋。而且學習者又可以根據自己的學習速度進行學習，不受他人速度的牽累和干擾。近年來由於電子計算機的廣泛使用，更進步的教學機可由電子計算機來加以操作控制，而有所謂**電子計算機輔助教學**（computer-assisted instruction）的設計，這種簡稱爲 CAI 的教學方式，其實是一種程式化的教學，所不同的是其設計較爲複雜，而且利用電子計算機的資料儲存設備、打字機、錄音機和顯視器等配合使用，學生通常由錄音設備得到問題，透過打字機，他把答案送入電子計算機，而電子計算機則透過顯視器提供回饋資料，並記錄學生的進展情況。這種教學設計，可以完全達到個別化的教學目的，不過該等教材的編製相當費時費事，加上此等設備成本比較高，廣泛的採用，目前尚有許多困難有待克服。

三、其他的學習方式

甲、模倣（modeling）

我們由模倣別人而學到許多東西，在心理學上，這種學習方式叫做**模倣學習**（learning by modeling），有時又叫**觀察學習**（learning by observation）。雖然模倣缺乏創造的精神，但是模倣也有它本身的優點，有許多東西，由於前人或他人已做過，當初這些人往往需要透過嘗試錯誤的階段，多方摸索才獲得或發現一些有效可行的方法和解答。模倣學習，取其菁華而倣傚，自可避免前人所犯過的錯誤，而省略許多用來做嘗試的時間和麻煩。

　　美國心理學家，史丹佛大學教授班都拉（Bandura）利用模倣學習的歷程來解釋人格的發展，尤其是異常行為的學習與持續。班都拉認為過去學習理論家們應用由動物或單一個人做實驗所得的學習原理來解釋人格的發展、精神治療和異常行為等是不妥當的，他主張社會學習（social learning）的原理，應該是解釋人格發展和異常行為發展的較佳理論。

　　社會學習理論近年來廣受各方注目，除了因為此一學習理論與小孩社會化歷程具密切關係外，近年來社會各界對大眾傳播，尤其是具侵略和破壞暴動性的電視節目對小孩行為的影響頗多爭論，這也是一大主因。班都拉和他的同事們（Bandura, Ross & Ross, 1973）在一項研究侵略性行為的實驗中，讓小孩子觀看影片中具侵略性和不具侵略性的成人榜樣，然後以控制組小孩（未見過影片的一組）的行為做為比較，結果發現看過具侵略性成人榜樣的那組小孩，行為最具侵略性。類似的結果曾在許多不同的實驗中得到（Bandura, 1977），由此看來，大眾傳播節目中的暴動侵略性鏡頭似乎對小孩的行為有著不良的影響，這種影響是由小孩模倣學習所造成。在另一方面，模倣學習也可以用來做為心理治療的工具，例如一個本來怕狗的小女孩，在看過幾次一個小男孩跟狗玩耍的影片後，她慢慢地不再怕狗，而可以很自然地與狗玩在一起而不感到害怕恐懼。

　　根據深入研究的結果，班都拉相信模倣學習包括下列的幾個基本歷程：

　　A.　注意：學習者觀看某一榜樣，而對此一榜樣的某些特殊徵象加以留意辨識，以為學習的根據。

　　B.　記憶：學習者記取由觀察而得的行為特徵，以為日後行為的範本。

　　C.　行動：模倣者根據記憶，而表現出以前所觀察到的行為。

D. 結果：行爲表現之後，依照操作性制約的原理，而增加或減少此一行爲以後再度發生的次數（Hilgard & Bower, 1975）。

社會學習理論家們對增強的看法，與傳統學習理論家們對增強的看法有所不同，社會學習理論家們強調，我們的行爲大多爲象徵性而非實際性的增強所左右，這種象徵性的增強包括讚賞、感情，或者是來自他人的注意等，象徵性的增強主要是社會性的，它是來自別人。另外有一種增強叫做**代替性增強**（vicarious reinforcement），這尤其是爲社會學習理論家們所重視，所謂代替性增強，指的是當別人的某種行爲受到讚美或貶懲時，我們自己所有的類似行爲表現，也會因之而有增加或消減的修正，例如一個小男孩看到其他的小男孩因聽話而受獎時，他也會變得比較聽話，我們通常所謂的「見賢思齊」，與此頗爲相似。社會學習理論的第三種增強叫做**自我增強**（self-reinforcement），這種增強也具有正負兩種不同的方式，其對個人行爲的獎懲效力是相當大的。

社會學習理論中所討論的自我增強和模倣學習，對於我們瞭解態度、價值和理想的學習歷程頗有助益，而且對於個人態度、價值和理想等行爲方式之修正與改變也深具價值。班都拉（Bandura, 1973）曾經指出，如果以懲罰（一種具侵略性的行爲方式）來制止小孩的破壞性或侵略性行爲，其後果很可能是，那個小孩因模倣成人的侵略性行爲，而變爲更具侵略性；一個比較合適的處置方法是，讓小孩多觀看其他小孩的非侵略性行爲，以期他從這些榜樣中學習良好的行爲方式。近年來電視節目上打鬥、暴動等侵略性鏡頭對小孩不良影響的爭論廣受各方重視，目前專家們雖看法還不完全一致，但是假如我們同意社會學習理論家的觀點，那麼淨化電視節目似乎是一個必要的措施。

乙、認知性學習（cognitive learning）

在前兩節中我們所討論的學習理論強調刺激與反應間關係的建立，

這種行為派的學習理論對於學習者內在的因素並不加以重視。由於比較
複雜的學習方式（大部份人類的學習都是複雜的），往往很難用簡單的刺
激──反應聯結來加以解釋，有些心理學家，特別是完形派的學者，以
及新興的認知派心理學家們，認為在討論學習歷程時，我們應該對學習
者的知覺、知識以及個人過去的經驗等個人因素加以注意。有關這方面
的早期研究，偏重於瞭解事物間關係的**頓悟學習**（insight learning）；
近年來，認知派心理學家們相信，我們的大腦對外來的訊息刺激，會主
動而積極地加以分析整理，而不是單純地組成聯結而已。

1.頓悟學習

頓悟學習的存在乃是完形派學習理論的事實根據。頓悟學習的實驗
大部份是與問題解決有關的實驗，實驗者通常佈置一個問題的情境，而
讓學習者摸索以試求解決該一問題。例如，完形派創始人之一的苛勒
（Köhler, 1925）用猩猩所做的實驗，他先將香蕉高掛於猩猩赤手不能及
的地方，而在地上散置有長短木棍兩根，如果猩猩知道將兩根木棍連接
起來，那麼就可以用來勾到香蕉；猩猩在這個情境中嘗試摸索一段時間
之後，忽然間領會到解決問題（勾取香蕉）的方法，牠把兩根木棍接在
一起，而終能取食香蕉。頓悟學習的發生與問題情境的佈置有關，而且
學習一旦發生，問題獲得解決，該一學習也少繼續重複練習的必要，頓
悟學習不像制約的歷程，須經過許多次的練習始能形成習慣性的行為反
應，而且由頓悟學習所獲得的本領，可廣泛地應用到類似的問題情境。

2.學習心向（learning set）

頓悟學習的現象雖然可以用知覺的再組合（學習者忽然領會到學習
環境中事物間關係的存在）來加以解釋，不過有些心理學家認為頓悟學
習也是由制約式的學習歷程逐漸形成。威斯康辛大學的哈羅教授（Har-
low, 1949）曾以二歲到五歲大的猴子做實驗，來研究學習的本質。哈羅
所設計的實驗情境是同時提出三個大小形狀不同，而顏色又有異的覆蓋

物，在這三個蓋子底下，只有一個是藏有食物，小猴子在實驗過程中所要做的反應是選取正確的蓋子以獲得其底下所藏的食物，刺激物每次出現，小猴子做過選擇後即將三個蓋子都收回，不管猴子所做的選擇是正確的或是錯誤的。在這種實驗情況下，猴子所要學習的並不是蓋子的特色（如形狀、大小或顏色），而是三個蓋子間的相互位置安排。剛開始時的幾次嘗試，小猴子大都沒能解決問題來獲取食物，不過，慢慢地，這些猴子領會到問題中所要求的位置關係，而能於問題一出現時就順利地予以解決。

哈羅認為小猴子在學習的嘗試過程中，似乎學會了某種**學習心向**（learning set），這裡所謂的學習心向乃是一種特定的解決問題的方法，這種特定的問題解決方法可以被應用到新的相類似的場合，而且可以保留相當長的一段時間。學習心向之能被應用於新情境而立即解決問題的現象與完形派心理學家們所討論的頓悟學習，在基本上並無兩樣，其所不同的地方，乃在學習心向的形成是由多次嘗試學習和累積過去的經驗而來，而頓悟學習的發生則是一種突然的領會所得。

哈羅的實驗，旨在研究受試者「學習去學習」（learning to learn）的現象，由實驗結果來看，學習者所習得的並不是某種特定的技能或行為反應方式，而是一種用來解決問題的普通原則，根據此一原則，學習者可以收集必要的資料和訊息，並能運用來解決手頭上的問題。哈羅的這些實驗結果，影響了學習心理學家們對學習理論的許多看法，例如在學習遷移的解釋上，正遷移的現象已被視為是解決問題的普通原則的學習，而不是特別知能的學習與轉移。而領悟學習的現象，也被解釋為是多次嘗試的後果，由於以前所得經驗的累積，學習者在遭遇某些問題時，往往可以表現出頓悟性的學習而對手頭上的問題順利地予以解決。

四、技能學習 (skill learning)

由於生活上的需要或是個人欲望的滿足，我們必須學習許多不同的技能，這裡所說的技能，指的是一種相當統整化的知覺動作活動（perceptual-motor activities）。技能的範圍相當廣泛，舉凡說話、寫字、打球、彈琴、打字或游泳等等活動都是我們這裡所指的技能。

甲、技能學習的歷程

前面所討論過的各種學習原理，諸如古典式制約、操作式制約和模倣等，都與技能的學習具有很重要的關係，不過，技能的學習往往可以分為幾個基本的歷程，現在讓我們以學習英文打字的過程為例，來說明與技能學習有關的一些基本現象。首先，在學習打字之前，我們對於字鍵的位置必須先要有所認識，這種對於字鍵位置的認識，主要是知覺性的；然後我們需要記住那些字鍵是由那個手指頭來控制，在剛剛開始學習打字時，每一個字母是一個單獨的單位，初學者所要關心的是字鍵的正確認識與按打；慢慢地，由單一字母進而以一個字為單位，如此練習多次後，逐漸地幾個字所組成的片語與短句就變成所關心的單元，打字的動作需要經過很多次的反覆練習，一直到打字的動作變成一種自動化的反應，打字時不必多加留意也不至於造成太多的錯誤，有些人可以一邊聽電話，一邊打字，這就是所謂「熟能生巧」的道理。

根據心理學家們的研究，技能的學習可以分為三個階段，這三個階段是認知（cognition）、固定（fixation）和自動（automation）。**認知**的階段主要在熟悉所要學習的技能，學打字的人，需要首先對字鍵的位置有所認識就是一例。當我們開始動作時，由身體活動和接觸而得到的回饋（kinesthetic feedback），則在**固定**的階段產生，在固定的階段，

認知的過程開始由知覺動作的配合所指使而取代，由於這種現象的發生需經多次練習才能達到，所以技能學習的第二階段往往是最長的一個階段。最後，在知覺與動作有了良好的配合後，**自動化**就可以由繼續練習來達成。技能學習的主要決定因素乃是練習，光憑講解或觀看他人演示，只是技能學習的啓端，若要達到自動化的地步，學習者需要長時地直接參與活動，由多次練習中獲得片斷知識與動作的統整。

乙、集中與分散練習（massed and spaced practice）

練習既然在技能動作的學習上佔很重要的地位，練習的方式與學習的效果間的關係爲何？這已早爲學者們所注意。練習的方式主要可分爲集中練習和分散練習兩大類，根據一般的研究結果，分散練習的效果似乎要比集中練習來得良好（當然這並非無例外）。對一般學習者來說，集中練習的方式，似乎比較容易產生疲勞或抑止的現象，因而降低練習的功效。

所要學習事物或技能的複雜程度，與不同的練習方式及其效果具有連帶關係。以簡單的聯結學習來說，不同的練習方式，在一般的情況下並不會產生不同的學習效果；不過，較爲複雜的學習，由於所要學習的東西或部份很多，採用集中練習，往往容易造成學習者疲乏的後果，因而對學習的效果產生不良的影響；相反地，在這種情況下如果採用分散練習，一般效果都較佳。

過去討論學習現象，對於**學習高原**（learning plateau）的解釋，往往是認爲學習高原的形成，乃是因爲新學習的停止發生，或是沒有新的進展或改良所導致。當然從我們的日常生活經驗中，我們知道剛開始學習某些技能時，進步相當顯著，但是到了某一階段後，進步似乎逐漸減少而甚或消逝。不過在學習複雜的動作時，這種現象似乎不應該產生，因爲複雜技能包含許多小的動作，而這些動作的學習與改良，是需要相

當長的時間的。學者們長期研究技能學習的結果，發現成就與練習間的關係是一種乘方的函數（power function），根據研究所知，當我們開始學習的初期，進步很快又很大，不過在技術慢慢地增進後，相同程度的進展，則需要更多和更長時間的練習，根據這種說法，進步並不是沒有產生，而是因為其產生的數量不大，加以需要相當長的時間來繼續練習才會有進步，這也就是為什麼一般人認為已達到「學習高原」的道理，這種說法是所謂的**惠慈定理**（Fitts' Law）。

五、語文學習（verbal learning）

前面所討論的有關學習的實驗，大多以動物為實驗對象，例如古典式制約中的狗，操作式制約中的鴿子和白鼠，頓悟學習中的猩猩和學習心向中的猴子等都是，而心理學家們以人為研究對象的有關學習的實驗，大多偏重於語言和語文的學習，造成這種現象的原因，似乎可以加以歸納為下列數項：

A. 人類可以說是語言的動物，諸如書寫、說話、閱讀和聽講等語文行為乃是人類的主要行為。

B. 語文學習的材料和設計，要比制約學習所需的材料和設備簡單而易於做實驗。

C. 有關語文學習的實驗，其所要求於受試者的反應，大都為多重的反應，這比起制約實驗中的單一反應，是要與人類學習的複雜現象較相類似，如此實驗所得的結果，其適用於一般人類學習的可能性和可靠性也較大。

D. 由於語文學習的研究很自然地牽涉到較複雜的人類行為以及思考歷程，所以語文學習的研究，往往被認為是用來解釋人類思考過程的基礎。

　　基於這些因素，語文學習的研究是今日實驗心理學中一個很活躍的分支，有關這方面的研究，為數相當眾多。這兒我們所要介紹的是研究語文學習的方式以及影響語文學習的一些變項。

甲、語文學習的方式

　　早在 1880 年左右，德國心理學家艾賓豪斯（H. Ebbinghaus）就應用**無意義音節**（nonsense syllables）來研究語文的學習與記憶，所謂無意義音節乃是由三個英文字母所組成的非單字，例如 GPF、BOP 等是。艾賓豪斯採用無意義音節，其主要目的在控制學習者先前經驗對學習所可能發生的影響，無意義音節可分為兩大類：子音——母音——子音（CVC，如 BOP 即是）和子音——子音——子音（CCC，如 GPF 是）。

　　心理學家用來研究語文學習的方式有多種，一般說來，這些研究的方法所需的材料與設備並不是很複雜的，現在我們就來討論一下語文學習研究所常用的三種主要學習方式。

1. 自由回憶學習（free-recall learning）

　　在這種學習方式下，學習者學習一系列的項目（如單字、無意義音節和短句等），然後他不必按照任何順序去回憶該一系列中的項目。這種學習——回憶的方式可以重複多次，每次題目出現的順序可加以變化，不過，有趣的是，同一個學習者在不同順序的學習現象下，他回憶題目的順序卻都是大同小異的，這種現象叫做**主觀組合**（subjective organization），主觀組合的現象表示學習者主動而活躍地參與學習的活動，同時也顯示出我們立即記憶（immediate memory）能力的限度。

2. 序列學習（serial learning）

　　在實驗室裡，用來研究序列學習的方式主要有兩種，一種是與上面所說的學習——回憶方式相類似，另外一種叫做預期式（anticipation method），因此序列學習有時又叫做**序列預期**（serial anticipation）。

預期式的序列學習，題目出現的順序是固定的，學習者的任務，是在看到先前出現的題目時，說出或寫出緊接著的下一個題目，等到學習者作答後，正確的答案（題目）接著出現，如此可為學習者提供立即回饋（immediate feedback）。序列預期式的學習往往是用一種叫做**記憶鼓**（memory drum）的設備來進行，在記憶鼓的窗口，每次出現一個題目，而其出現的時間是固定的，首先，學習者學習整個序列中的題目，然後在測試階段，學習者於看到一個題目出現時，答出底下的項目，然後，記憶鼓可往前推進到下一個題目，這個題目的出現，兼具刺激與反應的雙重作用，因為學習者在看到此一題目後，他要繼續對序列中的下一個項目作答。

序列學習的後果，一般顯示兩種現象：(1)單字要比無意義音節來得容易學，(2)序列中的前幾個項目和序列最後的幾個項目，要比序列中間的那些項目，容易學習和記住，這是所謂的**序列位置效應**（serial position effect），前者叫做原初效應（primacy effect），後者是新近效應（recency effect）。

3. 對聯學習（paired-association learning）

對聯學習要求學習者去學習一串成對的項目，配對中的第一個項目，一般被認為是刺激物，此一刺激所要引起的是該一配對中的第二個項目。這與我們學習外文單字的樣子很相似，例如「paper——紙」和「pen——筆」等的學習就是。對聯學習中所用的項目，包括有無意義音節、數目字、符號等，在實驗室裡，如果使用記憶鼓來做實驗，其一般進行的方式與步驟大致如下：首先在記憶鼓的窗口出現的是第一配對中的第一個項目，然後第一配對中的前後兩個項目再同時一起出現，繼之則出現第二配對中的第一個項目，第二配對再跟著全部出現，如此一對跟著一對，一直到全串完成為止。在學習階段，學習者試著記住串中配對的兩個項目，以及其順序；在測試記憶時，首先只有串中第一配對的

第一個項目出現，學習者需要以該配對中的第二個項目作答，在學習者作答後，配對中的兩個項目再同時出現，接著出現的是第二配對中的第一個項目，學習者以該配對之第二項目作答，然後該配對全部出現，如此循序進行，直到全串完成爲止。

乙、影響語文學習的因素

影響語文學習的因素很多，諸如學習材料的有意義與否、材料的相類似性、材料出現的次數以及其具體與否，都會左右學習的速度和記憶的多寡。當然，學習的方法也是影響學習效果的一個重要因素，這裡我們首先討論與學習材料有關的一些因素。

1.學習材料的因素

⑴材料的有意義與否

很顯然地，有意義的材料要比沒有意義的材料容易學。學習單字要比學習無意義音節來得快而容易。不過，學習材料的有意義與否並不是絕對的，其差別乃是程度上的不同，所謂無意義的音節對學習者來說並不一定是全無意義的。

到底「有意義」所指爲何呢？「有意義」的程度又是如何去加以測量呢？在一般的情況下，心理學家們認爲，一個刺激物的有意義的程度，可以根據該一刺激物所能引起的有關反應的多寡來決定，如果一個刺激物能夠引起許多聯想和反應，那麼我們可以說那個刺激物具有較高的意義，否則如果一個刺激物所能引起的聯想和反應十分有限，那麼該刺激物的意義就低。在另一方面，一個刺激物引起聯結反應的快慢，也可以用來測量該一刺激物的有意義程度。以單字而言，如果一個字有許多不同的用法和涵義，這個字也就較有意義；從另一個角度來看，我們所比較熟悉的東西，也就比較有意義，例如英文無意義音節 JOK 就要比 JOV 來得有意義，因爲 JOK 的發音和拼字與單字 Joke 很類似，而在日

常生活中，我們經歷該一項目的機會也較多。由此看來，拼字和發音都可以左右一個項目的意義程度。

材料之有意義與否到底如何影響學習呢？前面我們提過，在對聯學習情況下，實驗者首先給學習者一個刺激物（對聯中的第一個項目），學習者需要以對聯中的第二個項目來作答，因此在討論材料之有意義與否時，我們可以把刺激物的有意義與否，和聯結反應之有意義與否分開加以解釋。在對聯學習中，聯結反應的有意義與否，對學習的影響要比刺激物的有意義與否之影響來得強，當聯結反應的意義增大時，學習的進度也快些，但是，增加刺激物的意義，對學習的影響卻有限。增加聯結反應的意義，似乎具有下列兩種作用：一方面使聯結反應的學習加速；另一方面使刺激與反應間的聯結較易形成。而增加刺激物的意義，通常只能促進聯結的形成，但卻不能使聯結反應的學習變得容易。

材料的有意義與否是一個相當複雜的因素，心理學家們對於材料有意義與否和學習間關係的看法並不一致，不過，一般相信，任何有助於聯結反應出現的因素，都可以增進該一項目的學習和記憶。

⑵**類似性**（similarity）

同材料的有意義與否一樣，材料的類似性也是多方面的，類似性主要可分為下列數種：A. 形式類似；B. 字義類似；C. 觀念類似。

A. **形式類似**（formal similarity）是依據單字的特性而決定，這又可分為拼字類似（orthographic similarity）和發音類似（acoustic similarity）兩種。前者所指的是需要學習的項目具有某些共同的字母；後者指的是單字中所含字母的發音有類似處。形式上的類似，尤其是在無意義音節中，使得學習相當困難。

B. **語意類似**（semantic similarity）指的是兩個單字具有相同或類似的意義。字義類似與形式類似不同，它可以用來促進對聯學習中的反應學習，不過字義類似並不一定能促進聯結學習，有時甚或會增加聯

結學習上的困難，因爲此一類似性的存在，正確聯結往往會受到困擾。至於對刺激物學習的影響，則只有負作用的產生，字義類似並不能使刺激學習變得容易，其主要問題乃是在於刺激類化（stimulus generalization）的產生。在序列學習方式下，字義類似增加，學習困難也加多。

　　C． **觀念類似**（conceptual similarity）的存在，表示兩個項目同屬於一個普通觀念。例如同是動物、植物，或地名、人名等。觀念類似對於語文學習的影響與字義類似的影響差不多，它們能夠促進反應學習，但對聯結學習卻有抑制的相反作用。因爲字義類似與觀念類似都能促進反應學習，自由回憶學習材料中的項目，如果具有高度的字義或觀念類似，可以使學習變爲容易些。另外，當我們想記住一系列的名稱或事物時，如果我們先將該一系列中的項目，就字義或觀念的類似與否加以分類，這將有助於記憶的形成。相反地，如果太多的類似造成記憶上的混淆與困難時，設法減少類似性的存在乃是幫助記憶和學習的一個方法。

⑶意象（imagery）

　　語文材料的意象價值，也是影響語文學習的一個重要因素。這裡所謂的意象，指的是一個字或一個詞句所能引起的知覺性的感受。意象的產生與字詞的具體與否頗有相關，抽象的字詞，由於缺乏實體的參照，通常是很少會引起意象的產生的，例如像和平、公正、道德、情操和毅力等都是抽象的字詞，它們不容易引起意象的產生；相反地，具體的字和詞句，大多用來代表事物，如桌、椅、書本和鉛筆等，就很容易使人產生意象，一看到或聽到這一類的字詞，一般人都會很自然地在自己的腦海裡浮現該一事物的形象。字詞的抽象與否雖然與意象的產生有關，但是，並不是所有的抽象字詞都不易引起意象，有時我們常常以實體的事物來代表抽象的字詞，例如以紅心代替愛情、以天平代替公正等，雖然所引起的意象並不是直接的，但這對於該等語文材料的學習卻有助

益。

在對聯學習情況下，當刺激字詞的意象價值較高時，對於學習的發生具有促進的作用。不過，由於對聯學習的反應字詞並不是用來做爲引起記憶的線索，所以反應字詞之是否具有高度的意象價值，對於學習的影響並不大。視聽敎育之有利於學習的發生，乃是因爲視聽材料可以促進學習者的意象之產生，而意象可以增進記憶。在實驗室裡，指示受試者運用視覺意象來幫助記憶，其效果要比沒有運用此項資料時來得良好，即爲一實證。當我們上生物學或解剖學時，爲了增進學習者對各項專有名詞的記憶，往往以模型或圖表來輔助，這種運用意象來增進記憶的方法不但效果良好，而且要比強記或死記來得輕鬆有趣。

意象到底如何幫助記憶而促進學習呢？目前專家們所做的解釋是這樣的：一般人都具有兩種不同的主要記憶方式，一種是語文的，而另外一種乃是圖畫的（pictorial），這有時又叫視覺式（visual mode）的記憶。當我們同時應用語文和視覺的兩種方式來記憶時，其效果當然要比運用任何單一方式爲佳。

2.學習方法的因素

學習材料的各種變項如意義度、類似性和意象等都會影響到學習的效果，另外一個影響學習的主要因素，則是學習方法本身。不同的學習方法產生不同的學習效果，集中學習與分配學習對於學習的影響，前面在討論技能的學習時，已有所說明，這裡我們所要討論的是重複演練（rehearsal）和中介作用（mediation）對於學習所產生的影響。

⑴重複演練

通常當我們想記住電話號碼、化學方程式或是其他剛學到的東西時，我們往往刻意地再三重複此一材料。這種無聲地、內在的重複過程就是所謂的**重複演練**。重複演練在學習上似乎具有下列兩種功能：⑴它保持短期記憶中的項目，而使此一項目不至於消失；⑵它幫助短期記憶

中的項目轉入長期的記憶中，而保存於長期記憶中的材料就不易於消損。學者們曾研究重複演練在自由回憶（free-recall）學習中所發生的作用，他們要求受試者學習二十個名詞，每一個名詞出現的時間是五秒鐘，他們叫受試者在這五秒鐘間出聲朗誦所要學習的那個名詞，每一個名詞所被朗誦的次數則以錄音機來加以記錄。實驗結果顯示，某一個名詞的回憶程度與該一名詞重複演練的次數有密切的關係。

⑵中介作用

　　簡單的學習，主要是在求得刺激與反應間聯結的建立。刺激與反應間聯結的建立可以經由第三個項目來加速其完成，這個含蓄而不明顯的項目，就是我們這裡所說的**中介作用**。中介作用所需的中介物（mediator），一般都與刺激物和反應同具某種特性，而且大都由學習者自己選擇採用。

　　中介作用增進學習的現象，可由下列的實驗來加以解釋，實驗中的學習情境是一種對聯學習，所用的對聯項目是以英文字母為刺激物，而與一些常用字為反應而成對出現。在實驗過程中，實驗組的受試者得到一種中介物，這種中介物是以同一字母為起頭的另一個常用字，而此一中介物又與反應字具有高度的關聯，例如 T（table）——Chair；K（king）——Queen 等就是實驗組學習材料的一部份。控制組的受試者則沒有中介物來影響學習。結果是實驗組的人所學到的對聯數，要比控制組的人所學到的為多。

　　語文學習中的中介物並不一定需要是語文的，語文的中介物和其他性質的中介物（如圖片、模型等），在不同的學習材料中會產生不同的效果。例如，當所要學習的材料是具體的，如果運用意象為中介物，學習的效果似乎較為良好；反之，如果所要學習的材料是抽象的，以語文為中介物，似乎比較能夠促進學習和增加記憶。

六、學習遷移

學習遷移一般又叫做**訓練的遷移**（transfer of training），所謂訓練的遷移，乃是先前學習對於新事物和技能的學習，以及表現所可能產生的效應。這種效應可能是**正值的遷移**（positive transfer），在這種情況下，先前所學習的，對於新的學習有所幫助；遷移也可能是**負值的**（negative transfer），在這種情況下，先前的學習對於新事物或技能的學習，不但沒有助益而且還會有妨礙；有時遷移的作用沒有發生，這是所謂的**零的遷移**（zero transfer）。

遷移的概念並不是一個新的概念，其實在教育上我們所持的一個基本假設，就是學生在學校教室裡所學的東西，將來在社會上、日常生活中將能「學以致用」，所謂學以致用，就是一種遷移的效應。過去有些教育家認為教育乃是提供形式訓練（formal discipline）的機會，利用拉丁文、希臘文等來訓練記憶的能力，而以幾何、數學來增進推理的能力。不過，這種看法並不為心理學家們在實驗室所做的研究結果所支持，二十世紀以來，心理學家在遷移方面所做的研究，則偏重於影響遷移的可能因素之認定。

甲、特定的遷移因素

桑代克（E. Thorndike）和伍我士（R. Woodworth）在二十世紀初期所做有關遷移的研究，發現正遷移的產生，乃是學習材料中具有相同因素的結果。他們認為學習材料的組成部份、學習的方式、目的、步驟以及一般的原理原則，甚或態度上的類同，都是造成訓練正遷移的有利條件，這種發現對於上述形式訓練說的沒落有其直接的影響。

以後的研究，繼續證實正遷移效應在新舊兩種學習具高度類似性的

情況下最為良好，遷移的程度也最大。在刺激——反應式的學習中，學習材料的類似性對遷移的影響很大；在對聯學習中，當反應項不變而刺激項變化的情況下，如果新的刺激項與先前所用的刺激項很相似，那麼正遷移的程度也較高。不過，如果刺激項在新舊學習中保持不變，但是反應項則有所不同，那麼遷移效應一般都是負值的，這種現象尤其是在舊技能對新技能的學習的影響最為顯著。負遷移的現象在對聯重新配對的情況下也會發生，例如一般汽車的排檔都在左邊，而煞車則在右邊，開慣了這種車子，如果你一旦開一部車子，它的排檔是在右邊，而煞車是在左邊，那麼剛開始時一定困難不少。當我們討論影響學習的變項時，我們提到學習材料的有意義與否和學習效果具密切關係，學習材料的意義度也與學習的遷移有關，這尤其是在對聯學習情況下，反應項的意義度低時，正的遷移容易產生，相反地，反應項的意義度高時，則有負遷移的結果。

乙、一般性的遷移因素

一般性的遷移因素主要是與正遷移有關，這包括上面我們提過的「**學如何學**」（learning-to-learn）和「**暖身**」（warm-up）兩種因素。學如何學有時又叫學習心向（learning set），當我們對於同一種類的學習具有較多經驗時，我們如要學習同樣的東西，總會覺得比較容易。這種由學習心向所造成的正遷移，並不需依靠新舊學習間共同因素的存在，到底這種學習遷移是如何發生，專家們的意見仍然不一致，不過有許多實驗都證明此一遷移現象的存在。

「**暖身**」現象與「**學如何學**」所不同的是，在時間上，「暖身」所能產生的遷移效果是比較短暫的，而且這種效果似乎是要比「學如何學」來得直接，「暖身」現象是否為「學如何學」的初期反應，抑或為截然不同的另一遷移因素，則有待進一步的求證與研究。

第 五 章

記　憶

大　綱

一、記憶的測量

二、記憶的過程和種類

甲、記憶過程

乙、記憶的種類

三、記憶的生理基礎

甲、記憶的位置

乙、記憶的單元

丙、記憶的形成

四、遺忘的本質

甲、遺忘學說

乙、異常的遺忘現象

五、增進記憶的方法

甲、過度學習

乙、組織

丙、自誦

丁、記憶術的運用

戊、意象的使用

己、善用回溯線索

　　你是否還記得上次大颱風過境時的景況？你小學一年級時的級任導師叫什麼名字呢？初中時的校長呢？也許你記得清清楚楚，也可能你早已忘掉了。爲什麼有些事發生在很久以前，但是你還記得那件事的許多細節呢？爲什麼前一天晚上背得清清楚楚的解剖學，在第二天考試時卻忘得一乾二淨呢？對於那些對記憶特別感興趣的心理學家來說，這些只不過是他們所關心的一部份問題。雖然截至目前爲止，專家們對於記憶尚未有全盤的認識與瞭解，不過，經過許多的研究和實驗，心理學家們對於許多有關記憶的問題，已能提供相當程度的解答。

　　記憶一詞是一個很籠統的概念，心理學家們有時以記憶來代表我們保存和回溯已習得知識的能力，有時則指的是記憶內容本身，有時則偏重記憶的歷程和結構，因此，當我們討論記憶時，我們需要首先認清楚到底我們談的是記憶的那一方面。在本章中，我們除了介紹測量記憶的不同方法、記憶的種類、記憶歷程和記憶的生理基礎外，我們也要簡單地就影響記憶的一些因素和遺忘的基本現象加以介紹。

一、記憶的測量

　　測量記憶主要是在測量知識和經驗保留（retention）的程度與多寡。不過目前我們尚無法直接地對記憶本身加以測量，我們所能做的只是從個人的實際表現中來加以推定。由於影響個人實際表現的其他因素很多，例如個人的動機和情緒等都可能對實際表現產生影響，所以從實際表現中所推測的記憶並不一定是絕對地準確。測量記憶的方法主要有下列三種：回憶法（recall）、再認法（recognition）和再學法（relearning）。

1.回憶法

回憶法是實驗室中最容易使用的一個方法。典型的回憶法,受試者首先學習某些材料,而在隔一段時間後,回憶他以前所學過的材料,例如受試者首先背誦二十個單字,十分鐘後,他試著回憶他所記得的二十個英文單字。回憶法也可以是一種**重建法**(reconstruction),例如我們回憶八年抗戰的史實,由於在這八年間所發生的事情太多,除非身歷其境者,很難完全記住細節,不過,如以蘆溝橋事件為始到日本無條件投降為止,那麼我們可以把其間所發生的重大事件加以回憶,這就是所說的重建法。重建式的回憶大都是片面的,而且也都是具刪節性的,除了關鍵性的事物,一般人很難對所發生的所有細節予以正確的描述;就是同一個人,在不同時候和不同場合所做的重建式回憶也往往有所不同。

回憶法的方式又可分為自由式和序列式兩種。**自由式回憶**(free recall)對於材料回憶的順序並沒有特別的規定,只要能把過去所習得的材料加以回憶即可,材料在回憶過程中出現的先後並不受限制的。但在**序列式回憶**(serial recall)中,過去經驗的回憶,是遵照學習該等材料時所用的順序或是根據某種特定的順序來回憶。無意義音節的回憶,大都以自由式回憶效果較佳,但是那些具意義的材料,通常以序列式回憶的效果比較好,小孩子唱歌時,往往可以從頭到尾完整地唱,但是如果從整條歌的中間啟端,他反而覺得相當困難。

以回憶法來測量記憶,一般人所能記得的並不很多,根據這個事實,有些心理學家們認為回憶法並沒有再認法或再學法來得敏感。不過,不同測量方法的使用往往需要根據不同的情況來決定,而且不同的測量方法所測得的記憶程度似乎也有所差異。

2.再認法

許多學生在考試時喜歡老師考選擇題而不願考問答題,這到底為什麼呢?大家都知道,選擇題做答,只要能夠認得出對的答案即可,但是

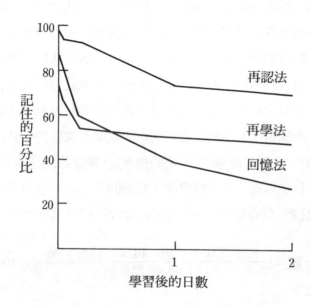

記住的百分比 (縱軸)

學習後的日數 (橫軸)

再認法

再學法

回憶法

圖5～1 以不同方法所測得的遺忘曲線 (採自 Luh, 1922)

做答問答題，我們需要自己回憶答案，而不是在所提供的幾個答案中加以選擇而已。通常，一個迷失路的小孩也許不會告訴警察他家的地址和樣子，但是一旦他看到自己的房子，卻都可以一眼加以認出；同樣的道理，有時你在街上遇到一個面熟的人，你記得很清楚你以前同他見過面，但是現在你卻無法記起來這個人的名字。這些例子都顯示再認法是要比回憶法來得有效。當然，有時再認的方式也不一定是正確的，誤認現象的發生是不能免的，這尤其是在證人或被害者指認嫌疑犯時更是比我們想像中的來得普遍 (Buckhout, 1974)。對某些語文學習材料來說，再認法也不見得要比回憶法來得有效 (Tulving, 1968)。

3.再學法

再學法又叫**節省法** (saving method)。再學法所測定的是一個學習者重新學習他以前學習過的東西時的效率。這種方法之所以又被稱為節

省法乃是因爲一般人在第二次再學習同樣材料時，往往可以不必花費像第一次學習時那麼多的時間。許多人往往認爲過去所熟讀的四書五經早已忘得精光，但當他們再度去唸四書或五經時，卻大都覺得再學習時是要比剛學時來得省時省事，而且不必花那麼大工夫就可以又學會。

以再學法測量記憶，主要在比較受試者初學時和再學時爲達到某一特定標準所須的練習次數比例。通常所定的標準大都以初學時所達的標準爲定。例如第一次學習時，如果所定的標準是「毫無錯誤地背誦兩次」，那麼再學時，也是以此一標準爲標準。記憶的多寡可以用節省分數來表達，所謂**節省分數**（saving score）乃是一種百分數，其計算方式如下：

$$節省分數＝〔\frac{初學時練習次數－再學時練習次數}{初學時練習次數}〕×100$$

以再學法來測量記憶要比其他方法來得複雜，因爲再學法牽涉到學習的許多變項，所以在運用再學法時，須要考慮到疲倦、動機、意向等與學習有關的因素，只有消除或控制這些與記憶和學習有關的因素，才能獲得較可靠的測量結果。

二、記憶的過程和種類

甲、記憶過程

心理學家分析記憶的結果，認爲記憶本身包括三個主要過程，這三個主要過程是歸檔（encoding）、保存（storage）和回溯（retrieval）。

所謂**歸檔**，指的是將由感官所接受的外來訊息資料轉化爲記憶系統所能處理的型態，歸檔的方式有時是具選擇性的，在這種情況下，我們往往以內輸資料之某一特徵爲歸檔的依據，有時我們則用引申的方式來

歸檔，在這種情況下我們以其他有關的資料來幫助新資料的處理。

內輸資料經過歸檔之後，再經重複演練（rehearsal）而保存於記憶中。重複演練其實可以算是記憶的一部份，因為在這種情況下，我們所獲得的訊息往往在短期間內不至於流失。較長時間的重複演練往往可以加速較長久記憶的形成。但是不經重複演練的資料往往很快地消失，一般不經過重複演練的資料最多只能保留二、三十秒鐘之久而已。

回溯的過程則是從保留於長期記憶中的資料裡提取所需的訊息。回溯的過程其實是一種回憶的過程，保存於記憶中的資料並不一定都能加以回憶，有些資料可能消失，有些資料雖然沒有消失，但卻無法加以回溯到。記憶的過程與一般圖書館的作業程序頗為相像，當圖書館收到新書時，圖書館員首先根據某一編目系統（如杜威式或美國國會圖書館系統），加以分類編號（此一過程類似記憶過程中的歸檔作用），然後再將編目後的新書存置於特定的位置（類似保存過程），如果以後有人要借用該書，根據該書的編目，圖書館員可以很快地回溯到該書的所在而取用之。但是，有時因為書本被放錯位置，甚或歷時甚久而遺失，那麼要找到該書也就不那麼容易了。這種現象與遺忘頗多類似，後面我們再做較詳細的討論。

乙、記憶的種類

心理學家們對於人類的記憶系統並沒有一致的看法，有關人類記憶系統的學說主要可以分為兩大派別。有一派主張我們的記憶可以分為**感覺記憶**（sensory memory）、**短期記憶**（short-term memory） 和**長期記憶**（long-term memory）三種，這一派的分法是根據記憶存留時間的長短為劃分的標準。另一派則認為人類的記憶只有一種，這種較新近的看法，認為前一學派所主張的三種記憶並不容易完全加以清楚劃分，根據單一記憶學說的說法，所謂三種不同的記憶只是訊息在被處理過程

中所造成的差別，而不是記憶本身的差別。

1.三種記憶說

⑴感覺記憶

感覺記憶是最短暫的記憶，這種記憶是由外來刺激在我們感官上所造成的印象而組成。保存於感覺記憶中的資料，其存在的時間往往不到一秒鐘。感覺記憶可以被視爲是整個記憶系統的「接待室」，透過我們感官而內輸的所有訊息事物，都首先經過這裡，有些音訊得以繼續內送而接受進一步的處理，但絕大多數的音訊則到此爲止而消逝無蹤。雖然感覺記憶的能量很大，差不多所有的感覺都在此接受處理，但是感覺記憶消失的速度也是十分驚人，這也許是保持感覺記憶高度效能的一個措施。

由外內輸的訊息主要以視覺和聽覺而來者爲最多，來自視覺的感覺記憶叫做**映像記憶**（iconic memory），而儲存來自聽覺刺激的記憶則叫做**回響記憶**（echoic memory）。

⑵短期記憶

短期記憶雖然也是暫時性的，不過，比起感覺記憶來，短期記憶還是較具長久性和選擇性的。短期記憶與我們日常生活中所常用的**注意距**（attention span）差不多，它所能處理和保存的資料訊息並不多，有些心理學家們認爲，要是不經過重複演練，短期記憶中的資料在十到二十秒內就會消逝。

重複演練（rehearsal）在短期記憶保存中的重要性，可由新電話號碼的記憶來加以說明。當我們剛從電話簿中找到新的電話號碼時，我們通常是一面口誦該號碼，一面去撥號，但是當我們一撥完該號碼後，我們也往往不再記得該號碼，這種現象的發生，主要是因爲那個電話號碼只保存於我們的短期記憶中。如果當我們正在撥號時，有人問我們時間，而且你回了那個人當時的時刻，如此一來，你一定也把電話號碼給忘了，

非再查一下號碼不可。但是，如果你連續撥了同樣的號碼多次後（因為每次沒撥完號或對方所傳來的是通話中的訊號），透過這種多次演練，你就可以不必每次查電話簿，而仍能記住該一號碼，當然也許你上午記住，但是到了下午可能又忘掉了，這與重複演練次數的多寡有關，通常我們在匆忙中所習得的東西，往往不能記得太久，其道理就在此。

　　從傳統的觀點來看，短期記憶一般被認為是一個單一記憶系統，不過，最近有些學者認為短期記憶乃是一個運作中的記憶（working memory），它包含有三部分：執行中心（central executive）；視覺空間性的描記板（visuospatial sketch pad）；和語音性環迴（phonological loop）（Baddeley, 1992, 1993）。執行中心調配思考和做決定時所需的資料，它又指使上述的描記板和環迴。視覺空間性描記板專注於視覺的和空間的訊息，語音性的環迴則與語言、文字和數目等有直接相關。學者們還認為，執行中心的運作如有破壞，這很可能造成類似老人痴呆症的記憶失常（Gathercole & Baddeley, 1993）。

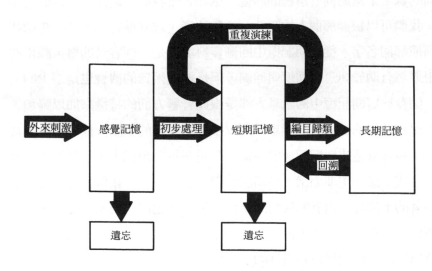

圖5～2　三種不同的記憶

⑶長期記憶

長期記憶與感覺記憶有一相同點，那就是它可以處理很多的資料訊息，但是長期記憶裡的東西是高度組織化的，而且又具長久性，這與感覺記憶完全不同。在短期記憶裡經重複演練而且又經編目歸類（coding）的資料可以進入長期記憶中，存在長期記憶中的東西很多，雖然重複演練已不需要，但是從長期記憶中提取資料卻有時會遭到困難。在理論上，訊息資料一旦保存於長期記憶中即不會消逝，但這並不意味著我們能夠回憶所有保存於長期記憶中的東西，有些東西雖然存在，但是卻一時無法找到，在這種情況下，回憶有時就會產生困難，而造成一般所說的遺忘現象。

訊息材料需經過歸類編目後才能保存於長期記憶中，因此我們比較熟悉的資料，通常也比較容易在長期記憶中接受處理和保存。同一材料可以在長期記憶中就不同的方式而歸類，因此當我們回憶時，可以運用不同的線索來幫助同一事物的回憶。例如，當我們試圖記起某人的名字時，我們可以根據那個人的臉孔、身體特徵，或其他行為方式來幫助我們回憶那個名字。從長期記憶中回溯資料並不是一件容易的事，線索的應用雖然有助於訊息的回憶與回溯，但是遭遇困難的機會也是不少的。

儲存於短期記憶中的訊息大都是根據音響方面的特徵來加以歸類，但是保存於長期記憶中的訊息，則以字義為歸類的主要依據，因此字音上的干擾容易造成短期記憶的困難，但是在長期記憶中，字義的相類似乃是造成干擾的主要因素。長期記憶與短期記憶除了在保留時間長短上有顯著的不同外，兩者間最大的區別則是短期記憶的能量十分有限，它所能保存的資料並不多，但是，長期記憶具有很大的能量，它所能儲存的資料訊息可以說是沒有限制的。

2.單一記憶說

　　將記憶分爲感覺、短期和長期三種的看法並不是所有心理學家都同意的，有些心理學家（如 Murdock, 1974）則認爲：所謂短期和長期記憶只是整個記憶系統中不同的部份，而不是完全不同的系統。主張單一記憶說的人認爲我們處理外來音訊事物有不同的層次，這些不同層次的處理與我們對某一事物所花費的時間、工夫和注意力相關聯。當我們粗枝大葉地處理一件事物時，我們很快就會忘記那件事，但是，假如我們費了工夫去做的事，通常都會保存較久的記憶。前面所討論的感覺記憶，就是因爲處理的工夫與時間都十分短促，所以其被保存的時間也十分短暫；不過，如果內輸的訊息是重要的，而且我們又有足夠的時間與工夫，幾經演練之後，這件事物就有機會在記憶中做較長時間的保留。我們對某一事物在處理時所花的時間和精力與記憶保存的長久有著密切的關係，如果我們花了相當長的時間和許多精力去處理某事，而且又透過不同的方式來加以整理歸類，其後果也就是長久性記憶的形成。持單一記憶說者並不認爲我們有三個不同的記憶，根據他們的看法，記憶之所以有長短之分，主要是因爲我們對外來事物予以不同程序的處理所形成（Crowder & Neath, 1991; Neath, 1993）。到目前爲止，不同的記憶學說仍然只是一些假說，就是持多種記憶看法的人，又有許多不同的說法，到底那個學說較能解釋記憶的本質，則有待更多的實驗結果來確定。

三、記憶的生理基礎

　　記憶是在腦內那裡發生？記憶又是如何儲存？當我們記憶時，我們腦子裡到底有些什麼樣的活動呢？這一類的問題乃是近年來一些心理學家企求從生理學的觀點來獲得解答的一些問題。

甲、記憶的位置

在第二章中，當我們討論行爲的生理基礎時，我們提過，在大腦中有視覺中心、語言中心等特定功能區域之存在，我們的大腦中是否也有主管記憶的特定區域呢？這是多年來生理心理學家所關心的一個問題。在十九世紀初期所流行的一個看法是，我們的大腦中存在著特定的記憶區域。當時的骨骼算命家（phrenologist）認爲人的「記憶中心」是在眼睛的正後方之大腦裡，因此他們認爲凸眼的人，具有較大的記憶中心，這種人所能記住的東西也較多。

到了二十世紀初期，大腦內存在著記憶中心的看法已不再流行。科學家們解剖白鼠和猴子腦部所獲得的結果，發現割除腦的某一部份並不影響那個人記憶的存在，從解剖實驗的結果看來，記憶似乎是存在於腦中的許多部位，而且進一步的研究和試驗，發現保存於腦中某一部位的記憶可以由其他部位來取代，這也就是說，當腦的某一部位被割除或破壞時，該一部位原有的記憶，可以由其他未被損壞的腦部來代爲處理，對於這種現象的解釋，有些人認爲，既然來自外界的事物訊息，往往是透過多種感覺器官而到達中樞神經，所以同一事物在經過不同感官處理之後，其所留下的記憶也就被保存於腦中的不同部位，當然這些部位是與特定的感覺經驗有關。

新近的研究（Squire, 1987）指出，在人的腦部內至少存在著兩個不同的記憶儲存體系：**敘述性記憶**（declarative memory）和**程序性記憶**（procedural memory）。敘述性記憶是與語文、故事、印象等相關的一些記憶，這一類的記憶主要是儲存於腦中的海馬（hippocampus）以及大腦皮質的聯合區，海馬區的萎縮，對老年人的敘述性記憶有不利的影響（Golomb 等，1994）；程序性記憶則大部份是與動作行爲有關的記憶資料如騎車、跳舞、溜冰等行動之相關資料的記憶（與行動本身直接相

關者)，這一類的記憶可能是存於小腦以及大腦皮質以下部位。另外，還有一種叫做**平行分配處理**（parallel distributed processing）的記憶學說（Lewandowsky & Murdock, 1989），認爲我們的記憶系統同時進行各種不同性質的資訊處理，根據這種說法，腦部中的許多不同部位，也可能存在著許多不同性質的記憶。

乙、記憶的單元

人類的記憶能量很大，因此保存於記憶中的東西也很多，這麼多東西在我們的記憶裡到底是以什麼方式來加以代表呢？有些人認爲大腦中有**記憶痕跡**的存在，當我們記住一個名字時，我們的腦中就存在著代表那個名字的一個痕跡（trace），在剛開始時，這種痕跡的本質是一種電流性的，而且容易消失，但是如果經過多次複習增強後，這個記憶痕跡就變成**記憶烙印**（engram），此種變化，乃是一種化學性的和組織上的根本變化。持這種看法的人，認爲記憶痕跡和記憶烙印都是活動性的，而無法在某一特定部位予以斷定。

另一種看法是，外來的事物和訊息需經神經細胞的傳導而達到中樞神經，剛開始時，外來的刺激只對某一個或某些細胞發生作用，繼之，它又刺激其他的細胞，如此逐步擴張，直到整系列的細胞都參與其事而構成赫博（Hebb, 1949）所謂的**回振圈**（reverberating circuit），如此重複多次後，回振圈就變成**細胞聚**（cell assembly），赫博認爲細胞聚就是記憶的基本單位，當細胞聚中的某一細胞受到刺激時，即可觸發其他有關細胞的反應，細胞聚中的細胞並不需要都受到單獨的刺激才會有所反應。其他的學者（如 McCormick & Thompson, 1984）也提出了所謂「**區域化神經網**」（localized neural circuits）的類似學說，認爲不同的神經網代表著不同的記憶。

其他有些心理學家則認爲記憶是存在於核醣核酸中（RNA），RNA

對體內蛋白質的製造具有重要的功能。由於 RNA 可以記住由去氧核醣核酸（DNA）所賦予製造蛋白質的指令，也許 RNA 也具有其他的記憶功能。用來支持這種看法的研究，主要可分爲三大類，第一種是以化學藥物來阻止 RNA 的產生，例如佛列士諾（Flexner, 1967）曾給學習走迷津的白鼠注射一種 RNA 的抗生素（puromycin），結果發現白鼠由學習迷津所得的記憶完全被破壞；第二種是研究因學習而產生的 RNA 變化情形，這一類研究發現受過訓練的白鼠，體內與學習有關的細胞，其 RNA 的質與量都發生了顯著的變化；第三種實驗方法（McConnell, Shigehisa & Saline, 1970），則首先訓練蚯蚓因見到光線而蠕動其身體，然後從這些受過訓練的蚯蚓身上抽取含有 RNA 的物質，再將這種東西注射於沒有學習經驗的蚯蚓身上。結果發現被注射過的蚯蚓，其以制約方式來學習蠕動的速度，要比那些未接受注射的蚯蚓來得迅速。後來有人做過類似的實驗，但是並未能獲得相同的結果，因此這一種看法目前尚未能爲多數人所接受。當然，如果心理學家們的實驗能夠證實 RNA 的記憶功能，那麼將來的學生也許可以不必修課（尤其是難唸而缺乏興趣的必修課），只要接受特殊 RNA 的注射，然後就能擁有前人所學過的東西，如此一來，不但學生將有福，而且這對學校的教學，必將產生革命性的變動。不過，這些早期被認爲是突破性的發現，卻無法由日後的許多類似研究得到複製證實，因此，以 RNA 做爲記憶之生理基礎的說法，目前似乎是很難被接受的（Squire, 1987）。

另外一些研究則是從神經傳導物（neurotransmitters）之變化以及依此所可能對記憶產生影響的途徑來進行，我們腦內有許多種不同的神經傳導物，其中以乙醯膽鹼（acetylcholine）、多巴胺酸（dopamine）以及血清緊素（又稱鹼色胺，serotonin）等傳導物較多牽連。老人痴呆症（Alzheimer's disease）的一個特徵就是十分嚴重的遺忘現象，很多患此症的病人連自己的親朋好友都失去辨認識別的能力，迷路不知返家

也是常見的事，而這種病人往往有腦內乙醯膽鹼不足的狀況（Coyle,
1987）。而患老人痴呆症者，在事件記憶（episodic memory）的回溯上
更感困難，因為這種病人往往很難集中注意，對於一些較為複雜的記憶
內容之回憶，尤其是困擾重重（Morris & Baddelay, 1988）。

丙、記憶的形成

　　腦內部所存儲的記憶，到底是如何形成的呢？科學家們正努力於此
一秘密的揭開。1996 年底的美國《細胞》期刊（*Cell*）就有三篇相關的
研究報告發表，此一研究小組的成員包括了麻省理工學院的日裔諾貝爾
獎得主利根川晉（Susumu Tonegawa），M. A. Wilson 以及哥倫比亞
大學的 E. R. Kandel。他們是以白鼠為受試者。根據早先的發現，腦內
部的海馬區（hippocampus）是空間記憶（spatial memories）形成的
所在地，空間記憶首先在海馬區形成，並保留在該處數個星期，然後再
送到腦內其他部位去做永久性的儲存。

　　目前一般科學家們大都相信：記憶乃是腦內細胞間聯結的形成與強
化。上面我們所提到的研究小組所做的實驗，是將一些白鼠腦內海馬區
的一個基因加以破除，由於此一基因之消失，其所促成的一種蛋白質也
無法造成，而直接影響到空間記憶的形成，使得那些基因突變的白鼠無
法記住過去的空間經驗，科學家們期盼此一發現將有助於人類老人痴呆
症形成之瞭解。

四、遺忘的本質

　　為什麼以前我們記得清清楚楚的東西，現在卻忘得一乾二淨呢？為
什麼昨天晚上背得滾瓜爛熟的公式，今天考試時卻不知消逝何處？心理
學家對於遺忘之所以發生的道理持有多種不同的說法。不過，基本上遺

忘可以說是由兩種因素所造成，第一種是與記憶痕跡有關，持這種看法的人，認爲記憶痕跡的消失是造成遺忘的原因，當然，造成記憶痕跡消失的原因也是各有不同。第二種是與線索有關的遺忘，根據這種學說，當我們回溯記憶中的資料而發生困難時，遺忘就會產生。線索上的誤差，以及不同線索間的衝突，都可能影響到記憶中資料的回溯，根據一些學者的說法，其實保存於我們記憶中（長期記憶）的資料是永久而不會消失的，遺忘現象之所以會產生，主要是在回溯過程中遭到了困難。底下我們所要介紹的是有關遺忘的四個主要學說。

甲、遺忘學說

1. 整併學說（consolidation theory）

整併學說與記憶過程中的儲存階段有密切的關聯。此一學說認爲我們的每一個經驗都會留下某種痕跡，而這種痕跡需要經過整併之後才能長久地保存於記憶中，而記憶痕跡在未被整併以前，很容易被抹去或消失。根據整併學說的看法，遺忘的主要原因是由於記憶痕跡在未完全被整併之前已部份消失。由此看來，遺忘之所以發生，乃是記憶資料儲存不當的後果。

2. 腐蝕學說（decay theory）

假如原先習得的東西獲得適當的儲存，遺忘的現象又是如何發生呢？根據腐蝕學派的看法，儲存於記憶中的東西，由於時間的關係，久而久之會慢慢地腐蝕消失，有人認爲這種記憶痕跡的消失，可能是生理上新陳代謝作用的結果。腐蝕學說的說法雖然言之有理，但並沒有很多的事實證據。我們都知道，許多很久以前發生的事情，我們並不會因其歷時太久而遺忘，而且，有時在某種情況下我們無法回憶的事物，在另外一個情況下，卻忽然又被記了起來；另外，許多我們新近所學習、所記住的東西，卻又不見得仍留存於記憶中，基於這些困難，腐蝕學說並

不能對所有的遺忘現象做合理而圓滿的解說。

3. 干擾學說（interference theory）

　　最普遍而又最完整的遺忘學說乃是建築於干擾的概念上。**干擾學說**主要是針對記憶的第三過程——回溯過程。簡單地說，干擾學說認爲我們無法回溯記憶中的某些材料，主要是因爲記憶中的其他資料干擾了我們所要資料的回溯，這尤其是以我們所要資料前後所儲存者最爲明顯。干擾的因素包括**順行抑制**（proactive inhibition）和**倒行抑制**（retroactive inhibition）兩種。研究這兩種抑制現象的實驗設計及其作業性定義可歸納如下：

順行抑制

　　實驗組：學習乙種材料→學習甲種材料→回憶甲種材料

　　控制組：休息→學習甲種材料→回憶甲種材料

　　定　義：兩組受試者都學習並回憶甲種材料，不過，實驗組的人在學習甲種材料之前，需要學習乙種材料；而控制組在這段時間卻獲得休息。比較兩組的回憶結果，控制組要比實驗組好，這種情況指出了順行抑制的存在。

倒行抑制

　　實驗組：學習甲種材料→學習乙種材料→回憶甲種材料

　　控制組：學習甲種材料→休息→回憶甲種材料

　　定　義：實驗組的人學習並回憶甲種材料，不過，在學習與回憶間又得插入乙種材料的學習；控制組的人只學習和回憶甲種材料，而在學習與回憶間有一段休息的空檔；在這種實驗狀況下，如果控制組的人回憶較多，這乃是倒行抑制存在的證明。

⑴順行抑制

所謂順行抑制乃是先前記得或習得的資料，抑制了新近習得資料的回憶。一般來說，新舊兩種資料的類似性愈大，所可能造成的抑制程度也愈高，例如當你熟記一系列英文單字之後，緊接著又要熟記一系列的德文生字，這往往增加德文單字學習和記憶上的困難，這就是因為英文單字的記憶抑制了德文單字的記憶。

⑵倒行抑制

倒行抑制是新習得資料影響先前習得資料的回憶。晚上開夜車準備化學考試，可能影響到下午已準備好了而明天也要考的歷史。有些實驗結果指出，臨睡前所學習的東西，記憶最佳，因為睡眠期間是我們身體最不活動的一段時候，這當然包括大腦和神經系統在內，所以如果學習某項事物之後，即開始睡覺，產生倒行抑制的機會最少。但是，另外一個可能的解釋是，睡眠本身也許具有防止記憶腐蝕或是促進記憶整合的功能。實驗室裡所得的研究結果，雖然可為干擾學說提供了許多有力的證據，但是截至目前為止，我們仍然不能肯定所有的遺忘都是由干擾所造成。

4.壓抑 (repression)

壓抑的概念首由佛洛伊德所提出。所謂壓抑乃是因某種動機（意識性或潛意識性的）而引起遺忘的一種現象，因此這又叫做**動機性遺忘**（motivated forgetting）。佛洛伊德認為，一般人常常潛意識地壓抑痛苦的記憶，以避免因回溯該記憶所可能引起的焦慮。這種因壓抑而造成的遺忘，與記憶痕跡的腐蝕或記憶的干擾無關，因此透過某種特殊的方式(如催眠或自由聯想等)，我們往往能夠恢復被壓抑的記憶。由此可見，壓抑阻撓了痛苦記憶的回溯，由此所形成的遺忘現象，與我們上面所討論的多種遺忘現象是有所不同的。有關壓抑的資料，大都由臨床觀察所

得，由於方法上和實驗步驟上的困難，有力可靠的實驗證據，目前仍不存在。

乙、異常的遺忘現象

這裡所指的異常遺忘現象，乃是一般人所說的健忘症（amnesia）。健忘症的種類很多（Russell, 1971），不過一般都由腦部受損所引起，這裡我們只介紹其中的兩種。

1.後退健忘症（retrograde amnesia）

後退健忘症的特徵，是對於那些在肉體傷害發生前不久的記憶造成遺忘的現象。例如腦部受到嚴重打擊之前，或是失血過多以前的那一段時間。大部份的後退健忘症，通常只會牽涉到傷害發生前的一段短時間，而且這一段時間的記憶也可以慢慢地恢復，另外，所喪失記憶的恢復，與該記憶內容之重要性無關，通常是較老的記憶（在較久以前所發生的事件）恢復得較先，而新近的記憶卻恢復在後。

2.新進健忘症（anterograde amnesia）

所謂**新進健忘症**，就是對於新習得的訊息事物無法記憶保存，這也就是說患有這種毛病的人，將無法學習記憶新的東西。不過，這種人對於過去已保有的記憶並沒有產生消失的現象。

上面所說的這兩種健忘症之所以形成，主要乃是生理上的因素所導致，這些生理的因素包括受傷、疾病、酒精中毒、營養不良和腦部受傷等。這兩種健忘症的存在，也常被用來支持多種記憶說的看法，後退健忘症乃是長期記憶的失常，而新進健忘症則是短期記憶的遷移遭到困難，因為患新進健忘症的人，無法將短期記憶內的訊息事物做進一步的處理來保存於長期記憶中，因此新習得的東西只能保存很短的一段時間。除了生理性的健忘症外，上面我們提過壓抑（repression）也是造成遺忘的因素，這種由心理因素所造成的健忘症叫做 hysterical amnesia，這主要是當事人爲了避免極度不快的某一記憶，而把所有與之有關的個人記憶都一起埋藏掉。

五、增進記憶的方法

記憶之良好與否，對於一個人的日常生活具有重要的影響，通常，良好的記憶是日常生活中所不可或缺的。當學生的，良好的記憶往往是獲得好成績所必須，就是在家庭生活中，記住親人的生日和週年紀念等也是不能夠忽視的。雖然遺忘的現象很難完全去避免，但是應用一些方法和步驟，我們可以有效地增進記憶。

甲、過度學習（overlearning）

過度學習乃是避免因干擾（interference）而造成遺忘的一個重要方法。所謂過度學習指的是當我們學習某些材料時，並不止於剛剛可以記住或學會該一材料而已，而是在學會某項材料後，繼續重複練習該一材料，重複練習的結果往往可以使我們的學習更徹底，而學習的效果也較佳。過度學習某項材料的程度，可以直接影響到回憶該項材料的多寡，不過，這種影響與學習材料的繁簡難易有關，簡單容易的材料往往不需要太多的過度學習，而且過度學習也產生不了太大的作用；反之，複雜而難學的材料，如果想要能夠保持較長久的記憶，多量的過度學習是必要又有益的。

乙、組織

幫助記憶的另一個有效方法是把學得的東西加以適當的組織，把相類似又有關的材料連在一起，並設法和那些易於混淆的東西分開。這樣做，一方面可以增進學習，而另一方面則有助於保存在記憶中資料的回

溯,前面說過,回溯記憶中資料的困難或失敗乃是造成遺忘的一個重要原因,所以有系統地把學習材料加以組織是幫助記憶的要件。

組織學習材料的方式和方法並不只一種,雖然不同的組織方法都具有增進記憶的功能,但是不同方法所產生的增進效益卻有差別。通常,組織越詳細,對於記憶的幫助也越大。包爾(Bower, 1970)曾讓受試者學習四組可以分層組合的一些單字,有些受試者學習已經組織好了的單字;有些人所學的則是混在一起的一些單字,研究結果發現那些學習已組織好了的受試者,平均回憶分數爲百分之六十五;而那些學習混在一起的,其平均回憶分數只有百分之十九。由此看來,學習材料的組織與該項材料的記憶關係密切。

丙、自誦

在學習和練習某項材料的過程中,試圖去回憶所要記住的東西往往可以幫助該項東西的記憶。例如,當你唸完一節書之後,如果你試著問問自己有關該一節書中的內容和重點,而對於那些你不太清楚或記不起來的重點再做必要的複習和練習,這種學習方式往往要比你連續閱讀同一材料兩次來得有效果。**自誦**的方式,一方面使學習者選定那些需要熟記的重點,另方面也爲學習者提供了回溯記憶中資料的練習機會,因此,在整個學習過程中,早些從事主動的回憶工夫乃是幫助記憶的有效方法。

丁、記憶術 (memonic device) 的運用

所謂記憶術乃是任何可以用來幫助記憶的正式技巧。我們故意運用某一特別方式來增進記憶,這就是記憶術的使用。聲韻的運用就是一例。記憶術的使用並不是現代心理學的產物,早在古希臘時代,希臘人就應用一種叫做「**位置法**」(method of loci)的記憶術來幫助記憶,他們通

常是以一個建築物內的不同位置做為記憶某些材料的基準點，例如以同一建築物內的不同房間，依某一順序排列來做為記憶一系列材料的依據。簡單地說，位置法的記憶術是把一種學習材料想像成一個存在於某一熟悉位置的事物，而且設法把多項材料構成一幅生動的畫面。

運用位置法來幫助記憶，首先你要記住一系列熟悉環境和位置的景況，而且這一系列位置的先後順序，最好也是你所熟悉的，例如你可以想像一下從寢室到化學實驗室路途中所經過的某些位置（如洗衣房、守衛室、學生活動中心、系圖書室、系辦公室等），這一系列位置的多寡以你所要記憶的東西之長短為依據。不過系列位置的選擇，應以那些容易使你產生生動意象者為佳。在選定位置系列後，依序把每一個學習材料與每一位置聯想在一起來構成一幅特別生動的畫面。例如你所要背的金屬依序為鋁、銅、鋼、鉛和銀等，你可以把它們和熟悉的位置系列想成這樣一個場面：洗衣房的鋁皮屋頂有助於衣服的烘乾，警衛室工作人員的銅扣生滿銹，鋼筋水泥的學生活動中心鑲著紅色鋼磚，系圖書室前的鉛管在漏水，和系辦公室內系老板的頭髮已銀灰等。當你要回憶這些金屬時，你就可以利用不同的建築物和其順序做為回憶的線索。包爾（Bower, 1970）曾就此一方法加以分析，而且在實驗室裡，他發現運用位置法的人所能記住的東西要比沒有運用此一方法的人高出二到七倍之多（Bower, 1972）。

戊、意象（imagery）的使用

在第四章討論語文學習時，我們指出意象是影響語文學習的一個重要因素。一般來說，容易產生意象的學習材料比較容易學習，而且有助於該項材料的記憶和保存。當我們背一首詩時，假如我們能夠把詩中所描述的景況加以意象化（把該景況想像成一幅畫面），這對於那首詩的記憶會大有幫助。其實，上面我們所討論的位置法乃是一種運用「心中構

圖」來幫助記憶的方法，生動畫面的使用也是根據意象的原理。

　　意象為什麼可以左右我們的記憶呢？目前較普遍的一個說法是：記憶之保存是一種**雙軌歸檔**的系統（dual encoding system）（Paivio, 1971; Bower, 1972）。根據這種看法，我們的記憶包含兩種不同的系統，有一種是語文的，而另一種是意象的。這兩種系統重複交錯，同一學習材料可以在這兩種不同的記憶系統中同時存在，這也就是為什麼具體化或容易產生意象的材料比較容易記住的道理，具體化的學習材料同時具有語文的和意象的兩種痕跡，而抽象化的材料則只有語文的一種痕跡存在。這種雙軌制記憶系統的看法，為其他的一些心理學家所不贊同（Bugelski, 1970），主張單一系統的學者有些認為記憶的存在都是意象的，而語文的方式並不存在於我們的記憶中（Bugelski, 1970）；另外的學者則恰恰相反，他們認為存在於記憶中的都是語文和抽象的，而意象式的畫面並不存在（Anderson & Bower, 1973）。目前我們對這些不同的看法並不能做一個肯定的結論，因此有些人對於意象在增進記憶上的效益抱著懷疑的態度。

己、善用回溯線索（retrieval cues）

　　當我們專心回憶某些儲存於記憶中的資訊，而卻又不可得之時，我們可以利用各種不同的任何線索，來協助記憶的回溯。例如，一個生字的第一或是第二個字母，往往可以大大地縮小必須檢索的範圍，而有助於該一生字的回憶。另外，一些現場或是過去在學習和記憶時所處情境中的某一些線索（context cues），也是可以善加利用，以達到記憶之正確與有效的回溯。一種叫做「**情境依存**」（state dependence）的原則，就是認為學習與回憶兩者所依存之情境（包括物理的以及心理的各種因素）越是相類似，成功回憶的可能性也就越大，基於這種說法，如果大

考將在第三教室舉行，那麼考前的準備與複習，不妨儘量利用第三教室來進行，爲此將有助於考試時的記憶回溯。

第 六 章

語言和思考

大　綱

一、語言的結構

甲、語音

乙、複音

丙、詞句

二、人類語言的學習與發展

三、語言與思考

四、動物的語言學習

五、思考

甲、思考的主要原素

乙、推理

丙、電子計算機與思考

六、問題解決

甲、解決問題的步驟與方法

乙、影響問題解決的一些因素

七、做決定與判斷

甲、理智的決定

乙、主觀效益模式

丙、非理智的決定

丁、冒險策略

　　語言可以說是人類最了不起的一個成就，透過說、聽、讀、寫，我們運用語言符號（包括語音和文字以及手語等）同他人交際聯繫，語言的應用，也使得我們能夠求取、表達和保存知識。語言不但是人類通訊的主要工具，而且也是人類思考的主要工具，語言文字所代表的，不只是事物及其相互間的關係，語言文字同時也代表觀念，而觀念乃是構造和表達思想的基本要素，這也就是爲什麼我們把語言和思考放在同一章討論的道理。

　　語言的結構、發展和語言學習的歷程，乃是語言學家和語言心理學家（Psycholinguist）所共同關切的。不過，語言學家所偏重的是語言的內涵和本質，而心理學家則對語言行爲的發展、表現及其瞭解較感興趣，當然，心理學家在研究語言行爲時，往往需要借重語言學家的理論和概念。以下我們首先將語言的基本結構做一簡單的介紹。

一、語言的結構

　　語言種類繁多乃是一個不爭的事實，不過，根據語言學家的看法，各種不同語言卻都具有某些共同的要素，在此我們所要介紹的，雖然是針對英語而言，不過其基本原理似乎可以應用於其他的語言上。各種不同語言的一個共同特點是語言本身的層次化，人類所使用的任何語言都是由簡單的聲音所構成，而由簡單的**語音**所結合而成的**複音**，乃是代表有意義字詞的基本單元，句子的形成則是由許多字詞組合而來。由此可見，一種語言包含多種不同層次的單元以及此等單元的結合規則（我們日常所稱的文法）。

甲、語音（phonemes）

語音是說話的最基本單元，任何一種語言都是由許多語音所構成，而且每一種語音都具有其特殊的性質，以避免與其他語音相混淆，例如英語中的｜b｜和｜p｜音，一為有聲，一為無聲，容易加以辨別；在國語中，｜ㄅ｜和｜ㄆ｜也具有相同的特性。我們所能發出的聲音遠超過一般語言中所需要的語音，一般語言所使用的語音大約只有我們所能發出的聲音的半數而已，而且不同的語言也有一些不同的語音。語音本身雖然不代表任何意義，但是在能瞭解某種語言之先，一個人首先需要能夠辨別該一語言所使用的各種不同語音。以英語為例，應用40個語音，以各種不同的組合而形成了十萬多個複音；而這許多複音又組成了六十多萬個字彙。

乙、複音（morpheme）

複音可由一種或多種語音根據某些法則而構成。前面說過，複音乃是語言中具有意義的最基本單元。複音本身可能是一個字，但是並不一定是如此，例如「dog」這個字是一個複音，而複數形的「dogs」雖然也是一個字，但却由「dog」和「s」兩個複音所組成，它除了代表「dog」外，還指出數量上的多寡，基於這個原因，一般語言學家都以「複音」為語言的基本單元而不以「字」為基本單元。

丙、詞句（phrase or sentence）

詞句的構成須要根據文法規則（syntax），在文法上，詞類的劃分以及字詞在句子中所佔的位置都有明確的規定，與文法規則不相符合的構造方式是不能傳達意義的，有時甚至符合文法的句子也不能明確地表達其意義，例如英語中「They are eating apples.」這個句子，即有兩種

可能的不同含意，我們可以把「eating」看做爲進行式的動詞，我們也可以把「eating」看成是形容「apples」的分詞，如此「eating apples」是與「baking apples」相對而有所不同，後者雖也可生吃，但一般多用來做甜點。

　　語音、複音和詞句所構成的只是語言的**表面結構**（surface structure），語言的表面結構主要是以文法規則爲準，其所關心的是音響和字詞的組織方式和敍述順序，這可從其表面上直接地加以觀察。但是，詞句所代表的內涵和意義並不能直接地加以識別，這就牽涉到語言的**深層結構**（deep structure）；詞句和字彙的意義往往需要根據其前後所使用的其他字詞，使用場合，以及當事人當時的情緒和認知狀況來加以判定，這尤其是當普通字彙或抽象字彙被使用時爲然。語言使用的社會情境，往往會左右語意，語言的使用，針對著某些特定的社會目標，這是很實際的一面，學者們以「語用學」（pragmatics）名之。

二、人類語言的學習與發展

　　能夠說話，還可以瞭解別人說話，雖然是很複雜的一種認知行爲，但是，對一般正常的嬰兒、小孩來說，這種本領並不是什麼大不了的差事，他（她）們不但學會說話，聽懂別人，而且爲此所花的時間也並不是特別長，人類語言能力的發展與學習，可以說是十分地迅速，根據一項推估研究（Smith, 1926），一個五歲大的小孩，其所能瞭解的字彙高達兩千個左右；到了六歲，差不多所有的主要文法規則，也都能適當運用，而一個十歲大的孩子，每天所使用的字彙約在兩萬到三萬之間（Wagner, 1985）。

　　人類語言的發展和學習歷程，在第三章已有較詳細的敍述，這裡僅將此一發展的重要里程碑列表如下，以供參考，不過，這只是發展常模，

個別間的差異是存在的。

平均年齡	小孩的語言行為
十二個星期大	以微笑回應別人對他（她）說話，發喁喁聲
十六個星期	轉動頭部，追尋聲音來源
二十個星期	開始發出子音和母音
六個月	由喁喁發聲進而咿呀學語，其所發之聲音包括人類語言的各種語音
八個月	重複某些音節（如爸爸，媽媽等）
一歲大	能瞭解一些字，也可能說些字
一歲半	能說五十個字左右
兩歲大	字彙超過五十，能使用一些雙字的短詞
兩歲半	字彙約在數百字，能使用三到五個字的短句
三歲	字彙增至一千左右
四歲時	普通的說話能力已普遍建立（包括正確使用文法），能憑想像而說話

三、語言與思考

　　語言與思考具有密切的關係，在本章開始時，我們曾提過，語言不只是人類交際溝通的主要工具，而且也是人類思考的重要工具。到底語言是思考的工具，抑或是思考本身的一部份，心理學家們持有不同的看法。由於思考是一種內在的認知歷程，思考的結果需要依靠某種行為來加以表達，而以口頭或文字來表達個人的思想乃是一個很普遍而又有效的方法，另外，在思考的過程中，如果我們把思考的內容用文字加以表達和記載，這又往往可以幫助我們整理思考的內容，而有利於思想的表

達，從這個觀點來看，語言可以說是思考的重要工具。

　　不過，也有些人認爲語言乃是思考的一部份，而且對於一個人的思想具有影響的功效。語言學家沃符（Whorf, 1956）就認爲語言可以左右我們的思考，根據他的看法，在我們語言中所不存在或不能很容易地出現的概念，我們很難對這些概念加以思考，他的這個看法叫做**語言相對原則**（linguistic relativity principle）。沃符認爲我們的語言結構決定我們對外在世界的看法，由於各種語言的結構有所不同，所以那些使用不同語言的人的想法也就有了差異。他用來證實這個看法的資料，主要是以不同語言使用者的不同觀點爲大宗。他觀察美國土著印第安人以及阿拉斯加的愛斯基摩人所用的語言特色，發現用來代表某些事物的語言和字彙，在不同的語言中有著顯著的差別，例如愛斯基摩人所用的語言中，用來代表「雪」的單字有多種，而且代表著不同種類的「雪」，沃符認爲愛斯基摩人之所以能夠細分冰雪，乃是因爲他們的語言允許和鼓勵他們這樣做的後果。

　　沃符的觀點目前還沒有令人信服的證據來加以否認或證實，不過，有一點似乎可以用來解釋爲什麼不同的語言與文化對某種事物需要多種的字彙來表達，由於日常生活上實際的需要，愛斯基摩人對於冰雪的表達與認識，要遠比居處於溫暖地區而少有冰雪者來得重要，這種實際上的需求，使得其所用的語言也有著相對的細分。又如，駱駝對我們來說，單峯雙峯的區別似乎已經足夠應付我們日常生活中的需要，但是對於那些阿拉伯國家的居民來說，較爲詳細的劃分和用字，乃是溝通交際上所不可或缺。我們都知道，一個適切的單字往往可以抵得上許多繁複的說明和解釋。相信「風度」兩個字所表達的意義，大家都有所認識，但是如果你需要對一個二、三年級的小學生解說這兩個字的意義，你一定可以體會到適切而嚴謹的用字乃是正確表達思想所不可或缺的。

四、動物的語言學習

語言的能力一向被視爲是人類獨有的本領,這種本領的存在,也是人類與其他動物超然不同的所在。到底語言行爲是不是人類所獨有,其他的動物是否也有能力學習人類所使用的語言方式?近年來一些心理學家以猩猩爲對象所做的實驗,似乎指出猩猩也可以學習類似人類所使用的文字符號。

基於猩猩的發音器官不如人類的發音器官,因此有關訓練猩猩學習人類語言的新近實驗,都以符號或手語姿勢爲主。佳德納夫婦(Gardner & Gardner, 1969)曾訓練一隻名叫娃秀(Washoe)的猩猩使用美國手語(American sign language),這是一般啞巴所使用的手語系統。從一歲開始,Washoe 就接受手語訓練,而到了四歲大時,牠已學會八十多個手勢,而且還能夠做某種程度的類化,例如,當牠學會「開啓」的手勢後,牠可以應用到開啓門戶、手提包、箱子和水龍頭等事物上去。Washoe 還學會把二個或兩個以上的符號(手勢)聯在一起來表達較複雜的意義,不過牠所造的短句,並沒有遵照一般的文法規則。到七歲大時,牠的字彙約有 175 個,而所能造的句子也有六個字之長。後來,佳德納夫婦(Gardner & Gardner, 1978)又訓練剛出生的小猩猩使用手語,他們發現六個月大的小猩猩可以學到十五個左右的字彙,而且他們還發現三個月大的小猩猩已能做出可以辨別的手勢,佳德納夫婦相信他們所訓練的兩隻小猩猩將來會比 Washoe 更有成就,因爲一方面他們提早提供訓練,而另一方面,訓練的人也較能流利地使用手語來訓練小猩猩。

另一種訓練猩猩學習語言的方法是由皮梅克(Premack, 1972)所創始,他所使用的是類似我們所使用的文字符號,這與佳德納夫婦所使用

的手語截然不同。皮梅克製造一些塑膠型式以代表某些概念，他就利用這種小小的塑膠板來訓練一隻名叫謝拉（Sarah）的猩猩使用語言，除了訓練猩猩學習不同型式的塑膠板所代表的不同事物和概念外，他特別注意正確的符號順序，Sarah 所學習的字彙包括事物的名稱、動詞、形容詞和介詞等相關詞類，訓練的過程主要是一種工具式制約的學習歷程，例如，在訓練猩猩認識不同的水果時，首先讓猩猩吃水果，再把水果和代表那個水果的塑膠片放在猩猩面前，然後把水果拿開，猩猩需要把代表那個水果的塑膠片掛起來後，才能得到水果吃，透過這種方式，猩猩學會許多「字」，猩猩造句的方式是將幾個塑膠板像我們寫中文似地由上而下按文法規則加以排列，例如牠要某人給牠蘋果，牠先把那個人的名字（以膠板代替，不同形式代表不同人名、物名及其他詞類）放在上面，然後把代表蘋果的塑膠板放在下面，牠這樣子做後，訓練者就以小片的蘋果為增強物來促進學習。如果牠把字的順序倒置（不合文法），牠就得不到蘋果吃。

其他還有許多訓練猩猩學習語言的嘗試，有些人把猩猩養在家裡成為家庭中的一員而訓練牠使用符號或手語，而且還像對待、教養一個小孩一樣，對於不檢的行為也加以管教制止。在研究室裡，有些人則訓練猩猩用打字機透過電子計算機來學習語言，打字機的機鍵代表不同的事物，如果猩猩所使用的機鍵順序不合文法規則，計算機就不會聽從牠的指示和要求，而且計算機也可以指出文法不當的句子，來讓猩猩做必要的糾正。

根據上面所介紹的一些研究結果，我們是否可以說猩猩具有學習人類語言的能力呢？由於界說與定義的不同，一般人的看法也頗有出入。假如我們認為能夠運用特定的符號，遵照一定的規則來溝通表達，即是具有語言能力，那麼上面所說的猩猩確已習得這種技能；不過，人類語言的複雜和具伸縮性，則與猩猩所能使用的有限符號規則差別甚大，根

據人類使用語言的一般標準來衡量,猩猩所能做的(在語言學習上),仍然十分有限。另外也有一些人懷疑猩猩是否能夠像人類一樣,運用語言工具來擷取知識與表達思想;目前研究結果所證實的只限於猩猩運用符號做簡單的要求或問答行為而已。加上一般訓練者所使用的符號大都限於具體性的事物概念,猩猩是否能夠使用像「公平」、「合理」、「自由」等抽象概念也是值得懷疑。至於猩猩學會具體的事物概念是否有助於牠在抽象概念方面的學習,這也是一個仍待解答的問題。

五、思考

思考可以說是人類最重要的一個行為,當然這個行為的產生與進行並不是我們所能直接加以觀察的,人類的思考活動十分頻繁,但是我們對於思考歷程本身的瞭解卻是相當有限。當別人問我們「思考活動是在那裡產生?」我們的回答可能是「在腦子裡」或「在頭裡」;但是如果別人進一步問「當你思考時,腦子裡到底有些什麼變化或活動?」對於這樣一個問題,我們往往無法提供明確的解答。思考是一個十分複雜的過程,思考內容之為何物,專家學者們的看法並不一致,有些人認為思考是一種無意象的活動,它並沒有可進一步加以分解的內涵;另外一些人則認為思考乃是一種象徵性的活動,它是由許多不同的符號所組成。

構成思考內涵的原素主要有三種:**意象**(images)、**概念**(concepts)和**語言**(language)。不過,這三種原素並不一定同時為思考所必須,我們可以用意象來進行思考活動,也可以用語言或概念來思考,由於思考方式以及其目的上的不同,運用來思考的內涵原素也因之而有不同。

甲、思考的主要原素

1.意象

　　談到意象，大多數的人總是想到視覺上的影像，但是，聽覺意象或由其他感官所引起的意象也是存在的。就一般人而言，在思考活動中，視覺意象的運用是最為普遍的，這是因為由視覺而來的意象最多，不過，個別間是有顯著的差異存在的。意象的產生乃是過去感覺經驗的重新組造，但是意象並不一定是過去整個經驗的再翻版；而且，意象的產生也不一定要有過具體事物的體驗，睡夢中的景況、幻覺所產生的畫面，都可能引起意象的產生。意象在思考過程中所產生的作用，並不容易加以直接實驗觀察，因此我們需要依靠個人主觀的報告，這種主觀的個人報告，在採證上自然是有困難的，近年來有些心理學家為解決此一問題，從事於外在事物與內在意象表徵間關聯性的研究，在進一步瞭解意象的本質後，也許我們能夠對意象在思考上的作用有較清楚的認識。

2.概念

　　在基本上，所謂**概念**可以說是根據某些共同原素或特徵來處理人、事、物的一種歸類。概念的形成主要是從個人的經驗中擷取某些東西之間所共同具有的特性為基礎。一個人所擁有的概念由於新經驗的累積，不時地擴張與修正，當然概念的存在對於新經驗的保存可以增加許多方便，例如在討論記憶時，我們說過編碼（coding）的過程是保存經驗於長期記憶中所必須，編碼的依據往往是以現成的概念為準。概念的功用包括類化、辨別和抽象思考。例如「鳥類」這個概念，乃是根據會飛和有羽毛等特色而形成的一項歸類，當我們看到一種會飛而又有羽毛的動物如：金絲雀，我們可以把它類化而歸入該一概念——鳥類。不過，金絲雀一般都是養在家裡當玩物，這種養來觀賞用的鳥與其他野鳥不同，

這就是我們用來加以辨別的一種概念；談到玩物、觀賞或點綴等，這又可以導致某些抽象的表達而不必以某種具體的事物爲根據。

概念因其形成所根據的原則之不同而可分爲數種，**連結概念**（conjunctive concept）乃是根據事物具有一個或多個相同屬性加以歸類而成，這可以說是最普遍的概念，例如「動物」、「鳥類」或「水果」等就是連結概念。**交替概念**（disjunctive concept）則根據某些不同的標準（單項或多項）來進行歸類而成，例如「好孩子」這個概念，可指用功唸書者、聽話孝順者或是懂事有禮者或同時具有多項特色者而言。另外一種概念叫做**關係概念**（relational concept），這種概念的形成並不根據事物的特色和屬性，而是根據某一事物與其他事物間的關係而來，例如「高」、「低」的概念，除非我們有相對的標準，或是知道「高」於何物或「低」於何物，這種概念是沒有什麼意義的。

3.語言

語言本身是一種符號，符號的使用有助於象徵性活動的思考歷程。數學符號的使用，不但有助於明確概念的溝通，而且可以加強並促進我們的推理能力，這是各位所知道的。不過，到底是語言決定思考，或是思考決定語言的問題，卻是各方爭論的一個焦點。前面在討論語言和思考的關係時，我們曾指出：有些人認爲由於不同語言文字的使用，造成人們對事物看法上的差異。有些人甚至認爲使用不同語言的人，其思考的方式也不一樣，沃符（Whorf, 1956）的語言相對論認爲人的思考方式是由語言所左右，而且一個人所使用的語言影響他對外在世界的看法。反對這種觀點的人則認爲，人對於事物的不同看法與想法，乃是造成語言差異的因，而不是果，這些人認爲語言結構上的不同，是思想不同的結果而不是思想不同的原因。另外一些人則認爲語言結構的不同可能影響外在事物的歸類，但並不影響對外在事物的實際看法與感受。雖然語言與思考間關係的解說目前尙無定論，但是語言與思考間具有密切的關

係則是一般人所同意的。

乙、推理

　　廣泛地說，推理乃是思考的一種特殊形式，在我們日常生活中，我們運用各種不同的資訊，經過詳密思考，以期獲得某種結論，這本身就是一種推理的過程（Galotti, 1989）。推理是一種以目標為指導的思考，它是根據某些法則來進行的。

1. 正式與非正式（日常的）推理

　　正式推理中所需的所有資訊都已被提供，只要根據一定的法則來進行，以求達到一個正確的答案，理則學中的三段論法乃是一種正式推理。在三段論法中，一個推理者根據所被提供的兩個前提來推論出一個結論，例如：

　　大前提：所有的人都要睡覺；
　　小前提：老王是一個人；
　　結論：老王一定要睡覺。

　　三段論法是兩千多年前由亞里士多德（Aristotle）所提出，這種推理又叫做演繹推理（deductive reasoning），演繹推理如果不是根據邏輯法則來進行，其所得的結論必是無效的；但是，如果兩個前提中有一個是錯誤的，雖依邏輯法則來加以推理，其結論必定也是錯誤的，不真實的。有效（valid）與真實（true）兩個評量推理結論的標準並不一定會同時存在，這也就是說，有效的結論並不一定是真實的，而真實的結論也並不一定是有效的，底下就是一個例子：

　　大前提：有些心理學家研究人格特質；
　　小前提：有些人格特質是女性特有的；

眞實但是無效的結論：有些心理學家是女性。

又如：

大前提：所有女性都有人格；

小前提：所有人格都是異常的；

不實但卻是有效的結論：所有女性都有異常人格。

認知心理學家研究一般人在邏輯推理中所做的錯誤，以求瞭解其大、小前提和結論的心理表徵（Johnson-Laird & Byrne, 1989）。有些錯誤是因爲個人原先所持有的信念滲入了所被提供的大、小前提，而左右了正確結論的推理，這種所謂「信念偏差」效應（belief-bias effect）之所以發生，乃是因爲一個人原有的知識、態度和價値觀念扭曲了推理的過程所造成（Evans et al., 1983）。

另一種正式的推理叫做**歸納推理**（inductive reasoning），這種推理是根據某些已有的證據來歸結出一個有關某一事物的可能性。科學研究在基本上可以說是一種歸納推理，通常首先提出假設（以有限的已知證據爲基礎），然後再以研究所收集到的證據來驗證假設的眞實性，這是一種由資料數據進而達成某種結論的過程，而不是依照某些大、小前提來演繹而得到結論。

我們日常生活中所做的推理，乃是非正式的，因爲這些推理活動並沒有固定的大、小前提，而且很多是演繹與歸納混合進行的，一般人在日常生活中都要從事許多計劃、約定和評鑑的認知活動，這許多活動有很多是借推理來進行，而所面對的許多問題，也可能各有多種不同的解決方法，而這許多問題及其解決方法又可能是交互影響，相當錯綜複雜的。

2.錯誤推理的原因

我們的推理能力與效率往往受到許多因素的不良影響，這裡我們稍加介紹。

A. 文化因素：來自不同文化背景的人，對於正式邏輯法則的看法頗有不同，有些人對這些法則可能缺乏正確的認知，因此在運用上造成錯誤；有些人則不信任這些推理法則，而依賴個人的直覺感受，或是以大、小前提乃至某些假設（非日常生活中所有），而拒絕加以推理，做結論。

B. 情結和信念：「曉之以理，動之以情」，情與理之相互影響是有許多科學上的證據的（Forgas & Bower, 1988）。強烈的情緒感受以及與之相關的信念，往往會扭曲前提和已存在的事實，而左右了推理的結論。

C. 附會的偏差：由於這種偏差，一個人在審視資料和證據時，往往只會注意到那些與個人已存有之信念和觀點相吻合的相關部份，而忽視那些不相吻合者，如此一來，主觀武斷的結論也就很難避免。

D. 「放馬後砲」效應（hindsight effect）：大家都知道，有些人在事情發生之後（尤其是那些不如意的事情），往往會放馬後砲，說事情之會發生早在他（她）的預料中，這就是所謂的「放馬後砲」效應。這種效應也會對有效、正確的推理產生不良影響。這種效應會使一個人過度高估自己的知識，認為擁有「自知之明」，因此會忽略許多有用、有價值的切題相關資料，而無法在推理上做適當的調整。

3. 如何改進推理能力？

能夠有效而正確地去推理，乃是很重要的一種認知能力，上面我們簡單地介紹了一些會對推理造成不良影響的因素，避免這些原因當然是會有所助益的；另外，我們也可以採行下列數步驟來增進推理的效率：

A. 審視驗證各種可能存在的前提：欠妥不佳的前提是無法達成有效真實的結論的。在日常性推理中，這個工夫更是要緊，而且也較難

圓滿地去進行，因為一般的前提並不是明確直接的，加上主觀的作祟，有很多前提可能是錯誤不正確的；如此一來，結論當然也將是錯誤的。

B. 防止附會偏差的發生：附會偏差可能是導致欠佳推理或是錯誤推理的一個最重要因素。為了克服防止這種偏差的發生，一個有效的方法是首先確認自己的信念，以及建立此等信念的那些前提；之後，則積極主動地去挖掘那些與自己信念相反的其他觀點和看法，藉此來「開明」自己，以避免「閉門造車」，先入為主的誤差。

C. 切記情緒的發作很容易對推理造成不良影響。理智的工夫只有在破除情面，心平氣和時才有可能；意氣用事往往是會造成許多令人後悔的結果。

D. 克制「放馬後砲」的傾向：這可由多種方式來進行，例如把事件的發生認為是「非在意料中」、使人驚訝的，如此可減少「自知之明」（Mazursky & Ofir, 1989）；強調許多人對事件之發生都感到十分驚奇，也是一個有效的克制方法（Wasserman et al., 1991）；另外，要求一個人不但要去解釋一個事件之所以會發生的道理，而且對那些並未發生的可能事件，也要去加以解釋時，「放馬後砲」的傾向也常會減少（Davis, 1987）。

丙、電子計算機與思考

電子計算機（computer）有人稱之為電腦，由於這種叫法，許多人往往以為它的功能與我們的腦子無異，同樣具有思考的能力。其實這是不正確的，因為電子計算機的主要功能是在其高速度的計算能力，以及廣大的儲存資料的能力，計算機本身並不具備思考的能力，計算機所能做的乃是遵照**程式**（program）的指示，「按部就班」地去做人們要它做的工作。遵照程式的指示，電子計算機能夠幫助我們解決許多問題，由於電子計算機和人類解決問題的程序有許多相類似的地方，電子計算機

也就被用來做為研究人類思考過程的一個工具。

　　用電子計算機來模擬人類活動的過程叫做**模擬模式**（simulation models），電子計算機除非有程式來指示它，它並不能模倣人類的任何活動，所以所謂**電算機模擬**（computer simulation）只是一種用程式來代表我們處理資料和獲得結論的過程而已，而不是真的有電算機可以直接地模倣我們的心智活動。電算機模擬的技術可以應用到心理學的每一方面，不過截至目前為止，大多數的模擬模式都偏重於問題解決和其他較具認知方面的歷程和活動。

　　電算機模擬模式的早期嘗試，以牛爾和賽蒙（Newell ＆ Simon, 1958）的**邏輯理論家**（logic theorist）最具規模。這兩位科學家所設計的電子計算機程式，主要是用來證明形式邏輯上的定律，這也就是為什麼他們把這個程式稱之為邏輯理論家的原因。這個電算機模式不但可以用來證明邏輯上的定律，而且它還包含有許多可以用來解決問題的**機巧**（heuristics）。從某種角度來看，此一模式似已具有頓悟（insight）的工夫，由這個觀點來看，這個程式在解決問題上，似乎擁有許多「人」的特質。

　　在邏輯理論家之後，其他的心理學家又設計了許多電算機程式來模擬不同的心理歷程，這許多程式包括**概念形成**（concept formation）、語言的瞭解、下棋和心理診斷等等。這許多不同的程式，在基本上有一個共同點，那就是一個程式只是針對某一特定問題的解決，這種只能解決單一問題的能力，與一般人之能夠處理和解決不同的許多問題，顯然地還有一段很大的距離。經過多年的努力，牛爾和賽蒙（Newell ＆ Simon, 1972）後來所創造的「一般問題解決者」（general problem solver），在模擬人類思考活動上又向前邁進了一大步。

　　在「一般問題解決者」這個程式中，包含了許多人類用來解決問題所需的概念、技巧和機巧，而且能夠運用一些前提，根據某些既定的轉

化方法來配合解決問題所需的變化。「一般問題解決者」在處理解決問題之前，先就問題本身以及解決問題所欲求得的最後目的加以詳密分析，不過，爲了達成最終目的，在解決問題的過程中，有時需要暫時立定次要目的，這些次要目的主要有三種：有關事物轉換的目的；有關減少差異的目的；以及有關執行作業的目的。當這些目的無法付諸實現時，這個程式只好退回，然後再重新立定不同的次要目的，以謀求問題的最後解決。

「一般問題解決者」把它解決問題的所有大小過程都詳細地印出來，從這項資料我們可以看出它如何去立定次要目的，而當該項目的無法達成時，又如何轉換其他目的，再謀解決。如果我們把這項資料拿來同人類實際解決該一問題所經歷的過程相比較，而發現兩者所採取的步驟與方法十分相類似，那麼我們可以說這樣一個電算機模式可以用來模擬人類的行爲。某一學說之是否正確合理，也可以利用電算機模擬的方法來加以驗證。

雖然運用訊息處理的模式來模擬人類心理歷程的嘗試仍然是在初期的階段，而且專家們所創造的電算機程式到目前爲止，還沒有一個能夠完全模擬人類的思考過程，但是，許多人在這方面從事研究的結果已證明電算機模擬的方法是頗具潛能的。有關這方面的研究，不但已爲我們提供了一些解釋人類思考和解決問題的初步理論，同時，學者們對於這方面研究興趣的濃厚，似乎也爲日後「完全人類化」的電算機思考程式之建立植下了厚望。

目前有一門叫做認知科學（cognitive science）的跨科系新興學問，它是由認知心理學、神經科學以及電算機科學（computer science）中一個專門分支——人工智能（artificial intelligence）所共同組成。人工智能的研究者，企圖使電算機能夠從事類似人類思考的思考能力和方式，這個簡稱爲 AI 的科學領域，主要是以很複雜的電算機程式（com-

puter program）來指使電算機進行問題解決等一些與人的智能所從事
的思考推理工作，以及在知覺、語言瞭解，甚或機器學習（machine
learning）等等需要高度智能才能完成的心智活動。

六、問題解決（problem solving）

　　在本節中我們所討論的主題是思考，爲什麼我們在這裡討論「問題
解決」呢？我們之所以這樣做，主要是因爲心理學家們在研究「思考」
時，通常把思考、推理以及問題解決等合併討論，這樣做是有其道理存
在的。思考的產生並不一定是具有某一特定的目的，不過，當我們有問
題待解決時，思考也就會產生並持續，爲了解決問題，在思考的過程中，
我們又往往以推理的方式來尋求解答，基於此，當心理學家研究思考時，
往往是首先設計某種情境或問題，然後要求受試者解答問題，從觀察受
試者所做的反應行爲，來分析思考的歷程和行爲方式。

　　有些思考的產生是爲了解決某項問題或達到某種目的，這種思考方
式叫做**導向式思考**（directed thinking），有些思考的產生則是漫無目
的，往往由某種意念，或一時心血來潮所引起，有時我們又會在幻想中
打圈子，這種不以任何實際問題的解決爲思考原因者，通稱之爲**聯想性
思考**（associative thinking），白日夢、夢想或者創造性的幻想都沒有
固定的目的，因此也都屬於聯想性思考的範圍。問題解決既然是心理學
家用來研究思考的主要方式，現在就讓我們來對此做進一步的討論。

甲、解決問題的步驟與方法

　　當我們遭遇某項問題而需求其解決時，有時我們可以靈機一動，豁
然而解，有時我們摸不著邊際，只好以嘗試錯誤的方式來謀求解決，不
過，通常當我們面臨一個相當複雜的問題時，往往會以思考推理的方式，

從過去經驗和所有知識中尋求解決的對策與方法,當我們以這種方式去解決問題時,往往是遵照某些步驟去進行的。

通常我們採取下列的步驟去進行問題的解決。首先我們要認定並瞭解問題所在,同時我們也要清清楚楚地認清行動的目標。在認清問題困難所在和行動目標後,我們再開始尋找解決問題的可能方法。解決問題的方法可能從嘗試與錯誤中獲得,不過,這種機械式的解決方法往往只能解決簡單的問題,而且這種方法的效果往往是欠佳的。在找尋困難問題的解答時,我們也常常運用**機巧**(heuristics)來謀求問題的解決,大體上,機巧的運用是普遍而又有效的。所謂機巧乃是由過去解決難題中所經歷而得的解決問題的概略性的原則,一般人運用這些概略性的原則來做爲選擇解決方法的依據。在一般情況下,某一問題的可能解決方法往往不只一端,我們所追求的乃是一個有效而又省事的解決方法,機巧的運用就在幫助我們找到這樣一個有效而省事的解決方法,因此機巧本身並不是一個詳密的解答方案。在選定或找到解決的方法後,下一個步驟就是選擇適當的行動來執行所選定的解決方法。在採取實際行動之後,我們就要對解決方法的有效與否加以驗證,如果問題未得解決,那麼就得繼續尋求適當的解決方法,如果試過多種方法而仍未能解決問題,有時我們需要重新去認定和瞭解問題,因爲除非我們認清問題困難的所在,適當方法的選定是少有可能的。

除了嘗試與錯誤以及運用機巧來解決問題之外,另外還有一個也常被運用的解決問題的方法是運用某些固定的**程式**(algorithm),這裡所謂的程式,乃是一些固定的法則與程序,針對某一特定的問題,如果我們遵照一些固定的法則和程序去進行問題的解決,最後一定可以順利地把問題解決。數學、理化上的公式,可以說是一些解決某種問題的程式,把一些數據代入公式,然後依序做答,問題就可以順利解決。以程式來解決問題,需要「按部就班」,不能運用機巧,因此其效率較差,也相當

費時。例如，當你忘掉了朋友家電話號碼的最後兩個數字時（以 331-12
⟦?⟧ ⟦?⟧ 爲例），運用程式來解決此一問題時，你只好從 331-1200 開始去
試，然後 331-1201……一路試到正確的兩個號碼出現，如果這兩個號碼
正好是 99，這將是一個不算短的嘗試歷程；但是，如此一路地去試，朋
友家的電話號碼一定可以找到，只是會相當費時費力就是了。

乙、影響問題解決的一些因素

影響問題解決的因素很多，根據有關這方面的研究結果，我們可以
將這些因素歸納如下：(1)受試者所得到有關解決問題的指示影響他的行
爲反應。鄧肯（Duncan, 1963）發現當他告訴他的受試者去進行「思考」
時，通常受試者外顯的嘗試行爲減少，但是其所用來解決問題的時間卻
增長。(2)當受試者得到某些暗示時，不但可以增加他解決問題的機會，
同時，也會影響到他試圖解決問題的方式（Burke & Hoffman, 1966）。
(3)受試者的個性和背景，例如他的動機、情緒和成熟的程度顯著地影響
他解決問題的方式，年紀較小而又不太聰明的人，在解決問題時往往採
取一種被動的和聯結式的步驟，而年紀較大，較聰明的，其所採取的方
式大多爲主動地嘗試（Dodd & Bourne, 1973）；另外，情緒欠佳、精神
緊張或過度焦慮往往會影響一個人解決問題的效力，這是大家所知道
的。

一個人對於問題的看法與態度也會影響到他解決問題的效力。基於
個人過去的經驗，當面臨問題時，一個人往往採取某一固定的方式來謀
求問題的解決，這種固定的方式，在心理學上叫做**心向**（set）（心向有多
種，在討論學習時，我們提過學習心向，在知覺一章中我們將提到知覺
心向）。過去經驗之所以具有價值，主要是我們可以從經驗中獲取解決和
處理問題的方法和步驟，當我們面對著新的問題時，這些從經驗中所得
到的方法與步驟，往往可以用來幫助新問題的解決。心向在解決問題上，

一方面可以提供解決問題所需要的暗示；但是在另一方面，心向既然是一種習慣，它也往往阻礙了創造性的發揮，以及新方法的嘗試和發現。不過，在日常生活中我們所學習的，大多為解決問題的固定心向，一個人所擁有的解決方法越多，他解決問題的本領也越大。因此，心向問題的所在，並不是太多的心向將妨礙我們解決問題的能力，而是在一個人能否融會貫通，靈活運用而達成所謂「舉一反三」的境界。

與心向有關的另一個因素叫做**功能固著**（funtional fixedness），這是指我們對某一東西或工具的功能，往往只有少數特定的看法，而限制了此等東西和工具的用處。磚頭是用來蓋房子砌牆的，鉛筆則是用來寫字畫畫的，對一般人來說，用磚頭來塗寫（於水泥地上或牆上），或用鉛筆來當支柱，都不是很「正經」的；當我們使用一件東西的次數越多，我們所能想到該東西的新奇用法似乎越少；同樣的道理，當我們對某一事物只有一個固定的看法，那麼對其功能效用也就容易加以固定。大人們教小孩，或在學校裡老師教學生，往往只教導他們有關某些事物的「正宗」用途和看法，而且，對於小孩「異想天開」的新奇想法與用法，又往往加以取笑制止，久而久之，這在無形中就會阻礙了小孩創造力的發展，也影響到小孩解決問題的能力。

七、做決定（decision making）與判斷（judgement）

在日常生活中，我們不時地要做各種不同的決定，當然有些決定關係重大，例如終身大事的決定，或是職業的選擇等；而有些決定則無關緊要，例如要不要上街逛逛或是看那個電視臺的節目等。從某個角度來看，做決定的過程與解決問題的過程可以說十分相類似，當我們要設法解決問題時，我們需要收集有關的資料，進行問題的分析，評量各種不同方法的優劣；在我們需要做某一決定時，尤其是比較重大的決定時，

我們也要多方收集資料，分析不同決定所可能產生的利弊與長短，再做過比較之後，才決定取捨去留。如此看來，我們似乎可以把「做決定」看做是解決問題的一種特殊形式，或是可以把「做決定」視為是解決問題過程中的一個重要步驟。

甲、理智的決定

　　數學家和統計學家們在研討「做決定」的問題時，主要是以數理或是統計的方法，來計算各種不同決定所可能產生的利弊，以為取捨決定的根據，這種方式的決定是所謂**理智的決定者**（rational decision maker）所做的選擇，而這種決定主要是根據各種決定所具有的**期待價值**（expected values），事物發生或出現的或然率，以及決定後果的得失為最後決定的要件，以這種方式來做決定，主要是以最大的**利潤**（gain）為目的。

　　不過，心理學家研究「做決定」的歷程時，往往發現一般人在「做決定」時並不像數理或統計上所稱的「理智的決定者」，雖然從數學家或統計上的觀點來看，一般人所做的決定有些近乎「不理智」，但是這種「不理智」的做決定方式卻是相當一致的，不過由於做決定者內在因素可能對決定的取捨產生各種影響，一般人所可能做的決定並不見得是很容易地可以預測，而且，一般人的計算能力以及短期記憶能力都相當有限，因此在做決定取捨時，往往不能也不願遵照數理統計上的決定方式，如此一來，一般人所做的決定往往考慮欠周到（未能考慮或故意忽略所有重要條件的評量），其所形成的後果當然不會是最有利的決定。為什麼一般人會如此退而求其次呢？有些心理學家認為這種做決定的方式可以減少一個人在做決定時所遭受的**認知壓力**（cognitive strain）。為了避免「深思熟慮」的麻煩，因此做成了一些欠缺理智的決定。

乙、主觀效益模式

從心理學的觀點來看，一般人在做決定時並不是純粹以利潤所得爲依據，許多心理上的其他因素往往使一個人做些較保守的決定，投資股票市場一般來說得利較多，但是冒險也較大，許多人爲了省得操心，寧願把錢存在銀行裡生利息。有時，因爲許多人所做的決定都是一樣，爲了表示自己「所見相同」，於是也做了類似的決定。有些人冒險性較大，有些人則比較保守，這種個性上的差異，自然也會影響到一個人所做的決定。

前面說過，所謂「理智的做決定者」在下定決定時，是以每一決定所具有的期待價值（expected value）爲根據，價值越高者，越具吸引力，因此也是最佳的選擇。但是一般人在做決定時，往往是根據自己的主觀效益（subjective utility）爲決定取捨的根據，這種主觀的利益也就是心理的價值（psychological value）。以金錢來說，當所牽涉的錢數量不大時，客觀的期待價值與主觀的利益往往是相等的，但是，當錢的數量很大時，由於心理上的冒險性增大，因此客觀的期待價值也隨之降低減少。這種情形尤其是在賭博行爲上表現得很清楚，一般人在賭博時大多以勝的或然率之高低爲依歸，如此一來，在下賭注時，一般人所表現的行爲也大多是比較保守的。「常賭必輸」的訓誡是具相當影響力的。

心理學家用來解釋「做決定」行爲的模式（model）有多種，上面我們所介紹的「主觀利益模式」只是其中的一種，不過，這個模式在一般的情況下，對於人類的做決定行爲頗能做一合理的描述。當然，一個人對於或然率的預測，以及他所持的主觀利益，往往會因時因地而有所變化，而且其主觀的或然率也因所做決定及其後果之影響而隨時加以修改，這樣一來，也就難怪每一個人所做的決定（對於同一事件）可能缺乏一致性而大有出入。

　　當我們大概地瞭解了一般人「做決定」的行為特色後，我們如何利用所學來改良和做最佳的決定呢？基本上，首先我們需要就各種不同的選擇先釐定其主觀的個人利益，而且對每一事件發生的或然率加以合理的推測，如此一來，就可以根據「理智者做決定」的方式來計算不同情況下的利弊得失，取其優者而擇之，這種做決定的方法，往往要比「隨心所欲」或「隨機選擇」所得的效果為佳。綜合主觀和客觀相關因素而獲得的決定，對一般人而言，可能是最理智的一種決定。

丙、非理智的決定

　　一般人做決定，往往是主觀的，而且也很容易發生一些誤差，而導致所做決定的有欠妥當。瞭解那些可能發生的誤差，應可幫助我們避免其發生，而有利於做較完善的決定。

　　以推論策略（inferential strategies）來做決定，乃是根據個人過去的經驗，以為取捨定奪之依據，其功效一般是頗有可取的，這也就是「從經驗中記取教訓」的價值所在。不過，過份的固執，卻會使我們忽略新的資訊或是數據，（尤其是那些與原有知識不相一致的新資料），而不能在推論時，做一些必要的修改，因此導致決策上的誤差。過份依賴原有知識和信念，會造成**同化誤差**（biased assimilation）和**選擇性揭發**（selective exposure）的問題。簡單地說，同化誤差指的是吸取或是扭曲新的資料來附會原有的知識和信念，當原有的知識和信念早已存在著偏差時，這是相當不利於妥當決定的達成的；選擇性的揭發指的是當我們在搜集資料時，我們往往只留意那些有利和支持個人原有信念的資訊和數據，也只與那些與個人所見相同者，進行諮詢的工作，而避免或疏忽了那些與個人意見、信念相左的相關資料和看法。另外，**自信過高**（overconfidence）的問題（Dunning et al., 1990）也可能誤導決策者，這些我們不可不加留意。

　　我們的判斷也很容易遭到下列三種認知誤差的不利影響：(1)**泊碇誤差**（anchoring bias）；(2)**可用機巧**（availability heuristic）；(3)**代表機巧**（representativeness heuristic）。泊碇誤差之所以發生，是因爲在釐定著眼點之後，沒有上、下做適度的調整所致；著眼點設定之偏高或偏低，對於爾後的判斷或是決定，也會造成偏高或偏低的誤差。使用可用機巧時，我們估計某一決定後果的依據，乃是以類似後果在我們心目中之很容易出現者爲準；如此一來，那些我們較易想像到或是回憶到的事件，往往會讓我們認爲這些事件發生的機率也是較多較高，這種以偏概全的誤差一般人大多知所警惕，但是突出渲染的個案，往往對一個人的判斷更具影響力量，這我們不可不察。代表機巧的使用，乃是基於「屬於某一類別，即意味著擁有該一類別中成員們的某些特色」之假設，這種依據「典型」來進行判斷的做法，其本身並沒有什麼不理智，而一般人在日常生活中也常常使用，不過，當其他的相關因素也必須加以考慮時，過份使用「代表機巧」，卻很容易造成判斷上的差錯。而這種差錯之所以形成，主要是因爲當我們應用代表機巧來進行判斷時，忽略了「**基本比率資料**」（base rate information），（基本比率資料指的是與某一事件有關的一些統計上的可能發生機率），例如，有個朋友告訴你，上次他乘華航客機去美國時，旁邊坐了一個身材高大，皮膚相當白，喜歡吃牛排和喝咖啡的年輕人，你猜這個年輕人是美國人？還是中國人？假如你認爲他是美國人，那麼你很可能是受了「代表機巧」的影響，因爲用來描述那個年輕人的一些特色符合了美國人的刻板印象，但卻違反了「乘華航由臺赴美的人，絕大部份都是中國人」的事實，這個年輕人是一個中國人的機率遠超過他是一個美國人的機率，以「中國人」做答，猜對的機會應該是較大的。

丁、冒險策略

　　一個人對冒險所採取的策略以及態度，在其做決定和判斷時也會產生影響。一般人往往在「**較小必得利益**」和「**可能較大利益**」兩者中，選取較小的必得利益；但在「較小必輸」與「較大的可能損失」兩者中，則大多會選取「較大的可能損失」（Tversky & Kahneman, 1986）。例如：

1.底下兩者你會選那一個？
　　a.你有百分之八十五的可能性會贏得一萬元。
　　b.你一定會贏得八千元。

2.底下兩者你會選那一個？
　　a.你有百分之八十五的可能性輸掉一萬元。
　　b.你一定會輸八千元。

　　在第一個問題中，選 b 者較多；但在第二個問題中，選 a 的人卻較多。

　　另外，對於危險性的評估，專家根據統計資料所得的結論，往往與一般人（非專家）所做的評估頗多出入。例如，根據統計資料來研判，X 光照射對人體所可能造成的傷害（以受害人數及可能性而言），遠超過核能放射，但一般人一談到核子發電廠的可能危險，大都會有「談虎色變」之反應（Slovic, 1987）；對於那些爲一般人所知曉，但卻非立即性的危險，許多人（非專家）也都會認爲要比那些不熟悉或是可能造成重大傷害者（如核電廠放射爲害）所具有之危險性爲低。專家們和大衆的這種認知上的嚴重差異，往往給公衆設施之推行帶來很多的困擾。

　　還有，一個人對自己本身所可能遭到危險的可能性之評估，往往會

有「**樂觀的誤差**」(optimistic bias)。一般人總認爲自己所會遭到的危害，沒有其他人所可能遭到者來得多、來得高；嗜菸者雖明知吸菸危害身體甚大，但總認爲這不會發生在自己身上，這就是一種樂觀的誤差(Weinstein, 1990)。樂觀對身心健康雖是有益(Seligman, 1991)，但這在推行一些有益健康、減少危險的行爲方式時（如使用保險套以防愛滋病），卻也會造成反效果，很多人往往認爲感染愛滋病的不幸事件「絕對」不會輪到自己，因此也就少有加以防備的意願。

第 七 章

智能及其測量

大　　綱

一、智能的本質

甲、史皮爾曼的普通智能說

乙、塞斯通的基本心能說

丙、吉爾佛的智力結構說

丁、史東博的三元論

二、普通智能的測量

甲、良好測驗應具的要件

乙、個別智力測驗

丙、團體智力測驗

丁、文化公平的智力測驗

三、測量智力所引起的一些問題

甲、智商的穩定性及其發展

乙、遺傳與環境的爭論

丙、性別與文化的差異

四、智商的分佈

甲、資賦優異者

乙、智能不足者

五、創造力

甲、創造力的本質

乙、富創造力者的特徵

丙、創造力的培養

　　每個人的聰明才智各有不同，相信這是大家都同意的，但是，如果有人問你：到底什麼樣的人是聰明人？什麼樣的人智能不足？或是很簡單地：聰明才智所指爲何？書唸得好的是聰明人？會賺大錢的人呢？那些樂天安命的人呢？能夠以逸待勞的人難道不聰明嗎？一般人都認爲聰明的人也就是智能高的人，但是智能之爲何物也許並不是每個人都能輕易做答的。其實，專家們到目前爲止，還未能爲「智能」一詞提出一個爲多數人所同意的定義，因此衆說紛紜，各執一詞。

一、智能的本質

　　「笨手笨脚，一點頭腦都沒有」，也許你聽過這樣罵人的話吧！很多人都認爲我們的智力來自腦部，而早期學者們在有關智能方面所做的研究，也大多是以腦部爲開始。十九世紀初期，有些科學家們認爲個別間智能的差異，可以用身體上的某些屬性特徵來加以解釋，基於這種看法，他們從測量頭顱的大小，尋找其他身體上的特色，以期能夠分辨智愚。因此，在這個時期，骨相學（phrenology）曾經是相當熱門的學問。慢慢地，心理學家們發現從這方面下手所做的研究，並未能提供令人滿意的答案，於是新的看法也就應運而生。上面我們說過，智能之爲何物，學者們的觀點頗有不同，這裡我們只介紹幾個主要的學說和理論。

甲、史皮爾曼的普通智能說

　　普通智能（general intelligence）的觀念，首由英國的心理學家史皮爾曼（C. Spearman）於 1904 年所提出。根據他的看法，智能並不是許多特殊才能的綜合，一般人所擁有的是普通智力或普通因素（g factor），這個普通智能的多寡乃是決定一個人才能高低的主要因素。一個

人的普通智能影響到該個人的所有心智活動，一個普通智能高的人，不但能夠迅速瞭解事物，也能做最適當的決定，他（她）在其他各方面所做的、所表現的，也都要比一般人高明。

然而，一個人在不同方面的表現卻又有所不同，有些人長於數理，但對文史卻頗感頭疼；而有些人在音樂美術上造就很深，天份很高，但在自然科學方面所知卻相當有限；為了解釋這種個人本身能力上的差異，史皮爾曼認為除了普通智能外，還有許多特別智力因素（specific factors，簡稱 s factors）的存在。特殊智能影響一個人在某種特別活動上的表現。根據這種說法，一個人的智力是由普通智力和許多特殊智力所組成，一個人在某一方面的特別表現，同時反應了他的普通智能和那一方面的特殊能力。

乙、塞斯通的基本心能說

塞斯通（E. L. Thurstone）是美國的心理學家，他早年主持芝加哥大學的心理測量研究所。塞斯通對智力本質的看法，在基本上多少與史皮爾曼的看法相類似，不過，他認為普通智力的觀點有需要進一步地加以闡釋。應用統計上**因素分析**（factor analysis）的方法，對許多智力測驗試題進行分析研究的結果，塞斯通認為我們的智能可分為七個基本心能（Thurstone, 1938），這七個基本心理能力（primary mental abilities，簡稱 PMA）是介於史皮爾曼所倡議的普通智力與特殊智力之間，其名稱和簡單說明如下：

A. 語文瞭解（verbal comprehension）：瞭解字詞的能力，一般考試中所使用的字彙測驗所測定者即為此一能力。

B. 語詞流暢（word fluency）：詞義聯想敏捷迅速的能力，例如同義字或音韻的選擇等。

C. 數目（number）：運用數目和計算的能力。

D. 空間（space）：透視空間形式間關係的能力。

E. 記憶（memory）：回憶語文刺激的能力，例如句子和字對的回憶等。

F. 知覺速度（perceptual speed）：迅速而正確地分辨同異的能力，特別是辨別圖片中差異的視覺能力。

G. 推理（reasoning）：從部份知識中謀求一般原則的能力。

塞斯通根據他的七種基本能力學說，於 1941 年編了一套名為「基本能力測驗」的測驗來做為測量這七種不同能力的工具，這個測驗的預測效能並沒有一般常被使用的其他測驗來得高。塞斯通運用因素分析的方法來分析研究其他智力測驗所使用的試題，其用意本在設法獲得構成智力的獨立因素，但由於該項統計方法本身的不夠完美，他所分析而得的七種才能並未達到完全獨立而不相干的標準。

丙、吉爾佛的智力結構說

採用不同的測驗題目，美國南加州大學的吉爾佛教授（J. P. Guilford）也採用因素分析的方法來研究智力的結構（Guilford, 1961; 1967; 1971）。根據他的研究結果，吉爾佛發現構成智力的因素，為數在 120 種以上。吉爾佛所提倡的乃是一個三度空間的智力結構說（structure of intellect），他認為智力應根據思考的運作（operations），思考的內容（contents）和思考的產物（products）等三種不同的方面來加以細分（見下頁圖 7～1）。

雖然構成人類智能的因素到底有多少的問題，學者們的解說頗有不同，而且各執一詞，但是有一點似乎是一般人所同意的：「智能乃是一個相當複雜的結構，除了普通智力外，必定仍有許多其他智力因素存在。」過去對智能所提的單因論看法（認為智能是一種綜合的東西而無法再加細分者），已為新增的知識所揚棄，而智能多因論的看法則慢慢地在智能

測驗的實用上發生影響。

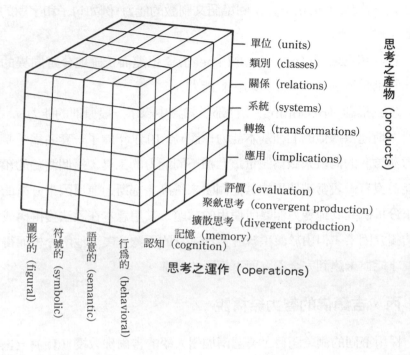

圖中每一個小立體代表一種特別的能力，人
的智力可細分為一百二十個不同的能力。

思考之產物 （products）

單位 （units）
類別 （classes）
關係 （relations）
系統 （systems）
轉換 （transformations）
應用 （implications）

評價 （evaluation）
聚歛思考 （convergent production）
擴散思考 （divergent production）
記憶 （memory）
認知 （cognition）
思考之運作 （operations）

圖形的 （figural）
符號的 （symbolic）
語意的 （semantic）
行為的 （behavioral）

思考之內容 （contents）

圖7～1　吉爾佛的智力結構圖

丁、史東博（R. Sternberg）的三元論（triarchic model）

史東博的智能理論偏重一個人的智能之實用價值，這較之其他的理論之著重於智能本質內涵的探討者有別。他的理論之所以被稱為三元論，是因為他認為智能本身包含了三種元素（或是歷程）（Sternberg,

1985)：⑴綜合元素（meta components）；⑵操作元素（performance components）；⑶學習元素（knowledge-acquisition compo-nents）。綜合元素又叫解析智能（analytical or componential intelligence），操作元素又叫做創造智能（creative or experiential intelligence），學習元素又叫適應智能（contextual intelligence）。解析智能與學校裡的學習和認知方面的標準測驗密切相關，會唸書，考試成績優良者，其解析智能較高；創造智能偏重實際問題的解決以及創造力；而適應智能乃是一個人在日常生活中適應生活上各方面所需的才能，這是一種很實際的才能，但與一般智能測驗所測量者卻大有不同。

二、普通智能的測量

普通智能的測量乃是心理測量的一部份，心理測量的範圍很廣，諸如人格的測量、興趣的測定以及態度、民意之測定都屬心理測量，一般用來測量心理特質的工具就是我們通常所說的測驗，心理測驗與一般的考試在基本上有所不同，最主要的，心理測驗一般都是「標準化」的（standardized）。所謂**標準化**，就是指測驗的使用，記分和解釋等都有一定的程序和規定。良好的測驗除了經過標準化的處理外，又應具備其他的要件，因此，在討論普通智能的測量之先，這裡我們先就良好測驗所應具備的要件做一簡要介紹。

甲、良好測驗應具的要件

1.標準化

前面我們說過，一般心理測量所使用的測驗都是經過標準化的測驗，一般的標準化過程是在試題已做最後決定後（試題的決定與選擇和安排乃是測驗編製的重要步驟，而且需經試題分析後才做最後決定），再

就該一測驗所擬使用的對象中，選取適當的樣本來做為使用測驗的標準化樣本，再以此一樣本受測後所得的成績分數經統計分析處理後，擬定代表性的分數分配，這就是所謂**常模**（norm）的建立，以做為解釋測驗成績的依據。

測驗標準化的目的有二，一方面是在建立詳細的程序以做為使用測驗的依據。測驗之使用，需要在特定的方式和程序下進行，只有如此，測驗結果才是公平合理，因此在測驗手冊中，有關試題的指示、考試時間的長短以及其他步驟和程序都須做詳細的規定和說明，使用測驗的人，在進行測驗時一定要根據手冊中所規定的步驟和程序，這樣才不會造成測驗結果上的偏差。

另一方面，標準化的目的是在建立測驗的常模。常模的建立是一個相當複雜的過程，而且因測驗性質的不同（如人格測驗或智能測驗上的不同），所建立的常模也大有不同。建立常模的目的乃是在確定一般性或具代表性的測驗結果，以作為使用測驗者解釋測驗成績的根據。一般的常模都把原始的測驗分數轉變為**標準分數**（標準分數有多種，如 Z-分數和 T-分數等），或以年級或年齡為常模標準，以便容易解釋。常模也可以分為多種，例如地區性的常模或全國性的常模等。一般的常模也都為使用測驗者提供測驗成績的平均數以及標準差，而且這兩項統計資料又可依不同的分組而提出。

2.信度

雖然標準化所建立的常模和使用程序很重要，但是任何一項測驗之是否可靠有效，則需要根據其他的條件來衡量。所謂**信度**（reliability）指的是一個測驗之是否「可靠」的程度。我們都知道一個人的體重在很短期間內（一個星期或十天），是很少會有顯著變化的（在一般的情況下），但是如果有一個量體重的秤，一個星期前，你所量得的體重是六十五公斤，今天你再用同一個秤量，而你的體重卻變為八十五公斤，我們

都知道這是不可能的，但是如果所得的重量確是如此，那麼我們可以說這個秤是「不可靠」的。良好的測驗需要具備高度的信度，否則所測得的結果就不會是可靠的。

　　一個測驗之是否具適當可靠的信度可用多種方法來加以測定，一個最簡單的方法是以同樣的方法、試題，在短期間內對同樣的人做兩次測量，這是所謂的**重測法**（test-retest method），由於兩次考試所用的題目完全一樣，通常第二次的測驗成績會因練習的結果而較佳，為了避免這種困難，有時需要編製兩套相當的試題，在前後兩次測驗中分別使用，以這種方式來測定信度叫做「**複本法**」（alternate-form method），因為兩套試題都是用來測定同樣的能力或特質，因此如果一個人在這兩次測驗中所得的分數相類似，那麼我們可以說這兩個測驗是可靠的。除了重測法和複本法外，信度的測定也可以用**折半法**（split-half method）來行之。在使用折半法時，通常是把同一測驗中的題目平分為相當的兩部份（如奇數和偶數題的劃分），然後根據這兩半部所得的分數來計算測驗的信度。

　　信度高低都以相關係數來表示，此一相關係數的計算是以兩項測驗成績為準，不管信度的測定是採用任何一種方法，一般都需要相當多的樣本人數，根據樣本中每一個人在兩次測驗中所得成績類似性的高低，我們可以計算出此一測驗的信度，如果一般人在兩次測驗中或在同一測驗中兩半部所得的成績很相似，那麼表示這個測驗是可靠的，否則如果許多人在第一次測驗時得分高，而在第二次測驗時得分與第一次時相差很大，那麼這個測驗就不見得是可靠的。一個測驗的信度之高低是以該一測驗所得成績計算的相關係數之大小為代表，通常信度在 0.80（最高為 1.00）以上者，我們可以說該測驗是可靠的。一些常被使用的智力測驗，其信度都高達 0.90 左右，因此同一個人在不同時候所測得的智商是少有變化的，當然顯著的差異可能因其他的因素而發生，如動機上的顯

著變化、測驗時情況的異常以及其他許多因素都可能影響到測驗的成績，雖然測驗本身是可靠的，但因異常的測量因素，所測得之結果可能會有顯著的不同。

3.效度

所謂**效度**（validity）是一個測驗所能測得其欲測量之特徵或行為的程度，有效的測驗需要能夠測得它所要測量的東西，例如一個有效的閱讀能力測驗，必須是一個閱讀能力強者得分高，而閱讀能力低者得分低的測驗，測驗目的之是否能夠達到，除了信度外，測驗的效度也是很重要的。

測驗效度的測定是以該一測驗成績和其他可用的行為標準間的相關來表示。用來做為行為標準的東西有多種，因此效度的測定也隨之而有不同，當然，測驗目的本身對該一測驗之效度的測定也具有左右的作用。以一般在教育方面所使用的學科成就測驗（achievement test）來說，其主要目的是在測定學習者在某一學科上所學得知識的多少，因此在決定學科成就測驗的效度時，就要考慮到**內容效度**（content validity）的測定，測驗所使用的題目內容越能與該一學科的內容相配合或做適當的反應，那麼其內容效度也就越高。

有時編製測驗的人所關心的是，測驗成績是否具有預測受測者未來的成就或表現的功能，在這種情況下，他就要釐定該測驗的**預測效度**（predictive validity）。例如我們編製一套測驗以用來選拔汽車修護班的受訓人員，那麼受訓人員的受訓成績，可以被用來做為計算該項測驗預測效度的標準，如果一般受訓人員的測驗成績和受訓成績相關很高，那麼我們所編製的測驗也就具有高度的預測效度，這也就是說，測驗成績的好壞可以預測受訓成績的優劣。

如果某一心理學家所編製的測驗是用來測量某種理論上的構想（construct），那麼這種測驗的效度就要以該項測驗成績之是否合乎理

論上的需要而定，由這種方法所求得的效度叫做**構想效度**（construct validity）。構想效度乃是由分析理論構想與測驗結果而得，例如我們要編製一套可以用來測量「吸引力」的測驗，我們所能做的是要鑑定那些人較具吸引力，如果那些被認為是具有吸引力的人，在該測驗中所得分數又較高，那麼我們就可以說這個測驗具有「構想效度」。

除了上面所介紹的一些效度外，測驗編製者有時還使用一種叫做「**同時效度**」（concurrent validity）來檢定一個新編測驗的效度，這種方法是選用一種已被公認為有效的測驗來做標準，將受試者從新測驗所得的成績和從有效的測驗中所得的成績用來計算兩者的相關，這種方法有時被用來取代預測效度的建立，因為預測效度所用效度標準，通常須要等一段較長的時間之後才能得到，改用同時效度則可爭取時效；有時同時效度也被用來代替構想效度的檢定，如此可以避免理論構想分析上的困難和費事。

心理測驗的效度因其所欲測定的行為內涵或構想之不同而有高低不同的要求，一般來說，能力測驗和成就測驗的效度都比較高，因此一般要在 0.70 或 0.80 左右，不過一些較不為大家所熟知的心理歷程或特質的測驗，其效度往往減低甚多，例如創造力測驗的效度只有 0.50 左右，至於與人格特質有關的測驗因大多採用構想效度，所以人格測驗的效度很多都只有 0.30 或 0.40 而已。

乙、個別智力測驗

1. 史比量表（The Stanford-Binet Scale）

測量智能的第一個量表乃是由於實際上的需要而編成，早在本世紀初，法國巴黎的教育局決定鑑定在學習上有困難的學生，以便為這些人提供特別的教學安排，於是聘請當時的名心理學家比奈（A. Binet）和他的同事西蒙（T. Simon）來編製一套可以辨別低能兒童的測驗。比奈

和西蒙於 1905 年編成了一套含有三十個題目的測驗，之後，該量表幾經修訂而廣爲各界所採用，美國史丹佛大學的推孟教授（L. M. Terman）於 1916 年將該量表譯爲英文再加修訂製模，而在美國廣被採用，這就是所謂的史比量表，史比量表自 1916 年完成以後，歷經多次修訂（1937; 1960; 1972），最近的一次修訂是在 1986 年完成。

新修訂完成的量表，分爲四大部份：語文推理（verbal reasoning）、抽象／視覺推理（abstract ／ visual reasoning）、數量推理（quantitative reasoning）和短期記憶（short-term memory）。而這四大部份又細分爲十五個不同的測驗。史比量表的中文版本一向是以「比奈西蒙智力量表」命名，1977 年所完成的中文版本是根據 1972 年的英文版修訂的，而 1986 年英文版的翻譯與修訂，也在幾年內完稿發行。

比奈和西蒙編製智能量表的基本假設有二：⑴他們認爲智能是由許多能力所組成，因此用來編製智能量表的試題也要有各種不同的方式，比奈所用的試題大多取材於日常生活中小孩所遭遇的問題，而且在選用試題時，力求避免那些可能會被特殊環境或過去經驗所左右者；⑵他們認爲智能的本質因年齡而有所變更，因此試題必須依年紀和難易加以編排，用來測驗不同年齡的試題應該有不同的方式與內容，同樣的試題並不能用來區別不同年齡兒童的智力之高低，因此量表中所用的試題，每一年齡都有不同。

心理年齡（mental age，簡稱 MA）的概念也是由比奈首創，所謂心理年齡就是一個人能解答某一年齡一般兒童所能解答的問題的能力，例如，有一個小孩能夠滿意地回答那些普通九歲大的小孩所能回答的問題，我們就說這個小孩的心理年齡是九歲。心理年齡與**實足年齡**（chronological age, 簡稱 CA）是各自獨立的，如果一個小孩的實足年齡是六歲，而他的心理年齡是九歲，那麼這個小孩的心智發展是要比一般六歲大的小孩來得快；反之，如果他的實足年齡是九歲，而所測得的心理年

齡是六歲,那麼我們可以說這個小孩的心智發展要比一般九歲大的小孩
遲緩。根據比奈的看法,智能的高低乃是由心智發展的快慢來決定。心
理年齡的計算是根據答對試題的多少來決定,前面我們提過,比奈所編
的量表,其試題的安排是由易而難,而且其難度和複雜性也是由低年齡
往高年齡遞增。通常每答對一個題目,可獲得兩個月數值的心理年齡,
例如,一個六歲大的小孩,如果他答對所有用來測驗六歲大兒童的六個
試題,又答對了七歲級的四個試題和八歲級的兩個試題,這個小孩的心
理年齡就等於 (6×12+4×2+2×2=84),這也就是說他的心理年齡是
七歲或八十四個月。

上面說過,比奈和西蒙的量表幾經修訂而廣被採用,而著名的史比
量表是由史丹佛大學的推孟主持修訂,推孟在這方面的貢獻(推孟在研
究天才兒童方面也有傑出的貢獻),除了「美國化」的比西量表外,還建
立了智商(intelligence quotient, IQ)的計算方法來表示智能的高低,
其計算方式如下:

$$智商 = \frac{心理年齡}{實足年齡} \times 100$$

由此可見,智商乃是心理年齡與實足年齡的比值,計算公式中之所
以乘以 100,主要是在去除小數點,同時使心理年齡與實足年齡相等的
人,具有智商 100,因此一般人的智商大都在一百左右,但是當一個人的
心理年齡大於他的實足年齡時,他的智商就要超過一百,例如上面我們
所舉例的那個六歲大的小孩,他的心理年齡是八十四(以月計),而實足
年齡是七十二,他的智商等於「84÷72×100=117」;反之,如果一個人
的心理年齡沒有實足年齡大,那麼他的智商就低於 100。

2.魏克斯勒量表(Wechsler Scales)

除了史比量表外,美國心理學家魏克斯勒(D. Wechsler)所編製的

兩個智能量表也是廣被使用的個別智能測驗，這兩個量表，一個是用來測量成人智能的，名叫魏克斯勒成人智力量表（Wechsler Adult Intelligence Scale，簡稱 WAIS），另外一個是用來測量兒童智力的，稱為魏克斯勒兒童智力量表（Wechsler Intelligence Scale for Children，簡稱 WISC）。魏克斯勒量表中所使用的試題與斯比量表中所使用者在性質上相差不多，不過，在試題的安排上，魏氏量表並沒有依照年齡大小的不同而依序加以區分，魏氏量表中試題的安排，是以此等試題所擬測量的不同能力來進行區分。

魏氏量表的試題分為語文（verbal）和作業（performance）兩大部份。語文部份包括字彙、常識、理解、字詞類同、算術推理和數目廣度等六個分項測驗；而作業部份則包括圖片排列、方塊設計、實物拼湊、圖畫完形和數目符號替代等五個分項測驗，作業量表中所使用的試題都是非文字的，這在測量年紀較小的兒童、低能者，以及語文能力上有缺陷者的智能上，具有相當高的價值。語文量表和作業量表的成績可分別單獨計算，並可轉換為智商，也可合併計分而求得一個全量表智商（魏氏量表智商的計算採差異智商法計算，這與上面所介紹的智商計算法有所不同），由於語文量表和作業量表可以分開計分，這可以用來分析診斷一個人在不同方面所具能力的高低。

丙、團體智力測驗

史比量表和魏氏量表的使用，需要由受過相當訓練的主試者，在個別的情況下為一個受試者進行測量，這種個別測驗的實施，往往費時在三十分鐘到九十分鐘之間（每一個受試者所需要的測驗時間），再加上計分和換算智商所需的時間，使得這種一對一的個別測驗變成相當費時費事，雖然如此，同一個人在接受同一量表兩次不同測驗所得的智商並不一定會完全一致，造成這種誤差的原因很多，主試者個人主觀上的好惡

偏見即是一個常爲人所詬病的缺陷。

團體智能測驗的發展始於第一次世界大戰期間，當時的美國心理學家爲了適應兵種分類和專長訓練上的需要，首創能被同時使用於多數人的團體測驗，大戰之後，團體測驗推廣到民間，而爲教育及工商各界所普遍採用。由於個別測驗的使用在速率上受到很大的限制，團體測驗往往被用來代替個別測驗，比較常用的團體測驗包括適用於中、小學生的羅奇——桑代克智力測驗（Lorge-Thorndike Intelligence Test）和歐迪思——李尼心能測驗（Otis-Lennon Mental Ability Test）和美國陸軍所使用的陸軍普通分類測驗（Army General Classification Test，簡稱 AGCT）等，我國心理學家程法泌和顧吉衛所編製的國民智慧測驗甲類，就是以 AGCT 爲藍本所編成，目前國內所使用的各種團體測驗爲數也相當多。

團體測驗種類繁多，而由不同測驗所測得的智能也並非一致，在另一方面，由團體測驗所測得的智能，是否與由個別測驗所測得者相類似，也是常爲一般人所疑問。在通常的情況下，個別測驗與團體測驗所獲得的結果大致是相同的，不過，有時兩種測驗所得的結果可能會有顯著的差別，由於在團體測驗中應用語文的地方要比個別測驗中所使用者來得多，如果一個人的閱讀能力有限，他由團體測驗所測得的智力可能受到不良的影響，在這種情況下，有需要用個別測驗來加以複查；而且在團體測驗情況下，個人的動機和疲倦與否，以及其他因素都不容易被查覺，而這些因素又往往會對測驗結果產生影響。大體上說，個別測驗的效果是要比團體測驗的效果來得可靠，因此如果重要的決定（如特別班的分發安插等）需要以測驗結果爲依據，那麼最好是以個別測驗所得的結果爲準，這樣可以減少錯誤的發生。

丁、文化公平的智力測驗(culture-fair intelligence test)

所謂「**文化公平**」指的是測驗的編製、試題的選擇與計分不對任何特殊文化背景的個人產生有利或不利的影響，這也就是說，智能本身高低的測量不受到文化環境因素的左右與影響。許多人認爲史比量表和魏氏量表的編製，都反應了特殊文化環境（美國中上社會階層文化）的影響，這尤其是在語文的使用上爲然。雖然魏氏量表中的作業量表並不依賴語文能力，但這並不一定表示作業量表是「文化公平」的測驗，「文化公平」的智能測驗，除了需要減少或去除語文上所可能造成的差異外，它還需要減少或消除個人過去不同生活經驗的影響，因此一般所稱的「非文字測驗」，並不一定就是「文化公平」的測驗。

雖然「文化公平」的構想，在智能測驗的編製上具有相當的意義，但是許多在這方面的努力，迄今並未能產生一套令人滿意的測驗。在本世紀中期，美國芝加哥大學的依洛士教授及其同事們(Eells et al., 1951)曾在這方面做了許多研究，他們所編成的普通智力測驗（Davis-Eells Test of General Intelligence）並沒有能夠減少來自不同社會階層和文化背景所造成智力上差異的影響。在不同文化環境薰陶下所產生的不同態度、觀念以及物理環境的直接影響，往往在有形無形中影響到個人的反應而左右了智力的準確測量。

英國學者瑞文（Raven, 1977）所編著的瑞文圖形推理測驗（Raven Progressive Matrices Test）也是一種常被使用的非文字測驗，而在國內也有中文版本的發行。此一測驗包括有 60 組不同難易程度的圖形，受試者以選擇的方式，就所提供之一系列圖形中選出一個可以來完成試題中圖形系列者爲答案，它是一種測量普通智能的測驗。近年來在美國漸被多方採用的一個簡稱爲 K-ABC 的測驗（Kaufman Assessment Battery for Children）（Koufman, 1983）是一個個別智力測驗，它是設計來測量一個人處理資訊的能力，而不是測量語文或是其他個人所習得的技能或是知識。它所測量的又分為程序性處理（sequential processing）和同時性處理（simultaneous processing）等兩種資訊處理能力。由此一測驗所獲得的智能，因存在於不同種族間的差別，並沒有比由其他的測驗所獲得者高，有些人認為這可能顯示了此一測驗之文化公平性，不過，K-ABC 這個測驗的預測效度卻偏低，這在普通智能的測量上是否適用，則有待進一步的研究來加以驗證。

先前任教於伊里諾大學的卡特兒（R. Cattell）教授也編有一套文化公平智力測驗（Culture-Fair Intelligence Test），這個測驗的編製，是根據他認為普通人的智能包含有液態普通能力（fluid general ability）和晶態普通能力（crystallized general ability）兩種成份的看法來設計，卡特兒所謂的液態普通能力是我們適應新環境時所需的智力，而晶態普通能力則是當我們運用過去的經驗以及所習得知識的智力，這種稱為晶態的普通能力因為是有賴於先前所習得的技能與知識，所以受到文化背景的影響很大，另外目前一般所使用的智能測驗，其所測得的智能也大都是類似晶態的普通能力。卡特兒認為文化公平的智力測驗應該是測量液態普通能力，因為卡特兒認為液態的普通能力大部份是天生的，而少受到文化背景的影響。卡特兒的文化公平智力測驗，其所用之題目包括有操作問題（performance problems）和其他與語文和文化知識有關的試題，因此也像魏氏量表一樣，可以計算出語文的和操作的兩種不同的智商。

有許多心理學家對於「文化公平」的理想抱著悲觀的態度，持這種看法的人，認為「智力乃是個人所處某種文化所能提供之工具和機會的內在化」（Greenfield & Bruner, 1973），如果我們能夠證明這種看法是正確的，那麼所謂「文化公平」的構想將難有付之實現的一天。

三、測量智力所引起的一些問題

當初編製智力測驗的主要目的雖然是在分辨學童心智能力的高低，以做為教學上的應用，但是，由於智力測驗的廣被使用，許多有關的問題也引起了學者們的重視。

甲、智商的穩定性及其發展

有關智商穩定性的研究很多，一般所得的結論是：普通人的智商通常是相當穩定的，除非在個人健康上、教育上或是家庭環境上有某種突出顯著的變化，智商大都少有變化。不過，幼兒的智商是一個例外，由於幼兒智力測驗的編製不易，同時測驗的實施也多困難，加上幼兒的智力仍未定型，因此在幼兒時所測得的智商，並不一定會與日後再測所得者相一致。通常在兩歲以前所測得的智商往往是不穩定的；而在六歲以後所測得的智商則大致與日後所測得者具有高度的相關，但在學前期所測得者，其相關就較低。幼兒智力測驗的內容大都與感覺動作方面的能力有關，而那些用來測量年齡較大兒童的題目，則偏重於語文和概念方面的能力，這種試題上的差異，顯然地會造成所測得智商內涵的不同。另外，幼兒又不容易集中注意，手眼的配合與控制也還不夠靈巧，這也是影響所測得智商高低不同的一個原因。在不同年齡時所測得智商間的相關程度可由圖 7～2 中看出，兩個不同智商間的相關程度與兩次測驗間隔的長短有關，時間距離越久，兩者相關越低。

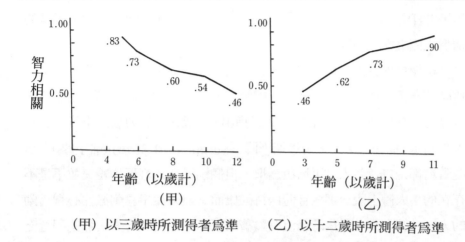

（甲）以三歲時所測得者爲準　　（乙）以十二歲時所測得者爲準

圖7～2　不同年齡所測得智力間的相關

　　雖然在兒童達到學齡（六～七歲）之後所測得智商一般都相當穩定，但是環境中不尋常的變異仍會造成智商的顯著變化。有關這方面的長期研究爲我們提供了許多重要的資料（Sontag, Baker & Nelson, 1968; Bayley, 1968; 1970）。前一個研究是由菲爾士人類發展研究所主持（Fels Research Institute of Human Development），該研究所的專家們曾就二百個兒童做長達二十年的深入研究，另外兩個研究則在加州進行，貝里博士研究五十六個正常人從出生到三十六歲間智力發展的情形，另外一個研究是比較一批受試者在十八歲時的智商和在四十歲時的智商之同異，有些則是比較十七歲時和四十八歲時智商的不同。根據這些長期性的研究，我們可以把他們的共同發現歸納如下：

　　A.　他們所研究觀察的許多小孩，其智商的變化不僅發生在學前期，而且貫穿了整個兒童時期。

　　B.　一般小孩早期的智力發展並不穩定，顯示出高低起伏的變異。

　　C.　不同小孩的智力發展形式有著顯著的個別差異，有些人智商變化不大，有些人有顯著的持續增長或減少，其中有由智商 107 增至 180

者，也有由142降到 102 者，另外一些人則在不同的時期，其智商增減的
情形也因之而有不同。

　　根據貝理教授在加州大學所做長期研究的結果，一般人的智力從小
孩時期漸漸增加到二十六歲，然後維持不變，一直到三十六歲（見圖7～
3）以後才慢慢降低。其他的研究又指出，一般人的智力到三十五歲左右
達到高峯，而在六十歲之後迅速下降（Schaie and Strother, 1968）。這
些資料都是以一般人的平均值爲準，但個別間智力發展的差異並不是不
存在的。大體上說，那些身體保持健康而又繼續從事具刺激性心智活動
的人，其智力到七十歲時仍沒有顯著的下降；在另一方面，那些因腦充
血或血管閉塞而造成身體腦部受損的人，智力的急速下降都十分顯著。
智力測驗的內容也與成人智力的變化有關，那些要求快速反應和短期記
憶的試題，對於四十歲以上的人來說是不利的，因此如果智力測驗的內
容偏重於這方面的試題，四十歲以上的人通常得分降低；但是有關常識
性和推理性的試題，對一般年紀較大的人來說，並沒有太大的不良影響，
有時由於老年人經驗的豐富，反而有利（Blum, Fosshage & Jarvik,
1972）。

　　美國最近的一項研究報告 (Schaie, 1994) 指出：高年齡並不一定意
味著個人智力的消減。此一報告是根據長期追蹤高達五千名受試者的測
量結果而完成，其中有些受試者被追蹤測量研究的時間，長達三十五年
之久。而且，不同的智能也有不同程度的消減，語意（verbal meaning）
和計算能力（number skill）兩者因年齡增高而消減之程度較小，反之，
空間定位（spatial orientation）和歸納推理（inductive reasoning）
的能力則在七十歲後會有急速的消退。除了年紀因素外，個人是否繼續
維持高度的認知活動也似乎會影響到智力的消減速度，如果繼續從事高
度的認知活動，智力的消減較爲緩慢；良好的日常生活家居環境也被指
出是有助於智力的維持。

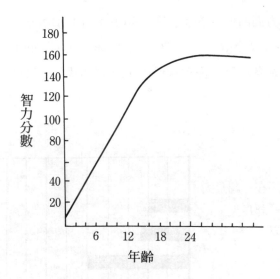

圖7～3 智力的生長曲線

智力的測量採用適當的量表，智力分數為絕對分數而非智商

（採自 Bayley, 1970）

乙、遺傳與環境的爭論

遺傳與環境對人類行為發展影響之孰重孰輕，並不是一個新的問題，不過，近年來由於智力測驗的廣泛使用，種族間智力高低顯著差別的發現，使一些學者們（不只是心理學家）認為遺傳乃是決定人類智力高低的主要原因，甚或有人認為當一個嬰孩出生時，他的智力已由遺傳所決定，而環境的因素很難加以變更，如此一來，遺傳與環境的爭論，再度為各界所注目。

1.支持遺傳論的證據

用來支持遺傳為決定人類智力高低主因的證據主要可分為三大類。第一類的證據大都由研究血親關係疏密不同的人在智力上的類似程度而

來，如果遺傳是決定智力的主因，那麼血親越親密的人，智力應該越相
似，過去在這方面所做的許多研究，頗多支持此項說法的證據（Erlen-
meyer-Kimling & Jarvik, 1963）。血親與智力間的類似關係可由圖
7～4中看出。在各種不同血親關係中，以同卵雙生子間的智力相關爲最
高。

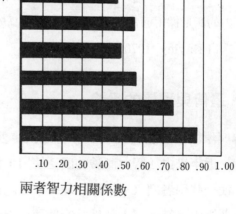

圖7～4 *血緣關係與智力*

（採自 Erlenmeyer-Kimling & Jarvik, 1963）

支持遺傳論的第二類證據是從研究養子（女）與親生父母和與養父
母兩者間的智力相關而得。當然收養時小孩的年齡是一個重要因素，因
此以此做研究，通常都選很早（小時）就被收養的小孩爲樣本對象。如

果小孩與其親生父母間的智力相關要比小孩與養父母智力間的相關來得高時，我們可以說遺傳是一個比較重要的因素。許多這方面所得的研究結果都支持這種觀點（Jencks,1972; Munsinger, 1978）。一般發現小孩的智力與親生母親的智力間相關達 0.40 到 0.50 左右，但是小孩與其養母兩者智力的相關卻只有 0.20 左右。這些研究大多在小孩被收養數年後才做，所以遺傳的因素影響智力似乎可以說是較大。

　　另外的一類研究是以同卵雙生子在小時即被分開居住生活，而於數年後測量兩個小孩子智力間的相關。如果遺傳是重要的影響因素，那麼同卵雙生子雖然曾在相當不同的環境下生長，他們的智力應該仍然有高度的相關。一般的研究結果支持這種說法，同卵雙生子在不同環境下生長數年後，兩者智力的相關仍為 0.80 左右（Jensen, 1970）。不過所謂不同環境間的差異到底有多少，卻不是容易加以確定的，而且一般的救濟服務機構，在安排這些小孩的被領養時，又都以相類似的環境為準，智力上的類似是否部份由環境間的相類似所造成，這也是很難說的。

　　美國明尼蘇達大學的一項長期性的研究（Bouchard, 1984, 1987; Bouchard et al., 1990）（此項研究計劃稱為 Minnesota Study of Twins Reared Apart），於 1979 年開始，研究對象是那些年紀很小時就被分散寄養於不同家庭中的單卵雙生子。研究結果發現，單卵雙生子間智能的相關很高，雖然所寄養的家庭環境有些相差很大，這並未影響到雙生子間高度相關的智能。

2.支持環境論的證據

　　支持環境論的證據也可以分為三大類來介紹。第一，前面在介紹支持遺傳論的證據時，我們指出，同卵雙生子兩者間的智力相關在＋0.90左右，而分開在不同環境中生長的同卵雙生子，兩者間智力的相關則在＋0.80左右；所謂同卵雙生子乃是由同一受精卵分裂後發展而成，因此其遺傳上的背景應該是完全相同，如果遺傳是影響智力的唯一因素，同

卵雙生子間的智力相關應該是完全正相關才是（＋1.00），但這卻不是一般研究所發現；而且，分開在不同環境中生長的同卵雙生子間的智力相關，並沒有像住在一起長大的同卵雙生子間的智力相關那樣高，環境的因素是不容忽視的。

另外用來支持環境論的證據是由研究環境剝奪（environmental deprivation）或環境充實（enrichment）對智力所發生的影響而來。在討論行為發展的一章中（第三章），我們已介紹過環境剝奪對行為發展所可能發生的影響，一般來說，缺乏刺激的環境，對於兒童行為的發展是有害的（Kagan & Klein, 1973）。另外，混亂吵雜的家庭環境也可能會減低小孩的智能（Wacks & Gruen, 1982）。不過，這種由環境缺乏刺激所造成行為上的缺陷或遲鈍，往往可以用增強環境中的刺激來加以糾正和彌補（Skeels, 1966）。除此之外，胎兒期或幼兒初期因營養不良所造成智力的低落，也是被用來證明環境因素對智力發展的重要性（Birch & Gussow, 1970）。

美國聯邦政府所支持的啓蒙計劃（Project Head Start）乃是為年齡介於兩歲至五歲間，來自貧困家庭的小孩，提供充實的學習環境，訓練這些小孩認知方面的以及社會方面的各種技能。多年來學者們對於這個計劃的功效曾有很多的評鑑，所得的結果，正反兩面都有，參與此項計劃，獲得訓練和充實環境者，剛開始時大多在智商上有增長，但卻未能持久（Haskins, 1989）；不過，比起那些未受過這種訓練者，他們上小學時課業失敗的可能性則較少，而且自尊心也較強（Mckey et al., 1985）。有些學者（Woodheed, 1988）認為這可能與缺乏繼續追蹤輔導有關。

近年來有些學者認為一個人出生的順序（出生別，如長男、次女等）以及所出生和成長家庭的大小，對於其智力的高低具有左右的作用（Belmont & Marolla, 1973; Breland, 1974; Zajone & Markus, 1975），

這方面的研究發現乃是支持環境論的第三類證據。這些研究結果指出，家庭中的長子或長女要比其他的孩子智力高些，而且智力的高低，由長子(女)、次子（女）等依次遞減，越是晚出生的小孩，智力越低，雖然不同出生別間的智力相差不多，但是這種差異卻是存在的。根據沙勇士（R. Zajonc, 1975）的解釋，一個人的智力與其所處和生長的家庭環境具有相當重要的關係，由於長子（或長女）在其他小孩未出生以前，能夠得到父母親（具成人智力）的全付注意，因此對其智力的發展十分有利，後出生的小孩，因為父母親有其他的小孩需要同時照顧，所以他（她）們所得到的成人注意較少，而且長子或長女在其弟妹出生後，又往往以「老大」自居，而協助弟妹們的成長，這種「為人師長」的地位，也有助於其智力的發展。也許你會懷疑獨生子或獨生女的智力是否最高呢？其實這也並不然，獨生子女的智力並沒有長子或長女的智力高，獨生子女能夠得到父母的全付注意，為什麼他們的智力反而低呢？沙勇士認為獨生子女在家庭中所處的地位與多子女家庭中最後一個小孩的地位很相像，而一般研究結果指出，最後一個小孩的智力較之其兄姊是要低些，這就是為什麼獨生子女的智力並沒有長子或長女來得高，而且獨生子女又缺乏「為人師長」的地位和機會（因為沒有比他更小的小孩在家裡），這也不能促進他智力的有益發展。

　　根據上面的分析，我們可以說智力是同時受到遺傳和環境兩方面因素的影響，但是這並不是說遺傳和環境的影響是相等的。根據目前所得的資料，有些學者們認為遺傳對個人智力的影響約為百分之八十左右（Jensen, 1973; Loehlin, Lindzey & Spuhler, 1975），而環境的影響大約只有百分之二十左右。不過，雖然智力受到遺傳的影響較多較大，這並不意味著智力上的差異不能用環境的安排來加以改變，如果我們認為環境不能對個人的智力發生任何作用，也許我們早就該把所有教育機構加以關閉。相反地，有些人卻認為當我們對遺傳的影響有了較多的認識

後，也許對於以環境來改變智力的安排與方法，我們將會有較有效的措施。一般學者們的持平看法，大都認爲人類的智能，乃是由遺傳和環境兩大因素複雜地互動所形成，而不再是孰重孰輕的爭論了。

丙、性別與文化的差異

男女兩性在智能上的差別，心理學家們一向認爲女性在語文方面佔有優勢，而男性則在空間與數理方面勝過女性，不過，最近有項研究（Hyde & Linn, 1988）結果指出，語文能力上的性別差異可說是微乎其微，但是，新的資料仍然支持男性在空間和數理能力上領先的看法（Halpern, 1986）。這種性別上的差異，其原因安在呢？也許有人認爲女性在數理方面沒有受到太多的鼓勵所使然，但根據愛我華州大教育心理學教授 Benbow（1988）的研究，這種看法並不正確，因爲那些在中學時同樣修過數理課程的學生，男生在 SAT（美國大學入學考試，是一學術性向測驗）數理方面的分數仍優於女生；有些學者（如 Eccles 等，1990）則認爲社會上男女職業上的顯著差異，如男性大多在理工方面出人頭地，可能是一大左右因素，而這些差異則直接與社會和父母的期望有關。

再看種族間的智能差異，美國白人和黑人間的智商差異高達十五分，這種顯著的差異，其產生或形成的原因又安在呢？較低的智商是否意味著因某些歧視或偏差所造成呢？這個問題本身不只是牽涉到測量工具是否公正無偏的根本考量，而且還牽涉到如何爲「偏差」界定其意義的社會相關問題，因此，對於此一問題的爭論，正、反各持不同的看法，目前仍無法獲得共識。

若以較具體的學術性向測驗成績，或是學業成就測驗成績來加以比較，不同族別和文化背景，反應出相當明顯的差別。密西根大學所做的一些研究（Stevenson, 1992）曾比較美國、日本以及臺灣（臺北市）的

小孩們這方面的分數，發現日本和臺灣小學生的數學分數都要高於美國小學生。再以美國境內的亞裔大學生來看，美國亞裔的人口比例只有百分之二左右，但在 1983 到 1985 年間，西屋科學賽（歷史最久、最大的一項中學生間的公開賽）的優勝者卻有四分之一是亞裔學生。另外，美國頂尖大學中的亞裔學生比例（哈佛——17.1%; MIT——18%; 加大柏克萊分校——29.3%）也是出奇地高（Butterfield, 1990），這其中道理又是如何呢？

　　有些心理學家（Sue & Okazake, 1990; 1991）認為這可能是與亞裔在其他方面的上進機會受到較多的限制有關，亞裔學生因此力求在教育方面出人頭地。文化上的顯著差異可能也是一大重要因素（Stevenson et al., 1986），亞裔學生、日本、臺灣等地區的學生，上課以及花費在唸書上的總時間要高出美國學生很多；而一般亞裔家庭對子女教育所花的心血和重視，也是高出一般美國父母親；重視教育、潛心力學似乎是亞裔的註冊商標（Caplan et al., 1992）。

四、智商的分佈

　　人類智商的分佈乃是一種常態的分配，所謂常態分配指的是絕大多數人的智力都屬於中等之資，其智商在 100 左右，根據統計上的估計，約有三分之二的人，智商在八十四到一百十六之間；只有極少數人的智商是屬於很高或很低的兩極端，實際上，智商超過一百三十的人，在一般人口中所佔的比例約為百分之二，而智商低於 70 的，也只佔一般人口的百分之二左右，表 7～1 中所示者為智商分佈的估計比例，由於取樣之不同，有時不同學者研究而做的估計會多少有些出入，而且由於社區環境上的不同，各類智商的分佈也會有些微的不同。上面各節中所討論的，多以中等智力的情況而言，底下我們簡單地就少數兩極端的智力加以討

論。

表7~1 智商分佈的估計

智商	百分比
130 以上	2
120~129	7
110~119	16
100~109	25
90~99	25
80~89	16
70~79	7
70 以下	2

甲、資賦優異者

如果光以智商爲標準，通常我們將那些智商在一百四十以上的人稱之爲資賦優異者。根據這個標準，在所有人口中只有百分之一不到的極少數人夠得上被稱爲資賦優異者，當然，這個比率會因社區環境的不同而有少許出入，一般環境較佳的社區，資賦優異者在全人口中所佔的比率要略高一些。有關資賦優異者的研究，以史丹佛大學的推孟教授所主持的長期研究最爲有名，推孟教授在 1916 年完成史比量表的修訂工作後，以其有生之年專門從事有關資賦優異者的研究工作。在 1920 年，他首先應用史比量表和團體智力測驗選出了 1528 個高智力的在學兒童，這些兒童由個別智力測驗所量得的平均智商是 151，其用團體智力測驗所選出的平均智商爲 142.6，在這個研究中所用的取樣，其男女兒童的比例爲 116 對 100。

推孟氏和他的助手們從 1921 年開始對這些男女兒童做追蹤性的長期研究，推孟教授本人花了三十五年的心血，一直到 1956 年他逝世為止，五本有關這方面的研究報告和書籍曾相繼出版，另外，一個長達四十年的追蹤報告也於 1968 年問世（Oden, 1968）。根據推孟等的研究，資賦優異者具有下列的特徵：(1)他們的身體和健康情形要比一般人來得優異；(2)他們的學業一般要比常人高出二至四個年級；(3)這些「天才」兒童到達成年時，他們在智力上的優異仍然繼續存在；(4)他們的興趣偏重於抽象的事物和問題；(5)在學校裡，他們的心理健康和生活適應都要比一般小孩來得優良，而成年後，雖有極少數人發生適應不良的情形，但一般仍優於常人；(6)他們從事專業性工作的比例高達常人的八倍。由此看來，傳統上認為「天才」多為體弱多病、適應不良者的看法是完全與事實不合的，相反地，資賦優異者不但在智能上要高人一等，而且在身體健康和生活適應上也都要比一般人來得良好。另外一個有趣的發現，似乎值得在這裡附帶提一下，根據 1968 年的研究報告，這些資賦優異者的子女的平均智商高達一百三十三，而最高者竟達二百，當然，這些人的子女也有一些是智能不足者，只是其比率十分少而已。

乙、智能不足者

智商分佈的另一個極端牽涉到智能不足者，所謂智能不足者通常以智商低於七十為劃分的一個標準。智能不足者在程度上有所不同，其分類又因學者間見解的不同而有異，有人將智能不足者分為四級：輕微、中級、重級和嚴重級（profound）。其他又有依智能不足者所能接受教育的程度將之分為三級：可教的、可訓練的和需賴他人養護者。所謂可教的智能不足者，一般智商在 50～70 之間，這些人在獲得適當教育後，有能力自給自足，不過，他們在心智上的發展，最多只能達到十二歲正常兒童的相當能力。智商介於 30～50 間的一般稱之為可訓練者，這些人經

過適當的訓練後，他們有能力照顧自己的飲食起居。那些所謂需依賴他人養護者，則缺乏照顧自己身體需要的能力，完全需要依靠他人的養護以求生存。根據一般的估計，在普通的社區環境裡，每一千個學齡兒童中，智能不足者的分佈情形大致如下：約有一個人是完全需要依靠他人的養護；約有四個人是屬於可訓練的，其他約有二十五個人是屬於可教育的一類。

造成智力不足的原因很多，但是在另一方面，也有許多智能不足者，其問題的根源，目前專家們仍無法明確地加以診斷。有許多智能不足者（絕大部份是如此），在肢體上和生理上並沒有缺陷的存在，而在過去也未有腦部受傷受損的記錄，這些人的智能並不是特別的低，而且也沒有特別的心智缺陷存在，有些專家們認為造成這類型智能不足的因素，往往是屬於個人家庭和社會背景上的因素，因此這一型的智能不足被稱為**家庭──文化型**（familial-cultural）。屬於這一型的智能不足者，往往是來自貧困的家庭環境，而且這些人的雙親，往往也是智能不足者，遺傳以及貧困的生活環境（如營養不良、缺乏教養和學習機會等），都可能是造成這一類型智能不足的原因。

智能不足比較嚴重的，通常都有生理上的導因，例如是由腦部受傷受損、某種疾病所引起或是意外事件所造成生理上的傷害等，由於這一類的智能不足有其生理上的缺陷，因此有些人稱之為**心智缺陷**（mentally defective），這種類型的智能不足之發生，並不限於貧困的生活環境，也沒有特定的遺傳基礎。不過，有些智能不足的現象是由遺傳的因素所造成，例如董氏症（Down's syndrome 又叫蒙古症，Mongolism）乃是因多出一個染色體而造成，這在第二章中已有介紹，這裡不再重複。董氏症的患者往往是由年紀較大的母親所生，二十多歲的母親所生的小孩，只有二千分之一的機會會患此症，但是四十歲以上的母親生出的小孩，其發生此病症的機會則高達百分之二左右。至於為什麼年紀較大的

母親造成這種不幸的機會較多的原因，則迄無定論。董氏症雖由染色體的畸形所造成，但並不是因遺傳所使然，這也就是說這種病並不一定是會遺傳的。

五、創造力

甲、創造力的本質

心理學家們研究創造力（creativity）首先遭遇到兩個基本問題：(1)創造力應如何加以界說？這也就是創造力的定義問題；(2)如何鑑別和認定一個人的創造力？學者們由於看法不同，他們為「創造力」所下的定義也不一致。有些人認為創造力乃是對某種刺激所產生的不尋常反應，雖然這種反應是不尋常的，但卻是適當的反應。有些人則認為創造力是產生許多「獨特認知聯結」（unique cognitive association）的能力，持這種看法的人，強調運用已有的知識與資料來形成新奇的聯結或構想。吉爾佛（Guilford, 1959）則把創造力看做是努力的一種形式，吉爾佛的智力結構說我們在本章第一節討論智能的本質時已做了簡單的介紹。吉爾佛認為一些構成智力的因素直接與創造力有關，這些包括變通性、創始性和流利性等的能力都與**擴散思考**（divergent thinking）有關，擴散思考乃是智力結構中思考運作（operation）的一環，擴散思考的方式乃是從已有的事實資料中加以擴張而謀求多種不同解決方法的思考方式，這與追求單一解決方法的**聚斂思考**（convergent thinking）方式正好相反。

吉爾佛雖然認為擴散思考與創造力有關，但卻不認為擴散思考就是等於創造力。與創造有關的一些因素雖是與擴散思考有關，但是有一些因素卻是與其他的思考運用方式有關，例如對問題的敏感性就是與評鑑

思考能力（evaluative abilities）有關；吉爾佛認爲與創造力有關的「**再界說**」（redefinition，一種新奇運用事物的能力）卻又與聚斂思考有關，由此可見，吉爾佛所說的創造力乃是由多種不同能力所構成，而不是一種單一的綜合能力。

創造力與智力之間的關係又是如何呢？是否智力高的人也是富創造力呢？一般的看法似乎是否定的；有些人不但智力高，而且又富創造力，但是並不是所有智力高的人也都富創造力。有許多智力屬中等者也都能提供創造性的貢獻，智力高低與否，和一個人的創造力並沒有絕對的相關，雖然基本的中等資質似乎是必須的，但除此之外，則需要考慮到其他的因素。

新近對富創造力者的分析研究（Sternberg & Lubart, 1991; 1992），發現創造力還包括有下列五個因素：A.專精的知識（expertise）；B.富想像力（imaginative thinking skills），能做新奇獨特的聯想和觀察；C.富冒險性之人格特質（venturesome personality），擇善固執，鍥而不捨，追求新的經驗和途徑；D.富內在動機（intrinsic motivation），追求個人興趣與理想，接受挑戰，但不爲外界利誘，不去討好他人或追逐物慾或金錢；和 E.鼓勵創造發明的有利環境，這還包括周遭他人的支持和推動（Simonton, 1994）。

既然創造力與智力不盡相同，因此用來測量普通智力的測驗在創造力的評鑑和測量上並不適用，心理學家們曾設計多種用來鑑定創造力的測驗，有些測驗的題目是要求被測試者儘量列舉出某種事物的可能用途，例如「列舉下列事物的所有可能用途：⑴牙籤；⑵磚頭；⑶迴紋針」，有關這一類題目的計分，不但重視用途的多少，而且也重視其素質。另外一些創造力測驗的試題則偏重伸縮性的測量，例如要受試者列舉各種不同幾何圖形所能引起的所有事物聯想。有些測驗則要受試者提供一個合適的單字來配合其他三個沒有明顯相關的單字，例如選一個字來配

合「輪子」、「電化」和「高」等三個字。一般來說,用來測量創造力的
試題都是要求受試者為某一題目提供多種的答案,而不只是一個正確的
答案。受試者所做的答案數以及其創始性乃是計分的主要標準。不過由
創造力測驗所測得的分數卻很少與一個人的創造貢獻有高度的相關,這
似乎與受試者的動機和其他個人人格特質以及「創造力」界說之紛歧有
關。

乙、富創造力者的特徵

　　從研究和觀察富創造力者,專家們發現雖然創造力和普通智力並沒
有絕對的相關存在,不過,在人格方面,創造力強的人似乎有些異乎常
人的地方。一般富創造力者對於內在與外在的刺激大都抱持一種開放的
態度,他們通常少為世俗凡事所拘束。在創造的過程中,富創造力者有
時不免予人以退縮和受挫的觀感,但這並不是一種病態的存在(Barron,
1963)。至於一般人認為富創造力的人大都是瘋狂而心理不正常的看法,
這並沒有事實證據,相反地,一般富創造力的人似乎卻頗具耐心和毅力,
而且又能堅持己見,追求其創造性理想的實現。

　　富創造力者的態度與社會行為方式,也少為別人所能左右影響,而
較具獨立性,由於富創造力者自信很強,而且自我認可的意識也深,因
此對於別人的批評反應往往少加理會。他們的興趣、態度和慾望也多與
常人不同,雖然這種人格特質常常會造成富創造力者與外界衝突和不協
調,但富創造力者卻多能專心一致,埋首於他們的創造天地以期表達自
己(Dellas & Gaier, 1970)。

　　以小學五年級的學童為研究對象,有些心理學家發現同時具有高度
智力和創造力的學童,在自由和控制的情況下都表現優異,而且在行為
表現上,兒童式和成人式的表現方式也都相當良好;那些富創造力但智
力不高者,在學校環境裡受挫最多,但在較自由的場合裡卻表現良好而

少有問題；智力高但不富創造力者，通常偏重於學業上的成就，用功唸書，追求優良成績；智力不高又沒有創造力者，一般對學校課業不感興趣，這種人有些活躍於社交場合，有些則產生適應上的不良現象（Wallach & Kogan, 1965）。

丙、創造力的培養

大多數的人一定同意，創造力的培養乃是從事教育工作者一個很重要的任務，不過，從某一個角度來看，學校本身不但缺乏鼓勵學童創造的措施，相反地，有許多教師卻在有形無形中抑制了學童創造力的發展。在基本觀念上，一般老師雖然都同意要鼓勵學童去創造的看法，但是，當小孩子們的想法有些「古怪」時，卻往往遭到師長和他人的恥笑；小孩子們富幻想、好奇心以及非傳統的做法與想法，其所換來的不但是忽視與冷漠，而且常常是無情的打擊與困擾（Torrance, 1959）。

根據分析創造的歷程，富創造力者的個性，以及有利於創造力發展的環境因素，格德（Gold, 1965）曾提出下列諸原則，以供學校老師用來啟發學生創造力時的參考：

A. 安排一個能夠刺激創造性思考的良好環境是很重要的；

B. 多多提供學童們自由獨立思考的機會；

C. 表揚鼓勵富創造力的學童和創造物；

D. 教師們需要多強調幫助學童們瞭解事物間的關係、相對性以及因果關係；

E. 鼓勵團體來協助個人從事創造活動；

F. 由自我發現進而試圖創造；

G. 認清學童的創造意向與趨勢而加以鼓勵培植；

H. 喚起廣大羣眾（包括學童的父母親）對創造力的重視與獎掖。

第 八 章

感覺歷程

大　　綱

一、感覺的測量

甲、感覺閾的測定

乙、信號偵測學說

丙、適應與習慣

二、視覺

甲、光──引起視覺的刺激

乙、眼的構造

丙、基本視覺現象

三、聽覺

甲、引起聽覺的刺激──聲波

乙、耳的構造

丙、音調與音強

丁、音調知覺理論

四、其他感覺

甲、嗅覺

乙、味覺

丙、皮膚感覺

丁、動覺與平衡覺

在心理學的領域裡，有關感覺和知覺的研究，歷史最爲悠久，現代心理學的早期研究，主要是以感覺和知覺現象爲主要範圍，其道理何在呢？第一，每個人都需要與外界的人、事、物保持接觸，而感覺和知覺乃是我們與外界保持接觸的主要關鍵；透過我們的感官知覺，我們對外界有所認識與瞭解，根據這種基本的認識與瞭解，我們做適當的反應與應對，由此看來，知覺和感覺是我們安全求生的基本要件。第二，感覺與知覺是我們經驗的根源，廣泛地說，經驗乃是人類知識的根源，雖然我們不必事事親身體驗以獲取知識，但是閱讀書籍，聆聽口述仍然是屬於知覺的歷程，所以有些人認爲知覺和感覺乃是人類知識的來源與根本。

我們的五官——眼、鼻、耳、舌頭和觸覺乃是我們與外界保持接觸的主要感覺系統，不過，除此之外，還有兩個與我們內在情況保持接觸的感覺器官，一個是用來感覺身體各部位的，另一個則是用來保持身體的平衡。這七種感覺器官因其特定的受納結構而有不同，不過，在基本上，這些器官的受納細胞將外來或內在的刺激事物轉換爲神經系統所能瞭解和傳遞的神經訊號，由此進而構成感覺與知覺的現象。

簡單地說，感覺的發生大致經過下列的歷程。首先，感官的受納細胞受到外界或體內事物情況的刺激（刺激的種類和來源繁多，例如大氣壓力、光線、化學物等都可能刺激感覺器官），然後，受納細胞將它所感受的刺激變成一種神經系統所能瞭解的刺激（神經訊號），這是所謂的**轉換**（transduction）現象，在轉換的過程中，以及在將神經訊號傳遞到中樞神經系統的過程中，神經衝動（訊號）經過某種程度的密碼化（encoded），這種密碼化的作用使得中樞神經系統能夠依據實際上的需要做適當的處置。經過上述的處理過程，神經訊號經由感覺細胞傳至中樞神經系統的腦部和脊髓，而最後到達大腦中職司某一特定功能的感覺區

域以便處理。

一、感覺的測量

十九世紀後期，當科學的心理學初創時，心理學家如韋伯（E. Weber）和菲希諾（G. T. Fechner）等人從事了許多有關感覺歷程及其測量的研究，他們在這方面的努力，爲心理物理學（Psychophysics）的日後發展奠定了基礎。菲希諾在 1860 年出版了《心理物理學入門》（*Elements of psychophysics*）一書，闡釋一些測量感覺強度的方法，並謀求建立物理刺激與心理感受間的可能法則。根據心理物理學的研究發現，物理刺激與心理感受間的關係並不是一種「一對一」的直線相關，例如兩燭光的光度是一個燭光光度的兩倍（物理上的測量），但是當我們看到兩燭光的光度時，我們所感覺到的光線強度並不是我們看到一個燭光時感受的兩倍。物理刺激與心理感受間所存在的非直線相關並不只限於視覺，其他的感覺也都是如此，而且不同感覺所造成的非直線相關也是不同的。

心理物理學所關心的主要包括下列四類問題：

A.　外來刺激的強度須要高達何種程度才會引起感受者的感覺反應？例如在某一距離內，光線要多強時，觀察者才會察覺到光線的存在。

B.　刺激強度的變化必須到達某種程度時，感受者才會察覺到兩種刺激間有了變化和不同。

C.　外來刺激在物理上所產生的變化以及感受者體認該項刺激兩者間所存在的關係，這是屬於識別和辨認的問題，刺激本身可能有其他的根本上的變化發生。

D.　刺激變化及其所引起的心理感受上的變化兩者間關係的量表化問題。這些問題所牽涉的，主要是感覺上的測量問題，底下我們簡單

地介紹感覺閾的測定。

甲、感覺閾的測定

當心理學家研究感覺時，通常他首先提出的問題是：多大的刺激是引起感覺所必須？這是屬於上面我們所提到的第一類問題。以聽覺來說，心理物理學家所要知道的是：到底聲響要多大才能引起聽者「聽到」的感受？我們都知道，聲響越大，聽的越清楚，但是這裡我們所要知道的是：能夠引起聽覺的「最低」聲響。在心理學上，這種能夠引起感覺的最低刺激強度叫做**絕對閾**（absolute threshold）。不同個人間，對外來刺激的感受有靈敏遲鈍之別，而一個人對同一刺激強度的反應與感受也可能因時因地而易，所以絕對閾往往是因人、因時、因地而有所不同的。絕對閾的測定，通常要受試者做多次的嘗試，並就物理刺激做系統的變化，而以一個人所能體認其存在次數一半時的刺激強度為絕對閾。

除了絕對閾的測定外，心理學家也測定**差異閾**（difference threshold）。所謂差異閾乃是一個人所能察覺到某種刺激的最小變化，這是屬於上面所提到的第二類問題。由於差異閾所要測量的是最小變化，因此又叫做「剛可察覺差異」（just noticeable difference，簡稱 jnd），這種差異也是因人、時、地之不同而有所不同。差異閾的測定也是以百分之五十的正確反應為標準，首先給受試者一定量的刺激，然後再給受試者另外一個不同的刺激，這個刺激可能比第一次所給的標準刺激來得強或弱，受試者所要做的反應是指出第二個刺激是比第一個刺激強或弱，這與在測定絕對閾時，受試者指出「感覺到」與否是有所不同的。

早在十九世紀後半期，德國的生理學家韋柏（E. Weber）就發現，達到一個 jnd 所需的刺激量之增加，與第一次提供給受試者的基準刺激兩者間有一定的比例存在；而這種定比又因刺激本質的不同而有差別，這種關係的存在就叫做**韋柏定律**（Weber's law），我們可以用下列的公

式來加以闡明：

$$\frac{\Delta I}{I} = K$$

公式中的 ΔI 指的是引起一個 jnd 所需增加的刺激強度（inten-sity）；I 是基準刺激的強度；K 則為一個常數，這個常數就是所謂的**韋柏常數**（Weber's fraction）。例如，一個人原來所背的重量是五十磅，要使他覺得所背的重量有所增加，最少需要增加一磅的重量；但是，假如他開始時所背的重量是一百磅，那麼最少要增加兩磅的重量，他才會感到所背的重量有了增加，根據韋柏公式來計算，$\frac{1}{50} = \frac{2}{100} = 0.02$，所求得的 0.02 就是有關重量感覺的韋柏常數。此一常數越小，表示有關那方面的感覺越靈敏。從表 8～1 中我們可以看出，在所有感覺中以聽覺受納細胞對刺激的變化最為敏感，而味覺細胞最為遲鈍。

表8～1　韋柏常數

不同感覺	韋柏常數
音調	1/333
皮膚所受壓力感	1/80
視覺的明亮度	1/60
舉重量	1/50
音強度（loudness）	1/10
鹽溶液的味覺	1/5

測定感覺閾限時，呈現刺激的方式有多種，由不同方式所求得的閾限也因之而有差異。通常使用的心理物理測量法包括有極限法（method of limits）和定值刺激法（method of constant stimuli）兩種。這兩種方法主要的不同乃是在其呈現刺激的次序。採用極限法時，刺激強度的增減有一定量，刺激的呈現可由較大刺激開始而依次遞減；也可由最小刺激開始而依次增加。定值刺激法的應用，首先需要決定適當的刺激範圍，然後在此一範圍內選用六到十個不同的刺激值來做實驗，在實驗進行中，不同刺激值的出現並不按照任何順序。極限法的使用，因習慣化誤差和預期誤差（因刺激依次增減所引起）的影響，由此所求得的閾限區域通常要比由定值刺激法所求得者大，因此其準確性也較低。

乙、信號偵測學說（signal detection theory）

在測定感覺閾限時，受試者「有——無感受」的反應乃是決定閾限的主要因素。受試者反應的準確與否直接影響到所測得閾限的可靠程度，除非我們能夠肯定或假定受試者的反應是可靠的，否則閾限的測量並無多大意義。由於受試者個別間對於外來刺激的反應有著「小心」和「粗心」的差別，過份「小心」的人，除非他確定地認為刺激強度有了變化，他通常不輕意做「有」的反應；反過來說，那些「粗心大意」的受試者，一般較富冒險性，所以做「有」的反應的機會要大得多，根據這兩種不同的反應所求得的感覺閾限也就會大有不同。

由於對受試者反應的可靠性產生懷疑，有些心理學家們就在測量閾限的過程中混入了所謂「陷阱」的嘗試（catch trials），在這種情況下，刺激並未出現，雖然在陷阱嘗試中刺激信號並沒有出現，但是有許多受試者都做了「有感受」的反應，這種反應並不一定表示受試者有意欺騙他人，問題的癥結是當刺激信號十分微弱時，信號的出現與否，受試者往往沒有很大的把握，如此一來，受試者只好用半猜測的方式來反應。前面我們說過，有些受試者比較保守小心，有些則比較粗心冒險，雖然反應時未免含有猜測的情形，但通常一個受試者猜測的方式是頗為系統

化的。心理學家爲了較準確地測定受試者的感覺能力，於是提出了**信號偵測學說**（又叫**決定說**，decision theory），這個學說所提供的是一種用來分辨受試者對外來刺激的敏感性和他的反應方式（小心或粗心）的測量法。

在典型的偵測實驗中，某一刺激信號偶爾夾雜於其他信號中出現，此一刺激信號的強度通常與閾限刺激的強度十分接近，受試者在實驗進行中，需就每一嘗試做「看到」或「沒看到」的反應，而不能做「不確定」的反應。在每一種嘗試中，可能發生的現象有下列四種：(1)刺激信號出現，而受試者說「看到」，這在決定說上叫做「中的」（hit）；(2)刺激信號並沒有出現，受試者的反應是「沒看到」，這種反應叫做「正確拒絕」（correct rejection）；(3)刺激信號出現，但是受試者說「沒看到」，這是「失誤」（miss）；(4)信號未出現，但受試者說「看到」，這是所謂的「誤警」（false alarm）。這四種情況可由下圖來表示（參見圖8～1）。

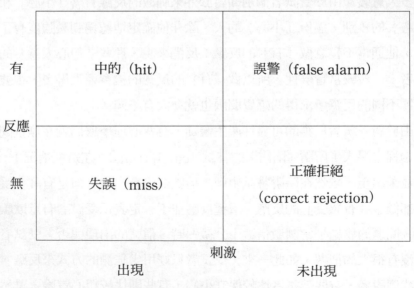

圖8～1　信號偵測反應方式

　　一個反應準確度高的受試者，其所做的反應應該只有「中的」和「正確拒絕」兩種，較差的也只能有很少數的「失誤」反應，而「誤警」反應的發生是不應該有的。不過，實際上大部份的受試者都會有「失誤」的反應出現，這種「失誤」的現象，在刺激十分微弱時發生的次數較多。根據個人的「失誤」反應情況，我們可以利用信號偵測方法來決定和比較「偵測者」的反應優劣。在信號偵測的實驗中，我們也可以指示受試者要特別小心，避免「失誤」反應的發生，或者指示受試者不必過份小心，以便觀察受試者的「收受者操作特性」（receiver-operating-characteristic，簡稱 ROC），經由審視收受者操作特性曲線圖，我們可以比較不同收受者（受試者）的偵測精確度，以及他的反應態度和方式，過度小心的人，雖然少有「誤警」的反應，但是「中的」的反應也可能會因之而減少。反之，有些人「中的」的比例相當高，但是他「失誤」的比例也高。到底那種人最適於做為信號偵測員呢？這就要根據所要偵測的刺激對象來做決定，如果避免「誤警」的反應是很重要，那麼具有小心謹慎態度的人也許是比較合適的。信號偵測學說在實際的應用上，可以幫助我們選擇最合適的雷達觀察員以及機場的管制臺工作人員等。

丙、適應與習慣（adaptation and habituation）

　　對於慣常性或是持續性的刺激，我們的神經系統為了增加其本身的效率，往往會對這一類的刺激予以忽視，感覺適應（sensory adaptation，有人又叫 receptor adaptation）和中樞習慣（central habituation）乃是神經系統在這方面所採的兩種對策。如此做，我們的敏感度雖會降低，但卻也因此使我們能特別留意一些重要的刺激。

　　感覺適應所指的是：感覺經驗會因某種刺激的持續存在而呈遞減或消失的一種歷程。例如，冬冷季節，清早出門，寒風襲面，剛開始時受

冷發抖乃是常事，但如此繼續一段時間之後，我們所感受的寒冷已沒有當初剛踏出門外的那種冷得發抖的程度，這就是所謂的感覺適應現象。又如下午戶外陽光普照，當我們一進入電影院時（電影已上映中），目前一片漆黑，不知走向何處，但若駐足一、二分鐘，則漆黑不再，而能加以適應。

至於那些「視而不見，聽而不聞」的現象，大都是由大腦中樞神經來操縱，這與由受納器來應付的感覺受納適應不盡相同。例如當你剛搬到很靠近交通繁忙的要道邊之住處時，那些吵雜的聲響可能一開始時會讓你輾轉無法入眠，但隔了一些時日之後，你的大腦會對此做出必要的習慣反應（central habituation），你也就慢慢地不再為那些來往頻繁的車聲所困擾。

二、視覺

甲、光——引起視覺的刺激

所謂光（light）指的是在電磁光譜（electromagnetic spectrum of radiation）中能夠引起視覺的那小部份（見圖 8～2）。物理學家認為「光」

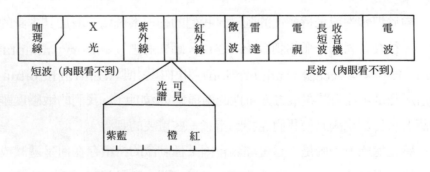

圖8～2　電磁光譜

具有兩種性質：第一，我們所看見的「光」乃是成束的能源，這種能源叫做光量子（photon）；第二，「光」以微波移動，而能以波長來加以測量。在心理學上，光的這兩種性質有其特殊的重要性，因為「光量子」的概念有助於「光」的強度之討論，而「光波」乃是瞭解色彩視覺所必須。

雖然「光」主要是來自太陽或電燈，但是進入眼睛的「光」大都是由物體反射而來，這種反射光的強度與波長，和光的來源及其所照射的物體表面有直接相關，光亮的物體，差不多會反射所有外來的光線，而暗黑的東西，主要是因為它吸收了大部份的光而少有光線反射出來所致。物體的顏色也同樣受到光波長短及其所照射的物體本身所左右。紫色的東西是因為它吸收了大部份長波而反射了大部份的短波(紫色波)。由於大部份的發光體所能發出的光線具有全部的可見波長，物體所顯示的顏色主要是由其表面所反射的程度而造成，這與發光體少有關係。物體輪廓的視覺，則是由物體表面具有各種不同的反射程度所形成，由於物體表面凹凸不平，所以由這種不平的表面所反射而來的光線，也就有強度上和波長上的不同，物體輪廓的形成就是由不同的光線反射而來。

電磁光譜中只有一小片是我們肉眼所能直接去感受的，這種可見的光，其波長（wavelength）介於 400 到 $760nm_s$ 之間（nm 乃是 nanometer 的簡寫，一個 nm 等於十億分之一公尺長），而我們肉眼所不能直接（不用儀器幫助）看到的大部份電磁光譜，波長較短的一端是屬於紫外光(ultraviolet)、X-光以及咖瑪光線和外太空光線（cosmic rays）；波長較長的一端則為紅內線（infra red）、微波（micro-waves）、電視波、收音機長短波、交流電波（AC currents）等（參見圖8～2）。

我們肉眼所看到的色彩（hue）以及光亮度（brightness），是由光線的波長以及強度（intensity）來決定，$400nm_s$的光，是我們肉眼所見

的紫色,而 700nm$_s$的光,則是鮮艷的紅色,其他的色彩則介於這兩者之間。同一色彩的亮暗,則是由光線強度之高低來決定,高者為亮,低則暗。光線強度的高低之測量,則以波幅(amplitude)行之。波幅是由波峯到波底間的垂直距離,這個距離越大,色彩越明亮;聲波的幅度也頗類似,波幅大,聲音較響亮。另外,色彩的**飽和度**(saturation)則是由光線的純雜度來決定,單純的光所造成的色彩,最濃、最鮮明,因為白色的光是由各種不同的光(波長、波幅等不同者)所組成,所以白光(white light)並不純,而顯示出清淡。雨後的長虹,色彩鮮艷,其形成乃是因白色的陽光經由雨珠反射而來。

乙、眼的構造

外來的光線,透過眼珠外層的透明體——角膜(cornea)和水晶體(lens)而集注於網膜(retina)上(見圖 8～3)。網膜乃是視覺系統中感受光線的部位,為了要使外來物體之影像正確而適當地投射在網膜上,

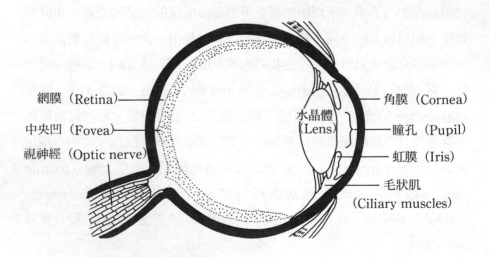

網膜(Retina)

中央凹(Fovea)

視神經(Optic nerve)

水晶體
(Lens)

角膜(Cornea)

瞳孔(Pupil)

虹膜(Iris)

毛狀肌
(Ciliary muscles)

圖8～3 眼睛的構造

眼睛必須要能夠調節它與所看到物體間的距離，這種調節的工夫是由水晶體來負責，當物體很靠近我們的眼睛時，水晶體變成厚凸，但當物體遠離我們時，水晶體變為薄扁。水晶體之變厚變薄則是由毛狀肌(ciliary muscles）所控制，毛狀肌的縮張導致水晶體的厚扁，而這種縮張的作用也同時為我們提供了深度知覺（depth perception）所需的一些線索，使我們知道所看到物體的遠近。

虹膜（iris）位於角膜之後，它是眼珠中具有顏色的部份，其顏色的不同，因個人所屬種族之不同而有不同，虹膜的主要作用在其能因伸縮而改變瞳孔（pupil）的大小，以控制外來光線進入眼內的多少。瞳孔是虹膜中開張的部份，它除了控制外來光線進入眼內的多寡外，對於物體投射在網膜上的影像之清晰與否，也有所影響，當瞳孔小開時，影像較為清晰。

網膜位於眼球的最內層，每一個眼球內的網膜是由為數超過一億的兩種視覺受納細胞所組成，這兩種受納細胞因其形狀不同而分別被稱為**桿細胞**（rods）和**錐細胞**（cones）。桿細胞分佈於網膜中部以外的各部位，桿細胞對於光能十分敏感，能夠偵察出極微弱光線的存在，這對於夜間視覺是很重要。網膜中間部位叫做**中央凹**（fovea），在這部位並沒有桿細胞的存在，因此它對於微弱的光線並不敏感。不過，錐細胞主要是分佈在中央凹，而少分佈於網膜的其他部位。眼內錐細胞的數量，據估計高達七百萬，錐細胞對於不同波長的光線能做不同的反應，而使我們有色彩的視覺。在另一方面，由於錐細胞的敏感度沒有桿細胞來得高，因此只有在光量較強烈時才有感應，如此一來，錐細胞在精密細節上的視覺要比桿細胞來得優良。

眼與腦間的聯繫是由視神經（optic nerve）所主持，所有的視神經在網膜上的盲點匯聚而進入腦部。**盲點**（blind spot）之所以得名，乃是因為在該部位並沒有視覺受納細胞存在，因此沒有視覺的功能。來自左

右兩眼的視神經在 optic chiasm 交差而到達其終點站——視丘，視丘
內的神經元再把資訊傳到大腦左右兩半球的視覺區（visual cortex）。

丙、基本視覺現象

1. 光度與明暗適應

　　一般來說，光度越強，我們所感覺到的明亮度也越高，不過，這也
有一些例外，底下我們所要討論的視覺適應和對比就是主要的兩種現
象。

⑴**明暗適應**（light and dark adaptation）

　　差不多每一個人都有過在大白天進入黑漆漆的電影院的經驗，剛一
進去時，簡直什麼也看不見，不過，待一會兒後你就開始能看到銀幕，
慢慢地，你就能看到周圍的許多事物。這種在黑暗中對光度敏感性的改
進叫做**暗適應**（dark adaptation）。差不多與此剛剛相反的現象發生在
你看完電影，走出電影院後，由於眼睛對於街上的明亮光度太敏感了，
瞳孔需要收縮以減少外來的光線刺激，有時甚至需要把雙眼完全閉上一
段時間，才能恢復正常的視覺，這種**明亮適應**（light adaptation）通常
能在很短的時間內完成（需時不到一分鐘），但是暗適應的完成則需費時
約三十分鐘左右。在明亮適應過程中，眼睛減低它的敏感性；相反地，
在暗適應過程中，眼睛則增加其敏感性。

　　我們對於明暗適應現象的瞭解可以用來幫助那些需要快速地適應明
暗環境的人，例如，士兵在夜間擔任巡邏任務時，他有時需要用強光（手
電筒）來看地圖，明亮適應並不成問題，但是在看過地圖關掉手電筒之
後，他却很難迅速地適應黑暗以繼續前進。這個問題在第二次世界大戰
時獲得了解決。由於桿細胞對長波的光線（視覺中的紅色）不太敏感，
如果士兵在打開手電筒之前，先戴上紅色的眼罩，以防止桿細胞的明亮
適應，如此一來，在回復到黑暗情況中時，黑暗適應所需的時間就可以

大大減少。運用同一道理,那些需要頻繁地出入暗室的工作人員,也可以得到很大的方便。

(2)對比(contrast)

所謂**對比**,指的是某一物體的亮度對其他事物明亮度的顯示所造成的影響。某一事物的明亮度與該一事物所處的背景有密切的關係。一個事物的明亮度也與其先行觀察事物的明亮度有關,例如,在灰色牆上的白幕看起來要比它掛在白色牆上時亮一些,就是這個道理。對比現象的產生,主要是由**邊際抑制**(lateral inhibition)而來。受納細胞所接受來自背景的光線越多,其所能接受來自主體物的光線就要受到更多的抑制。例如,來自白牆的許多光線將抑制受納細胞接受來自白幕的光線。同樣的道理,當我們先看一個黑色的物體,然後再看一個顏色較淡的物體時,那個顏色淺的東西,就要比一開始就看同樣深度顏色的物體時顏色要淺一些。

2.視覺敏銳度(visual acuity)

視覺敏銳度乃是一個人能夠看見物體細密內容的能力,因此,有時又簡稱之為「視力」。上面所討論的一些視覺現象,如對比和明暗適應等,一般人並沒有顯著的不同,但是,視覺敏銳度卻有著顯著的個別差異存在。

上節在討論眼的構造時,我們提過錐細胞高度集中的中央凹具有視察精密細節的主要功能。當我們雙眼凝注時,我們把視線的中心集中在每一隻眼睛的中央凹,如此一來,我們可以看得最清楚、最詳細。不過,由於中央凹的錐細胞在微弱的光線下並不敏感,所以在晚間或昏暗的情況下,我們往往發現在閱讀或觀看細小的東西時會很吃力。但在一般情況下,如果把光度增強,就可以增加視覺的敏銳度。

影響視覺敏銳度的另一個因素,是水晶體調節焦距,而使視線集中於網膜的能力。近視眼或遠視眼就是由於水晶體不能適當地調節焦距所

引起，這些毛病可用特殊的鏡片來加以糾正，近視眼用凹片鏡來糾正，而遠視眼則須戴凸片鏡來加以糾正，如果是散光眼，那麼就需要用特別的鏡片來加以糾正。一個人視力的優劣可以用不同大小的字母或簡單的圖形在一定的距離內予以測量，當我們接受視力檢查時，通常我們把一隻眼睛遮蓋起來，先行測量一隻眼睛，然後再換另外一隻，因為我們兩隻眼睛的視覺敏銳度並不一定是相等的。

3.特徵偵查（feature detection）

　　由網膜內受納細胞（為數超過一億的桿細胞和錐細胞）所收集的資訊，經由視神經中的神經節細胞（ganglion cells，為數上百萬）傳遞到大腦的視覺區（visual cortex），精細的資訊處理就在此進行。根據諾貝爾生理和醫學獎得主休伯和威碩（Hubel and Weisel, 1979）的研究所得，大腦視覺區內的特徵偵查細胞（feature detectors），會就有關稜邊、線條和角度等資訊進行反應，而大腦再依此等訊息來組合視覺影像（visual image）。由此可見，整個視覺的構成，有賴許多不同細胞，就其特定功能，為大腦提供所需之不同資訊，再經由大腦予以統整定型。

　　整個視覺系統的受納和傳遞細胞，其總數量超過一億，這麼眾多的細胞所提供資訊之繁雜眾多，可想而知，大腦又是如何有效地來處理整合這許多訊息呢？平行的處理方式（parallel processing）乃是一個最具效率的處理方法，大腦就各類受納細胞所提供的不同資訊，同時進行處理、統合的工夫，這比起系列式的處理方式（serial processing，一步一步依序處理方式）自然是要快速有效。大腦平行處理資訊，完全是自動化進行，而不需要我們刻意去多花心思，操縱或控制。

4.色彩視覺（color vision）

⑴波長效應（wavelength effects）

　　對於沒有色盲的人來說，彩色的感覺乃是由外來刺激所具有的光線波長來決定。我們所看到某一物體的顏色（hue），其實是由該一物體所

反射到我們眼裡的不同波長所引起。雖然一件東西所反射的光線很少是單純的，但是我們所感覺到的顏色則是由主要的光波來決定。波長的計算通常以十億分之一公尺（nanometer，簡稱 nm）爲單位，一般常人肉眼所能看到的最長光波約爲七百 nanometers，這個光波所引起的是紅色的感覺，肉眼所能看到的最短光波約爲四百 nanometers，它所引起的是紫藍色的感覺（參見圖 8～2）。

當兩種不同的光波相混合時，我們肉眼的感受又是如何呢？例如當我們把適當波長的「紅」光和「綠」光混合在一起時，我們所看到的是什麼顏色呢？在這種情況下，適當的「紅」「綠」光混合而成的是「非紅非綠」的黃色感。彩色的光波相混合時，它們**相加混合**（additive mixture）起來而形成另外一種光波；但是，當兩種顏料（如水彩塗料）相混合時，兩種顏料相互吸收非其本身波長的其他光線，而造成所謂的**相減混合**（subtractive mixture）。如果我們把舞臺上各色各樣的照射燈同時打開而照射到歌星身上，那麼我們所能看到的，將是一種類似白晝的光而已。光的混合造成白光，但若把水彩盒內所有各種不同顏色一起加以混合，又將造成什麼顏色呢？如此混合之後的顏色一定是漆黑色的。

⑵色彩的心理反應

前面提過，光線是引起視覺的刺激。由物理能量的光所引起的視覺感受反應具有三種性質：顏色（hue）、亮度（brightness）和飽和度（satuation）。顏色的特性是辨別紅黃藍綠所必須；飽和度所指的乃是色彩的豐富與貧乏，由於飽和度的不同，而形成了紅、粉紅、灰白等不同的顏色感覺。以色圈（color circle）來說，飽和度由色圈外圍向其中心遞減。兩度空間的色圈並不包括明亮度，如果我們把明亮度加進色圈內，我們所得到的是**顏色立體**（color solid），在顏色立體中，明亮度所區別的是黑白的一環。顏色立體是一個雙錐體，其頂端爲白色，而另一極端爲黑色。雙錐體上下尖細而其中間銜接處較爲寬大，由於非常明亮

或非常暗淡的顏色,其飽和度並沒有像那些明暗度適中的色彩高,同為兩錐體基礎的圓圈由右上向左下傾斜。由於高度飽和的黃色要比高度飽和的藍色來得明亮,另外,由於黃色的飽和度並沒有藍色、紅色或綠色高,所以雙錐體由中軸所劃分的兩邊並不對稱。

除了光線所引起的彩色感覺外,色彩的感覺也可以由吸食麻醉性藥物、輕壓眼球、對眼睛施以微弱的電擊,或打擊頭部來引起。除此之外,色彩的感覺也可以由對某一物體做較長時間的注視來引起。假如你注視一個鮮紅色的小圓圈約半分鐘長,然後注視白灰色的牆壁或是一片白色的紙張,你會看到一個綠色的小圈子,你所感覺到的,其實是剛才你所注視的鮮紅小圓圈的後像(after image),我們把這種後像叫做負後像,因為綠色與紅色是互為補色之故。由負後像所引起的顏色感覺一定是前導刺激顏色的補色。

⑶色彩視覺理論(color vision)

我們所處的世界,真是一個多彩多姿的世界,在日常生活中,我們所能加以辨別的各種不同色彩,高達七百萬種之多(Geldard, 1972)。當然,有些有色盲的人,對於一些最基本的色彩都缺乏明辨的能力,這也是一種事實。色彩視覺如何產生?色盲又是如何形成呢?

早在十九世紀,科學家們就對此一問題深入探討,時至今日,有關色彩視覺的理論已有好幾種,這裡簡單介紹兩個較流行的理論:⑴三色視覺論(tricolor theory),⑵相對歷程理論(opponent-process theory)。

三色論乃是德國科學家霍莫茲(Hermann von Helmholtz)和英國物理學者楊格(Thomas Young)的貢獻。基於各種不同顏色均可由紅、綠、藍等三種基色來調和而成,楊、霍二氏提出了我們眼內有三種不同顏色受納細胞的說法,這三種不同的受納細胞,分別主司三種基色的感覺,這就是所謂的楊霍三色論〔Young-Helmholtz trichromatic

〔tri-color) theory〕。除了三種基色的感覺外，由不同光波的混合刺激，也就形成了其他各種不同顏色的感覺，例如，黃色感乃是因紅色受納細胞和綠色受納細胞同時受到刺激而形成。此一理論的眞實性，可由測量不同錐形細胞對不同光波所作的反應得到實證。再根據此一理論來看，一個色盲者，乃是因爲他（她）網膜內沒有正常運作的對紅色或是綠色具敏感反應性之錐體細胞所造成的，因此對紅色和綠色缺乏明辨的能力。

楊霍二氏的理論並不能圓滿地解釋其他的色彩視覺現象，因此生理學家何寧（Ewald Hering）提出了「相對歷程」的色彩視覺理論。上面我們提過楊霍三色論對色盲的解釋，但是，有紅色和綠色色盲的人，對黃色並沒有色盲的困擾，這將做何說明呢？而且由紅、綠所合成的黃色，看起來要比由紅、藍所合成的紫色來得鮮純，其道理又安在？從視覺後像（visual afterimages）現象來看，當我們注視一個紅色的小方塊一會兒之後，如把視線轉到一張白紙上，我們會在白紙上看到綠色的小方塊（因爲綠色是紅色的相對顏色，紅男綠女，靑黃不接乃是）；如注視黃色小方塊之後，轉而注視白紙，則會看到靑藍色，黃、藍二色也是相對顏色。Hering 認定了紅綠和藍黃的兩個相對視覺歷程。當然，黑白也是另外一個相對歷程。

綜合上面兩個色彩視覺理論，彩色視覺的過程大致如下：外來的光波因其波長不同，而對紅、綠、藍各具特別敏感性的三種錐狀細胞產生不同程度的刺激，由此等視覺細胞所得的資訊，經由視覺神經傳達視丘，而視覺神經也同時產生了相對歷程作用，如此來幫助大腦的裁決和應對。

三、聽覺

甲、引起聽覺的刺激——聲波

聲波是由空氣中分子受到壓力或打擊而產生振動所引起。聲波傳導的媒介物大都是以空氣為主,其傳導的方式是向四方擴散,類似投擲小石頭於池中所引起的水面波動。單純的聲波振動可以圖解來加以表示(請見圖 8~4),這種聲波叫做正弦聲波 (sine wave)。單純聲波的兩個特性是**頻率** (frequency) 和**振幅** (amplitude)。頻率的測量是以每秒鐘所產生的振動循環 (cycles per second) 為準,頻率越大,音調越高。每秒鐘一循環的頻率稱為一個和茲 (Hertz),此一命名乃為紀念德國物理學家和茲 (H. R. Hertz) 而來。一般鋼琴的音鍵所能彈出的頻率大約介於二十八 Hz (Hertz 的簡寫) 到四千 Hz 之間,而一般常人能夠聽到高達兩萬 Hz 的頻率,不過,年老的人聽力較差,對於高頻率的聲音往往感覺困難 (聽不到)。振幅指的是聲波的高度,也就是聲波一伸縮間所造成

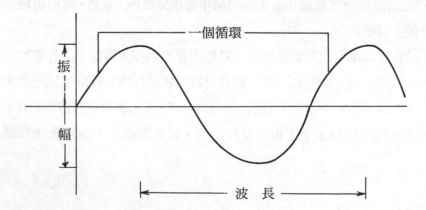

圖8~4 正弦聲波:波長與振動率成反比,波長愈長,振動率越低

的垂直距離，振幅控制聲音的強度。

　　在日常生活中，我們所聽到的聲音很少是由單純的聲波所造成，一般的聲音往往是由幾種不同頻率的聲波所混合而成。雖然每一個音階都有其固定的頻率，但是當我們用某種樂器奏出該一音階時，除了全幅的振動外，又有半幅振動，四分之一幅振動等等產生，如此一來，每一個特定音階都含有許多其他的音響（overtones），而由不同樂器所奏出的音色（timbre）也就有所不同，這是因為混入不同的多餘聲響所引起。

乙、耳的構造

　　圖8～5所顯示的是人耳的構造，我們的耳朵可分為三部份：外耳、中耳和內耳。外耳並不傳導聲音，其作用在把外來的聲音引到中耳的鼓膜（eardrum）。鼓膜位於外耳與中耳之間，當外來的聲波打擊耳鼓膜而產生振動時，我們的聽覺歷程也因之開始。耳膜的振動引起中耳內三塊

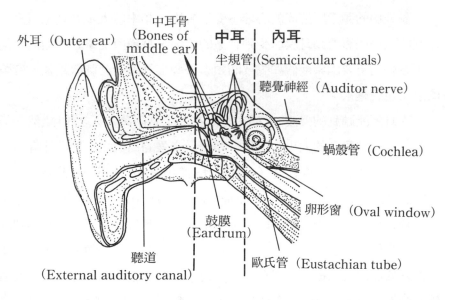

圖8～5　人耳的構造

小骨（鎚骨、砧骨和鐙骨）相互打擊，這種機械性的作用把由耳膜傳來的振動帶入內耳。中耳內三小骨的相互打擊使原先由耳膜傳來的聲波振動提高二十倍左右。中耳的鐙骨與卵形窗（oval window）相接連，卵形窗也是一層薄膜，在此一薄膜下面又有一層薄膜，叫做圓形窗（round window），當鐙骨打擊卵形窗時，圓形窗具有平衡內耳壓力的作用。

由卵形窗受擊而產生的振動，向內傳到蝸殼管內的液體，蝸殼管（cochlea）因其形狀類似蝸殼而得名，它把本身液體所受的振動變成神經衝動。蝸殼管內有基膜（basilar membrance），在基膜之上有科提氏器官（organ of corti）的存在，此一器官是由許多毛狀細胞（hair cells）所組成，聲波由毛狀細胞轉變成神經衝動後再由其他聯絡神經細胞傳到腦部而引起聽覺。

丙、音調與音強（pitch and loudness）

聲波中的頻率所造成的心理感受是**音調**，頻率越大，音調也越高。振幅的大小則影響到耳膜所受到刺激的強弱，耳膜所受擊動的強弱則是決定**音強**的重要因素。假如聲波的頻率不變，耳膜所受刺激越強，音強的感受也就越大。

人耳所能聽到的聲波，其頻率範圍在二十到兩萬 Hz 之間，雖然一般人都能夠辨別聲音的大小，但是實際測量音強的高低並不是一件容易的事。音強的測量是以**百分貝**（deciBell，簡稱 dB）為單位，普通人談話時的聲音大約在六十 dB 左右，而飛行高度在五百呎的噴射機，其所產生的聲響約為一百一十 dB。表 8～2 所示者為我們日常生活中常遭遇到的聲響。我們都知道聲音太大使人感到難受，長期暴露於強大聲響中會使一個人的聽力受到損害。更有甚者，科學家們還發現，在實驗室裡長期接受高達一百五十 dB 音響刺激的老鼠有發生死亡的危險。

在討論光線時，我們談到不同波長的光線在混合之後，失去其原有的特性，但是如果我們把不同波長的聲波相混合，其後果又是如何呢？前面提過，在日常生活中我們所聽到的聲響是由許多不同波長的聲波所混合而成，這些聲響有的聽起來很舒服，有些則相當刺耳，這種聽覺上的不同乃是由音色的好壞所造成。如果兩種聲響相混合後，所產生的第三種聲響與原先的聲響能協調，那麼這種混合所產生的音色（timbre）也就是良好，否則，不協調的混合就會造成刺耳不悅的噪音。如果我們把聲波範圍內的所有頻率混在一起而形成一個聲音，這就是所謂的「**白音**」（white noise），這與混合所有光線而造成白光的現象有些相類似。

表8～2　日常生活中的一些音強

聲響來源	音強（以 dB 計）
噴射飛機（低空）	150
搖滾樂	140
大雷聲	120
地下車（約 20 呎距離）	100
繁忙的汽車道	80
常人交談	60
冷氣機（裝置於窗口的）	55
清靜的辦公室	40
耳語交談	20
隔音的廣播室	10
聽覺閾	0

丁、音調知覺 (pitch perception) 理論

音調的和諧在樂器演奏和歌唱時是十分重要的，這是大家早已知道的一個事實，而且一般人也都能夠分辨兩個音調之是否相同或是有差異存在，如此有效的音調知覺，學者們有兩種不同的理論來加以解釋：(1)位置理論 (place theory)，(2)頻率理論 (frequency theory)。

1.位置理論

內耳中蝸殼管內的基膜存在著為數約兩萬五千個左右的毛狀細胞，根據霍莫茲 (Hermanm von Helmholtz) 在十九世紀中葉所提的這個理論，不同音調之形成(感受)，乃是因基膜之不同部位受到刺激所引起，這與彈動豎琴的不同弦而造成不同聲音相類似。高頻率的聲波，對位置靠近卵形窗的狹窄基膜部份會產生較大的刺激；而低頻率的聲波，則對較寬較內部的基膜造成較大的刺激 (von Bekesy, 1960)，這與霍氏早期的說法頗多吻合處。不過，這個理論對於那些頻率很低的聲波 (在幾百Hz 以下者) 之感受卻無法圓滿解釋，因為這種聲波對基膜的刺激並不起變化；而且，頻率很靠近的聲波之分辨，也不是位置理論所能合理解釋，其問題也在基膜感應的缺乏變化。

2.頻率理論

十九世紀後期 (1886)，盧壽和 (Rutherford) 提出了頻率理論，這裡所謂的頻率，指的是聽覺細胞反應的速度而言。根據這種理論，聽覺細胞的反應速度依聲波頻率的高低而有快慢上的差別，對那些高頻率的聲音，反應速度快，神經衝動 (neural impulse，有時又叫 neural firing，與基膜的反應直接相關) 也就變為頻繁，而聲波低者，反應也就慢，而大腦也就依據這種反應速度的快慢來認定音調的高低。

這兩個在十九世紀早被提出的音調知覺理論，經過一百多年的許多驗證，在基本上大致是正確的，不過，也並不是沒有異議和差池，位置

論的缺失在於毛狀細胞的反應並不是獨立的，而是以集體反應的方式進行，而於某一特定部位達到高峯。而頻率論的問題則在神經細胞的反應速度很難高達每秒一千次，而聲波的頻率可高達數千，甚或數萬（日常生活中的聲音，一般約在五百到四千個 Hz 之間，一個 Hz 代表每秒鐘一個週期的頻率）。為了克服這種困難，Wever and Bray（1937）提出了不同組合的毛狀細胞以輪流齊發原則（volley principle）來做反應的說法，他們認為幾組不同的毛狀細胞，每組各能以高達1000Hz 的速度反應，並迅速輪流地一組接一組來反應，如此一來，整體的反應速度就可以提高到原來個別反應的數倍之多，而能適當地反應高頻率聲波。

綜合目前所知的各種證據，音調知覺現象的解釋，並不是某一個單一理論所能圓滿達成，因此借重各種理論，互補長短乃是有其必要的。那些低於1000Hz 的聲波，頻率論可用來加以解釋；而那些介於一千到五千 Hz 者，頻率論和位置論都有需要；而高於五千 Hz 者，位置論的說法可以適當地加以解說。

四、其他感覺

從心理學的觀點來看，視覺與聽覺可以說是與心理歷程間關係最為密切的兩個感覺，不過，除此之外，我們的嗅覺、味覺、皮膚感覺也都相當重要，還有，我們的動覺（kinesthesis）與平衡覺（equilibrium senses）也是維持我們正常生活所不能或缺，這裡我們簡單地個別加以介紹。

甲、嗅覺

我們鼻腔內的嗅覺皮層（olfactory epithelium）是嗅覺受納細胞的所在處。外來的刺激（含於空氣中）因呼吸而與嗅覺皮層裡的受納細胞

相接觸。嗅覺受納細胞由於是一種具有專門功能的細胞，它能將外來的嗅覺刺激直接傳到腦部，從嗅覺受納細胞到腦部主管嗅覺的部位只經過兩道傳遞的過程，因此嗅覺系統在所有感覺系統中是最簡單的。由於不同的氣味沒有共同一致的名稱可為代表，加上不同的氣味是否由不同的大氣份子所傳導的難題，有關嗅覺方面的研究相當有限。通常我們對於強烈氣味能在短期內予以適應，不過，個別間仍存在著顯著的差異。有些報告指出，女人的嗅覺一般要比男人來得敏感正確，而且嗅覺的敏感度在成年初期達高峯，之後即隨年齡的增大而減低，而且又因女人經期而有變化（Engen, 1987）。由於狗的嗅覺要比人的嗅覺敏感很多，訓練過的狗常被用來偵察藏於包裹中的毒品或被密藏的炸藥，如定時炸彈等。

乙、味覺

味蕾（taste buds）內的細胞是味覺的受納細胞，我們的大部份味蕾聚集於舌尖、舌的兩側和舌根。成人的味蕾總數在一萬左右，兒童所具有的味蕾反要比成人多，由於味蕾的數目隨年齡增加而遞減，老年人的味覺並沒有小孩好，這也就是成年人比小孩更喜歡飲食味道較濃的東西的原因。我們舌頭上的味蕾不斷地做新陳代謝的作用，大約每七天，味蕾細胞要全部更新一次，因此舌頭被燙到或因其他原因所造成的輕微傷害，往往可以不藥而癒，而不必太過擔心。但是，吸菸和喝酒卻會加速味蕾細胞老化及其敏感度的降減。

我們的味覺主要有四種：甜、酸、鹹和苦。其他的味覺則由此四種味道做不同程度的混合而來。當我們品嘗食物時，我們所得的感覺並不只是味覺，其他如嗅覺、視覺和皮膚感覺（溫度，甚或辣麻）等都有影響，當我們有傷風感冒時，鼻塞口乾，吃起食物，往往會不知其味，無法享受一番。其實，我們的味覺並沒有嗅覺來得靈敏，這也就是為什麼

有些人在吃藥時往往會揞住鼻子屏住氣的道理。我們的舌因其部位的不同而對不同的味道有感受上的差異，舌尖對甜的味道最爲敏感，舌根對苦味最敏感，舌的兩側則對酸味和鹹味比較敏感。專家們認爲不同味道的感覺並不是由刺激某種特別味蕾而造成，而是由味覺細胞受到不同方式的刺激所導致。

丙、皮膚感覺

皮膚感覺俗稱觸覺，我們的觸覺其實是由多種不同的皮膚感覺所組成，這些皮膚感覺包括壓覺（pressure）、溫度感覺（包括冷和熱）和痛覺。人體的某些部位（如手、腳和臉部）要比其他部位（如背部和臀部）在觸覺上較具敏感性。至於那些受納細胞職司何種特殊的觸覺功能，除了專司壓覺者外，專家們迄無一致看法。我們的溫度感覺分爲冷和暖（warmth）兩種，而且接受這兩種溫度感覺的是兩種不同的受納細胞，不過，假如這兩種不同的受納細胞同時受到刺激，我們所感覺到的則是熱（hot）。

痛覺要比其他的感覺更依賴個人的主觀評斷，過去，心理學家們一向認爲自主神經末梢是痛覺的主要受納部位，但是，最近有些心理學家認爲我們的痛覺並沒有固定專司的受納細胞，這些心理學家認爲痛覺的產生乃是由於對任何受納細胞的過度刺激所引起，這種新的看法叫做**門檻控制說**（gate-control theory），是由梅若克和俄爾（Melzack & Wall, 1965；1983）所提出，根據這個學說，我們的痛覺功能是一種由脊髓所操縱的類似門檻的功能。由於感覺細胞的活動程度有所不同，這個「門檻」有時是全開，有時半開，有時則是封閉的。當這個「門檻」封閉時，痛苦的感覺無法經由脊髓傳到大腦，因此也就沒有痛覺的發生。中醫利用針灸止痛，道理何在？科學家的圓滿解說尚付闕如，在這方面的進一步瞭解，對幫助我們認識痛覺的道理上有著密切的關係。

我們的脊髓內有小口徑和大口徑的兩種神經纖維,當小口徑細胞受到刺激時,控制門檻就會打開,也因此就會有痛覺發生;而當大口徑細胞受到刺激時,門檻會關閉,痛覺即消失。梅若克和俄爾還認為,由大腦所下令的消息,也會把門檻關閉,這種說法,對以心理力量來制止痛苦的解釋,頗多助益。當我們不特別留意痛苦時,痛苦的感覺往往會因此而減低。讀者也許還記得,我們的大腦還有製造止痛劑安多芬(endorphins)的功能,這在痛苦的控制上,也有很多的好處。有些心理學家們(如 McCaul & Malott, 1984)發現,把一個人的吸引力從痛苦的刺激物移開,或是以快活的想像來吸引一個人的注意力,在減少痛覺上可奏功效。

丁、動覺與平衡覺

這兩種感覺又叫身體感覺(body senses),它們的主要功用是在維持我們身體的平衡,這兩種感覺告訴我們如何準確地抓弄東西,告訴我們身體各部位的位置及其運動。動覺不斷地提供我們應付周圍環境所需活動的有關資料。動覺的受納細胞遍佈身體各部的肌肉和筋腱關節,在肌肉和筋腱上的受納細胞,為我們提供肌肉是伸或縮的重要訊息。關節上的受納細胞則告訴我們身體部位的運動和相關位置。

平衡覺與動覺相互協調來處置有關身體重心和其整體運動的問題。我們整個身體在空間中的定向是由平衡覺所控制。平衡覺的受納器官是內耳中的半規管和前庭,內耳中的三個半規管大致相互垂直,半規管內充滿液體,當我們轉動頭部時,半規管內的液體也隨之流動而對毛狀細胞產生壓力來引起感覺;當頭部旋轉速度不快時,其所產生的是身體移動的感覺,但是當頭部迅速旋轉時,我們就會感到眩暈欲吐。前庭介於半規管基部和蝸殼管之間,前庭內也是充滿黏液,液內又有細石(耳石)存在,由耳石對毛狀細胞所造成的不同壓力,使我們感覺到身體是直立

抑或是偏斜。前庭所職司的是身體靜止不運動時的平衡感覺，而半規管所控制的是當身體運動時的平衡感覺。當我們內耳職司平衡覺的部位一邊受損時，我們會產生暫時性的眩暈嘔吐反應，但是如果兩邊都受到損傷時，卻反而不會發生重大的平衡身體之困難。

第九章

知　覺

大　綱

一、空間知覺

甲、單眼線索

乙、雙眼線索

二、移動知覺

甲、眞實移動

乙、類似移動

三、知覺的恆常性

四、知覺的組織

甲、完形派的組織原則

乙、極少原則

丙、知覺假設

丁、錯覺

五、注意

六、圖案識別

七、超感覺知覺

　　有些人以照相機來比擬我們的眼睛，這種說法其實是不太正確的，因為我們的眼睛並不只是被動地將視野中的事物攝入「鏡頭」而已，對於視野中的許多東西，我們往往會有「視而不見」的反應；這在聽覺現象中亦然，所謂「聽而不聞」是也。這種主動選擇取捨的功夫，乃是一個很重要的知覺歷程，由於一般人在同一時間內處理外來資訊刺激的能力有一定限度，通常我們會優先地選取最重要、切身的事物或刺激來加以注意和處理。

　　知覺的現象除了深具選擇性外，又極富主動性和主觀性，來自外界的刺激，往往因人因時因地之有異，而有很大的個人差別，就是同一個人，在不同情況下，對於同樣的外來刺激，也往往會有顯著的不同感受。這又是為什麼呢？外來的刺激，透過我們的五官而傳達到中樞神經系統時，這些感覺資訊須要經由大腦加以解釋和組織，使之成為有意義的知覺經驗，而個人對於外來感覺資訊的組織與解釋，往往會因當時所處情況之不同而頗有差別。簡單地說，知覺乃是將感覺變成為有意義的個人經驗之一種歷程，根據感覺器官所傳來的外來資訊，一個人主動而又主觀地構造其知覺經驗。在本章中我們所要討論介紹的，乃是一般人在正常意識情況下對外在世界構成知覺的一些基本現象。

一、空間知覺（space perception）

　　我們眼睛裡的網膜是平面的，而由外來光線所投射於網膜上的影像也是平面的，既然如此，為什麼我們在觀看事物時會有立體的感覺呢？空間知覺所討論的就是有關這方面的問題，特別是有關距離（distance）和深度（depth）的問題。立體知覺的產生，需要依賴某些線索的存在，這些線索大致分為單眼線索和雙眼線索兩大類。

甲、單眼線索 (monocular cues)

同時運用兩隻眼睛，使得我們能夠較準確地判斷物體的距離與深度，這尤其是當物體很靠近我們時為然。不過，借助於單眼線索，我們也能夠只用一隻眼睛來準確地判斷物體的距離與深度。現在讓我們來簡單地介紹一些主要的單眼線索。

1.透視 (perspective)

透視有直線透視 (linear perspective) 和空間透視 (aerial perspective) 兩種。站在火車軌道中間向前遠望，我們所看到的盡端，兩個平行的車軌似乎是合併為一，這種當兩平行線向前延伸到看似合併的現象就是所謂的直線透視。所謂空間透視指的是距離較遠的物體，其輪廓看起來要比較模糊不清；而當天氣晴朗時，遠山看起來要比陰天時看的要近一些。物體距離水面的高度 (elevation) 也是引起深度感覺的另一個透視線索，靠近水平面的，看起來近一些，遠離水平線的看起來要遠一些。

圖9～1　直線透視

2.重疊（superposition）

當一個物體遮住另一個物體的一部份時，這種重疊的現象是一個很重要的單眼線索。被部份遮住的物體往往被視為距離較遠，而遮住其他物體的，看起來則比較近些。

3.質地(texture gradient)

靠得很近的物體，一般看起來質地粗糙；而遠離的東西，質地看起來就變得細些，不過，如果距離太遠，則很難辨別質地的粗細。例如當我們站在石頭溪中，在我們腳跟下的石頭，我們可以一個一個看得清清楚楚，如果我們向前遠眺，溪中的石頭越變越小，更遠的地方，我們根本無法分辨出個別的石頭來。

圖9～2 質地粗細

4.陰影（shadowing）

　　陰影不但是距離和深度知覺的線索，陰影也是構成立體感的重要線索。平常我們畫「球」時，總是在圓圈的上面塗上深淺不同的顏色或是變化黑白顏色的深淺，以期達到立體的知覺。另外，一個物體的遠近，通常可由該物體所產生陰影的在前或在後得到線索。

5.移動（movement）

　　當我們坐在行駛中的火車或汽車中，靠近車軌或道路的樹木和電線桿看起來很快地向後移動而消逝，但是在遠方的物體，看起來像是往前動而消失得很慢。這種現象也可以在直立時左右轉動頭部而感覺到，當我們轉動頭部時，影像在網膜上的不同移動速度也是知覺距離和深度的重要線索。

6.調適（accommodation）

　　遠近不同的物體，其投射於網膜上的焦距也因之而有差別，為了保持網膜中影像的清晰，眼球中的水晶體需做不同程度的伸曲，當物體近時，水晶體變得圓凸些；當物體遠時，水晶體變得扁平些，由水晶體伸曲所引起的動覺也是提供距離和深度的一個線索。

乙、雙眼線索（binocular cues）

　　有些動物如馬、鹿和魚等，由於它們的眼睛長在頭的兩邊，雙眼所擁有的視野並不重複，因此它們所運用的主要是單眼線索。不過，像人和其他如獅子、虎、狼等肉食動物，因為兩隻眼睛都長在頭的正面，所以雙眼所擁有的視野是重疊的。由兩隻眼睛網膜內影像所組成的實體視覺（stereoscopic vision）要比單眼視覺更能準確地察覺物體的距離和深度。依靠兩隻眼睛的協調來獲得深度知覺的線索主要有下列兩種：

1.網膜像差（retinal disparity）

一般人兩隻眼睛間的距離約爲二吋半左右，由於這個距離的存在，同一個物體所投射於兩隻眼睛內網膜上的影像並不完全一樣，兩個網膜內影像的差別就叫做**網膜像差**。網膜像差與物體的距離有關，當我們注視近距離的物體時，網膜像差比較顯著，反之，當物體的距離較遠時，其所造成的網膜像差就比較小。

2.輻輳（convergence）

所謂輻輳指的是兩個眼球相向靠近集中或相背外散的作用。當我們觀看近距離的物體時，我們的兩個眼球就相向靠近一些，因眼肌肉爲了靠近而收縮所引起的動覺，爲深度知覺提供了一個重要的線索。不過，雙眼的輻輳作用有其限度，當物體靠得太近，或是離得太遠時，輻輳的現象無法產生。

二、移動知覺（perception of movement）

當一件物體在移動時，我們怎麼知道它是在動呢？有些東西動得快，有些動得慢，這種快慢的感覺又是如何產生呢？一般的解釋是當物體移動時，它在我們的網膜上產生一系列連貫的刺激，移動知覺於是造成。不過，當我們站立不動，慢慢地把頭從房間的一角轉向另一角時，我們的網膜也同樣會受到房內各種東西的一系列刺激，但是我們知道這些東西並沒有移動，而移動的是我們自己的頭。而且，有時我們覺得某項東西在移動，但實際上那件東西卻是完全靜止不動的，這又是如何造成的呢？底下簡單地就這些現象加以分析解釋。

甲、眞實移動（real movement）

所謂眞實移動指的是一件物體由某一位置移到另一位置。眞實移動的知覺需要依賴視野中各項東西間的相互關係，根據某種既定的指標去

辨別那些東西在動，那些東西是靜止不動的，因為移動知覺是相對的而不是絕對的。我們的移動知覺往往需要借助視覺以外的其他感覺，否則錯誤就很難避免。當我們只有視覺的資訊時，我們往往認為大一點的東西是靜止的，而小的東西是在移動。例如，在實驗室裡把一個小光點投射在一大片移動的布幕上，當受試者注視該一小光點時，他所得到的知覺乃是小光點在動而不是布幕本身在動，這種「外導移動」（induced motion）現象在我們的日常生活中也常常發生，當天上的浮雲遮住月亮時，我們覺得月亮移動得很快，而薄雲反而是靜止的；但是在晴朗的天空裡，月亮看起來卻是靜止不動的。

當我們走動或跑步時，我們知道自己的身體在移動，因此對於周遭物體的動與不動並不難加以辨別；但是，當我們坐在車子裡或搭乘飛機時，我們的知覺大部份依賴來自雙眼的資訊，在這種情況下，「外導移動」的知覺現象就很容易產生。例如，當我們坐在靜止的火車裡，往往因為他軌上鄰車的開動而覺得自己坐的車廂也在移動；在夜間飛行時，由於外在指標的不容易建立，飛行員一般是信賴儀器多於信賴自己的主觀知覺，以避免錯覺肇事。

乙、類似移動（apparent movement）

「類似移動」知覺現象的產生並不是由物體的實際移動所引起，因此有人又把它叫做「錯覺移動」（illusory movement）。「自動效應」（autokinetic effect）乃是錯覺移動的一種，當一個人站在一個完全黑暗的房間裡，注視一個靜止的小光點時，幾秒鐘後，他會覺得該小光點開始上下左右做不規則的移動，這就是所謂的「自動效應」，此一現象到底如何產生，目前專家們並沒有一致的說法，一般認為在完全黑暗的房間裡，一個人的視野得不到任何指標來確定小光點之是否靜止不動；由於我們的眼睛是不時地在轉動，於是形成了小光點移動的知覺現象。如果

(甲)

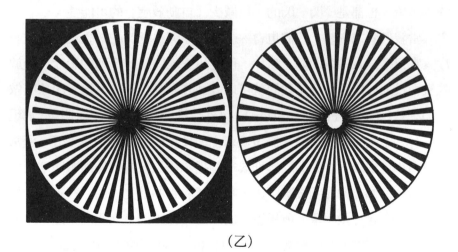

(乙)

甲、Bridget Riley 的潮流（current）

乙、 Wolfgang Ludwig 的抽象畫（cinematic painting）

圖9～3　錯覺移動

在房間裡同時存在著兩個小光點時，我們可選定其中的一個做為指標，如此一來，「自動效應」的現象就不會存在。

有關「自動效應」的解釋，心理學家們目前仍缺乏一個令人信服的理論，比較被普遍接受的一種說法是：當一個人在注視固定的小光點時，十分微小的頭部轉動以及身體轉動乃是無法避免的，由於這些不自覺的轉動，該小光點所投射於網膜上的影像也在左右移動，因為我們並不覺得身體本身在做微小的轉動，針對網膜的影像狀況，大腦就把它解釋為是小光點在移動。自動效應可以說是一種錯覺，因為小光點確是固定不動的。這種錯覺的自然發生，對夜間在黑暗中航行的飛機和船艦的操縱者（飛行員和艦長），乃是一大困擾，因為在黑暗中，遠方的燈塔或是指標看起來是在移動而不是固定的。為了幫助他們確認方向和目標，一個有效的辦法乃是把固定的燈光改變成閃動的燈光，這樣安排可以消除「自動效應」錯覺的形成，避免誤導事件的發生。而飛行物本身表面的外示燈，也都是一閃一閃的，以減少「自動效應」的可能性。

當我們看電影時，我們也會經驗到「類似移動」的知覺現象，電影片其實只是一長系列的靜止軟片，但是迅速地將這一系列的影片透過放映機而投射於銀幕上時，我們就可以看到許多動作產生，這種現象叫做「閃動」（stroboscopic motion）。另外一種閃動的知覺現象叫做「飛現象」（phi phenomenon），商業廣告上所使用的招牌和指示燈等，通常由許多小燈泡以很小的間隔排列成一個指示箭頭，當迅速而順序地使每一燈泡依箭頭方向先明後暗下去，我們所看到的就是一個「移動」的指示箭頭。引起「飛現象」所用燈光的強度、每兩個燈泡間的距離，以及燈泡一閃一滅間的時間距離〔一般介於 30 到 60 毫秒（milliseconds），一毫秒為百分之一秒〕等都需要予以適當的控制。

三、知覺的恆常性 (perceptual constancy)

知覺的恆常性是一個奇特的視覺經驗。對於那些我們所熟悉的事物，不同的角度、距離，或光線的明暗並不會使這些事物看起來有所不同。例如，我們在不同情況下所看到的一般房門窗子都是長方形，而不因我們所觀看角度的不同而變成菱形或梯形，這種不因視覺內在變化(物體投射在網膜上的不同影像) 而引起知覺組織上的顯著變化，就是所謂的「知覺的恆常性」，知覺的恆常性有多種，前面提到門戶的形狀不因觀看角度不同而被視爲梯形或菱形的現象，叫做**形狀恆常性** (shape constancy)。**大小恆常性** (size constancy) 所指的則是當我們距離某一物體較遠時，該物體並不因其在網膜上所構成的較小影像而看起來要小一些。在不同光照下，某一物體的顏色並不產生顯著的不同，這種現象叫做**色彩恆常性** (color　constancy)。**明亮恆常性** (brightness constancy) 所指的是物體反射光度的高低並不影響該物體的明亮度知覺經驗。知覺恆常性的種類很多，不過它們具有一個共同的特點，那就是知覺經驗的保持不變，與眼內視覺影像的實際變化是大有出入的。

爲什麼當我們的視覺影像 (投射於網膜內的影像) 產生顯著的實際變化時，我們的知覺卻保持恆常性而不隨之變化呢？有關知覺恆常性之所以發生的解釋很多，最普遍的一個說法是：知覺者已知道某一物體看起來應該像什麼，因此他的知覺也就依照他所想像的來構成。根據這種說法，房門應該是長方形的而不應該是梯形或菱形，因此房門因不同角度而在網膜上所形成的梯形或菱形影像，也就被視爲是長方形而不是其他形狀。不過，這種認爲過去經驗或個人知識影響我們知覺恆常性的看法，並不能夠完全說明所有的知覺恆常現象，因爲有些我們不熟悉的東西，知覺恆常性的現象也照樣可以產生。

　　美國心理學家吉普生（J. J. Gibson）認為一個物體的質地之粗細以及變化（texture density and changes）是影響知覺恆常性的最重要因素，前面在討論空間知覺時，我們提到一件物體的質地可以用來判斷該一物體距離的遠近。圖9～4中的乙物看起來要比甲物遠一些，甲物在網膜上所形成的影像大約是乙物所形成影像的兩倍大，不過，甲、乙兩物看起來卻大小差不多，因為甲物與其背景質地間的比例和乙物與其背景質地間的比例差不多。同時，我們也可以從甲、乙兩物所遮住的背景之大小來加以分析，乙物由於距離較遠，它所處背景的質地較細，因此它所能遮住的方格與較近較大的甲物所能遮住的方格，在數目上是一樣的，物體與其背景間的比例，很自然地把距離的因素加以考慮，於是在知覺上就能保持其大小的恆常性。這種解釋不但可以用來解釋大小知覺的恆常性，而且對於其他的知覺恆常現象，也能夠加以合理的說明。

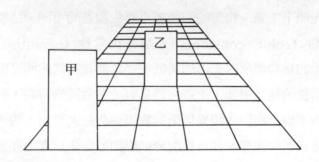

圖9～4　背景質地與知覺恆常

　　例如，煤炭不管是在強光照射下或是在陰暗的地方，看起來都是很黑，這是為什麼呢？根據吉普生的看法，強光照射，不但是在煤炭本身，煤炭四周的其他物體也同樣受到強光的照射，如此一來，由煤炭反射所得的光與由其四周事物背景所反射的光，在比例上並不因光照的強弱而產生變化，因此而保持了明暗的恆常性。如果我們安排一個特殊的情況，只使煤炭本身受到強光的照射，而其四周事物所得到的光照保持不變，

那麼煤炭看起來就要亮多了。吉普生又認為某一物體與其四周事物在網膜上所形成的相對關係，可以用來解釋形狀知覺恆常性的原理。

四、知覺的組織 （perceptual organization）

知覺的形成雖然有賴於來自感覺的資料訊息，但是知覺的過程並不只是感覺歷程的延伸，知覺者對於感官所受的外來刺激須加以主觀的解釋與組合，始能形成有意義的知覺。有關知覺組織的研究，以完形派心理學家的影響最大，現在我們就來介紹一下有關感覺刺激的解釋與組合之主要原則。

甲、完形派的組織原則 （gestalt laws of organization）

完形派心理學家認為我們的知覺組織主要是根據下列的幾個基本原則：

A.　鄰近（proximity）：相接近的事物往往被歸為同類，但是同樣的事物，如果在空間或時間上相距較遠，卻不一定被視為同一組。

B.　類似：相類似的東西常被視為一個單元。

C.　連續：某一事物如果看起來與其前導事物具有連續性時，此一事物往往與其前導事物同被歸類為一組。

D.　封閉：不太完整或具有小缺口的圓形或其他圖形，往往被視為是完整無缺。

乙、極少原則 （the minimal principle ）

上面所介紹的完形派原則，雖然可以用來直覺地解釋知覺的組織，但是並不能為知覺組織的預測提供可靠的數量化依據。美國心理學家何奇保（Hochberg, 1978）曾就完形派的組織原則加以整理而提供了「**極**

少原則」。根據這個原則，我們對一些模擬不定的外來刺激，往往摘取那些變化最少，間斷最少和差異最少的事物來構成知覺經驗，當面對著兩種可能同時存在的知覺經驗時，我們所獲得的知覺應該是較簡單的一個經驗，換句話說，我們的知覺組織乃是根據以最少的資訊來達成最有意義的知覺爲原則。例如在圖9～6中，我們所看到的是兩個互相重疊的長方形，因爲這種看法所需要的資料要比把它看成五個方形所需的資料來得少。

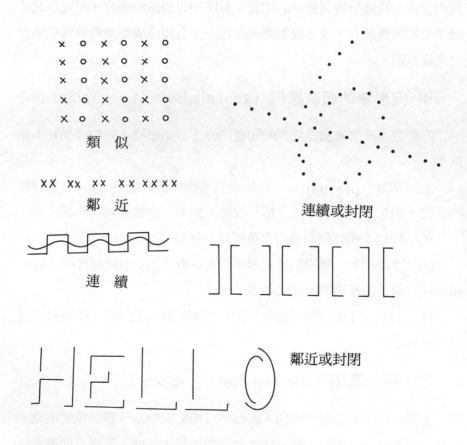

圖9～5　完形派的組織原則

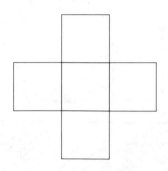

圖9～6　極少原則

丙、知覺假設（perceptual hypothesis）

　　上面提過，我們的知覺並不只是直覺地反射出我們的感覺經驗，從另一個角度來看，知覺可以說是就感覺資訊做最合適合理解釋的一種歷程，這種解釋當然需要根據我們所知道的某些事物特性。從認知的觀點來看，我們所知覺到的事物乃是就感覺資訊所提供的一個假設，對於此一假設的求證，則須借助於視野周圍的線索，這種假設求證（hypothesis-testing）的看法強調知覺的主動性，根據此一說法，我們的知覺歷程乃是一種主動尋求最佳組織的過程。在一般情況下，某種感覺資料或刺激往往只有一種最適宜的組織與解釋，而且，獲得最佳知覺的過程通常能在極短時間內自動地完成，因此我們對於這種假設求證的知覺歷程也就很少留意到。

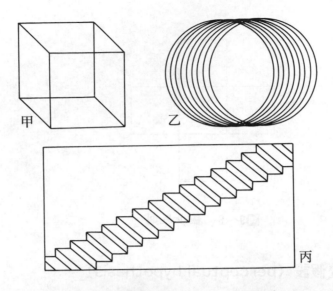

圖9～7 正反均可的圖案

甲和乙兩圖的開口可左可右，而丙圖可被視

為是樓梯或是一串斜掛於牆壁的鑲飾物。

丁、錯覺（illusion）

錯覺的產生，導源於我們所選擇的知覺假設的不正確，這種不正確的知覺假設，造成我們知覺上的偏差，這也就是所謂的「錯覺」現象。這種在正常情況下所產生的錯覺，與由藥物或其他方式所引起的幻覺是不同的。引起錯覺的刺激種類很多，而其所以導致錯覺的原因也有不同的說法，由幾何圖形所引起的錯覺早為心理學家所關心研究，但是其所以產生的解說卻未有一致的看法，在圖9～8中所示的一些圖樣，對一般人來說，都會產生某種程度的錯覺現象。

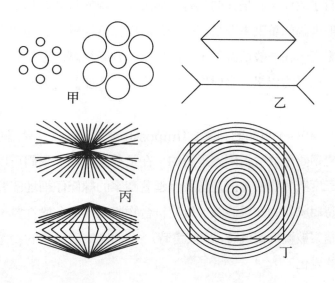

圖9～8　引起錯覺的一些圖案

甲、位於中央的圓圈是一樣大小的；乙、上下兩橫線長短一樣；
丙、圖中的兩橫線是平行的而非彎曲；丁、構成正方形的四根線
是直的。

　　在自然景象中我們也可以看到許多錯覺現象的存在。例如，當我們
觀看月亮時，差不多所有的人都會說在頭頂上的月亮「看起來」沒有靠
近水平線的月亮來得大，這種現象叫做「月亮錯覺」（moon illusion），
因為我們都知道，不管月亮在空中的位置如何，月亮與我們間的實際距
離是不變的，而且在天空裡又只有那麼一個月亮。月亮錯覺如何產生呢？
根據輻射理論（perspective theory），月亮大小知覺的改變是由於知覺
者與月亮間地平面發生變化所引起，當月亮靠近水平線時，由於地平面
上事物的影響，月亮看起來要遠一些，但是月亮在觀察者眼睛裡網膜上
所形成的影像卻維持不變，由於距離沒有變化，而月亮與其背景事物間

的比例有了改變，於是我們就有了靠近水平線的月亮看起來大一些的錯覺。輻射理論的重點主要是在強調距離與深度知覺，對物體大小知覺所產生的影響，在一般情況下，我們似乎先判斷物體的距離與深度，然後根據由此而得的資訊，來對物體的大小做「必要」的調整而構成了我們的知覺。

一些叫做「不可能的圖案」（impossible figures）（見圖 9～9）所引起的視覺錯覺是最令人困惑不解的，在這些圖案裡，我們可以看出許多不同的三度空間物體，但是當我們延著圖案的線條仔細地觀看時，我們必須隨時組成新的知覺假設，以期符合物體距離的多變性質，因為當某一部份圖案被視為較近時（或較遠時），整個圖案所顯示的物體也隨之產生顯著的變化。

五、注意（attention）

我們的感覺器官常常在同一時間內受到許多不同的刺激，不過，對於這許多同時存在的刺激，我們的感覺器官並沒有全部加以接受和反應，為了適應上的需要以及有效地應付某些刺激，一般人通常只專注於某些外來刺激，並且儘量地避免其他無關緊要的刺激之干擾，由此看來，我們對於外在的刺激與事物之加以注意，乃是深具選擇性的。

我們的注意力除了深具選擇性外，對於不同刺激所付出的注意力也有程度上的不同（Kahneman, 1973），有時我們需要聚精會神，專心一致，有時我們也能駕輕就熟，稱心應手，得來全不費工夫。為什麼我們的注意力不但深具選擇性，而且還需要予以適當地分配調度呢？英國的心理學家勃羅班（Broadbent, 1958）認為這與一般人警覺度之有限有關，由於我們的腦部處理刺激與反應的能力有一定的限度，在某些場合下，我們只好棄其他於「不顧」，而專注於某些重要刺激的處理與應付。

（採自M. C. Escher, 1953）

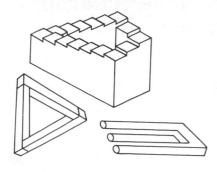

圖9～9

不可能的圖案與畫

既然如此，到底那些刺激較能引起我們的注意呢？

新奇的事物通常最能引起我們的注意；相反地，固定不變的東西，往往很少會受到我們的注意，日常生活中常見的事物，我們也很少加以理會，但是，新奇或出乎意料的東西往往很能引起我們的注意（Nunnally & Lemond, 1973）。不同刺激間所存在的對比往往是很引人注目的，所謂「萬綠叢中一點紅」，那一點紅之所以特別顯眼，主要是由對比所造成；突發性的變化之所以立刻吸引我們的注意力，主要也是因為「突變」與「一成不變」間所存在的強烈對比。對比現象的產生也可因大小、高低、長短等來造成。另外，移動的東西，也容易引人注意。在佈滿星星的天空裡，一顆彗星的隕落往往會引起我們的注意；在坐滿聽眾的禮堂裡，任何走動的人物，往往立刻引起大家的注意。

刺激強度的高低以及刺激物的大小，也是影響我們注意力多寡的因素，通常刺激越強，引起注意也越多，刺激微弱或一成不變，則所吸引的注意也少；刺激物越大的，也較能引人注意，這與一般廣告，大都採用大篇幅有關，當然廣告費用的顯著提高，是否值得，則有賴進一層的分析與研判。

一個人的動機與情緒也是引起注意與否的一個重要因素，在一般情況下，我們對於那些與我們的需求、興趣、價值等直接有關的事物，都賦予較多的注意力。與自己關係密切的刺激往往能夠引起我們相當的注意，在吵雜的場合裡，當別人提到自己的姓名時，我們往往立刻察覺到，而對於別人的姓名卻往往不加理會。心理學家們還發現，一般人對於那些與他們相類似的人的行為往往多加注意，而且對於那些聰明能幹和具影響力的人，也都賦予較多的注意力。

一個人過去的經驗也是影響其注意力的一個重要因素，挨餓的人對於食物特別敏感，因此對於食物也付出較多的注意力，這當然可以從動機的觀點來加以解釋，底下在動機一章（第十二章）中我們指出動機是

引起行為的主要動力，而個體在從事某一行為時，往往需要付出相當程度的注意力。在一般情況下，集中注意與否，個人大多能夠隨意加以控制操縱，但是有時我們也會遭遇到「力不從心」的苦楚，雖然一個人並不一定要「一心兩用」，不過，要完全摒棄其他事物的干擾，以期達到專心一致的地步，卻也不是一件很容易的事。

六、圖案識別 （pattern recognition）

在擁擠的月臺裡，我們往往一眼就可以認出所要迎接的朋友來，在廣大的停車場裡，我們對於自己的汽車或機車，也是一看就認得。我們對於日常生活中五花八門，各式各樣的東西，大多不必花費太多思索就可以加以識別，這種圖案識別的過程到底是什麼樣的一種過程呢？雖然我們所常使用的文字很多，而且同樣的字，由於書寫的人或所用的場合不同，又有很大的不同；但是不管是由什麼人所寫的一個字，識字的人，通常是不難加以識別的，這又是什麼道理呢？

有些人也許認為在我們的腦海裡，存在著每個字的一個模印（template），當我們看到一個字時，我們就把它拿來跟腦子裡的模印相比較，以便加以識別，這與銀行裡核對印鑑的方式是沒有差別的。但是，上面提過，日常生活中所使用的文字上千萬，而且又有各種不同的寫法，有些人的寫法，我們也許以前從未見過，但是一看到時，我們又可以正確地加以認識，由此看來，這種「模印」式的說法，似乎是不太可能的。

另外一種說法是：我們對於常見的熟悉圖案，往往以一些特徵來代表它，例如美國心理學家吉普生就曾選用十二種特徵來代表英文中二十六個不同的字母，這些特徵包括有垂直線、橫線、斜線、開口的曲線和閉口的曲線等等。例如以英文字母「A」來說，可以用兩斜線和一橫線來作為代表。這種說法要比模印式的說法較合道理，因為特徵相類似的圖

案，往往比較不容易加以識別；而且需要用較多特徵來加以代表的字母，通常也是較難學習的字母。不過，以特徵來代表圖案的說法也有些困難，有時一個小小的特徵，關係緊要，例如「太」字和「犬」字，其特徵並無差別，但小小的一點，因位置的不同而造成很大的差別。

專家們到目前為止，對此一現象並沒有一個令人滿意的解說，不過，一般來說，圖案的識別與一般知覺訊息的分析一樣，在基本上，它需要依賴刺激物在感官上所造成的感覺特徵，以及知覺者在某一特定場合所持有的期望來進行分析和辨別。當感覺特徵與個人所持有的期望相吻合時，識別的歷程是不會產生困難的，不過，當感覺特徵與期望兩者間有所差異，或者感覺特徵有限而無法提供足夠資料時，我們往往要根據期望來加以辨別解釋，如此一來，識別的歷程就相當困難。

圖案的分析與識別無法脫離一個人的記憶與思維，當一個人試圖對某一圖案加以分析識別時，他需要考慮到周遭的環境以及上下文的關聯，同時也要配合他對外在世界的認識。因此，這種過程乃是一種不斷地構想、試驗和修正假設（hypotheses）的過程，這裡所說的假設指的是對所看到圖案的假定。當我們所假定的被推翻時，或者上下文的關聯無法貫通時，我們需要慢慢地對感覺特徵資料進行仔細的分析；但是當所見的圖案刺激是熟悉而符合假定的，我們只需要摘取幾個主要的感覺特徵來加以驗證識別即可。

七、超感覺知覺（extrasensory perception，簡稱 ESP）

所謂超感覺知覺乃是一種不必依賴來自感覺器官的刺激，和不以感覺器官為溝通橋樑的一種知覺現象。超感覺知覺現象有許多種，它並不只限於一般人所說的「第六感」而已。「**心電感應**」（mental telepathy）乃是一種能夠轉送思想於不同個人間，或是左右別人思想的現象；**靈覺**

(clairvoyance)，則是在無直接感覺下所產生對實體事物的知覺現象，例如在未收聽電話之先，就知道是什麼人打來的（當然，如果事先已約好通電話，或某一個人在固定的時候都會來電話的情況是不算的），或者知道密封的信封裡所裝的是什麼文件、東西等是；**預感**（precognition）也是一種超感覺的知覺現象，具有這種能力的人，可以預知未來事件的發生，或者預知別人的思想；另外有一種叫做「**心動力**」（psycho-kinesis，簡稱 PK）的現象，則是以心靈的力量來影響或控制物體的運動或存在。心理學家和科學家們對於這許多超感覺知覺現象的是否存在，議論紛紛，迄無定論。

　　有許多人從事有關超感覺知覺現象的研究，而自成心理學的一個分支──parapsychology，他們所使用的試驗方法有數種，例如在研究靈覺時，主要是讓受試者猜測一副紙牌中某些牌的花色；而在實驗預感時，則讓受試者在某一張牌被抽出之先，說出該牌的花色；為了試驗心電感應，通常將兩個受試者分置於兩個房間裡（不能互相看到），其中一個受試者注視某張牌，而在另一個房間裡的受感應者（receiver）則指出那一張被注視的牌色；至於心動力的實驗，則要求受試者如意地控制骰子出現的點數。

　　應用這些方法所做的實驗往往很難避免下列的一些主要缺點：⑴受試者或實驗者在從事實驗中所可能造成的錯誤，或是欺騙情事的發生，並無法完全加以控制、避免，有經驗的魔術師往往可以用變魔術的方法來形成所謂的超感覺知覺現象；⑵過去不同的實驗者所發現的證據頗有出入，而且科學證據所必須的可重複性（replicable）很難建立；⑶超感覺知覺現象的系統化測量、控制以及顯示，目前尚無可能。到底擁有超感覺知覺能力的人具有何種特徵？心電感應的過程如何發生？在何種情況下，超感覺知覺的現象最容易出現？除非科學家們對於這些問題有了較可信可靠的答案，存在於一般人心目中的疑惑是不容易加以破除的。

第十章
不同的意識狀態

大　　綱

一、變更意識狀態的特性

二、睡眠和夢

甲、睡眠的兩種狀態

乙、睡眠的功用

丙、夢的本質

三、藥物作用

甲、興奮劑

乙、鎮定劑

丙、大麻菸和迷幻藥

丁、吸毒的原因

四、打坐冥思

五、催眠狀態

　　簡單地說，意識（consciousness）乃是一個人對自己的思潮以及外在事件的一種知覺與領悟。失去意識的人（因麻醉或昏迷等所引起），對於發生在自己周圍的事情，少有所知，所謂「不省人事」，就是這樣的一種現象。不過，一個人意識之存在與否，並不是一種全有或全無的現象，從完全不省人事到十分清醒之間，有著許多不同程度的意識狀態存在。一個人的意識狀態可利用多種不同的方法來加以變更，變更的意識狀態（altered states of consciousness）可能由過多或過少的刺激所引起，當外來的刺激過於強烈時，一個人往往暫時地「失去知覺」以免受害，如果外來的刺激不夠時，一個人可能感到無聊或昏昏欲睡，或是轉入幻想作白日夢的情況。

　　變更的意識狀態也可能由服用酒精、藥物或其他化學物而故意地加以引起，有時由於發高燒、絕食、睡眠不足或中毒等，也可能在無意間引起一個人意識狀態的變更。除此之外，利用心理控制的方法，如打坐冥思、催眠等，一個人也可以將普通的意識狀態予以改變。在這種狀況下，一個人往往故意地減低或增加個人的警覺性或注意力（Ludwig, 1966）。

一、變更意識狀態的特性

　　雖然變更的意識狀態可由多種不同的因素所引起，但是這些由不同因素所造成的各種不同意識狀態，卻具有下列的一些共同特性：

　　A.　知覺歷程、時空概念以及軀體意象（body image）上的變形乃是變更的意識狀態的一個共同特性，日常生活中許多有關聽覺和視覺上的歷程都可能發生變化，就是有關時間和空間的知覺也會受到影響。有時雖然沒有外在的刺激，但處於變更意識狀態下的個人，卻可能有十分

強烈的視、聽覺上的感受；錯覺與幻覺的產生也是常見的現象；有時對於自己的軀體之全部或某一部位，又會產生一種新奇或癱瘓的感覺。

B. 超然自我以及絕對客觀的感受：處於變更意識狀態下的個人，往往感到自己對於外在世界的看法變得更為客觀，而且往往感到自己可以站在超然的立場，不為一己之私念或感情所左右，如此一來，對於外在事物的看法就很自然地變得實際客觀，這種感受尤其是與由打坐冥思所形成的意識狀態之變更關係最為密切。

C. 矛盾現象的存在：從理性和邏輯的觀點來看變更的意識狀態，我們往往會發現一個人所描述的變更意識與實際狀況的存在是自相矛盾的，例如超自我的感受，其實乃是由實際存在的個人體會而來，雖然自己感到「四大皆空」，但是軀體的存在與持續卻是實在的，並無法去加以否認的。

D. 處於變更意識狀態下的個人，對於自己當時的意識感受往往有無法加以描述的苦衷，一般人處於這種情況下，往往覺得自己的感受十分奇妙，而無法用日常生活中的字彙來加以形容。在另一方面，由於個人當時所有的感受又多互相矛盾，這又增加了適當地加以描述的困難。

E. 在變更的意識狀態下，個人往往與其周遭所處的人、事、物等混合為一，而少有加以分辨區別的意向與需求。這種完全失去個人本體的感受與西方文明之重視個人主義與自我本體的觀念直有天壤之別。這種「天人合一，返璞歸真」的忘我境界乃是變更的意識狀態的一個很突出的特性，而且也是最難被西方人所接受的一點。

二、睡眠和夢

在我們的一生中，一般人花在睡眠上的時間要比花在其他任何活動上的時間為多，睡眠在我們日常生活中雖然佔有如此重要的地位，但是

對於睡眠本身做系統化的科學研究與分析，卻是最近不久的事。科學家們以前由於科學儀器上的缺乏與限制，對於深富神秘性的睡眠狀態很難對它進行客觀的分析，一直到了 1940 年左右，腦波測量器（electro-encephalograph，簡稱 EEG）的設計完成，終於使有關睡眠的研究向前邁進了一大步。科學家們不但利用腦波測量器來研究人們的睡眠狀態，他們也對許多動物進行類似的研究。到了 1950 年，第一個專門用來研究睡眠狀態的實驗室正式成立，而今天已有數十個這樣的實驗室分佈於許多主要大學和醫院裡。在這種實驗室裡，除了舒適的臥房外，還有許多精密的電子儀器，以便對睡眠中的受試者的生理反應做詳細的記錄與觀察。

甲、睡眠的兩種狀態

科學家們研究睡眠的結果，發現睡眠本身含有兩種不同的狀態，這兩種不同的狀態可以根據腦波的變化來加以辨別。一般人在就寢之後而未睡著時，在這種休息情況下所反應出來的腦波通常是一種波度不大而速度較快（每秒鐘在八到十二週波之間）的阿法波（alpha waves）。當一個人開始睡著，睡眠慢慢地進入第一個階段，而腦波也隨著發生一連串的變化。第一階段的睡眠又叫**非快速眼動睡眠**（nonrapid eye movement sleep，簡稱 NREM）。在第一階段睡眠中腦波所發生的變化相當複雜（見圖 10～1），研究睡眠狀態的人通常根據這些不同的腦波變化來進一步就此一睡眠階段加以細分：

A.　昏沈期：此一時期只有數分鐘之久，一個人慢慢入睡，很容易被吵醒，如果在這時候被吵醒，往往認為自己沒有睡著，這個時期的腦波是一種快速低週波而又不規則的腦波。

B.　淺睡期：這個時期比較不易被吵醒，不規則的快速波動開始出現。

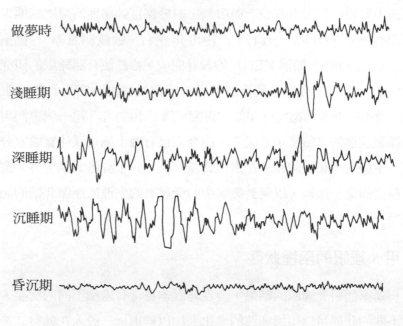

做夢時

淺睡期

深睡期

沉睡期

昏沉期

圖10～1　睡眠時腦波的變化

C.　深睡期：不易被叫醒，腦波中夾雜著快慢兩種不同的波動。

D.　沈睡期：身體完全鬆舒，而且少有移動，很不容易被叫醒，做惡夢的情形大部份在此一時期發生，慢速的高週波爲此期的主要腦波形態。一般人的腦波在睡眠第一階段內所產生的變化，基本上是從波度較低而速度較快的阿法波轉變爲波度較高而又不規則的慢速波（delta waves）。

當一個人在睡著約九十分鐘後，睡眠的第二階段開始出現，這是所謂的**快速眼動**（rapid eye movement，簡稱 REM）**睡眠**。快速眼動的睡眠狀態與第一階段的睡眠狀態頗有不同，在 REM 狀態下所顯示的腦波與剛睡著不久時的阿法波十分類似，不過，這種腦波常爲極不規則的強波所干擾，而當這種干擾發生時，眼動的現象也隨之發生。早期從事

睡眠研究的人（Dement & Kleitman,1957）發現當快速眼動發生時，
如果將熟睡中的人叫醒，他往往說是正在做夢，由於這種巧合，早期的
研究者認爲夢只是在 REM 的睡眠狀態下才會發生。不過，後來的研究
結果指出，夢也可能在非快速眼動的狀態下產生，只不過其程度沒有在
快速眼動睡眠情況下來得鮮明生動而已。在 REM 睡眠狀態下，一個人
的肌肉得到高度的鬆弛，不過，REM 狀態下的腦波卻類似剛睡著時的警
醒現象，因此有些研究睡眠現象的人認爲 REM 睡眠的本質是一種矛盾
的現象。

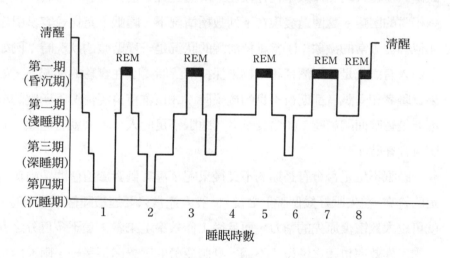

圖10～2 在一個晚上中 REM 和 NREM 睡眠之變化情形
（採自 Hartmann, 1973）

在整個睡眠過程中，非快速眼動睡眠（NREM）與快速眼動睡眠
（REM） 交替產生多次（見圖 10～2），不過，REM 的長短不一，通常
是以在早晨醒來以前的那一個 REM 較長，一般成人的睡眠約有五分之
一是 REM，但是小孩的睡眠，REM 則可能高達整個睡眠時間的二分
之一。每個人的睡眠狀況多少有所不同，而同一個人的睡眠狀況也並不

是一成不變的。

乙、睡眠的功用

一般人都認爲睡眠爲我們提供充分休息的機會，如果睡眠不足，精神就不好，記憶力減低，而注意力又不易集中。專家們的看法又是如何呢？魏博（Webb, 1973）綜合一百多項有關剝奪睡眠（sleep deprivation）的報告所得的結論是：就生理現象來說，睡眠不足並不至於造成嚴重的損害；但是當一個人睡眠不足時，其行爲上往往顯示某種程度的缺陷，這種人的工作效率往往較差，反應遲鈍，而且對於複雜的工作感到相當的困難。魏博還發現在下列數種情況下，睡眠不足比較容易引起類似神經失常的徵象：(1)當維持清醒的狀況是一種緊張的狀況時；例如一個人有病或是利用酒精和藥物來保持清醒時；(2)在實驗的情況下，如果實驗者和受試者都期待不良的後果時；(3)在維持清醒情況下所處的環境要是昏暗而悶鬱時；(4)當受試者（睡眠不足的人）本來就有適應上的困難存在時。

睡眠不足是否會有長期的不良後果呢？專家們對於這個問題尚無肯定的答案，在失眠好幾個晚上之後，一般人通常只要連續睡個十來小時，就可以大致恢復原先的精力，而且從工作效率上來看，差不多百分之九十的工作效率也隨之恢復。不過，身體疲勞的感覺卻不是一、兩天內可以消除，一種不舒適的感覺可能會持續長達數個星期之久。

既然睡眠本身有兩種不同的狀態，專家們認爲這兩種不同的睡眠狀態各有不同的功用。有人認爲恢復身體疲勞的作用是在 NREM 的狀態下產生（Hartmann, 1973），這可由在高度勞動之後，一個人所需的睡眠會有顯著的增加，以及睡眠不足的人容易感到疲倦等來佐證。至於 REM 睡眠的功用，則有多種不同的說法，有些人認爲 REM 睡眠對於腦部活動的保持佔有重要的地位，爲了不使一個人的腦部長時間窒滯不

活動，REM 是必需的。REM 也被認爲與記憶和資訊處理（information processing）有關，被剝奪 REM 睡眠的動物通常記憶較差，而遺忘也較快。在另一方面，REM 又被認爲能夠使一個人從焦慮和壓力的折磨中復元，這種說法主要是根據下列的發現：REM 睡眠較長的人，其抑鬱、焦慮以及神經質的傾向，要比 REM 睡眠短的人強而多；而且，REM 睡眠的需要往往在當一個人精神上遭受打擊時有顯著的增加，但在一個人心情爽快時，卻有所減少。另外，我們的腦下腺在深睡時會分泌促進身體生長所需的荷爾蒙，這可能與嬰兒和小孩需要較多的睡眠有關。不過，科學家們對睡眠功用之瞭解仍是十分有限的。

丙、夢的本質

是不是每個人都會做夢呢？有些人認爲自己從來沒有做過夢，這會不會是因爲他們做了夢而不自覺呢？爲了尋求這個問題的答案，學者們讓那些自稱從不做夢的受試者睡在特別設計的實驗室裡（sleep lab），而每當受試者的腦波和眼動發生類似 REM 睡眠狀態時，就把睡眠中的受試者叫醒，再問他們當時有些什麼樣的感覺和經歷，結果發現那些說是從不做夢的人，也都有做夢的情事發生，直到現在，成千上萬的人曾接受實驗，但卻未發現任何一個人是從不做夢的。通常我們說不做夢，大部份是因爲我們記不起來做些什麼夢所導致。

既然每個人都做夢，其夢中的內涵又是什麼呢？有一項研究指出，普通一般人所夢到的大多是與熟悉的人物或地方有關（Hall, 1951），而且一般的夢大多是不快活的，令人生氣、生疑和生懼的夢佔了百分之六十四左右，而快樂的夢卻只有百分之十八的時間。根據許多研究分析的結果，夢的內容似乎也與個人所處的文化背景、男女性別之不同以及個人在某一特定時間內所關心的重要事件有關（Hall & Castle, 1966）。

雖然一般人都有做夢的經驗，但是夢所代表的是什麼呢？對於這個

問題，卻有許多不同的解說。精神分析學鼻祖佛洛伊德認爲夢是一個人用來發洩不能爲社會習俗所接受的本能慾望與需求的一種方式，而且他還認爲從夢的解釋與分析，心理分析學家能夠發現做夢者的內在需求，再進而找出神經病患者的病源所在。佛氏認爲夢的內容可分爲顯性的內涵（manifest content）和隱性的內涵（latent content），心理分析所要分析解釋的，乃是隱性的內涵。佛洛伊德的這種學說目前還沒有科學上的實證。相反地，有些學者指出，一般人的夢大多與其日常生活中的行爲、思想和動機有著高度的一致性。

近年來專家們研究夢的作用，發現夢在訊息處理和解決問題上，可以發生某些作用，做夢本身雖然很少能夠獲得解決問題的有效方法，不過，做夢有時卻也有助於問題的解決（Dement, 1978）。其他的學者又指出，對某些問題做夢總比不做夢好，這有些類似對困難的問題加以思考，總是比不去想它要有用些。另外還有一些研究資料指出，做夢往往可以改變一個人的心情，這尤其是以不太愉快的事件爲夢的主題時爲然，在這種情況下，做了夢之後，往往可以使當事人的心情開朗些。一個人的夢，會不會因外來的刺激（特意安排的）而在內容上產生變化呢？學者們認爲這要看情形而定，而且也相當有限（Walker & Johnson, 1974）。

從訊息處理的觀點來看，夢的本身並不具任何特殊意義，它只是一個人的中樞神經（主要是大腦）對日常生活中所遭遇到的許許多多訊息，加以處理、統整以及過濾的一種歷程。有些學者（Crick & Mitchison, 1983）認爲夢與遺忘有關，做夢幫助我們把腦海裡那些不再有用或是需要的長期性記憶去除掉。另外，其他的學者（如 Hobson,1988；Foulkes, 1985）則從生理的角度來分析夢的功能，這些學者認爲夢只不過是我們對於腦海裡隨機發生的很多神經活動的一種主觀性的經驗，這與基本的認知系統是有直接關聯的，但卻不代表任何潛意識裡的慾望。

在討論睡眠的功用時我們曾提到失眠所可能造成的影響，現在讓我

們來看看如果一個人的 REM 睡眠不夠（REM 一發生，就被人叫醒所致），又會產生什麼後果呢？當一個人的 REM 睡眠不夠時，如果他有機會好好地睡一覺而不受到干擾，一般人在這種情況下，REM 睡眠的份量差不多要增加一倍之多，而造成 REM-rebound 的現象。雖然 REM 睡眠不足的人，一般都較煩燥、焦慮，而且也較難集中注意力，但是權威學者史丹福大學的底曼博士（Dement, 1978）指出，甚至長期的 REM 睡眠不足並未被證實對一個人的心理健康會產生嚴重的不良後果。

三、藥物作用

藥物除了用來治病之外，它們還被用來「提神進補」，有些人在心灰意冷時，服用興奮劑來支持自己；有些人為了避免過度緊張，則服用鎮靜劑；當睡不著覺時，服用安眠藥；疲勞時則用「克補」「亞賜百樂」等滋養劑。除此之外，藥物也常被用來抑制或減輕肉體上和精神上的痛苦，根據一些研究報告，這種現象可能與許多吸毒者之所以吸毒有關。在本節中所要討論的，主要是一些非治病用的藥物以及服用此等藥物所可能造成意識狀態上的變化。因為能夠影響一個人的思想、心情、行為以及知覺、感覺的藥物（一般稱為 psychoactive drugs）相當多，這裡我們只根據其基本作用，概略地予以分組討論。

甲、興奮劑

興奮劑的主要作用是在增加一個人生理上和心理上的活動程度，茶、可樂以及咖啡中所含的咖啡精（caffeine）似乎都具有提神、消除疲勞和增加容忍力的功用。香菸中的尼古丁可以增加心跳、提高血壓並促進身體的新陳代謝作用。吸毒者所用的安非他命（苯丙胺 amphetamines），對於行為的影響則更為顯著，這種藥物可以使服用者產

生一種高度樂觀和精力充沛的感覺。需要保持長時間警覺的人（如趕長途的卡車司機），很多是服用這一類的藥物來克服疲倦和勞累，但是安非他命也會產生相反的效用，服用這種藥會使注意力的集中受到不良的影響，而干擾到一個人的知覺與注意。長期使用興奮劑往往會產生不良後果，在長期使用之後，一旦想戒除不再服用，往往在剛開始時會使一個人感到十分的不舒服，肉體上感到很難受，除非有決心，否則戒除毒癮並不是那麼容易。

古柯鹼（cocaine）以及其衍產物快克（crack），近年來大量被濫用，尤其是在美國更是如此。販毒者因暴利可圖，雖政府多方查禁，卻仍無法消除，其對個人身體健康之不良後果已非一般人所擔心，但因吸毒和販毒所引起的社會暴力案件、犯罪行為等，則是社會安寧的一個很大的威脅。這些興奮劑的興奮作用，往往跟隨著沈睡、疲倦和憂鬱。嚴重者更會顯示一些極端類似心理變態的行為方式。無知的青少年，有很多因貪圖一時的快活而染上毒癮，其不良後果令人心寒。

乙、鎮定劑

大家最熟悉的酒精乃是最常被一般人使用的一種鎮定劑。少量的酒精似乎會使一些人變成好談、友善而少有拘束，這也許與一般人所說的「借酒發瘋」相類似；不過，酒精的主要作用乃是鎮靜性的，它會使神經系統的活動程度減低，過量的酒精則會使一個人感到眩暈而失去控制動作的能力，由酗酒而引起的酒精中毒不但是一個很嚴重的健康問題，而且也是一個很嚴重的社會問題，深度的中毒有時還會造成個人生命上的危險。酒醉駕車，引起車禍，甚或因此而致人於死地者，乃是很值得大家關注的一個問題。

另外一種常用的鎮靜劑是巴比妥酸鹽（barbiturates），這種鎮靜劑的威力要比酒精強很多，安眠藥中往往含有這種成份，這種藥不但能大

量減低一個人的活動程度，而且能夠減少一個人的焦慮和被壓迫感，由於它的這種作用，有時它也被用來治療一些精神失常症。

除了酒精之外，尼古丁（nicotine）和海洛英（heroin）也是常被使用的鎮靜劑。尼古丁毒性很強，雖然因吸菸而致死（短期內）的機會並不大，但是長期多量吸菸，對於身體健康危害很大。很多人認為吸菸可以提神，不過這只是剛開始的生理反應，一旦吸多了，它將會抑制中樞和自主神經系統，因此，這裡把它算為是一種鎮靜劑。大量的海洛英對中樞神經會產生嚴重的阻礙，甚或致死。上面所列的這些鎮靜劑都會使人上癮，造成生理上的依賴性。不過，不同的個人，其所感到的心理反應也大有不同，海洛英所引起的高度主觀舒服感，不但使用者很容易上癮，而且也很難加以戒除。鴉片（opiates）也是一種強烈的鎮靜劑和止痛劑，但一旦上癮，很難戒除，往往造成極大的痛苦和憂鬱。

丙、大麻菸和迷幻藥

大麻菸是一種由野生大麻（cannabis sativa）的葉或花所製成的藥物，一般吸食者將此等物質捲成香菸狀而吸食之，也有些人將之含在口中嚼食。大麻菸的主要成分是 THC（Tetrahydrocannabinos）。大麻菸的使用有著很長的歷史，在早期，大麻菸主要是用來治療頭痛、牙痛或癲癇等病症，不過由於每一棵大麻中所含 THC 的成份頗有不同，用藥劑量很不容易加以控制，加以許多其他的止痛劑後來相繼被發現使用，到了二十世紀初期，大麻菸已不再被用為止痛藥，而失去其藥用價值。

一般人吸食大麻菸的初步反應乃是一種煩躁不安的心情，不過這種心情很快就消逝，接著而來的是一種鬆舒的感覺，而且對於外來的刺激與聲色似乎能有較深的感受，吸食者對於自己的為人以及能力也感到較為滿意。當一個人吸食的程度加深之後，一般大多感到自己的思考歷程

與其在正常意識狀態下者頗有不同，而對自己的心靈也感到有了進一步的認識。對於經常吸食大麻菸的人來說，他在吸食之後，對於時間與空間的知覺有了相當的改變，對於時間的知覺變爲遲緩，幻想的程度大增，而其警覺性大減；相反地，其食慾卻有所增加。

吸食大麻菸者的反應似乎與其吸食時所處的社會環境具有高度的相關，而且其反應也因吸食者個人的人格特質而有所不同，由於這些因素，吸食大麻菸所可能造成的反應，往往因人而異，而且同一個人在不同場合裡吸食時所得到的感受和反應也大有不同。專家們對於吸食少量大麻菸是否會造成嚴重的不良後果，各方看法頗不一致，有些人認爲截至目前爲止，並沒有有力的證據來證實嚴重不良後果的存在；另外有些人則認爲長期使用大麻菸具有高度的危險性（Maugh, 1974a; b）。不過，在法律上一般政府仍然把大麻菸列爲毒品而加以管制，吸食大麻菸乃是犯法的行爲。

迷幻藥有許多種，服用這種藥物能使人的感覺和知覺產生異乎常態的效應。LSD（lysergic acid diethylamide）是迷幻藥中最常被使用的，而且也是引起最多爭論的一種迷幻藥。上面提過，服用者在服用某種藥物後所產生的反應往往與其服用時的社會場合頗有關係，不過，服用 LSD 者一般都有下列的反應：所看到的顏色變得較鮮艷，對於靜止的事物卻有移動的感覺，對於其他許多事物則產生融化消失或改變型態的幻覺；個人缺乏對於時間的感覺；對於現在、過去和將來的辨別，覺得毫無意義；思考的歷程產生異常的現象而與做夢時相類似。錯幻的知覺有時也會因服用此藥而發生，例如「看到聲音，聽到顏色」的怪異感受就是。除了這些奇怪的感受外，LSD 的服用曾被發現與染色體的受損和變態有關，不過其他的實驗結果卻未能證實這種看法。雖然吸食 LSD 的初期反應有些類似精神病症，但是吸食 LSD 並不一定就會使一個人神經不正常；至於懷孕者吸食是否會造成流產，也迄無定論。

丁、吸毒的原因

為什麼一個人會濫用藥物而走上吸毒的歧途呢？根據美國「國家吸毒委員會」(National Commission on Marihuana and Drug Abuse, 1973) 的報告，吸毒的動機可概分為五大類：

A.　實驗性的吸毒 (experimental use)：一個人由於好奇心的驅使，或者為了經歷新奇的意識經驗，往往會抱著嘗試的心理而使用某些藥物。

B.　社會──娛樂性的吸毒 (social-recreational use)：有些人認為吸食大麻菸或其他毒品並無異於吸菸或喝酒，而在社交場合或獨處的情況下發生吸毒的行為，這種人認為吸毒乃是一種逍遙取樂的方法，以吸毒為一種享受。

C.　特殊情況性吸毒 (circumstantial-situational use)：這種吸毒是為了達到某一目的而起，例如用吸毒來減輕某種病症，或以吸毒來企圖改進某種成就，美國大學生為了準備考試，運動員為了良好的表現和成績，以及開長途卡車的人為了保持清醒和精力，往往使一個人走上吸毒的道路。這種吸毒本來並不太嚴重，但是如果剛開始吸毒時得逞，很可能會愈陷愈深。

D.　習慣性吸毒 (intensified drug use)：這種吸毒至少是每天一次，因為已成習慣性，因此吸毒者已養成依賴藥物的習慣，不過這種人的日常生活並不一定會受到嚴重的不良影響。習慣性的服用安眠藥或其他興奮劑或習慣性的飲酒都屬於這一類。

E.　成癮性的吸毒 (compulsive drug use)：一個人吸毒到了這種程度，終日擔心毒品之不繼而可能產生痛苦，所以往往採取任何手段以期得到毒品的源源供應。這種吸毒方式所使用的毒品，其效力很強，而且使用的次數也很多，因此一個人的正常活動會受到嚴重的不良影響。

四、打坐冥思（meditation）

出家修行、冥思坐禪在我國以及其他東方社會（如日本、印度等）裡已有悠久的歷史，這些與宗教信仰具有密切關係的行為雖然缺乏科學上的驗證，但在一般東方人的心目中，對其效用似乎少有懷疑者。不過，在重視物質的西方社會裡，一般人對於這種玄妙而無實證的做法，過去一直是抱著不相信的態度，因此也少有加以理會者。以科學的方法來研究冥思坐禪對個人意識所產生的影響乃是最近二十多年的事。

冥思坐禪的方法有多種，不過大概可以將之分為開放性（opening-up meditation）和專注性（concentrative meditation）兩種。採開放式的冥思者偏重清心寡慾，以便接納新的思潮與經驗；而採行專注式者，則集中於某一事物或思想，以期達到專心一致，不為他物所困擾的地步（Naranjo & Ornstein, 1971）。在美國，一度流行最廣的一種冥思法叫做**超然冥思**（transcendental meditation，俗稱 TM），這種方法之所以廣為各界所採用，主要是因為簡單易行，雖然瑜伽術和坐禪都須經過長期修練始能奏效，但是超然冥思卻可在極短的時間內習得，據非正式的估計，流行當時全美國約有二十多萬人修練超然冥思。

修練 TM 者，在剛開始時，採取舒適的坐姿或跪姿，緊閉雙目，口中則暗誦經詞（Mantra 為師傅專就某一個人所選定的印度經文），這種經詞往往因人而易。修練 TM 的人，每天修練兩次，每次為時在十五至二十分鐘，雖然所費的時間相當有限，但從事此項修練者都認為獲益良多，他們覺得這種修練可以使人心身舒暢，精神飽滿，思想清晰而又較能集中注意力（Schultz, 1972）。以科學的方法來衡量 TM 的效果並不是一件簡單容易的事，這主要是因為主觀的個人感受很難用科學方法來加以客觀驗證。不過，近年來有不少學者開始以科學的方法來對 TM 的

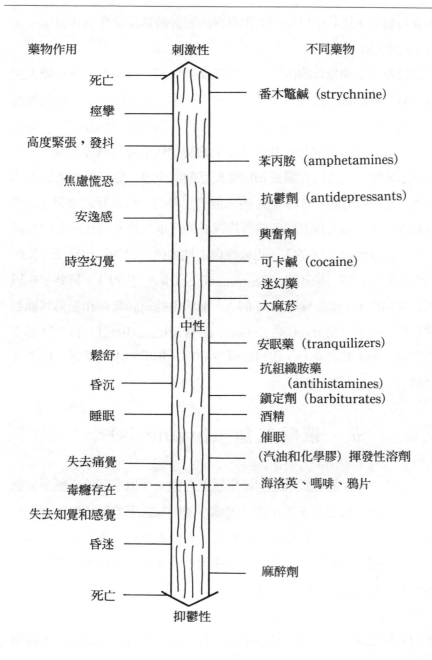

藥物作用 刺激性 不同藥物

死亡 ——— 番木鱉鹼 (strychnine)

痙攣 ———

高度緊張，發抖 ——— 苯丙胺 (amphetamines)

焦慮慌恐 ——— 抗鬱劑 (antidepressants)

安逸感 ——— 興奮劑

時空幻覺 ——— 可卡鹼 (cocaine)
迷幻藥
大麻菸

中性

安眠藥 (tranquilizers)

鬆舒 ——— 抗組織胺藥
(antihistamines)
昏沉 ——— 鎮定劑 (barbiturates)

睡眠 ——— 酒精
催眠

失去痛覺 ——— (汽油和化學膠) 揮發性溶劑

毒癮存在 - - - 海洛英、嗎啡、鴉片

失去知覺和感覺 ———

昏迷 ———

麻醉劑

死亡 ———

抑鬱性

圖10～3 不同藥物及其作用

效用進行研究，這其中以華理士和班森的報告最具權威性（Wallace & Benson, 1972）。

根據華理士和班森的研究，正在修練 TM 時，一個人的氧氣吸入量以及二氧化碳的排出量都有顯著的減少；不過，在修練之後，這些情況又恢復原狀。同時，在修練 TM 時，一個人的腦波（阿法波，alpha waves） 也有顯著的增加，其他身體上的變化包括呼吸速度的減低、皮膚拒電力的增加以及內在緊張和焦慮反應的減少等。除了這些肉體上的變化外，在心理方面，修練 TM 的人似乎也獲得一些良好的效果，有些研究報告指出，以心理測驗所測得修練者的焦慮程度，要比未參與修練者為低，而且修練 TM 的人，也較能自由地表達自己的心情感受，又較能與別人和諧相處（Nidich, Sceman & Seibert, 1977 ）。另外一些研究報告又指出，一部份修練 TM 的人，很快地能戒除吸毒和服用其他刺激性藥物的習慣（Marzetta, Benson & Wallace, 1972）。打坐冥思不但能幫助一個人鬆舒身心，還可以減少病痛、焦慮和因生活壓力所引發的疾病（Eppley 等，1989）。

五、催眠狀態（hypnosis）

一般人大多認為催眠狀態與睡眠狀態有關，而以催眠為一種半睡眠的狀態，這種看法其實並不正確，因為在催眠狀態下的腦波形狀與一般人睡眠時的腦波形狀頗有不同。實際上，在催眠狀態下的腦波形態與警醒時的腦波形態很相似；而且催眠狀態的形成，並不一定要透過鬆弛欲眠的暗示（Vingoe, 1973）。

不同的催眠師採用不同的方法來進行催眠，這些方法主要是幫助被催眠的人鬆弛其身心，提高被催眠者的想像力，然後使被催眠的人放棄一些自我控制的能力，並且對個人當時所處的實際情況做某種程度的曲

解。在進行催眠時，催眠師要求受催眠的人集中其注意力於某一焦點（如牆壁上的小圖釘），而放棄對其他事物的思考或想像。上面我們提過，催眠與睡眠兩種狀態並不一樣，而且被催眠的人並不是在睡覺。在催眠的過程中，催眠師一再地對被催眠的人做口頭上的指示，慢慢地，被催眠的人就會依照催眠師的指示來行事。催眠現象之能否達成，被催眠者之是否願意被催眠和是否能夠與催眠師合作，關係相當重大，只有那些願意受催眠，而且能夠和催眠師合作的人，才能達到被催眠的狀態。有些專家指出，如果一個人願意，他可以從觀看別人被催眠的樣子來學習如何催眠自己，在這種情況下，催眠師只要在旁協助，根本不必做口頭式的指示或命令。

　　當一個人處於催眠狀態下，其行為有些什麼特性呢？學者們研究分析的結果，發現被催眠的人「六神無主」，寧可聽從催眠師的指示來行事；在被催眠的狀態下，一個人的注意力變得很具選擇性，如果催眠師要求被催眠的人只聽從他的指示，被催眠的人對其他的指示或命令會完全不加理會；在催眠中的人，他的主觀判斷能力也銳減，對於幻覺和虛玄的情境往往盲目接受而不加研判；被催眠者接受暗示的程度也因催眠狀態的存在而有所增加（Ruch, Mogan & Hilgard, 1973）；受催眠的人在催眠狀態下往往會接受暗示而做出異乎尋常的動作，但在催眠狀態消除之後，又往往無法記得在催眠狀態下的所作所為，這就是一般所謂的「催眠後遺忘症」（posthypnotic amnesia）。

　　與此有關的，乃是一種叫做「催眠後建議」（posthypnotic suggestions）的現象。這種現象所指的是，受催眠者在被催眠中所聆聽的許多指示和建議，會在催眠之後，對受催眠者的個人行為產生指導和影響的作用。目前在美國，就有人利用這個道理，運用催眠來達成減肥、戒菸或是戒毒的目的。

　　到底什麼樣的人可以容易地被催眠呢？專家們認為每個人接受催眠

的可能性各有不同,有些人比較容易接受催眠,有些人則很難加以催眠,而且,同樣一個人,在不同的時間和情況下,其接受催眠的可能性也會有所不同。以美國大學生做研究所得的結果,美國大學生約有四分之一的人,在第一次接受催眠時就會順利進入催眠狀態。專家們還發現,想像力較高的人,一般都較具被催眠的可能性;而且一個人被催眠的可能性,似乎也與該個人在孩童時期的經歷有關;至於遺傳是否也是一個有關的因素,目前則尚無定論。

如果適當地予以運用,催眠有許多重要的用途:在心理學上,催眠的方法乃是一種實驗方法,心理學家們利用它來研究意識狀態;在醫學上和精神醫學上,催眠也有相當重要的功用,在醫學上,催眠可以被用來止痛,而具有麻醉的功效,在化學麻醉藥物未大量使用以前,催眠曾是一個主要的麻醉止痛工具;在目前,如果化學藥物的使用可能產生不良的後果或產生附帶作用(副作用),催眠也常被用來取代麻醉藥。由於催眠的作用有助於緊張心情的放鬆,催眠對於創傷的復元也有其特殊的用途;而在心理治療方面,催眠的方法有時也被用為治療心理疾病的方法。不過,如果使用不當,催眠有時也會造成嚴重的不良後果,有時因為接受心理治療者對催眠的功效存著過大的希望,相反的效果也往往因此而造成。另外一個可能造成危險的因素,乃是有些沒有經驗的催眠者基於好奇或強烈的控制他人的心理(甚或有意幫助他人解決私事),但卻因缺乏經驗,控制不當而使被催眠者受害。

一個更具爭議性的問題,則牽涉到應用催眠來幫助回憶過去早已遺忘的經驗,尤其是孩童時期的經驗,這種叫做「年紀迴歸」(age regression)的現象,其所回憶的經驗之真實性是頗值懷疑的(Nash, 1987)。由於借助於催眠所得之回憶,常是真假難分,而且還有可能滲入催眠者之意願影響,這一類的回憶在美國法庭,一般是不被接受採納的(McConkey, 1992; Laurence & Perry, 1988)。另外,在心理治療方

面，又有超過半數的心理治療師相信催眠確有助於孩童時期個人經驗的
回憶；其他約有半數的受訪者（總數近九百人）又相當相信被催眠者回
憶過去心理受創事件的準確性（Yapko, 1994），催眠在這方面之可能被
誤用，乃是很讓有識之士擔心的。

　　現代心理學家對催眠現象本質的解說，包含有兩種在基本上頗多差
別的主要看法：新分離說（neodissociation theory）和角色扮演說
（role-playing theory）。新分離說是曾在史丹福大學任教多年的希而
嘉（Hilgard）博士所提出（Hilgard, 1977; 1992），他認為催眠乃是一
個人的意識狀態的分離兩用，一方面接受催眠師的指示，但另一部分則
是背後的旁觀者，它並不參與任何與催眠有關的活動。但是，那些抱持
「角色扮演」觀點的學者（Lynn et al., 1990；Spanos et al., 1991），
則認為催眠代表著一種與常態下行為頗多差別的另一種行為方式；被催
眠者之所以會在催眠狀況下表現許多不同的行為，這乃是被催眠者扮演
其份內角色所造成的，因為，一般人大都知道在被催眠之後，就應該聽
從催眠師的指示來行動，於是被催眠者就儘量去扮演好自己的角色，其
行為也就依所被期待的來運作。

第十一章

情　緒

大　綱

一、情緒的界說與理論

甲、情緒的分類

乙、情緒的生理反應

丙、情緒理論

二、情緒的發展與表現

甲、情緒的發展

乙、情緒的表現

三、情緒的作用

甲、情緒與工作效率

乙、情緒與動機

丙、情緒與心身性疾病

丁、情緒與認知

四、快樂、悲哀與嫉妒

甲、快樂

乙、悲哀

丙、嫉妒

大　綱

五、測謊器

甲、測謊器的設計

乙、運用上的困難

　　近年來由於科技發達，人類的許多工作已大多以機器來代替操作，而且在很多方面，機器的效率往往要比人工高，成本低。自從教學機的發明以及電子計算機的廣泛使用，有些人認為教學的工作可以由機器來取代教師，這種說法的可行性如何，牽涉甚廣，我們不擬在此加以討論，不過，有一點是很明顯的，那就是冷冰的機器是沒有感情的，因此它無法「感情用事」，所以假如我們強調「春風化雨」，循循善誘的師道精神，那麼教學機必有「英雄無用武之地」的遺憾。

　　人之所以不同於機器、工具者，其含有血肉，富有感情乃是很重要的一個因素。這裡所謂的感情，概略地說，也就是本章中我們所要討論的情緒。一個正常的人，在某些場合下，都會有喜、怒、哀、樂、憂、懼等情緒的感受和表現，雖然有些人有時會有情緒不穩，喜怒無常的困擾，但是情緒的表達和感受，乃是一般人都具有的能力。不過，情緒的種類繁多，而且個人表達的方式又頗有不同，加上時、地和文化等因素的左右，正確地判斷某一情緒的存在，其實並不是一件簡單的事。就是同一個人，同樣的行為表現，在不同場合下，其所表示的情緒也可能會有很大的差別，我們都知道人不但會「傷心落淚」，而且也會「喜極而泣」，哭泣的行為雖無差別，但其所代表的內在情緒卻是截然不同的。

　　有些人認為情緒的存在並不是有利的，在日常生活中我們常聽到類似「感情或意氣用事」、「驚慌失措」、「樂極生悲」和「優柔寡斷」等貶詞，從這個觀點來看，情緒的存在是一種破壞性和非理智的狀況，情緒的存在會使一個人的理智和思想受到不利的影響，因此許多人往往對情緒講求克制的工夫。心理學家們對情緒問題一向極為重視，不過他們對於情緒的存在，並不加以價值的判斷，他們所較關心的是如何正確而詳細地對情緒加以界說，以利其研究探討。不幸，他們還未能獲得一致的看法，有些人認為情緒與動機無異，有些人則認為兩者大有不同，有些

人偏重情緒發生時的生理反應，另外一些則採用個人主觀的感受與報導，還有一些心理學家則偏重於外顯可觀察的面部表情，或動作姿態的研究。學者們研究情緒已有了許多有趣的發現，不過，這許多研究大多偏重於憂、懼等不快情緒方面，而對於快活、愛情等情緒的研究卻相當有限，還有，情緒本身的特質以及引發情緒的條件之研究也有待加強。

一、情緒的界說與理論

甲、情緒的分類

心理學家對於情緒的分類曾做過多種不同的嘗試，但是，對於情緒種類多寡的看法，目前仍然十分紛歧。喜、怒、哀、樂、憂、懼、愛、惡等等情緒，應該如何加以區分釐定，學者間並沒有一致的看法，為了分析討論上的方便，有些人認為情緒可以從三方面來加以辨別：

1.趨與避 (approach-avoidance)

情緒的發生大多由外來事物所引起，我們對於這些外來的事物，有時喜歡加以接近，有時則企圖加以避免。根據對此等事物接近或避免的不同反應，我們可以對某一情緒加以區分 (Arnold, 1960)。例如當小孩子看到狗時，有些小孩會接近去摸它，有些則會跑開躲避。根據這種反應，我們認為那些接近狗的小孩喜歡狗，而那些跑開躲避的小孩不喜歡狗。一般來說，那些引起喜好快樂的事物，是我們所想靠近的，而那些引起憎惡和不快的，則是我們所想逃避的。至於那些引起我們氣憤的事物，我們可能加以避免，也可能予以接近，如果我們接近引起氣憤的事物，我們往往以一種攻擊性的方式去加以接近。由於氣憤和恐懼的情緒有時混淆不清，因此逃避行為之由何引起，並不是很容易地就可以加以確認。

2.強度 (intensity)

基本的情緒類似基本的色彩，其種類並不是很多，但是由於情緒強度上的差別，情緒感受和反應也就變得爲數甚衆。例如，當我們生氣時，我們可能是暴跳如雷，也可能是面有慍色，而在這兩者之間，又存在著多種不同程度的情緒感受。有些人認爲情緒的強度乃是某一情緒所獨具的特性，例如，主張**促動說** (activation theory) 的學者，就認爲個體對於外來刺激所做的反應之強弱，乃是決定不同情緒的唯一因素。他們認爲所有的行爲，因其活動程度之高低，依次做順序性的排列，人類情緒之所以產生，只是因爲有些行爲的活動程度較高，高而強烈的活動程度乃是情緒不同於一般行爲的關鍵。根據這種看法，情緒乃是一種行爲。不過，大部份的心理學家認爲，強度只是情緒的一方面，而不是情緒的本身，因此根據強度的不同，我們可以把情緒加以細分。

3.快樂——不快樂 (pleasant-unpleasant)

根據個人感受上的快樂與不快樂來對情緒加以區分是最尋常的。例如喜好、滿足等是屬於快樂的一面，而悲戚、憤怒則是屬於不快樂的。情緒的快樂與否和對引起情緒的事物之趨向或逃避，兩者間有著密切的關係。雖然我們有時會有憂喜參半或一則以喜一則以憂的情緒感受，但是對於這種混合的情緒感受，我們大都不難根據快樂與不快樂的原則來加以區分。

除了上面的分類外，也有人認爲情緒可以分爲五大類，這種分法將不同的情緒歸納爲：⑴基本情緒，⑵與感覺刺激有關的情緒，⑶與自我評鑑有關的情緒，⑷與他人有關的情緒，⑸欣賞的情緒。基本情緒包括喜、怒、哀、懼等，這些情緒因爲與個人自我息息相關，所以被稱爲是基本的情緒，與這些情緒有關的活動一般都是具有標的的，所以這些情緒所具有的緊張程度也較高，而且也較爲複雜。好、惡和痛楚則與我們的感覺有關，這與第五類的欣賞情緒頗爲類似。與自我評鑑有關的情緒

包括勝敗的感受、內疚和自足驕傲等，這些是根據自我的內在標準以及
社會準繩來釐定。愛、憎以及其他許多包括正值和負值的情緒，都是與
別人有關的，這些情緒不但微妙而且又相當複雜。至於欣賞的情緒則包
含對於美術和藝術的感受、驚奇、敬畏以及幽默滑稽等。

乙、情緒的生理反應

　　與情緒有關的生理反應是由內分泌腺和自主神經系統所控制，諸如
心跳的加速、瞳孔的擴張、呼吸加速、臉色的變化，甚或所謂的「毛骨
悚然」、「怒髮衝冠」等生理上的反應，大都與內分泌腺和自律神經系統
的作用有關。自主神經系統的交感神經所引起的下列反應，與情緒具有
密切的關係：

　　A． 血壓與心跳的增加；

　　B． 呼吸的加速；

　　C． 瞳孔的擴張；

　　D． 血醣的增多；

　　E． 膚電阻拒的降低以及皮毛的勃起等。

　　測謊器（lie detector 或稱 polygraph）的設計就是根據情緒與生理
反應間的關係而成。其實，測謊器所測定的並不是說謊本身，而是因說
謊而導致緊張或內疚所可能引起的生理反應。一般測謊器所測量的生理
反應包括有心跳、血壓、呼吸以及膚電反應（galvanic skin response，
簡稱 GSR）的變化。由於這些生理反應是由自律神經系統所控制而不能
由行為者個人意志所左右，所以這些生理反應的變化可做為個人情緒變
化的指標和參考。當然引起生理變化的原因並不只是說謊一端，而且善
於說謊的人在說謊時並不一定會顯示顯著的生理變化，所以測謊器的使
用需要相當謹慎。在本章最後一節，我們將對測謊器做較詳細的說明。

　　中樞神經系統的枝軸系統（limbic system）似乎是人類情緒反應的

生理中心，生理心理學家發現用低微的電波來刺激枝軸系統各部位，可以引起人類的許多不同情緒反應。戴傑多（Delgado, 1969）認為我們的大腦約有百分之六十的部位是中性的，而有百分之三十五是針對快樂的情緒反應，只有百分之五是與痛苦的感受有關。外來的刺激首先傳到網狀結構（reticular formation）而引起個體的興奮，但是網狀體只能分辨興奮的強弱而不能分辨不同的情緒。情緒的分類與辨別有賴於枝軸系統的作用。枝軸系統根據情緒的快樂與否而作接近或避離的指示。中樞神經系統的下視丘也與情緒有密切的關聯，下視丘受到損傷的人往往無法做適當的情緒反應，不過，如果對正常人的下視丘直接加以刺激，則不必外來的其他刺激，受此種刺激的個體也會產生強烈的情緒反應。

自主神經系統在情緒的感受方面扮演著規律性的重要角色。自主神經系統含有交感神經和副交感神經兩個分支，當交感神經發生作用時，諸如心跳加快、瞳孔擴張、肌肉收縮以及呼吸加速等生理反應也就隨之產生，而不能依個人意願加以操縱控制，這也就是為什麼一般人很難對自己的情緒之生理反應予以控制的道理所在。

我們體內的內分泌腺，尤其是腎上腺，對於與情緒有關的生理反應也會產生影響，內分泌腺的作用缺乏像自主神經系統作用之立即性，因此由它所影響的情緒生理反應也就緩慢些。激烈的情緒反應往往伴隨著上述的多種生理反應，但是，不同的情緒反應是否有不同的生理反應方式呢？心理學家們對此一問題的解答並不是一致的，而且也頗多爭論。不同情緒的生理反應形式雖略有不同，但是其中的差異卻是十分有限的。

新近有關腦部左右兩個半球不同功能之研究，發現在一般情況下，右半球似乎對負面性的情緒（如悲哀、恐懼等）發生較多影響，而正面性的情緒（如快樂、喜愛等），則受左半腦的影響較多（Davidson, 1984; 1992）。

丙、情緒理論

當我們經歷某種情緒時，此一情緒發生的經緯如何，乃是一般情緒理論所企圖加以解說的，這裡我們簡單地把幾個主要的情緒學說介紹一下：

1.詹姆士——連吉學說 (James-Lange Theory)

有關情緒的第一個學說，乃是由美國心理學家詹姆士在 1884 年所提出。差不多在同一時候，丹麥的生理學家連吉氏也發表了類似的解說，此一學說的得名也就是由此而來。根據這兩位學者的看法，情緒的產生乃是動作反應的後果，而不是其前導。早先，一般人常認為：當我們看到一隻老虎時，因為感到害怕，所以我們拔腿就逃。這種常識性的說法並不為詹連二氏所接受。詹連二氏認為當我們看到老虎時，第一步反應就是拔腿而逃，之後，我們才感到害怕，而有了害怕的情緒發生。看到老虎的知覺感受，首先導致體內生理上的若干變化與反應，然後才產生了害怕的情緒；如此看來，害怕恐懼等情緒的發生，乃是生理上發生了變化的後果，而並不是因為看到老虎的知覺所直接引起。

2.康南——巴德學說 (Cannon-Bard Theory)

到了 1927 年，芝加哥大學的生理學家康南氏對詹姆士——連吉學說提出了下列的疑問：如果不同情緒（如恐懼、氣憤等）所引起的生理反應並無不同（如心跳加速、呼吸短促等），那麼不同的情緒將如何地加以分辨呢？再者，個體內的生理變化，大都由自律神經系統所控制支配，此等變化的速度相當緩慢，這與情緒的迅速反應並不能對稱配合。另外，當我們感到氣憤和恐懼時，體內腎上腺素的分泌有顯著增加，但是在一般常態下，接受腎上腺素的注射並不能使受試者產生恐懼和氣憤的情緒感受，其所能產生的只是類似此兩種情緒的生理變化而已。

由於上面的難題無法從詹姆士——連吉學說中得到令人滿意的答

案，於是康南對情緒提出了新的解說，他認爲中樞神經系統中的視丘是我們的情緒中心，當視丘在受到足以引起情緒反應的刺激後，同時對大腦和交感神經發送刺激訊號，如此一來，我們的情緒以及生理上的反應會同時發生而無先後之別。此一學說後來爲巴德（Bard, 1934）所擴充發揚，所以被稱爲康南──巴德學說。以後的實驗，發現我們的下視丘在情緒反應上的協調作用要比視丘來得重要，這與康南認爲視丘是我們的情緒中心的說法是有出入的。

3.認知──生理學說（cognitive-physiological theory）

上面所述兩個學說，其論點的主要不同乃是生理反應與情緒發生的前後順序有異。其實，生理反應與情緒出現之孰先孰後，並不能很容易地加以確定。在緊急的情況下，爲了應付需要，生理反應可能發生在情緒出現之先，但在一般情況下，情緒可能與生理反應同時發生，甚或發生在生理反應之前。加上情緒是一個很主觀的個人經驗，基於過去經驗的不同，以及對目前情境體會的差異，情緒的發生，在個人與個人間是不盡相同的。

史傑特（Schachter, 1970）的認知──生理學說，主張情緒是內在的生理反應與個人認知經驗歷程交互作用的後果。這個學說強調個人過去經驗以及對情境之感受與判斷在情緒上的重要性。根據史傑特的看法，我們的認知經驗告訴我們如何對某種情緒感受加以區別命名，而這種區別命名的工夫，需要與我們對環境的看法和體認相互符合。外來刺激所引起的生理反應之被稱爲恨怒、悲哀或快活，主要是個人主觀感受和個別解釋所造成的後果，此一學說因此又叫做二因素（two-factor）說。

史傑特和辛格（Schachter & Singer, 1962）做了下面的實驗來研究認知經驗與生理反應交互作用的情形，以及對情緒感受所發生的影響。在實驗過程中，他們給志願參與實驗的大學生注射腎上腺素，但是

卻告訴這些學生：他們所注射的是一種維他命；而實驗的目的乃是在研究此一維他命對視覺所可能發生的作用。而且對於接受注射後所可能產生的生理上的反應也沒有在事先對受試者加以說明。有一組受試者在得到注射後，他們所處的情境是一種設計來引起快樂情緒反應的情境，另外一組受試者則於接受注射後處於一種設計來引起憤怒的情境。這項實驗的結果發現，那些處於快活情境的人會認為他們的情緒是快樂的，而處於憤怒情境的受試者，則認為他們的情緒感受是憤怒的。根據這項資料，我們可以看出認知的因素對於情緒的感受深具影響力，因為兩組受試者所接受的都是腎上腺素的注射，所以在生理上所可能產生的效應應該是相類似的，兩組受試者在情緒感受上所顯示的不同，主要是由認知的因素所引起。

4.認知——評鑑學說（cognitive-appraisal theory）

亞諾（Arnold, 1960）也認為認知過程會左右我們對情緒的解釋與反應。她特別強調評鑑作用在情緒上的功能。根據亞諾的看法，我們對於外來的刺激，首先根據「好」、「壞」、或「無關」等加以評鑑，假如是「好」的，我們對刺激加以接近，要是「壞」的，我們就迴避它，至於「無關」的刺激，我們則予以忽視，我們的評鑑準繩乃是根據個人過去的經驗以及當時的個人感受而定。這種評鑑作用的發生是在生理反應、情緒感受和採取某種行動之先。

亞諾的學說後為拉薩士等（Lazarus, 1968; Lazarus, Averill & Opton, 1970）所支持和擴大。拉薩士認為每一個情緒所需要的評鑑各有不同，而且，他還將情緒反應細分為多種不同的元素，這些元素包括不同的生理變化和反應。他對於評鑑與個人所處情境交互作用的方式也深入地加以分析。拉薩士強調，個人所持有的先決觀點乃是左右情緒感受的主要因素。由於社會文化背景上的顯著差異，他認為個人的情緒感受及其表示，也都有著顯著的不同。同樣的情境，印第安人可能覺得可怕，

但是對美國白人來說，那可能是好玩的；另外，各種情緒的表現也因文化習俗的不同而有相當的差別。

拉薩士等人曾做過許多實驗來證明：改變一個人的認知經驗可以左右這個人的情緒感受。他們所用的實驗步驟大部份是先讓受試者觀看能引起情緒反應的影片，然後就受試者生理反應（如膚電反應等）加以測量。他們左右受試者認知經驗的方法則是以不同的影片解說（配合影片的進行），或是使受試者在觀看影片之前，先閱讀一些針對影片所做的說明來進行。他們曾用過一部描繪澳洲土著民族為青年男子行閹割禮的影片來引起觀眾的緊張情緒。四組不同的受試者在四種不同的解說情況下觀看該影片，結果發現不同組的受試者所產生的膚電反應有著顯著的不同。稍後的實驗還發現，在放映影片之前對受試者所做的講解，更能影響受試者的情緒反應（Lazarus & Alfert, 1964）。

認知和情緒兩者間的關係，尤其是孰先孰後的因果關係，近年來學者間頗多爭論處（Lazarus, 1984, 1991; Zajonc, 1980, 1984），根據沙言士（Zajonc）的說法，認知的評鑑和命名（labeling）在情緒感受上並非絕對必要，而且很多情緒感受要比認知運作迅速急促，要先有認知，再生情緒是不可能的。不過，拉薩士（Lazarus）却認為，要是沒有認知，感受為何而發呢？如此一來，情緒還有什麼意義呢？拉薩士認為很多簡單基本的情緒，如好、惡和恐懼等，其認知運作已大多自動化，而無需費時的意識操作；但是，那些較複雜的愛與恨等情緒，認知運作自不可缺。

利道士（LeDaux, 1994）的最新解說則採取較持平的觀點，強調記憶以及大腦生理性功能的不同影響，個人過去經驗所形成的記憶和大腦皮質以及腦內部的扁桃體（amygdala）（見第二章），都與情緒感受息息相關。立即性的情緒感受，感覺刺激很快透過視丘而到達扁桃體，造成迅速的感受；但這些感覺刺激經由視丘，也會傳達到大腦皮質而引起較

慢的認知評鑑和命名，再經由主管情緒的中樞——扁桃體，而引發生理上的反應。

二、情緒的發展與表現

甲、情緒的發展

個體情緒的發展與其所屬族類進化的高低具有密切的關係，越進化的動物，能夠引起其情緒的刺激也就越多越複雜。在另一方面，個體對某一刺激的情緒反應，也會因其年齡的增長而有所增加，這顯示學習在情緒的發展上具有相當的重要性。

初生的嬰兒其表達不同情緒的能力十分有限，這也就是說，嬰兒所能表達的情緒種類很少。根據布里紀士（Bridges, 1932）的研究，嬰兒剛出生時，其所表達的情緒乃是一種類化性的激動狀況，對於來自外界的不同刺激，初生的嬰兒都以此種激動狀況為反應。觀察許多嬰孩的結果，布里紀士發現嬰兒從出生到兩足歲期間，其情緒的發展遵循一個固定的型式，而在此一期間，基本的情緒相繼出現。首先，類化性的激動狀況分化為快活與困惱兩大類；而憤怒、厭惡與恐懼的情緒則順序地在三個月到六個月期間出現；快活的情緒則在六至十二個月間，細分為得意和憐愛兩種；到了十六個月大時，嫉妒的情緒開始出現。嬰兒的情緒發展可由圖 11～1 中看出其概括。

人類基本情緒的發展雖然遵循一定的型式，但是我們對於某一特定事物的情緒反應，卻大多由學習而來。個人的某種經驗，可以決定某種特殊情緒反應的產生，例如，曾被貓抓破衣服的小孩，以後看到貓時就會產生害怕或痛恨的情緒。但是，如果小孩的媽媽對貓具有害怕的感受，這個小孩從觀察他的媽媽對貓所產生的反應，小孩很可能也會對貓產生

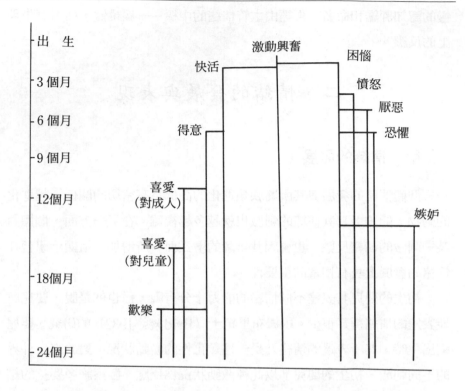

圖11～1　嬰兒情緒的發展與分化（採自 Bridges, 1932）

恐懼的情緒。在討論學習的原理時（見第四章），我們曾指出，根據社會
學習理論，模倣乃是一個很重要而有效的學習方式。除了直接經驗體會
和模倣之外，特定的情緒反應也可能經由刺激類化而造成，也許你以前
跟一個個子矮小的朋友有過不愉快的經驗，所以現在你一碰到個子矮的
人（不一定是你那個矮小的朋友），你也可能會因之而有厭惡的情緒反
應，這就是刺激類化的後果。

　　不過，人類的某些情緒反應似乎是與生俱來的，當我們受到拘束和
壓迫時，憤怒的情緒會很自然地出現；而恐懼害怕的情緒則往往與巨大
聲響、身體的頓失支持、或痛苦等情境有關。以恐懼的情緒來說，較高

等的動物，其所害怕的事物要比低等的動物來得多，這種現象似乎與個體的智能有關，智力高的動物，比較能夠辨別其所處環境中的異常現象，而這種異常現象並不是個體所熟悉認識的，由於一般動物對不熟悉的事物往往會有害怕的情緒反應，如此一來，較高等的動物所害怕的事物也就隨之增多。俗語說「初生之犢不怕虎」，這主要是經歷不足所造成。

　　小孩到了三歲以後，類似發脾氣、「使性子」的情緒反應逐漸減少。有些研究指出，在三歲左右，約有百分之六十的小孩很容易發脾氣，但是這種強烈的情緒反應在十四歲時，卻只有百分之十五左右的人有這種現象。至於這種顯著的改變，乃是因為當我們年紀增大時，就自然較能控制我們的情緒，抑或是因年長而減少了強烈情緒反應的必要，目前則尚無定論。就一般人來說，當我們的年紀慢慢增大時，相反地，強烈情緒反應卻大多會逐漸減少。但是，這並不是意味著強烈情緒的不存在，因為一個人往往會由某種嚴重的災害，或不幸事件，而導致強烈的情緒反應。根據現有的研究資料，強烈情緒反應因年紀增大而遞減的現象似乎是存在的；不過，情緒的反應與個人的生命長短是否有所關聯，目前也尚無結論，一般人相信脾氣暴躁的人會短命，這種說法是否正確，則有待進一步的探討與研究。

乙、情緒的表現

　　為了維護個人的自尊，同時符合社會習俗的要求，我們往往對於個人情緒的表現，採取某種程度的保留，這在一個注重「含蓄」的社會裡更是明顯。但是，我們都知道，平日與人相處，常常能夠察顏觀色，對別人的情緒感受做相當準確而合理的解釋與認識，此中道理何在呢？這與一般人表現情緒的方式有關，這裡我們將就各種不同方式加以簡單地介紹。

1.口頭表達

個人的情緒感受可以直截了當地用口頭的方式來表現,而且一般人只要願意,大多能夠正確地報告個人自己的情緒。不過,基於某些因素,一般人有時卻不能也不願準確地把自己的情緒向別人做口頭的報告。口頭表達自己的情緒,可能因下列的幾個因素而引起困難:(1)有些人有時無法眞正瞭解自己的情緒感受,所謂「打是疼,罵是愛」的說法,很可做爲此一現象的一個例子;(2)一般人往往會故意降低或忽視情緒的程度,其實內心害怕得要死,但又不能不打腫臉充胖子,硬著頭皮挨下去;(3)有時我們會完全否認情緒的存在,這特別是當某一情緒的存在是不受他人所歡迎時爲然,一般人否認眞實情緒存在的主要目的,乃是在保護自己,或是爲了習俗禮貌上的緣故。當你生氣時,內心可能很想發作一番,但卻因礙於情面而不好太使自己或別人難堪,於是「心是口非」也就不足爲奇了。

2.非口頭的表現

前面提過,與情緒感受有關的一些生理反應,大多由自律神經系統所控制,對於這些生理反應的產生與變化,我們不能隨意地加以控制和左右,因此會在無形中把我們的眞正情緒感受顯示於外而又不自知。其他如個人面部的表情、身體的姿態以及聲調的高低等,也是常被用來表示情緒的非口頭方式。

臉部的表情 顯示情緒的一個主要方式是臉部的表情,喜怒哀樂的情緒感受往往可以從臉部的表情加以推斷。人類臉部的許多表情是與生俱來的,這可由目盲者的臉部表情與一般常人並無兩樣而得到證明,目盲者雖然看不到別人的臉部表情而無法模倣別人的臉部表情,但是他們的一般表情卻與常人無異。用來表達情緒的臉部表情有些是環球性的,但是有些則會因種族文化的不同而有所差異 (Izard, 1971)。

　　根據臉部的表情來判斷情緒的真正本質，有時並不一定會完全正確。差異較大的不同情緒，其所反應於臉部的表情一般比較容易加以辨別；但是，像恐懼和驚奇的臉部表情卻不容易加以分別。就一般常人來說，以臉部表情來表達喜愛、恐懼和快樂等較為容易；但是類似厭惡、慍怒、受為難等情緒，就比較不易用臉部表情來顯示，因此也比較不容易加以辨認。男女兩性辨別臉部表情的能力似乎也有所不同，女性通常要比男性較能正確地分辨快樂、恐懼、喜愛和憤怒的臉部表情。

　　有些人認為眼睛是一個人的臉部中最能表達情緒的部位。瞳孔的放大與收縮往往因情緒的不同而產生變化，一般人在看到所喜愛的或具吸引力的事物時，瞳孔會自然地放大。根據這個原理，製造電視廣告節目的人，往往先讓一些觀眾觀看電視廣告的初稿，然後選取最能引起觀眾注意（睜大眼睛）的鏡頭來做為正式使用的廣告。

　　姿態　身體的姿態也是表達情緒的一種方式。心理學家們把這個表達方式叫做**「體語」**（body language），因為它是表達個人意思和情緒的一種「語言」。其實「體語」不只包括姿態，而且也包括上面所討論的臉部表情以及人與人相互間所保持的距離（有形的）等。一般人都知道，我們的坐立姿勢與情緒具有密切關係，當我們緊張時，往往是「正襟危坐」，這與輕鬆的坐姿是迥然不同的；我們也常用「坐立不安」來形容一個人的焦慮困惑；再者，就是我們的一舉手、一投足，或是兩手插腰，或兩腿交跨，在在都顯示了個人的情緒。有關「體語」的研究已相當科學化，而且又有其專有的名稱──**動姿學**（kinesics）。我們用來表達情緒的一舉一動大都由學習而來，由於文化習俗背景的不同，不同種族社會所用來表達情緒的姿態與動作也大有不同，甚至同一個人，當他使用不同語言時所用的手勢表情也是有差別的。

　　研究非口語通訊（nonverbal communication）往往是運用影片的分析來進行。通常，當一個人喜歡另外一個人時，他常常會儘量靠近對

方，而使兩者間的空間距離縮小，而且他也會正視對方，全神貫注。在交談中，也會在有意無意中傾向對方。另外，他坐立的姿態，甚或兩手的擺放，也會在無形中模倣對方的姿態（Davis, 1973）。當然非口語通訊內涵的解釋，需要根據所處的文化背景來進行，因為不同種族在不同文化中所使用的「體語」有很大的差別。而解釋領會非口語通訊的能力也是因人而異，在性別上又有不同，女性們在這方面的能力似乎要比男人高一些。

畢爾（Beier, 1974）曾研究五十對新婚夫婦間所使用的非口語通訊方式，他發現感情良好諧和的夫婦，其相互交談的次數較多，他們注視對方眼睛的次數也比較頻繁，兩個人坐的也比較靠近，而且觸摸對方的次數，也要比玩弄自己手指頭或其他東西的次數來得多；相反地，感情欠睦的夫婦，其焦慮不安，格格不入的感受，往往會由下列的方式顯示出來：他們大都玩弄自己的手指頭或是其他東西（如衣扣、戒指等），很少注視對方的眼睛，而且往往是兩手交叉而坐。畢爾還做過另外一個有趣的實驗，他要求受試者用臉部表情或是其他非口語的方式，來表示不同的情緒，結果發現一般人「造做」表情的能力並不是很高明，有許多人甚至會有錯表情意的危險。我們都知道真正會演戲的人並不多，而且許多成功的演員都經過相當的訓練，個中道理由此可獲得相當解釋。

在日常生活中，我們也常利用許多其他的動作行為來表示情緒，例如生氣時的「怒目相視」或「暴跳如雷」，驚奇時的「目瞪口呆」，高興時的「相擁而泣」等等，以及握手時的用力與否，都可以把我們內在的情緒感受形之於外，表現出來。

聲調 除了姿態、臉色外，我們說話時的聲調也可以用來辨別情緒的存在與否。一般人生氣時可能大聲怒吼一番，高興時也可能嗓門大開。而所謂「輕聲細語」、「有氣無力」或「嗚咽欲泣」，在在都把個人的情緒顯示於外。同樣的一句話，由於說話者口氣腔調的不同，往往可以使人

就說話者的情緒做相當準確的辨別，而聽話者的感受也會因之而大有差別。

三、情緒的作用

甲、情緒與工作效率

　　情緒可以影響工作效率這是大家都知道的，但是到底情緒的作用是增加工作效率或是降低工作效率呢？心理學家們認爲這個問題的解答需要同時考慮到工作難易以及情緒高低兩個因素。依據葉克士——達德生法則（The Yerkes-Dodson Law），工作越難越複雜，其效率越容易受到高度強烈情緒的不良影響。例如，當你十分生氣時（例如某件事故把你氣昏了頭時），你試圖解答微積分問題的效果一定不會很好；反之，氣憤的心情並不至於對你清潔機車的工作效率產生太大的不良後果。就情緒本身的程度高低而言，適當的情緒狀況，往往可以維持個人對某一工作的興趣與警覺，但是極端的情緒（太多或太少），往往會對工作效率產生不良的影響。這種現象不但發生在不快樂的情緒上，而且在快樂的情緒上也同樣會發生，我們都知道，當我們過度興奮時，我們的工作效率也會受到不良的影響。情緒狀態與工作效率兩者間的相互關係可由圖11～2來表示，不過，有一點得特別提出的，那就是這種關係會因工作內涵和情緒的性質不同而略有差異。

乙、情緒與動機

　　當我們討論情緒的性質時，我們曾指出，情緒可以根據「快樂——不快樂」的原則來加以區分，快樂的情緒如喜愛等，一般人的反應是想靠近、想擁有；反之，不快樂的情緒，一般人都想加以去除或減少。從這

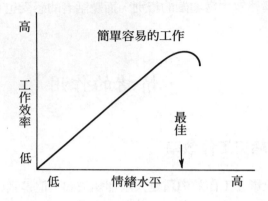

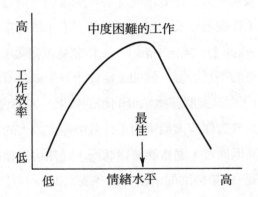

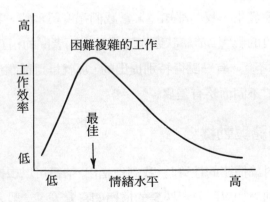

圖11～2 情緒工作效率（葉克士——達德生法則）

個角度來看情緒，我們發現情緒的功能並無異於動機的功能。反過來說，從日常生活經驗中，我們知道某種行為或事項將導致某一情緒的發生，由於對某種情緒發生所持的期望，一般人的行為動作，在無形中因之而受到影響。商業廣告的一個很重要的技巧，就是操縱觀眾或消費者的喜好或恐懼心理，例如有關女人香水的廣告，往往標榜其吸引男性的魅力，而推銷火險的廣告，則強調失火所可能造成的殘酷後果，人財兩空的慘劇。這兩個不同廣告，前者所使用的是喜好情緒的引起，而後者則有意造成觀眾的恐懼心理，雖然兩者手段截然不同，但是其最後目的都在促使觀眾或消費者購買行為的產生。

丙、情緒與心身性疾病 (psychosomatic illness)

所謂**心身性疾病**，其本身乃是一種身體上的疾病，只不過此等疾病的形成，主要是來自心理上的因素，這種疾病的症狀是生理的，但其產生卻沒有直接的生理因素，例如有些偏頭痛或胃潰瘍是屬心身性的。長期性的緊張情緒與焦慮不安往往與胃潰瘍、偏頭痛、高血壓和某些氣喘病有關，不過，這些疾病的產生並不一定是心身性的，因為許多生理上的缺陷與失調，都可能導致此等疾病的產生，因此，只有在生理上找不到病因時，我們才以心身性疾病來處理。

也許是因為情緒上的緊張與焦慮減低了我們肉體抵抗細菌和其他引發疾病因素的能力，有些研究報告指出，許多病人在生病之先，往往經歷過情緒上的某種壓力，尤其是氣憤與懊惱的情緒，被認為是導致許多心身性疾病的主因 (Luborsky, Docherty & Penick, 1973)。表 11～1 中所示的是幾個與心身病有關的情緒。

丁、情緒與認知

情緒會影響一個人的認知活動，這包括對個人注意力焦點的影響，

對自己和四週人、事、物等的知覺，以及對這些事物和環境的分析、解釋和記憶等等。一個人的情緒也會影響個人的學習、判斷、以及創造力（Forgas, 1991）。在記憶方面，有些心理學家（如 Bower, 1991）認爲記憶的儲存和回溯都會受到個人情緒的影響，情緒可能變成記憶儲存的一項背景資料，此一資料會有助於相關事物的回憶，這是所謂的情緒導向的回憶（mood-dependent retrieval）。快活的人較易回憶那些甜美的過去，相反地，憂鬱者所回憶的大多爲那些令人感到悲傷的事物；基於這種現象，有些學者（Erber & Erber, 1994）認爲儘力去回憶那些甜美、快樂的經歷，將有助於個人負面情緒的改善。

表11～1　心身疾病與情緒因素（採自 Luborsky et al., 1973）

被認爲與病發有關的情緒	病例百分比
懊惱或氣憤	17
挫折或遺棄	13
憂鬱無望感	13
焦慮	13
無能爲力感	12
與所愛的人分離	9
緊張恐懼的生活環境	9
與治療者間關係欠佳	4
其他因素	10

四、快樂、悲哀與嫉妒

甲、快樂

快樂的人生似乎是一般人所熱衷追求的，而且這種追求快樂的歷程又似乎是永無止境，快樂好像永遠是短暫的，因此有很多人往往會感嘆忙碌終日所得到的一些快樂，很快地又會失去它令人興奮的效用，使人生趨於平淡；如果想要再獲得快樂，只好不斷地去努力，製造一些人生的高潮，以求快樂。不過，有一點也許可以使大部份的人感到欣慰的，那就是情緒的低潮，如傷感悲痛，對一般人而言，其持久性也都不是很長，事過境遷，煙消雲散，又非難事。

有些人也許會認為錢財多一些，也就可以帶來較多的快樂，心理學家的研究則發現這卻也不盡然。金錢能帶來的似乎只是短暫性的快樂，這種快樂往往不會維持很久。很有錢的人並不見得就會比那些只夠溫飽的人來得快樂許多。富裕國家的國民，也不見得要比那些比較貧窮的國家的國民，生活得較為滿足快樂。歐洲比較富裕的國家，如法國、西德的國民之快樂程度，與其他較窮的國家——愛爾蘭、丹麥等之國民的快樂程度相當類似（Inglehart, 1990）。在美國，目前一般國民的所得，乃是 1950 年代時的兩倍以上，但是認為自己是很快樂的人，前後兩個時期卻都約為三分之一，一般人的快樂並沒有因收入增多而增加。

情緒的平衡好像是一種常模，但快樂為什麼不能維持很久呢？其中之道理與「習以為常」和「人比人，氣死人」的原則有關。快樂的感受日子一久，就會失去其興奮作用，而「習以為常」，本來感到快樂的，慢慢地就變成理所當然，再也引不起快活。荷蘭的學者曾經指出：快樂永遠因變化而產生，但會因持續的滿足而消失（Frijda, 1986）。所謂「人

比人,氣死人」的道理,一般人大多有親身體會經驗,個人的成就與他
人的成就兩相比較,不滿足的現象往往會隨之產生,快樂也就因此而消
失,因為一般人都喜歡往上比,所謂「強中更有強中手」,相比永遠沒盡
頭。有些人強調「知足常樂」的人生哲學,這與心理學者們的研究所得,
頗多吻合之處,因為快樂與否,往往只是存乎一心,是相對的,而不是
絕對的。

快樂既無絕對的標準,但是有些人卻是要比他人快樂些,那些比較
快樂的人到底具有些什麼特點呢?學者們研究發現,快樂的人通常具有
較高的自尊心,圓滿的婚姻或是有其他的愛情關係,虔誠的宗教信仰,
良好的社交關係,以及有固定的工作。但是,一個人的年紀、性別、教
育程度、智力以及是否為人父母,似乎是與快樂沒有什麼直接相關的
(Myers, 1993; Myers & Diener, 1995)。

乙、悲哀

當一個人遭遇到重大的損失和不幸時,「痛不欲生,傷心欲絕」的極
度悲哀情緒往往會隨之產生。根據有些學者的研究,這種悲哀情緒,可
能經歷四個不同的階段:一開始時的麻木與震驚,有時甚至會否認不幸
的事件已經發生;其次則因事實不可否認而感到憤怒、罪惡以及反悔,
渴望不幸的事沒有發生過;隨後則感到極度的哀傷和孤立無助;但是日
子一久,則漸能接受不幸事實的存在,進入「認命」的最後階段。

感受極度悲哀情緒的當事人,其所渴求的是他人真誠的同情心,以
及能恢復個人信心的作為,和聆聽個人傷心事的關心者。不過,哀慟的
程度以及時間長短,往往因人而異。從心理衛生的觀點來看,適當地宣
洩情緒是有其必要性,規勸當事人「節哀」,有時並不是很實際有益的,
同情的瞭解似乎是最重要和適當的。

對於遭到不幸的當事人,專家們(Stroebe & Stroebe, 1993)提出

下列數項建議做爲自助上的參考：(1)承認不幸的損失，生、老、病、死乃是人生所不可避免的，接受別人的同情，勇敢地面對事實，減少心理上的壓力，讓自己多休息以療「傷」。(2)控制自己那些「想不開」的念頭，力求以「積極性」的想法來做爲取代。(3)強迫自己去從事一些有意義的工作來填補空虛憂傷的歲月。(4)參與或建立互助團體，透過「同病相憐」的管道，相互交換經歷，提供互助來加速復原的完成。除此之外，必要時借助於專業性的輔導與諮詢也是值得考慮的。

丙、嫉妒

一般人大多同意：嫉妒是一種具有危險性和破壞性的情緒。因嫉妒而產生怨恨，甚或進而採取傷害、毀滅的行爲，古今中外，時有所聞。但是，嫉妒所指爲何物？引發嫉妒的又是那些因素和情境？很多人對此卻持有相當不同的看法和答案。從狹義和造字的觀點來看，有些人認爲嫉妒乃是一夫一妻制下的產物，它是兩性間性愛關係遭到威脅時的一種心理反應。但從廣義的角度來看，嫉妒乃是對別人成就、名望、地位或既有利益的一種敵意和仇視心態。

嫉妒的情緒深受時、空、文化背景以及個人信仰體系的影響。在六十年代，很多美國人認爲嫉妒乃是「愛的明證」，但時至今日，一般美國人則把嫉妒看成是一個人自尊心低落和缺乏安全感時的一種反應和表現。學者們研究與兩性關係有牽連的嫉妒心態，發現負面的自我形象，生活上的一般性不滿意，以及交情不深（久），往往與嫉妒的產生有關。

女人善妒的觀念是否正確呢？有些研究結果指出，兩性在此一情緒方面的差異並不明顯。不過，一般女人感受嫉妒似乎較深，而由此所受的心理壓力也較大。但是，女人因嫉妒而中斷兩性關係的可能性卻比男人少。有些學者還發現，男人傾向於以譴責對方來控制個人的嫉妒心理，並設法來保護他們自己的自尊心。而一般女人卻往往會責備自己，且又

設法想繼續維持引發嫉妒情緒的兩性關係。

五、測謊器

　　測謊器（lie detector）乃是一種用來偵測說謊的機器，根據其命名，有些人也許會以爲這種機器可以很準確地偵察出說謊者，但這其實並不然，因爲這種機器的測量信度和效度有時相當令人懷疑。這種機器又叫做 polygraph，這個英文字是由兩個字組成——poly 和 graph，poly 是多，graph 是書寫或繪畫，polygraph 之使用乃是因爲這種機器同時繪畫出多種曲線圖。

甲、測謊器的設計

　　測謊器的基本假設並沒有什麼神祕複雜的地方，由於我們的情緒反應是直接由自主神經系統所控制，因強烈情緒所造成的生理亢奮，如心跳速度、呼吸狀況、血壓和發汗等生理變化，乃是測謊器所要偵測的；當一個人說謊時，因爲害怕會被識破，而引起上述多項生理反應的顯著變化，施試者依此等變化來做爲說謊的推測。偵測者會向受試者提出中性的、控制性的以及關鍵性的各種問題，並以受試者在回答這些不同問題時的生理反應變化，比較推斷是否有說謊的情事。中性的問題如個人的身分資料，一般不會引起什麼情緒生理反應，控制性的問題對一般人大多會引起反應，但這種反應不會比那些因回答關鍵性問題時的反應強。

乙、運用上的困難

　　情緒的生理反應多爲通盤性的亢奮，這些反應並不會因不同的情緒感受（如焦慮、挫折厭煩、或是罪惡感）而有所差別。而不同個人的反

應又有顯著的個別差異，對一個習慣說謊的人而言，說謊的行為並不一定會引起強烈的反應，而一個正直誠實的人，可能對某些問題感到反感和懊惱，因而有較強的生理反應。因此，測謊器的使用，推斷結果約有三分之一是錯誤的，把無辜者誤認為是有罪的。為了避免這種錯誤，無辜者應堅持不接受測謊器偵測。

第十二章

動　機

大　綱

一、生理性動機

甲、饑餓

乙、渴

丙、性

二、尋求刺激的動機

甲、探索與好奇

乙、操弄

丙、外來刺激的需求

三、人類的其他動機

甲、成就需求

乙、歸屬需求

丙、社會讚許的需求

丁、攻擊

四、人類需求的層次

　　我們常聽說：「行為之後必有原因」，這裡所指的原因也就是我們在本章中所要討論的主題——動機。動機的存在，我們無法直接地加以觀察，但是個人行為上的變化卻是可以直接地加以觀察的。為了解釋行為上的變化與差異，心理學家們只好就產生行為及導致其變化的有關心理與生理因素加以推理，這就是所謂的動機。動機是一個很廣泛的名詞，同一個行為可能由不同因素所引起，而不同的行為也可能由同一原因所造成，為了解釋這種錯綜複雜的刺激——反應現象，心理學家只好借重類似饑餓或口渴等所謂**中介變項**（intervening variable）來加以說明。例如：口渴的現象可以由歷久沒有喝水、吃太乾或太鹹的東西所引起；而口渴的存在則可由喝水的多少、找飲料喝的積極與否，以及不同飲料的選擇程度來加以推論。如此一來，口渴這個介於這三種不同原因和三種不同行為反應的變項，便可以被用來解釋相互牽連的幾種不同情況。

　　心理學家研究動機，其主要目的有三：(1)用來解釋行為上的差異。在日常生活中造成行為差異的因素很多，但是，當我們不能從個人能力上或所受訓練和經歷上找到造成差異的原因時，心理學家通常認為這種差異是由動機的不同所引起。例如，具同等能力和背景的兩個學生，有一個每天自習唸書三個小時，而另外一個每天只花一個小時在書本上，我們可以加以推論，認為多花時間用功的學生，好勝心比較強而其上進的動機也要比另外一個學生來得強。我們都知道，不同的人在同一情況下的所作所為大有差異；而同一個人在同一情況下的行為，也會因人、時、地的不同而有所不同，動機的研究與分析，就是為了解釋這種行為上的差異。(2)用來辨別責任的歸屬。是非之別、刑責之有無或輕重，往往根據行為者動機之不同而予以衡量。蓄意殺人或過失殺人，這在法律上，行為者所受的懲罰是會大有不同的。雖然行為的本身——殺人，在兩種情況下並沒有差別。因此，法官在審判案件時，往往都要考慮到犯

罪行爲者的動機，而不能只憑行爲本身來做決定。(3)用來指引、推動和
激勵行爲。在了解了行爲與動機間的相互關係後，我們就可以對動機本
身加以操縱，而由此來左右行爲，以期達到預期的反應。

　　爲了研究和討論上的方便，心理學家通常把動機加以分類，由於動
機本身性質的不同，不同名詞的使用很自然地就形成了。通常心理學家
用「驅力」（drive）一詞來代表那些主要與生理有關的動機；至於與心理
或社會有關的動機，則大多以「動機」（motive）或「需要」（need）來
加以命名。當然也有些心理學家認爲「需要」一詞應該用來指那些與生
理需求有關的動機。不過，不管它是心理的抑或是生理的，一般的動機
都具有下列的特性：(1)動機乃是引起動作行爲的原動力；(2)動作行爲
的目的有一定的方向，這也就是說行爲是爲達成某一目的而發；(3)行爲
者只關注有關的刺激而忽視不相干的刺激；(4)行爲者對自己的反應加
以組織和強化；(5)行爲者將持續有所反應，直到情況（內在的和外在的）
有所改變而後止。

一、生理性動機

　　大部份的生理性動機乃是由有機體必須加以滿足的生理需求所引
起。這些被稱爲是「驅力」的動機，會指引並推動個體的行爲反應，以
期獲得個體體內情況的改變與均衡，雖然各種「驅力」的強弱有所不同，
但是除了「性驅力」外，這些「驅力」的主要功用，乃是在維持個體內
在生理情況的均衡。個體維持其生理均衡的趨向乃是所謂的**均衡作用**
（homeostasis）。均衡作用的原則乃是驅力論的一個主要概念，雖然個
體的內在均衡作用大多是自動自發的，而且也多在體內發生，但是，當
這些內在而自動的作用不能滿足個體的基本需求時，「驅力」就會產生，
並因而引發個體的行動。

其實，均衡作用的說法並不能完全解釋我們的生理性動機。例如，我們取用食物的行為並不一定是由饑餓所引起，當我們看到佳看美食時，雖然肚子並不一定餓，我們總有加以嚐嚐的念頭。有時我們剛吃過飯不久，但是當我們看到別人吃東西時（尤其是好吃的），我們又想吃一些。這種行為的動機，乃是外引的而不是內發的。運用均衡作用來解釋其他行為，困難則更多，例如，我們平時所做的許多事，不但不能維持個體內在的生理均衡，而且有些甚或還會妨礙個體內在均衡的維持。有些人騎機車找刺激，小孩子喜歡逛兒童樂園坐高飛車，有些人則在夜深人靜時看恐怖影劇，驅力說的看法很難圓滿地就此等或類似的行為加以解釋，因為這些行為不但不能減少個人的緊張，而且相反地，這些行為的本身乃是在製造更多的緊張與刺激。

有關生理性動機的資料，大多由實驗室裡研究動物之行為反應而來。心理學家和生理學家研究驅力的基本方式，乃是先操縱驅力的強弱，然後再觀察此種變化在個體行為上所產生而表現的效用。為了引起驅力的產生，動物所需的食物、飲料必須加以限制或剝奪。有時讓動物挨餓（減少食物的供應量或完全取消食物的供給）一些時日，或是增加飲水中的鹽份，乃是實驗室中最普遍使用的方法。近年來運用極微弱的電波來刺激大腦的某些部位，或是對動物注射某種化學藥物的方法也常被使用。當然，改變環境，例如大量增高或減低實驗室內的溫度等，也是引起驅力的方法。

由驅力所引起的行為反應，一般是用下列的方法來加以測量：(1)機械性動作的反應；(2)自律神經系統的活動；(3)消費行為的觀察和測量（包括吸入量、飲食方法和速度等）；(4)反應的速度與強度；(5)學習的速度；(6)行為消逝的快慢；(7)對不同行為的好惡與選擇；(8)與正在進行中行為所產生的干擾；(9)為取得目標所破除的困難等等。底下我們所要討論的是一些主要的生理性動機。

甲、饑餓

饑餓是所有生理性動機中，爲心理學家和生理學家研究最多的一種動機，個中原因乃是因爲引起和操縱饑餓的方法十分簡單，而且當個體挨餓時，其覓食的行爲往往與饑餓的程度成正比例。反之，當個體獲得足夠食物時，其覓食的行爲也隨之減少甚或消失。雖然由饑餓所引起的行爲很容易加以觀察，但是引起饑餓感的道理何在？這卻是個迄未得到圓滿解答的複雜難題。通常當我們談到饑餓時，總是以肚子空空或是饑腸轆轆來加以形容，根據這種說法，饑餓感是在肚內胃部產生；而且，有時因爲我們久未進食而覺得身體虛弱無力，這也爲饑餓提供了一些線索。不過，饑餓感或食慾的產生，也可以由外來的因素所引起，所謂垂涎欲滴的情況，並不一定要在饑餓的時候才會發生，食物的顏色和香味往往會引起我們的食慾。個人的習慣和社會習俗，也是影響我們進食行爲的重要因素。史德樂（Stellar，1967）曾指出，我們所習得的和非習得的許多感覺因素，結合在一起來引起我們的饑餓感，而且這些因素也決定我們應付之道。其他如體內的腺素和化學變化也會對饑餓和進食行爲產生影響。

1.饑餓的生理現象

前面我們提過，空肚子和胃收縮都會引起饑餓感，但是，如果沒有這些現象，是否就沒有饑餓的感覺呢？其實這又不然，因爲那些因病而胃被割除者，仍會有饑餓的感覺。而其他以動物所做的實驗，又發現那些以低熱量食物填飽肚子的動物，要比那些攝取高熱量食物者有較多的再進食行爲。由此可見，饑餓感還受到其他生理因素的影響。

體內血醣的高低往往與饑餓感有關，當糖尿病患者在注射胰島素之後，總是會有身體虛弱和饑餓的反應，這是因爲體內血醣因胰島素之作用而降低所導致。另外，我們體內的血清緊素（serotonin，爲一種神經

傳導物）和進食行爲又有密切相關，很多人在承受高度壓力和焦慮時，往往會有進食糖果、甜食的動作，這一類的食物可以促進體內血清緊素的分泌，因而消減焦慮的困擾。

另外還有學者提出體重定點（set-point）的說法，根據此一理論，每個人都有類似自動調溫計的體內機制，以此來控制個人的體重，當體重低於預設定點時，進食的行爲就會增加，以使體重恢復到定點，但當體重高過定點時，進食的行爲就因此而減少或消失，以維持定點體重。另外，我們體內的新陳代謝作用之速度（metabolic rate），也會做自動的適度快慢的調整，來維持既定的個人體重。

我們大腦的下視丘乃是控制進食的主要機構。下視丘受損或有毛病的人，往往會因過食而導致肥胖。側邊下視丘（lateral hypothalamus, LH）乃是引起進食的部位，所以又有「**進食中心**」的稱呼。中室下視丘（ventromedial hypothalamus, VMH）具有抑食的作用，所以又叫做「**飽食中心**」。這兩個中心相互牽制來調節我們的進食行爲。不過，我們進食行爲的控制，又因其所控制時限的長短而有不同，長期性的控制，主要是在維持個人體重的平穩，這是下視丘的一個主要功能；至於短期性的控制（每日的進食量）主要是依靠體內的血醣來控制，而下視丘也多少對此產生影響。

雖然下視丘對我們的進食行爲具有控制的作用，但是新近的研究結果指出，下視丘可能不是唯一控制我們進食行爲的機構（Balagura, 1973）。我們大腦的其他部位似乎也參與進食行爲的控制，只是到底它們的功能如何？控制的方式何在？目前專家們仍無一致的看法。

2.饑餓時的心理反應

饑餓之所以被視爲是一種動機，主要是因爲饑餓的存在，會驅使個體從事覓食與進食的行動。但是，如果個體因某種原因而無法消除饑餓的狀況，那麼挨餓就在所難免，挨餓的人在其身心上所產生的變化，心

理學家們曾做過一些實驗性的研究，不過，我們在這方面所知道的仍然十分有限。

在第二次大戰期間，奇士等人（Keys et al., 1950）讓三十六個志願參與實驗的人，處於半饑餓的狀況下長達二十四個星期之久。這些受試者在實驗期間的主要食物包括麵包、地瓜、蘿蔔和高麗菜等，他們所得到的食物，只夠提供一般常人所需熱量的一半不到，但是他們仍然需要從事例行性的勞動和其他敎育性的活動。

根據定期對這些受試者進行檢查測量的結果，發現這些受試者在其身體熱量的分配使用上有著顯著的變化。在未挨餓以前，大約有一半的熱量是用來維持正常的生理功能（新陳代謝等），另外一半則耗費在自願性的其他活動。但是在挨餓期間，幾乎百分之六十的所得熱量都是用來維持基本的生理機能，只有百分之三十不到的熱量是用來做其他的活動。當然挨餓的後果是體重的顯著減輕，一般來說，參與實驗的受試者在此期間所減輕的體重達到百分之二十五左右。

在心理反應方面，奇士等人用「半饑餓性神經病」來形容受試者因實驗所引起的人格變化。在人格方面所產生的顯著變化是冷淡、憂慮取代了幽默，而受試者對社交活動也失去興趣，這些受試者有些人是神經過敏，心情暴躁而易怒；他們對自己的信心也有顯著的減少，有些人則產生自卑感。另外，這些受試者的性慾也有顯著的降低，他們對自己的女朋友表情冷淡。不過，在實驗進行期間對受試者所做的智能測驗結果，並沒有發現他們的智能受到不利的影響，只是他們的注意力不易集中在試題上。他們在挨餓期間所最關心的是食物以及其他與食物有關的東西，很多受試者在實驗期間勤於收集和研讀食譜，而食物以及其他與食物有關的東西也變為這些人的主要話題。

3.過食（overeating）與肥胖（obesity）

在富足的社會裡，饑餓的情況雖有時也存在，但是過食和肥胖卻變

成是危害健康的一個社會性疾病。根據梅爾（Mayer, 1968）的研究，人們因身體過重而致死的遠比因吸菸、喝酒或吸毒而致死者來得多。其實，過胖的人不但在身體上受到危害，而且在心理上也遭受壓力與打擊。

　　近年來專家們已運用實驗的方法來研究過食與肥胖的現象，尋找肥胖者好吃、過食的緣由，乃是此一方面的研究主題。有些新近的研究結果指出：「肥胖的人往往缺乏控制自己飲食的毅力」的傳統看法並不是正確可靠的。密西根大學的尼士必（Nisbett, 1972）認為肥胖是天生注定的；而哥倫比亞大學的施傑特（Schachter, 1971）則認為肥胖之所以形成，乃是因為個體對其內在的進食控制不夠敏感，其食慾易為外來的刺激所引起。

　　肥胖者的進食行為存在著相當大的個別差異，這可能與其他的心理因素有關，而不只是易為外在因素所吸引而增加食慾而已。有些學者（Herman & Polivy, 1975）把進食行為區分為節制進食（restrained eating）和非節制進食（unrestrained eating）兩大類，節制進食者平時都控制自己節食。依常理推斷，節制進食者應該不會有肥胖的困擾，但這又不然，其中道理安在呢？研究者認為節制進食者（非節食者，on-dieting）一旦失控，往往會有暴食高熱量東西的行為反應，而導致進食失控的原因，主要是由心理壓力（如對個人自尊和能力的嚴重挑戰等）所造成（Greeno & Wing, 1994）；不過，這一類的研究大多以女人為受試者，男人的反應是否如此，則有待進一步的研究來證實。

　　一個人的肥胖程度與其體內所擁有的肥胖細胞之多寡有關。身體越胖的人，其體內所擁有的肥胖細胞數也越多。成年人體內的肥胖細胞數乃是由遺傳和早期生活的營養所決定，如果在嬰兒時期因所取得營養太豐富而過胖，到了成年時，身體肥胖的可能性也較大。一般來說，我們體內的肥胖細胞數如果沒有太多，過食並不致於會引起肥胖；但是，如果一個人體內的肥胖細胞很多，那麼在過食的情況下，肥胖是很難避免

的。

　　前面我們提過，正常人進食主要是根據個人內在的饑餓線索，但是，肥胖的人對其內在的線索並不敏感，身體肥胖的人，其進食行為主要是由外來的刺激，如味道、香味和食物的外表等因素所引起。施傑特認為肥胖的人，缺乏辨別饑餓和類似焦慮、氣憤、恐懼等生理激動兩者間有所不同的能力，由於他們不能確認內在的饑餓因素，所以只好依賴外來的刺激。這種缺乏辨別的能力之形成，可能與嬰兒期的餵哺經驗有關。勃拉奇（Bruch, 1961）認為如果嬰兒每次哭鬧時，母親不分辨導致哭鬧的原因而總以食物餵哺來制止之，受這種待遇的小孩，日後可能造成誤認不快的內在感覺為饑餓的內在因素。還有一些學者（Thomas & Mayer, 1973）則認為，肥胖的產生乃是由體內控制機能的失常所導致，根據他們的看法，由於下視丘的控制機能失常，內在的饑餓線索變成不可靠，於是這種人只好依賴外來的刺激做為進食的根據，如此一來，對於外來的刺激與線索也就變得比較敏感。湯姆斯和梅爾又認為，缺乏體力運動也是造成肥胖的原因，由於日常生活機器化的緣故，人們缺少消耗體力的運動，肥胖的現象也就更形嚴重。

　　新近的一些研究，發現遺傳因素也可能與肥胖有關。這一類的研究大多以領養小孩的家庭，或是雙胞胎在不同環境中成長者為研究對象。雖然被領養的小孩所吃的食物與其領養者所吃的是一樣的，但是這兩者間的體重卻沒有相關，而與領養家庭的其他小孩也並不相同。不過，一般人的體重大多與其親生父母的體重頗多類似處（Grilo and Pogue-Geile, 1991）。另外，同卵雙胞胎雖在不同環境長大，兩者間的體重卻沒什麼差異（Stunkard & others, 1990）。

　　以白鼠所做的研究，則發現其體內的某一基因，若遭到突變，其體重會快速增至平常體重的三倍之多（Friedman 等，1994），而那些體內肥胖基因有兩個複本者，則缺少一種可以抑制食慾、增進新陳代謝作用

和控制脂肪儲存的蛋白質（Pelleymounter 等，1995）。若把這種蛋白質注射到肥胖白鼠的體內，它會在兩個星期內減輕高達百分之三十的體重；得到此種蛋白質注射的常態白鼠，其體重也會減輕百分之十二左右（Halaas 等，1995）。根據這些發現，研究人員期盼這種蛋白質對人體也會產生相同的作用，這將大大地有助於肥胖的醫治和控制。

4.減肥

美國人每年花費在減肥上的金錢超過五十億美元，超過四分之一的美國男人和將近一半的美國女人指出，他（她）們正進行著減肥的努力。而許多研究又指出，成功的減肥往往是一種短暫的現象，對一般人而言，日子一久，「原形畢露」似乎無可避免。

節食乃是很多人所採用的減肥方法，以節食來減肥是否能夠長期地控制一個人的體重不超載，主要是決定於節食者的恆心，沒有恆心的節食行為，往往會引起體重之時上時下，而這種情形之時常發生，很容易引起節食者體內新陳代謝作用的自動調適——減緩其速度，如此一來，重新增加體重的速度也隨之加快。持之有恆地進行節食乃是減肥成功的要項。也有少數的肥胖者（約八分之一左右），以接受個人超載的體重來面對肥胖的困擾。引起肥胖現象之原因既然是錯綜複雜，而控制個人體重又是一件相當不容易的事，基於事倍功半的考量，接受現實，有時從心理健康的觀點來看，也許還可免除一些挫折、罪惡感的不良影響。不過，體重超載對一個人的身體健康確是有很多不利的地方，這倒也是一件不容忽視的事實。

進行節食的人，下列數項原則或可幫助她（他）們達成預期的效果：(1)儘量避免引起食慾的外在因素，有些專家甚至建議先吃得飽飽後，再上超級市場買食物，以避免外來的許多引起進食的誘因；(2)增加消耗體內熱能的機會，增進新陳代謝的速度，適度的運動對此助益很多；(3)儘量少吃脂肪多的食物，含血醣較高的食物也是少吃為妙，節食者除了少

吃之外，適當地選擇食物也是十分重要；(4)不要白天整天挨餓，而晚餐大吃一頓，如此做法在肥胖者中很是平常，它是會減緩新陳代謝的速度的；(5)堅持恆心，否則很容易一失足而成恨事，因為節食者一旦「開戒」，往往會有「暴食」的行為發生（Polivy & Herman, 1985; 1987）；(6)實事求是，立定合理可行的目標，持之有恆，修練「水到渠成」的工夫；好高騖遠，往往是無濟於事的。

遺傳的因素也可能與肥胖有關。一個人體內新陳代謝（metabolism）的速度與其熱量的消耗有直接相關，而每一個人的速度又大有差異。體內的熱量如果能經由快速的新陳代謝作用來加以消耗掉，肥胖的可能性就會隨之減小。體內新陳代謝速度緩慢的人，並不需要吃太多的東西來引發肥胖的現象。有項研究是以三個月大的嬰兒為受試者，根據測量這些嬰兒的新陳代謝速度來區別，那些速度最慢的嬰兒，到了一歲時已有超重的情形，而那些速度較快者，在一歲時的體重卻是正常的（Roberts et al., 1988）。另外研究那些自小就被收養的成年人，學者們發現這些人的體重，與其親生父母的體重間之類似性遠超過與他們養父母間的類似性；而血緣關係越靠近的人，其體重的類似性也越高；而同卵雙胞胎間的體重十分類似，甚至那些在不同環境中長大的也有此一現象。除了遺傳的因素外，一定另外還有不同的原因，因為下階層社會女人肥胖的人數超過上階層社會女人之肥胖數高達六倍；美國人一般也要比日本人或歐洲人有較多的肥胖現象。一個人如果能把肥胖歸罪於遺傳，這倒可「心安理得」一番，不必去做過份的減肥工夫，不過，基於健康的考量，這種工夫也不能不下的。

乙、渴

「渴」是一個很基本的生理性驅力，人身中的水份佔人身全部的三分之二，如果滴水不喝，一般人大多只能存活四或五天而已。「渴」可區

分為兩種：細胞外的（extracellular thirsty）和細胞內的（intracellular thirsty）。前者是由肌肉中水份流失所引起，當我們激烈運動或在烈日下行動時，由於流汗而失水而口渴。流血過多，嘔吐和腹瀉也會使體內之水份流失而引起口渴的現象。很多人在大熱天口渴時，喜歡以冰啤酒來止渴，如此做法雖能達到立即的短期效果，但因酒精會促進細胞外水份的流失，如此做在隔一段時間後，往往會有口渴更屬害的反效果。

當我們吃了太多很鹹的食物後，「渴」的發生則是由體內細胞本身失水所引起，當細胞內外之水份－鹽份比例失衡時，細胞就會釋出水份來制衡，而在細胞釋出太多水份後，就會引起口渴的感覺來促成喝水的行為，以恢復細胞內水份的均衡。一般酒吧往往會免費提供其顧客一些鹽份很高的小吃（如花生米或紐結狀外面撒有鹽巴的脆餅乾，pretzels），其目的何在，讀者應該不難加以推斷吧?!消費者對於店東這種「醉翁之意不在酒」的企圖，是否需要有所警惕呢？

1. 渴的生理現象

在基本上，由於體內水份減少，因此造成喉嚨乾燥和口乾的感覺，進而引起飲水的行為。不過，我們體內水份平衡的維持，並不一定要依賴飲水的行為，這也就是說，「渴」的驅力之減少，並不一定需要經過濕潤喉嚨和嘴巴的過程。在實驗室裡，缺少水的白鼠能夠操縱其制約行為，來控制直接注入胃裡的水量，以維持其體內水份的常態。不過，口飲的方式，似乎要比直接注入胃裡的方式，較能減低渴的驅力。

渴的需求和控制與饑餓的控制一樣，是由下視丘主掌。位於下視丘的特定細胞（osmoreceptors）是體內缺水的感受器，身體缺水時，這些細胞會因之而變形，這種變化可能引起神經衝動或反應，而導致飲水行為的發生；這些特定細胞的反應，也會刺激腦下垂體分泌腺，以指使腎臟從尿液中吸取水份。在另一方面，腎臟本身所分泌的一種化學物（angiotensin）則經由血液循環而傳到腦部的下視丘，而引起渴的感覺和驅

力(Epstein, Fitzsimons & Simons, 1969)。但下視丘的這兩個控制器似乎是相互獨立的，如果某一控制器失常，另外一個控制器可以用來取代補償。

2.渴的心理因素

渴的感覺之產生，並不完全由下視丘及內分泌所控制，許多外來的因素也會影響到「渴」的產生和存在。通常在我們進食時，飲水或飲用其他飲料（如茶、可樂、湯和酒等）的行為大都會同時發生，這種現象乃是個人長期制約增強的後果，這與許多人喝酒時總要有肉菜相伴的習慣之形成是沒有什麼差別的。當然，飲食行為的控制，也可以運用負增強的原理來行之。其他如文化習俗以及個人的習慣，也都會影響「渴」的感覺，而滿足渴的需求之方式，以及飲料的不同也會同樣受到影響。有時，我們的飲食行為並不一定是為了滿足「渴」的需求，社會的因素也往往會左右我們對飲料的取捨以及飲食量的多寡。好友相聚，把酒言歡，這何嘗是因口渴而起？而良辰美景，不醉不歸，這何嘗又是為了減少或消除「渴」的驅力？

丙、性

性驅力與飢渴兩種驅力在本質上有很多不同，性驅力不像飢和渴是維護個體本身生存所必須，不過，性驅力乃是維持種族生命所不可或缺，而且，性驅力的產生也不像飢和渴是由個體內在的某種缺失所引起。

1.性的生理基礎

就一般動物而言，性荷爾蒙（雄性激素與雌性激素）是引起性驅力所必須的，大部分的雌性動物，只有在發情期間才會有性的需求，這是因為在發情期間，體內雌性激素分泌顯著增加的緣故。不過，人類的女性，其性驅力並不限於在此一期間內產生，換句話說，人類女性的性驅力，與其體內雌性激素分泌的多寡，並沒有絕對的太大關係，人類女性

的性驅力,主要是由社會的與情緒的因素來左右。雄性動物的性腺分泌,通常大多保持常態,而沒有週期性的多寡不同,因此雄性動物的性驅力,也要比雌性動物來得穩定而不具週期性。

下視丘也具有控制性激動和性行為的功能,不過,職司控制的特定部位,卻因動物種屬的不同而有差別;而且,由於動物進化程度高低的不同,其大腦參與控制的程度也隨之而異,越是進化的動物,來自大腦的控制和影響也越多。

2.影響性行為與性驅力的其他因素

個人的經驗和過去的學習所得,對於人類的性行為與性驅力具有很重要的影響力,由於經驗和學習的影響,人類的性行為與性驅力並不是週期性的;而且引起人類性慾的刺激也是種類繁多,聲光色彩以及其他的許多因素都可以使人「想入非非」。個人的社會經驗、所處的文化背景、感情、年紀的大小,以及營養的好壞等等,都能夠左右一個人的性慾及其性行為。前面說過,就人類而言,性荷爾蒙在引起性慾和左右性行為上,其重要性是遠遜於學習與經驗,人類性慾的引起以及性行為的表現,絕大部份是由心理上的因素來決定 (Geer & Fuhr, 1976)。而且人類富有想像力,又能就想像的內容做相當的反應,這在性動機上佔有重要的地位(Byrne, 1976)。人類似乎是所有動物中,唯一對色情影片或圖片產生反應的。

人類的性行為與個人的人格、道德標準以及社會人際關係有密切相關,有些人把性視之為一種溝通的方式,而不是一種肉體慾望之滿足。有些性行為,如強姦,乃是一種敵對的暴力行為,其主要目的是在傷害異性,做為報復。在另一方面,愛情的顯示並不一定要在兩性關係中才能表露出來,父母子女間,兄弟姐妹間,以及親朋好友間,處處都可以看到真摯愛情的行為。當然,這種親摯愛是顯著有別於情人間的情慾愛的。

3.性的兩性差異

　　七、八十年代的美國，性學的研究吸引了不少人的興趣與參與，這裡我們簡單地介紹一些相關的研究結果。中國人對於性，一向採取保守與保留的態度，公開討論還不多見，此等研究結果的適用性如何，則有待有心人士的驗證與研究。

　　過去很多人認為女性無法經歷性的高潮，男人的性慾要比女人來得強，而且男性的性興奮自然流露，而女性在這方面卻有困難，這許多觀點其實並不正確（Masters, Johnson & Kolodny, 1985）。科學研究的結果指出：女人似乎能夠經歷多重的性高潮，而男人卻不能如此，男人較易受到外來有關性刺激物的影響；不管是同性或異性取向的男人，都要比女人較易接受沒有愛為基礎的性交行為；不過男、女兩性對於性的享受程度，並沒有顯著的差異存在；雖然在性的反應上略有不同，但基本上是大同小異的；男人一般也不見得比女人在性方面多有不節制的傾向；男、女兩性都會利用幻想來充實其性生活；對於「例行公式」的性行為多感厭倦而求變化；兩性都會在自尊心低落時不利地影響了性生活的品質；而過度地擔心性能力的焦慮，也會傷害到兩性的性生活，這種種發現顯示了兩性在性方面是大同而小異的（Masters, Johnson & Kolodny, 1985）。

4.性取向（sexual orientation）

　　性取向所指的，乃是吸引一個人的性愛對象之性別。絕大部份的人是異性取向者（heterosexual），這也就是說：異性乃是吸引個人性愛的對象。同性戀者（homosexual）則以同性別者為個人性愛的吸引對象；另外還有一些人則是雙性取向者（bisexual），其性愛的對象包括了同性者和異性者。

　　在美國社會裡，估計約有百分之三到四的男性是同性戀者，女性同

性戀者則在百分之一左右（Ellis & Ames, 1987; Laumann 等，1994）。
同性戀的性取向到底是如何發展形成的呢？這個問題迄今並沒有一個令
人滿意的答案。不過，心理學家和其他的社會學家們對於這個問題一向
深感興趣，而又做過許多的調查研究。

　　不少人認為男性同性戀者可能是成長於一個沒有父親或是父權低
落，而又有個強有力，深具權威性的母親的環境裡，但是學者們的研究，
迄今尚未發現此一模式的普遍存在。有些研究則以個人的人際關係以及
約會的經驗為分析要項，但也沒有找到有什麼與異性取向者具顯著差異
的因素。有些學者則從生理方面進行研究，但是卻發現一個人的性荷爾
蒙的某些水平與該一個人的性取向並無關。一個人的性取向與一個人的
個性一樣，很可能是許多生理的、心理的以及社會的因素，錯縱交互作
用所形成（Money, 1987; 1988）。但目前，專家們仍然無法界定導致同
性戀行為的要件因素。

　　基於上面的認識，美國社會一般人士對於同性戀者近年來逐漸採取
了較為容忍的態度，因同性戀行為而受到歧視的情形已漸減少。美國精
神病學會早在二十年前，就把同性戀行為剔除於變態行為的分類之外，
除非同性戀者本人對自己的性取向感到困擾而思改變，在這種情況下，
專業性的心理治療才是有其必要的。

　　過去幾年，由於愛滋病（AIDS）的廣泛流行，美國人對於同性戀者
的態度，有趨於負面的改變。當八十年代初，AIDS 在美國的流行，與同
性戀者（尤以男性為多）的性行為方式有著密切關聯時，反對同性戀行
為方式的聲浪一度昇高。最近，專家們發現 AIDS 的流傳，並不限於同
性戀的男性，或是以注射方式濫用藥物者。性交，尤其是肛門性交，乃
是 AIDS 流傳的主要管道。如此一來，以憐憫的心態去對待 AIDS 患
者，正有許多人在大力提倡推行。

　　AIDS 是由一種侵害人體內抗體的病毒（human immunodeficiency virus，簡稱 HIV）所引起，此一病毒一般是集中在病患者的血液和精液裡，而此一病毒的傳染也以這兩種媒體爲管道。HIV 的攜帶者一般並沒有什麼顯著的病狀，要是有，也多類似感冒一類的症狀，但是 HIV 的帶菌者可以把它傳染給別人（大多經由性交、輸血，或是共用注射針頭等方式）。HIV 的帶菌者如何演變成 AIDS 的患者，目前尚不明白，不過，一旦有了 AIDS 的症狀時，絕大部份的患者都會在四年內死亡。根據美國疾病控制中心的資料，目前美國的 AIDS 患者約有十六萬人之多，而在 1990 年，因 AIDS 致死的人數高達三萬一千人。根據世界衛生組織（WHO）的估計預測，到了公元兩千年時，全世界可能會有高達兩千萬的男女是 AIDS 的受害者。

HIV 的帶菌者，雖然還沒有發展到 AIDS 的階段，卻要比已有 AIDS 的患者受到心理上更多的壓力與憂慮。由於 AIDS 的殺害力特強，許多人對 AIDS 患者大有「見鬼神而遠之」的心態，甚至醫療工作人員也多採規避的對策，如此做法迫使美國醫學會在 1987 年公告，醫生不爲 AIDS 患者治病乃是一種不道德的行爲。AIDS 的流行對於性行爲的影響很大（同性戀者和異性戀者皆然），推行安全性行爲（safe sex）的運動各處可見，濫交情形銳減，而鼓勵使用保險套則大增，這或可算是 AIDS 流行的一個正面的性影響。

二、尋求刺激的動機

上面我們所討論的生理性動機，大都與肉體的需要有關，而由肉體的需求所引起，飢而求食，渴則思飲，生理性動機所引起的行爲，主要是在減少，或消除肉體因欠缺或需求所產生的驅力，以便維持生理上的平衡。根據**驅力——消減理論**（drive-reduction theory），個體在滿足其生理需求後，應該處於一種平靜的狀態，但是，事實證明這種看法並

不是完全正確，因為不管是人類或是其他動物，在滿足其生理需求後，他們還會主動地尋求刺激，探索外在環境，玩弄周遭事物，這些行為，雖然不能直接地有助於生理性需要的滿足，但卻普遍地發現於一般的動物行為中，現在讓我們簡單地介紹一下引起這些行為的有關動機。

甲、探索與好奇

探索與好奇的動機引起我們對外在環境的興趣，探索與好奇雖不能滿足我們生理上的需求，但是對新奇事物以及環境的認識與瞭解，乃是一股很強的動機。狗與貓每到一個新地方，往往到處嗅嗅聞聞，對新環境加以探索一番；就連實驗室裡的白鼠，也會表示出對新奇環境的強烈興趣。在運用 T 型迷津的實驗裡，白鼠在第二次走迷津時，往往走到它第一次沒去過的一端，雖然那一端並沒有食物或飲水的存在；這種行為顯示了白鼠對新環境感到新奇而加以探索。科學家們花了很大的精力與金錢把人造衛星送上火星，企圖發現火星上是否有生命的存在。探索與好奇似乎是一般人的天性，對於神秘奧妙的事物，往往是大家所關心注目的對象。

乙、操弄 (manipulation)

這裡所謂的操弄，指的是操縱玩弄東西，一般人對某件東西所做的推、拖、拍、抓、摸等等動作，都是屬於操弄行為。操弄動機與探索和好奇動機所不同的是，操弄必需要有某件東西或物體為對象，對於此一物體，我們又具有玩弄觸摸的慾望。操弄東西的目的，似乎是在對某一件東西做一些視覺與聽覺之外的觸覺經驗；比較奇特的東西往往勾引起較強烈的操弄慾。而在另一方面，操弄行為本身也具有抑制緊張心情的功用，當我們與陌生人交談時，摸摸鈕扣、抓抓耳朵，或玩弄類似鉛筆等小東西的行為往往很容易出現。有些偵察性的操弄行為，與由探索和

好奇所引起的行爲十分相像，小孩子常常把一件好好的玩具拆開玩弄一番，其主要目的是在探求究竟，這與破壞性的行爲無關。

丙、外來刺激的需求

在研究低微電波刺激腦部對個體行爲所發生的影響之實驗中，沃上等人（Olds & Milner, 1954）發現實驗室中的白鼠，對大腦的某一部位會主動而又積極地加以刺激，這些老鼠在一天之內，會按壓槓制數千次之多，以獲得腦部的微電刺激，有些老鼠甚至忙著「製造」大腦的微電刺激而沒有時間進食，或忘了進食，由此可見個體主動找尋外來刺激的需求是一個強有力的動機。

我們所感受的外來刺激，大都透過五官感覺而進入個體內。假如我們故意把外來的刺激減低到最小和最少的程度，受試者對這個現象的反應將是如何呢？加拿大瑪基大學的心理學家曾招募大學生志願參與「感覺剝削」（sensory deprivation）的實驗，這些每天獲酬高達美金二十五元而參與實驗的受試者，在實驗過程中，靜躲於特別設計的實驗室裡（見圖 12～1），除了飲食、如廁和適當溫度與氧氣供應外，其他的外來感覺刺激，都儘可能地加以控制避免，在這種情況下，於實驗進行二、三天之後，大部份的志願參與受試者都拒絕繼續參與實驗，而甘願放棄每天二十五美元的優厚報酬（此項實驗是在近四十年前做的）。

在此項實驗中，有些受試者在參與實驗數小時之後，就有幻覺的經驗產生，他們對於時、空間的觀念開始發生混淆的現象，注意力無法集中，也無法專心思想，並且變得容易惱怒煩躁，性情不穩。這種效應在後來他人所做的類似實驗得到驗證，由此看來，我們是需要不斷地接受外來事物的刺激，否則就會產生不良的後果（Zubek, 1969）。

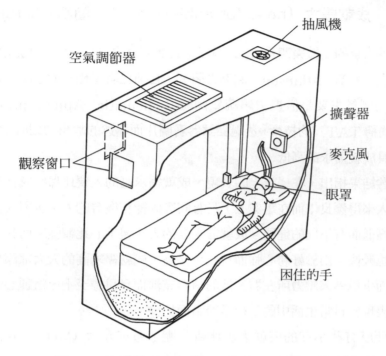

空氣調節器

抽風機

擴聲器

麥克風

眼罩

觀察窗口

困住的手

圖12～1　感覺剝削實驗設備（採自 Heron, 1957）

三、人類的其他動機

　　飢、渴和性等動機固然是引起人類行為的主要動機，但是，在富足的社會裡，這些動機並不是支配人類行為的主要因素，生活在富足社會裡的人，在飽食溫暖之外，還主動地追求刺激，探求新奇。不過，人類還有許多行為，都無法用上述的種種動機來圓滿地加以解釋，因此，其他動機的存在似乎是不可否認的。

甲、成就需求（need for achievement，簡稱 nAch.）

成就需求的認識與測量，由於心理學者邁克立倫（D. McClelland）和艾金生（J. W. Atkinson）的努力研究，目前已有了相當的基礎。成就需求的測量主要是借重主題統覺測驗（Thematic Apperception Test，簡稱 TAT）的技術，透過受試者看圖片而編述的故事，以推論受試者所具成就需求的高低。

實驗結果指出，在學業上的表現，成就需求高的人要比那些成就需求低的人來得優良；而在事業上，具有同等訓練和機會的人，也因成就需求的高低而有不同的進展。成就需求高的人，競爭心比較強，而其學習速度也較快。由於好勝心強而且自負又高，成就需求高的人大都深具自信心而少爲外來壓力所左右，他的精力充沛而且目標至上，這種心理狀況所表現於日常生活中的是相當緊張而忙碌。

爲什麼有些小孩的成就需求比較高呢？邁克立倫（McClelland, 1953）曾指出下列的兩個主要原因：第一，成就需求高的小孩大都能夠相信和看到自己的努力可以有效地改變周遭環境；第二，小孩所做的成功的努力，需要而且也都能得到成人的增強與鼓勵。如此一來，很快地小孩就會具有辨別成就高低的能力，而且因爲他知道高的成就可以換來成人的讚許，而低的成就容易遭受譴責，他就會勤奮向上。由此可見，成就需求的發展，早在兒童時期就開始，而且與兒童個人所處的文化背景以及雙親對成就之重視與否具有密切的關係。有些研究結果指出，具高度成就需求的母親，對其子女的獨立與自給自足的要求較早，反之，那些成就需求低的母親，所具的保護性較高，而限制其小孩獨立自主的時間也較長。

邁克立倫（McClelland, 1961）也曾研究不同民族的文化、文學與該民族所顯示成就需求高低的關係。他發現產生於不同文化背景的文

學，其所表現的成就需求，與該一文化的成長以及該民族對獨立自主的強調，具有密切的關聯。某一文化的文學作品或兒童讀物，如果所反應的是高度的成就需求，其日後的經濟成長也較迅速、較顯著。他分析研究歷史的演變，發現成就需求的高低與不同社會文化的成長盛衰，也具有密切的關係。

乙、歸屬需求（affiliation need）

我們常說人是社會的動物，透過與他人的交際接觸，我們獲得某種程度的滿足。我們加入不同的社團組織，保持朋友間的情誼，這種種行為表現，主要是因為我們不願意被孤立、被隔離。歸屬需求與成就需求一樣，個人間存在著不同程度的差別，而其形成發展也大都肇始於孩童時期的經驗。

有些研究結果指出，第一胎以及獨生子女的歸屬需求，要比其他的小孩來得強烈，這也許是因為他們在生命開始的初期，受到父母親較多的關照所使然（Dember, 1964）。另外，一個小孩所屬的家庭背景，與他的歸屬需求也具有密切的關係，那些來自家庭關係緊密的小孩，一般所表現的歸屬需求都較強；反之，如果父母親從小就鼓勵小孩獨立自主，那麼那個小孩的歸屬需求也比較低。

丙、社會讚許的需求（need for social approval）

就一般人來說，期望他人或社會讚許我們和我們所做所為的需求，是一個很基本的心理動機。歸屬需求與社會讚許需求間具有密切的關係，歸屬的需求可由讚許的需求來引起；而且，成就需求也可以被解釋為謀求他人讚許與認可的一種需求。要是別人對於我們的成就漠不關心，成就需求一定是不會太高的，這尤其是以小孩子為最重要，社會讚許的需求，在幫助我們了解許多社會行為方面，有其獨特的價值與貢獻。

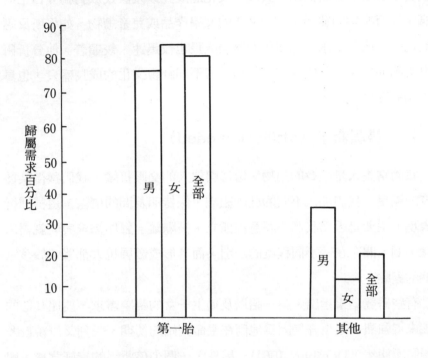

圖12～2 歸屬需求與出生次序 (採自 Dember, 1964)

丁、攻擊 (aggression)

所謂攻擊，指的是企圖傷害他人或財物。攻擊的行為可以是實際的行動，也可以是口頭的謾罵。有些心理學家認為攻擊行為依其企圖目的不同可分為敵對的攻擊 (hostile aggression) 和工具性的攻擊 (instrumental aggression) 兩種。敵對攻擊的目的主要在使受害者遭受肉體上或精神上的痛苦；而工具性攻擊的主要目的，則在企圖獲得某種利益。例如，足球員在賽球時加之於對方球員的傷害，其主要目的乃是在企圖由此而贏得球賽，其根本動機並不是在加害對方的肉體而使對方產生痛苦。當然，這種分辨有時未免有些勉強，因為敵對性的攻擊行為，有時

也會因爲要達到某種目的而產生。

1.有關攻擊的不同看法

　　心理學家們對於「攻擊」持有多種不同的看法。弗洛伊德認爲攻擊是一種天生的本能，根據他的看法，攻擊性的行爲乃是表現死亡本能（death instinct）的一種方式。羅林士（K. Lorenz）則認爲在基本上，人是一種具攻擊性的動物，一般人往往以破壞性的行爲加諸他人。戰爭、革命、相互殘殺等乃是這種本性的具體表現。社會學習理論者則認爲攻擊乃是學習而來的行爲方式（Bandura, 1977），人之所以具侵略性，主要是受到某種鼓勵和增強而學來，同時，攻擊行爲也可能透過模倣或觀察他人的侵略性行爲而來。心理學家的另外一種看法，則認爲攻擊是由挫折所引起，所謂「挫折——攻擊假說」（frustration-aggression hypothesis, Dollard et al., 1939）的解釋是，當一個人在追求目標的過程中如遭受阻撓、挫折，攻擊行爲也就會產生，例如強盜勒索未遂，竟持刀殺人，就是這個道理，不過，由挫折所引起的行爲反應，並不一定都是攻擊性的行爲，挫折也可能產生退縮（拔腿而逃）、求助或者變本加厲、更加努力等等不同的行爲反應。

2.看電視與攻擊行爲

　　電視節目裡的許多攻擊性行爲對於小孩子的行爲發展到底有什麼影響呢？有些人認爲旣然攻擊行爲是人的本性，觀看攻擊性的行爲也許可以減少實際的攻擊行爲，因爲攻擊的本能需要發洩，觀看別人（電視內的角色）的攻擊行爲可以間接地發洩個人的攻擊本能，這主要是電視公司和電視影片製作者的看法。

　　心理學家在這方面也做過許多的實驗，例如，在一個實驗裡，研究者讓一組小孩每天花一些時間觀看具有侵略性的卡通節目，而另一組小孩則在同樣長的時間，觀看沒有攻擊性行爲的卡通節目，在實驗進行中，研究者對兩組小孩所表現的侵略性行爲加以詳細的觀察與記錄，以做爲

日後比較的依據,實驗結果發現觀看侵略性卡通的小孩,其侵略性的行為有增多的現象;但是,那些觀看不含侵略性卡通的小孩,在行為上卻沒有改變(Steuer, Applefield & Smith, 1971)。另外一個長期性的研究是以八、九歲大的小孩為研究對象,研究者就有關這些小孩觀看電視時間的長短、電視節目的取捨,以及其他小孩(同學)所做的有關某一小孩的攻擊性評量都加以收集分析,結果發現那些喜歡看具侵略性節目的男孩,要比那些喜歡看不具侵略性節目的男孩來得具侵略性。研究者在十年以後,追蹤訪問以前參與實驗的小孩,另外從這些小孩的朋友所做的攻擊性評量以及由測驗所得的結果,發現那些小時候(大約九歲時)喜歡看攻擊性節目的男孩,到了十九歲時,仍然是比較具攻擊性。不過,女孩子們卻沒有這種相關現象存在,這可能因為女性的攻擊性行為很少受到增強和鼓勵,而且電視節目裡的攻擊行為也大多由男性角色所發,女孩子因此可能缺少模倣學習的對象(Eron et al., 1972)。在這個報告中又指出,八、九歲的男孩似乎最容易受到電視節目的影響,在這個年齡喜歡看具有攻擊性行為節目的男孩,長大之後往往也比較具侵略性,這也就是說,具攻擊性的電視節目對八、九歲大的男孩,不但會產生短期的不良影響,而且也會產生長期性的不良後果。不過,十八、九歲的年輕人,他們所喜好的電視節目,卻不一定與他們的攻擊性行為有所牽連。

四、人類需求的層次

人類需求可依其對個體生存發展的重要性,而加以排列層次的看法,是由人本心理學派(humanistic psychology)的主將馬斯洛(A. Maslow, 1954)所提出。馬氏把人類的需求,依其重要性的高低歸分成五類(見圖12~3),而且依序加以排列。這五種需求,除了最高層的自

我實現需求外，其他的需求正如其名所指，淺顯而不難加以了解。

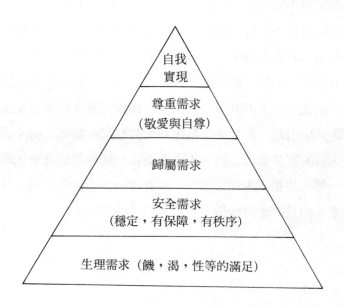

圖12～3　人類需求層次（採自 Maslow, 1970）

　　所謂「自我實現」指的是，個人自我潛能才賦的極度發揮。自我實現需求的滿足，是很多人追求努力的目標，不過，卻只有很少數的人真正達到此項需求的滿足。人類需求的層次排列具有下列的數項用意：

　　Ａ．　人類的基本需求必須先得到滿足，然後才會進一步追求較高層次需求的滿足。

　　Ｂ．　人類的需求與個體的生長發展具有密切的關係。一個人初生時，最主要的是滿足生理上的需求，然後慢慢考慮到安全、情愛與自尊，而最後追求自我的實現。

　　Ｃ．　人類需求層次的高低與個體的生存有關。基本的需求為生存所必需，而較高層次的需求，在維持個體的生存上，並沒有基本的需求那樣重要。所謂衣食足而後知榮辱，就是這個道理。

　　高階層的需求只有在低層基本的需求獲得滿足之後才會出現，假如基本的生理需求不得滿足，則上一層的安全需求，一般人並不多加理會，在迫不得已的情況下，鋌而走險往往是難以避免的。進一步說，要是我們時常擔心個人的安全與生計，那麼情愛與歸屬的需求也不可能產生。在我們的社會裡，由於一般人的生理需求以及安全需要大都能夠獲得相當的滿足，因此一般人的許多行為大多是由較高層次需求（如情愛、歸屬和自尊等）所引起。馬斯洛認為這些較高層次的需求之得不到適當滿足，乃是導致神經失常的主因，因而他認為一個理想的社會，除了應該要能滿足一般人的基本生理需求外，還要進一步設法使一般人滿足較高層次的需求，而且鼓勵每一個人去追求自我的實現。

第十三章

心理壓力與健康

大　綱

一、壓迫感的來源

甲、生活上的重大事件

乙、挫折與衝突

丙、社經、環境因素

二、身體對壓迫感的反應

甲、一般適應症狀

乙、心因性疾病

丙、緊張與免疫功能

丁、性格與生病

三、克制壓力的對策

甲、有效克制緊張的一些原則

乙、一些具體有效的行動

四、健康心理學

甲、疾病的預防

乙、疾病的治療

　　在過去的一、二十年裡，醫學界對於身體疾病的看法有了相當的改變，身體疾病純粹是一種生理現象的傳統觀點，逐漸地被生理——心理——社會的模式（biopsychosocial model）所取代。根據此一模式，身體疾病乃是由生理的、心理的，以及社會文化的許多複雜因素相互作用所引起。此一模式並沒有忽略生理性因素的重要性，而只是強調了心理的與社會文化因素在個人健康上的重要。

　　導致醫學界這種觀念上的改變，主要與二十世紀下半期人類死亡主因發生顯著變化有關。過去那些導致大量死亡的傳染病，如今由於醫藥上的進步，以及生活環境的改善，已不再是影響人類身體健康的主要因素，取而代之者，則為心臟病、癌症、中風以及意外事故等。美國國家衛生統計報告指出：死亡的美國人中，有百分之三十左右是死於心臟病；癌症致死者佔百分之二十左右；中風致死者超過百分之六；而因肺病或由意外事故致死的，約各有百分之四左右。而這許多導致死亡的主因，又與個人的日常生活行為密切相關，這些行為方式包括了吸菸、酗酒的習慣、缺乏對付心理壓力的良方、缺乏運動、濫用藥物，以及飲食欠當等等。

　　基於對心理因素以及個人生活習慣在身體健康上佔十分重要地位的認識，一門新興的專業科學——**健康心理學**（Health Psychology）也就應運而生。健康心理學在1978年成為美國心理學會裡的一個分支（division），目前這個分支的會員人數已超過三千人（Taylor, 1990）。健康心理學乃是研究心理因素和行為習性對身體疾病以及健康之影響的一門學問。在本章中，我們將就健康心理學的主要課題做一簡要的介紹，這包括有心理壓力與疾病和健康，應付心理壓力的方法，促進身體健康的心態與生活習性等等。

一、壓迫感的來源

在我們的一生中，大大小小的許多事情在某些時候都有可能對我們造成某種程度的壓迫感，雖然一般人大多以為只有重大的事件才是引發個人壓迫感的主要來源，其實日常生活中有很多小事情由於日積月累，往往也會造成一股不可忽視的影響力。而且，也有許多個人內在的因素，例如，不同價值判斷間的衝突，也會造成個人的壓迫感，而對其日常生活產生相當的壓力。壓迫感可由下列數項因素造成。

甲、生活上的重大事件

一個人生活中的重大危機，如重大車禍、長期失業以及離婚等等事故，往往會對當事人造成重大的壓迫感。根據學者的研究，下列三種事件乃是產生個人壓迫感的主要來源：(1)個人人際關係上的重大損失，如離婚、喪偶等是；(2)因無法加以控制，而造成個人無助感的事件，如重大車禍是；(3)會造成長期威脅的事件，如失業是。

當一個人的生活危機累積增多後，壓迫感的反應也會隨之加重並變為複雜（Lazarus, 1984），這種影響不但是對成年人會如此，對於兒童也是一樣的。時常生病住院的小孩，因住院醫療而帶來的壓迫感會使情況益形嚴重。而重大的天災、人禍，其所造成的壓迫感往往會持續一段相當長的時間，造成對當事人的很多傷害。例如，1980 年在美國華盛頓州所發生的火山爆發事件，對於附近的居民危害頗大，與地震發生以前的情形相比較，天災發生以後，附近居民緊急求醫的情形增加了九十個百分點，因此一天災所造成壓迫感而引發的居民之身、心性等疾病，增加了兩倍，家庭糾紛的發生也增加了四十五個百分點，甚至死亡率也增加了百分之十九。

　　另外，日常生活中許多值得高興的事件，如結婚、生小孩、搬家、升官等事件，有時也會對當事人造成某種程度的壓迫感，其中道理似乎是與生活習性的改變有關，適應一種新的生活環境，往往是會產生壓迫感的。

　　日常生活中一些不如意的小事情，如僅就單一事件而論，對當事人並不會造成傷害，但是多方累積下來的話，很可能會成爲造成壓迫感的重要來源（Lazarus & Folkman, 1984）。有些研究甚至指出：類似傷風、感冒以及頭痛等毛病之發生，往往被發現是與日常生活中的許多不如意的小事件直接有關（Delongis et al., 1988）。

乙、挫折與衝突

　　一個人往往在不能隨心如意時，感到挫折。挫折感的大小，往往與個人失望的程度之大小直接相關，而挫折之發生也是壓迫感的一個主要來源。心理學家們把衝突界定爲是因兩種或兩種以上的不同動機，相互干擾而無法同時得到滿足的一種不快情緒。這種情緒包括生氣、憤慨或是焦慮不安和愁困等，這也就是爲什麼挫折和衝突是造成壓迫感的主要來源之一。

丙、社經、環境因素

　　人口過份擁擠、噪音的長久侵襲、犯罪率的昇高、經濟的不景氣（長期失業）、環境的嚴重污染、傳染病（如愛滋病）的擴張，這許許多多的因素，長期地存在於我們的日常生活中，其可能爲個人所帶來的壓力，自是不容忽視。戰亂的恐懼、重大災害（如核能發電廠故障所可能帶來的危機）的憂慮，在在增加了我們生活上的壓力與緊張，它不但有害身體的健康，而且也會造成如憂鬱、煩惱不安、失望悲觀等等異常的心理狀態。

二、身體對壓迫感的反應

在我們的日常生活中，存在著許多會引起緊張，造成壓迫感的很多事物，而這許多事物，我們又往往無法加以避免，因此就很容易對我們的身體造成不利的影響。現在讓我們來看看一個人的身體對於緊張和壓迫感所可能產生的一些反應。

甲、一般適應症狀（General Adaptation Syndrome，簡稱 GAS）

在五十和六十年代，加拿大的學者謝理（Hans Selye, 1956; 1976）以動物為受試者，對緊張和壓迫感所造成的身體反應做了許多研究，他讓動物遭受到飢、寒以及輕度中毒等等會引起緊張和壓迫感的情事，結果他發現，動物對不同種類的事物所做的身體反應並沒有什麼差別，他把這些身體的反應稱之為「**一般適應症狀**」。

一般適應症狀包括三個不同階段。首先是**警告階段**，身體在此一階段中，動用體內的資源來面對挑戰和威脅，企求保護身體不受傷害。由自主神經系統發生作用，動員體內各種能源和內分泌腺（腎上腺素增多）以應變。第二個階段是**抵制階段**，在這個階段裡，體內資源動員完成，對外來的壓力進行抵制對抗。不過，假如壓力持續存在或有新的壓力產生，抵制的能力會很快地減弱消失，而進入**疲憊階段**，在此一階段，嚴重者有致死的可能。雖然心理的緊張與壓迫感，很少能夠突然致人於死地，但卻可能嚴重地傷害到身體的正常功能（Selye, 1976）。

當身體正處於 GAS 狀況時，若另有其他的壓力產生，則進入第三階段（疲憊階段）的速度會快速增加。但有一點值得安慰的是：我們的身體對於日常的壓力，大多能做有效的適應，而避免產生嚴重的不良後果。

此外，我們對於緊張和壓力所做的心理性的和情緒性的反應情形，也與上述的身體反應頗多相類似處。

乙、心因性疾病

由心理因素所引起的緊張與壓力，往往是長期性的；而又有很多是很難加以糾治的；於是，因此而導致身體生理上的傷害與疾病之危險，這是不可予以忽視。由挫折、衝突以及其他長期性情緒因素所引起的疾病，一般稱之爲**心因性疾病**（psychosomatic illnesses）這包括有胃潰瘍、氣喘、頭痛以及高血壓等疾病（Taylor, 1986），目前有些學者認爲：不同的緊張與壓力，對於身體會產生不同的影響，造成不同的生理反應（Taylor, 1990）。例如有些現象指出：那些引起失去感和憂鬱的事件，可能是與一個人感染癌症的可能性多少有關（Jensen, 1987）。

緊張與壓力之引起生理性疾病，並不一定是立即性的，也就是說：引起疾病的導因具有潛伏性，有些人可能在經歷了緊張與壓力幾個月之後，才因此而生病（Antoni, 1985）。更令人擔心的是，緊張與壓力也有可能致當事人於死地的危險，這尤以那些遭到強烈刺激而造成強大心理緊張與壓力者爲然（Miller & Strunk, 1989）。

當然，並不是所有遭到緊張與壓力的人都會因此而生病或有生命上的危險。造成這種個別差異的原因包括了下列數要項：個人所遭到緊張與壓力的程度與時間之長短；個人對於不同情境的認知與評估；個人應付緊張與壓力的方法與能力；個人所擁有的社會支持；以及個人的健康情況（Holahan & Moos, 1986; Rozanski et al., 1988）。

丙、緊張與免疫功能

由於致命的愛滋病（AIDS）之流行，使大家對於體內免疫系統有較多的關心、認識與瞭解。愛滋病是由 HIV 的毒菌所引起，HIV 雖然不

是只有一種，但其作用在於破壞感染者體內的白血球以及免疫系統則是相同的，當一個人的免疫系統嚴重遭到破壞之後，許多疾病（如肺炎、癌症等）隨之會發生，而致患病者於死地。我們身體的免疫系統及其反應十分複雜，專家們對其深奧的作用尚沒有全盤的瞭解，目前有些學者專門研究心理歷程與生理歷程相互作用所可能對一個人之免疫系統功能發生的影響，這是所謂的「**心理神經免疫學**」（psychoneuroimmunology），它是一個很新的研究領域。

學者們在這方面研究所得到的初步結論認為：心理緊張與壓力對身體的免疫功能會發生抑制的作用，減低身體的免疫功能，因而增加了一個人患病的可能性。一些以動物為受試者的研究，發現那些遭遇到心理壓力與緊張的受試者，其身體會很快地分泌一些應付危機所需的荷爾蒙（如腎上腺素、非腎上腺素等），而這些內分泌物對體內的白血球會發生抑制的作用，因而減低身體抵抗發炎和疾病的正常功能（Marx, 1985）。以人類所做的類似研究，也發現那些緊張和有心理壓力的人，其免疫功能通常會降低，因此在這種情況下，當事人生病的機會也較多 （Kiecolt-Glaser & Glaser ,1991）。當然，並不是所有有心理壓力和緊張的人，都會受到同樣的不利影響，最主要的是：一個人應付這些緊張與壓力之是否得當，往往是造成不同影響的主要決定因素（Lazarus & Folkman, 1984）。

丁、性格與生病

學者們還發現一個人的個性和生病（尤其是心臟病）也有相關，那些被認定為**A-型性格**（Type A personality）的人，發生心臟病的危機較大；相反地，那些**B-型性格**的人(隨和而不斤斤計較，把成敗看得較淡的人)，罹患心臟病的危險卻要少得多（Friedman & Ulmer, 1985）。具有A-型性格的人，好勝心很強，性情急躁，工作特別賣力，也特別寶貴

光陰，又頗具雄心。A-型的人不但做事全力以赴，有時甚或進而超之（Taylor, 1990）。這裡我們要順便指出：我們所謂的A型或B型性格，與一個人的血型並沒有相同之處，而且是完全互不相關的。

　　當A-型性格的人遭到挫折時，通常會以氣憤、忿怒為應對之策。有些研究者認為，這種反應方式乃是具A-型性格者之所以較易發生心臟病的主要原因（Taylor, 1990）。而且，如果這種人再壓抑氣憤、忿怒的心情而不求發洩的話，這對其身體健康危害更大（Wright, 1988; Case et al., 1985）。不過，有一點稍可告慰的是：心理學家們還發現，幫助這些人去減少A-型行為方式，一般是可以減低這些人罹患心臟病的危險（Taylor, 1990）。

　　氣憤、忿怒不只是傷心費神，而且還會危害身體，引發心臟病。我們是否能夠用一種比較具建設性的方式，來處理日常生活中所無可避免的憤怒情緒呢？專家們的建議包括有下列諸項：適當合理地去表達此一情緒，過份的壓抑不只傷己，有時又會害人；善用自己的幻想力，以幻想的方式來表達個人憤怒的情緒，這絕對不會傷害到任何人（包括當事人本身）；設法去接受別人的憤怒感，別人對我們生氣，往往是因為他們關心，在乎我們才會如此做的；當你氣憤不平時，為什麼不把這種感受化為一股改變那些欠理想之情境的有用力量呢？這股力量可以同時用來改善自己、別人以及社會上的不佳現況，如此雙利的作法，深值採用提倡。

三、克制壓力的對策

　　一般人用以克制壓力的對策，基本上可劃分為(1)針對問題的對策，以及(2)針對感受的對策等兩大類。針對問題的對策是以採取直接的行動或是其他得以解決難題的行動，來改變或消除那些引發壓迫感的人、事、

物,或是這些人、事、物與當事人間的關係。針對感受（情緒）的對策,則主要在改變個人的情緒感受,減少其可能造成的不良後果,而不是對引發壓迫感的人、事或物進行直接的改變,以企圖消除這些「禍根」。

針對問題的對策包括有面對挑戰、遠離「禍根」、和談妥協,以及增強個人抵抗壓力的能力,和減低未來可能發生的壓力之可能性及嚴重性等等,這些都是積極、主動的應付對策。反之,針對情緒感受的因應對策,大都是屬消極、被動性的,多少含有逃避的心態,其意圖並不在於基本壓力問題的解除,而是透過類似「借酒澆愁」的那種方式,企求情緒感受上的解脫,這種對策可透過肉體的、認知的（如幻想、聆聽音樂、創作等）以及潛意識的壓抑或曲解等等方式來達到目的。心理分析學派所討論的**自我防衛機制**（ego defense mechanisms）,即是屬於此一對策。當有許多很難直接加以控制的壓力,也很難運用直接的、針對問題的對策來應付時,對於這一類的壓力,通常只好求助於針對情緒感受的對策。

除了以行動來克制壓力外,認知的克制方法有時可能更爲實際而有效。在日常生活中,有很多引發壓力的人、事、物並不是我們能夠隨意地去加以控制、克服。例如親朋好友的罹患絕症、個人身心的老化、衰退,此等情事的存在乃是主要的壓力來源,面對這些不幸和痛苦,如果一個人僅往負面去思考、憂慮、怨嘆,這不但無濟於事,而且又會大傷身心的健康與平衡;反之,如果一個人能多從正面去看,在認知上做一種重新組合（cognitive restructuring）,這在壓力的克制上,往往會大有助益。這種認知上的重新組合,又可以增加個人對所處環境的控制感（perceived control）,強化個人的自信心,這對於一個面對壓力的個人而言,乃是很重要的克制壓力的資源。對壓力來源（stressor）做一番重新的評估（reappaising stressors）,從不同的角度來對它再加探討,以較爲輕鬆的心態來面對它,這也往往可以減少壓迫感,而有助於壓力的

克服和控制。

甲、有效克制緊張的一些原則

有效克制緊張常因引起緊張壓力之來源不同而有不同的方法，而且一個人之是否具有控制、操縱這些來源之能力，也是一個具有決定性的重要因素。不過，下列數項原則，在一般情況下是具體可行的。

A．轉化威脅爲挑戰：如果緊張的來源是可以加以控制時，最好的一個對策是把這個緊張來源轉化成一種挑戰來看待，集中力量，尋求克制它的良方。例如一個學生，如果因學業成績不好，而造成緊張和心理壓力，一個有效的對策，應該是去分析一下造成此一情形的原因，並且發展一套較爲有效的學習方法，以求學業成績的改進。

B．改變對緊張來源的評估：當緊張來源不能隨意加以控制時，我們往往可以改變對它的評估，來減低它的威脅。那些能夠在困境中尋求一些正面好處的人，往往比較不會受到重大困擾，而又較能適應良好。

C．改變個人的目標：這是所謂隨機應變，退而求其次的應對方式。這在克制緊張壓力上，也是一種務實的做法，否則自鑽牛角尖和自找麻煩之譏也就無法去避免了。

D．採取實際的肢體行動：例如運動、打坐以及調節飲食等等，在消除緊張上，效果相當可觀，這在另節中會有較詳細的介紹。

E．做事前的防範工夫：對於那些可預期的事件，如能在事前早做心理準備，它可能導致的緊張與心理壓力，往往可以因此而有效地加以降低。這種作用，類似於醫療上的「預防注射」，促使免疫抗體的產生，來減低壓迫源的傷害力。

乙、一些具體有效的行動

1.運動

許多人認爲運動的目的乃是鍛鍊健壯身體，但是近年來的研究指出：運動，尤其是有氧運動（aerobic exercise）如慢跑、運動跳舞等，還具有克制緊張的良效。有一項研究結果顯示：慣常性地做有氧運動，可以大量地消除憂鬱的情緒。而被指定做例行運動的船員，也有較少的緊張感受；另一項歷時十六年，調查研究一萬七千名哈佛校友的研究報告，則指出：那些較常運動的人，往往會活得長久些（Paffenbarger et al., 1986）。

運動可以強壯心臟、降低血壓，以及降低血壓對緊張的不良反應（Perkins et al., 1986）。有些學者（如 Martinsen, 1987）還認爲時常運動可以促進體內興奮激素（如 endorphins）的分泌，幫助鬆弛肌肉，使人睡得較舒坦；運動有恆的成就感，以及因運動而保持的較令人滿意的體形，這都具有良性的效益。

持之有恆，長期運動對許多人來說，是一件相當不容易做到的事，運動不但要費時間，而且，如果身體狀況欠佳（過胖或軟弱），運動（尤其是剛開始時）往往會帶來辛苦和挫折感。爲了避免這些不良反應，下列的一些建議可能有助於事：(1)選擇一項個人所喜歡的活動；(2)逐漸增多運動的次數和時間；(3)做持久性的運動，不要一時過度運動（這可能反而會造成傷害）；(4)設法爲自己提供增強、鼓勵的機會。專家們還特別強調，中年以上的人，在開始某項持久性運動活動之先，最好與自己的家庭醫師或心臟科醫師商談，以決定所選運動之是否合適安全。

2.社會支持

社會支持（social support）也是克制緊張的一劑良方。社會支持主要是由親朋、好友、家人，以及其他個人所屬團體、會社之成員所提供。近年美國有許多大型的研究，其結果都指出：社會關係可以影響個人的健康。享受與他人有親密關係的人，與那些沒有多少親朋的人相比，其早死的機會較少（Cohen, 1988; House et al., 1988）。雖然有時親密的

人際關係也會帶來引起緊張的衝突和責任感，但是人際關係所能提供的社會支持對於失業、開刀，或是痛失親人的重大緊張來源，確可以發生有效的克制作用。

　　親朋好友或家人的協助、建議以及支持，對於一個正遭到困擾和壓力的個人而言，可以說是一劑良方，頗多受用。社會支持也可以提高一個人的自尊心，減少個人的孤單感。而且有人可以讓我們傾吐心聲，聆聽我們的苦楚、委屈和困擾，雖然不一定直接對事情本身的解決有所幫助，但這種精神上的支持，有時也可能比有形的助力更能裨益受創的心靈。

　　社會支持的功效與它的具多面性功能有關，因為別人所能對當事人提供的幫助，包括實質的支持、情緒上的支持、資訊上的支持，以及評估認知上的支持。由此看來，社會支持的追求，乃是克制緊張、壓力的一個具有相當潛力的方法。

3.樂觀

　　除了社會支持外，一個人的堅忍個性以及樂觀與否，也是影響緊張、壓迫感所可能發生作用的重要因素。柯倍沙（Kobasa, 1979; 1982）以行政人員為受試者所做的研究，發現具堅忍個性的人（hardiers）所受到緊張、壓迫感的不良影響較少。柯倍沙指出，堅忍的個性包含有下列幾項特性：(1)擇善固執：這些人通常有明確的目標和價值觀，而執著地努力工作；(2)接受挑戰：認為變化是人生中所不可避免的，因此棄「守舊」而「求新」、「求變」；(3)控制感：認為個人有能力來操縱自己的前程和命運，少有「無力感」的困擾。

　　樂觀的個性，使一個人在日常生活中，抱持正面、進取的態度，以大學生為受試者的研究，發現那些樂觀的人，一般身體健康情形較佳（Scheier & Carver, 1992）。而且樂觀的人和悲觀的人使用不同的方式來應付緊張與壓力。樂觀的人較常使用下列的一些方式：(1)採取面對問

題，力求解決問題的富行動性方式；(2)尋求社會支持；(3)在評估引發緊張與壓力的事件時，強調這些事件的正面意義。相反地，悲觀的人則往往以放棄，或是否認事件的存在來做為應付之道（Scheier 等，1992）。

有些學者則從個人的生理因素來研究其對緊張和壓力的反應，這一方面的研究，發現顯著的個別差異的存在。有些人的自主神經系統對緊張和壓力的反應較快又較激烈，這直接影響到個人的心臟血管的反應；而這些不同的反應似乎又與遺傳的因素有關（Smith, 1993）。根據心臟病專家依利又得（Eliot, 1984）的說法，大約每五個人中，就有一位是他所謂的「**高度反應者**」（hot reactor），這些人平時的血壓正常，但一旦遭到緊張和壓力時，血壓往往會急速高漲，這可能與所謂的「A-型行為方式」有某些重複的現象存在。

4.鬆舒身心

實驗結果指出：試圖鬆懈身心，往往可以降低血壓，而且又可以增強一個人的免疫抗體系統。另外一項在舊金山所進行的實驗，以有過心臟病的中年人為受試者，有一組人接受一般性的病後輔導，醫生告訴這一組受試者有關用藥、飲食以及運動的重要性；而另一組受試者，除此之外還接受了如何鬆弛身心，「放慢腳步」的輔導，鼓勵他們以休閒的心情來享受人生，增強個人的宗教信仰。經過長達三年時間的比較觀察，第二組的受試者，其心臟病復發的百分比只有第一組人的一半（Fried-man & Ulmer, 1985）。

鬆舒身心既有如此良好效應，一個人又應該如何有效地來達到放鬆身心的目的呢？哈佛醫學院的心臟病專家邊遜（Benson, 1975）認為下列四種因素可有助益：(1)一個安靜不受干擾的環境；(2)一個能讓你集中注意力的心智活動，打坐者常有誦經唸佛之動作，其意在此；(3)從容、被動的心態；(4)一個舒適的姿勢。Benson 所提倡的鬆弛方法是以打坐（meditation）的方式來進行的。

也有不少人利用幽默來減少緊張的心理壓力。具有幽默感的人，通常較不容易被緊張的事件所困擾。幽默感的這種效用，可能與一個人對緊張的評估直接有關。從緊張的事件中去發現其具有幽默的一面，往往可以使這種事件之威脅性減低；而且幽默又可以用來發洩滿腹的不快情緒。由此看來，對個人生活中不如意的緊張事件「開開玩笑」，也許不愧為是一項克制心理壓力的良方。

我們所要放鬆的，不只是緊張的心情，而且還包括了身體的激動緊張。美國人流行一種叫做「**漸進式鬆弛法**」（progressive relaxation training）的訓練。這種方法叫人首先認識肌肉緊張和放鬆時的不同，然後儘量放鬆身體的某一部位之肌肉，在治療師的指導下，受訓練者逐步地對身體各部位的肌肉進行放鬆，經過許多次的練習之後，一般人往往可以達到完全地鬆弛身體的各部肌肉，獲取身體的深沈鬆舒。這種訓練在失眠、頭痛（因緊張所引發者）、胃潰瘍以及焦慮和高血壓等病痛的治療上頗有助益。

四、健康心理學

長生不老自古即為許多人所熱衷追求的一個生活目標，肢體的老化是否能夠運用人為的各種方法與藥物來加以延緩，專家們正努力探討尋求。不過，任何人若想活得長久，活得快樂，那麼遠離疾病的折磨糾纏乃是當急要務，因此如何去預防疾病的發生（或減少其發生的可能性），深為醫界人士以及心理學家們所重視。

疾病的預防策略可分為三種層次：(1)**首要預防**（primary prevention）：這種預防的目標，是在減少或是消除那些可以加以預防的疾病，或是對身體的各種傷害。首要預防的主要策略，是在教育大家有關他(她)們日常起居行為與身體健康間所存在的關係，推行有利健康的生活方

式，並且直接地去改進不好的行為習慣。⑵**次要預防**（secondary pre-vention）：這是在儘早發現已存在的疾病，透過身體檢查（由醫務人士或是自己來進行，如乳癌的檢查）和測試來儘早發現已存在的疾病，以便早日進行治療工作。⑶**三級預防**（tertiary prevention）：在疾病已存在時，三級預防乃是各種用來減短復原時間，增長壽命，並預防此等疾病的再度發生之因應工作。

甲、疾病的預防

　　預防勝於治療，這是一般人所共同承認的事實，而強壯健康的身體，則是預防任何疾病發生的最佳保證。從健康心理學的觀點來看，健康、規律的生活方式，乃是維護身體健康所必須，而心理學家們在這方面所做的許多研究，也多偏重於此一範疇。這裡我們簡單地介紹一些相關的資訊。

1.有害健康的生活方式

⑴吸菸

　　許多人都有吸菸的習慣，吸菸的人一般要比那些不吸菸者有較早死亡的危險。吸菸的危險主要與吸菸量和所吸入的焦油及尼古丁量有直接相關。以三十歲的男人為例，每天吸兩包香菸的人，其生存預期年數要比那些不吸菸者短少八年。吸菸者短命的原因，主要是吸菸增高了許多長期病的發生，這些疾病包括了心臟病、癌症、呼吸器官的疾病、肺炎以及中風等等。對那些能夠戒菸的人來說，其罹患疾病的危險性可以很快地下降；不過，戒菸並不是一件容易的事，能夠長期戒除吸菸者，大約只有百分之廿五左右，這和戒酒與戒毒並沒什差別。

　　一般吸菸者大都在青年早期就已開始了吸菸的習慣，青少年人最容易吸菸的，是那些有父母、兄弟、姐妹，或是朋友是吸菸者的人。成年以後才開始吸菸的人並不是很多，青少年之所以喜歡吸菸，可能與該一

發展時期之人際關係的認知情形有關，那些青少年吸菸者，往往被看做是強壯、早熟的，而又是社交良好，其他的青少年就以此為模倣的對象，以便得到他人的接受，並且以吸菸來表示個人的成熟象徵。

根據調查研究，大部份吸菸的美國成年人都希望自己是不吸菸的人。但是，一旦有了吸菸的習慣，由於尼古丁的作用，想去戒除並不是那麼容易。當吸菸的人血液中尼古丁的成份下降時，當事人往往會有類似吸毒上癮者在無毒藥吸食時那種很不舒服、很難受的反應，而繼續吸菸以補充體內的尼古丁，乃是一個快速有效的補救方式。除非戒菸的人意志堅強，且持之有恆去突破這一難關，否則是不易達到戒除的目的。

香菸中的尼古丁可以增高心跳率和血壓，在血液中的尼古丁量之濃度升高後，它可以舒鬆肌肉，並促使一種體內天然性的鴉片——腦啡肽（endorphins）的分泌，這種分泌物可以減少一個人的緊張和壓力；尼古丁還有壓抑一個人之胃口的功用，這尤以碳水化合物之食品為然，有許多女人以吸菸來控制體重（減肥），其道理在此。

吸菸的行為不但具有**負增強物**（negative reinforcer）的功能，而且也同時具有**正增強物**（positive reinforcer）的效用。尼古丁可以促使腎上腺素和非腎上腺素的分泌，這些分泌物減少一個人的胃口，提升其警覺性和精神，尼古丁還可以促使中央神經系統分泌一些可以消減焦慮，減低痛覺的神經傳導物（neurotransmitters），這許多使人感到爽快的生理作用，加上吸菸對撤銷癮頭痛苦的解除作用，使一個想戒菸的人很難去貫徹始終，這對於那些深知「吸菸是一種慢性自殺」道理的吸菸者而言，也仍然存在著「愛莫能助」的遺憾。

用來幫助吸菸者戒除吸菸習慣的方法相當多，這些方法包括了主管衛生當局的警告、輔導諮詢、藥物治療、催眠法治療、嫌惡性制約法（aversive conditioning）（例如讓一個人一根接著一根地吸到「樂極生悲」的地步）、操作式制約法、認知治療法以及支助團體（support groups) 的應用等等。在美國還有一年一度的「**冷火雞日**」(cold turkey day)，要求全國的吸菸者至少在當天停止吸菸，採取戒菸的具體行動。這許多方法的使用，花費了吸菸者不少的治療費用，但其效果往往只是短期性的，除了百分之二、三十的人成功地長期戒菸之外，其他的往往在一年不到的時間內，就又「惡習復發」。

不過，近年來美國推行戒菸的努力繼續不斷，其效果也頗足以令人振奮。1988 年的吸菸人口約爲五千萬，而蓋洛普的例年調查結果指出：1989 年吸菸人數佔27%左右，這個數目乃是 1977 年時（約 37%）的三分之二不到。再根據美國教育委員會的資料，1985 年大學新生的吸菸人數約在百分之八，這是二十年前時的數目的一半，而尤以男學生人數的減少最多。由於管理嚴格，我國中學生吸菸者較少，但是一上了大學，很多人開始吸菸，這並不是一個明智的選擇，鑑於吸菸危害之深，破除惡習，當是大學生吸菸者之一大要務。

主動吸菸者會受菸害，這個事實是一般人都理解認同的。不過，被動吸菸（passive smoke）所可能造成的危害，也是相當顯著的。根據美國的一項研究報告（Fontham et al., 1994），那些與吸菸者住在一起的非吸菸者，她們患肺癌的可能性增加了約 24%；而那些與吸菸者一起工作者，其危害性爲 39%；而那些在社交場合每星期至少有兩個小時遭受菸污染空氣者，其患肺癌的危害性則高達百分之五十。

有些人以吸菸來提神，有些人則用吸菸來減低精神上的壓力以及焦慮，酗酒者以及患有精神分裂症者的吸菸比例也偏高，而且有很多患有憂鬱症（major depression）的病人也有吸菸的習慣，這一類的心理病患者之戒菸更是困難，因爲患過憂鬱症的吸菸者，試圖戒菸往往會使憂鬱症復發（Hall et al., 1993）。

(2)酗酒

過量飲酒對於一個人的健康有許多害處，因爲酒精是一種強有力的

藥物，酗酒乃是一種濫用藥物的行為，而且過量飲酒的害處並不止於健康問題，許多相關的社會、心理問題，也造成了各界很大的損失。根據美國的統計，百分之十三的成年人嗜好「杯中物」，在美國每年因過量飲酒所造成的經濟損失超過一千億美元，這個數目包括了醫藥上的費用、工作時間的損失以及其他一切相關的損失。

過量飲酒對健康的傷害是多方面的，一般人大多知道長期大量飲酒會造成肝硬化的危險，大量長期飲酒對於腦部以及循環系統也會造成傷害，酒精中毒的人，一般會比常人早死達十二年之多（National Institute on Drug Abuse, 1991），甚至每天喝兩、三罐十二唡裝的啤酒或是一、二唡的烈酒，長期下來，也會縮短一個人的生命。過量飲酒還牽涉到很多很多的車禍、火災、自殺行為以及謀殺事件，酒醉駕車不但對駕駛者很危險，許多無辜的生命也常因此而喪失。而因過量飲酒所引起的家庭破碎、離婚和失業等等社會問題，對當事人而言，其在精神上和物質上的損失是十分龐大的。美國疾病控制中心在 1990 年夏天所做的一項研究報告指出：全美國每年有十萬個死亡事件是直接與喝酒有關。更令人擔憂的是：懷孕女性飲酒所造成對於胎兒和新生兒的嚴重傷害。

有一項研究三萬多個懷孕個案的結果指出：孕婦每天喝兩、三杯酒大大地增加了造成「發展遲滯嬰兒」的危險（Mills et al., 1984）。在懷孕期間大量飲酒顯著地增加了胎兒酒精中毒症（fetal alcohol syndrome）的發生率（高達三分之一），小量的飲酒有時也會造成早產、死胎或是生產上的毛病。為了下一代的健康，已懷孕或想懷孕生小孩的人，最好是不要喝酒為妙。

有些心理學家指出：目前在美國的十個主要致死因素中，有七項是絕大部份因個人行為方式而決定，而這許多不利於健康的行為方式可以透過心理學家的幫助來予以大量消減。健康心理學家們參與許多相關計劃，試圖從預防的角度來減少疾病的發生，這包括了與吸菸、酗酒、進

食、運動、應付緊張與壓力、高血壓的控制,以及所謂「**安全性行爲**」(safe sex)(如使用保險套、小心個人的性行爲、AIDS 的防治等) 等等多方面的行爲方式 (Jeffrey, 1989)。有些心理學家也運用行爲糾治技術來推行類似使用汽車安全帶一類有助於安全和健康的行爲。心理學家也直接參與了疾病的治療工作,他們協助病人遵照醫生的指示來用藥,或從事其他有關的治療活動,幫助病人與醫生間的溝通,以及留意病人個人日常爲治療疾病所做的不同努力,這許多活動,對於患有長期性疾病者(如糖尿病患、心臟病患、有高血壓者) 尤其重要。

2.增進健康的一些策略

在第三節中,我們討論了一些克制壓力的對策,這些對策(例如時常運動身體) 對於肢體的健康也有其不可忽視的功效。這裡我們也要強調適當飲食的重要性。大家都知道,心臟病、許多癌症以及中風等等具高度危險性的疾病,都是與個人的日常飲食有關,它們也與吸菸的習慣直接相關(這在前面已有論述),小心飲食,減少脂肪與膽固醇的攝取,以及持久性的身體運動,往往是大有裨益的。

⑴以大眾傳播的方式來推進健康的生活方式

例如以報章、雜誌廣告或是電視廣告來宣導有益大眾健康的知識,鼓勵一般民眾戒菸、戒毒(戒酒),以及常做運動等等,這種做法是否可以達到預期的效果呢?有些研究指出,光做廣告來宣導,其效果是不彰的 (Meyer et al., 1980; Story & Faulkner, 1990)。以其他的因應措施(如醫生的參與、社區內相關的活動) 來配合大眾傳播方式的宣傳廣告,一般較能發生實效 (Farquhar et al., 1984; Pierce et al., 1990)。

最近由於愛滋病(AIDS) 的迅速流行,大眾傳播方式的宣導工作有很多是針對這個疾病來進行,對於那些比較關心和害怕這種疾病的人而言,這種宣導工作的效果,一般較爲良好,這些人也大都認爲如此做是頗有效益的。有一個統計數據似乎可以用來證實這種說法:在 1984 年到

1988 年之間，保險套在美國的銷售量增加了一倍多（116%），可見這種宣導工作，在啓發民智和改變一般大眾的生活方式上，如能得到他們的信賴，其效果是可預期的（Moran et al., 1990）。以大眾傳播媒體做爲宣導的工具，這不但可以擴大可能受惠的人數，深入各基層，而且在時效和運用上，也具有方便、快速的很多優點，這在公共衛生政策的推行上，似乎是可以多方來加以採行的。

⑵注重飲食

適當的飲食爲我們的肉體提供其生長（小孩、青少年）和運作所需的各種營養分，但是營養不良，蛋白質攝取不足的兒童也可能會遭到長久性認知上的缺陷（Lozoff, 1989），這是很值得大家注意的一件事，因爲有很多父母，或因疏忽、或因工作忙碌，往往很少留意小孩的三餐，長久下來，其可能造成的傷害實在令人擔心，至於那些直接與身體健康有關的特定營養分的攝取，更是近年來各方所共同注目的。例如，高膽固醇食物的可能造成心臟病；吃食過量鹽分對高血壓的不良影響；高脂肪食物與某些癌症間可能存在的關聯；過食致胖而縮短壽命的可能性等等。目前雖然尚無絕對的定論，但就許多研究結果來看，爲了維護個人身心的健康，注重飲食，攝取平衡適量的營養分，應該是每個人所當努力追求的生活方式。

爲了促進身體的健康，延長壽命，心理學家們除了協助肥胖者節食減肥之外，也針對食物、營養的攝取和疾病的發生等問題進行深入的研究，而進食習慣的改善已被證實有利於一個健康身體的維護。膽固醇含量高的食物如瘦肉、蛋黃等，或是高脂肪的食物，對很多人都會造成血管硬化與栓塞的嚴重不良後果，增加罹患心臟病的危險性；而減少這些食物的進食都可以減少這些危險（Roberts, 1987; Jeffrey,1989）。同樣地，減少鹽量的進食以及控制適當的體重，也對於高血壓和心臟病發生的控制大有裨益（Taylor, 1990）。

高脂肪、低纖維的食物有利於致癌細胞的生長，因此攝取過多的這一類食物，對健康是會產生負作用的；相反地，大部份的蔬菜、水果，如綠花菜、高麗菜等，都有抑制癌細胞生長的良效（Cohen, 1987）。以乳癌為例，專家們發現不同國家的人民，其脂肪的進食量之多寡，與因乳癌致死人數有密切相關，每日進食的脂肪越多，死亡率也越高。而以白鼠做實驗的結果，發現那些吃高脂肪食物的受試者，其體內發生乳癌的機會有一般老鼠的兩倍。其他如經過醃製、燻製或大量加鹽的食物，導致胃癌的危險性很大；而高脂肪食物也與大腸癌的發生有高度的相關（Cohen, 1987）。

貪圖口福的行為方式，不但有造成身體肥胖的危險，而那些吃起來特別可口、有味道的高脂肪、高鹽分食物，還會增加罹患心臟病和各種癌症的機會，既然如此，為什麼一般人的進食習慣卻沒有太多的改善呢？這一方面是因為仍有很多人並不太瞭解不當進食的危險性，而另一方面則與其他戒除不健康行為（如吸菸、酗酒等）之困難頗多類似處，許多人只能在短期內控制個人欠佳的行為方式，但時日一久，卻又故態復萌，失去警惕。

乙、疾病的治療

當我們感覺身體不適，發現某些生病的跡象時，一般人大都會設法加以治療，或購藥服用，或求醫診治。一個人是否會求醫診治，受到許多因素的影響。例如，一般人如果認為病因是生理性的，多要比認為是心理性時，較易去求診治療（Bishop, 1987）。另外，如果感到困窘，或是覺得去看醫生太麻煩，費用太高等等，則會降低求醫的意願。醫治疾病之性別上的差異似乎是存在的，根據美國健康統計中心的資料顯示，女人用藥比男人多，看醫生的次數比男人高了百分之四十，而且也比較容易覺得自己生了病。女人是不是真的比較容易生病呢？這其實又不

然，因為男人患有高血壓、胃潰瘍、癌症的比例要比女人高，而男人的壽命一般也比女人短。女人求醫診治的次數之所以比男人多，這可能與她們對自己身體的變化比較敏感有關，也可能因為她們較少會充硬漢有關（Bishop, 1984），或是因為許多女人不上班或不上全班，所以有較多的時間去安排看醫生。而個人對病徵的知覺和留意，以及其他許多的情境因素，也會造成顯著的個別差異（Taylor, 1991）。

有些人知道自己有生病的徵狀，但卻不願去求醫診治，其中道理何在呢？這可能與個人對健康的某些信念（health beliefs）有關。首先，一個人需要感到生病的嚴重性以及對個人健康所可能造成的危害；然後，個人又必須認為求醫診治可以破除或顯著地減少此等危害時，才會願意去求醫診治。個人不健康的生活方式之改變（如戒菸、使用汽車安全帶、保險套等），也往往與個人的健康信念有關。很多人往往覺得自己不會是不良生活習慣的受害者（Taylor & Brown, 1988），因此也就覺得沒有改變這些不良習慣的必要。這種不正確的信念，對於個人身體健康頗多不利，而尤以青年人抱此信念者較多，其可能受害的程度也比較嚴重。

醫生──病人兩者之間的溝通，對於疾病的治療也頗具影響力和重要性。由於溝通是雙向的，因此醫生和病人雙方都負有重大的責任；而此等溝通的良好與否，直接影響到病人求醫診治的滿意程度、病人回憶重要醫療資訊的程度，以及病人遵行醫生囑咐的程度。醫生診斷病情之後，往往給病人一些治病的處方，這不但包括定時定量服藥打針，而且也可能包括有飲食上的改變、適當的休養和運動，以及其他的追蹤、復建措施等等。一般病人對於醫生所囑咐的這一些與治病密切相關的事項，高達半數的求醫者並沒有好好地去遵行。此一現象之所以發生，醫生在與病人溝通上有欠完善是一大原因，有很多醫生因為病人多，很少會有耐心去與每個病人詳細說明，未能提供病人所需求的關照與支持。

有鑑於此，有些醫生更提出了「醫生必先要有關心才能治病」的呼籲（Siegel,1988）。而社會心理學家們（如 Zimbardo & Leippe, 1991）也提供了一些策略，來促進醫師與病人的良好溝通，以期病人能多遵行醫囑，努力從事個人健康早日恢復的各項活動。

　　吃藥、打針和開刀都可能引起病人相當大的心理壓力，副作用的發生也會引發其他的痛苦，而開刀動手術，不管在手術前或手術之後，病人的恐慌不安，很難去加以避免，在這種情況下，醫師是否應據實向病人做解說，告知病人所可能發生的痛苦和危險，讓病人先在心理上有充分的準備呢？有許多相關的研究結果指出，讓病人多多瞭解實際的狀況以及可能發生的痛苦，並提供一些克服心理壓力的良方和建議，如此做往往可以減少手術後的苦惱（Suls & Wan, 1989）。如果病人事先瞭解了手術後所可能發生的一些狀況，當這些狀況（如劇痛、排泄困難等）真正發生時，因病人已早有了期待和心理準備，他們往往較能處之泰然，而不會因此等狀況之發生而感到恐懼不安，誤認手術發生問題。病人的正確認知，對其健康的早日恢復，也是一項十分重要的事。

第十四章

人　格

大　綱

一、人格類型與特質論

甲、類型論

乙、特質論

丙、類型和特質論的一些問題

二、心理分析論

甲、佛洛伊德的學說

乙、榮格的分析心理學

丙、阿德勒的個人心理學

丁、新心理分析論

戊、心理分析論的一些問題

三、社會學習理論與人格

甲、陶拉德和米勒的增強說

乙、施金納的功能分析說

丙、班都拉和瓦特的社會學習說

丁、學習理論派的問題

四、人本主義的人格說

甲、羅哲士的自我說

乙、馬斯洛的自我實現說

丙、人本主義人格說的問題

大　　綱

五、人格的衡量

甲、會談

乙、觀察

丙、問卷測驗法

丁、投射法

戊、情境測驗

在日常生活中，我們每一個人差不多都使用過「人格」這個名詞，一些常見的詞句包含有「人格高尚」、「低賤的人格」、「健全的人格」和「人格掃地」等等，在這些詞句中所使用的「人格」兩個字到底是代表什麼呢？大家對於這個問題所做的回答相當不一致。人們對「人格」二字所下的定義大有出入，有些人認為人格是一個人待人接物的態度，有些人則認為它是與人交往的技巧，還有一些人則認為人格乃是一個人行動舉止的特徵，另外一些人則認為人格與性格並沒有太大差別。

學者們對於「人格」二字所下的定義也是相當紛歧，而且截至目前為止，我們很難找到一個為大眾所共同贊成的定義，專家們對「人格」二字所下的諸多定義包括有：

1.人格乃是個人適應環境的獨特身心體系（G. Allport）；

2.人格乃是可以用來預測個人在某一情況下所做行為反應的特質（R. B. Cattell）；

3.人格乃是決定個人適應環境的個人性格、能力或生理特徵（H. Eysenck）；

4.人格為個人特質的獨特型態（J. P. Guilford）；

5.人格為個人行為細節的最適切界說（D. McClelland）。

赫爾和林西（Hall & Lindzey, 1970）在他們合著的《人格理論》一書中就曾指出，根據他們詳細研究和分析的結果，發現沒有一個完整的人格定義是可以被廣泛地採用的。不過，為了討論上的方便，人格似乎可以說是一個人日常行為形態的特質，一個人在思考、感受以及行動方面的獨特又具持久性的型態，就是該一個人的人格。

由此觀之，心理學家所討論的「人格」與一般人在日常生活中所使用的「人格」二字並不是一樣的。心理學家對於人格並不做好壞優劣的判斷，而只是針對個人行為特質加以解說，其目的一方面在發掘個別間

行爲差異的可能緣由，另一方面則在探求組成個人特質的許多成份及其如何相互組合而反應爲人格的道理。

　　人格的定義旣然未能確定，心理學家們在研究「人格」時到底是根據什麼呢？一般心理學家在研究「人格」時，大都根據其所主張或贊同的人格理論，再由該理論所提供的基本假設與人格的定義來從事有關的研究。我們知道，人類的行爲十分複雜，而且可以從許多不同的觀點來加以探討，人格的研究與人類的其他許多行爲又有著密切的關係，因此有關人格的界說、測量以及研究也有許多不同的方向和方法。底下，我們首先討論一些主要的人格理論，然後我們再就人格的測量以及其他與人格有關的一些因素加以討論。

一、人格類型與特質論

甲、類型論

　　早在古希臘時代，哲學家們就根據人的體態和形狀來對人格加以分類。到了 1925 年，德國的精神病醫生克里希諾（Kretschner, 1925）認爲精神病的發生與一個人的體型有關，根據他的看法，健壯型（athletic）、瘦長型（asthenic）和畸異型（dysplastic）的人，其所感染的精神病與肥胖型的人所感染者有所不同。克里希諾氏的觀點後來爲美國醫生謝爾登（Sheldon, 1954）所發揚擴充，謝爾登根據他觀察研究一般常人的結果，將一般人的體型分爲內胚發達型（endomorphy）、中胚發達型（mesomorphy）和外胚發達型（ectomorphy）。依照一個人在這三種體型上所佔比例不同的程度，謝爾登發現不同體型比例的人，在其所顯示的性情上又有顯著的不同。內胚發達型的人，其性情平穩，善於社交，在人格的類型上，謝爾登以內臟型人格（viscerotonic）稱之；中

胚發達型的人，較自負，精力充沛而性急，在人格氣質分類上叫做肌體型（somatotonic）；具有頭部型（cerebrotonic）人格氣質者，則較內向而具藝術氣質，這種人在體態上，外胚較發達。

人格類型的分法除了以體型為依據外，瑞士心理學家榮格（Jung, 1923）又曾根據一個人的心理特質來對人格加以區分為內向型（intro-vert）和外向型（extravert）兩大類。屬內向型的人一般都好靜，喜單獨工作，易感羞怯；而外向型的人則喜好社交活動。這種兩極端的二分法論點與一般人的性格大都介於內、外向間的事實並不太相符合，除了極少數的人外，大多數的人，其性格多是介於內向與外向之間的。

以體型來判斷人格的說法具有簡單方便的好處，假如我們真能從一個人的體型、外表和容貌上來判定其內在人格，這該是多麼方便，不過，「以貌取人」的做法早為先賢聖哲所反對，由於個別間顯著差異的存在，以及人類行為的十分複雜，欲以極少數的人格類型來加以概括解釋，這並不是很妥當可靠的。

乙、特質論 (traits theories)

特質論的基本假設有三：(1)人格是由個人的某些特質所組成，而個人之行為又由此等特質所左右；(2)個人的人格特質在時間和空間上具有持久性和普遍性；(3)對於個人人格特質的認識與了解，可以用來預測一個人未來的行為動向。主張特質論的學者有多人，其學說各有不同，底下簡單地介紹幾個主要的學說。

1.奧波（G. W. Allport）的學說

在當代的人格心理學家中，奧波可以說是開風氣之先；而且又深具影響力，他認為人格特質不但是個人行為的特徵，而且是推動個人行為的主力，因此他把人格特質稱之為「傾向」（disposition）。奧波將個人人格特質分為三大類：(1)**主要特質**（cardinal traits），為個人在大部份

情況下的行爲特徵；(2)**中央特質**（central traits），此等特質雖沒有主
要特質那麼廣泛，但是仍能代表個人行爲的重要特徵；(3)**次要特質**（sec-
ondary traits），這種特質只在某些場合出現。奧波又將人格特質分爲**個
人特質**（individual traits）和**共同特質**（common traits）兩種，個人
特質爲個人所特有，共同特質則是在一般常人中都可發現。

　　奧波研究人格特質的方法，採的是個別性的（idiographic），他利用
個案研究以及其他強調個人特性的方法來對人格的特質進行研究。奧波
曾收集了將近一萬八千個英文字，這些英文字都可以用來描述一個人的
人格特質（Allport & Odbert, 1936），由於這許多特質相互交錯，而且
每個人所具有的特質又都不同，因此人格特質的劃分並不是很容易的。

2.卡泰爾（R. B. Cattell）的學說

　　卡泰爾曾是伊里諾大學的研究教授，他認爲奧波所列舉的人格特質
數量過份繁多，於是在 1945 年首先將奧波所收集的一萬多個形容人格特
質的用字濃縮歸納爲一百七十一個，然後再運用**群團分析法**（cluster
analysis），將一百七十一個特質合併爲三十五個特質群（trait clus-
ters），卡泰爾把這些特質群叫做**表面特質**（surface traits），這些表面
特質可以用來解釋一個人的大部份外表行爲，基於這個道理，表面特質
也可以由直接觀察而得悉。

　　由於表面特質只描述一個人的外表行爲，卡泰爾把表面特質認爲是
人格的外顯而不是人格的本質。爲了探求人格的基本特質，他運用**因素
分析**（factor　analysis）的統計方法對三十五個表面特質進一步加以分
析，其所獲得的結果是十六個**源本特質**（source traits），卡泰爾認爲源
本特質乃是構成人格的基本要素（Cattell, 1965）。之後，他又根據他的
人格學說設計了一個叫做十六個人格因素問卷（16 PF Questionnaire）
的人格測驗，這個人格測驗所測量的乃是這十六個源本特質。根據卡泰
爾的看法，源本特質的形成，可能是經由環境經驗的影響而造成，也可

能是來自遺傳或天生的（Cattell, 1982）。

3.艾先克（H. J. Eysenck）的二元論

　　英國的心理學者艾先克也是利用因素分析的統計方法來研究人格特質。艾先克認為一般人的人格可以根據兩個方面來加以分析：(1)人格的內向和外向；(2)人格的穩定與不穩定。從這兩方面，我們不但可以對常態的人柊加以分析，而且我們也可以分析變態的人格。艾先克所指內外向人格與上面在類型論中所提到榮格的說法並不盡相同，艾先克所說的內向人格，所指的是那些容易被環境所影響所制約的，其在人格特質上所顯示的乃是焦慮與納悶；而外向的人，則是那些不容易被制約或少為外界所影響的，其在人格特質上所顯示的乃是衝動與抗拒的傾向。

　　艾先克根據人格的兩個主要方面將人格分為四種類型：穩定內向型（phlegmatic）、穩定外向型（sanguine）、不穩定內向型（melancholic）和不穩定外向型（choleric）。這四種類型與個人的問題行為具有密切的關係，例如，不穩定內向型的人，常會有消沈、自悲和情緒不穩等毛病；而不穩定外向型則常顯示破壞性行為、暴躁易發脾氣。艾先克所指的穩定不穩定，乃是一個人情緒容易激動與否的不同程度，穩定的人，從容可靠，而不穩定的人則是多愁善感（Eysenck & Rachman, 1965）。艾先克編有一份問卷（Eysenck Personality Questionnaire）來測量人格，此一問卷在世界各國廣被應用（包括中、蘇和非洲等地方），而其所得結果，也多符合基本人格特質的認定（Eysenck, 1992）。

4.五因素論（the Five-Factor Model）

　　最近幾年，有關人格特質的研究，逐漸趨於統整的工夫，學者們對於影響人格的主要特質達成了某一程度的共識，五大因素論也就於焉誕生（Digman, 1990; Goldberg, 1993; John, 1990）。所謂五大因素包括了：(1)艾先克的內向與外向，這在前面已有所介紹；(2)包括友善（friendliness）與敵對（hostility）和同意層次（agreeableness），敵

對包括了冷漠、輕視等；(3)良知（conscientiousness），它主要是與個人的意志有關，包含了自制能力和可靠性，它又與一個人的教育程度有著相當高的相關；(4)情緒穩定／不穩定的特質，這在艾先克的二元論中已有討論；(5)智慧，這個層面包含有重理想或是重實際，求獨立抑或多附會等，有些學者把它稱之為 openness（開放）。這五大因素其實是包括了五大方面的相關因素，每一個因素可以說是一個不同的層面，而這個層面又包含了許多相關的不同因素。五大因素（The Big Five）的提出，並未休止多少人格特質的爭論，當然也沒有就人格的形成做合理的解釋。

丙、類型和特質論的一些問題

此一理論的一個缺點是偏重於人格的形容與描述，但是對於人格發展的過程則少加注意。另外，個人的行為往往因環境變異而有顯著的不同，但是，根據類型和特質論者的看法，我們的人格特質是穩定不變的，有關行為情境與行為差異的問題，隨後我們將再加討論。如何解釋個人行為上的變異也是這個理論的一個缺點。最後，此一理論的基礎乃是建築在個人自我報告上，從個人的自我報告或反應來推論該一個人的人格特質，往往在有形無形中造成偏差，甚或有歪曲事實的危險，由於自我報告的真實可靠性深受社會意欲性（social desirability）的左右，根據這個方法所得資料而建立的理論也就要被打折扣了。

二、心理分析論

心理分析論所強調的是控制和指導我們行為的潛意識和非理性的動機，心理分析論也強調個人介於本能的慾求、環境的影響和社會控制三者間的行為舉止與衝突。此一理論的基礎為佛洛伊德於十九世紀末葉所

創立，佛洛伊德根據他四十年的行醫經驗，從觀察和治療行爲異常者的臨床經驗所完成的人格理論，乃是所有人格理論中最爲完整者，也最爲複雜，而其影響力也最大。底下我們概略地將此一理論加以介紹。

甲、佛洛伊德的學說

1.心理分析理論的基本原則

心理分析理論所根據的基本原則包括有下列數項：(1)心理決定說 (psychic determinism)，根據此說，人類的行爲並不是隨機無故發生，而是由內在的心理因素所引起。但是此等心理因素的存在並不一定爲外人所熟悉，甚至，行爲的所有者也並不一定了解本身行動的內在動機；(2)潛意識 (unconscious) 的概念；(3)人格的形成爲個人企圖滿足其本能慾望 (主要爲性慾和破壞慾) 和符合社會要求兩者間長期衝突的後果。

2.人格結構

人格的組成包括三個主要部份：**本我** (id)、**自我** (ego) 和**超我** (superego)。本我爲人格的基本，由此自我和超我漸次成長。所謂本我包括生物性和本能的衝動，如性慾和侵犯破壞慾等，當一個人出生時，他已具有本能的衝動，佛洛伊德以「**慾力**」(libido) 來加以命名。因爲本我具有即刻滿足原始慾望的傾向，所以它是本著「**唯樂原則**」而行動。這種傾向因年紀增長而遞減，因爲外來的因素逐漸地加重對立即滿足原始慾望的限制，於是自我的人格部份開始發跡，雖然自我的動力來自本我，但是因爲自我大部份是意識性的，而又與外界多有接觸，爲了滿足本能的衝動慾望，同時爲了保護個體的安全，因此自我是根據「**現實原則**」而行動，它不只追求本能慾望的合理滿足，同時也對外在環境的實況加以考慮。自我可以說是個人人格的執行部門，它設法在環境許可的情況下來滿足本我的慾求，在實質上，自我是處於本我、超我和外在環境三者間的中介物。超我有些類似我們日常所說的「良心」，因爲它包含

了個人由家庭和文化背景中所習得、養成的倫理道德和價值觀念。由於道德內化的過程，一般人的行為準則實際上是本諸明辨是非善惡的原則。根據佛洛伊德的看法，人格的整體乃是本我、自我和超我三者所交互作用而構成，而由人格所反應出來的行為可能是意識的，也可能是潛意識的。由於三者的行動原則各有不同，所以衝突的存在是無法加以避免的，於是焦慮的現象也就因之而產生。

3. 自我防衛機構（ego defense mechanisms）

佛洛伊德認為個人為了減低焦慮的發生與嚴重程度，自我乃採取了一些潛意識的方法來加以控制，這些方法就是所謂的**自我防衛機制**。自我防衛的方法有多種，**壓抑**（repression）是其中最基本最原始的一個方法。自我運用壓抑的方法將某些思想、慾望、感覺、記憶或衝動等保留在潛意識裡而不使外洩，壓抑的作用並不能消除導致焦慮的原因，所以有時被壓抑的東西可能透過某種不同的方式而出現。

單靠壓抑並不能完全解決焦慮的難題，因此自我需要採取其他的防衛方式。**反向作用**（reaction formation）就是另外一種防衛方式，當一個人的言行剛好與他的潛意識衝動相反時，這就是反向作用。我們平常所說的「虛情假意」多少帶有反向作用，例如一個繼母對非自己所出的子女，在內心實質上雖然具有累贅厭惡之感，但基於社會人情的某些壓力，她對這些小孩在表面上可能會產生過度保護寵愛的行為。在另一方面，這個繼母也可以運用**「投射作用」**（projection）來防衛自己免受焦慮的打擊，她可以設法多方譴責其他繼母虐待子女的事實來隱藏自己內心的不安。

「取代」 也是一種常用的防衛方式，這個方法具有「避重就輕」的意味。例如一個人在上班時受上司的氣，卻不敢或不便發作，等下班回到家後，把一肚子氣出在妻子頭上，就是一種「取代」作用。**理由化**的作用則是對某些行為加以說理而求安心，例如當父親的時常無理打罵小

孩出氣，但卻以「愛之深責之切」等為藉口。以**昇華**（sublimation）為防衛方式，其所造成的乃是適應性的社會行為，而且又多具建設性，例如，一個人可以利用繪畫或寫作的方式來發洩內心的慾望，這種方法較之其他防衛方式，其所能導致的適應困難的機會並不多。

前面說過，壓抑是很基本而原始的一種防衛方式，但當壓抑無法達到目的時，一種叫做「**退化**」（regression）的防衛方式可能產生，所謂退化，乃是一個人採取先前較不成熟的行為方式來應付目前的困難，例如六、七歲大的孩子，仍然以在地上打滾的方法來應付不能如願以償的情況，這就是一種退化的行為方式。輕微的退化，其所引起的是不成熟的幼稚行為，但是較嚴重的退化現象，很可能形成心理失常或其他精神病症。一般自我防衛方式的使用並不一定意味著心理失常現象的存在，我們在日常生活中，或多或少地都不能完全避免此等防衛方式的使用，不過，如果一個人需要頻繁地利用這些方法來消除內心的焦慮與不安，這種過度的使用很可能是行為異常的前兆。

4. 人格的發展

佛洛伊德認為人格的發展經過五個階段，這五個階段的命名乃是以該一階段引起快感最有關的身體部位為準。

⑴口腔期（oral stage）

此一期包括由初生到一週歲半左右的那一段時間。因為在這個階段，個人的快感主要是來自吃、喝和吸吮等的口腔活動，如果口腔部位的慾求因某種原因（如斷乳過早或太晚時）而受到挫折或過度追求其滿足時，所謂的「**滯留現象**」（fixation）將會產生，這也就是說，當一個人的年齡已超過某一階段的發展，但是他的行為反應卻仍停滯於前一階段的模式。例如，一般嬰兒大多以號哭或吸吮來減少因緊張而產生的壓力，等到他長大後，如果仍以大聲哭叫或其他的口腔活動（如嚼口香糖或過食等）企圖減少緊張的心情，如此一來，我們可以說這個人具有某

種程度的口腔期人格。佛洛伊德認爲一個人在某一階段滯留越深，越容易表現退化到該一階段的行爲方式。

⑵肛門期（anal stage）

在小孩出生後的第二和第三年，他／她主要是運用肛門部位的活動或刺激，如排泄糞便或忍住體內廢物等，來滿足快感，這就是爲什麼此一時期被稱之爲肛門期的道理。大小便的控制與排泄等衛生習慣的訓練，乃是此一時期的一個主要工作，此等行爲訓練的不當，將會導致肛門期的滯留現象。一個人在小時候所受訓練遭到困難，在成長後將會顯示過份控制或過份鬆懈的行爲方式，例如頑固、過份好潔、吝嗇或是生活紊亂無章等行爲，很可能是肛門期性格的表現。

⑶性器期（phallic stage）

當小孩子到了四歲左右，他開始從玩弄自己的性器而獲得快感的滿足，如此他就進入了性器期的發展階段。在這個階段裡，最顯著的兩個行爲現象是「戀親情結」和「認同作用」（identification）。戀親情結因小孩性別不同而有**「戀母情結」**（Oedipus complex）和**「戀父情結」**（Electra complex）之分。根據佛洛伊德的說法，男孩子到了這個年齡，開始對自己的母親產生一種愛戀的心理和慾求，同時又有消除父親以便獨佔母親的心理傾向，這與古希臘的悲劇（Oedipus Rex）相類似，故得此名。在另一方面，男孩子因爲上面所說的一些想法而產生「閹割恐懼」（fear of castration），害怕自己的性器會被父親割掉，爲了應付由此而產生的衝突和焦慮，男孩子終於抑制了自己對母親的佔有慾，同時與自己的父親產生「認同作用」，學習男性的行爲方式，這對於個人的成長與社會化，佔重要的地位。佛洛伊德認爲與此類似的心理過程與行爲反應也在女孩子身上發生，這就是所謂的「戀父情結」，女孩子最後也與母親發生認同作用，而開始學習女性的行爲方式。

佛洛伊德認爲適當地處理性器期的困擾與衝突，是影響健全人格發

展的重要因素。與父母親的認同作用不但是超我發展的啟端，同時也是兩性行為方式的基本學習歷程。佛洛伊德認為此一時期的困難不容易解決，因此產生滯留現象的機會很多，這乃是造成日後許多不良行為，如侵略性人格，或異常性行為的主要導因。

⑷潛伏期 （latent stage）

性器期之後，小孩進入一種類似「冬眠」的現象，這種現象一直要到青春期開始時才會有顯著的改變。這裡所謂的潛伏，指的是小孩對性器興趣的消失。這種情形的發生可能與小孩因年紀增大而其生活圈也隨之擴大有關。小孩子到了入學年齡，他們的興趣不再局限於自己的身體，對於外界環境也逐漸有了探索操弄的傾向。由於這個時期的行為少有與身體某一部位快感之滿足有直接關係，於是乃有「潛伏」的說法。

⑸生殖器期 （genital stage）

到了青春期，小孩的身體與生殖能力漸次成熟，於是進入人格發展的最後時期——生殖期。在這個時期，個人的興趣逐漸地從自己身體刺激的滿足轉變為異性關係的建立與滿足。個人所追求的是一種穩定而長期性的男女兩性關係，這種關係的建立與滿足，不但是自己慾求的滿足，同時也考慮到對方需求的滿足。情愛感受的重要性到了此一時期達到相當顯著的地步。

佛洛伊德的學說與理論並不完全為各界所接受，甚至他自己的門生和共事學者也抱持許多不同的觀點，這其中以榮格（C. Jung）和阿德勒（A. Adler）兩人為最有名，他們各自提出有關人格的理論，這些理論雖然與佛洛伊德所創立的學說有所出入，但在基本上仍然屬於心理分析派的觀點，底下我們簡單地介紹一下這兩位人格心理學者的學說。

乙、榮格的分析心理學 （analytical psychology）

榮格本來是心理分析學派的重要人物之一，但是到了 1913 年，他脫

離佛洛伊德的大本營而獨創分析心理學。榮格強調個人的理性,他認為佛洛伊德所主張的慾力(libido)應該包括所有的生命力,而不單是偏於性慾的一種衝動。根據榮格的看法,慾力的產生乃是一種生理的過程而與其他新陳代謝的生理作用無異。榮格又認為一個人的潛意識乃是自我的能源,而且可以分為**個人潛意識**(personal unconscious)和**集體潛意識**(collective unconscious)兩種,所謂個人潛意識包括個人所壓抑的思想,或是已經遺忘的經驗;而所謂集體潛意識則包括個人從遺傳而來的先人的經驗與行為方式。榮格認為人類的心靈,其發展類似我們肉體的生長,從原始時期到現在,我們的思想形式經過無數年代的發展演進而為每一個人所共有的,是所謂的「**典式**」(archetypes),典式的作用在引起不同人對某一事物的基本共同看法與想法。前面我們提過,榮格把人格根據態度上的差異而分為**內向**(introveted)和**外向**(extraverted)兩大類,在這兩種人格類型內,榮格又把它分為理性的和非理性的兩種,理性的人通常依照思考和感情來行動,而非理性的人,則依據知覺和直覺來行動。不過,每個人多多少少都具有思考、感情、知覺和直覺的行為傾向,個別間的差別只是在程度上的不同而已。

丙、阿德勒的個人心理學(individual psychology)

阿德勒於 1911 年脫離佛洛伊德的心理分析學派而創立個人心理學派。他雖然和其他的心理分析學者一樣,認為個人行為的主要動力乃是潛意識的天生慾望,不過他認為這種慾望應該是「社會驅力」(social urges)而不是性慾上的衝動。阿德勒認為自我(ego)在人格的組織和形成上所佔的地位最為重要,因為他認為人並不是由本能的慾求來指使,而是能夠自己立定目標,並且設法達成目的。阿德勒強調個人「力爭上游」(striving toward superiority)的意識才是個人行為的原動力,而「力爭上游」的動機也與個人的自卑感有關。自卑感之由來乃是

小孩時期的幼弱無助，事事都得依靠他人的照顧。不過一般小孩都有破除自卑感的意願，因此大都立志向上，有些小孩能夠面對現實，腳踏實地，但是有些小孩則好高鶩遠或委曲求全，如此一來，神經性的不良行為很可能會產生在這些小孩身上。

丁、新心理分析論

基本上，新心理分析論者採用佛洛伊德的基本原則，但是在人格形成和行為驅力的觀點上，另創新的學說，因此新心理分析論又叫做新佛洛伊德論（neo-Freudian），這裡我們很簡單地介紹兩個較著名的學說。

1.霍妮的學說

霍妮（K. Horney）相信環境的因素（尤其是小孩成長過程中所處的人際關係）乃是塑成個人人格的最重要因素。她認為焦慮在引發和指導行為上要比性慾來得強而有力。根據霍妮的說法，一個人為了解決情緒上的困難或追求個人的安全而犧牲自己的獨立自主，這乃是一種**神經質的趨勢**（neurotic trends）。神經質的趨勢可分為三種：(1)傾向於他人的趨勢——**順從**（submission）；(2)背叛他人的趨勢——**攻擊**（aggression）；(3)離開他人的趨勢——**分離**（detachment）。霍妮反對佛洛伊德認為女人的情感生活為其兒童時期慕求男性性器所左右的看法，她認為女人之所以羨慕男人，主要是因為她們也想享受男人所擁有的獨立與自由。

2.依呂克生的學說

依呂克生（E. Erikson）的人格學說是一個包括整個人生歷程的人格學說，這與佛洛伊德強調早期生活經驗對人格形成的影響是有所不同的；在另一方面，依呂克生又強調社會因素在人格形成上的重要地位，因此他的學說是一種心理社會性的學說（psychosocial theory），而與佛洛伊德的心理性慾性學說（psychosexual theory）相抗衡。

依呂克生把人格發展的階段分爲八期，而且他認爲每一個時期都有一個危機存在，此一危機的順利獲得解決與否，與個人的人格有著密切的關係。每一階段的命名乃是根據解決危機的後果來決定。

A.　信賴對不信賴（trust vs. mistrust）：在嬰兒期，嬰兒應該獲得一種內在的確切感，有信心而且能安心，認爲他的母親愛他，也會照顧他，同時他也需要知道他可以依靠自己，而建立社會信賴與自我觀念的良好基礎。

B.　自動對羞恥和疑慮（autonomy vs. shame & doubt）：當小孩學會走路和說話以後，他開始對自己的本能多方加以試探，如果在此一嘗試的過程中，因失敗而遭受成人或他人的恥笑或譴責，他會失去對自己能力的信心，而缺乏自動自發的精神。

C.　自發對內疚（initiative vs. guilt）：在三歲到六歲期間，小孩習得一些動作技能，而且良心的觀念也在這個時期開始發展，同時開始對自己本身的行爲也能加以適當的控制。在這個時候，如果他的父母親過份限制他的行動，不鼓勵他的探索行爲，他將會喪失嘗試新奇的心願，同時也會減低自尊心。

D.　勤奮對自卑（industry vs. inferiority）：在小學階段，透過學校和其他方式，小孩學習自己的文化價值和技能。在這個時候，自我控制的要求增加，如果小孩子在此一時期能夠信賴自己和他人，他就能夠與社會的目標產生認同的作用，而從自己的所作所爲獲得滿足；否則就會有產生自卑感的危險。

E.　自我認識對角色混淆（identity vs. role confusion）：到了青年期，一個人往往會對自己以前的信仰與感情加以衡量，他比較自我觀念和別人對他的看法，比較他在家中的地位和在同儕友朋中的地位，而終於達成自我的觀念。

F.　親密對孤獨（intimacy vs. isolation）：具有自信心的年輕人

可以很容易地與他人共處，與他人建立並保持歸屬的關係，否則他就會產生孤獨的感覺。

G. 繁衍對停滯（generativity vs. stagnation）：成年期的個人，不但擴張自己的興趣以及所關心的事物，而且也直接或間接地指導年輕的一代，並為社會服務造福。如果一個人到了成年時，仍未能解決前些時期所遭遇的問題，那麼他就會有「靜止不前」的感覺。

H. 圓滿對失望（integrity vs. despair）：依呂克生所說的圓滿乃是自我的圓滿（ego integrity），只有那些順利地通過了上述不同階段的人，對自己與他人都具有信心，而對於成敗又能適應承受，覺得自己對社會已盡了一己之力，到了老年時，懷著功成身退的心情，才會有自我圓滿的感受。否則，他會覺得老邁無助，時不我予，來日不多，而對自己的一生感到失望。

戊、心理分析論的一些問題

前面說過，佛洛伊德的學說在所有的人格學說中可以說是最為完整，其所造成的影響也是廣大而深遠的，但是他的學說也受到不少指責和批評。在他的學說中，一個最令人詬病的是他所用的觀念（例如本我、自我、潛意識、慾力等）都是一些抽象而不易加以測量的東西。另一方面，佛洛伊德的學說大都根據他對少數精神病患者所做的觀察以及他從事臨床醫學的經驗而來，因此有很多人認為他的學說是不科學的，而且也不適用於一般常人。再者，佛洛伊德的學說對於人類行為的預測並沒有太大的用處，由於他所用概念相當籠統而難確定地加以解釋，我們很難運用他的學說來對個人的行為做較準確的預測。最後，佛洛伊德的學說使人很容易把某些行為解釋為病態的行為，雖然這種行為在實際上並不見得是病態的。

三、社會學習理論與人格

社會學習理論者認爲人格乃是個人行爲的總合，而不是一些左右個人行爲的內在傾向或特質。社會學習理論者所強調的是行爲以及影響行爲的情況和境界，這與心理分析論所強調的心靈上的衝突，本能或特質派所強調的傾向或特質是頗有差異的。社會學習理論者也強調個人在社會場合中所發生的學習現象，他們認爲由於個人的學習經驗不一樣，所以每個人的人格也就有所不同，例如，一個從小就被鼓勵奮發向上的人，他的好勝心一定比較強，而那些一向依靠別人的人，要他獨立自主是相當不容易的。在另一方面，由學習所產生的類化作用，往往使一個人的行爲具一致性，而這種行爲的一致性也就反應爲人格的一致性。至於有時一個人的行爲會與他平時的行爲方式略有出入，那主要是因爲當時環境的特殊所引起。

社會學習理論的人格學說有多種，雖然這些學說各有不同的主張與看法，但是在基本上，所有的社會學習理論都具有下列的共同看法：(1)人格的本質乃是可以測量的行爲本身；(2)環境對人格的發展要比遺傳或潛意識等來得重要有力；(3)有關人格的了解不但可以來自對人類本身的研究，而且可以從動物的研究獲得相當認識；(4)有關行爲的假設以及改變人格的方法，都須運用科學的方法來加以評量。

甲、陶拉德和米勒的增強說

最早關心人格發展的學習理論家是耶魯大學的陶拉德（J. Dollard, 1900～1980）和米勒（N. Miller, 1909～）兩教授，他們對於佛洛伊德的人格理論頗爲賞識，但是他們也十分強調實驗研究的重要性，他們在人格學說方面的主要貢獻，乃是將佛洛依德的許多觀念轉變爲一些可以

用實驗方法來加以證實的假設，他們雖然保留了佛洛伊德認為慾力需要減低的基本概念，但是他們認為慾力乃是個人在發展過程中所學習而來，而不是與生俱來的。陶拉德和米勒認為潛意識是影響個人行為的主力，而且焦慮以及其消除的過程乃是人格動力的中心。

陶拉德和米勒認為人格包括一個人的許多特殊的刺激——反應行為方式，這就是通常我們所說的習慣，一個人的特質就是由這些習慣而來，習慣的形成乃是一種學習的歷程，它需要四個要素：**慾力**（drive）、**線索**（cue）、**反應**（response）和**增強**（reinforcement）。學習的發生首先需要有動機的存在，然後發現一些有關的線索和刺激，再採取行動而由此獲得效果。陶拉德和米勒所做的許多實驗大多以老鼠為受試者，但從研究老鼠所獲得的結果來類推人類人格形成的作法深為外界所詬病。同時，因為他們強調實驗的重要性，所以忽略了社會場合對人格發展所可能產生的重大影響。以實驗室內孤立不自然的環境來研究動態的人格，有許多人對此提出議論。

乙、施金納的功能分析說（functional analysis）

陶拉德和米勒的學說雖然拋棄了佛洛伊德許多有關人格的內在概念，但是他們仍然保留著「慾力」和「焦慮」兩個概念，由此看來，他們所主張的人格學說並不能被認為是純行為派的看法。哈佛大學的施金納教授則認為，慾力、動機、衝突和焦慮等概念在了解人格上並不需要，他認為人格純粹是學習的後果，我們只要仔細觀察行為及其所造成的後果以及兩者相互間的關係，就可以完全了解人格和行為本身，這種分析和認識行為的方法就叫做功能分析，因為它所強調的是行為功能以及行為和環境間關係的分析。

施金納認為操作式制約學習可以用來解釋人格的發展與形成。前面我們提過，學習理論者認為人格乃是行為的總合，根據制約學習的原理，

受到鼓勵的行為方式將會持續，而且進而類化到其他場合。相反地，受到懲罰的行為將會消逝而不再發生，不過，有時由於增強的不正確，不良的行為也得到鼓勵，久而久之，異常或病態的行為方式就可能產生。例如，過份好哭的小孩，往往是因為每次他哭時，就受到母親撫摸疼愛等注意的後果。

丙、班都拉的社會學習說

班都拉強調社會模倣（social imitation）在學習新習慣和破除舊習慣上的重要性。他們認為小孩子光從觀看別人的行動上就可以習得某種行為習慣，而這種學習的產生並不一定須要個人實際的參與行動，也不一定需要外來的增強與鼓勵。不過，假如小孩子所觀看模倣的對象，因其行為而導致增強的作用，如此一來，他所模倣的行為將更容易建立，這是所謂的「**代理增強**」（vicarious reinforcement）作用。當然，增強並不一定須要來自外界，有時個人自己評量工作成果之後，也可能產生自勉或自責的現象，而且，有時行為的產生並不一定須要有形增強的存在。

社會學習理論者曾做過許多實驗來證明認知的活動和社會因素對學習行為具有重大的影響力。班都拉認為人格的發展不但是個人直接學習的後果，而且也是觀察別人行為的後果，對別人行為的觀察不只是觀察行為本身，而且對於行為的後果，以及此等行為和後果之應用於自己的可能性之觀察，也是很重要的。最後我們需要指出的是，雖然班都拉強調觀察模倣以及認知歷程在學習過程中的重要性，但是他的社會學習理論也同時承認，社會性的以及基本性的增強因素也會影響到新行為的學習和其持續。

班都拉最近提出了**相互決定論**（reciprocal determinism），認為外顯行為、內在個人因素以及環境的影響都會相互發生決定性的作用

（Bandura, 1991）。例如，小孩子的行爲，可能因看電視（外在環境因素）而受到影響，而其所選看的電視節目則因個人喜好而有不同，對某種節目的偏好與否，則又受到過去觀看電視的經驗之左右。

個人與環境間的相互影響可以從不同的角度來討論，首先，不同的個人，會依其個人喜惡而選擇不同的環境。朋友交往、個人所閱讀的書報、居住的社區，這許多環境因素大都由個人主動選擇，而它們又會對做選擇的個人發生影響。其次，一個人對其所處環境的感受與解釋，也因其性情和過去經驗而有差異，胸襟開朗與否，往往會左右一個人對所遭遇到困擾的應對與感受。再者，一個人待人接物的方式，也影響到別人對待他（她）的方式。這許多個人與環境相互影響的層次，明確地指出了相互決定論的精義所在。

除此之外，**自我勝任感**（self-efficacy）也是健全人格的一個要件。所謂自我勝任感指的是個人認爲自己是能幹的、有效率的，具自我勝任感的人，通常較能成功地去支配自己的人生，這種人不但堅毅性較強，而且也比較不會感受到焦慮或憂鬱，在學業方面也比較成功。根據班都拉的最近解說（Bandura, 1991），一個具自我勝任感者，其自訂目標較高，而且也較執著；期望成功，而依此引導個人行爲；做事較賣力而又持續；對前途大多具開朗、樂觀的心態。

最近，班都拉又提出一個叫做**自我節制**（self-regulation）的觀念，根據他的說法，自我節制乃是一種自我增強或懲罰的認知性歷程，這些認知性的增強或懲罰，則是根據個人的行爲準則來決定。自我增強是一種感到欣慰和自傲的歷程，自我懲罰則牽涉到罪惡感和失望等。強調認知在人格上的重要性乃是班都拉的社會學習論之特色。

丁、學習理論派的問題

社會學習理論派的人格學說在基本上顯示了下列的偏差：

A. 過份強調情況因素在個人行為上的重要性，而忽略了個別差異的存在；對於個人的情緒和感受所可能造成的影響也忽略掉；

B. 個人的行為乃是被動地由環境所左右，而非主動地與所處環境產生交互作用；個性上的差異又直接會影響到個人─環境交互作用的方式；

C. 忽視遺傳、生理以及個人特質在影響個人行為上的重要性；

D. 學習理論派大部份的理論基礎多來自動物實驗，其適用於人類行為的解釋往往受到一般人的懷疑與否定。

四、人本主義的人格說

人本主義的人格學說否定上述三派學說的許多基本假設，人本主義的人格學說認為個人的行為主要是由個人對外界環境的知覺所決定。此一學派強調個人的獨特性以及個人對外在情況的主觀感受。根據此一學派的看法，人類的行為並不是被動地為增強作用所左右，也不是由人格特質所支配操縱。人本主義的人格學說認為個人乃是主動而富思想的個體，每個人對自己的行為都具有安排和指導的能力與責任。由於人本主義的人格學說強調個人自我指導與個人自我實現的重要性，此一學派又被稱為「人本論」的人格學說。

甲、羅哲士的自我說（Rogers' self theory）

羅哲士認為每個人都具有一種天生的「**自我實現**」（self actualization）的動機，此一動機可以用來解釋個人的所有行為。所謂自我實現乃是一種個人發展擴充和成熟的驅力，也就是充分發揮個人天份和才力 的傾向（Rogers, 1961）。羅哲士認為一個人的人格乃是該個人根據自己對外在世界的體認而力求自我實現的行為表現。

「自我」（self）乃是此一學說的最基本概念。所謂自我包括個人獨特的思想、價值觀念、知覺以及對事物的態度和看法等等。自我觀念（self concept）的形成，乃是一個人發展過程中不斷地與環境接觸的結果。根據羅哲士的看法，一個人的所有經驗（包括自我觀念和實際經驗）都可根據其與自我實現傾向的相當與否而做正值與負值的評量，這種評量是依據個人直接的或生理上的感受，以及別人的影響等兩個標準來決定其正負價值。他認為一般人的行為動向，大都企圖造成別人對自己的正值評量，來自別人的正值評量可進而使自己產生正值的自我評量。當一個人的行為能夠同時產生別人的正值評量和正值的自我評量時，這種和諧的行為將使個人得到良好的適應。反之，如果某一行為所造成的是正值的自我評量和負值的他人評量，這種不協調的後果會使行為者產生焦慮和不安，而太多的焦慮將導致個人情緒上的困擾。羅哲士認為個人為了減輕或消除焦慮和困擾，有時會歪曲自己的實際感受，這種歪曲不和諧的程度越深，該個人的不良適應問題也越為嚴重。

羅哲士認為（Rogers, 1980）有利人格正常發展的主要因素有三：(1)別人的誠摯相待，不虛偽，不造作，相互坦誠對待；(2)別人無條件的，正面的敬意（unconditional positive regard），基於對個人存在的尊重，不計個人的成敗或是挫折，完全接受其存在，如此一種情境可以避免傷害到他人的自尊；(3)「設身處地」去認識和瞭解別人（being empathic）。這些因素在促進健全人格的發展上，正有如光線、水和養料對植物生長的重要，當一個人受到別人的接納、重視和尊重時，該一個人往往會因此而器重自己，發揮個人的天份。

乙、馬斯洛的自我實現說（Maslow's self-actualization theory）

在討論動機時，我們曾簡略地介紹了一下馬斯洛的動機層次論，根

據馬氏的看法,自我實現乃是人類的最高階層動機,所謂自我實現指的是個人的完全發展以及人格的臻於完美。

　　馬斯洛曾對自我實現者的人格特徵深入地加以研究分析（Maslow, 1967; 1970）,他所分析的對象包括傑出的歷史人物和具有很高成就的當代名人,例如林肯、愛因斯坦、貝多芬、羅斯福夫人和美國心理學之父詹姆士等即是一些他所研究的人。馬斯洛的研究結果發現自我實現者具有下列的一些人格特徵:

　　A.　較一般人重實際而且又較能容忍懸疑不安的情境;

　　B.　較能接受自己以及他人;

　　C.　其思想與行為具有坦誠自然的特色;

　　D.　較少受文化和環境背景的影響;

　　E.　具創造力並富幽默感;

　　F.　熱心公益,以問題為中心而不是以自我為中心;

　　G.　深建知交又感受靈性秀氣。

馬斯洛也指出一些可以導致自我實現的行為（Maslow, 1967）:

　　A.　以童子赤誠之心去經歷人生而且要專心致意;

　　B.　嘗試新穎但不隨遇而安;

　　C.　本著良知良能而不同流合污,趨炎附勢;

　　D.　坦誠待人而不玩弄手腕;

　　E.　擇善固執,勇於負責;

　　F.　熱愛工作,竭盡所能。

丙、人本主義人格說的問題

一般學者對人本主義人格說所做的批評包括下列數項:

　　A.　「自我實現」的概念十分籠統而不易確定,這種現象使得嚴格的科學驗證遭到相當困難;而這個概念的測量也相當不容易。

B. 人本主義的人格學說忽略了行為的預測問題，因此很難根據此等學說就未來的個人行為做可靠性的預測。

C. 人本主義的人格學說也忽視了個別差異的存在。更忽視了人性罪惡的一面。

D. 此等學說缺少有關人格發展過程的解釋，在另一方面，它所偏重的是行為的描述而忽略了行為導因的探討。

E. 過份強調自我（self），可能造成自私、自利的偏差，又可能加重個人的心理負擔，造成心理上的失常。

五、人格的衡量

在日常生活中，我們常常不自覺地對我們周遭的人物之人格做某種程度的衡量，這些衡量主要是非正式的，而且也是相當主觀的。我們往往根據道聽塗說以及其他許多私人的觀察，企圖就某一個人的人格加以衡量分析，這樣子做，有時可以幫助我們更有效地與他人打交道，雖然有時我們的分析與衡量並不一定準確，但是它可能造成的不良後果一般大都不至於太嚴重。不過，準確可靠的衡量人格，有時有其絕對必要，因此心理學家們設計有多種人格的衡量方法來應付實際上的需要。

人格的衡量與一般智力和學力的衡量頗有差別，當我們衡量一個人的人格時，我們主要是在瞭解該一個人的典型性格。換句話說，瞭解一個人的所謂「真面目」乃是衡量人格的最基本目的，基於一般人都有「隱惡揚善」的傾向，如何獲知一個人的「真面目」並不是一件容易的事。而且，為了真正瞭解一個人的「真面目」，我們往往需要對一個人的過去做相當深入的瞭解，這自然牽涉到個人隱私的問題，許多人認為衡量人格有損個人尊嚴，而且破壞一個人的私隱，就是這個道理。心理學者為了實際上的需求，通常採用下列四種方法來對一個人的人格進行衡量，

某一特定方法的使用，與心理學家所受的訓練與過去經驗有關，有些方法需要較多的臨床經驗，其他的方法則差不多人人可行，只是技巧之高低有別而已。而且測量結果的解釋，也很難避免主觀看法的偏差。

甲、會談

在面對面的情況下，運用相互交談的方法來瞭解對方的人格就是所謂的會談法，在會談中，我們可以對對方的姿態、說話的模樣、對某些事物的看法等獲得直接而初步的認識，在會談中我們應該鼓勵對方表現自己，而且要多方加以觀察，以期有較深入的瞭解。會談的方式可分為結構式與非結構式兩種，在結構式的會談中，主持會談的人根據早先擬定的問題來進行會談，這種方法對於一些重要的問題不至於有遺漏之慮，而且在由不同人主持的會談下，也容易加以比較分析。非結構式的會談，主持者可自由決定交談的內容，這種方式在臨床的情況下或是對個人進行諮詢時，效果較佳，而結構式的會談，一般都被用在選拔員工方面。主持會談的人的會談技巧，對於會談的有效與否關係重大，優良的主持人，應該能夠觀察到對方在會談中所產生的變化，但卻不應該過份感情用事，而影響到對方的反應。

乙、觀察

這裡所指的觀察乃是在日常生活情境中做一段時間的實地觀察，就某一個人的行為舉止在自然的情況下加以觀察。觀察法在使用於小孩子或是語言交談有困難者時最為有效，不過一般人如果知道有人在觀察他，他往往會造作而影響到觀察的可靠性。觀察法不但可以用在一個人一般行為的觀察，而且也可在特殊的情況下就一個人的行為加以觀察，例如觀察一個人在緊張的情況下之反應，或是在群團中的反應。不管如何，觀察者應做多次重複觀察，並儘量避免被觀察者的察覺。觀察法的

好處是所得資料是直接的，不過，因誤解所觀察之行為，而造成偏差有時也會發生，加上觀察必須深具選擇性，因此在一定時間內所能觀察到的，可能會很有限。

丙、問卷測驗法

人格問卷的產生，乃是為了克服上述兩種方法的缺點，運用客觀的人格問卷，心理學家可以根據某一特定的標準化過程，來對一個人的人格進行衡量。人格問卷的題目大都採是非題，做答者只要根據個人的自我認識而以「是」或「非」做答，由於測驗的實施與計分都有標準化的規定，測量結果因主試者個人之偏差而造成差誤的機會很少。

人格問卷最先在第一次世界大戰時被大量使用，當時由心理學家所設計的一種問卷是直接式的問卷法，「個人資料表格」（personal data sheet）內的問題包含有「你很容易同他人交朋友嗎？」「別人是否常找你麻煩？」等一類的問題。這一類問題須要依賴做答者誠實做答方為有效，為了避免這種困難，以後設計的問卷往往附有一些題目，以測量做答者企圖做假伴答的程度。目前流行最廣的一項人格問卷是明州多樣人格問卷（Minnesota Multiphasic Personality Inventory，簡稱 MMPI）。此一問卷首在 1942 年出版，其目的在於診斷神經病患者。

MMPI 包括有五百多個題目，做答者就每一題目做「是」、「非」或「很難說」的回答。MMPI 中的題目包括有「有時我真想罵人」、「有人想偷竊我的思想和主見」和「我很容易疲倦」等等。在五百多個題目中，有許多是重複使用的（用不同的句法），這樣子做，主要是為了計分上的方便，以及控制伴裝做答欺騙的情事。MMPI 的計分分為十個人格測驗，在這些人格測驗上得分越高的，其人格變態不正常的程度也越深。除了上述十個人格測驗外，MMPI 還有四個與效度有關的量表——？量表、L 量表、F 量表和 K 量表，如果一個人在這四個量表中得分特高，

往往指出該一個人有意做假，或未誠實地、仔細地做答。MMPI 的計分與解釋，由於相當繁雜，近年來有專門用電子計算機來協助其分析者，而且其結果往往用**側面圖**（profile）來表示，以便利測量結果的解釋與分析。人格問卷常被使用者並不只是 MMPI 一種，有些偏重於正常人格的測量，有些則偏重於人格理論的探討。

MMPI 在世界各地廣被使用，其被翻譯使用的版本超過一百十幾種，而使用此一問卷的國家和地區則超過六十五個（Butcher & Graham, 1989）。新版的 MMPI-2 於 1989 年修訂完成，新增的題目有很多是與自殺、酗酒、吸毒、進食異常（eating disorders）和 A 型人格有關，新的問卷共有 567 個題目，也建立了新的常模來反應過去五十多年的社會變化。一種針對青少年的問卷——MMPI-A 也於 1992 年建立，此一版本對青少年問題行為如進食異常和吸毒，以及與學校和家庭有關的行為，有較適切的題目來進行測量。新的 MMPI-2 目前正在美國之外的許多國家（包括中、日、韓）進行翻譯的工作（Butcher, 1992）。

丁、投射法

以投射法來測量人格主要是以一項或數項模稜兩可的刺激物來引起一個人內在心理感受或人格特質的外顯，受試者可依其內在感受對外來刺激物做任何的反應；而主試者則從這許多反應中企求瞭解一個人的人格，所謂「投射」（projective），指的是受試者將內在的人格透過測驗材料而外顯。

投射法有一些優點，它因為是不固定，其使用往往可以在輕鬆的情況下進行，而減少受試者的緊張心情。在另一方面，投射法的使用，有時可以避免受試者得知測量的意向，如此可使其反應較為真實可靠；有些心理學家還認為，投射法可以把受試者潛意識裡的思想和幻夢引導出來，而有助於變態行為的糾治。不過，投射法的有效使用，完全須依賴

TAT例圖

圖14～1　類似羅夏克測驗所使用的墨漬圖形

有經驗的主試者，而且主試者對受試者的反應，又往往須做某種程度的主觀解釋。

羅夏克測驗（Rorschach Inkblot Test）可以說是所有投射法測驗中最著名者，羅夏克乃是一瑞士精神病醫生，為紀念他在這方面的貢獻，因此以他的名字來命名。羅夏克測驗所用的測驗題目是類似圖 14～1 的一種兩邊對稱的印漬圖形，每一圖片上的一個圖形為一題目，全套共有十張圖片，其中五張為黑白，五張為彩色，反應計分以顏色、形狀以及圖片之特殊部位而定，測驗的進行是每次出示一張圖片（依照一定順序），受試者則就所見圖片以口頭的方式做答，受試者可以從不同角度來審視圖片，而且也可以對同一圖片做多種反應。當整套圖片完成後，受試者再一一指出他是根據圖片的那一部位做答。對受試者反應的解釋，則可根據評分手冊中的規定一一加以計分。

另外一種常被使用的投射測驗是**主題統覺測驗**（Thematic Apperception Test，簡稱 TAT），為哈佛大學的莫利教授（H. A. Murray）在 1930 年代所設計，這項測驗包括有二十張圖片，除了一張是空白者外，其他的每一圖片中至少有一個人物在內，有些圖片主題明顯，有些則不容易加以識別。測驗進行時，受試者一張一張地觀看圖片，並根據圖片中的內容和人物說一段故事。此一測驗的計分有多種，不過一般主試者大都根據主觀，對所述故事的瞭解進行分析，然後決定受試者從說故事中所顯示的態度與感情，而且對每一圖片進一步加以分析解釋，而一般解釋又多與個人之動機與感受有關聯。

戊、情境測驗（situational test）

人格的測量有時又採「情境測驗」的方式，這種測驗方式主要是在事先安排好的情境下觀察一個人的行為反應，以推定該一個人可能擁有的人格特質。情境測驗往往被用來選拔特殊工作人員，例如情報工作人

員、領導人物以及其他特務人員等。由於測驗情境具有引起受試者情緒壓力的特性，因此情境測驗又叫做情境壓力測驗。這種測驗在第二次世界大戰期間，曾爲美國戰略勤務處大量採用，以選拔特務人員。不過，在一般人人格特質的測量上，目前已很少被採用，這一方面是因爲情境的安排不易，而且其使用又相當費時費事，再者，從事人格測量工作者，對於以某一特殊情境來測量一個人的人格的做法，近年來又多抱著懷疑的態度，人格是否會因情境的不同而產生顯著的變化，甚或與所處情境產生交互作用而改變人格特質的爭論，迄無定案，所以採用情境測驗來衡量一個人的人格特質，是爲很多心理學者所反對的。

第十五章

不良適應與
心理失常

大　綱

一、心理失常的不同觀點

甲、醫學的模式

乙、動態的模式

丙、行為的模式

丁、人道的模式

戊、存在的模式

二、心理失常的分類

三、焦慮失常

甲、一般性焦慮

乙、恐懼症

丙、強迫症

四、解離失常

甲、失憶症

乙、多重人格

五、軀體性失常

六、情緒失常

甲、主要憂鬱

大　綱

乙、兩極失常

丙、情緒失常的解說

七、人格失常及其他病態

甲、心理病態人格

乙、酗酒

丙、吸毒

丁、性變態行為

八、精神病

甲、精神病的分類

乙、精神病的病因

　　什麼樣的人是適應不良或行爲失常呢？你我都同意我們都是「正常」人？到底那些人是「異常」或是「變態」的呢？其實「正常」與「異常」兩者間的界限並不是很容易劃分的，只是，一般人往往認爲那些與我們自己本身行爲有所不同的都是「異常」的，普通人對於那些不同於自己的行爲，往往很難加以接受，而以「變態」或「異常」命名之。不過，一個人認爲是完全正常的，由別人的眼光來看，也很可能又是光怪陸離，不可理會。人們對於不同行爲的解釋，往往是因人、因時、因地而大有不同，一成不變的行爲標準，根本是不存在的。

　　從心理學的觀點來看，所謂「變態」或「異常」的行爲，乃是根據行爲者本身所持的行爲標準來加以衡量，而且這些行爲，還得根據下列的數項原則來加以確認：⑴行爲者是否對實際狀況產生玄幻曲解的感受；⑵行爲者是否因知覺上產生誤差而導致失常或無效的行爲方式；⑶行爲者是否對自己的行爲感到無助無奈？⑷行爲者的動作是否對自己或他人的安全構成危害？這些標準的使用，並不一定完全客觀可靠，因爲主觀的判斷往往是無法加以避免的。「正常」與「變態」只是程度上的差別，除非極端的異常現象存在，就是專家也很難做十分肯定的判斷和確認。

一、心理失常的不同觀點

　　在古時候，人們認爲心理不正常乃是妖魔鬼怪作祟的後果，患有神經病或精神病的人，大多被認爲是邪氣附身，遭受神明的譴責，因此，心理失常的處理往往有待於巫師、神明等。這種觀點在較現代化的社會裡雖然已不多見，但是在落後未開化的土著社會裡，仍然是一個很普遍的看法。有關心理失常的系統化研究肇始於十八世紀末期，由於各方觀

點的不一致，有關心理失常的解釋與處理也有各種不同的模式。

甲、醫學的模式

根據此一模式的說法，心理失常乃是一種疾病，所謂的心理疾病（mental illness）即是由此而來。醫學模式的基本假設是：情緒上和心理上的問題，與肉體上的疾病一樣，可以根據不同的方式來加以分類，心理疾病的導因和治療則因分類而有所依據。從歷史的觀點來看，醫學模式的提倡，有其獨特的意義與重要性，在十八、十九世紀，心理失常的人，往往得不到必要的關注與同情，心理治療的觀點尚不存在，因此患了心理疾病的人，不但得不到治療，有些甚或被關進監獄裡以終其生。當時的一些醫生，為了改革這種不人道的現象，於是倡議：心理失常的人應該被視為是心靈生病的人，這種人應該被送到醫院接受治療，而不應該被關進監獄裡或是收容所去受苦。

時至今日，醫學模式的看法仍然相當普遍，不過，醫學界以及其他人士，對於此一模式所造成的一些不良後果早有微詞。首先，假如我們同意心理失常是一種疾病，那麼這種疾病的治療必須由醫生來處理，而且，也只有醫生才能對此一疾病施予治療，這種看法，在牽涉到生理性的心理失常時，尚不至於產生太大的困擾，但是，有許多其他的心理失常現象，並沒有明顯的生理徵狀，這類失常行為的糾正與治療，並不一定需要由醫生來執行。其次，醫學模式的觀點，導致了人們對其失常行為不負任何責任的偏差看法，因為失常行為的糾治，如果被認為是與一般生理疾病的糾治一樣，那麼行為失常者可以對其行為不負責任，這在此等行為的糾治上，將產生不良的影響。再者，醫學模式的觀點，造成許多不必要的住院病例，加重精神病院從業人員的負擔。根據統計資料指出，差不多百分之九十的精神病人並不需要住院接受治療的，這種現象尤其是州立的精神病院為然（Albee, 1968）。

乙、動態的模式

此一模式的基本假設乃是：變態行為所反應的乃是個人人格上某一部份或某一方面所產生的衝突，而不是生理上或是肉體上的缺陷。動態的模式首由佛洛伊德提倡。前在討論人格理論時，我們提過佛洛伊德認為個人的潛意識包括一些不為社會所接受的意念與慾望，而此等意念與慾望的滿足和處理往往造成個人焦慮、衝突以及適應上的困難。根據此一模式的看法，心理治療應該是在幫助心理失常者瞭解自己本人的潛意識歷程。

丙、行為的模式

行為學者認為失常的行為乃是學習的後果。由於變態行為與正常行為一樣，都是由學習而來，所以變態行為可以經由再訓練、再學習而使之改變為常態的行為方式，變態行為也可以透過個人環境的改變而獲得改變。班都拉的社會學習理論（Bandura, 1986），就是此一模式的一個代表。雖然行為的模式是一個較新近的觀點，但是此一模式不但已為心理失常的糾治提供了一些有效的方法（行為塑造，behavior modification 即為一例），而且也對醫學模式和動態模式產生了抗衡的作用。

丁、人道的模式

薩士（T. Szasz, 1960）對於醫學模式的看法深不以為然，他認為一般人之所以遭受情緒上的困難，乃是因為生活上有困難。薩士認為人生充滿了各種壓力，例如經濟上的壓力，政治上、社會上或生理上也到處存在著各種壓力，而且我們需要有效地對付這許多壓力，以求解脫，但是，如果我們自己不能有效地對付這許多壓力，那麼，我們的行為就會產生失常的現象。薩士認為醫學模式的看法，使心理失常者逃避自己對

本身行為所應負的責任，他強調，除非人們能夠為自己的行為負責，他們是無法有效地應付人生中的許多難題的。

戊、存在的模式

此一模式強調個人現階段存在的重要性，而且也強調個人自我實現的重要性。存在的模式針對每一個人發展本身生命意義的需要，以及指導自我生長向上的責任。羅哲士和馬斯洛等認為，當一個人覺得人生沒有意義時，他就會經歷一種存在性的焦慮。由此觀之，個人的行為，主要是由自己對人生的取捨來左右，而不是由個人過去的經歷所影響，這種看法與佛洛伊德偏重潛意識和早期生活經驗的觀點恰好相反。

存在的模式與人道的模式一樣，強調個人對自己本身行為所負責任的重要性，這與醫學模式之認為行為失常無異於一般生理疾病，動態模式之強調個人過去經歷與衝突，以及行為模式之偏重學習增強過程的種種看法迥然不同。對於心理或行為失常的基本看法，不但直接影響到此等異常行為的糾治，而且在法律上也有其重要的應用，如果我們同意個人應對自我本身的行為負全責，那麼，變態行為在法律上的處置必有一番較明確的根據，以神經不正常而求免除刑責的做法，勢必為法律所不容許。

二、心理失常的分類

變態行為的分類通常是以相同的行為徵象為依據，這種分類法可以說是一個最普遍的方法。目前有關心理失常的行為，大多根據醫學模式或動態模式的觀點來加以分類，而且在診斷的過程中，有關個人的家庭背景、病歷、問題行為的描述，以及有關智力、情緒和人格特性等的測量都是必須考慮的重要資料。

診斷性的分類，其主要目的乃是在能夠適當地形容某一失常的徵狀，預測其未來的可能發展，提供有效的治療，以及激發相關的研究（尤以導因和治療方法等更為重要）。心理失常的分類，目前以 1994 年美國精神病學會所出版的「心理失常診斷與統計手冊」（Diagnostic & Statistical Manual of Mental Disorders, Fourth Edition，簡稱 DSM-Ⅳ）為最具權威性，它的主要分類包括下列各項：

焦慮失常（anxiety disorders）——包括一般性焦慮、恐懼症（phobias）和強迫症（obsessive-compulsive disorder）。

解離失常（dissociative disorders）——包括失憶症（amnesia）和多重人格失常（dissociative identity disorder）。

軀體性失常（somatoform disorders）——包括轉化症（conversion disorders）和慮病症（hypochondriasis）。

情緒失常（mood disorders）——包括主要憂鬱（major depression）和兩極失常（bipolar disorders）。

人格失常（personality disorders）——包括反社會人格。

精神分裂症（schizophrenia）——包括妄想症（paranoid schizophrenia）和其他多種精神分裂症。

性行為失常（sexual disorders）——包括變性病（transsexualism）和各種性異常行為（paraphilias）。

孩童期、青少年期早已發生的失常（disorders first evident in infancy, childhood, or adolescence）——包括智能不足（mental retardation）、過度好動（hyperactivity）和行為失常（conduct disorders）。

濫用藥物失常（psychoactive substance use disorders）——包括酗酒、濫用安非他命、古柯鹼、鎮靜劑，以及吸食大麻菸中毒等。

飲食失常（eating disorders）──嚴重的異常進食行為，包括有拒食症（anorexia nervosa）和暴食症（bulimia nervosa）。

心理失常的分類既如上述，不同文化、國度與社會間是否存在著不同的患病比例呢？根據最新的一項比較調查研究資料顯示，顯著的差異似乎是存在的（Compton et al., 1991）。這項調查是以臺灣和美國的一萬多名具代表性的受試者為研究對象，採用相同的正式會談方式收集資料，調查結果發現，差不多每一種（共有十四種）失常，在臺灣的患病比例都要比美國低很多。

酗酒的比例，臺灣是 7.2%，美國是 13.4%；吸毒者臺灣為 0.16%，美國為 6.1%；反社會人格失常者，臺灣為 0.18%，美國為 2.5%；恐懼症分別為 4.6% 和 12.5%；強迫症為 0.74% 和 2.5%；主要憂鬱症則為 1.1% 對 5.1%；輕度憂鬱症為 1.7% 對 3.2%；其中只有類化性焦慮症（generalized anxiety disorder）一項，臺灣（7.8%）和美國（8.4%）並沒有顯著的差異存在。

中、美的這種差異，其原因又安在呢？調查研究者認為，這與診斷分類的方法不可能有關係，因為兩個地方都是根據 DSM-Ⅲ-R（1987 年版）的分類為準。這些研究調查者認為，此等差異的存在可能與文化上的差異有關，住在臺灣的人，一般比美國人不太願意表白自己，而承認心理失常，因為如此做，在臺灣比較會令人感到難堪，也較易遭他人非議不恥。這種解釋似乎可以從不同心理疾病的罹患率之高低，得到一些證實：那些最受中國人所非議的病症，如精神分裂症、反社會人格失常、酗酒、吸毒等，一般發病率特別低；相反地，認知方面的失常現象，中、美則差異不多，焦慮症和輕度憂鬱症，在兩國間差異較少，可能是因為臺灣居民較易承認這些失常的存在有關。但是，其他仍有許多中、美間所存在的患病率差異，並不能以社會污辱的考量而少承認有病來圓滿地

加以解說，中國人對心理疾病與問題的嚴重性，是否較不關心而予以忽視，似乎值得進一步去加以探討研究。有些學者懷疑中國人有較高的身體不適之自我性報告，這也可能是較少報告患有心理失常症的另一因素。

心理失常有時又被分為**功能性的失常**（functional disorders）和**機體性的失常**（organic disorders）兩大類。功能性的失常指的是失常的行為乃是由某些心理因素所引起，而不是由機體生理上的缺陷或疾病所引起。例如一個對老師具有過度恐懼感的小學生，在他的潛意識裡，也許他是為了避免因學業成績欠佳而失去父母親的疼愛，因此，表面上的行為反應（對老師具過度恐懼感）只是一種變相的應付方法，此一行為因而具特定的功能。所謂的機體性失常，則主要是因腦部機能失常所引起。例如，由於酒精中毒的緣故，長期性的酗酒往往會引起機能性的精神病，不過，如果腦部機能失常獲得糾治，這種精神病所具有的異常行為也就會隨之消逝。

最後，對於分類的措施需要做兩點說明。第一、一般人往往認為變態行為可以很妥當而合適地加以分類，這其實並不然，因為人類的行為是具有連貫性的，這也就是說所有的人類行為，其好壞、繁簡，以及常態或異態的程度往往因人而異，因此以極有限的類別來加以歸納並不一定是準確的。第二、變態行為的歸納和分類主要是為了溝通和傳遞訊息上的方便，分類的本身並不就等於瞭解和糾治，因為分類的作法並不包含病源的解說，也不提供必要的糾治，分類有如一個醫生為病人所做的診斷，它只是治療和糾正疾病的第一步。

三、焦慮失常

在過去，焦慮、抑鬱等行為曾被認為是一種發生在神經系統的生理

性疾病,所以與此等行為有關的心理失常也因之而被稱為神經病 (neu-rosis)。其實,神經病與神經系統並不發生什麼關係,心理學家們認為神經質的行為乃是個人情緒上遭遇困難時所產生的徵狀,也就是個人在情緒上遭遇困難時的一種表示。神經病的行為特質乃是情緒以及行為上的不適當表現。神經病者雖有怪異的行為表現,但通常都能夠適當地處理日常生活中的事情,而且他的思想也與常人無什不同,只是他偶而會表現一些怪異的行為而為常人所不解。

有關神經病根源的問題,由於學說模式不同而有不同的說法。心理分析學派認為神經病乃是對內在威脅的一種反應,為個人對付潛意識裡不合情理的慾求的一種掙扎。神經質的行為其實是個人內在潛意識衝突的一種象徵和間接的表現。但是,行為學派的看法卻不一樣,行為學者認為神經病患之所以行動怪異,乃是因為他們學習到恐懼與焦慮和某些不具危險性事物間的聯繫,這純粹是反應了行為學者企圖以刺激——反應的基本方式來解釋人類行為 (無論正常與否) 的作法。例如,行為學者認為一個大人不敢獨自留在房間內而不把房門打開,可能是因為在小時候,他曾有過被鎖在房間裡作為懲罰的後果,這種小時候的經驗也可能於日後受到某種增強而更形惡化。底下我們簡單地介紹幾種常見的焦慮失常行為。

甲、一般性焦慮

這是一種長期性的恐慌,而引起這種恐慌的事物卻不明確。一般常人在某種情況下都會產生恐懼的心理,不過他們知道產生恐懼的緣由,所以可以設法有效地來應付 (逃避或是破除引起恐懼的事物),因此,恐懼焦慮的存在往往是十分短暫的。但是,如果焦慮持續很久,或者焦慮的程度很嚴重,那麼可能導致一般性焦慮失常的產生。在所有神經病裡,以這種病最為普遍,此種失常的症狀包括心灰意冷、注意力不能集中、

食慾不振、過度敏感和很難下定決心等。

乙、恐懼症

恐懼症是一種對某事物所具之強烈而富癱瘓性的害怕，而此一事物，實際上並不引起任何特殊的危險。例如，一般人多少都有些怕蛇，但是怕蛇並不至於到了影響我們正常日常生活的地步，不過，如果有這麼一個人，他因為怕蛇，所以他不能走近動物園，或是不敢到野外去郊遊，或是當他看到蛇的圖片時會發抖，那麼這個人就是患了恐懼症。引起恐懼症的事物很多，這當然又是因人而異，怕小動物、怕高、怕封閉的場合和怕黑暗等等是一些較為普遍的現象。

心理分析學者認為恐懼症乃是一種取代的作用（displacement）。由於一個人對自己潛意識裡的某些慾望懷著恐懼感而無法有效地加以處理，於是他就把這種恐懼感轉移到周遭的事物，這種取代的作用，一方面使當事人的情緒有所發洩，而另一方面又可使當事人避重就輕，以獲得某種程度的解脫。其他的心理學家則認為恐懼症是直接由學習而來，一個過去被狗咬過或嚇過的小孩，他一看到狗總會產生恐懼害怕的感覺，行為派的心理學者強調制約增強在恐懼症形成上的重要性，而且由於學習類化的結果，恐懼症往往會產生於類似或有關的其他事物上，而日趨嚴重。

丙、強迫症（obsessive-compulsive disorder）

強迫症所包含的行為很多，當一個人無法自持控制而反覆地表現某種行為或持續某種思想時，此即為一種強迫症。當某種思想不斷地出現而困擾我們時，這是屬於思想上的強迫（obsession）；當我們的某種行為不為自我意志所能控制而連續出現時，這是屬於行為上的強迫（compulsion）。典型的強迫症患者通常是古板而少變通的，例如有人好潔成

癖，一天之內洗手數十次，或者整理桌子、房間十幾次，做事往往遵循成規而少有改變。患強迫症者，一般是多疑而少有主見，因此遇事往往裹足不前。

　　心理分析學者認爲強迫反應乃是一種自我防禦的行爲表現，他們認爲當壓抑的行爲失去效用時，一個人往往運用強迫反應行爲來應付不愉快的思潮或行爲意向。佛洛伊德認爲強迫行爲的產生，乃是一個人小時候被訓練大小便衛生習慣時，遭受不愉快經驗的後果。不過，許多有關這方面的研究，卻不能證實佛氏看法的正確性。行爲學派的看法，則認爲強迫反應行爲乃是習得的行爲反應，這種反應是爲了應付焦慮的困擾而產生，再透過增強的作用而變成一種習慣。這種說法雖然可以解釋強迫行爲的形成歷程，但是卻很難圓滿地說明爲什麼強迫反應行爲大多具有「行禮如儀」（ritualistic character）的特性，而且也不能用來說明爲什麼一種焦慮往往在同一個人中產生許多不同的強迫反應行爲的道理（Carr, 1974）。卡兒認爲，也許一個人的人格特質，是造成強迫反應行爲的重要因素，他認爲患有強迫反應毛病的人，往往是過度小心，極度不願冒任何危險，而且這種人對一般事物的發展往往是做最惡劣的看法與打算。

四、解離失常

　　這種心理失常的個案並不多，但是，它的離奇古怪卻是令人費解的。其徵狀往往是一種突然的記憶失常，或是個人身分及自我認同上的大幅度改變。這裡的所謂解離（dissociative），乃是針對與過去的記憶、思想和情感上的分解和脫離。臨時、短暫性的解離現象（俗語所說的「神不附身」等），很多人都會有過這種經驗，但是，嚴重的、長期性的解離存在，則是一種心理上的失常現象。

甲、失憶症（amnesia）

這並不是一般所謂的健忘症，患失憶症的人，對於切身重要的一些資訊，都有不能記住、回憶的困難。通常失去記憶的，大多是與某些災難事件本身，或是引發該一災難，或是災難之後緊接著的一些相關資訊和事物。這種失去記憶的現象，乃是因某些心理因素所引起，失去記憶的程度與時間的長短，往往因人、因事、因時而頗有不同。另一種叫做「逃遁」（fugue）的遺忘症，患者不知自己身處何方，也不知道如何來到這麼一個對自己完全是陌生的地方，為何來到這種地方。

乙、多重人格

患有這種病症者，擁有兩種以上顯著的不同人格形態，這種人在某一時候、場合的所作所為，往往與在另一時候、地方的行為反應截然不同，甚或無法記起有如此顯著差異的存在，這些不同的人格，乃是完全獨立不相干，而又往往有相互抗衡的現象存在。多重人格之所以會發生，有些學者認為，這是個人慾望或是價值觀念上存有嚴重衝突所引起。患多重人格症者，對其個人不同的人格反應並無知覺，所以這與一般常人在日常生活中，扮演各種不同角色的現象，乃是完全不同的。雖然在電影或是小說中，常有許多對多重人格現象的描述渲染，但在實際生活中，這種病例卻是很少發現的。

心理分析學派和學習學派的學者們，都認為解離失常的許多徵狀，其所反應的，乃是個人用以應付焦慮的一些行為反應。分析學派的看法是，這些行為是用來克服因那些不能被社會規範所接受的衝動而引發的焦慮；而學習派的看法是，這些徵狀乃是因焦慮之減低而獲得增強。有很多被診斷為多重人格的病人都是女性，而她們的孩童時期，都曾遭受過肉體的、性的以及情緒方面的虐待，這些不愉快、痛苦的經驗，很可

能是使得她們罹患疾病的導因。

五、軀體性失常

　　患這種病的人，在其軀體上，通常會有某種缺陷或是病症存在，不過這些問題的存在，卻找不出相關的肉體、生理上的原因。有些人會有頭昏、眼花、飲食困難、想嘔吐、不適等身體反應；有些人則可能感受到強烈的痛苦（肉體上的）。有項報告（Draguns, 1990）指出，中國大陸由於一般人較少發洩情緒上的不快和悲苦，因此認為自己身體不適有病的，相當地普遍。很多頭痛是由生活壓力和緊張所促成，而不是腦部或是神經系統上有什麼毛病。

　　轉化症是一種較常見的軀體性失常，此病名之由來，乃是認為焦慮轉變成軀體上的病症，這在佛洛伊德行醫時，個案要比現在多。目盲、耳聾和手腳癱瘓，都可能與轉化症有關，由於這些生理肢體上存在著痛苦，患病者可因此而得到他人的同情，以獲得某些解脫。轉化症常發生在前線作戰中的士兵身上，一方面，這些患者可以不必赴戰場去面臨死亡的威脅，但也不必去背著「懦夫」的惡名，遭他人唾棄。另外，身體某些部位，可能完全失去感覺的功能，甚至以尖針刺之，又不能引起任何痛覺，不過，其感覺神經系統並無失常之現象。

　　軀體性失常的另一種常見疾病，叫做慮病症（hypochondriasis），患這種病的人，往往會過份擔心個人身體上的一些小毛病，如肚子有點不舒暢、頭偶爾有點昏等，認為自己一定有胃癌或是中風等大病存在，於是求醫診治，但如果醫師據實以告，曉之無病，病人則無法相信，並另求他醫，罔顧引發此等徵狀的心理因素。

六、情緒失常

情緒上的極端反應，主要包括有主要憂鬱（major depression）和兩極失常（bipolar disorders）兩大類。對一般常人而言，情緒上的高低變化，並不是什麼大不了的事，不過，兩極的情緒往往都是短暫的，受情緒失常所困者，極端情結（如長期性的無望感和無力感）似乎是不會消失的，而其程度也非一般常人所常經歷者。

甲、主要憂鬱

在日常生活中，不如意的事物之發生無法避免，也有很多更是令人痛心悲哀，到底要如何來界定「主要憂鬱」的存在呢？有幾個重要的條件是：(1)極度的無助、無望感之存在，患者往往認為無藥可救，大勢已去，自救不可能，別人也愛莫能助；(2)對生活中那些可以引發快樂的事物，已不再有任何興趣，生活完全索然無味，令人有度日如年的苦悶；(3)全身乏力，疲倦昏沈；(4)不思飲食、體重銳減、無法安眠、注意力、思想不能集中、記憶力不振等等。

有些人把憂鬱戲稱為心理疾病中的「傷風感冒」，用以形容此一疾病的廣泛流行，不過，這種說法，卻未能顯示這個疾病的嚴重性。根據美國狀況而言，自二次大戰以來，患此症者增加有十倍之多（Seligman, 1988），而其他國家，如加拿大、紐西蘭、瑞典、德國等，都有顯著增加的趨勢（Klerman & Weissman, 1989）。統計資料顯示，女性和年輕人以及年老者，受此疾病困擾者尤多，大約每四個女人中的一人，在其人生中至少會有遭受此病折磨的痛苦，而男性只有百分十左右（Nolen-Hokesema, 1987）。

性別上的顯著差異，可能與男、女兩性在對憂鬱的反應上多有不同

有所牽連。當男人有憂鬱的困擾時，他們設法不去想它，從事一些活動（如運動打球、喝酒吃藥）來快活自己，沖淡憂鬱；但是，女性通常都會思考引起悲傷的原因，向別人訴苦，或是以哭泣來應付。這種反應上的性別差異，使得男性較少感到憂鬱的困擾。諾連——哈基斯馬（Nolen-Hokesema, 1987）的解釋指出：男女角色刻板化（sex-role stereoty-ping）可能與這種兩性的反應方式直接相關。傳統的看法，認爲男性較外向活潑，少受情緒所困；反之，女性則多多愁善感、被動承受、認命屈從。

乙、兩極失常

憂鬱通常會在幾個星期或數月內不藥而癒，恢復正常。但是，患兩極失常者，取代憂鬱的，並不是正常的平靜，而是另一極端的狂躁（mania），憂鬱——狂躁的反覆循環，即顯示了兩極失常症的存在。處於狂躁期的病人，喜說話、好動、興奮得意，不想睡覺，講起話來粗聲粗氣，很難理解。兩極失常者的病例並不如憂鬱症多（只有百分之一左右），而男、女兩性也沒有什麼差別存在。兩極失常症因狂躁與憂鬱反覆出現，一般又稱之爲躁鬱症。輕度的狂躁，似乎有助於創造，有些研究（DeAngelis, 1989; Jamison, 1989）指出，詩人、畫家以及作家、作曲家生這種病的比例特別高。

丙、情緒失常的解說

有關情緒失常的解說，主要是針對憂鬱症而言，而有關憂鬱症的病因，又因學派的不同，而有各種不同的說法。

1. 生化觀點

美國學者近年來的許多相關研究，大都是從生化的觀點來探討，就遺傳上的影響，以及個人體內的生化作用來進行解釋。在遺傳方面，同

一家族裡，若有人患這種病，其他的成員患此症的機會也大量增高（Pauls et al., 1992）。以雙胞胎（同卵）的情形來看，如有一人患病，另外一個人患病的可能性約爲百分之五十（憂鬱症），而兩極失常者，則高達百分之七十。但這在異卵雙胞胎的情況，只有百分之二十左右（Tsuang & Faraone, 1990）。

體內的生化原素，特別是神經傳導物（neurotransmitters），如去甲腎上腺素（norepinephrine），在狂躁期時，分泌大增，但在憂鬱期時，則頗爲稀少。另一種叫做血清緊素（serotonin）的神經傳導物，在憂鬱期也有減少的趨勢。不過，這些情形並不是在所有病例中都是如此，因此仍有待進一步的研究探討。最近還有一項研究報告（Davidson, 1992）指出：剛復元的憂鬱症患者，其大腦左前葉和右後葉的腦波活動，要低於一般沒患過這種病的常人。嚴重憂鬱的病人之腦前葉也比常人者要小一些（Coffey et al., 1993）。

2. 社會——認知觀點

「知足常樂」的現象，一般人大都有所體驗與認識，我們的看法與想法，能夠直接影響到我們的情緒。一個悲觀、自責、自疑的人，正像一個戴著墨鏡的人，他（她）所看到的，只是一片漆黑暗淡，而缺乏光明的生活，怎能不叫人感到憂鬱、沮喪呢？生活中許多不如意的事，乃是不可避免的，但並不是所有遭到不如意事的人，都會有憂鬱的反應和困擾，個別差異所在，主要是個人的**歸因**（attribution）方式，爲自己的失敗而責備他人雖然有失厚道，但採這種歸因方式的人，卻很少會因自責而悲觀、而憂鬱的。反之，憂鬱的人，往往會把不如意的事看爲是持久性的、多面性的和內發性的，而這種悲觀、無助和無望的看法和想法，自然引起個人情緒上的挫折（Sweeney et al., 1986; Abramson et al., 1989）。

有些學者（如 Seligman, 1988, 1991; Draguns, 1990）則從文化的

觀點來進行分析，Seligman 認為美國現代青少年之所以多患此症，主要
是來自無助、無望感，而這些無助、無望的感受，則直接與對宗教和家
庭投入、承諾的減少有關。在這種信奉自我個人主義的文化中，一旦個
人遭受困難或失敗，只有自己承擔，而沒有別人可以做為依靠。反之，
在其他非西方文化的社會裡，族群關係以及互相合作較受普遍重視，主
要憂鬱症發生的頻率也較少，而此病的發生，也較少為受害的個人帶來
自責和罪惡感；不過，患病的人卻會因生病牽累家人和他人，而感到心
裡不安與羞恥。

　　從社會——認知的角度來看，憂鬱情緒和疾病的發生可以說是一種
循環。一開始時，它是由一些不如意、緊張和帶給個人壓力的事件所引
起，這些事件發生後，由於個人悲觀、負面的解釋而惡化，因此導致憂
鬱情緒；而一個憂鬱的人，通常會有退縮、自責和抱怨的行為，這些行
為很容易引發別人的拒絕和疏遠，這種來自他人的負面反應，接著又會
引起患病者認知和行為上的負面效果，如此周而復始，愈陷愈深，甚或
走上自殺的不歸路。

七、人格失常及其他病態

　　由於缺乏能力或是動機，有些人的行為往往不能合乎社會的要求而
造成適應不良，這些不良適應的行為方式就是所謂的**人格失常**。人格失
常有時又被稱為**性格失常**（character disorders），因為這些失常行為往
往與一個人性格上的某些缺陷有關。人格失常的種類很多，這裡我們所
討論的是幾個較普遍的失常行為。

甲、心理病態人格（psychopathic personality）

　　患心理病態人格的人通常不具責任感，對人不講忠誠也不顧道德，

又無情感，對於別人的感受需求也不多加理會。這種人大多是自我中心，追求娛樂和私慾的滿足。對於這樣做而造成別人的痛苦並不介意，也不會感到內疚罪惡。基於這種特性，心理病態人格又被稱為**反社會人格**（antisocial personality）或**社會病態人格**（sociopathic personality）。具心理病態人格的人一般善於說謊、易衝動，又喜刺激新奇，但對所可能產生的傷害卻不加以關注，同時他們也都不能從經驗中獲取教訓。

過去一般人認為具心理病態人格者缺乏分辨是非好歹的能力，不過現在心理學家已證實這些人的智力通常在常人之上，而又善於利用和支使別人以遂己願，對於自己的反社會行為並無焦慮不安感覺。有些心理學家認為反社會行為之所以產生，乃是因為一個人小時候情緒上受到剝奪孤立的後果，一個人從小如果沒有機會學習與他人共處，瞭解「己所不欲，勿施於人」的道理，那麼長大之後，對自己的不良行為往往不覺得可恥不安。另外一些人則認為反社會行為之形成，乃是由父母管教之不當與不一致所導致，喜怒無常，賞罰不當，甚或為人父母者本身缺乏責任心，是非不辨，往往會造成子女人格的失常。

乙、酗酒

所謂酗酒是指一個人飲酒過量，對酒精具高度依賴性而妨害到個人的日常行為。在美國，酗酒者來自各種社會階層和不同行業。根據統計資料，約有九百萬美國人是酗酒者，而這些人大部份是來自中、上社會階層。酗酒在美國是主要的健康問題（佔第四位），也是很嚴重的社會問題。長期酗酒往往導致中樞神經系統的受到損害、減低思考與記憶能力，而且也增加了感染肺病和肝病等疾病的可能性。酗酒當然也破壞家庭的和諧，影響個人的工作效率，增加社會上的犯罪事件，酒醉駕車所造成的人財損失更是一個很嚴重的社會問題。

很少量的喝酒，酒精似乎可以使人感到鬆弛，但是因為人體吸收酒精的速度很慢，在短時間內喝下很多酒，往往嚴重地影響到大腦中樞神經系統的運作。體內酒精濃度達到 0.10% 的汽車駕駛者，其肇車禍事故的次數，為 0.05% 濃度者的六倍；而且，喝太多酒，也會使眼睛的瞳孔放大，而不利於夜間視力，容易造成駕車肇禍。體內酒精達到 0.15% 時，它會嚴重地影響到當事人的思考、記憶、判斷能力以及情緒和動作上的適當控制。在 0.35% 濃度時，會使人昏倒，甚或導致死亡。

體內血液中酒精濃度也與性別和體重有關，體格胖大者，因其體內水份較多，而男人也比女人的體內水份多（因女人體內較多脂肪的緣故），因此同在一個小時內喝四小瓶啤酒（酒內酒精含量約 12%），其體內酒精濃度有下列的差別：體重 100 磅的女性為 0.18%；而同樣是 100 磅的男性則為 0.15%；150 磅的女性為 0.12%；150 磅的男性則為 0.10%。這些酒精濃度都足以構成醉酒駕車的罪名，過度喝酒的危害性，值得大家警惕（Ray, 1983）。

酗酒的形成往往是經過數個階段，首先，一個人可能因為社交禮儀上的需要而飲酒，有些則進而借飲酒來消除疲勞、緊張和痛苦，所謂「借酒澆愁」是也。慢慢地他發現不飲酒就無法面對困難，於是飲酒更勤更多，終於變成對酒產生了依賴性，而無法控制，因為到了這個地步，如果不飲酒，他會感到抑悶不樂，頭昏欲吐，於是嗜酒如命，影響家庭生活與個人工作。

酗酒的原因不只一端，一般心理學家認為酗酒者之所以飲酒過度過量，主要是為了減少個人生活上遭遇難題所產生的焦慮，不過，這卻不一定表示一般的酗酒者都常遭受強大的壓力。據研究結果指出，一般的酗酒者大多比較不成熟而又易衝動，這些人的自尊心較低，對於個人的失意和失敗又缺乏容忍承受的能力。但是，截至目前為止，專家們仍然無法根據某些人格特質來做為預測和防止酗酒行為的根據。

　　酗酒的毛病很難有效地加以治療，因爲酗酒者如果缺乏戒除的動
機，別人往往是愛莫能助的；加上很多患有酗酒毛病的人往往不承認自
己有酗酒的毛病而拒絕他人的幫助，不願與提供治療的人合作。酗酒的
毛病也可以用藥物來進行治療，這種藥的功用與一般治病的藥物有所不
同，一種叫做 Antabuse 的藥，可以用來幫助有意戒酒的人控制其酗酒
的傾向，當一個人服用這種藥之後，在其有效期間內如果服用者飲酒，
會引起嚴重的嘔吐現象，而使飲酒者感到很不舒服，如此一來，可防止
並抑制酗酒者的飲酒衝動。另外，在美國還有一種叫做「酗酒者無名氏」
（alcoholics anonymous）的組織，通常由教會所組織支持，而且是一
種互助的性質，在該組織裡，戒酒成功者根據自己的親身經歷來勸導和
協助有意戒酒的人從事戒酒的工作；而且這種組織同時還提供有意戒酒
者一些有意義的社交活動來取代飲酒的活動。這種組織由於是互助性
質，而且儘可能地維護個人的尊嚴，因此較易爲酗酒者所接受，而且因
爲大多爲教會所贊助主持，具有相當的宗教色彩，這在改變酗酒者的態
度上收效甚佳。

丙、吸毒

　　除了酗酒外，有些人大量吸用藥物以應付生活上的問題。吸毒的問
題也是一個很嚴重的社會問題，因爲有許多非法的活動往往與吸毒和販
毒有關。吸毒和酗酒在基本上有許多不同的地方。從心理上的觀點來看，
吸毒不但能像飲酒一樣，減低緊張和焦慮，而且還會產生一種舒暢奇異
的感受。在另一方面，酗酒的人對酒精的容忍度只在初期時略有增加而
隨後遞減，但是吸毒者對於毒品的要求則與日俱僧。爲了維持飄飄然
（high）的感受，吸食毒品的份量需要逐漸增多。由於吸毒者需要很多錢
來購買毒品以滿足需要，於是偷搶、賣淫等不法的行爲也就隨之發生。
有時由於吸毒者對於毒物的品質缺乏正確的認識，吸毒過量而致死者也

屢見不鮮。

　　許多吸毒的人與患社會病態人格者很相像，這與一般酗酒者易衝動、不成熟和依賴心強的個性並不一樣。社會病態型的吸毒者往往認爲吸毒乃是一種取樂的簡便方法。不過，許多吸毒者並不屬於社會病態型。有些人剛開始吸毒時是爲了減輕焦慮。由於缺乏自信，內心不安，因此加入吸毒者的行列，以換取其他吸毒者的心理支持。另外一些人，則是來自中產階層社會的自由人士（尤其是年輕人），他們從青春期起就開始使用毒品，不過大多只限於大麻菸、迷幻藥等較輕微的毒品，但是，基於好奇心，往往走上吸食海洛因的地步。這些青年人通常對其家庭生活不滿，而以吸毒做爲嘗試不同生活方式的途徑，這種人通常較少參與非法的活動，不過也有多人爲了滿足毒品的慾求而被迫走上犯法的道路。

　　在美國，吸毒是一個很嚴重的問題，每四個成年人中，就有一個人吸食過古柯鹼（cocaine），而且這種藥物的常用者，約有一半的人是介於十二歲到二十六歲（1985 National Household Survey on Drugs, National Institute on Drug Abuse）。除了酒精和古柯鹼外，DSM-IV還列有九種與吸毒異常（substance use disorders）有關的藥物：安非他命，咖啡因，大麻，迷幻劑（hallucinogens），吸入劑（inhalants），尼古丁，鴉片，PcP（俗稱 angel dust，天使粉，一種類似 LSD 的迷幻藥）和鎮靜劑（如瓦利安，Valium）。DSM-IV還特別指出多種藥物同時使用的嚴重危險性，以及因心理因素吸毒而導致官能性心理異常（organic mental disorders）的嚴重性。

　　戒毒一般要比戒酒更難，缺乏改正的動機也是治療上的一大難題。與戒酒一樣，心理治療在戒毒上的效果並不好；藥物治療也是相當有限，而且服用被用來戒毒的藥物往往也會對該一藥物產生依賴性，不過這種依賴要比由毒品所引起者輕微。幫助吸毒者戒除毛病也有一種類似「酗酒者無名氏」的戒毒組織，一般說來，其效果尚佳，這種方式也是

運用戒毒成功者來協助有意戒毒的人達成戒毒的意願，透過小組座談的方式，吸毒者相互做口頭上的攻擊，責難吸毒者以自我爲中心，爲非作歹，滿足私慾，適應不良。其主要目的乃是要吸毒者自動悔改，破除惡習；當然這種方法之是否具有效果完全依靠戒毒者戒毒意願之強烈與否。

丁、性變態行爲（sexual deviations）

所謂性變態行爲是指不正常的性行爲，這包括以不合常規的行爲來求取性的滿足以及從事不合常規的性活動。由於個人所處社會文化背景和習俗的不同，常態與變態區分並沒有絕對可靠的標準。性變態通常可分爲三大類：第一種包括性無能、冷感等因心理因素而引起的性缺陷。性無能或性冷感往往是由於與異性伴侶間缺乏感情的存在，甚或因某些衝突，而引起怨恨等所導致。其他如公開的或潛伏的同性戀、過份地關心性的道德觀或是某些情境因素，也往往會造成正常的異性間性關係的困難。第二種性變態行爲包括那些在反社會情況下所發生的性行爲，這些性行爲的本身並沒有不正常的意味，但是因爲它是在反社會的情況下發生，因此就構成一種性變態的行爲。亂婚、賣淫、強姦等均屬於這一種。一般犯強姦罪的人，大都具有反社會的性格，爲逐一己淫慾而不顧他人痛苦，而且在犯罪後往往強詞狡辯，少有悔改之意，這種情況造成心理治療上的困難。性變態行爲的第三種，主要針對性行爲對象的不當。由於性行爲對象之正當與否，各方看法不一，因此這一類的變態行爲也不易加以確定討論。例如，同性戀一向被認爲是一種性變態，但是美國精神醫學會經過長期的辯論後，於 1974 年將同性戀從心理異常名單中剔除。雖然如此，不同社會階層和地域上的差別，有些人對於同性戀的行爲仍然強烈反對。大部份的心理衛生工作人員，卻採取一種變通的辦法，他們認爲如果一個同性戀者自己不覺得適應困難，而且也沒有顯示人際

間適應上的困難，那麼這種性行為是可以加以接受的；但是，如果一個
同性戀者自己對其性行為感到不滿而想建立異性性關係，那麼專家們認
為就有設法探討同性戀緣由而加以消除的必要。

專家們對於導致同性戀行為的原因迄無一致的看法，綜歸各方面的
意見，下列四種因素較為突出：

A.　缺乏對同一性別雙親的認同：女同性戀者往往自訴與雙親間
的關係欠佳；男同性戀者的父親往往是冷漠而少與小孩親近，但是他的
母親卻往往是佔有慾很強而權力心很重的人。

B.　被誘入歧途：許多同性戀者在青春前期就與某一同性的友好
具有很密切的關係，因此有些專家認為同性戀的興趣可能是在早期時即
被引發。不過，兒童期與同性玩伴所保持的親密關係是否導致以後的同
性戀行為則各方意見不一。

C.　對異性存戒心：這種心理可能是由病態的家庭生活經驗所引
起。有時小孩子由於缺乏機會學習與異性相處，也可能在長大後，因某
種經驗而對異性產生恐懼的心理。

D.　缺乏機會：同性戀通常在監獄或軍隊中發現最多。因為在那種
環境裡，正常的異性性行為的機會很少，因此而有同性戀行為的發生。
有些人在退役後或出獄後，自然地恢復與異性的性行為。

由於導致性變態行為的因素很多，因此對此等行為的糾治，一般成
效並不佳，有些專家們認為最有效可行的方法是預防此等行為的發生，
如果等到行為已經發生才設法加以糾治，往往是事倍功半的。

八、精神病

精神病是一種嚴重的行為失常，患精神病的人通常思想混亂，情緒
反應欠當，行為怪誕不經。由於這種人生活脫離現實，所以往往無法從

事日常職業上和社交上所需的活動。而且，精神病患者大多不願意與別人溝通交際，或者缺乏這方面所需要的能力。精神病患者種類很多，有些在無人說話的情況下會覺得有人在說話；別人看不見的東西，他卻說可以看到；別人感受不到的外來刺激，他可以感覺到，他的妄想和錯覺歪曲了他與周遭環境間的關係。他可能認為醫生並不是為他治病，醫生開的處方乃是用來謀殺他的；他也可能認為他的行動是由太空中某一星球所發射的電波來支配。以常態人的眼光來看，精神病患的思想和行為是離奇不可想像的。

甲、精神病的分類

為了分析討論上的方便，早先心理學家通常把精神病分為三大類：**情感性精神病**（affective psychosis）；**精神分裂症**（schizophrenia）和**機體性精神病**（organic psychosis）。雖然在實際運用上，專家們的分類頗有出入，而其對病態行為的描述也不盡相同。

1.情感性精神病

情緒感受的極端反應或不適當反應屬於情感性精神病。過度不當的抑鬱或興奮都是情感性精神病。有時過度的抑鬱和過度的興奮會在同一個人身上交替發生。抑鬱性反應發生的初期，悲傷、冷漠以及自暴自棄是常有的現象，不過這種悲痛的反應是不合情理的，因為在最近的生活情況中並沒有值得他如此悲傷的事件發生。這種患者行動緩慢，思想遲鈍，而且寢食不安。慢慢地，他可能變成十分煩躁衝動。當這種情況繼續加深時，他對於自己的無望無助開始認為罪有應得，於是自責過去待人不當或是自己能力低落的胡思亂想也就相繼出現，到了這種地步，他很可能認為自殺是解決問題的唯一途徑。嚴重的時候，他可能會一語不發，完全沒有反應。

狂躁性精神病者（manic psychotic）的情形恰好相反。狂躁初期的

反應與一般人高興時反應差不多，他興奮、話多、豪放而富自信，不過他的期望卻是無限的，他往往花言巧語，少有兌現的可能。而且他說話快速，很少中斷來聽取他人的意見。對於那些覺得他的計劃或能力欠佳的人，他懷恨在心。漸漸地，他變成好辯逞強，他的自信心變成狂妄而失去客觀衡量事物的能力。到了嚴重的時候，狂躁性患者變成相當的蠻橫而不可理會，直到他精疲力竭而後已。許多心理學家認為狂躁性的反應乃是為了抵抗抑鬱的後果，一個人內心可能感到抑鬱不樂，但卻在表面上掩飾反抗。

2.精神分裂症

　　精神分裂一詞與人格分裂或多重人格無關。此一病症主要是指嚴重的思想錯亂、行為怪異和情緒失常等現象。上節所討論的躁鬱性病患一般為過度關心人際間關係所困擾；但是精神分裂病者則多為妄想幻覺所包圍而無法與外界保持正常的接觸，這也就是說與現實脫節。精神分裂症的發生有突然的和慢發性的兩種，前者稱為反應性精神分裂症，因為這種病症往往是對人生上突然性的嚴重壓力或打擊的一種反應。後者稱為歷程精神分裂症（process schizophrenia），這種病症往往經過多年的發展而成，而又大多與遺傳上的因素有關。心理學家們對於這兩種病症又加以細分為許多種類，根據1994年DSM-Ⅳ的最新分法，精神分裂症的反應有下列五大類：

⑴錯亂型精神分裂症（disorganized schizophrenia）

　　患此症者乃是通常被一般人稱之為發瘋者，這種病人大多語無倫次，而其情緒反應也是哭笑無常，顯得幼稚和愚蠢；其行為動作又多異怪荒誕。基於上述的困難，這種病人的社會交往行為顯示高度的缺陷和障礙。

⑵緊張型精神分裂症（catatonic schizophrenia）

　　此一型的主要症狀是情緒反應的極端變化。患這種病的人有時會消

沈麻木，完全失去反應，並可在長時間內（十數小時）維持某一固定的
體姿而不覺痛苦。不過，有時他會情緒暴躁，反應激烈而構成對自己和
他人安全的威脅。患這種病的人完全失去維持日常生活的能力，他不但
與現實脫離，而且所做所爲都缺乏意義而不可理會。

⑶欠缺型精神分裂症（deficit schizophrenia）

這裡所謂的「欠缺」，乃是正常行爲反應的欠缺，例如從來都不感到
快樂，精神不振，不想做任何事，而在情緒感受方面，也缺乏喜怒哀樂
等不同變化，顯現的是冷漠呆木。而這許多行爲上的缺失，至少要持續
上月才足以構成病態，但對許多患此病症者而言，其持續卻往往是經年
累月的。此一病症則少有其他較嚴重的幻覺或是思想錯亂的徵狀。

⑷妄想症（paranoid）

此一型的病人頗具警覺性和反應性，這種人較能爲常人所瞭解。他
們的行爲反應，與一般常人在生命受到威脅時的反應十分相像，只是他
們對於周圍環境的看法難爲常人所理解，在沒有任何危險的情況下，他
們會認爲生命受到嚴重的危害，通常認爲有人跟蹤他，想謀害他。他們
常常認爲自己擁有高度的機密，因此敵人想要殺害他。這種自己誇張個
人重要性的想法，與遭人迫害謀殺的想法，往往是互爲因果，慢慢地這
種人一天到晚爲保護自己而擔心費神，對於任何懷疑他思想的人，他往
往是以敵對而具攻擊性的行爲反應來對付之。

⑸未區別型精神分裂症（undifferentiated schizophrenia）

此症因有很多重疊的不同徵狀，而無法加以區分爲上列各不同分裂
症，而有時也會因某些徵狀的顯著變化，而更改其不同的分類。

除了上述五種病症外，還有一種病主要是發生在小孩子身上的，患
有這種叫做「嬰兒性自閉症」精神病（infantile autism）的小孩，從小
就有脫離現實，萎縮退化的行爲徵象，這種小孩對於別人的情緒反應視
若無睹，毫無反應，而且不喜他人接觸也不與別人交談。這種小孩，一

般身體健康，而且智力也在常人之上，不過由於缺乏與他人接觸，他往往缺乏語言交談的能力。另外，患這種病的小孩也常常與某種東西產生強烈的依附作用，例如對某種玩具，或個人所擁有的東西，具強烈的感情而不忍釋手。由於這種病症在幼兒期就發生，所以有許多心理學家認為它的病源可能是與遺傳有關（Bailey, 1995），不過這種看法仍有待證實。

3.機體性的精神病

　　機體性精神病患者的行為反應與精神分裂症和情感性精神病患者的行為反應並沒有太大差別，不過機體性精神病發生的原因可從生理上的情況獲得解釋。在一般情況下，往往因為一個人的腦部或神經系統受到損害，而影響到他正視現實、控制情緒和正常思考的能力。除了意外事件外，疾病、年老和酒精中毒為引起機體性精神病的其他一些原因。

乙、精神病的病因

　　有關精神分裂症病因的探討，可從遺傳、生化和環境等三方面來下手，這裡我們簡單地介紹一下與此有關的一些研究。

1.遺傳因素

　　精神病與個人遺傳有關的看法大多為一般人所接受，不過這兩者間關係的疏密，各方看法卻頗有不同。克洛曼的研究指出，同卵雙生子同時患精神病的機會高達百分之六十五左右（Kallman, 1958）。在父母兩人同患精神病的情況下，其子女患精神病的機會則高達百分之六十八。不過，有些心理學家則認為克洛曼的資料過份誇張精神病與遺傳間的關係。另外有些研究結果指出，精神病與遺傳間的關係和病症的嚴重與否有所關聯，病症愈嚴重的，兩者間的關係也較密切（Gottesman, 1991; 1993）。同時，歷程性的精神病（process psychoses）要比反應性的精神病（reactive psychosis）受到遺傳因素更多的影響。

綜合許多不同的研究結果，一般指出在同卵雙生子間同時患精神分裂症的可能性約在百分之四十八；雙親俱患此症者，其子女患病的可能性約百分之四十六；而在一般兄弟姐妹間，這種可能性只有百分之十左右。如此看來，精神分裂症似乎是與遺傳有關。如果把精神分裂症與其他精神病通通算在一起，那麼如果同卵雙生子中有一個人患精神病，另外一個患病的可能性則高達百分之八十八，當然他所患的並不一定是精神分裂症。這許多發現使很多人深信單一基因導病之可能，不過，這在目前卻仍未能加以確認（Gottesman, 1993）。

另外有些專家則認為環境與遺傳兩個因素都很重要，這種被稱為「先天——壓力」（diathesis-stress）的學說，認為精神分裂症的產生乃是因為個人在遺傳上具有害病的先天性（diathesis），而疾病的發生，則由環境中的壓力（stress）所引起。根據這種說法，遺傳與環境兩個因素若缺其一，那麼精神分裂症是不可能發生的。就目前專家們所提供的有關資料看來，這種二因說的看法似乎要比將精神分裂症依其病情而將其導因分為遺傳的或環境的要恰當些。

2.腦部異常（brain abnormalities）

腦部異常可從兩個不同的角度來探討：⑴腦內部生化物質的有欠平衡（biochemical inbalance）和⑵腦部結構本身上的異常（structural abnormality）。

人腦內部的一種叫做多巴胺酸（dopamine）的神經傳導物（neurotransmitter），被發現與精神分裂症有關，這是所謂的「多巴胺酸假設」（dopamine hypothesis），根據此一假設，腦內部某些運用多巴胺酸為神經傳導物的地方，會因多巴胺酸過度活動而導致精神分裂症（Wong et al., 1986; Seeman et al., 1993）。反之，能夠抑制多巴胺酸活動的藥物，則可減低精神分裂症的癥狀。

根據腦部掃描所發現，久患精神分裂症的病人，其腦部之結構本身

有異於常人。這種病人的視丘較常人所有者爲小（Andreason et al., 1994），其腦部的某些細胞也呈現萎縮的現象，而此等萎縮的程度，又依病況的惡化而加深（Van Horn & McManus, 1992; Cannon & Marco, 1994）。

3.環境因素

　　這裡所指的環境因素，乃是早期的個人生活經驗（特別是在幼兒期）和個人的家庭生活環境（親子關係）。同其他因素的研究結果一樣，不同專家的發現頗有出入。一般學者分析研判與病人本身或其雙親晤談的結果，發現許多母親過份保護他們的小孩，而在另一方面，這些爲人父母者又懷有拒絕小孩的不正常心理，在與小孩接觸中顯示專橫與驕縱，而許多病人的父親卻又是軟弱無能，與子女間的關係相當冷淡。

　　一般研究結果指出，早期生活經驗的不如意，以及家庭生活的缺乏和諧，往往與精神分裂病患者有關。父母間吵架不和諧、早年喪失親人，或是父母親本身心理不健全、情緒欠穩定等，也常被發現與精神分裂症的發生有關。不過，數十年來專家們在這方面所做的研究，卻未能發現某一特定的家庭關係因素是直接與精神分裂症的發生有所牽連，雖說早期的不良經驗與精神病的發生有關，但是許多有過早期不良經驗的人卻沒有精神分裂症的存在。由於因果間關係的無法確認，學者們似乎仍需做更多的研究來找尋答案。

第十六章

心理治療法

大　綱

一、心理分析法

甲、自由聯想

乙、夢的分析

丙、闡釋

丁、轉移

二、人本的心理治療法

甲、患者中心治療法

乙、其他的治療法

三、行為治療

甲、系統化脫敏法

乙、內轟治療法

丙、厭反制約法

丁、模倣

戊、代幣管制

己、行為治療法的評鑑

四、認知治療法

甲、理智感情治療法

乙、認知再組法

大　綱

五、團體治療法

甲、敏感訓練

乙、聚會團體法

丙、家庭治療法

六、生理治療法

甲、藥物治療

乙、電療

丙、腦部手術

七、社區心理學與社區心理衛生

八、心理治療的功效

甲、新近的一些分析

乙、種族與文化背景的考量

　　行為失常以及心理病態的種類很多，因此處理與治療此等疾病的方式也相當紛歧。不過，在基本上，心理治療乃是一種矯正的歷程，其目的主要在使行為失常者能夠較有效地適應環境的需要。在本章中，我們將概要地介紹幾種不同的心理治療法，同時也要簡單地介紹一下心理治療方面的一些新發展。一般從事心理治療的人很少專用某一方法來進行治療，大部份的人都是針對患者的需要而採用各種不同的方法，由此看來，我們很難確定那一種治療法最為有效。有些學者指出，治療者的個人性格，在治療效果上，要比某一特定的治療方法來得重要，而且能夠接受治療總比沒有治療要好一些。

一、心理分析法 (psychoanalysis)

　　心理分析法是治療行為失常的一個典型方法，採用這種方法的人認為，導致行為失常的焦慮與問題，乃是一個人小時候所壓抑的情感表現。一般來說，這些被壓抑的情緒都與侵略性和性慾有關。心理分析法的主要目的，在將潛意識裡的情緒引回到意識裡，以便個人能夠用較有效的方法來加以處理。為了幫助患者瞭解其潛意識的內容，下列的方法常為心理分析家所使用。

甲、自由聯想 (free association)

　　心理分析者通常要求並鼓勵行為失常者，將他／她心裡所想的任何事物或問題，毫無拘束地傾訴出來，自由聯想的方法看來似乎很簡單，但在實際運用下，患者往往不能毫無保留地敍述所思所想，於是導致思潮被阻，不過，這種現象往往可以幫助分析者認清問題的所在，然後針對此一焦點，協助患者克服心理上的困難。

乙、夢的分析 (dream analysis)

在《夢的闡釋》（*The Interpretation of Dreams*）一書中，佛洛伊德指出，夢乃是做夢者潛意識衝突或慾望的象徵；做夢的人為了避免被驚醒，所以用象徵性的方式來避免焦慮的產生。夢的內容並不容易加以解釋，因為每個人的夢所象徵的事物隨人而異，因此分析者需要對夢的內容加以分析，以期發現這些象徵的真諦。通常在患者敍述夢的內容後，分析者會鼓勵患者就夢中的情境加以自由聯想。為了辨別夢所顯示的表面內容（manifest content）和潛伏內容（latent content），分析者也可能詢問患者新近的一些活動以期獲得較多的瞭解。

丙、闡釋 (interpretation)

闡釋為心理分析工作者的基本工作，從患者所敍述的事物和經驗中，分析者為行為失常者解釋和分析潛意識所反應的內涵。闡釋的目的在於幫助病人克服抗拒回憶潛意識中經驗的阻力，由於病人口述內容的真實涵義並不是顯而易見，心理分析者往往需要多方推敲，加以解釋分析。心理分析者所做的闡釋，需要在適當的時機提供給病人，使病人瞭解問題的所在。最好的一個方法是慢慢地引導患者瞭解自己內心的實在感受，然後再設法破除困難。由於被壓抑的潛意識經驗，能在個人生活的各方面發生影響，所以單一的闡釋工作是不夠的，為了使失常者能夠克服各方面的困難，重複的闡釋是必須的。

丁、轉移 (transference)

根據心理分析理論，行為失常者需要將早期那些干擾他正常生活的衝突轉移到治療的過程上，在治療的過程中，行為失常者往往會把心理分析者當做發洩強烈情緒的對象。轉移作用的發生是心理分析進展過程

中所必要的，不過，轉移作用的發生只是心理分析的一個暫時性、過渡性的目的。在行為失常者慢慢地瞭解其潛意識經驗所代表的意義後，患者往往能夠以較實際而確切的態度來對待分析者，如此一來，轉移的作用也就會慢慢消失。心理分析者從分析研究患者對他的情緒反應，可以瞭解病人過去的人際關係，進而協助病人瞭解自己的人際關係，以適當地表達自己的感受，而有效地與他人相處。

心理分析法的效率並不佳，一個心理分析者往往需要費時數個月，甚或數年的工夫，才能完成對一個病人的分析治療，由於患者需要接受分析治療的次數很多，而且時間又很長，在一生中，一個心理分析者往往治療不了幾個病人（尤其是病情嚴重者更是如此），加上心理分析者需要接受長期訓練，因此心理分析治療的費用很高；在另一方面，心理分析治療法並不適用於兒童，或其他無法有效地以言語來表達自己的病人，因此一些較嚴重的精神病人，很少有用心理分析法來加以糾治的。

二、人本的心理治療法

甲、患者中心治療法 (client-centered psychotherapy)

患者中心治療者設法幫助他的病人接受目前的行為、態度和情緒感受等，而不在為病人解釋過去被壓抑為潛意識的經驗與慾望。患者中心治療者認為，病人的情緒問題乃是因為個人自我認識的缺乏所導致，或是由於對某種情緒的否認，以及缺乏完全感受各種情緒的能力。患者中心治療法的目的，乃是要患病者自發地領悟自己問題的癥結，而力求其解決，「患者中心」一詞也就是由此而來。患者中心治療法又叫做**非指導性治療法**（non-directive psychotherapy），因為從事心理治療的人，並不直接指導患者針對某一問題加以訴說和謀求解答；不過，治療者在

為澄清患者自我報告時所做的言論，實際上具有引導的作用，因此所謂「非指導性」的說法並不是完全正確的。

患者中心治療法的理論基礎是羅哲士的人格學說，羅氏認為一個情緒上有問題的人，其自我觀念和經驗感受並不相符合，這種人往往否認自己的實際感受，而造成行為舉止缺乏指標。患者中心治療法鼓勵患者多做自我瞭解的工夫，治療者設法安排一個能夠使患者面對現實，感受真實情緒的場合，以使患者充分認識自己，而不必在意他人所做的評估與衡量。換句話說，這是一種強調「自知之明」，以期建立個人自信和自尊的歷程。

羅哲士認為下列三個特性為有效地運用患者中心治療法所必須：

A.　深入的瞭解（empathic understanding）：從事治療工作者必須對患者的感受有正確而深入的瞭解。

B.　無條件的正關注（unconditional positive regard）：治療者須關心他的患者，須要無條件地實施治療（全心一意，毫無保留），當患者訴說某些可恥或令人焦慮的感受時，治療者也不能對患者持鄙視不利的看法，這並不是說治療者同意患者的想法或行為，而是尊重患者的個人尊嚴。

C.　真誠一致（congruence）：治療者內心的想法與他對待患者的態度與行為應該是一致的，而不能有虛偽不真的作為。

乙、其他的治療法

1.存在主義的治療法

存在主義治療法（existential therapy）的目的，與患者中心治療法的目的相類似，乃在求得自我的認識與自我的實現。不過，此一治療法的理論基礎卻有其獨特的地方，存在主義者認為，個人具有能力去決定自己的生活方式和生活目標，但是，許多人卻放棄了這種自我決定的

自由，而為個人的職務、社會地位以及錢財等所困惑，所束縛。根據存在主義者梅氏（R. May）的看法，心理治療的目的，乃在恢復個人主掌個人生活的慾望。

存在主義者所用的治療方法深具伸縮性，他們認為心理治療是日常生活的一部份，而不是暫時性的。從事治療者與患者間的關係，因他們的看法與期望而有所不同，治療者往往要求患病者自我反省，從而指示一種基於自我指導、積極而又實際的生活方式；治療者也常常鼓勵患者拋棄空盪的想法，勇於對自己負責，並做某種程度的冒險與嘗試，而不為世俗傳統所拘束。「天生我才必有用」的信念，深為存在主義者所推崇。

2. 完形治療法

完形治療法（Gestalt therapy）是由波爾士（Perls, 1969）所提出，"gestalt" 一字（是德文）的意義為「整體」或「全形」。根據波爾士的說法，一個人之所以會遭到心理上的困難，主要是因為這個人對自己情緒上的重要感受，無法隨著個人的意思公開地表示出來，而把它們摒棄於個人真正的感受之外，這種人若要再度獲得正確與完整的自我觀念，他必須要收拾和承認那些被摒棄的情緒感受。

完形治療工作者採用各種不同的方法來幫助病患再度對自己有正確的認識。有時治療人員會以挑戰的直接方式，要求病人放棄虛偽，面對現實，不再和自己玩把戲。另外，治療人員也會採用一種叫做「補辦正事」（taking care of unfinished business）的方法，要求病患再度去經歷那些受到壓抑的情緒，例如大聲叫罵咒詛，或是哭泣等等發洩真正情緒的作為，其用意是在使病人再度確認真正的情緒，並進而做適當的情緒表現，如此而返回完整無缺。另外還有一種叫做「二椅法」（two-chair exercise），病人在兩張椅子間來回輪流坐，一張代表自己，另一張則代表其他與自己密切相關的重要人物——如父母、夫妻或是情人等等，藉由往返移坐，以增加個人在人際關係上的正確體認。這許多治療

方法，都是用來促進病人對自己情緒感受的正確認識與瞭解，其終極目的是在使病人有能力去做自己情緒的主宰者，而不爲其所困擾。

三、行爲治療（behavior therapy）

行爲主義者認爲人類的行爲，不管是正常的或是異常的，都是由學習而來，他們反對失常行爲乃是內在情緒衝突徵象的看法，他們認爲失常行爲的本身就是問題的所在。基於這種看法，心理治療的目的就是行爲本身的改變，這也就是說，改變失常的行爲，而使一個人的行爲反應變成適切合理，乃是心理治療的眞諦。

行爲治療又叫做**行爲改變技術**（behavior modification），此種治療法，運用學習心理學所建立的制約原理，來改變個人的行爲反應方式。行爲治療者不但不做潛意識動機爲行爲原因的假設，他們甚至認爲，這種假設在心理治療上是不適當的。早在 1920 年代，心理學家就開始運用制約原理來從事心理治療，不過此一方法的廣泛有效應用，乃是最近幾十年的事。行爲治療者認爲自我的認識與領悟在改變行爲上不但沒有必要，而且也不夠條件。行爲治療法有多種，以下我們所要介紹的是幾個基本而常被使用的方法。

甲、系統化脫敏法（systematic desensitization）

系統脫敏法爲臥樸（Wolpe, 1958；1974）根據學習原理所提倡，他認爲神經質的行爲，乃是在富焦慮性的環境中所習得。克服焦慮的方法是在經驗焦慮的同時，引入或創造輕鬆舒適的感受，進而強化舒適的感受以取代焦慮不安的反應，臥樸把這種行爲變化的歷程叫做**交互抑制**（reciprocal inhibition），系統脫敏法就是交互抑制的一種方式。

系統脫敏法的第一個步驟，是在對引起焦慮的刺激加以認識與瞭

解,透過與患者的會談,對於引起患者焦慮恐懼的事物,往往可以按其程度的輕重加以系列化;系統脫敏法的第二步驟乃是**輕鬆訓練**(relaxation training),所謂輕鬆訓練就是利用深呼吸以及自我控制的方法,使個人身體的各部肌肉得到放鬆,等到患者能夠放鬆時,治療者再要求患者憑其想像來引起導致最低焦慮的情境,如果在這種情況下,患者依然有焦慮的感受,那麼他需要再做較深入的放鬆工夫,之後再想像焦慮的情境,如此從最不會引起焦慮的情況開始,慢慢地進入較容易引起焦慮的情況,而最後達到那些會引起強烈焦慮或恐懼的情況,經過這許多過程,患者終能去除對某些事物的恐懼和焦慮感。

系統脫敏法可被用來治療一般人所感受的焦慮,例如,考試時感到緊張,在人群前發言時感到緊張以及其他的許多恐懼症(phobia)都可以用這個方法來加以糾治。系統脫敏法也曾被應用來治療性無能或冷感症(Master & Johnson, 1970)。

乙、內轟治療法 (implosive therapy)

內轟治療法也是消除焦慮不安的一種訓練方法,這種方法的使用,在儘量引起患者的焦慮恐懼感,主張採用這種方法的人認爲,焦慮乃是一種對能夠引起焦慮的刺激的一種迴避,除非要求患者去面對現實,直接應付那些會引起焦慮的刺激,焦慮的反應是無法破除的(Stampfl & Levis, 1967)。

爲了破除恐懼與焦慮,採用內轟治療法的人認爲,患者須要經驗最高度的焦慮和恐懼,但卻要避免受到其傷害。在患者無法迴避的情況下,從事治療工作者描述引起焦慮或恐懼的刺激,而要求患者儘可能地去加以體會感受,這種要求往往引起患者高度的痛苦,這種內在痛苦的產生就是所謂的「內轟」,而爲此一治療法命名的緣由。反覆地使用這種治療法,可以使引起焦慮的刺激逐漸地失去其效用,如此一來,神經質的行

為反應也會隨之消逝。上面介紹的系統脫敏法所採用的是一種漸進的方式，而內轟治療法則採用極端的方式，強迫患者克服焦慮和恐懼。

丙、厭反制約法（aversive conditioning）

內轟治療法與系統脫敏法都是應用反制約（counter-conditioning）來消除不良的行為反應（如焦慮和恐懼等），反制約的方法也可以用來克制具有趨附性的不良行為，例如吸菸、吸毒、酗酒或賭博等，這些行為與焦慮、恐懼等迴避反應頗為不同，它們常能在短期內使個人獲得快感，不過，其長期性的後果卻會對個人構成危害。

現以戒酒為例來說明此一制約法在改變行為上的應用。如果在飲酒的同時，要求飲酒者服用一種藥物，此一藥物的作用在引起嘔吐不快的反應，因為這種嘔吐不快的現象與飲酒行為同時產生，如此一來，飲酒的吸引力就被打了折扣，慢慢地，飲酒的行為就會消失而達到戒酒的目的。另外一個方法是應用電擊（electric shock）來與飲酒行為相配合，造成飲酒時會有皮肉痛苦（受到電擊）的產生，以期達到戒除飲酒的習慣。厭反制約法也曾被用來治療同性戀，其方式主要是在裸體男性相片出現之同時，使男性同性戀者遭受電擊（Feldman & MacCulloch, 1971）。

厭反制約法的使用，須要依賴患者有心戒除不良行為的強烈動機，因此除了制約技術的適當運用外，還需要運用教育、宣傳或灌輸的方式，在基本上對患者的觀念與看法加以改變，使其志願接受治療。同時，在消除不良行為的同時，也應該提供並鼓勵患者學習合適的行為反應，以取代不良的行為反應。

丁、模倣（modeling）

模倣的使用往往與正增強相配合，這種方法在比較複雜的行為之學

習上，效果頗爲良好；不過，在治療過程中，治療者如採用模倣法，他必須要有耐心，因爲適當行爲的學習往往是費時又費力的。運用模倣法來從事心理治療，除了實際人物的模倣外，也可以利用電影或電視來爲患者提供所要倣效的行爲反應，例如讓萎縮消沈的小孩觀看有關活潑富生氣小孩受到獎勵的影片，之後，這些消沈的小孩會變爲比較活潑好動。有時治療者須要示範患者所要模倣的行爲，逐步地幫助患者學習適當的反應，而避免強迫患者做某種模倣。例如治療者可以首先靠近關著蛇的籠子，然後要求患者做同樣的行爲，之後再直接玩弄蛇，在這個時候，除非患者自己有意做同樣的嘗試，從事治療者並不強迫患者把蛇玩弄，而只是重新示範上述的各節動作。社會學習理論家班都拉發現這種參與式的模倣要比其他的方法來得有效（Bandura, 1970）。

戊、代幣管制（token economy）

在美國的許多精神病院，近年來廣泛地採用所謂的「**代幣管制**」來糾治患者的不良行爲。代幣管制乃是一種正增強的學習方式，其基本方式在利用代幣或籌碼等，來鼓勵病人從事所要求的活動或反應，例如要求病人自己經常保持床舖的整潔，如果達到此一要求，病人就可以獲得某種數量的代幣，等到病人所擁有的代幣達到某一數量時，他可以用代幣去換取他所要的東西或特權。例如他可以換取糖果或其他日常用品，或者他可以用代幣來換取外出或觀看電影的特權。

這種治療法的使用一般來說頗具效力，不過在剛開始使用時，不能操之過急，對於很小的行爲改進也需要加以鼓勵，然後逐漸地鼓勵較複雜較完整的行爲。在學校裡，代幣管制的方法也常被使用來矯治學生的不良行爲和學習良好的行爲反應。不過有些人反對利用代幣管制的方法來鼓勵學生學習，這些人認爲這樣做容易養成學生「唯利是圖」的習慣，學習的目的變成爲某種利益的獲取，而失去了爲學習而學習，爲追求知

識而學習的動機。

己、行爲治療法的評鑑

行爲治療法的效率相當好，根據一般的報告，其成功的百分比約在七十五到九十之間，與其他的治療法相比較，行爲治療法具有下列的優點：

A.　行爲治療法要比心理分析法較能和實際的研究相配合；

B.　由於強調某一特殊行爲的糾治，行爲治療法要比傳統的治療法較能在短期間內奏效，而減輕患者與從事治療者在時間上和金錢上的負擔；

C.　由於行爲治療法主要是根據學習原理，而不是人格理論、人際關係或是治療者的解說能力，治療者的訓練與培養能在較短的時間內以較簡單的方式完成；而其他與治療工作有關人員如教師、護士和督導人員等，也能被訓練成技術人員來協助行爲治療的執行。

有些人認爲行爲治療法之所以有效，主要是對患者的動機、意象和感受等認知因素做有效的操縱，而不是因爲增強外顯良好行爲的後果。另外一些人則認爲，用行爲治療法來糾治患者的行爲，容易造成盲目的服從，無法啓發自制自律，和憑著自己感受與思想而行動的情操。行爲治療法的另一個困難，是如何使患者在特殊場合中所習得的良好行爲，類化應用到日常生活情境中，爲了克服這方面的困難，專家們認爲在從事治療過程中所使用的刺激物，應該儘量與實際生活中的事務相類似；同時，治療的環境也應該儘量與實際生活環境相同，使不同的治療者都參與同一患者的治療，而在選擇增強物上，也應該儘量採用類似日常生活中所常有的方式，多採用部份增強而避免持續性的增強方式。

四、認知治療法

認知治療法（cognitive therapy）包括多種不同的方式（Dobson, 1989），不過，採用這種治療法的人，認為在治療過程中，病患的想法、知覺、態度以及個人對自己和所處環境的看法，關係最為重大。因此，要改變一個人的行為和感受，首先必需要去改變一個人的想法。這裡我們簡單地介紹兩種常用的方法：理智感情治療法（rational-emotive therapy）和認知再組治療法（cognitive restructuring therapy）。

甲、理智感情治療法（RET）

這個方法是由依力士（Albert Ellis, 1984; 1993）所創，根據依力士的說法，一個人若以非理智的信念來解釋發生於自己周遭的事物時，心理問題往往會隨之發生。所謂非理智包括一些不合邏輯、自我打擊以及不切實際的很多想法，這種人往往以過度武斷、作繭自縛的方式來困擾自己，引發心理適應上的問題。

根據這些看法，依力士認為治療工作應當直接為病患提供必要的忠告，鼓勵病患努力去改變不切實際、非理智的認知方式，有時還指定家庭作業來幫助病人面對現實。依力士指出下列許多會造成適應不良的信念，而改變這些不正確的想法，乃是認知治療的要務。

A. 一個人的所作所為應為別人所喜愛。

B. 因為我很想做好每一樣重要的事，我一定要永遠把這些事做好。

C. 因為我很想得到重要人物（個人生活中）的讚許，我一定要永遠獲得他們的讚許。

D. 有些事是為人所不齒的，做這些事的人，不管原因如何，都應

受到嚴厲的懲罰。

　　E.　當事與願違時，這是很恐怖、不幸的。

　　F.　對生活中的許多難題，能夠迴避要比面對它們有利。

　　G.　一個人需要依賴一些比自己更堅強，更有權力的其他事物。

　　H.　一個人應有十全十美的自我控制。

　　I.　因為我很希望別人和藹、公平相待，他（她）們就應該如此來對待我。

　　J.　因為某些事過去曾影響過我們的生活，這些事將會永遠左右我們的一生。

乙、認知再組法

　　這個方法是由貝克（Aaron Beck, 1976；1989）所創始，這種治療法的要義，是在引導病人克服負面不利的**自我意象**（self-images），以及一些有關未來的悲觀看法和想法。認知再組法與理智感情治療法有很多類似的地方，但卻採取較為溫和漸進的手段來達成治療目的。

　　根據貝克的說法，心理異常的人，具有下列的共同特性：

　　A.　他們往往持有一種相當負面的自我意象，對自己本身或是所作所為，通常都不加珍惜或引以為豪。

　　B.　對個人的生活經歷大多予以負面的評估。

　　C.　過份通盤化，引喻失義。一次小小的失敗，往往會使這種人認為自己將會一事無成，回天乏術。

　　D.　這種人還會尋找一些個人經驗來證實自己不妥當的消極想法。

　　E.　對自己的經歷，很難從正面、良好的角度來評估。

　　貝克的治療法在診治憂鬱病上效果相當顯著，貝克認為一個憂鬱的人，很難會記起個人生活中一些令人快樂的經驗，而且這種人也很難對自己有個正面良好的自我觀念，如此一來，更易加深其憂鬱的程度。努

力幫助病人給自己有個正面、良好的評估,乃是此一治療法的工作重點。

五、團體治療法 (group therapy)

上面所討論的治療法大都是針對患者一個人而施行的治療方法,在這種個別治療的情況下,只有患者和治療者兩個人間的交互行為反應,而很少牽涉到第三者。在第二次世界大戰後,一些團體治療法普遍地被使用,團體治療法的使用可以節省治療者的時間,而增加其所能治療的人數,患者也因不必單獨接受治療而減輕治療費用的負擔。

在能幹的治療者主持下,患者們在團體治療過程中,往往能夠得到單獨接受治療時所不能有的影響。由於個人對於自己所遭受的困難往往有自己最可憐,自己最痛苦的看法,在團體治療過程中,一個人常常會發現,遭受困難的並不只是他自己一個人,有時其他人的處境也許要比自己的還來得困難無助,這種感受在對自己的認識與了解的增進上頗有助益。在團體治療過程中,團體中的每一份子,都有機會提供自己的觀點而相互影響,這種方式並不是一個治療者單獨能夠為個別治療中的患者所能提供的;而且透過團體中各份子的交互影響,個人往往受到某種程度的支持與鼓勵,而加速其復元,從自助助人的過程中,參與的許多患者都可以得到好處。團體治療的過程也為其組成的份子提供一個相當安全,而又容易被接受的環境,來嘗試各種不同的行為反應。團體治療法的方式很多,而且因其治療目的的不同而互異,底下所介紹的,只是常被採用的幾種方法。

甲、敏感訓練 (sensitivity training)

敏感訓練最先是被用在商業場合中,這個方法本來是被用來訓練工商界經理人員,提高其對屬員和其他人員感受的敏感性,以期改良兩者

間的人際關係和增進生產效率。這種訓練是在團體的情況下進行，受訓者接受指導，以求對人際關係的瞭解，同時學習如何增進團體中各份子間的交互作用。在心理治療的使用上，這種訓練強調人際間溫暖的重要，以及坦誠和自我表達在改進團體內成員間關係的地位，敏感訓練法爲參與的個人提供了別人對他的感受和看法，同時也在團體交互作用過程中，使個人改變不良或不適當的社交方式與行爲。這種方法又叫做**訓練團體法**（training group），或簡稱爲 T-group，這種方法特別重視非語言表達方式的體會與感受。

乙、聚會團體法（encounter group）

聚會團體的方式有多種，不過，其主要目的並不是在解決某一特殊問題，而是在增進團體中各會員對別人感受的敏感性。在面對面的情況下，每個人坦白地表達自己的感受而不會遭到指責，這種公開坦誠地表露自己的感受，強調「此時此地」的重要性，以及接受別人評判的精神。

聚會團體通常由一個人領導主持，爲了使參與的每一個人充分地表達自己的感受，而且相互間坦誠相待，領導者往往運用多種不同的技巧，其中較爲普遍的有：(1)自我描述，首先要求每一個人在小紙張上寫上三個描述自己的形容詞，然後把所有的紙張混在一起，再隨便抽出一張，由大家就那三個形容詞進行討論；(2)要求兩個人相互端視一、兩分鐘，之後再表達和討論由此所經歷的感受；(3)盲行，每兩個人組成一組，其中一個人矇住眼睛，而由另外一個人引導去體會聚會場所內外環境，有時又可以叫每一人矇目一段時間，而以觸摸的方式去體會環境；(4)特別座，團體中的一個成員，坐在特別座接受大家的批評，這種批評的方式可以是好壞兼有，也可以針對好處或是針對壞處去加以批評。

丙、家庭治療法（family therapy）

團體治療法的優點可以在家庭治療法獲得，此一治療法中的成員，當然是一個家庭中的所有份子，不過，有時治療者也可以把遭遇同樣難題的許多家庭的成員聚在一起而進行治療工作，這種做法可以提供每個人相互贊助支持的機會。另外，把家庭中的成員聚在一起，也為治療者提供一個瞭解此一家庭中成員相互對待的方式，這種認識與瞭解在治療兒童的情緒問題上尤其深具價值，因為許多兒童之所以遭遇困難，往往是因為父母親本身遭遇困難，或是父母子女間的關係有所偏差所引起。

除了這些團體治療法之外，專家們也採用心理劇法（psychodrama）、完形團體法（Gestalt group）、馬拉松團體法（marathon group）和交易分析（transactional analysis）等方式來實施團體治療，這些方法的使用，大都是為針對某種異常現象來提供治療。上面所討論的聚會團體法和敏感訓練法的主要目的，並不在某種情緒問題的治療，而是在增進正常人的情緒感受能力，並改進人際關係。不過，由於參與團體聚會和敏感訓練的某些人也往往具有嚴重的情緒問題，加上團體治療中領導人物的缺乏專業訓練，有些接受此等團體治療的人，不但得不到好處，而且還在心理上受到某種程度的打擊和損害，因此，有意參與團體治療的人，在選擇治療團體及其領導人物時，應該特別小心，以免受到損害。

六、生理治療法（physical treatment）

有些精神病醫生認為，精神病的產生乃是由於神經生理上的毛病所導致，根據此一看法，心理疾病的治療應該從生理治療上下手；另外，當各種心理治療法都被嘗試之後而未能奏效時，生理治療法也常被採

用。主要的生理治療法包括有藥物治療（chemotherapy）、電療（shock treatment）和腦部手術（lobotomy）等。

甲、藥物治療

化學藥物可以影響一個人的行為，這是早為各界所認識的，例如鴉片可以用來減輕痛苦，酒精可以使人鎮靜，咖啡精和茶葉都可以使人提神。不過，大量地使用化學藥物來治療心理疾病，乃是最近三、四十年的事。在1950年代，兩種主要的藥物：利素品（reserpine）和克伯瑪辛（chlorpromazine）先後被引用，而成為治療精神病的主要藥物，這兩種藥，除了能使服用者鎮靜和鬆舒外，還能慢慢地去除精神病患者的幻覺與妄想，而且，克伯瑪辛又往往能夠降低精神病患者萎縮退化的程度，以便較容易接受心理治療。這些藥在治療異常行為上效果不錯，不過，必須要長期地使用，否則病徵往往會再度出現。除了這兩種藥物外，其他還有許多抗鬱劑和興奮劑，可以用來為正常的人提神，或是減輕高度憂鬱者的痛苦。

藥物治療（有時又叫化學治療，chemotherapy，但近年來學者們大多直稱 drug therapy）的使用（始於五十年代初期），使心理病人的提早出院變為可能，也大大地減少了心理病人住院醫治的必要。在美國1955年約有六十萬心理病人住醫院接受治療，但二十年之後，住院就醫的心理病人數則不到十七萬五千人。有些人把這一重大改進稱之為藥學的革命。

用以治療心理疾病的藥物可分為三大類：⑴抗精神病藥物（antipsychotic drugs）；⑵抗鬱藥物（antidepressant drugs）；⑶抗焦慮病藥物（antianxiety drugs）。這裡我們簡單地介紹幾種常被使用的藥物，並分析其效能以及可能產生的不良影響。

1.抗精神病藥物

這一類藥物有時又叫主要鎮靜劑（major tranquilizers），在五十年代時最先被使用的是利素品（reserpine），不過它有相當嚴重的副作用，使血壓降低，對某些病人還會引起憂鬱症，因此並未廣被使用。效用較佳，而又廣被使用的主要鎮靜劑，要以克伯瑪辛（chlorpromazine）為代表，當然，往後有更多不同的藥物也陸續被製造使用。

抗精神病藥物能夠治療許多徵狀：幻想、焦慮、狂躁以及胡思亂想等。此等藥物在醫治精神病上效果奇佳，這在提供其他的心理治療時，頗多助益。在五十年代，高達百分之七十的精神分裂症病人大多要終身留在精神病院，時至今日，需要長期住院者已不到百分之五，這些藥物的功效，由此可見（Holmes, 1974）。

這一類藥物的作用主要是在控制腦中的一種叫做多巴胺酸（dopamine）的神經傳遞物（neurotransmitter）的受納器，以減少多巴胺酸的數量和敏感性；因為，根據生理心理學的研究，過多的多巴胺酸是與精神分裂症的發生有密切相關的。主要鎮靜劑的效果顯著，但若長期服用，卻有很多病人會產生動作行為嚴重失控的不良副作用，這種叫做 tardive dyskinesia 的毛病，使臉部的肌肉運作最直接受害，病人往往無法自如地控制舌頭、嘴唇以及下巴的肌肉運動，它不但會扭曲臉部表情，也會影響到說話。由於這種嚴重副作用，一般醫生都只是在精神分裂症徵狀發生時才用藥物控制，一旦徵狀消失，即停止用藥，極力防止副作用的可能發生。

2.抗鬱藥物

用以治療憂鬱症的藥物有三大類：⑴ monoamine oxidase（MAO）inhibitors；⑵ tricyclic antidepressants；⑶ serotonin up-take inhibitors。這些藥物的功用也是在控制大腦中一些神經傳遞化學物的數量，特別是叫做去甲腎上腺素（norepinephrine）和血清緊素

(serotonin) 的兩種傳遞物 (neurotransmitter)。MAO 抑制物主要在防止腦中的 MAO 化學物在神經突觸破壞去甲腎上腺素和血清緊素，以增加這兩種傳遞物在大腦中的數量；而 tricyclic 抗鬱劑則在增長去甲腎上腺素和血清緊素在腦中的持續作用；血清緊素回收抑制物則抑制血清緊素的回收，防止血清緊素數量的減少，持續其在腦中的作用。有些藥物（如屬於 tricyclic 的 clomipramine）對治療著魔——強迫症 (obsessive-compulsive disorder) 也頗有效。

這些抗鬱劑往往要使用許多天之後才會產生抗鬱的效果，而且也會造成危險的副作用，那些屬於 tricyclic 的藥物，往往會引起心跳不規律、視線模糊以及便秘等現象。而 MAO 抑制物的最大不良副作用則是高血壓，有時更會引起內部出血或致死，因此其使用不及 tricyclic 藥物的廣泛。

防止血清緊素回收的藥，以一種名叫波若克 (Prozac) 者最常被使用。波若克是一種較新的藥（1987 年十二月才被正式使用），其學名為弗辛丁 (flouxetine)，目前在美國，每個月醫生開用這個處方高達六十五萬次左右，這個藥的好處，在於其引發的副作用較由 tricyclic 系列藥物所引起者為少，但抗鬱的效果卻不輸於其他不同種類的藥物 (Grilly, 1989；Salzman, 1992)。不過，過去一年多來，卻有許多因使用波若克 (Prozac) 而引發自殺或殺人的不幸傳聞 (Kramer, 1993)。但是，波若克卻有些像萬靈丹，它還被有效地用來控制狂躁——憂鬱症 (Salzman, 1992)，異食症 (bulimia) (Goldbloom & Olmsted, 1993)，以及輕微人格異常症 (borderline personality disorder) (Salzman, 1992)。以波若克糾治異食症，在 1996 年底，美國聯邦藥管局 (FDA) 正式核准。

另一種叫做利希安 (lithium) 的藥則被用來治療狂躁——憂鬱兩極性症，尤其是狂躁病的控制，效果良好迅速，每天一、兩顆這種藥，往

往足以幫助病人避免兩極情緒的發生。但是,血液中如含有過量的利希安,嚴重者可致死,其他則會傷害腎臟以及引起心臟方面的毛病。

3.抗焦慮症藥物

這是一般所謂的鎮靜劑,例如安眠藥、酒精等都是常被使用者。這一類的藥物有時又被稱之為次要鎮靜劑(minor tranquilizers),早期所使用的巴比妥酸鹽(barbiturates),由於上癮的可能性過大,現在已由瓦利安(valium)和利必安(librium)所取代,而且廣泛地被使用(在美國每年有超過七千萬的這種處方),尤其是做為安眠藥來使用者更是平常。不過,久用這種藥,血液中的藥物含量會逐漸累積,而達到毒害的地步。而且,有些人喜歡又同時喝酒,其危害可能更嚴重,這是要絕對避免的。這些藥的功用,也是在抑制神經突觸受納物的作用,防止神經資訊的傳遞輸送。長期使用這些藥物,往往會有心理性毒癮的困擾。由於這些藥的作用迅速(往往只維持數小時),一些生活緊張,壓力大的人,往往會有大量又長期使用的傾向,其不良副作用,也因此令人擔心。由於焦慮症種類不同,因此不同的藥物可較有效地用來控制不同的症狀(Holmes, 1994)。

乙、電療 (electroconvulsive therapy)

使用電擊(electric shock)的方法來治療精神病,近年來略有增加,由於化學藥物治療的普遍使用,除非為了應付高度的憂鬱患者,電療通常是少被採用的。電療有兩種,一種是以低壓的電流(100 瓦左右)對患者頭部兩邊介於眼與耳之間的部位做極短時間的刺激(為時不到一秒鐘),其後果往往是肌肉抽筋和不省人事(約一分鐘左右);另外一種叫做胰島素注射法,把胰島素以膚下注射的方法導入患者,以降低其血糖的程度而造成短時的昏迷現象。電療法的使用往往可以使患者變為較具反應性,而且減輕其憂鬱的程度,如此可以促進患者與治療者間的交互

反應作用，而使心理治療的手續較容易進行。電療法的功效如何產生，卻是一個謎，加上電療法在使用的當時，患者經歷高度的痛苦，而且又易生副作用(嚴重失憶症)，而且電療後，憂鬱反應也有再度發生的可能，由於這些原因，近年來對於電療之使用是否適當必要，各方爭論很多（Breggin, 1991; Calev et al., 1991）。有些人認為藥物作用需時較長（一至二星期之久），對有自殺傾向的憂鬱病患者，電療是不可缺的（APA, 1990）。

丙、腦部手術

腦部手術又叫**心理外科**（psychosurgery），大腦前葉手術（pre-frontal lobotomy）早在 1942 年即被引用，這種手術主要是切開大腦前葉與視丘間的神經通道，手術的後果往往是減輕患者的焦慮與緊張；不過，也往往造成患者記憶上的受損和其他不利的心理反應，例如變成冷漠、內向等，因此這種手術現在已很少被採用。

近年來有關腦部手術的使用，其主要目的大都在減低個人的侵略性和殘暴的傾向，不過，許多專家們都認為心理外科乃是一種極端的措施，非在不得已的情況下，不應該隨便加以使用。在其他方面，心理外科也引起許多有關道德上和法律上的問題，由腦部手術所造成的副作用或損害，對於個人的人格和生活將會產生嚴重的後果與影響，因此各界人士對此一方法的使用，都持十分謹慎的態度（Valenstein, 1986）。

七、社區心理學與社區心理衛生

近年來，在美國需要住進精神病院接受治療的患者人數已顯著地減少，這與化學藥物之有效醫治精神病具有密切的關係，但是在另一方面，廣大群眾對於心理疾病看法與態度的改變，也是一大原因。一般人士大

多能在病情尚未惡化到需住院之前，即求醫診治；加上心理學家們也主動地去發掘需要幫助的病人，而非坐等病人登門求醫，這種趨勢的形成，主要是社區心理學的發展以及社區心理衛生運動的結果。

社區心理學（community psychology）的主要目的是在預防心理疾病的發生，同時教育一般大衆，特別是那些少有機會獲得心理治療的一般民衆。心理學家利用與社區中學校裡的敎師、牧師和其他地方人士間的密切聯繫，來發掘可能導致心理疾病或危機的徵象，而在疾病或危機發生之先加以預防。大衆教育的目的則在使社區裡的居民知道，心理疾病或個人情緒上的難題可以獲得協助解決，而且還敎導大衆如何能夠有效地應付所遭遇的心理問題。

早在 1963 年，美國已故總統甘迺迪即建議國會成立法案，在每一社區中設立社區心理衛生中心，以就近爲社區居民提供心理疾病患者所需要的治療，此一構想轉移了過去心理疾病患者須要住進被隔離的精神病院接受醫治的方向。此一提案到了詹森總統任內由國會通過而成爲法案，根據該一法案，社區心理衛生中心的設立可獲得聯邦政府的支援，社區心理衛生中心需要爲心理疾病患者提供短期的住院治療、門診治療以及每天二十四小時的緊急服務，此項服務包括自殺的預防和情緒危機的防治；除此之外，社區心理衛生中心還要爲社區裡的機構如學校、敎會等提供諮詢服務項目。

社區心理衛生中心的設立，雖然未能完全消除許多病人住進精神病院接受治療的需要，但是此一中心的設立，卻爲社區居民提供了方便的治療場所，以及較爲廣泛的服務事項。在基本上，社區心理衛生中心的工作可分爲下列三大類：

A. 基本服務：通常稱爲基本預防，其主要目的在消除可能引起心理疾病的可能病因、病源。

B. 次要服務：又稱爲次要預防，其重點在心理治療的提供，危機

的緊急處置也是次要服務的一個項目,這與國內「張老師」和「生命線」等措施的功能十分相像。

C.　三級服務:又稱三級預防,也叫重建服務(rehabilitation),其主要工作在為有過情緒困擾的患者,在其復元後協助他們重新投入社區,這些項目包括有職業訓練、求職諮詢和社交技能的訓練與培養等。

社區心理衛生中心的設立,對於心理疾病的防治產生了顯著的變化,與傳統式的治療方式相比較,社區心理衛生中心具有下列的特點:

A.　強調在社區中就近實施防治,而拋棄住院接受治療的方式;

B.　強調整個社區的參與而不只是針對某一病患的醫治;

C.　預防重於治療;

D.　強調間接性的服務(例如大眾教育和諮詢等)而非直接的醫治;

E.　強調新方法的使用(例如情緒危機的緊急處理和短期的心理治療);

F.　強調全盤的心理衛生計劃,研究分析社區中居民的心理衛生情況,發掘容易感染疾病的人士而事先加以防治;

G.　強調社區中人力的新奇運用,訓練並利用半專業人員來參與心理疾病的防治,這些半專業人員包括學校教師、牧師、醫事人員甚或大學生等;

H.　重視社區中引起個人緊張和憂鬱的可能因素,而不認為心理疾病的病因完全是來自病人本身;

I.　強調社區人士的直接參與來認定社區需要,並擬定工作計劃和推行以期滿足上述需要。

綜合上面所述,我們可以看出社區心理學和社區心理衛生中心,乃是應用心理學技術的一種新嘗試,這種新嘗試的基本假設主要可歸納為三項:⑴社區環境對居住於社區中個人的心理健康具有直接的關聯,因

此心理疾病的預防首重健康的社區環境；(2)從事心理衛生工作者應主動地發掘問題所在，甚或發掘可能造成困難的原因，而事先加以疏導防備；(3)最有效的治療方法應在日常生活情境中進行，隔離的治療環境（如精神病院以及診所等），其治療效果是要被打折扣的。社區心理衛生的理想之實現，在歷經二、三十年之努力後，其結果是否令人滿意呢？遺憾的是：目前的答案是否定的（Kiesler & Simpkins, 1993）。爲心理異常所折磨者並未因此而減少，而很多需要治療者，也未能獲得妥善的照顧和協助。

八、心理治療的功效

心理治療的效果是否令人滿意，學者們對此曾做過不少的比較研究，不過，這種研究在基本上有兩大困難：(1)心理治療的目標爲何並不易加以確定，而不同的治療方法又有各種不同的治療目標；(2)效果良好與否的評定到底應由何人來進行？從事治療的工作人員？病人本身？或是病人家屬以及其他權威人士？不同的鑑定者有其不同的利益和理論基礎，見仁見智，頗難有一定論。

甲、新近的一些分析

過去有些學者（Smith & Glass, 1977；Smith 等，1980；Bowers & Clum, 1988）運用一種叫做「統合分析法」（meta-analysis）的統計方法，針對心理治療效果的不同研究報告，進行再度分析研究，這一類再度分析研究的結果顯示：綜合言之，心理治療是具有正面效益的。再就其他的相關研究結果來看，目前的一些結論包括有：(1)不管接受治療與否，約有百分之四十左右的心理病人會有「即時病癒」（spontaneous recovery）的反應，而這種現象以病情不重者的比例最高；(2)經由治療

而得痊癒者一般在百分之七十左右，但這又因病情和治療方法的不同而有差異。在各種治療方法中，心理分析法的費用與費時為最多，但其效果卻是最差（Garfield, 1983）；而行為治療法在教導病人的自我控制和社會技能上，可高達百分之九十的成功率（Sloane et al., 1975）；(3)各種不同的「口頭治療法」之效果並沒有什麼差別可言（Smith & Glass, 1977）；(4)病人對治療的信心與態度會影響到其治療效果；(5)以藥物治療較嚴重的病人，在短期內效果較佳，但長期使用藥物往往會有不良的副作用；(6)有關心理治療功效的許多研究，對實際的治療工作並沒有發生多大的影響，因為從事治療工作者很少閱讀研究資料，要是有，也往往會抵制那些與個人想法不相吻合的報告（Morrow-Bradley & Elliott, 1986; Cohen et al., 1986）；(7)各種不同治療法在整個治療過程中不同階段的效用如何，研究者少做相關的分析研究，因此其差別如何，目前並不清楚。

　　心理治療的效果既如上述，未來的發展趨勢又將是如何呢？心理學家似乎應該重視不同病人對各種不同治療法的差異反應，因人用處方。另外，在治療全程中的不同階段，也許也要考慮到採用不同的治療法來增加治療效果。美國心理健康運動中的一個早期重要人物梅爾（Adolf Meyer, 1951），曾提倡一種他自稱為是「評判式常識」（critical common sense）的治療方式，重視病人建立治療目標以及治療的進展速度，而治療者不但要努力治療病人的行為和心理，而且還要努力去改造那些不利於病人的家庭和醫院環境。

　　心理治療方法種類頗多，最有效的治療法到底有那些特色呢？首先，一個人所處的環境（包括人際關係）十分重要，在一個提供支持、溫暖和獎勵的環境裡，心理上的有利改變，往往較容易達成。治療工作者若能獲得病患的信任，全力互相配合，治療效果往往事半功倍。其次，「欲速則不達」的認識是很重要的，心理疾病的發生往往歷經相當時日，

因此，其治療與痊癒也需要時間，急功近利的特效藥，目前並不存在，耐心與長期性的努力是成功的最佳保證。另外，力求變態行為的有效改變，是要比過份注重異常行為導因的瞭解來得有效有益，欲求導因的全盤瞭解，不但耗時很多，而且有時其實是不可能的，因此採用有效可行的治療方法來改變，減少或消除異常行為本身，也許是較具功效的。

基於上面的一些基本認識，我們不難看出，心理病人的診治，應該要做全面性的考量，片面性的治療疏忽了每一個病人都是一個獨特的個體之正確體念，而頭痛醫頭、腳痛醫腳的做法，往往只能發生短期性的功效。為了對一個病人能做全面性的診治，醫療小組的推行與運用似乎是一個很適當的安排，小組中的每一成員，就其本身的專長，配合其他治療人員，以便為病人提供全盤性的最佳服務。學者們（Pedersen, 1987）近年來對於少數族裔人士的治療工作，特別關注個人文化背景與傳統習俗的差異，強調在提供治療時，應留意這許多因素的存在，做最適當的配合，而不能局限於主流理論與治療方法的套用，這乃是心理治療的一大進展。

乙、種族與文化背景的考量

在一個多文化的社會裡，顯著的種族與文化差異是存在的，心理治療工作者若忽視了這些差異，他們在提供診治上，可能會有事倍功半的困擾，甚或無法達成其助人解除病痛的重任。

最近的一些報告（Lopez, 1989; Rogler et al., 1987; Snowden & Cheung, 1990）都指出，一個人的種族、性別、文化背景以及所屬社經層次，都可能會影響到心理疾病的診斷與確認，例如，美國黑人一般較易被認為患有精神分裂症，但比之白人，則少有被認定患有情緒方面的異常者；而東方人被診斷為與酒精和藥物有關之異常現象者，則要比其他族裔為高（Snowden & Cheung, 1990）。另外，美國黑人也比其他種

族的人較易罹患焦慮症，這些發現是否也可能因診斷上的誤差所引起，而非顯示真正的種族差異，則有待進一步的研究探討。

存在於種族間的差異既如上述，這在心理治療上似乎也不容忽視，而應加以適當的考量與應變。最明顯的一項問題是介於治療工作者和病人間的溝通，這不只是一個語言上的問題（許多移民美國的人，英語能力有待多加強），而且還牽涉到更困難的文化背景與價值、傳統的明顯不同。再加上目前廣為運用的治療法，大都是根據與白人病人的經驗而發展完成，這在適用於來自不同背景的其他族裔移民或是新生代，是否妥當，值得檢討，而且也愈來愈受到各方的重視。

針對這一類的問題，學者們曾有「文化的敏感」之加強的呼籲（Rogler et al., 1987），除盡力克服語言溝通上的困難外，又希望為少數族裔提供容易獲得的治療服務。此外，對於病人的經濟和教育程度也需要加以注意配合，運用適當的治療方法，更要考慮到不同文化背景與傳統、價值觀念對心理疾病診治上的可能影響。

第十七章

社會心理學

大　綱

一、社會認知

甲、第一印象

乙、歸因論

二、人際吸引

甲、影響人際吸引的因素

乙、人際吸引的理論

丙、愛情與友誼

三、團體中的個人行為

甲、社會促進作用

乙、在場者的介入

丙、從眾

丁、服從

戊、冒險

己、社會遊蕩

四、團體歷程與團體行為

甲、領袖與領導行為

乙、團體解決問題

丙、團體決議

丁、團體兩極化和集體思考

大　　綱

戊、少數人的影響

五、態度的形成與改變

甲、態度的本質

乙、態度的形成與發展

丙、態度的改變

丁、偏見

六、侵害、衝突與和解

甲、侵害

乙、衝突

丙、和解

　　一般人都知道而且也同意：人是社會的動物，離群索居對一般人來說是不可想像的，雖然有時我們會有「遠離人寰」的念頭，但是真正要我們脫離所有的人際關係而孤獨自處，這並不是一件簡單易行的事。人與人間的關係，雖因當事人以及所處情況不同而大有差別，但是從與別人接觸中，我們不但獲得某些心理與社會需求的滿足，而且它還為我們提供一個自我反省和自我體認的良好機會。社會心理學所研究的，主要就是人與人間相互交際接觸的道理，既然我們每個人都是群體中的一份子，除非我們也瞭解個人在群體中的所行所為，我們對一個人的瞭解是不夠透徹的。在本章中我們所要討論的除了人際關係以及團體中的個人行為外，還要對團體歷程和團體行為以及態度的形成與改變稍加介紹。

一、社會認知（social cognition）

甲、第一印象（first impression）

1.第一印象的形成

　　當兩個陌生人相遇時，他們會相互地觀察對方的衣著、談吐、風度以及其他容易觀察的動作或反應，然後根據這些觀察所得，給對方做一個初步的論斷與評鑑。雖然我們都知道，在很短期間內，根據有限的資料來評判一個人，往往會是錯誤不正確的，而且一般人也都瞭解「以貌取人，失之於人」的道理，不過，許多人卻都很難避免做這種不甚聰明的嘗試。

　　人際間的關係與相互間所持有之有關別人的第一印象，兩者間具有密切的關係，一般人通常是根據第一印象來將他人加以歸類，然後再從此一歸類中對這個人加以推論評判，我們對這個人的接觸與反應，則大

多根據由此而形成的論斷來進行。在討論知覺歷程時，我們談到許多影響我們對外在世界產生知覺的因素，例如過去的經驗、感覺時的情緒狀況以及其他有關的事物等等，都可以左右我們對實體世界所產生的知覺。同樣的道理，當我們觀察他人時，我們的「人知覺」(person perception) 的歷程，也會受到許多因素的影響。在許多場合裡，我們由「人知覺」而產生的第一印象，往往是具有相當的正確性，不過，有些因素卻很容易使我們產生知覺誤差。

2.造成第一印象偏差的因素

　　造成第一印象偏差的因素有多種，其中最常見的包括有下列數種：

　　A.　資料不足：只憑有限的資料來做判斷往往是造成失誤的主因。由於兩者接觸見面的時間十分短促，一個人往往無法獲得足夠的資料來幫助他對對方的認識。有時在熱鬧的場合，同時接觸交談的人很多，加上在這種場合裡往往人多嘴雜，更是增加了仔細觀察的困難。

　　B.　線索偏差：有些人為了討好我們，或者為了達到某種目的而彬彬有禮，這種「笑面老虎」很容易造成我們的錯覺，而影響到第一印象的正確性。

　　C.　刻板化(stereotyping)：偏差的發生有時是因為我們忽視了個別間差異的存在，而過份地加以類化。所謂刻板化就是以某一特性為依據，而類化到許多有關行為與性格的存在，例如許多人印象中的「總經理」大多是大腹便便，西裝革履的人物；而一提到義大利男人，就聯想到風流瀟灑、輕浮好色的德性。刻板印象的形成往往是偏見的後果，其存在往往對被刻板化的人造成不必要的傷害，同時也影響到「人知覺」的正確性。

　　D.　推理上的誤差：我們往往根據某一特性的存在，進而推論與此一特性有關的某些特性也會同時存在。例如我們認為保守的人，同時也會是古板、缺乏幽默感的人。許多家長和學校教師，往往認為在學校書

唸不好的人，一旦進入社會後也將是一無是處，少有建樹。這種推論上的偏差也是影響第一印象正確性的重要因素。

E. 月暈效應（halo effect）：第一印象的形成，也往往會有「以偏概全」的偏差。例如，我們對於一個循規蹈矩的小孩，往往認為他也是聰明好學、功課優良，而且向上心也很強，如此根據一樣可取之處，而不分青紅皂白，把一個人的其他特質也都認為相當可取，這就是所謂的**月暈效應**。月暈效應的產生並不只限於優點的過份類化，它有時也會造成反面的不良後果，例如，一個人有時因不小心而做錯了一件事，不管其他的事他做得如何完美，卻因此通通變成毫無可取，這當然是不公平也是很不幸的另一種偏差。

基於這許多因素，人際間的知覺往往並不是很準確、又不一致，甚或是偏差錯誤的。不過，這種現象對一般人來說，並不一定會嚴重地影響到他們日常生活的順利進行，這又是為什麼呢？一個很基本的原因是，通常我們與別人接觸時，大都會根據我們所擔任的社會角色來行事，除非是與我們關係很密切的人，否則很少是會有例外的。例如師生間的關係，在一般人的心目中，自有其固定的方式，而這些方式因為已被一般人所接受認可，所以當這些人處於師生間關係的情況下，他們就根據相互間所認可的交互接觸方式來與對方「打交道」。如此一來，在人際間的相互接觸上，一旦情境的因素和社會角色被認定之後，兩者間接觸的形態也會因之而大抵決定，對於對方的正確認識與瞭解，在這種情況下並不是關係緊要的。當然，個人的好惡取捨可能對人際間的相互關係產生某種程度的影響，但是如果基本上的需求能夠獲得滿足，相互間的關係也往往就被認為是滿意的。

在扮演社會角色時（一般的人際接觸大多會是屬於此一種類），有時根據不準確的個人知覺來做為應對的依據反而會更為適宜。例如，一個二等兵對於他的班長的才能有相當正確的認識（例如，他知道他的班長

並不十分精明能幹），但是他的行為反應如果被這個正確的知覺所左右，那麼他很可能會「自找麻煩」，觸怒他的班長。因為在軍隊裡，小兵與班長的人際關係是一定的，當事人也就要依照這個已定的方式來相互對待，如果你不依照這個被認可的關係來行事，你就很難與人相處，而造成人際關係的困難。這種現象當然不只是存在於軍隊中，其他的團體也是如此，學校、醫院、公司或政府機構都沒有例外，在這許多的情境中，一般的人際關係並不是依照正確的「人知覺」來行動的。

　　許多人都認為自己所留給別人的第一印象相當重要，這種看法似乎是有道理的。因為不良的第一印象比良好的第一印象較難改變和平反；很不幸地，要得到別人對自己的好印象本來就不是很容易，但好印象卻又很容易消失；相反地，壞的印象往往會很快地被加於一個人身上，但卻不易去加以抹去（Rothbart & Park, 1986）。

3.影響「人知覺」的其他因素

　　「人知覺」是一種歷程，這種對他人形成某種印象的歷程，受到許多因素的影響，這在上節中我們已做了一些介紹，「人知覺」還受到下列其他因素的影響：

　　A.　容貌及外表：「以貌取人」之譏，一般人大多有所瞭解，但是，我們對他人人格的評定，卻往往因該一個人的容貌和外表之是否吸引人而有正負之分。對於那些美麗、瀟洒的人，我們也較會把他（她）們看為是溫柔、體貼、快活又可愛（Dion 等，1990）。我們又常常會把那些外表好看的人認為是聰明能幹者。有些研究還指出：身材高大的男人也往往被認為是能幹、富領導才華的。

　　B.　認知俗套（cognitive schemas）：所謂「**認知俗套**」，乃是有關各種類別的社會事件或人物之成套的相關知識和概念。個人所持有的這些既存的認知俗套，乃是「刻板化」偏差的主要根源。前面提過的「總經理」，或是一般人心目中的「學者」之認知，雖然有助於歸類思考上的方

便，但也不利地影響了「人知覺」的正確度。

C. 認知歷程的深具選擇性：用有色的眼光來觀看外界當然不可能看到真相，而我們的認知歷程（不單是人認知歷程）卻常常受到自己的期望和其他內在因素的影響。自己的孩子頑皮搗蛋，為其父母者則稱之為活潑開朗；別人的女兒溫柔討人歡心，卻譏之為造作妖惑。選擇性的記憶和回憶，也往往會造成「人知覺」上的應驗性偏差，我們所回憶的東西很容易因所持之「認知俗套」之介入而大有差異。

我們的記憶和回憶不但深具選擇性，而且還具有高度的重造性（reconstruction）。這種記憶的重造乃是為了使過去與現況具有較多的一致性而引起。麥克法朗（McFarland）和羅絲（Ross, 1985）做了一個實驗來證實此一現象的存在。他們首先讓受試者（大學生）評量自己的約會對象之一些人格特質（如誠實、可靠、友善等），兩個月之後，這些受試者再度被要求來評量那些約會對象的人格特質，結果發現那些在這兩個月中，雙方感情有惡化現象者，受試者所能回憶的良好評量要比當初實際所做的評量為少，而那些感情有進一步發展（良性的）的，所回憶的較佳評量則比原先所做的為多。

乙、歸因論（attribution theory）

我們對於別人的行為往往都有探討其緣由的興趣，為什麼年輕人要冒著生命的危險去登山呢？為什麼有些小姐們喜歡穿迷你裙呢？為什麼張三參加慈幼社？做為某一行為的觀察者，我們對於引起該項行為的可能原因，往往會有加以推敲和認定的傾向。有關這種歸因問題的研究，乃是社會心理學中的一個重要項目，歸因論的研究重點，是在探討我們追求行為緣由的基本法則，以及一些可能引起偏差或錯誤的因素。

有關歸因的基本法則之探討，以海德（Heider, 1958）為先鋒，但是學者們在這方面的濃厚興趣乃是最近三、四十年才有的事。在 1965 年左

右，許多有關這方面的重要論文陸續發表（如 Jones & Davis, 1965; Kelley, 1967 等），因此引起了許多學者的重視和參與研究，時至今日，專家們對於歸因理論已提出多種不同的看法。

1.歸因歷程

　　根據柯里（Kelley, 1973）的說法，我們採用四種不同的標準來判斷別人的行為，而這些標準的使用往往是自發的，而且也是同時進行考慮的。這四種標準是：(1)引起行為反應的情境；(2)在同一情境中，別人的反應是否相類似；(3)該一個人在不同時候（情境）的反應是否一致；(4)對某一情境通常所做的典型反應方式。現在舉個例來說明這四個標準在歸因歷程上的應用。就拿某一學生考試作弊的行為來說，首先我們要瞭解該學生是在什麼情境下作弊的，我們發現他是在數學期末考時犯規的；為了進一步瞭解他作弊的原因，我們也需要知道在考數學期末考時，是否其他的學生也有作弊的情事；第三個標準所要探討的是，這個學生以前考數學期末考時是否也作過弊，這也就是說，他的作弊行為是否因時間和情境的不同而有所不同；最後一個標準是，這個學生是否只在考數學期末考時才作弊，而在其他的期末考並沒有類似的行為。根據這幾個標準所獲得的答案，我們往往可以把引發行為的原因加以推定。

　　一般來說，我們通常把引發行為的原因分為外來因素和**個性因素**（dispositional attribution）兩大類。外來因素又叫**情境因素**（situational attribution）。如果一個人的行為是為了配合情境的要求，我們往往以情境因素來對該一行為加以解釋，而很少從個人的個性觀點來進行追究。不過，假如一個人的行為與情境中所要求的行為反應不相協調，那麼我們就要從行為者個人的個性來加以探討。

2.過份理由化效應（overjustification effects）

　　在不同的場合裡，一般人通常也把自己的行為原因分為內在的和外在的兩大類。一個人對自己行為緣由的瞭解，在他對該項行為的好惡上

具有很重要的地位,對於自己行爲原因的認識,將決定一個人在沒有內在增強的情況下,是否會繼續同樣的行爲方式與活動。過去的研究指出,當一個人本來因爲是自己興趣所在而從事某種活動,但後來當他從事這項活動時,卻得到多餘的外來的增強與鼓勵,如此一來,他會把從事該項活動的理由解釋爲來自外來的情境因素,在這種情況下,要是外來的鼓勵停止或減少,他的該項行爲可能會因之而完全停止。過去有一個實驗是讓大學生玩迷盤(puzzles),這種活動本來是爲一般人所深感興趣的,但是實驗者給玩迷盤的學生金錢來做爲鼓勵,後來與那些未接受金錢鼓勵的學生相比較,結果發現受過金錢鼓勵的學生,對於玩迷盤的興趣大大地減少(Deci, 1972)。

同樣的現象也可能在教室裡發生,老師對學生的讚賞,或是成績的評定和給予,如果有欠適宜,有時可能會因此而導致相反的效果,心理學家把這種現象稱之爲**過份理由化效應**。心理學家曾做過底下的實驗來證實這種現象的存在與發生,首先他們把五十一個對繪畫具有高度興趣的學前兒童任意地分爲三組:第一組的小孩事先得知可由參與繪畫活動而得獎;第二組的小孩在事先並不知道可得獎品,但是於事後獲獎;第三組的小孩則沒有得到獎品。在實驗進行了兩個星期之後,繪畫的活動再度在教室裡出現,實驗者觀察不同組別的兒童對於繪畫活動的反應,結果發現事先得知有獎的那組小孩,其從事繪畫活動的時間只有其他兩組小孩所花時間的一半,而第二組和第三組小孩的活動時間之長短並沒有顯著的差別(Lepper, Greene & Nisbett, 1973)。隨後的研究,也發現同樣的結果(Lepper & Greene, 1975)。由此看來,增強在學習上的效用並不一定完全是有利的,有時外來的鼓勵反而會使本來自發自動的行爲停止出現,因爲行爲者之所以有所行動,乃是爲了得到外來的鼓勵而引起的。

3.基本歸因誤差 （fundamental attribution error）

　　一般人在解釋或判斷別人的行為時，往往偏重個性因素的影響而忽略了情境因素對某一行為之發生所可能產生的作用，此一趨向就是所謂的**基本歸因誤差**（Ross, Bierbraues & Polly, 1974）。這種誤差在我們日常生活中到處可見，我們常常說「要是我的話，我絕不會像他那麼傻」，這就是一個很好的說明。當我們聽到有人被小偷嚇得目瞪口呆，手足無措時，我們覺得那個人膽小如鼠，十分不可思議；但是一旦自己也碰上小偷時，我們的舉止又將會是如何呢？根據許多有關歸因理論和歷程的研究結果來看，我們不難發現，一般人雖然承認環境因素和壓力對一個人的行為具有影響力，但是他們對於這些環境因素和壓力對自己本身行為影響的程度之大，卻所知有限，缺乏認識。雖然我們已指出：我們的行為會因時因地而異，但我們卻很少把自己的行為歸因於情境因素，我們對於他人的行為之解釋，則更是偏重於個性因素的解釋，而完全低估了社會情境的可能影響（Jones & Nisbett, 1972）。

　　基本歸因誤差是否只限於西方文化社會呢？最近有些學者（Miller, 1984）發現，印度人，特別是成年人，要比美國人少犯這種認知上的錯誤；相反地，印度人在解釋行為的原因時，採社會的和情境的理由之解說，要比一般美國人多得多。這在中國人的情形又是如何？這則有待進一步的去加以比較研究。

4.歸因誤差與親密關係

　　夫妻往往會對對方的行為做歸因的探討。為什麼他忘了我的生日呢？做妻子的可能以內在因素（他是一個粗心大意，不體貼的丈夫）或外在因素（他最近一直加班忙公司裡的業務）來解釋。很顯然地，這些不同的歸因看法，直接地影響到夫妻兩人間的親密關係。

　　根據有些學者的研究，夫妻兩人關係本來是欠佳者，往往會以內在

因素來解釋對方欠佳的行為方式（他根本就是不愛我的）；反之，對於那些正面性的行為，則多以外在的，不固定的因素來加以解釋（她今天特別溫柔，因為她今天在辦公室受到上司的稱讚）。而對那些關係良好的夫妻而言，他（她）們對對方行為的解釋卻剛好相反。由此看來，關係欠佳的夫妻，對於不順意的事，往往會責備對方的不是，對於對方良好的行為，則把它認為是暫時性的異態。這種夫妻的歸因方式，可能是夫妻不睦的導因，但也可能是相處不睦所造成的後果。不管是因是果，這種方式對美滿的婚姻關係是不會有助益的。

對那些沒結婚的男、女密友而言，上述的歸因方式（誤差）也與成對愛侶間的快樂與否、誠心相待與否直接相關。這些研究者還發現一個有趣的現象，約會中的伴侶從事歸因思考的時機，以約會初期、決定分手，或是訂婚等重要時刻為較多。這許多研究結果指出：歸因思考對於親密關係的長成和惡化，都是一個很重要的相關因素。

5.造成歸因錯誤的其他因素

下列三項因素也會導致一個人的歸因錯誤：

(1)公平世界假說（just world hypothesis）

根據此一假說，我們相信世界是公平的，好人有好報，壞人有惡報。這種說法用來勸人為善，自有其道理在；不過，這種想法也會對那些受難被害者，加上「罪有應得」的冤枉與委屈。例如有人因車禍受傷，我們如歸罪他「沒腳、愛開車」，這不是有些荒謬嗎？許多人也常以一分努力一分收穫來勉勵自己和別人，其實努力與收穫並不一定是成正比的，因為還有許多其他的因素（如天災、人禍），都可能影響到努力所應得到的有利收穫。

(2)自我貼金偏差（self-serving bias）

這種偏差與個人的成敗息息相關，當我們成功時，我們往往會以個人的努力與能力來做為解釋，但當遭到敗績時，則又怨天尤人，以外在

因素做爲解釋。如此做法雖然有欠厚道，但是心理學家們卻發現那些患有憂鬱症的人，往往是有過份苛責自己的傾向，如此因果代價是否也值得我們再思之？

(3)行動者對觀察者的偏差 (actor-observer bias)

行爲的觀察者往往會以內在因素來解釋別人的行爲，但是，假如自己是行動者，一般人對自己行爲的歸因，則往往是以外在因素爲主 (Monson & Snyder, 1977)。例如，別人開高級車是愛好虛榮、喜出風頭，自己買豪華車則是爲了安全舒適。其實造成這種偏差的道理並不難理解，行動者本人對自己之所以採取某種行爲的原因，其所瞭解的當然要比他人行爲的觀察者所知道的爲多爲深入，這種資訊上的差異乃是造成此一偏差的主要原因。爲了眞正瞭解別人的行爲動機，「將心比心」，站在別人的立場來進行歸因思考，往往是可以消除很多偏差的。

二、人際吸引 (interpersonal attraction)

爲什麼我們特別喜歡某些人？爲什麼某些人特別喜歡我們？那些人容易相處在一起而成爲好朋友？友情的建立是基於那些因素？這一類的問題，也就是心理學家在研究人際吸引時所關心的一些問題。專家們在這方面的研究，已爲我們提供了部份的答案。基本上，他們所發現的因素並沒有什麼奇特的地方，不過根據這些因素，我們可以相當滿意地對友情的建立與存在加以解釋，以下就是幾個有關的因素。

甲、影響人際吸引的因素

1.外表

雖然外表的形成並不是一個人所能控制自如，但是一般人在判斷別人時，卻往往無法消除由別人外表所產生的影響。我們都知道「以貌取

人，失之於人」的道理，但是在我們與他人交往的過程中，別人的外表卻有形無形地左右了友情的建立與成長。

學者們曾安排以電子計算機來湊合伴侶，並且依此舉辦舞會來研究外表對於人際間吸引的作用，他們發現個人所感覺的伴侶外表，以及希望下次再與該伴侶約會的相關係數為 0.89（Brislin & Lewis, 1968）。另外一個類似的研究，發現這兩項因素間的相關為 0.69（Tesser & Brodie, 1971）。這兩個實驗還發現，「希望再度約會」與伴侶的外表間的相關，要比與其他所感覺的伴侶特徵，如個性、興趣相同等的相關要來得高。如此看來，外表越吸引人的，越為他人所喜愛。不過，在實際的情況下，並不是每一個我們所喜愛的人，也都會喜歡我們，成為我們的好朋友，因此心理學家們又發現建立有密切友誼的兩個人，往往是外表相配稱的人，這也就是說，我們對於那些與我們自己的外表相類似的人，較容易互相產生喜愛的心理，因而建立友誼（Berscheid & Walster, 1974）。

外表對於友誼建立之影響並不只限於男女間的關係。過去的研究發現，外表好看的小孩（不管是男是女），比較容易為他人所喜愛，而在同伴中的人緣也比較好（Dion & Bersheid, 1972）。大人們對於外表吸引人的小孩也都較具好感，而認為外表吸引人的小孩比較乖。至於那些特徵會使得一個人的外表顯得吸引人的問題，專家們目前並沒有簡單的答案，過去有些研究發現個子高的比較吸引人，而對於我們所喜愛的人，他所給我們身體高度的感覺，也要比他的實際身高多一些。而且，不同的文化也存有著不同的觀點，再加上所謂「情人眼裡出西施」的個別差異，這個問題是相當複雜的。

保持和增加個人外表的吸引力，在親密友誼的建立和發展上，是一項很重要的技巧。巴斯（Buss, 1989）詢問二百零八個新婚的男女，要這些人描述他（她）們第一次與配偶約會，以及此後交往時所用來吸引對

方的方法。研究結果發現，男人比女人強調他們的財物資源，以顯示錢
財、贈送貴重禮物，以及宣展個人在工作職位上的重要性來吸引對方；
相反地，一般女人則較常以節食來保持良好身段，穿著流行款式的衣服，
做不同的髮型，以及穿戴珠寶等來吸引對方。「女爲悅己者容」的說法，
早爲大家所熟知，但一般男人似乎也沒有太多的例外，在約會過程中，
對自己儀表之吸引力，也相當地重視。

　　許多研究結果顯示，一般人的外表之吸引力與他（她）們約會的次
數、自己所感到的人緣之好壞，以及別人對其人格的印象都頗多關聯。
討人喜歡的人（包括小孩以及與自己性別相同的人），一般都被認爲是比
較快樂、比較敏感、比較成功，也有較佳的社交手腕（Dion, 1986; Hat-
field & Rapson, 1993）。討人歡喜以及穿著入時者，也比較可能爲那些
可能成爲他們僱主的人所賞識（Solomon, 1994）。以注視時間的長短爲
準，甚至嬰孩們也比較喜歡那些吸引人的面孔（Langlois ct al., 1994）。

2.才幹（competency）

　　對於那些具有才幹的人，通常我們比較容易產生好感而喜愛他
（她），不過，有時我們對於過份精明的人，卻不見得會具有太多的好感。
過去的研究結果指出，十全十美的人有時反而不如那些能幹但偶爾有所
失誤的人來得討人歡心。

　　社會心理學家阿諾生（Aronson, 1970）曾安排受試者聆聽四種不同
的錄音，這些錄音是有關所謂「大學急智杯」（College Quiz Bowl）候
選人的不同錄音，四種錄音的內容雖有不同，但都是由一個人所錄的，
其中兩個錄音中的候選人顯得十分聰明，而且學業與課外活動也都很
好；另外兩個錄音中所顯示的是中等之資的候選人，其學業也是中等。
錄音中有兩個候選人（一個很聰明，另一爲中等資質）因不小心而打翻
了咖啡，濺得滿身，其他兩個則沒有類似的意外發生。在受試者聽過這
四種不同的錄音後，實驗者要求受試者指出他們對於錄音裡不同候選人

的喜愛程度，結果發現那個很聰明但也打翻了咖啡的候選人最爲受試者所喜愛，而那個中等資質且也打翻咖啡的人最不受歡迎。由此看來，意外失誤本身並不一定會直接影響（負面的）他人對當事人所持有的態度與喜好，但是意外失誤卻能使聰明的更令人喜歡，而使平庸者的吸引力減低。稍後類似的有關實驗，發現觀察者（受試者）的自尊心（self-esteem）與對他人的喜愛程度有關，對於那些自尊心很強或很弱的人來說，意外失誤會使一個人的吸引力降低，但是就一般人來說（具有普通程度的自尊心），意外失誤往往可以增加一個人的可愛程度。

3.類似與互補 （similarity and complementarity）

有許多事實指出，我們喜歡那些與我們具有相同看法、態度和價值觀念的人。前面在討論外表時，我們也提過，外表相類似的人比較容易處在一起（Byrne, 1971）。盧賓的研究（Rubin, 1973）發現夫婦間不但是在社會特性上十分相類似，而且在身體外表上的特性如身高、眼睛的顏色等，以及心理上的特性如智力、性情等也都很相似。爲什麼與我們相類似的人比較具有吸引力呢？一個可能的因素是：類似或符合本身具有增強的作用，對於與我們的看法相類似的人，我們與之爭辯的機會很少，而且由於來自他人的附會與同意，我們往往加強自信心；相類似也使我們得以維持一個一致的與平衡的友誼，因此相類似就變得較具吸引力。從另一個角度來看，基於社會比較的原理，那些類似我們的人，較能正確地反應我們自己的能力、感情和信仰，因此也就較具吸引力。

有時兩個個性很不同的人也能夠相處很好，而產生一種**互補**的作用，這種情形的產生，大都是基於相互「需要」而造成。一個支使慾很強的人也許能和一個很隨和的人相處，不過，這種表面上的差異，往往是有內在的共同觀點或看法來彌補，例如一個很專橫的先生和一個很隨和的太太，兩人相安無事，其主要原因很可能是先生和太太兩個人對於夫婦間相處的道理具有一致的看法，他們也許都同意丈夫爲一家之主，

以及夫唱婦隨的夫妻相處之原則。

　　過去有人認爲類似與互補可能在建立友情的過程中具有不同的作用（Kerckhoff & Davis, 1962），他們認爲在友情初建時，「類似」的因素可能會促進友情的成長，但是到了某一階段後，「類似」對於友情的成長不再發生促進的作用，在這個時候，「互補」的現象於是產生，相互間需要的互補，往往能夠使友情更進一步。不過，後來有人做了類似的研究，卻未能得到相同的結果。這些人認爲「類似」的因素似乎是決定友情的比較重要因素。

4.相悅與熟悉（reciprocal liking and familiarity）

　　我們之所以喜歡一個人，往往是因爲那個人也喜歡我們；對於那些不喜歡我們的人，我們也大都不喜歡他們，所謂「禮尙往來」很能說明個中道理。而這種情形特別是當我們迫切地需要別人的愛慕時更是如此，當我們很希望別人喜愛我們，而別人也眞的喜愛我們時，我們對那個人往往愛得更多更深。從另一個角度來看，由於喜愛我們的人較少會與我們發生爭吵或衝突，這種相互間的贊同與接受，也是使兩個人相互喜歡的重要因素。

　　「熟悉」往往也是促成友情和愛慕的一個因素，所謂「日久生情」、「近水樓臺」的道理就是如此。心理學家曾做過這樣一個有趣的實驗，他們以嘗試飲料的可口度爲藉口，要求不相認識的受試者（女孩子）走動於不同的試驗亭位間，而在不同的亭子裡，每一個受試者與其他五個不相識的女孩子有不同次數的見面機會，在這種安排下，他們只許見面但不准相互交談，然後，受試者評定對不同個人（在不同亭子裡見過面的）的喜歡程度。實驗結果發現，這些女孩子相互見面次數的多寡，與相互喜愛的程度，兩者間具有高度的相關，見面的次數越多，相互喜愛的程度也越大，見面很少或是從未見過面的，很少有喜愛的情事發生（Saegert, Swap & Zajonc, 1973）。另外有一個實驗（Newcomb, 1961），個性相

類似和個性不同的大學生曾被安排住在同一間宿舍裡,從事實驗的人本來以為個性相同的室友會相處得很好,而個性不一樣的也許不容易成為好朋友,但是實驗結果卻發現這種看法似乎並不準確,不管個性相同與否,住在同一宿舍的人都相互具吸引力而處得很好。

熟悉往往是「近鄰」(proximity)的後果,空間上的鄰近,增加了人際接觸的機會,由於時常接近的結果,熟悉的程度也隨之增加。因此有人認為,距離上的接近乃是造成人際間相互吸引的一個重要因素。過去有人發現住得比較靠近的人,比較容易成為朋友,而住的離很遠的人,其形成或繼續維持友誼的機會比較少(Festinger, 1963)。雖然在現代社會裡,一般人遷移頻繁,但是,很多人仍然是與小時候一起長大的近鄰成婚的。

「近鄰」增加接觸的機會,促進了常在一起的人之間的喜愛程度,有些學者(Moreland & Zajonc, 1982)認為這可能是由所謂的「**純暴露效應**」(mere exposure effect)所引起。根據這種說法,對於那些原先我們並不熟悉的事物(人),經過一再地重複接觸(exposure),往往可以促進我們對這些人、事、物的喜愛。

乙、人際吸引的理論

上面我們討論了一些影響人際吸引的因素,但是為什麼我們喜歡我們所喜歡的人呢?心理學家們對於這個問題有不同的說法。

1.對等理論(equity theory)

以最少的代價來換取最多的報酬乃是一般人所熱中追求的。根據對等的理論,人與人之間相互引吸的道理也是如此。例如,與遠離我們的人來比較,我們不必費太多的時間和精力來喜愛接近我們的人;同時,快活而又對我們好的人,總比那些不快活而又喜歡跟我們頂嘴的人要能夠給我們好處和利益。從這個理論觀點來看,建立於兩個人之間的友誼

是否能夠繼續保持，那要看當事人間是否覺得這個友誼對彼此有益來做
決定，如果兩個當事人對於友誼的存在感到可以獲得同等類似的好處，
那麼這種友誼的存在，就會使人感到滿足快樂而得以繼續（Walster,
Berscheid & Walster, 1973；1978）。

　　對等理論應用到愛情上，則偏重於「門戶相當」的維持，所謂「郎
才女貌」、「天配佳偶」，才與貌兩者都具有高度的**社會欲求性**（social
desirability），這也就是說「才幹」和「美貌」以及「財富」等，都是社
會上，一般人所喜好而追求的，具有這種條件的人，在其選擇對象時，
也往往以具有這些條件者為優先。同樣地，在這方面條件欠佳的，在選
擇對象時，也要退而求其次，以條件較差者為滿足。這種說法未免有些
勉強，因為在實際上，一般人仍然以追求理想對象者為多，雖然在選擇
時也會考慮到是否配稱的原則。

2.得失理論（gain-loss theory）

　　雖然一個人的條件及其個性，在決定我們是否喜歡那個人時影響很
大，但是，個人的自我意識與感覺，在人際間相互吸引的歷程上，更是
具有重要性。人際間相互交往的結果，我們的自尊與自我意識，往往是
直接與他人的反應，以及他人如何對待我們有關，由於我們所期望於他
人的，與他人所表現的並不一定時常吻合，因此上面所說的對等理論，
在其實際應用上自有出入。

　　得失理論為阿諾生（E. Aronson, 1970）所提出，根據這個理論，
別人對於我們的評鑑有所改變時，更能影響到我們是否喜歡那個人的程
度，因此，在所謂「得」（gain）的場合，我們對於一個增高我們自尊心
的人，會產生較多的好感；而在「失」（loss）的情況下，同樣地，對於
一個常跟我們鬧意氣和爭辯的人，我們會越來越不喜歡他。得失理論的
重點何在呢？根據阿諾生的解釋，我們對於別人行為反應的改變，往往
認為是由我們自己的行為所使然；而對於別人行為的持續與不變，則往

往認為，那是那個人個性的顯示，而與我們自己的行為無關。基於這個道理，我們對於別人行為的改變，覺得與自己的關係較密切，因此對這種改變的反應也較積極，較具好感。另外一個原因是與焦慮的多寡有關，當別人說我們不好時，往往會引起我們的焦慮，但是，如果這個人後來說些我們的好話，這不但減少我們的焦慮感受，而且會使我們感到很受用，如此一來，別人的這個行為產生了雙重的增強作用，同樣的道理，在「失」的情況下，雙重的負增強也可能產生。

丙、愛情與友誼

1.愛情（loving）

心理學家研究愛情乃是新近的事，因為愛情是一個很神祕的東西，不容易加以定義，也很難客觀地加以測量，所以到目前，有關的科學知識仍然十分有限。

美國的兩位女心理學者 Elaine　Hatfield（原名 Walster）以及 Ellen Berscheid 對愛情所做的研究最多（Berscheid, 1988; Berscheid & Walster, 1974, 1978; Hatfield, 1988）。根據她們的研究，愛情可區分為情慾愛（passionate love）和親摯愛（companionate love）。這些學者所稱的情慾愛，乃是一般人所說的男女愛慕之情（當然這也包括同性戀者間的愛情），而親摯愛則是對自己親近的人，所生的一種溫暖、互信、相容的情感。在某些情況下，熱情與親情可能會同時存在，但並不一定是如此。

當熱情的高溫逐漸下降之後，若兩者之間仍存在著原有的愛情，那麼這很容易變成親情，一種持續而強烈的相互依附感。達到這種感情的一個重要因素是對等性（equity），當事人雙方所接受的，當與其所付出者成正比例，提供與接受情緒上的相互支持，這在各種不同的愛情（不只限於男女間的愛情）都是十分重要的。另一個重要因素是親密（intimacy）（Sternberg, 1986b），這種狀況之造成，是經由**自我表白**（self-disclosure）的歷程而來，經由把自己的隱私祕密告訴對方，而對方又依此回報，相互深談的結果，乃使兩者間的愛情更為親密。Sternberg（1988）最近又提了愛情三角形的理論，他認為愛情（love）包含了三大要素：情感（passion）、親密（intimacy）和投入（commitment）。情感通常在愛情初期達到高點，但親密與投入則是慢慢地進展的。

2.愛情與友誼的發展

從喜歡到相互愛慕的情侶，當事人兩者間關係的發展與變化，乃是循著相當固定的方式來進行的（Berscheid, 1985; Hendrick & Hendrick, 1992）。一般的進展形式如下：

A.　兩個人的接觸增多，時間加長，接觸的場合也增多。

B.　兩人都渴求在一起。

C.　相互傾訴衷心，公開自己的祕密，更加親近，感情的交流趨於坦誠，較願意稱讚或批評對方。

D.　加深相互瞭解，對對方的觀點有了更多的認識。

E.　兩人的目標與行為漸趨一致，兩個人的態度與價值觀也逐漸類似。

F.　兩人所花在感情上的時間、精力與投入增多。

G.　當事人開始覺得個人的幸福繫於彼此感情的親密良好。並開始把兩者的關係看為是獨特和不可替代的。

H.　成雙入對的行為方式取代了單身的行為方式。

由情侶再進而成為夫妻自是令人稱羨，但良好婚姻的維持並不是一件容易的事，底下的一些因素和觀念乃是婚姻圓滿的夫妻所認為是很重要的成功要件：認為自己的配偶也是自己最要好的朋友；相敬如賓，不矯揉造作；把婚姻看為是一種長期的投入；婚姻乃是神聖的；兩者的目標與方針是一致的；認為自己的配偶越來越有趣（如此也就越看越中

意?);夫妻雙方都要婚姻成功圓滿;認爲安定的婚姻乃是社會安定的要件;一致的人生觀;相互同意的性生活方式;以及以自己配偶的成就爲榮等等。

三、團體中的個人行爲

個人在團體中的行爲反應,與其在獨處情況下的行爲反應往往大有不同,這也就是說,一個人的行爲往往因有別人在場或參與而受到顯著的影響,別人的影響並不一定是要直接地介入,行爲者想像中的他人之存在,也可能會造成影響。本節所要介紹的就是有關這方面的一些研究。

甲、社會促進作用 (social facilitation)

社會促進作用又叫**聽衆效應** (audience effects),這種作用的產生,主要是因爲我們對於別人的在場十分敏感所導致。沒有經驗的演員往往會有怯場的現象,在觀衆面前把臺詞忘得一乾二淨,這種現象就是所謂的聽衆效應,當然這種作用所促成的是一種反效果。不過,在另一方面,在運動競技上,在與別人一較長短的情況下,個人的表現與成就往往會比他一個人單獨從事時爲佳,這種現象又叫做**共事效應** (coaction effects),它具有促進個人行爲的正面作用。

早在 1897 年崔卜力 (Triplett, 1897) 就發現社會促進作用的存在,他首先發現自行車競賽者在與他人比賽時,其速度要比他單獨與時鐘競賽時要快些。基於這項觀察,他做了下面的一個實驗,他要求小孩子們在兩種不同的情況下放風箏:單獨一個放或與其他的小孩一起放。實驗結果發現,單獨放的一組小孩的行動緩慢。此後許多有關社會促進作用的實驗 (有些以動物爲實驗對象),也都發現別人的在場,可以促進或妨礙個人的行爲反應 (Simmel, Hoppe & Milton, 1968)。

社會促進作用發生的道理何在呢？有一種解釋認為，別人的在場對於行為者是一種刺激，由這種刺激所引起的，是一種普遍而未特定化的驅力，這種驅力對於簡單的或已熟悉的行為方式，能夠產生促進的作用，但是，對於複雜而未達熟練的行為，這種驅力則具有妨礙的作用（Zajonc, 1965, 1968; Guerin, 1986），這種說法可由下列程式來表示：

社會刺激
（別人在場）→激動驅力→促進較強的反應 ↗熟悉的反應得到改進
 ↘新的學習受到阻撓

乙、在場者的介入（bystander intervention）

在 1964 年某天凌晨，紐約市皇后區的一名叫做 Kitty Genovese 的小姐在她的公寓外面被殺害，由於她與暴徒掙扎抵抗，整個殺害過程費時約有半小時，在這半小時內約有四十個住在同一公寓的人聽到她的求救哀號，但是卻沒有一個人出來救她，甚至連打電話報警的也沒有一個（Rosenthal, 1964）。為什麼這些人會視死不救、袖手旁觀呢？為什麼有許多人在緊急的場合下不伸出援手助人一臂呢？

許多人認為這種現象的發生，可能與都市生活有關，由於都市裡人多而混雜，相互間少有關心，人情十分冷漠，因此認為發生在別人身上的事，與自己毫不相干，也就少有介入的意願。不過，心理學家在這方面所做研究的結果，發現問題並不是那麼簡單。第一，心理學家們發現，一般人在通常的情況下都樂於助人，但是，假如情況危急，那麼一般人的反應卻有所不同。在危急時，一般人大都不願意助人，專家們認為這可能與美國社會習俗有關，因為一般美國人都不願多管閒事；第二，在某些場合裡，有些人甚至拒絕助人，這尤其是當有其他的人在場時為然，而且在場的人越多，出手助人的人也相形地越少，這是因為一般人都認為別人會伸出援手，所以自己大都袖手旁觀而不採取行動。社會心理學

家認為，有人在場對行為者產生了兩種作用：一是由於別人的在場使其情緒感受緩和，而整個情境也因此變成非緊急情境；二是別人的在場分擔了個人必須出手援助的責任。這兩個作用使得一個人變成袖手旁觀，這與「一個和尚挑水喝，兩個和尚扛水喝，三個和尚沒水喝」的道理頗為相像（Latane & Darley, 1970）。

心理學家還發現一些有形而實際的因素，他們認為介入行為本身可能給介入者導致某些麻煩。例如，在緊急情況下挺身而出，伸手助人，自己身體受傷害的可能性是存在的；而且介入這種情況，事後往往需要出席法庭做見證，這些和其他的干擾都會影響到日後生活的平靜；再者，緊急情況的產生，大都在沒有預警的情況下急速發生，而且每一個情況又多不一樣，因此一個人用來應付緊急情況的行為反應，往往無法預先做準備，而一般人也都毫無準備，因此也就不能或不願採取適當的介入行動；最後，如果把非緊急情況誤認為是緊急情況（如夫妻爭吵而不是遭受殺害），介入者有時會造成「庸人自擾，多此一舉」的困擾（Latane & Darley, 1970）。另外有一點要順便提到的是，雖然在多人在場的情況下，一般人都比較不會介入而採取行動，但是，一旦有一個人開始採取行動，伸出援手，其他在場的人也多會自動地加入，個人行為之深受團體行動的影響在此又得一實證。

在場者之是否介入，也與性別有關，一般來說，當女性需要協助時，她們得到幫助的機會要比男性多（Eagly & Crowley, 1986; Latane & Dabbs, 1975）。一個人到底在何種情況下比較會伸出援手來幫助他人呢？以下是一些有利的條件：剛看過別人的助人行為時；非匆忙時；受害者看來需要別人去協助而且又值得別人協助時；在鄉下或小鎮；當個人感到內疚罪過時；當個人關心別人時；在一個人心情良好，快樂得意時，他（她）助人的可能性最大（Carlson 等，1988）。

丙、從衆（conformity）

處於社會團體中，對於團體的某些規定和標準，個人都需要或多或少地予以遵從，雖然遵從的程度因人、因時、因地而異，但在基本上，從衆的行爲是一般人在團體中所表現的應對方式。

個人的從衆行爲大都由團體壓力所造成，心理學家葉希（Asch, 1951; 1956）做過許多實驗來加以證明。在表面上，他所做的實驗是有關知覺判斷的實驗，在團體的情境中，他要求受試者單獨地對直線的長度加以判斷並公開地做口頭報告，不過在每一組受試者中，有幾位是與實驗者有所串通的，這些人故意把較短的直線說成是較長的，當輪到不知情的受試者時，由於前面那些受試者（與實驗者串通的）的反應，使他感到困擾與衝突；雖然他明明可以看出直線的長短不同，但在團體中，他只好同意別人的看法，把較短的說成是長的，葉希發現約有三分之一（37%）不知情的受試者在團體壓力下表現了從衆的行爲。。

根據葉希的解釋，受試者的從衆行爲乃是他們依賴別人判斷的一種表示，受試者自己觀察所得與所聽到的別人反應因爲有所出入，所以受試者在經過推理斟酌之後，以多數人的反應爲自己的反應。由此看來，社會影響並不是一種盲從的過程，它所代表的是，對別人反應正確與否的認定，以及個人追求社會認可的後果。在單獨的情況下，從衆的行爲顯著地減少，但是，在公衆團體中對其他許多人表示異議，似乎不是一般人所願意做的，這也可能是造成從衆行爲的另一個原因。

從衆行爲之發生，通常是用來避免別人的排斥，或是去獲得別人的許可。由這個角度來看，我們之所以有從衆行爲，是因爲受到社會常模的影響（normative social influence），一般人大多瞭解個人標新立異的行爲所可能帶來的不良後果。但在另一方面，所謂「入境隨俗」的說法，其所鼓勵的是一個人的適應能力以及社會敏感性，這種影響可以說

是資訊上的影響，它在重視團體利益的東方社會裡，是被推崇和倡導的。

西方學者在這方面所做的很多研究，發現下列的情境較易引發從衆的行爲：當一個人感到不安全或是不能勝任時；個人所屬團體至少有三位成員（成員的增多並不能增加從衆行爲的發生），團體所有成員（除當事人外）都持相同一致的看法時；個人對所屬團體深覺欽慕並深爲團體所吸引時；個人事先沒有任何承諾；個人的行爲爲其他團體成員目睹共視時；以及個人長成的社會文化背景強調從衆隨和的德性時。

丁、服從（obedience）

所謂服從就是遵照別人的指示來行事。一般人的服從心到底有多重呢？社會心理學家密而堅（Milgram, 1965）曾要求受試者來幫他研究懲罰對學習的影響，在實驗過程中，受試者使用電擊（electric shock）來懲罰別人，他佯告受試者這個實驗的目的是在研究懲罰對學習的影響，但是，實際上他的研究目的是在探討受試者服從他人指使（以電擊來懲罰錯誤）的程度。在實驗進行中，電擊根本是僞裝的，只是受試者並不瞭解這個內幕而已。

在實驗開始時，實驗者告訴受試者逐漸地增加電擊的強度（從 15 伏特到 450 伏特，而且在按鈕上標明「輕微」到「危險」等）來懲罰一再犯錯的「學習者」（與實驗者串通，故意做出痛苦的反應，而且故意造成學習上的錯誤來引起電擊懲罰），當電擊增到 75 伏特時，「學習者」開始叫痛，到 100 伏特時，他就埋怨叫冤，到 150 伏特時，他要求停止學習活動，到了 285 伏特時，「學習者」就哀號而拒絕做答。當受試者同情「學習者」的遭遇而拒絕繼續使用電擊時，實驗者就鼓勵他們繼續使用或者以命令的口氣要求受試者繼續下去（例如告訴受試者說：你一定要繼續，因爲實驗步驟需要你繼續下去），雖然有許多受試者口頭上強烈地抗議，但是他們卻仍然服從命令，繼續使用電擊。實驗結果發現高達百分

之六十二的受試者完全服從命令，他們繼續懲罰「學習者」而動用了最高電壓（450 伏特）。參與這項實驗的受試者是自動應徵參與實驗的，他們的年齡從二十到五十歲不等，而且他們的職業也各有不同，他們參與此項實驗所得的報酬是四塊半美金，這個報酬在徵人的廣告中明白地指出。

以後在不同的情況下所做的許多類似的實驗，證實大部份的人（普普通通的人）都會服從權威命令而殘忍地對待無辜的人。密而堅的實驗結果是一個很令人心寒的發現，過去發生的許多事件，例如在越戰中所發生的米萊大屠殺（My Lai Massacre），或是在希特勒指使命令下殺害成千上萬猶太人的殘忍事件，到底最後責任應歸受命而行動者來擔當？抑是發佈命令的權威者應負全責？這是頗值得推敲的。

個人服從的程度受到許多因素的影響。第一，發佈命令者的權威影響到命令的服從與執行，較具權威者，其命令也較易被服從（Bickman, 1974）。其次，是否有人監視命令的執行也會產生影響，在有人監視的情況下，通常服從命令的程度也較高，這種現象尤其是當命令本身是不合理或不道德時更是如此。第三，命令是否由一個人單獨執行或是由許多人共同執行也會影響到服從的程度，在很多人共同執行的情況下，一般服從的程度要比個人單獨執行時來得高。

為什麼一般人會在違反自己原則的情況下來執行命令呢？密而堅（Milgram, 1974）認為一般人對於權威人物具有一種義務感，因為他們尊敬權威人物的資格，而且認為權威人物知道自己所發佈命令之合理與否。另外，一般人在服從命令之前，已與權威人物建有信從的關係，由於這種情形，雖然在服從命令時感到衝突，但是由於認為自己已答應服從，因此其自我衝突的感覺也就隨之減少。

在何種情況下，一般人最會顯示服從的行為呢？底下是一些有利的情境：發號施令者在現場，而且被視之為合理合法的權威人士；發號施

令者隸屬於一個具聲望的機構（密而堅教授在未表明個人是耶魯大學教授的情況下，獲得較少的服從）；受害者的個人形象被淡化或與服從者間有相當隔離時（如在另外的房間）；沒有反叛的榜樣時（其他的受試者或服從者並沒有背叛命令的行爲發生）。

戊、冒險（risk-taking）

一個人的冒險性在什麼情況下比較大呢？是在單獨行動的情況下？抑或是在團體中？有關的研究結果指出，團體本身要比團體中的個人較具冒險性，這在心理學上稱之爲**冒險轉移**（risky shift）。例如不良少年的幫會，往往做出令人不可想像的事情，由於團體中各份子間相互刺激以及壓力，幫會的團體行動往往不是該團體中任何一個人單獨採取行動時所會做的。當然在團體行動的方式下，個人所負的責任比較少，因此團體中的個人在採取團體行動時就較願冒險。在團體行動的方式下，參與行動的個人往往可以隱藏其眞正面目而不易被認出，如此一來，受到懲罰的機會也較少。由於受到懲罰或被發現的機會較小，因此團體行動中的個人可以不必太擔心他自己的行爲後果。罷工、遊行、暴動之所以發生，大都是以群體的方式，要是該一團體中的個人單獨行動的話，許多破壞的行爲可能根本不會發生。在團體裡，個人通常忽視了自我的責任，這種降低自我觀念的感覺，往往是提高團體中個人冒險性的原因。

在團體行動中，團體中的成員個人，往往會失去常態的控制能力而盲目地投入團體所採取的行動，造成所謂的「個人淡化」（deindividuation）現象。淡化個人使一個人的自我意識減弱，因此原有的許多個人禁忌也隨之變少。個人淡化的現象在群情激昂以及個人身分不易被辨認的情況下最易發生。

己、社會遊蕩 (social loafing)

社會促進作用所討論的問題是一個人的行為因別人在場而產生的影響。不過，當個人是小團體中的一個成員時，其行為表現又會有何變化呢？根據學者們的研究結果來看，團體中成員個人的賣力情形，往往會因其他隊員的存在，而有降低之趨勢，這就是這裡所指的社會遊蕩現象 (Latane, 1981; Jackson & Williams, 1988)。

一項以拔河行為所做的研究 (Ingham et al., 1974)，實驗者叫麻省大學的學生（眼睛被矇住），盡力拉繩子（拔河），當這些受試者被誤導以為另外還有其他三個人同樣在拉繩子時，其賣力的程度只有當他們以為只有自己一個人拉繩時的百分之八十二。社會遊蕩的現象在很多不同情境和文化背景都可能產生，Gabreny 等 (1983) 的研究還包括了臺灣、日本、泰國以及印度等不同地區的受試者。

社會遊蕩之發生，其原因安在呢？所謂混水摸魚之所以會發生，一方面是因為個人只是團體中的一份子，在感覺上，個人的責任並不是很重大（如獨當一面者），而且又有別人參與，若有差錯，被責怪的程度也較低。團體中的成員個人，有時甚或認為自己的貢獻並不一定是絕對必要的 (Kerr & Bruun, 1983)。如果再加上團體中每一成員所獲得之利益都是相等的，而沒有按照個人賣力貢獻的大小來區分時，那麼在團體行動中投機取巧（美國學者俗稱此為免費乘坐——free-ride）的個人行為方式，就會更加地普遍。

四、團體歷程與團體行為

甲、領袖與領導行為

當領袖的人到底是什麼樣的人呢？對於這個問題，目前並沒有一個簡單而明確的答案，有些人認為當領袖的人一定具有某種特性與品質；有些人則認為領袖是應運而生，所謂時勢造英雄是也。根據心理學家的研究，當領袖的，並不一定具有一套特殊的人格品質；在某一團體中當領袖的，很可能是另一個團體中的成員，再從另一方面來看，在適當的場合或團體裡，差不多每一個人都有機會成為該團體的領導人物（Hogan 等，1994）。

領袖雖然不一定具有某種人格特質，但是一般的領袖大都是團體中能言善道者。過去有人做過實驗，發現在一群陌生者中，任何會講話而又喜歡發表意見的人，往往會被推認為該一團體的領袖，雖然在這種場合被認為是領袖的人，在其他場合裡卻曾被認為是很少具有領導才幹（Bavelas et al., 1965），這種情形的發生，當然與團體的性質、功能、運作以及其成員的特性有關。另外，一般領袖為了維持他的領導功能，他需要與所領導的團體中的成員保持良好接觸，而且要能被團體中的份子所認同和擁護。

不同的團體需要不同的領導人物，但是有時在同一團體裡也需要多種不同的領袖，有些領袖是任務領袖（task leader），他的主要職責是在以最高的效率來達成工作任務；有些領袖則被稱為社會情緒領袖（social-emotional leader），也可以說是一種精神領袖，他主要是關心團體中各份子之需要的滿足，以及團體成員間的融洽相處（Bales, 1970）。由此看來，領袖人物的作風與看法，以及該團體所處環境的不同，

都能影響到領導行為的有效與否。根據實驗結果，任務領袖在下列的情況下最能發揮領導功能：(1)團體中領袖與組成份子間關係良好，而所欲達成的任務具高度結構化和明確性，同時，領袖又擁有強大的權力時；(2)領袖與成員間關係欠佳，工作任務缺少結構化，而領袖的權力又不大時。以精神領袖來說，在下列的情況下，他的領導功能最佳：(1)領袖與成員間的關係良好，工作任務的結構性低，而且領袖的權力不大時；(2)領袖與成員間的關係欠佳，不過工作任務具高度結構性，而領袖的權力強大時(Fiedler, 1964; 1967)。新近的有關研究，則偏重領導過程的分析、探求領導人物獲得權力的過程，以及團體領袖對團體中成員所發生的影響等，而且對於由選舉而產生的領袖之如何伸張其權力也逐漸為心理學家們所注意（Hollander, 1985）。

乙、團體解決問題

以團體的方式來解決問題，是否要較以個人的方式來解決問題為有效呢？專家們對於這個問題看法頗不一致。一般來說，對於不太困難的問題，團體解決的方式，似乎效果較佳，但是對於很困難而又需要經過許多步驟才能解決的問題，個人的方式要比團體的方式較為有效。如果以團體中每個成員所花的時間與力量之總合來計算，那麼以團體的方式來解決問題的成效並不是令人滿意的，由此看來，雖然有時以團體的方式來解決問題較為有效，但若予以全盤評估，團體方式的成效似乎是值得考慮的。

以團體的方式來解決問題，團體的壓力可能會抑制創造性的解決方式。在上面我們討論社會促進作用時，我們曾提過，別人的在場對於新的或獨特反應的顯示具有抑止的不良影響，由於害怕別人可能會有不良的反應，創新的見解與方法往往被抑制而沒有公開，這種現象對於問題的有效解決，當然是不會有所助益的。為了克服這個困難，**腦激盪術**

（brainstorming，或叫靈腦術）於是受到重視與提倡，這種方法要求團體中的個人，自由地表達自己的看法而不受到評論或攻擊，其主要目的在尋求多種較佳解決問題的方法。不過，系統性的研究結果指出，腦激盪術在團體解決問題上的功效，並沒有想像中的優異，其主要原因是，在這種情況下，團體的思想往往是循著某一特定方向伸展，而缺乏對各方面做同一程度的考量。

不過，團體的資源往往不是某一個人單獨所可能具有，例如，為了要設法防止少年犯罪而成立的委員會，該團體中的成員可能包括有心理學家、犯罪學家、家長、青年代表、社會工作人員和警察等，這些人在一起所能提供的解決方法，當然要比其中任何一個人單獨所能提供的方法來得優異，所謂集思廣益就是這個道理。而且，在團體的方式下，團體中的個人也有機會幫助其他成員糾正其不正確的看法，也可以各盡所能，分工合作，而不會因「各自為政」而分散了力量，或做不必要的重複浪費。影響團體效率的因素很多，諸如團體的大小、其成員的素質，以及相互間的關係、所面臨問題的難易繁簡等等，都可能對工作效率產生影響，因此一概而論的說法並不是很合適的。

丙、團體決議

在前一節中當我們討論冒險轉移現象時，我們曾指出：在團體的方式下所做的事，一般都較具冒險性。為什麼團體決議要比個人單獨行動時所做的決定更具冒險性呢？心理學家對這個問題有不同的解說，有些人強調在團體中，個人所負的責任沒有比在單獨行動時來得嚴重，由於團體中的成員共同負責，因此如果由於決議上的偏差而造成損失時，個人所受到的牽累也比較小，但是，如果因冒險而成功時，參與的個人在心理上又多認為這是自己的成就，由於這個原因，團體的決議也就較具冒險性。

其他的因素也會對團體決議產生影響。根據有些研究資料，在團體中比較具冒險性的個人，通常也是團體中比較具影響力的人，與其他較保守的人相比，這種本來就富冒險性的人，在團體中發表意見不但較多，而且說話也較響，他的作為也比較容易為當前的實際形勢所左右，因此，這種人往往比較能夠以自己的決定來影響團體的決議。

另外，文化的因素也可能會產生影響，根據社會心理學家勃朗（R. Brown）的研究結果，大部份的美國人都認為自己所具的冒險性至少與一般人相當，而且也都認為在一般情況下，他們都願意冒相當程度的險。因此，在團體中如果有人建議較富冒險性的解決方法時，其他的成員也就隨之跟進，以便證明自己並不是「膽小鬼」，如此一來，也就使得在團體方式下所做成的決議要比個人單獨做決定時更富冒險性。當然，並不是所有的團體決議都較具冒險性，在有些情況下，團體所做的決議要比個人的決議來得小心保守，這可能也與個人所處的文化環境有關，因為在某一文化中，對於某些事項的看法是以保守的方式為較佳，在這種情況下，團體決議很可能會產生一種所謂「小心轉移」（cautious shift）的現象，這也就是說團體所做的決議，並沒有個人單獨做決定時來得富冒險性。

丁、團體兩極化（group polarization）和集體思考（groupthink）

一個團體所持有的態度，往往會經由其成員們討論之後而更趨於極端化，這就是團體兩極化現象。如果原先的態度是偏於負面的，那麼在團體成員們參與討論之後，負面的態度會變成更加顯著，更為明顯地加重其負面性，反之又然。有些心理學家（McCauley & Segal, 1987）指出，那些恐怖暴力集團之形成與運作，往往是在孤立的情況下，透過團體兩極化的歷程，而越走越極端。

　　集體思考往往是因決議團體爲了力求內部和諧，而忽視了其他相應
對策的實質考量所形成。哈佛大學教授 Janis（1982）分析研究了許多美
國政府的重大失策，如甘迺迪總統的入侵古巴、珍珠港事件、越戰以及
水門事件等等，結果發現這些不幸事件之所以會產生，深受集體思考模
式的影響。一般的集體思考往往注入了從衆附合、自以爲是以及團體兩
極化的心理歷程，而導致重大失策。一般決策小組，爲了保持小組的和
諧友好感，往往會壓制反對意見，而那些持相反意見者，也會有自我檢
查過濾的行爲，不願把自己的眞正看法（與衆有別者）提供小組參考，
這種情形尤以小組的領袖之個人意願明顯昭示時更是如此。反過來看，
一個英明的領袖，爲了避免集體思考的弊害，往往會歡迎、鼓勵不同看
法和意見的提出，邀請專家就未定案的計劃做必要的評鑑，甚至會指派
專人專事發掘可能差錯的職司。

戊、少數人的影響

　　團體對個人行爲的影響既如上述，個人在團體中又如何發揮作用，
以少數來影響多數呢？其實在歷史上，少數人左右多數人的史實到處都
有。當年國父孫中山先生發動革命，推翻滿清王朝的作爲，就是一個例
證。工業文明與科技的進展，也是一個以少數影響多數的歷程。

　　少數如何有效地去影響多數呢？根據歐洲學者的研究，那些少數人
（尤以一人以上者爲然）若能堅持看法，不因挫折而改變者，往往比那些
左右不定、易變的少數人更能影響多數。雖然堅持少數人的看法並不能
使一個人變成人緣特佳，但這卻可增加少數人的影響力，尤其是因個人
的堅持而使他人開始反省和思考時，其影響力雖不一定能有立竿見影之
效，但確是一個好的開端（Nemeth, 1986）。

五、態度的形成與改變

　　態度是一般人所關心的重要問題，因為在日常生活中，態度對於我們的行為有著深刻的影響，對於別人的行為之解釋，或是自己對他人的反應，或多或少都與彼此所持的態度有關。社會心理學家們對於態度做過許多研究，因為態度的形成與改變是一個很重要的社會歷程。

甲、態度的本質

　　簡單地說，**態度**是一個人對他人或對外界事物、環境所持的一種較具持久性和一致性的行為反應傾向。態度的本身包含有三個主要成份；⑴信仰或知識——認知成份；⑵情感——感情和動機成份；⑶行為傾向——實行成份。認知成份包括事實、意見以及我們對某一個人或事物所擁有的知識；情感成份包括喜、惡、愛、恨以及其他的感情；行為傾向則包括對於某一個人或事物所可能採取的行為反應（並不一定是實際採取的行動）。

　　就以對女權運動所持的態度來說吧！例如，有人認為那些提倡女權運動的女人缺乏女性的溫柔，不務家事而喜歡製造糾紛。這種態度可能是根據那個人從報章雜誌上所吸收的有關知識所形成，也可能是因為那個人對於女權運動本身有著強烈的反對感和恐懼，如此一來，基於這種態度的存在，這個人很可能不願意與提倡女權者有所接觸，甚或會在公共場所裡給提倡女權的人難堪。

　　不過，某種態度的存在並不一定就會造成某一特定的行為反應，因此根據某種態度來推測其可能引起的行為反應，這並不一定是絕對可靠的，其他的因素在某些場合裡，可能會左右我們以另一種行為來顯示我們的內在態度。例如，為了避免家庭糾紛或引起其他麻煩，一個對女權

運動抱持不良態度的丈夫，對於自己的妻子，他並不一定能夠與之避免接觸或使之難堪。由此可見，以實驗的方式來研究態度與行為反應間的關係，如果不事先設法對可能影響行為發生的其他因素加以控制，態度與行為的不一致是會常被發現的；反之，如果對這些因素事先加以控制，那麼我們就會發現態度與行為的一致性較高。

在我們日常生活中，「口是心非，言行欠一致」的現象，似乎是到處可見，令人失望。一個人所抱持的態度，到底要在那些情況下，才能有助於對其實際行動的預測呢？根據學者在過去二、三十年的研究（主要是在七十和八十年代），發現以下的狀況是重要的影響因素：

1.外在的影響

當一個人的言和行所受到的外來影響很少時，其言行一致的可能性就會增多。來自社會的許多壓力，往往會對當事人產生重大影響（包括其言與行方面）。例如，青少年人之是否為非作歹，深受其同儕好友的影響，所謂「近墨者黑」，一個人儘是與那些不良青少年為伍，其作奸犯科的可能性也隨之大增。

2.特別的態度

一般性的態度在預測某一特定行為上，效果一定不會很好。特定的行為，需要從特定的態度來加以推測。例如，一般人都知道健康的重要，但卻仍有很多人繼續酗酒或抽菸，一個人對吸菸行為所持有的態度，要比通常性的健康態度，更能預測此一個人的吸菸行為。

3.確知的態度

我們的很多態度往往並不明顯確定，這也就是說，很多人對自己的態度，並不一定有明確的認識和瞭解，在這種情況下，我們的許多行為都是根據習慣和社會期望來進行。如果我們能夠使一個人常常記住（或提醒）其態度，那麼其行為受到該一態度影響之可能性，就會因之增高。

一個人的態度可以左右其行為，反過來看，一個人的行為對其態度

又會有些什麼樣的影響呢？有很多證據指出：態度隨行為之發生而有所
變化。例如，中共在韓戰時對被俘美軍的「洗腦」工作，就是利用行為
以改變個人態度的一種做法。「洗腦」就是態度上的改變，中共心戰人員
採取漸進的方法，首先叫被俘的人說些不利美國的話（例如說：美國的
制度並不完美），然後，叫被俘者列舉一些美國制度的缺點，再進一步，
則要求被俘者針對所列出的缺點去做一篇文章或講稿，並把這些東西公
諸於他人，讓大家曉得，如此一來，被俘者雖未被強迫去發表這許多聲
明，但由於已這麼做，之後，被俘者的態度就會因先前的這些作為，而
對美國制度起了反感，這麼做，主要是在求個人言、行上的一致性。

　　洗腦的過程既是如此，這種方法在美國也被用來改變種族歧視的負
面態度。美國聯邦政府以法律規定，種族比例不均的學區，應以校車載
運學生到不同學校以達成黑白學生比例相當，企圖消除種族歧視。這麼
做的基本理論基礎也就是先改變行為，造成黑白同校的事實，黑、白學
生既在一起上課，一方面可以真正去相互瞭解，更重要的是，既然在學
校內已混合在一起，在校外因種族歧視所造成的分離態度也會因此而逐
漸消失，進而達到態度上的基本改變。

　　其他，我們還可以運用「角色扮演」的方法來改變態度。很多人對
警察或其他執法人員，往往會抱持負面的態度，改變這種態度的一個方
法，是讓有這種負面態度的人去扮演一下當警察或其他執法人員，實地
去嘗試一下這些角色，在「身歷其境」之後，其原先的態度往往會隨「角
色扮演」而起相當變化。改變態度的方法有多種，這在下一節中，我們
將再進一步討論。

乙、態度的形成與發展

　　態度的形成是一個很重要的社會化歷程，有些態度是正式教育與訓
練的結果，有些態度則是在非正式的情況下（例如認同與模仿等）所形

成。在學習原理中所討論的增強過程，對於態度的形成與發展具有重要的地位，良好態度的形成，往往是因受到鼓勵而增強，不良的態度則因被懲罰，或發生不良後果而改變或消逝。

形成態度的導源可分爲三大類，其中之一是消息與知識，消息與知識的獲得可來自直接的觀察，或者由別人傳授，也可能由自己親身體會推理而來，我們的許多態度，就是經由間接的知識和消息所形成。模仿也是形成態度的一個主要方式，從模仿別人，再透過社會性的增強作用，我們也形成了許多態度。一個人的態度也可能是內在衝突被壓抑後所產生的副產品，來自這種方式的態度往往是非理性的，而且又很難加以改變的，例如許多人對於種族或宗教所持的態度就是這樣造成的。

對一般人來說，自己的父母親也許是我們學習態度的最重要根源，這可由一般小孩所持有的態度，大都與他們自己的雙親所持有者相類似來證實。小孩子學習大人的態度可透過多種方式，由於小孩善模仿，在有形無形中很容易習得大人的態度和作法，加上大人對小孩行爲的增強作用，這就難怪「有其父必有其子」的後果頗不易加以避免。

人們的態度有許多是從自己的同儕中學來的，對於那些與我們有切身關係的團體，我們對於該一團體的要求，往往會毫不加考慮地予以接受，因此而對我們的態度發生重大的影響。由同儕中所習得的態度，大多透過觀察與模仿的過程，加上同儕團體又往往對成員施以某種程度的壓力而使其附會就範，偏激的態度往往由此形成。自然環境中的其他因素也會左右態度的形成，過去在美國，有人發現貧困的白人對黑人最爲歧視，其主要原因是，因爲貧困的白人須要同黑人在就業、住所、社會地位和權力方面做許多競爭，這種競爭使得白人對黑人產生敵對的心理和態度。

除了由競爭而產生偏激的敵對態度外，一個人對於較高慾求的滿足是否順利達成抑或遭到挫折，也會影響他的態度，當一個人遭受挫折時，

他往往會變成較富侵略性，如果這種侵略性無法獲得適當的發洩，一個人往往會轉移其侵略目標，而以其他人物為出氣對象，這種現象尤其是以貧困白人對黑人的歧視最為明顯；種族歧視態度之形成，有許多是從小在家庭中「耳濡目染」而形成，但以貧困的白人來說，與黑人必須相互地去競爭，以及因遭受挫折而埋怨黑人，進而以黑人為出氣對象，也是一個很重要的因素。

丙、態度的改變

在討論態度的本質時，我們曾指出，態度本身是由三個主要成份所組成，這三個主要成份包括知識成份、感情成份和行動意向。當這三種成份中的任何一項發生變化而影響其一致性時，個人所經歷的是一種緊張的心理狀況，為了消除這種狀況的存在，態度的改變往往隨之發生，由此看來，要改變一個人的態度，我們可以從三方面下手：第一，我們可以設法改變一個人的知識與信仰；其次，我們也可以改變一個人的情感來使其改變態度；另外，我們也可以改變一個人的行為，以迫使他在態度上做基本的改變。

1.以知識來改變態度——說服法之一

企圖以知識的改變來引起態度改變的方式，在基本上可以從**來源——內容——聽眾**的模式來加以討論，這個模式最先是由耶魯大學傳播與態度改變中心（Communication and Attitude Change Program）的研究員所使用（Hovland, Janis & Kelley, 1953）。此一模式中的任一要項，其本身包括許多分項，例如，來源（source）雖然指的是消息內容（message）的來源，也就是提供消息或製造消息的個人或事物，但是該個人或事物的權威性、地位、性別、年齡、外表以及與聽眾間的關係，都可能對態度的改變產生影響。此一模式中所指的內容，乃是新的或是附加的有關某一事項的消息，此等消息之屬於理性或偏重感情、內

容的組織、所用語言以及提供的程序等,也會影響到態度的改變;至於聽眾的特性,諸如性別、能力、教育程度以及原先所持態度的強弱、人格特質等等,也會影響到態度的改變。

消息來源的**信用度**(credibility),乃是影響態度改變有效與否的一個重要因素,例如,一個小孩的母親告訴別人她的小孩很聰明,這總沒有那個小孩的老師,告訴別人說那個小孩很聰明,來得更能令人信服,而較容易改變別人對那個小孩所抱持的態度。消息來源的**威望**(prestige),也是影響態度改變的一個因素,我們都知道,威望高的人所說的話,通常比較受人重視,因此也要比威望小的人的話,較能改變態度。態度改變的成效也受到消息來源的**用意**(intention)所左右,通常對於那些明顯而直接要改變我們態度的企圖,我們大都會加以抵制,因此其效果也就不會很好,婉轉含蓄通常是比較容易被人接受的。由消息內容所引起的矛盾(內容本身和個人所持態度間的矛盾)的大小,也是左右態度改變的一個因素,在某一限度內,內容所能引起的矛盾越大,改變態度的可能性和程度也就越大;但是,如果內容與個人所持態度間的矛盾過大,那麼很可能引起個人強烈抗拒,而完全拒絕對自己的態度做任何程度的改變。內容的提供方式(單方面或雙方面)以及好惡的前後程序,也會影響到改變態度的效能,在一般情況下,雙方面的提供方式效果較佳,而先提供好的、愉快的內容也較為有效。

聽眾的因素是影響態度改變的最重要因素,而且也是最不容易加以控制的一個因素,因為聽眾間存有顯著的個別差異。個人對於現有態度的表明程度,也可以左右該一態度之被改變與否,態度明顯堅強的人,自然要比沒有明白顯示態度的人較難接受改變。自己所自由選擇和培養的態度,通常也要比別人加之於我們的態度較難改變。與個人的其他態度有所牽連的態度,也是比較不容易加以改變的,因為這個態度的改變往往迫使一個人改變或調整其他的許多態度。事先警告一個人,說別人

有意改變他的態度，往往可以使他不容易接受改變，因為當一個人心理上有所準備時，對於改變其態度的企圖，往往可以有效地加以抵制。個人自尊心和自信心的強弱，也影響到改變態度的難易，自尊心和自信心較強的人，往往不輕易改變自己的態度。

一般人大都不輕易改變他們自己的態度，由於我們所持態度的不同，與其他持不同態度的人產生相互作用的機會，也因之受到限制，如此一來，受到外來影響的機會和程度，也就沒有想像中來得多來得大。例如，一個喜歡喝酒的人，對於有關喝酒會引起心臟病、高血壓等文獻，可能具有強烈的反抗態度，而對之不屑一顧，因此他的態度也就很難會受到此等文獻的影響而有所改變。

2.認知一致法

這個改變態度的方法是以認知失調（cognitive dissonance）的理論為根據，所謂「認知失調」是指當我們認知上有矛盾存在時，我們會感到不舒服，因此個人會設法消除矛盾以減少不愉快的感受（Festinger, 1957）。根據這個道理，當我們所持有的兩個態度或看法，互相矛盾而不相容時，不舒服的感受自然會產生，而當我們的看法與做法有所出入時，我們也同樣會感到不快活。

當我們的態度與我們行為不一致時，是否我們先得改變態度才能對行為本身有所改變呢？根據有些研究結果，這並不一定是需要的，假如我們能先從行為上使之改變，由於行為上發生變化，態度與行為上的不協調自然會產生，於是個人為了消除不協調所引起的不快，其態度也會因之而有所改變。在美國，為了達到黑白混合的目的，聯邦政府先以法律規定，破除種族歧視的實際設施與行為，而一般民眾的態度也因之而有所改變，這在前面我們已有所討論。

由認知失調而引起的態度改變，也受到某些其他因素的影響，這些因素一方面左右所引起的認知失調的程度，另一方面則與消除或減少認

知失調的變通方式之多寡有關。通常如果一個人的行為是出自自己意願，而不是被迫行事，那麼由此一行為所引起的失調狀況，比較能使個人改變其所持的態度（Cooper, 1971）。個人行為所造成的獎懲後果，也是左右態度改變的一個因素，如果個人的行為是因別人付出代價而造成，由這種行為所引起的失調感覺往往較難改變一個人的態度。另外一個重要的因素是，個人對其行為所持的理由，如果一個人認為自己的行為是合理的（雖然與其所持的態度有所偏差），那麼因此一行為引起失調而造成態度改變的機會和可能性也較少。行為的代價，以及行為者對自己行為之認為有道理與否，往往產生交互作用而影響到態度的改變，雖然出乎一般人的想像，但是由實驗所得結果，代價越高，態度的改變反而越少，這種現象可由下表來說明：

甲、為少量代價而做了與態度失調的行為

（為小小代價而有言行欠一致的做法）

我的行為與自己的感覺和看法不相符合 ＋ 我這樣子做並沒有什麼道理 $\xrightarrow{引起}$ 高度的失調──態度的改變大

乙、為大量代價而做了與態度失調的行為

我的行為與自己的感覺和看法不相符合 ＋ 我這樣子做是有道理的（為高代價而做）$\xrightarrow{引起}$ 低度的失調──態度上的改變小

3.訴之感情──說服法之二

　　恐懼是最常被使用來改變態度的一種感情，這種方法的應用，通常是在使持有某種態度的人，感到如果他不改變該一態度，其後果將不利於他。例如對於一個喜歡吃糖的小孩，大人們往往以「牙齒會蛀光」來企圖改變小孩對吃糖的態度。醫學界、警察局也往往告訴大家，如果不遵行某些規定或建議(如保持環境衛生、不吸菸、少喝酒和不開快車等)，

就會感染疾病，危害健康，甚或造成死亡的不幸事件，這就是訴之恐懼情緒的一種說服方法。

　　爲什麼這種方法有效呢？有些人從**驅力減低**（drive-reduction）的立場來加以解釋，根據這種看法，訴之恐懼往往使人產生焦慮不安；不過，如果一個人遵照所示行事（改變態度），卻使人有一種得到保證的感覺，而這種感覺可以消減焦慮不安的情緒，因此對於態度的改變，具有積極的增強作用，這種說法雖有一些研究結果來支持，但是也有些研究卻發現不同的結果，因此要對這一方法的有效與否做一結論，目前似乎尙嫌太早。

4.研究態度改變的一些發現

　　綜合各方面的研究結果，我們可以將有效改變態度的一些措施與方法歸納如下，但是在實際應用上，對於其他的相關因素也需要加以考慮。

　　A.　如果是探說服的方法，在友善的聽眾前，當你的看法是唯一要提供給聽眾的看法時，或者當你所要的是短暫的改變時，你只要提供自己單方面的看法，不必正反兩種看法都提出。

　　B.　當聽眾的看法與你自己的不相同時，或當其他的看法有可能被提供出來給觀眾時，你最好做雙方面的敍述，這也就是說，你要把正反兩方面的看法都提供給觀眾。

　　C.　當各種不同的看法依序被提供給同一群聽眾時，最後被提出的看法，通常較能改變聽眾的態度；**原初效應**（primacy effect）的使用，是將正面的意見首先提出，因爲然後緊接著別人會提出反面的看法。**時近效應**（recency effect）的運用，是當提供正、反兩方意見間有一段長時間的隔離時，正面的意見應在最後提出較爲有利。

　　D.　除非聽眾的智力很高，而又有深刻的認識，通常明白地表示意見並加以討論較能產生效果。

　　E.　由於聽眾和場合的不同，有時訴之理智要比訴之感情有效，但

是有時訴之感情，卻也會比訴之理智有效，見機行事相當重要。

　　F.　當訴之感情時，所引起的恐懼感越大，態度上的改變也越多。不過，當訴之感情時，對於態度改變的方向與建議應加以明示，否則可能會產生反效果。而且，有效減去恐懼感的因應措施，也要明白提示。

　　G.　若要引起態度失調的行爲，應儘量設法使這種行爲少受到外來利誘或壓力，如此，態度的改變通常會較大。

　　H.　明白表示有意改變別人態度的做法，往往會增加態度改變上的困難，反之，如果能夠隱瞞改變態度的企圖，將可以有利於態度的改變。

丁、偏見

　　偏見是一種不合理、通常又具負面意義的態度，這種態度的對象是某一群體和其成員。持偏見者的信念，因爲是過份概括化而被稱爲刻板印象，偏見的情緒成份則以敵對、嫉妒或是害怕爲主，其行動趨向偏於歧視。例如，對原居民有偏見的人，認爲原居民粗暴嗜酒，於是對原居民起反感，不喜歡同他們來往，對待他們時採不友善的行爲方式。

　　產生偏見的根源在那裡呢？這可從社會的、情緒的以及認知的不同方面來加以探討。從社會的角度來看，偏見乃是維持不同群體間不平等地位和待遇的理由化根據，那些認爲「女人無才便是德」的人，便會藉此理念來歧視女人，貶抑女性的上進和工作機會。更不幸的是，被歧視的人往往會有自責或是憤怒的反應，而這些反應很可能被利用來辯護歧視的合理性，如此循環輪迴，更加深了偏見和歧視。另外，因個人隸屬團體不同，很容易造成「自己人」和「外人」的偏見，例如本省人——外省人，執政黨——民進黨，彼此常會有偏見發生。還有一種說法是，偏見乃是那些憤怒的人歸罪他人，以作爲發洩挫折感的一種心態。

　　從認知的角度來看，偏見往往是歸類（categorization）所帶來的一個後果，歸類在認知的運作上自有其好處，但是它也是造成過份類化的

主要因素，過份類化的後果便是刻板印象。另一個認知因素，則牽涉到一般人的「世界乃是公平的」（just-world phenomenon）的錯誤理念，通常我們都以為「善有善報，惡有惡報」的說法是天經地義的，但是仔細想想，不幸事故的發生在一個人身上，一定是因為那個人做了壞事不成？心地善良的人永遠不會生病或遭遇不幸？大魚吃小魚、小魚吃再小的魚、大欺小、小欺無能，這難道是合理的嗎？

六、侵害、衝突與和解

甲、侵害（aggression）

　　心理學上所謂的**侵害**，指的是蓄意以肢體或語言方式來傷害或是破壞他人的行為。侵害性的高低存在著顯著的個別差異，造成此一現象的原因包括有生理的和心理的因素，現在讓我們分別來探討一下。

1.侵害的生理因素

　　侵害性之是否為一種天生的本能，學者間爭論不少，不過，侵害性會受到生理因素的影響，則是一個不可否認的事實。生理因素對侵害性的影響可分三個階層：遺傳的、神經的和生物化學的。以單卵雙胞胎為受試者所做的研究，發現雙胞胎的一半若具侵害性，其另一半也同時具有侵害性的機會大增（Rushton et al., 1986）。在神經層次上，有些學者發現人類腦部之特定位置如受直接刺激，侵害性隨即發生（Moyer, 1983）。腦部神經作用則直接受到體內賀爾蒙（生物化學物）的左右，另外其他留在體內的化學物（藥物，如酒精和鎮靜劑等）也會影響到一個人的侵害性。有些報告指出，雄性激素的增多往往與暴力行為有關，而以藥物來減低體內的雄性激素，則有助於侵害性的降低（Dabbs et al., 1987; Wilson & Herrnstein, 1985）。

高於常人的雄性激素乃是青壯暴力罪犯的一個特徵，這一類侵害性較高的年輕男子，其一般智商卻比常人低些（Dabbs, 1992）。學者們還發現，就一般年輕男性而言，高度的雄性激素往往與青少年犯罪、吸毒、和侵害、欺侮他人的行為有關（Berman & others, 1993）。其他的研究（Bushman, 1993; Taylor & Chermack, 1993）又發現，體內酒精對侵害性的行為反應會有促進的作用；另外，那些具暴力傾向的人往往較會喝酒，而這些人一旦喝醉時，也較易使用暴力（White 等，1993）；在美國，喜歡喝酒的人有很多牽涉到強姦和其他的強暴案件，根據警方的資料和學者的研究（Abbey 等，1993；Reiss & Roth, 1993），將近一半的這一類刑事案件是那些嗜好杯中物的人所幹的。

2.侵害的心理因素

引發一個人的侵害性行為之心理因素多少都與遭到挫折和不如意有關，根據專家的研究（Berkowitz, 1989），那些被迫害、受苦難的人和動物，往往都會反過來迫害他人，使別人遭受苦難。心理學上有所謂的「挫折——侵害」理論，根據此一理論，挫折導致氣憤，而氣憤很可能引發侵害性行為。但是，挫折之所以產生，主要是與令人厭惡和嫌棄的事物有關聯。

侵害性行為之發生也與學習有關，學習的方式有多種，社會學習自然是具有相當大的影響，這尤其是不良的榜樣時更是如此。有些為人父母者，在管教子女時，嚴責苛罵，甚或動用手腳，體罰施暴，這一些不良的管教方式，可能給小孩子提供一個有問題的壞榜樣，讓他們學到侵害性的行為方式。

模仿學習既是如此，小孩子觀看電視、電影，尤其是那些含有暴力行為的影片和節目，是否也會學到壞的榜樣，增加侵害性行為的發生呢？大部份的研究者和專家們認為，這種不良的影響是很有可能的，至少常常觀看這一類的電視，使一個小孩採取侵害性行為的趨向大為增加，雖

然直接採用暴力並不一定會發生，但是這些小孩對於暴力受害者的同情敏感性，卻往往會因多看暴力節目而減低（Linz et al., 1988）。

　　除了學習壞榜樣外，觀看暴力鏡頭、節目還會引起多項不良的影響。首先，觀看暴力行為會使觀看者使用暴力的抑制性減低，尤其不太懂事的小孩，很可能因看電視上的暴力，而認為使用暴力乃是名正言順的一種合理行為（至少在某些情況下）。再者，常常觀看暴力行為，會使一個人因習以為常，而對暴力所造成的傷害逐漸地變成「麻木不仁」，而慢慢地減少了對暴力的反感。如此一來，也相對地會增加使用暴力的傾向（Geen & Donnerstein, 1983）。

乙、衝突

　　這裡所謂的「**衝突**」（conflict），指的是介於不同意見、目標以及行動間之不和諧和矛盾，而這種矛盾並不一定要是實質存在的，只要當事人認為有某種程度的矛盾存在，就構成社會心理學上所稱的「衝突」。很多社會心理學家認為，衝突之所以會產生，是因為當事人抱持敵對的態度，來從事他們並不一定真正需要的，而又具破壞性的社會運作所形成。

　　只顧個人權益，而不去為別人著想，缺乏對別人的信任等，乃是社會運作中的許多陷阱，而這些陷阱是導致社會衝突的一個很重要的因素。試想那些製造污染的人，為了個人的利益和方便，到處丟棄垃圾，認為小小的菸頭、用過的餐巾，在廣大的郊外公園絕不會有礙於大體環境。若是每個人都有這種想法和做法，公共環境的遭到污染必是無可避免的，而人際間利害的衝突也必隨之發生。

　　社會衝突（包括國際間的衝突在內）之加深惡化，與當事者雙方所抱持的「**鏡子意象**」知覺有關。當事者雙方對對方所採的觀點雖是獨特的，但卻是十分相類似，一方面把自己看做是講理愛和平的人，另一方面則又認為對方是罪惡具侵害性。當年美、蘇冷戰之陷於僵局，就是與

這種知覺方式有重要牽連,自己國家發展核武是爲了防衛敵人的攻擊,而對方如此做,卻是增加其侵略的戰力,以求支配他國。這個國家之所以要談限武,只是在虛做宣傳的聲勢而已,我們是眞的愛好和平的,但是如果不繼續發展尖端武器,對方的軍事就會變成更爲強大,到時候我們不就要任其宰割了嗎?雙方各唱各的戲,缺乏信任對方的誠意,如此周而復始,敵對永難消除,還可能越演越烈,而到不可收拾的地步,過去持續甚久的西方民主與共產集團兩大陣營的激烈冷戰,很顯然地是因此造成的。

丙、和解

和平地解決衝突有賴於下列三要件的存在:合作、溝通與修好(con-ciliation)

1.合作

要敵對的雙方進行合作,並不是一件容易的事,將雙方湊合在一起而有直接的往來,並無濟於事,有時還會使情況惡化。不過,如果雙方因互相需要合作以解決危難或是達成某些共同目標,那麼雙方進行接觸、合作的可能性就會大增。國際間的交流交往(文化的、貿易的、學術的等等),不但有助於彼此間的相互瞭解,也可以破除歧見,促進原本敵對的雙方去加強合作。

2.溝通

敵對雙方往往不能信賴對方,認爲對方沒有誠意,而又有剝削、詐取的企圖。但是,如果雙方願意進行溝通,這不但可促進雙方的相互瞭解,而且還可藉此商談互相合作的途徑。當雙方衝突嚴重時,第三者的介入居間斡旋,往往可以促進雙方的溝通。溝通在雙方嚴重衝突時最爲需要,但也是最難促其發生,尤其是在危機發生時更是如此(Tetlock, 1988)。因爲在危機狀況下,雙方互相誤解往往會加深,對於對方的觀點

也往往會扭曲，而加深歧見。

3. 修好

　　當衝突加劇，嫌隙增深時，合作與溝通是無法進行的，在這種情況下，雙方採取威脅、恐嚇、報復的行動的可能性也隨之大增，這些行動當然更是火上加油，使衝突更爲惡化。而且，衝突的雙方也都知道以無條件的合作來姑息是一種不明智的作法，它很容易被對方所利用剝削。

　　針對這種僵持的局面，心理學家奧士古德（Osgood, 1962; 1980）提出俗稱爲 GRIT 的對策，GRIT 是由"Graduated and Reciprocated Initiatives in Tension-reduction"而來。此一方法的使用，由一方先聲稱對雙方的利益有共識，並願意減低緊張情勢，如此做並不一定會削弱其報復的能力，但卻可促使對方採取相對的行動，做善意的回應。但若對方以敵對態度爲回應，則可以以牙還牙對付之。但若對方有了善意的回應，則另一方又進一步去採行修好的措施，如此逐漸地減低對峙的場面，以期衝突的和解。GRIT 在緊張局面的消除上頗具效用（Lindskold, 1978; 1986），只有在緊張氣氛降低後，雙方進行和談才有可能。

第十八章

心理學與現代問題

大　綱

一、都市問題

甲、擁擠

乙、噪音

丙、空氣污染

丁、訊息超載

二、工業心理學

甲、員工選拔

乙、工作動機的研究

丙、影響工作滿意的因素

丁、管理與領導

三、商業應用

甲、商業廣告

乙、市場研究

　　現代化的生活，給人們帶來了許多方便與舒適，但在另一方面，也同時給人們帶來了不少的問題與困擾。這些問題和困擾雖然是現代化生活的副產品，不過，在基本上，它們乃是人類自身行為的後果。心理學家以研究行為為主要職志，對於這些問題的解決自有其應負的道義責任。因此，應用心理學原理原則，來謀求實際問題的解決，乃是理所當然，責無旁貸。

　　應用心理學的範圍相當廣大，而且早在本世紀之初（1917），專門性的期刊——《應用心理學學報》（*Journal of Applied Psychology*）即已出版問世。不過，當初所謂的應用心理學，主要偏重於心理學原理在工、商業方面的應用，時至今日，應用心理學可以說是無所不包，牽涉相當廣泛，其中以**環境心理學**（environmental psychology）的研究最為新近。所謂**環境心理學**乃是以人和其周遭物體環境間相互關係為主要的研究對象。過去心理學家對於人類本身周圍的物理世界，未免有所疏忽，但是，環境心理學的成立不但彌補了這個缺陷，而且其發展的速度又是相當快速。

　　環境心理學的主要研究步驟大多以社會心理學為根本，而且有許多環境心理學家本身又是社會心理學家，他們以研究人類相互間的交互作用為主要範圍。在另一方面，有些工程心理學家們也參與環境心理學的研究。工程心理學家的主要職責乃是在改進人與機器間的關係，而目前有些工程心理學家則轉而謀求人與自然環境間關係的改善。除此之外，有些非心理學家，如都市計劃人員、社會學家、人類學家等，對於環境心理學的成長也有著不可抹滅的貢獻，他們對於自然環境的探討與研究，為環境心理學者提供了良好的範本與根據。

　　在本章中，首先要介紹的是偏重於環境心理學方面的一些實際問題，尤其是以現代化大都市居民所遭受的一些問題為主，就目前已有資

料中，探討大都市環境問題對其居民行為所可能發生的影響。雖然專家
們目前尚無法為這些問題提供必要的解決方法，但是對於這些問題的深
入瞭解，也許將有助於有效解決方法的獲得。其次，將就心理學在工商
業方面的一些主要應用舉例加以介紹，但因限於篇幅，我們不擬在此做
詳密的探討。

一、都市問題

甲、擁擠 (crowding)

由於人口高度集中，擁擠的現象為一般大都市所共有。長久居住於
擁擠的環境裡，對於一個人的行為舉止到底有些什麼影響呢？對於這個
問題，心理學家們由於倫理道德上的約束與顧慮，很難以人為實驗的對
象來進行研究，不過，根據用動物所做的實驗結果，發現擁擠對於一個
人的行為似乎會有高度的不良影響。

美國國立心理健康研究所（National Institute of Mental Health）
的專家柯鴻（Calhoun）曾以老鼠做了一連串的實驗，來研究人口高度
密集對社會行為所可能發生的影響。在一個可以舒適地容納四十八隻老
鼠的籠子裡，柯氏讓這些老鼠自然地繁殖到八十隻，在籠子裡，除了地
方不夠外，食物和飲水等必需品並不缺乏。在這種過度擁擠的情況下，
柯氏發現老鼠的行為有了顯著的變化，初生老鼠的死亡率高達百分之九
十左右，母老鼠在懷孕期間常有嚴重的失常行為出現，而且流產的比率
也有顯著的增加，她們對於幼鼠的照顧以及築巢的工作往往有所疏忽，
母鼠本身的死亡率也大有增加，許多處於這種情況下的老鼠顯示退縮的
行為徵象，互相攻擊和侵害的行為以及不正常的性活動也都有所增加，
柯鴻把這種由擁擠（高度的）所造成的失常現象叫做**行為的污水漕**（be-

havioral sink）。

　　擁擠的生活環境對人的行為所可能發生的影響，可以用兩種不同的方法來加以研究，不過由於直接操縱上的困難，因此這兩種方法都不能令人滿意。第一種方法是研究生活於擁擠環境中和不擁擠環境中的人，比較分析其在成人犯罪率和行為失常人數的多寡等變項上所存在的差別。專家們曾用這種方法在不同地方進行研究，一般發現人口密度與犯罪率和行為失常的人數等有著正值的相關（Schmitt, 1957; 1966）。過去有人在芝加哥所做的研究，人口密度是根據每戶人家所擁有的房間以及每一房間所要容納的人數來加以衡量，社會病態則根據死亡率、生殖率、社會救濟、少年犯罪以及精神病患的多寡來加以判斷，結果發現除了精神病患一項外，擁擠的生活環境與其他的社會病態都有關聯。在紐約由其他學者所做的類似研究，雖也發現擁擠與社會病態有關，但是在進一步對個人收入所得以及其他社會因素用統計方法加以控制之後，這兩者間的相關就不再存在。由於人口密集往往又與生活貧困、教育不普及、營養不良等造成社會問題的許多因素有關，因此人口密集是否為病態社會問題形成的焦點，則很難加以確定。不過，近年來有關這方面的實地研究（field study）有了顯著的增加，有些研究結果指出擁擠與高血壓有關，另外也有人發現關在比較擁擠的監獄裡的犯人，其中抱怨病痛的人數也較多。

　　美國哥倫比亞大學的社會心理學家富里曼則採用實驗室的方法來對擁擠的問題進行研究；他曾多次在實驗室裡以志願參與受試的人為研究對象而從事下列的研究。通常他把志願受試者安排在大小不同的房間裡，大的房間有一百八十平方呎，小的則只有二十五平方呎，每次被安排在這些房間裡的人數為四至九人不等，如果房間小，而在裡面的人多，那麼擁擠的現象就自然形成，在這種環境下，受試者花費四個小時試圖各自解決不同的問題，富里曼發現受試者在這種情況下的問題解決的能

力並沒有受到不良的影響。不過,當受試者需要同別人一起解決問題時,擁擠的現象就會有不良的影響,而這種影響又因受試者性別的不同而有所不同,一般來說,在擁擠情況下的男人,其競爭性變得比較強,而且態度消極多疑又富侵略性;女人則變得比較積極,也比較友善而肯與他人合作。有一點要特別提出來的是,富里曼用來做實驗的房間都有冷氣設備,而且受試者在房間裡也都有相當舒適的椅子坐,其所佔有的空間也大略相等,而且受試者每人各自獨立不受他人的牽制,他們在這種情況下所企圖解決的問題又具有高度的結構性,而且他們處於這種所謂擁擠情況下的時間也只有四個小時而已,這一切與我們所知道大都市裡日常生活中的擁擠情形是大有不同的,因此由這些實驗所得的結果到底有多少可以類化到實際情況,是值得我們進一步加以考慮的。

乙、噪音

住在大都市裡,噪音似乎是生活中無可避免的一件東西,繁忙的交通工具,用來取代人力的機器和設備,甚至娛樂所用的音響設備,都是都市裡噪音的主要來源。當然,聲響之是否為噪音,感受者的態度與動機有著很重要的關係。年輕人在欣賞音樂時,喜歡把唱機或收音機開得很響,尤其是以熱門音樂和搖滾樂為然;但是他們的父母和長輩對此往往很難忍受,而認為真是「吵死人」。為了討論上的方便,一般人大多以音響強度在 90dB 以上者為噪音,各種聲響的強度在「感覺」一章中(第八章)已有所介紹。

噪音對於我們的生活到底有些什麼影響呢?高度的聲響可能傷害我們的聽覺器官,這是大家所知道的,不過,這裡我們所要討論的乃是偏重於噪音在心理方面所可能造成的影響。在這方面,心理學家們所關心的一個問題是噪音是否影響到一個人的工作效率。對於這個問題,專家們並沒有一個簡單而肯定的答案,因為噪音的來源以及工作的性質有著

密切的關聯，我們很難肯定地說噪音會對所有的工作都產生不良的影響。不過，噪音對於需要集中注意力以及包含衆多訊息的複雜工作則會產生不良的影響，但是在某些情況下，噪音有時卻又有助於一個人的工作效率。

當噪音可以被用來提高一個人的警醒度時，它對於工作效率是有所助益的。例如對於一個昏昏欲睡的人來說，強大的聲響往往可以使他保持清醒，而清醒的狀態乃是維持相當工作效率所必需，如此一來，噪音的影響當然是有利的。不過，就一般人在日常的生活情況下來說，噪音的存在往往會減低一個人嘗試解決困難問題的耐心而降低其工作效率。學者們還發現，一個人對於噪音之是否擁有控制操縱的能力也會左右其工作效率，如果一個人擁有控制噪音的能力（雖然不一定會加以控制），他的工作效率很少受到影響；反之，對於噪音缺乏控制力的人，往往在內心裡產生一種無助的感受，因此降低他對挫折的容忍程度，而使他無法有效地解決較爲複雜的難題；而且，就一般人來說，不能預測的噪音往往要比預料中的噪音更會造成不利的影響。

噪音對於小孩的語言能力是否也會產生不良的影響呢？根據實地研究的結果，學者們發現長期遭受噪音困擾的小孩，其閱讀能力和語音辨別能力都比較差。這些學者所研究的受試者是居住於緊靠高速公路邊多層公寓裡的小孩，這些高達三十二層的公寓，其接近馬路的底下幾層，由於高速公路繁忙交通的影響，所受到噪音的困擾相當嚴重，而較上面的幾層，由於離地面高，所受到的噪音侵擾則較少較輕。根據測驗結果，住在低層公寓裡的小孩，在閱讀能力和語音辨別能力兩方面都不如那些住在較上層公寓裡的小孩。專家們進一步分析的結果，認爲這種差別與小孩子所處家庭的社會階層背景或空氣污染等因素並無相關。這些學者們認爲嚴重的噪音影響到居住於低層公寓裡小孩的語音辨別能力，由於這種能力與閱讀能力有密切的關係，所以這些小孩的閱讀能力也因此而

受到不良的影響。由此看來,這些小孩在日常生活中,雖不爲嚴重的噪音所困擾而發生適應上的困難,但是嚴重的噪音問題對他們似乎會造成長期的不良影響。

丙、空氣污染

空氣污染對人類身體健康所造成的危害已爲各界所共認,不過,呼吸污染的空氣在短期內是否會對我們心智活動的效率產生不良的影響呢?英國學者爲了研究這個問題,曾在實驗室裡讓一部份的受試者呼吸新鮮的空氣,而另一些受試者則呼吸從某一市區路面上十五英吋高度所提取的污染空氣,這條路的交通量是平均每小時有八百三十輛車子。這兩組受試者在呼吸不同的空氣後,從事數項訊息處理的工作,結果發現呼吸過污染空氣的那一組受試者,在四項工作中有三項是不如呼吸新鮮空氣的那一組受試者(Lewis, Baddeley, Bonham & Lovett, 1970)。由這項研究結果,有些人懷疑馬路上被嚴重污染的空氣也許是造成頻繁交通事故的一項原因。

前面我們提過,維持一個人適度的清醒乃是良好工作效率所必需,由於污染空氣中氧氣含量減少,而其他不利於人體的成份增高,這在個人血液的循環上可能造成不良的後果,也因而影響到一個人的警覺性和工作效率。通常當我們處於污染空氣中一段時間之後,我們往往會有頭昏不舒服的反應,而含二氧化碳等廢氣過多的空氣,往往有致人於死的危險,雖然馬路上被嚴重污染的空氣還不至於在短期內使人窒息而死,但一個人長期呼吸被污染的空氣所可能造成肉體上的損害是不可否認的。至於污染的空氣是否比較容易使人產生疲倦而分散注意力,再進而影響到一個人的認知活動,在不久的將來,也許我們會有更具體的資料與證據來下個論斷。不過,已有研究(Bullinger, 1989)發現,空氣中少量的二氧化碳與下列心理反應有關:較慢的反應時間,注意力較不集

中，以及較差的心理建康。

　　污染的空氣會造成不利的後果，宜人的香味是否會有良好的效應呢？根據一項實驗（Baron, 1990）結果，這個問題的答案似乎是肯定的。以大學生爲受試者，首先讓他們置身於噴有香水和空氣清爽劑（air freshener）的房間，或塗用香水，這些人要比控制組的人立定較高的目標，採用較有效的文書處理方式，在與他人談判時較會妥協，較少會迴避衝突，而在應付預期的衝突時，也較會採取競爭性的策略。那些受到香水影響的男性受試者，其自我能幹感（self-efficacy）也較高。

丁、訊息超載（information overload）

　　大都市的問題不只是擁擠、噪音和空氣污染，大都市也爲它的居民帶來了過多的感覺上和認知上的訊息和刺激，這就是這裡所謂的**訊息超載**問題。由於外來的刺激過多，往往使得居住其中的人感到很難適從，爲了適應這種環境，住在大都市裡的人往往採取下列的手段來加以對付（Milgram, 1970）：

　　A.　他們儘量避免跟別人「打交道」；

　　B.　要是他們需要跟別人打交道時，也多止於表面上的接觸而已，很少願意進一步用感情；

　　C.　因爲都市生活緊張而忙碌，他們對於與自己無切身關係的事物都很少加以理會，因此「見死不救」、「求助無門」的現象也不難發生；

　　D.　爲了減少不必要的麻煩與打擾，他們大都冷淡而不友善；

　　E.　他們成立各種特殊的機構，如救濟性、福利性與慈善性質的組織，來進一步減少個人所必須予以單獨處理應付的機會與場合。如此一來，居住於大都市中的個人，往往缺乏人際間相互交往的興趣與機會，彼此間不相認識，每個人也就有了一種「不爲人所知」的感覺。

　　當一個人有了「不爲人所知」的感覺時，他的行爲往往會因此而有

所變化。住在小村子裡的人，左鄰右舍都互相認識而又常有來往，在這種情形下，不友善不體面的事，一般人都儘量避免；但是在彼此少有往來又多不相認識的大都市裡，隔壁住些什麼樣的人，根本少有人理會，由於大家不熟，就是鄰居也少有來往，在這種情形下，個人行為上的顧慮很少，現實自私的作法，也不必擔心他人的非議，為了達到一己的目的，往往棄他人之利害於不顧。這種說法，社會心理學家們也曾以實驗的方法來加以證實，在實驗室裡，那些互不相識，也很少顧慮會被他人認得的受試者，其在行為上所顯示的侵略性和破壞性，較之那些相互認得的受試者，有著顯著的增加。

在十七章討論社會心理學時曾提過，住在大都市裡的旁觀者，很少有插足介入危機的行為顯示。這裡再來介紹一些有關的研究，在紐約市曼哈頓區的中級住宅區裡，有研究人員偽稱把住在該區附近的朋友的住址給弄掉了，因此想借用居民的電話來跟朋友取得聯絡，這四個研究人員（二男二女），每一個人在那個住宅區做了一百次的嘗試（敲門借用電話），另外，這些研究人員又在附近的小鎮裡做了六十次類似的要求，結果發現住在曼哈頓的居民，有百分之七十五左右是鎖著門來回話的，而且很少有同意借用電話的；相反地，在小鎮裡的居民，大部份都同意借用電話，而且態度也比較友善。另外有一個實驗，實驗者叫一個九歲大的小孩假裝迷路，而要求路過的人幫他打個電話回家，結果發現在大都市裡的人拒絕這個小孩要求的，遠比在小鎮裡的為多。由於自身安全上的顧慮，住在大都市裡的人，一般對於陌生人大都儘量地加以避免，因此願意助人一臂之力的也就很少。

總而言之，大都市裡的居民為了適應大都市裡過多的刺激，應付訊息超載的問題，他們大都採取冷淡不友善的社交方式，如此可以避免不必要的干擾與麻煩。另外，大都市裡的人大都互相不認識，一方面由於這種「不為人所知」的感覺，個人的行為少為他人所約束；另一方面，

害怕恐懼又往往與陌生的感覺同時存在，如此一來，大家互存戒心，這就難怪事非關自己，一般都很少多加理會。

對於別人財物的尊重，大都市裡的居民也沒有小鎮裡的居民來得多，這也就是爲什麼在大都市裡，破壞他人財物的事件屢見不鮮。爲了證明這種現象的存在，心理學家分別在紐約大學布朗士分校附近和加州史丹福大學校區附近的馬路上棄置汽車，他們把車牌拿掉，而且把車蓋掀開，研究人員則躲在附近的房子裡就所有靠近這些車子的人加以拍照觀察。停在紐約大學布朗士分校附近的車子，在被棄置後十分鐘，第一個破壞它的行爲就發生，在一男一女和一個小孩首先對該車子採取行動，他們把車子的電池拿去，再用鋸子把汽車的冷卻器鋸走。在此之後，不斷地有人將車子上可以搬走的東西予以搬走，然後，隨意破壞車子的行爲開始出現，路過的人有的把車子的玻璃和電燈打破，有人敲壞車蓋、車身或車門，有些人甚至用刀子割破輪胎。在頭三天裡，破壞車子的次數高達二十三次，到了這個時候，整個車子已變爲一堆破銅爛鐵，面目全非。而且更令人驚奇的是，大部份的破壞行爲是在光天化日之下發生，而從事破壞行爲的人，大都是穿著甚佳、儀容端正的成年人。

棄置於史丹福大學附近的車子又是如何呢？在該車被棄置後的七天裡，竟無一人對其採取洗劫破壞的行動，不但如此，有一個路過的人，剛好碰上下雨，這個人還特地把車蓋放下，以免車子的馬達被雨淋濕。史丹福大學的所在地，乃是一個人口不太多的小鎮，此地居民行爲的忠厚，與紐約大都市居民的行爲，其對比之強烈，由此可見一斑（Fraser & Zimbardo, 1969）。史丹福大學附近多爲高級住宅區，居民生活水準相當高，富足的生活環境，當然也是造成兩地方顯著差異的一大因素。

二、工業心理學

甲、員工選拔

工業心理學家在從事員工選拔的工作時，其工作的重點乃是在設計有效的方法與程序，以便從工作應徵者中選取最適當的人來擔任某項職務。而某一人選之是否為最適當，則以該一人選之是否最能圓滿地達成任務為依據。工業心理學家在從事這項工作時，大都經過下列幾個步驟：

1.職務分析（job analysis）

職務分析為員工選拔過程中的第一個步驟，職務分析的目的，乃是在決定從事某項職務所需的行為。為了瞭解某項工作所需的行為，工業心理學家往往詢問已從事該項工作者在執行職務時所需的行為表現，這也就是說，從已有該項工作經驗者中去瞭解其工作內容；工業心理學家也可能在工作現場做仔細的觀察，以瞭解該項職務的實際操作情形，經過這些手續之後，工業心理學家希望對於該項職務所需的技能和要求有正確而深入的瞭解。

2.擬定方法

在對某一職務有了深入的瞭解後，心理學家初步擬定圓滿從事該項職務人員所應具備的條件與資歷，如此一來，他對於應該選拔什麼樣的人來擔任工作就有了相當的認識。既然知道所要選拔的人員，下一個步驟就是設計一些方法來找出最合適的人選。選拔最適當的工作人員，其方法因工作性質、工作要求的不同而有很大的差別。一般來說，心理學家往往運用心理測驗來衡量應徵者的條件，這些條件可能包括適當的普通智力、特定的人格或某種興趣傾向等。除了標準化的測驗外，心理學家還利用面談的方式，以及分析應徵者的資歷經驗，來對應徵者進行瞭

解；另外，心理學家對於資歷經驗的分析也頗為重視，因為應徵者的資歷經驗不但可以用來預測應徵人選之是否能夠稱職，而且還可以用來預測該人選在職的長短，以及此一人選失職貪汙的可能性。有時為了某項職務的特別性質，心理學家需要編製特殊的測驗工具來做為選拔人才之用。

在決定測驗工具以及測驗項目之後，下一個程序乃是就所有應徵者加以測驗審核，不過這些測驗和審核所得的結果，並不被用來做為選拔工作人員的依據。在此一階段，員工的選拔仍然依據過去的例行步驟與條件，將合乎該項標準的人加以錄用。在經過一段時期之後（一般為三個月或半年），等新進的工作人員在職務上已有所表現而能被用來評鑑其工作成效時，心理學家再根據前所收集的有關測驗資料，以及審核結果，來和工作成效進行相關分析，如果這項相關分析所得的結果證明，所用的測驗和甄選條件能夠正確有效地選拔最合適的工作人員，心理學家認為初步的工作已圓滿達成。不過，由此所擬定的測驗工具和選拔條件仍需進一步加以驗證，始能確保失誤不至於發生；進一步的驗證則需從下一批新的應徵者進行類似上面所說的選拔與分析，如果覆證的結果仍然滿意，那麼這套選拔的程序和條件就可以被用來選拔合適的員工。這種選拔方法，主要是被應用於大批僱用員工的情況下，在其他場合，其適用性是有限的。

上述釐訂員工選拔方法的程序已被使用多年，工商界一般認為，這種方法在有效選拔適當員工並減低人事費用上頗有貢獻。不過，這種選拔方法也有一些不可避免的缺點：第一、這種選拔方法所費的時間太多太長，一個有效可行的選拔程序，最少需要在幾個月後才能設計試用完成，而且初步的相關分析，需要以同樣的步驟來進一步加以驗證才能確實有效。由於費時太長，工商界往往因此而遭受損失；第二、這種選拔方法只有在同一樣工作需要很多工作人員時才能適用，因為只有在這種

情況下，測驗工作的效度才有建立的可能；第三、這種選拔方法的一個
基本假設是，工作具有長期的穩定性，此一工作所要求於其工作人員的
條件與資格少有變更。不過，在高度科技化的社會裡，工作與人事上的
變遷相當頻繁，而且也無法加以避免，因此這種選拔方法的使用也就大
受限制。

乙、工作動機的研究

條件與資歷相當的工作人員，其在同一崗位上是否會有同樣的表現
和成就呢？事實證明，這是不可能的。雖然在同一崗位上的許多工作人
員，都具有同等的條件與資歷，他們的工作成效與表現卻往往有著很大
的差別。造成這種差別的因素很多，其中一個很重要的因素，乃是個人
工作動機上的顯著差異。為什麼一般人都有工作的慾望呢？為什麼有些
人工作比較賣力，而另一些人則得過且過呢？

就一般人來說，希望由工作而獲得報酬之多寡，與一個人工作動機
之強弱有著密切的關係。從事一項工作，對一般人而言，乃是一種工具
性行為的表現，它能為成功而有效的工作人員帶來多方面的報酬，由此
看來，一個工作人員對其工作所期待的報酬，與其在工作崗位上賣力的
程度有著密切的關係。這種**期待說**的理論（expectancy theory）乃是目
前流行最廣的一種工作動機理論。主張期待說的專家認為，工作人員之
賣力程度與下列因素有關：⑴工作人員對自己的努力後果之期待程度；
⑵工作努力所造成的價值。當一個人認為自己在工作上的努力可以帶來
有利的後果時，他就會努力工作（Vroom, 1964）。一個人所期待的有利
後果越多，其工作也越賣力，這種期待說的看法乃是一般工業和組織心
理學家們所共同支持的，而且也有許多研究結果來證實。

金錢上的報酬是否為一般工作人員所追求的最重要因素呢？許多
研究結果指出這並不然，其實有更多的人認為，晉升的機會、工作的穩

定性以及良好的工作環境，都是影響他們工作動機的重要因素。根據一項研究報告，金錢上的報酬在工作動機上所佔的地位並不太重要（佔第九位）。由此看來，純爲了滿足民生上的基本需求——食、衣、住、行而工作者，並非多數。

由於每個人的成就動機（n Ach.）有高低強弱的差別，其在工作上的表現，以及工作的賣力程度也會因此而有所不同。成就動機高的人，在工作上的表現比較積極而賣力，由此看來，個人性格上的特質也與一個人的工作動機有關，這種內在的動機因素以及外在的報酬，同時是左右一個人工作動機的重要因素，所謂「得天下英才而作育之，一樂也」，雖然從事教育工作者的物質報酬並沒有許多工商界的職位高，但是精神上的滿足似乎可以彌補這方面的不足，這起碼對有志教學工作的人來說是絕對正確的。

心理學家最近研究內在動機與外來報酬對個人從事某項工作所產生的影響時，卻發現一種令人困擾的現象。根據這一方面的研究結果，當一個人因個人喜好和興趣而自動從事某一工作時，如果也因此而得到額外的報酬，他對這項工作的內在動機往往會迅速減低。例如：本來是因爲有趣好玩，而自動玩拼圖遊戲的小孩，要是成人以獎勵的方法來要求他們玩同樣的遊戲時，這些小孩玩這種遊戲的興趣卻忽然有了顯著的減少（Lepper & Greene, 1975）。基於這一類發現，有些心理學家認爲，以外來的報酬去獎勵一個工作人員原先就樂意從事的活動時，往往會把這種工作樂趣變成一種正經而納悶的職務（Deci, 1975; Ross, Karniol & Rothstein, 1976）而減低其工作效率。

丙、影響工作滿意（job satisfaction）的因素

一個人對於自己的工作是否滿意，直接地影響到他的工作效率，對於自己的工作感到滿意的人，做起事來比較賣力有勁；反之，如果一個

人對自己的工作感到不滿意，那麼他的工作效率就會受到不良的影響。
到底那些因素決定一個人對其工作的滿意與否呢？

在七十年初，美國密西根大學的社會研究所（Institute of Social
Research）曾做過一個全國性的調查來研究工作環境和工作滿意兩者間
的關係。該所的研究人員詳細訪問一千五百多個分居於各地方的受僱人
員，並要求這些工作人員將一些與工作有關的因素，根據其與工作滿意
間關係的重要性加以列等（請參見表 18～1），結果發現在被列為最重要
的前五項因素中，只有一項是與金錢上的報酬有關，這就是被列為第五
項的「好待遇」。有趣的工作、有足夠的人力和設備來協助完成任務、有
足夠的資料來完成任務，以及有足夠的權力來從事自己的工作等四個因
素，對絕大部份的工作人員來說，都要比好的薪水待遇來得重要。其次
的五個重要因素分別是友善而能互相協助的同事、發展特殊技能的機
會、工作的安全性、能夠看到自己工作的成果，以及明白規定的職責。

有許多其他的研究，也發現職位的高低與工作滿意與否有密切的關
係。根據一項調查結果，只有百分之十六的非技術汽車工人表示他們如
再找工作時仍願意以此為業；而在大學擔任教職的人，卻有百分之九十
三的人認為自己的工作很滿意。就一般情形而言，職位高的工作，為從
事此項工作者提供較多的自由與創造機會，由於這樣的工作比較有趣，
也比較能使人滿意。

待遇的平等也是影響工作滿意與否的一個重要因素，所謂「同工同
酬」的原則，一般受僱人員都很重視在乎。金錢上的報酬雖有差別，只
要這種差別是因個人所負職責輕重不同、工作份量多寡有異而引起，一
般人是不會過份加以計較的（Walster, Berscheid & Walster, 1973）。
個人在衡量自己所受的待遇是否平等時，往往將自己在工作上所做的貢
獻與別人在同樣工作上所做的貢獻和待遇來做比較，如果他認為自己所
得的待遇，與做同樣貢獻的人的待遇沒有什麼差別，這種受平等待遇的

感覺往往有助於他對本身工作的滿意；當然如果他覺得待遇不公，那麼就會感到不滿意。但是，當一個人感到自己在工作上所受的待遇要比別人優厚時，他的感覺又是如何呢？雖然一般人處於這種情境會感到有些難堪，但是其困擾並不大。

表18～1　影響工作滿意的重要因素＊　（重要性依次列舉）

1.有趣的工作
2.有足夠的人力和設備來完成工作
3.有足夠的資料來完成工作
4.有足夠的權力來執行工作
5.有良好的待遇
6.有和藹又有助益的同事
7.有機會去發展特殊能力
8.工作安定
9.能夠看到自己努力工作的成果
10.工作職責有詳明的規定
11.能幹的上司
12.有足夠的時間來完成交代的工作
13.有機會盡己所能
14.有充分的自由來從事自己的工作
15.工作時間良好

＊採自 Survey of Working Conditions: Final Report, U.S. Department of Labor, 1971.

當一個人感到自己在工作上所受的待遇不平等時，他又會有些什麼

反應呢？由於不平等待遇的感受會使人感到很不舒服，一般人都會積極地追求待遇上的平等。首先，他可能要求加薪調整待遇，或是怠工而減低其工作效率，這種做法往往導致勞資雙方長時間的衝突與對抗；其次，受僱人員也可能用各種不同的方法來「懲罰」他們的僱主，這些方法包括故意造成工作上的誤差、盜竊或浪費生產材料物資，甚或破壞工廠設備或罷工等。當然，有些人則乾脆「拂袖而去」，另謀他職。

有些學者則認為，使一個人感到工作滿意的因素，和使一個人感到工作不滿意的因素，在基本上有所不同。根據這種看法，使一個人感到工作滿意的主要因素，包括個人的成就、別人的賞識、工作本身的性質、晉升的機會以及所負權責的大小等。由於這些因素的存在，往往會使一個人對本身的工作感到滿意，因此而被稱之為動機因素（motivators）。而在另一方面，包括工作的穩定性、良好的工作環境、良好的同事關係，以及優厚的待遇等因素在內的一組因素，主要是對工作的不滿意有著直接關係。換句話說，這些因素的存在，並不一定會使一個人感到其工作特別滿意，但是，這些因素的不存在，卻往往會使一個工作人員對自己的工作感到很不滿意，學者把這一組因素稱為衛生因素（hygiene factors），因為它們主要是用來減少不滿意的程度的。

這種理論並不為各界所完全支持（Gordon, Pryor & Harris, 1974），有些人認為動機因素與衛生因素兩者對不同的職務有著不同的影響。在一般情況下，勞動工人往往受到衛生因素較多的影響（Locke等，1990）。雖然如此，上述的理論在增進工作滿意的實際應用卻相當廣泛，許多研究結果指出，下列的一些方法在改進工作效率和增進工作滿意上頗為有效：⑴容許工作人員擁有較大的權責；⑵增加工作人員的自由與主動性；⑶重視工作成就的表揚；⑷使工作活動和內容變得有趣而不呆板。而這些方法的使用，大多是以上述的理論為基礎。

在實際從事某項工作之前，一個人對該項工作的期待（expectancy）

往往會影響到他日後從事該項工作時的滿意程度，而直接左右到他對該項工作的取捨與去留。過去有人對美國西點軍校的入伍生進行下列的實驗：在入伍生報到接受基本訓練之前，有二百三十四人收到說明軍校入伍訓練（爲期二月）實際情況的小冊子，這個小冊子，對於入伍訓練的嚴格要求、入伍生活的緊張與忙碌，以及其他有關事項都加以眞實地報導，而其他的二百三十四個入伍生卻未收到此種小冊子，這些人乃是控制組裡的受試者。在入伍訓練完成後，研究人員比較這兩組入伍生在軍校的表現時，發現那些收到小冊子，而對於入伍生活有較眞實期待的入伍生，其自動退學的比率，要比控制組裡未收到小冊子的人爲小，控制組的受試者退學的比率約爲實驗組（收到小冊子者）受試者的兩倍（Ilgen & Seely, 1974）。根據這項資料以及其他在不同工作情況下所做的類似實驗（Wanous, 1975; 1976），我們似乎可以得到下面的結論：對工作應徵者提供正確的工作要求以及實際的工作環境，要比以不實的報導或手段來引誘他們參與工作爲佳，因爲這樣做，可以減少僱用人員日後對工作感到不滿的機會，而且這樣做，也有助於僱用人員工作士氣的提高。僱用人員如果能夠長期爲僱主提供服務，可減少許多不必要的人事費用開支；反之，如果許多僱用人員在短期內離職求去，一個工廠或機構將會缺少熟練的工作人員，這不但會影響生產和工作效率，而且選拔合適的遞補人員，也是一筆相當龐大的開支。

丁、管理與領導

每一個管理人員和領導者所十分關心的一個問題是：如何去領導所屬，使他們能夠努力工作，又感到心滿意足？對於這個問題的解答，當然是十分的複雜，但是從工業和組織心理學的角度來看，下列的四大因素，對於領導和管理效率，具有相當大的影響力。

1. 培養所屬的內在動機 (intrinsic motivation)

一個人的內在動機可以增進其工作上的成就，尤其是在具有相當獨立性的工作場合裡更是如此 (例如研究人員、教師以及管理人員等所從事的工作)。加強一個人的內在動機可從兩方面來進行：(1)指定和提供具挑戰性和能引發好奇心的差事；(2)避免過度使用外在的獎勵，以免降低工作人員的自我決定感 (Deci & Ryan, 1987)。

外在的獎勵 (由別人所給予) 可以用來控制所屬，也可以用來示知所屬在工作上有良好之表現和進展。以控制的方式來領導所屬，需要有嚴密的監視和不斷的獎勵，否則所屬工作人員的工作興趣和動機就會降低，因為控制性的獎勵所造成的是一種外在的動機。相反地，示知性的獎勵，往往可以提高所屬工作人員的內在動機，使所屬感到工作出色而具成就感。由此我們不難看出，太多的控制會造成不良的影響，領導者對所屬應該有所期待與支持，給所屬提供具挑戰性的差事，並以獎勵來示知他們在工作上的進展與成就。

2. 瞭解和重視所屬的動機

如何管理和領導所屬，這直接與所領導和管理者密切相關。有效的管理人員和領導者，應深入瞭解所屬的不同動機，而依此來做為個人領導方式相應調整的指標。不同的工作人員往往有相當不同的工作動機，有些人重視自己的成就被認許；有些人則希望上司的關切；有些人重視同仁的和睦相處；另一些人則強調競爭與出眾。對這許多具有不同動機的所屬，領導與管理人員應該拋棄「一視同仁」的作風，而改以「因人適應」的方式來進行領導和鼓勵。

不同工作人員價值觀上的顯著差異，往往是個人所屬社會文化背景的一項產物，有些社會強調社會和諧以及忠於主使，其他的社會則重視個人的發展與獨立自主，這種文化的差異，往往顯著地表現於員工的工

作態度。此一現象的存在，跨國度大公司、工廠裡的領導和管理人員，
應該深入瞭解，進而採行適當的應對措施。

3.訂定明確而具挑戰性的工作目標

　　具有挑戰性的特定工作目標，往往可以提昇工作人員的內在動機，
增加其工作成就（Locke & Latham, 1990）。特定明確的目標可以使員
工易於專注從事，努力以赴。管理人員在決定工作目標之前，若能與員
工共同探討研究之後才做最後定案，員工往往更能全力貫入；再加上領
導者的有關工作進展之回饋性獎勵，一般員工的工作效率往往可以大大
地提高。

4.選用合適的領導方式

　　基本上，領導方式可分為指揮性的（directive/autocratic style）
和參與性的（participative/democratic）兩大類。何種領導方式較為有
用，則又與工作情境以及領導人員的個性有關，會議的主席和軍隊裡的
連長，其領導的方式自是大有不同，而領導管理人之重視任務之完成，
或是所屬員工之是否和諧滿意，其反應於領導方式上者，又有所謂任務
領導（task leadership）和社會領導（social leadership）之分別。而
男、女領導和管理人員，在這方面又有差別，一般女性較長於社會領導，
而男性則較長於任務領導（Eagly & Johnson, 1990; Eagly & Karau,
1991）。新近的一些研究（如 House & Singh, 1987; Smith & Tayeb,
1989）又指出，效率高的領導人員，不但重視任務的進展與完成，而且
也重視員工的福利和需要；另外，領導人員應有眼光，又能善與員屬溝
通，啓發他們（員工）的工作動機。Smith 和 Tayeb 的研究對象包括
有印度、臺灣和伊朗的經理人員。

　　領導和管理人員之採用指揮式的領導方式，或是採用參與式的領導
方式，與其對人性動機之假設直接有關。早在六十年代（McGregor,
1960），就有學者指出所謂 X-理論和 Y-理論兩種不同觀點的經理人

員。持 X-理論者，認為員工在基本上是懶惰的，易生差錯，而以賺錢為主要動機，對於這一類員工，他們所需求的是簡單的差事、嚴密的控制和監視，以及外來的獎勵去使他們努力工作。

相反地，相信 Y-理論的管理人員則認為一般人都是因內在動機而工作，不只是為錢而做事，他們可能為個人興趣、自尊、成就個人天賦或是與別人一起共事為樂、為主要目的。基於這種認識，這種管理人員認為應為員工提供充分的自由和自主權，安排具挑戰性的工作，如此一來，工作人員自可努力工作，以表現個人的才幹和創造力，持這種看法的管理人員，通常歡迎員工的參與決定，其所屬也都較能感到心滿意足（Deci et al., 1989）。

僱員參與決策和管理事項乃是現代化管理的一個趨勢，這種管理方式尤以日本和瑞典更為盛行（Naylor, 1990; Sundstrom & Others, 1990）。以 Y-理論為基礎的管理方式，乃是一種參與式的管理方式，管理和領導人員認為員工都希望有高效率，對公司工廠有貢獻，對自己的工作有較多的自主權，也希望得到管理人員的賞識。當員工成為公司或是工廠的合夥人時，他們對公司的投入會更多；而當員工參與決策時，他們會認為自己和管理人員都對公司的成敗負相當的責任。這種態度上的根本改變，取代了僱主與員工利益相衝突的對立局勢，其後果不只是員工較多的滿足和成就感，而生產效率和公司利潤也會因之而提高。

三、商業應用

甲、商業廣告

商業廣告的主要目的，乃是在向消費者推銷某種產品或服務（如保險公司、銀行和餐廳等的廣告）。工商界每年花費在廣告上的開支相當龐

大，因此如何使商業廣告產生最大的功效，早爲經理人員和心理學家所
重視。心理學家研究商業廣告，過去偏重於有效廣告方式和內容的探討，
最近幾年來，他們也同時注意到有關消費者權益的廣告問題。

　　到底有效的廣告應該具備那些要件呢？一個廣告要能發揮作用，首
先需要能引起消費者的注意，除非消費者能夠看到或聽到廣告，否則這
種廣告並不能對其購買和消費行爲發生任何作用，因此，如何使消費者
對廣告加以注意，或是如何引起消費者對廣告加以注意，一向是消費心
理學的一個主要研究項目。引起消費者對某一廣告加以注意，可從廣告
的內容以及廣告的外表屬性兩方面來下手，所謂外表屬性包括廣告篇幅
的大小長短、顏色的採用、式樣的設計以及用來刊登廣告的媒介物的選
擇等。綜而言之，在沒有其他特殊因素的影響下，一般以較大幅的廣告、
多色彩的廣告以及採用大字體的廣告較能引人注意（Engel, Kollat &
Blackwell, 1973）。

　　以廣告內容而論，其「花樣」可眞是包羅萬象，無奇不有。一般最
常見的包括有下列數種：(1)採用能夠叫人朗朗上口的簡短詞句或歌詞，
這尤其是在廣播電臺或電視廣告上最常見；(2)印刷品的廣告，則採取新
奇古怪的畫面或插圖；(3)媚艷、性感而迷人的女模特兒的使用；(4)權威
人物或風雲人物（如運動健將、明星等）的使用；(5)滑稽有趣的景象之
使用；(6)口頭禪的使用以及美妙或流行音樂的配合等等。廣告的內容又
因顧客對象的不同而有變化。不過，在基本上，主要是運用「投其所好」
的手法，儘量爭取顧客的好感，迎合顧客的心理，以期促成顧客購買和
消費行爲的發生。

　　從另一個角度來看，商業廣告可以說是一種勸導說服的工具。引起
消費者對廣告的注意，雖然是任何廣告的最基本要求，但是廣告之有效
與否，則要看它是否達到勸導說服顧客購買某一產品或服務的目的。如
果有許多人因爲受了某一廣告的影響，而採購該一廣告所推銷的產品或

服務，那麼該項廣告才眞正發揮了廣告的效用。商業廣告旣然是一種勸導說服的工具，前面我們討論過的有關改變態度（attitude change）的方法與原則，有許多是被運用在商業廣告上的，例如權威人物或消息的使用、焦慮與恐懼的引起，以及企圖造成個人認知上的失調等等，在商業廣告上是屢見不鮮的。

從商人以及做廣告者的立場來看，廣告的內容貴在能夠改變消費者的態度而促成消費者的購買行爲。但是，從消費者的立場來看，買東西需要貨眞價實，不花冤枉錢才是，這兩種不同的立場，有時難免發生相互衝突的現象，不幸的是，其受害者往往是無辜的消費者。近年來政府爲了保護消費者，對於不實或過份誇張的廣告，往往依法加以取締禁止，不過對於廣告內容的長短繁簡，則沒有硬性的規定與控制。詳細的廣告內容是否對消費者有利呢？或者只是徒增商人的廣告開支而已？

詳盡的廣告內容可以爲消費者提供許多資料，以便做爲其購買東西時的比較參考。由這個角度來看，詳細的廣告內容應該是有利於消費者的。不過，有些心理學家在這方面所做研究的結果，卻發現過份詳盡的廣告內容並不一定有利於消費者（Jacoby, Speller & Kohn, 1974; Jacoby, Speller & Berning, 1974），詳細的廣告內容對於消費者在選擇商品的行爲上，並不能產生有效的助益。這又是爲什麼呢？讀者們一定還記得，在我們討論訊息處理的現象時曾經提過：一般人在某一固定時間內處理訊息的能力有一定的限度。過於詳盡的廣告內容，往往會造成一般人訊息處理上的困擾，如此一來，過份詳細的廣告對消費者不但不能有所助益，反而還要產生不良的影響。爲了保護消費者，如果只要求商人增加其廣告的內容，這似乎是不夠的，最重要的是，有關當局首先應該決定那些資料與消息，是消費者在採購某些東西時所必須知道的，然後以法律規定，要求商人做廣告時，其廣告的內容應該包括這些資料和消息的提供。

除了內容過份詳盡有礙消費者的訊息資料處理外，由於一般廣告的內容，大多以語言文字爲主要的傳播媒介，因此消費者對於廣告內所用語言文字的瞭解和認識程度，往往直接影響到他／她的消費行爲。那些「模稜兩可」，深具暗示性但少有事實根據的廣告，消費者是否也會因此而被愚弄受害呢？有些學者從心理語言學（psycholinguistics）的觀點，來研究一般人對暗示性（implied）和斷言性（asserted）的語言文字的處理情形，結果發現一般人對於暗示性的語言文字之有別於直接事實的敍述和說明，很少有加以辨別的能力和傾向（Brewer & Lichtenstein, 1975; Harris, 1974; Johnson, Bransford & Solomon, 1973）。而一般人對於廣告內容的瞭解與認識也發生類似的現象，絕大部份的人對於暗示性的廣告內容與斷言性的廣告內容都缺乏辨別的能力，因此往往把暗示性的內容看做是斷言性的內容（Harris, 1977）。這種現象的存在，往往使一般消費者落入商人廣告的「圈套」中，而引起不明智的消費行爲。例如女性化妝品的廣告，往往採用美麗女人使用該化妝品的鏡頭或說詞，這是一種暗示性的作法，其所暗示的是如果你也採用該化妝品，你會變成很美，至於使用後果是否如此，廣告內容並沒有確定的表示，但是一般人在看到該項廣告時，往往認爲採用該化妝品就會變美，因此也就樂於選用該化妝品了。

乙、市場研究（marketing research）

市場研究的範圍相當廣泛，其主要目的是在認識消費者的態度與期望（expectation），以做爲生產和推銷產品時的根據與參考。市場研究的主要項目包括有消費者期望的研究、產品試銷、產品包裝以及不同家庭成員在購物時所扮演的角色之研究等等。

消費者的期望與其購物傾向、其經濟情況以及對某一產品所持的態度有著密切的關係。在基本上，消費者的購買行爲可由該消費者的個人

經濟情況（如個人收入、財富等），以及消費者對某一產品，或某一公司行號所持的態度與期望來加以預測。在一般情況下，生活必需品的購買（以滿足衣食住行上的基本需要）較少為經濟情況和個人態度所影響。以耐久性的產品（如汽車、冰箱等）而言，一般消費者的消費行為可以由經濟因素、個人態度以及個人的購物意向來加以預測，而在這三種因素中，以消費者的態度最具影響力（Mueller, 1962）。

在產品銷路的預測方面，其主要目的是在產品正式上市之前，先對設計不同的產品之被消費者接受的可能程度有所認識與瞭解。這種認識與瞭解可以做為商品產銷上的根據。這方面的研究主要是採用取樣調查的方法，將不同的產品或式樣，先由一些具有代表性的消費者加以評估，根據這些人所做的判斷，選取最受人歡迎的產品或式樣，然後大量生產應市。採用這種方法而被預測會暢銷的產品，一般在正式上市後的銷路也較大，因此在生產數量的控制上很有助益。同樣的方法也可以被用來研究同一產品在不同包裝下對消費者的吸引力，然後採用那些為大多數人所喜愛的包裝方式，以增加產品的銷路。

在另一方面，從事市場研究者也關心一般家庭中不同成員（如夫、妻、父、母、小孩等）在購買行為上所扮演的角色。由於購買行為乃是一種「做決定」（decision-making）的行為，當購買貴重或主要家庭用具時，家庭中以何人為主要的購物決定者，這種認識與資料在廣告設計上具有相當的重要性，因為廣告內容的設計，首先要認定主要的廣告對象。因此，當廣告吸塵器、縫衣機時，主要是以家庭主婦為對象；但是在廣告汽車、割草機時，其對象則變為是家庭中的男主人；小孩玩具的廣告，主要以小孩本人為對象，其次則以母親為對象。這因為是不同的家庭成員在不同的購物情況下，其所扮演的角色大有不同，而其所做決定又因此而有異。

公司行號以及其產品或服務所留給消費者的形象（images），也是

影響消費者行為的一個重要因素。因此，許多大公司也花費很多錢，利用市場研究的方法，來瞭解自己公司行號在消費者心目中的印象；同時許多公司行號也花費很多錢，來改良消費者對公司行號的形象（大部份是以廣告的方式來改變消費者對某一公司行號的態度），因為消費者的良好印象，往往有助於產品的銷路以及公司的發展擴張。近年來有許多公司行號，設有「公共關係」的專責部門，來職司有關該公司行號的公共關係，從事公司良好形象的建立與保持。「公共關係」的工作雖然遠比市場研究來得廣泛，但是，市場研究的結果，往往可以為「公共關係」提供許多有價值的第一手資料。

參考書目

Abbey, A., Ross, L. T., & McDuffie, D. (1993). Alcohol's role in sexual assault. In R. R. Watson (Ed.), *Drug and alcohol abuse reviews. Vol. 5: Addictive behaviors in women*. Totowa, NJ: Humana Press.

Abramson, L. Y., Metalsky, G. I., & Alloy, L. B. (1989). Helplessness depression: A theory-based subtype. *Psychological Review, 96*, 358~372.

Albee, G. W. (1968). Conceptual models and manpower requirements in psychology. *American Psychologists, 23 (5)*, 317~320.

Albee, G. W. Jan/Feb. (1968). A revolution in the treatment of the retarded. *Transaction*.

Albee, G. W. (1986). Toward a just society: Lessons from observations on the primary prevention of psychopathology. *American Psychologist, 41*, 891~898.

Allport, G. W., and Odbert, J. S. (1936). Trait-names: A psycholexical study. *Psychological Monographs, 47*, No. 211.

American Psychological Association (1970). *A career in psychology*. Washington: American Psychological association.

American Council on Education (1988). Freshman interest in teaching continues to increase. *Higher education and national affairs*, February 1, *37(1)*, 3~12.

American Psychiatric Association (1990). *The practice of ECT:*

Recommendations for treatment, training, and privileging. Washington, D.C.: American Psychiatric Press.

Anderson, J. R., and Bower, G. H. (1973). *Human associative memory.* Washington, D.C.: V. H. Winston.

Andreasen, N. C., Arndt, S., Swayze, V., II; Cizadlo, T., Flaum, M., O'Leary, D., Ehrhardt, J. C., & Yuh, W. T. C. (1994). Thalamic abnormalities in schizophrenia visualized through magnetic resonance image averaging. *Science, 266,* 294～296.

Antoni, M. H. (1985). Temporal relationship between life events and two illness measures: A cross-lagged panel analysis. *Journal of Human Stress, 11,* 21～26.

Arnold, M. B. (1960). *Emotion and personality.* New York: Columbia University Press.

Aronson, E. (1970). Some antecedents of personal attraction. In W. J. Arnold and D. Levine (Eds.), *Nebraska symposium on motivation. Vol. 17.* Lincoln: University of Nebraska Press.

Aronson, E. (1972). *The social animal.* San Francisco: W. H. Freeman & Co.

Asch, S. E. (1951). Effects of group pressure upon the modification and distortion of judgements. In H. Guetzkow (Ed.), *Groups, leadership and men.* Pittsburgh: Carnegie Press.

Asch, S. E. (1956). Studies of independents and conformity: A minority of one against a unanimous majority. *Psychological Monographs, 70,* Whole No. 416.

Baddeley, A. (1992, January 31). Working memory. *Science, 255,* 556～559.

Baddeley, A. (1993). Working memory and conscious awareness. In A. F. Collins, S. E. Gathercole, M. A. Conway, & P. E. Morris (Eds.), *Theories of memory*. Hillsdale, NJ: Erlbaum.

Bailey, A., LeCouteur, A., Gottesman, I., Bolton, P., Simonoff, E., Yuzda, E., & Rutter, M. (1995). Autism as a strongly genetic disordor: Evidence from a British twin study. *Psycholozical Medicine*.

Balagura, S. (1973). *Hunger: A biopsychological analysis*. NY: Basic Books.

Baldessarini, R. J. (1986). *Chemotherapy and psychiatry*. Cambridge: Harvard University Press.

Bales, R. F. (1970). *Interaction process analysis*. Reading, Mass.: Addison-Wesley.

Baltes, P. B., and Schaie, K. W. (1974). The myth of the twilight years. *Psychology today,* March, 35~40.

Bandura, A. (1970). Modeling therapy. In M. W. S. Sahakian (Ed.), *Psychopathology today: Experimentation, theory, and research*. Itasca, III.: F. E. Peacock.

Bandura, A. (1969). *Principles of behavior modification*. New York: Holt.

Bandura, A. (1977). *Social learning theory*. Englewood Cliffs, New Jersey: Prentice-Hall.

Bandura, A. (1986). *Social foundations of thought and action: A social cognitive theory*. Englewood Cliffs, NJ: Prentice-Hall.

Bandura, A. (1991). The changing icons in personality psychology. In J. H. Cantor (Ed.), *Psychology at Iowa: Centennial*

Essays. Hilsdale, NJ: Erlbaum, 117~139.

Bandura, A. (1973). Limitation of film-meditated aggressive models. *J. of Abnormal and Social Psychology, 66*, 3~11.

Bandura, A., Ross, D., and Ross, S. A. (1973). *Aggression: A social learning analysis*. Englewood Cliffs, NJ: Prentice-Hall.

Bard, P. A. (1934). Emotion I: The neuro-humoral basis of emotional reactions. In M. C. Marchison (Ed.), *Handbook of general experimental psychology*. Worcester: Clark University Press.

Baron, R. A. (1990). Environmentally induced positive affect: Its impact on self-efficacy, task performance, negotiation, and conflict. *Journal of Apply Social Psychology, 20*, 368~384.

Barron, F. (1963). *Creativity and psychological health*. Princeton, NJ: Van Nostrand.

Baumrind, D. (1967). Child care practices anteceding three patterns of preschool behavior. *Genetic Psychology Monographs, 75*, 43~88.

Bavelas, A., Hastorf, A. H., Gross, A. E., and Kite, W. R. (1965). Experiments on the alteration of group structure. *Journal of Experimental and Social Psychology, 1*, 55~70.

Bayley, N. (1968). Cognition and aging. In K. W. Schare (Ed.), *Theory, and methods of research on aging*. Morgantown, W. V.: West Virginia University Press.

Bayley, N. (1970). Development of mental abilities. In P. Mussen (Ed.), *Carmichael's manual of child psychology*. NY: Wiley,

1: 1163～1209.

Beck, A. T. (1976). *Cognitive therapy and emotional disorders*. New York: International Universities Press.

Beck, A. T. & Rush, A. J. (1989). *Cognitive therapy* In H. I. Kaplan & B. Sadock (Eds.), *Comprehensive textbook of psychiatry (Vol. 5)*. Baltimore: Williams & Wilkins.

Beier, E. G. Oct., (1974). Nonverbal communication: How we send emotional messages. *Psychology Today*, 53～56.

Belsky, J., and Pensky, E. (1988). Marital change across the transition to parenthood. *Marriage and family review, 12*, 133～156.

Benbow, C. P. (1988). Sex differences in mathematical reasoning ability in intellectually talented preadolescents: Their nature, effects, and possible causes. *Behavioral and Brain Sciences, 11*, 169～182.

Bennett, N. G., Blanc, A. K., and Bloom, D. E.(1988). Commitment and the modern union: Assessing the link between premarital cohabitation and subsequent marital stability. *American Sociological Review, 53*, 127～138.

Benson, H. (1975). *The relaxation response*. New York: Morrow.

Berger, K. S. (1991). *The developing person through the life span* (3rd ed.). New York: Worth.

Berko, J. (1958). The childs learning of English morphology. *Word, 14*, 150～177.

Berkowitz, L.(1989). Frustration-aggression hypothesis: Examination and reformulation. *Psychological Bulletin, 106*, 59～

73.

Berman, M., Gladue, B., & Taylor, S. (1993). The effects of hormones, type a behavior pattern, and provocation on aggression in men. *Motivation and Emotion, 17*, 125~138.

Bernstein, B. (1970). A sociolinguistic approach to socialization: With some reference to educability. In F. Williams (Ed.), *Language and poverty: Perspectives on a theme*. Chicago: Markham.

Berscheid, E., and Walster, E. (1974). A little bit about love. In T. L. Huston (Ed.), *Foundations for interpersonal attraction*. New York: Academic Press, 355~381.

Bhatia, V. P., Katiyar, G. P., & Agarwal, K. N.(1979). Effect of intrauterine nutritional deprivation on neuromotor behavior of the newborn. *Acta Paediatrica Scandinavia, 68*, 561~566.

Bickman, L. April (1974). Social roles and uniforms: Clothes make the person. *Psychology Today*, 49~51.

Birch, H. G., and J. D. Gussow (1970). *Disadvantaged children: Health, nutrition, and school failure*. New York: Harcourt.

Bishop, G. D. (1984). Gender, role, and illness behavior in a military population. *Health Psychology, 3*, 519~534.

Bishop, G. D. (1987). Lay conceptions of physical symptoms, *Journal of Applied Social Psychology, 17*, 127~146.

Bloom, L. M., Larerson, A.(1988). *Brain, mind and behavior* (2nd ed.). New York: Freeman.

Blum, J. E., J. L. Fosshage and L. F. Jarvik (1972). Intellectual changes and sex differences in octogenarians: A twenty-year longitudinal study on aging. *Developmental Psychology, 7,* 178~187.

Bock R. D., and L. V. Jones (1968). *The measurement and prediction of judgement and choice.* San Francisco: Holden Day.

Boneau, C. A., and Cuca, J. M. (1974). An overview of psychology: Human resources. *American Psychologist, 29,* 821~839.

Boring, E. G. (1950). *A history of experimental psychology,* 2nd ed. New York: Appleton-Century-Crafts.

Botwinick, J. (1967). *Cognitive processes in maturity and old age.* New York: Springer.

Bouchard, T. J., Jr.(1984). Twins reared together and apart: What they tell us about human diversity. In S. W. Fox (Ed.), *Individuality and determinism.* New York: Plenum.

Bouchard, T. J., Jr. (1987). *Information about the minnesota center for twin and adoption research.* Minneapolis: University of Minnesota.

Bouchard, T. J., Jr., Lykken, D. T., McGue, M., Segal, N. L., & Tellegen, A. (1990). Sources of human psychological differences: The minnesota study of twins reared apart. *Science, 250,* 223~228.

Bower, G. H. (1970). Organizational factors in memory. *Journal of cognitive psychology.* 18~46.

Bower, G. H. (1970). Analysis of a mnemonic device. *American Scientist, 58,* 496~510.

Bower, G. H. (1972). Mental imagery and associative learning. In

L. Gregg (Ed.), *Cognition in learning and memory*. New York: John Wiley and Sons.

Bower, G. H. (1991). Mood congruity of social judgements. In J. P. Forgas (Ed.), *Emotional & social judgments* (pp.31~54). Oxford: Pergamon Press.

Bowers, T., & Clum, G. (1988). Relative contributions of specific and nonspecific treatment effects: Meta-analysis of placebo-controlled behavior therapy research. *Psychological Bulletin, 103*, 315~323.

Bowlby, J. (1951). Maternal health care and mental health. *Bulletin of World Health Organization, 3*, 355~384.

Bowlby, J. (1960). Separation anxiety. *International Journal of Psychoanalysis, 41*, 89~113.

Brainerd, C. J. (1976). Does prior knowledge of the compensation rule increase susceptibility to conservation training? *Developmental Psychology, 12*, 1~5.

Breggin, P. R. (1991). *Toxic Psychiatry*. New York: St. Martin's Press.

Brewer, W. F., and Lichtenstein, E. H. (1975). Recall of logical and pragmatic implications in sentence with dichotomous-continous antonyms. *Memory and Cognition, 3*, 315~318.

Bridges, K. M. B. (1932). Emotional development in early infancy. *Child Development, 3*, 324~334.

Brislin, R. W., and Lewis, S. A. Dating and physical attractiveness: Replication. *Psychological Reports, 22*, 976.

Broadbent, D. E. (1958). *Perception and communication*. Oxford:

Pergamon.

Bronfenbrenner, U. (1970). *Two worlds of childhood: U. S. and U. S. S. R.* New York: Russell Sage Foundation.

Brooks-Gunn, J. (1987). Pubertal processes. In V. P. Van Hesselt and M. Hersen (Eds.), *Handbook of adolescent psychology.* Elmsford, N. Y.: Pergamon.

Brossard, M., and T. G. Be'Carie. (1971). The effects of three kinds of perceptual social stimulation on the development of institutionalized infants: Preliminary report of a longitudinal study. *Early Child Development and Case, 1,* 111~130.

Bruch, H. (1961). Transformation for oral impulses in eating disorders: A conceptual approach. *Psychiatry Quarterly, 35,* 458~481.

Buchhout, R. (1974). Eyewitness testimony. *Scientific American,* 321.

Budzynski, T., Stoyua, J., and Adler, C. (1970). Feedback-induced muscle relaxation: Application to tension headache. *Journal of Behavior Therapy and Experimental Psychiatry, 1,* 205~211.

Bugelski, B. R. (1970). Words and thing and images. *American Psychologist, 25,* 1002~1012.

Bullinger, M. (1989). Psychological effects of air pollution on healthy residents — A time series approach. *Journal of Environmental Psychology, 9,* 103~118.

Bumpass, L. L., and Sweet, J. A. (1989). National estimates of cohabitation. *Journal of Demography, 26,* 615~626.

Burchinal, M., Lee, M., and Ramey, C. (1989). Type of day care and preschool intellectual development in disadvantaged children. *Child Development, 60*, 128~137.

Bureau of the Census (1989). Statistical abstract of the U. S. Washington, D.C.: Superintendent of documents, U. S. Government Printing Office.

Bureau of the Census (1988). Marita! status and living arrangements. *Current Population Reports*, Series 20.

Burke, R., and Hoffman, R. (1966). Functions of hints in individual problem solving. *American Journal of Psychology, 79*, 389~399.

Bushman, B. J. (1993). Human aggression while under the influence of alcohol and other drugs: An integrative research review. *Current Directions in Psychological Science, 2*, 148~152.

Buss, D. M. (1989). Sex differences in human mate preferences: Evolutionary hypotheses tested in 37 cultures. *Behavioral and Brain Sciences, 12*, 1~49.

Butcher, J. N., & Graham, J. R. (1989). *Topics in MMPI-2 interpretation*. Minneapolis: Department of Psychology, University of Minnesota.

Butcher, J. N. (1992). International developments with the MMPI-2. *MMPI-2 News & Profiles, 3*, 4.

Butterfield, F. (1990, January). Why they excel. *Parade*, 4~5.

Byrne, D. (1971). *The attraction paradigm*, NY: Academic Press.

Byrne, D. (1976). Sexual imagery. In J. Money and H. Musaph

(Eds.), *Handbook of sexology*, Amsterdam: Excerpta Medica.

Calev, A., Nigal, D., Shapira, B., Tubi, N., Chazan, S., Ben-Yehuda, Y., Kugelmass, S., & Lerer, B. (1991). Early and long-term effects of electroconvulsive therapy and depression on memory and other cognitive functions. *Journal of Nervous and Mental Disease, 1709*, 526~533.

Campos, J. L., A. Langer, and A. Krowitz (1970). Cardiac response on the visual cliff in prelocomotor human infants. *Science, 170*, 196~197.

Cancro, R. (Ed.). (1971). *Intelligence, genetic and environmental influences.* New York: Grune and Stratton.

Cannon, T. D., & Marco, E. (1994). Structural brain abnormalities as indicators of vulnerability to schizopbrenia, *Schizopbrenia Bulletin, 20*, 89~101.

Caplan, N., Choy, M. H., and Whitmore, J. K. (1992). Indochinese refugee families and academic achievement. *Scientific American, 266*~272, 36~42.

Cargan, L., and Melko, M. (1982). Singles: Myths and realities, Beverly Hills, CA.: Sage.

Carlson, M., Charlin, V., & Miller, N. (1988). Positive mood and helping behavior: A test of six hypotheses. *Journal of Personality and Social Psychology, 55*, 211~229.

Carr, A. T. (1974). Compulsive neuroses: A review of the literature. *Psychological Bulletin, 8(5)*, 311~318.

Case, R. B. et al., (1985). Type a behavior and survival after acute myocardial infarction. *New England journal of medicine, 312*, 737~741.

Cates, J. (1970). Psychology's manpower: Report on the 1968 national register of scientific and technical personnel. *American Psychologist, 25*, 254~263.

Cattell, R. B. (1965). *The scientific analysis of personality*. Baltimore, Maryland: Penguin Books.

Cattell, R. B.(1971). *Abilities: Their structure, growth and action*. Boston: Houghton Mifflin.

Cattell, R. B. (1982). The inheritance of personality and ability. New York: Academic Press.

Chomsky, N. (1968). *Language and mind*. New York: Harcourt Brace Jovanovich.

Church, R. M., Wooten, C. L., and Matthews, T. J. (1970). Contingency between a response and an aversive event in the rat. *Journal of Comparative and Physiological Psychology, 72*, 476~485.

Coffey, C. E., Wilkinson, W. E., Weiner, R. D., Parashos, I. A., Djang, W. T., Webb, M. C., Figiel, G. S., and Spritzer, C. E. (1993). Quantitative cerebral anatomy in depression: A controlled magnetic resonance image study. *Archives of General Psychiatry, 50*, 7~16.

Cohen, S. (1988). Psychosocial models of the role of social support in the etiology of physical disease. *Health Psychology, 7*, 269~297.

Cohen, L. A. (1987). Diet and cancer. *Scientific American,*

November, 42~48.

Cohen, L. H., Sargent, M. D., & Sechrest, L. B. (1986). Use of psychotherapy research by professional psychologists. *American Psychologist, 41*, 198~206.

Collins, A., and Quillian, M. R. (1969). Retrieval time from semantic memory. *J. of Verbal Learning and Verbal Behavior, 8*, 240~247.

Colt, E. W., Wardlaw, S. L., & Frantz, A. G. (1981). The effect of running on plasma B-endorphin. *Life Sciences, 28*, 1637~1640.

Compton, W. M., Helzer, J. E., Hwu, H-G. et al. (1991). New methods in cross-cultural psychiatry: psychiatric illness in Taiwan and the United States. *American Journal of Psychiatry, 148*, 1697~1704.

Conger, J. (1973). *Adolescence and youth.* New York: Harper and Row.

Coon, D. (1977). *Introduction to psychology: Exploration and application.* NY: West Publishing Company.

Cooper, J. (1971). Personal responsibility and dissonance. *Journal of Personality and Social Psychology, 18*, 354~363.

Coopersmith, S. (1967). *The antecedents of self-esteem.* San Francisco: W. H. Freeman.

Coren, S., & Ward, L. M. (1989). *Sensation and perception* (3rd ed.). San Diego, CA: Harcourt Brace Joranovich.

Cowan, C. P., and Cowan, P.(1988). Who does what when partners become parents: Implications for men, women, and marriage. *Marriage and Family Review, 12*, 3~4.

Coyle, J. T.(1987). Alzheimer's disease. In G. Adelman (Ed.), *Encyclopedia of neuroscience,* 29~31. Boston: Birkhauser.

Crick, F., & Mitchison, G.(1983). The function of dream sleep. *Nature, 304*, 111~114.

Cronbach, L. J., G. C. Glaser, H. Nanda, and N. Rajaratnam (1972). *The dependability of behaviorial measurements.* New York: Wiley.

Crowder, R. G., & Neath, I. (1991). The microscope metaphor in human memory. In Hockley, W. E., & Lewandowsky, S. (Eds.) (1991). *Relating theory and data: Essays on human memory in Honor of Bennet B. Murdock.* Hillsdale, NJ: Erlbaum.

Cumming, E., and Henry, W. E. (1961). *Growing Old: The process of disengagement.* New York: Basic Books.

Dabbs, J. M., Jr., Frady, R. L., Carr, T. S., & Besch, N. F.(1987). Saliva testosterone and criminal violence in young adult prison inmates. *Psychosomatic Medicine, 49*, 174~182.

Dabbs, J. M., Jr. (1992). Testosterone measurements in social and clinical psychology. *Journal of Social and Clinical Psychology, 11*, 302~321.

Davidson, R. (1984). Hemispheric asymmetry and emotion. In K. Sherer & P. Ekman (Eds.), *Approaches to emotion,* Hillsdale, NJ: Erlbaum.

Davidson, R. (1992). Emotion and affective style: Hemispheric substrates. *Psychological Science, 3*, 39~43.

Davis, F. (1973). *Inside Intuition: What we know about nonverbal communication*. New York: McGraw-Hill.

Davis, M. F.(1987). Reduction of hindsight bias by restoration of foresight perspective. *Organizational Behavior and Human Decision Processes, 40*, 50~68.

DeAngelis, T. (1989). Mania, depression, and genius. *APA Monitor*, January 1, 24.

de Charms, R. (1968). Personal causation: The internal affective determinants of behavior. New York: Academic Press.

Deci, E. L., & Ryan, R. M.(1987). The support of autonomy and the control of behavior. *Journal of Personality and Social Psychology, 53*, 1024~1037.

Deci, E. L., Connell, J. P., & Ryan, R. M.(1989). Self-determination in a work organization. *Journal of Applied Psychology, 74*, 580~590.

Deci, E. L. (1972). Work: Who does not like it and why. *Psychology Today, 6*, 56~92.

Deci, E., L., Vallerand, R. J., Pelletier, L. G., & Ryan, R. M. (1991). Motivation and education: The self-determination perspective. Ed. *Psychologist, 26 (3~4)*, 325~346.

Deci, E. L. (1975). *Intrinsic motivation*. New York: Plenum.

Deci, E. L., et al., Motivation and Education. *Educational Psychologist, 26*, 325~346. Delgado, J. M. R. (1969). *Physical control of the mind: Toward a psycho-civilized society*. New York: Harper and Row.

Dellas, M., and Gaier E. L. (1970). Identification of creativity:

The individual. *Psychological Bulletin, 73*, 53~73.

Delongis, A., Folkman, S., & Lazarus, R. S. (1988). The impact of daily stress on health and mood: Psychological social resources as mediators. *Journal of Personality and Social Psychologs, 54*, 486~495.

Dienstbier, R. A., (Ed.) 1991. Perspectives on Motivation. Lincoln, NE: Univ. Nebraska Press.

Dember, W. N. (1965). The new look in motivation. *American Scientist, 53*, 409~427.

Dember, W. N. (1964). Birth order and need affiliation. *Journal of Abnormal and Social Psychology, 68*, 555~557.

Dement, W. C. (1978). *Some must watch while some must sleep.* New York: Norton.

Dement, W. C., and Kleitman, N. (1957). Cyclic variations in EEG during sleep and their relation to eye movements, body mobility, and dreaming. *EEG Clinical Neurophysiology, 9*, 673~690.

Dennerberg, V., J. Woodcock, and K. Rosenberg (1968). Long-term effects of preweaning and postweaning free-environment experience on rats' problem solving behavior. *Journal of Comparative and Physiological Psychology, 66*, 533~535.

DePree, M. (1987). *Leadership is an art.* East Lansing, MI: Michigan State University Press.

Digman, J. M. (1990). Personality structure: Emergence of the five-factor model. *Annual Review of Psychology, 41*, 417~

440.

Dion, K., Berscheid, E., and Walster, E. (1972). What is beautiful is good. *Journal of Personality and Social Psychology, 24*, 285~290.

Disher, D. R. (1934). The reaction of newborn infants to chemical stimuli administered nasally. *Ohio State University Study in Controlled Psychology, 12*, 1~52.

Dishotsky, N., Loughman, W., Mogar, R., and Lipscomb, W. (1971). LSD and genetic damage. *Science, 172*, 431~440.

Dion, K. K., Pak, A. W-P., & Dion, K. L. (1990). Stereotyping physical attractiveness: A sociocultural perspective. *Journal of Cross-Cultural Psychology, 21*, 378~398.

Dobson, K. S. (1989). A meta-analysis of the efficacy of cognitive therapy for depression. *Journal of Consulting and Clinical Psychology, 57*, 414~419.

Dodd, D., and Bourne, L. (1973). Thinking and problem solving. In Wolman, B. (Ed.), *Handbook of general psychology*. Englewood Cliffs, NJ: Prentice-Hall.

Dollard J., Doob, L., Miller, N., Mowrer, O. H., and Sears, R. R. (1939). *Frustration and aggression*. New Haven, Connecticut: Yale University Press.

Dorr, D., and Fey, S. (1974). Relative power of symbolic adult and peer models in the modification of children's moral choice behavior. *Journal of Personality and Social Psychology, 29*, 325~341.

Draguns, J. G. (1990). Normal and abnormal behavior in cross-cultural perspective: Specifying the nature of their relation-ship. *Nebraska Symposium on Motivation, 37*, 235~277.

Dreskin, W., and Dreskin, W.(1983). *The day care decision: What's best for you and your child*. New York: M. Evans.

Duncan, C. (1963). Effects of instructions and information on problem solving. *Journal of Experimental Psychology, 65*, 321~327.

Dunning, D., Griffin, D. W., Milojkovic, J. D., & Ross, L.(1990). The overconfidence effect in social prediction. *Journal of Personality and Social Psychology, 58*, 568~584.

Eagly, A. H., & Crowley, M.(1986). Gender and helping behavior: A meta-analytic review of the social psychological literature. *Psychological Bulletin, 100*, 283~308.

Eagly, A. H., & Johnson, B. T.(1990). Gender and leadership style: A meta-analysis. *Psychological Bulletin, 108*, 233~256.

Eagly, A. H., & Karau, S. J.(1991). Gender and emergence of leaders: A meta-analysis. *Journal of Personality and Social Psychology, 60*, 685~710.

Eccles, J. S., Jacobs, J. E., & Harold, R. D. (1990). Gender role stereotypes, expectancy effects, and parents' socialization of gender differences. *Journal of Social Issues, 46*, 183~201.

Eells, K., Davis, A., Havighurst, R. J., Herrick, V. E., and Tyler, R. W. (1951). *Intelligence and cultural differences* Chicago: University of Chicago Press.

Ekman, P. (1994). Strong evidence for universals in facial expressions: A reply to Russell's mistaken critique. *Psy. Bulletin,*

115, 268~287.

Elkind D. and J. H. Flavell (Eds.), (1969). *Studies in Cognitive Development*. New York: Oxford University Press.

Ellis, L., & Ames, M. A. (1987). Neurohormonal functioning and sexual orientation: A theory of homosexuality—heterosexuality. *Psychological Bulletin, 101*, 233~258.

Ellis, A. (1984). Rational-emotive therapy. In R. J. Corsini (Ed.), *Current Psychotherapies* (3rd ed.). Itasca, IL: Peacock.

Ellis, A. (1993). Changing rational-emotive therapy (RET) to rational emotive behavior therapy (REBT). *The Behavior Therapist, 16*, 257~258.

Ellis, H. C. (1972). *Fundamentals of human learning and cognition*. Dubuque, Iowa: Wm. C. Brown Company.

Engel, J. F., Lollat, D. T., and Blackwell, R. D. (1973). *Consumer behavior*. NY: Holt, Rinehart, and Winston.

Engen, T. (1987). Remembering odors and their names. *American Scientist, 75*, 497~503.

Eppley, K. R., Abrams, A. I., & Shear, J. (1989). Differential effects of relaxation techniques on trait anxiety: A meta-analysis. *Journal of Clinical Psychology, 45*, 957~974.

Epstein, A. N., Fitzsimmons, J. T., and Simons, B. (1969). Drinking caused by the intracranial injection of angiotensin into the rat. *Journal of Physiology* (London), *200*, 98~100.

Erikson, E. (1963). *Childhood and society*. New York: W. W. Norton.

Erlenmeyer-Kimling, L., and Jarvik, L. F. (1963). Genetics and intelligence. *Science, 142*, 1477~1479.

Erber, R., & Erber, M. W. (1994). Beyond mood and social judgement: Mood incongruent recall and mood regulation. *European Journal of Social Psychology, 24*, 79~88.

Eron, L. D., Huesmann, L. R., Lefkowitz, M. M., and Walder, L. O. (1972). Does television violence cause aggression? *American Psychologist, 27*, 253~263.

Evans, D. A., et al. (1989). Prevalence of Alzheimer's disease in a community population of older persons. *Journal of the American Medical Association, 262*, 2551~2556.

Evans, J. S. B., Barston, J. L., & Pollard, P. (1983). On the conflict between logic and belief in syllogistic reasoning. *Memory and Cognition, 11*, 295~306.

Eysenck, H. J. and Rachman, S. (1965). *The causes and cures of neurosis: An introduction to modern behavior therapy based on learning theory and the principels of conditioning*. San Diego: Knapp.

Eysenck, H. J. (1992). Four ways five factors are not basic. *Personality and Individual Differences, 13*, 667~673.

Farquhar, J. W., Maccoby, N., & Solomon, D. S. (1984). Community applications of behavioral medicine. In W. D. Gentry (Ed.), *Handbook of behavioral medicine*. New York: Guilford Press.

Feldman, M. P., and MacCulloch, M. J. (1971). *Homosexual behavior: Therapy and assessement*. Oxford: Pergamon.

Festinger, L., Schachter S., and Back, K., (1963). *Social pressures in informal group*. Stanford: Stanford University Press.

Fiedler, F. E. (1964). A contingency model of leadership effectiveness. In L. Berkowitz (Ed.), *Advances in experimental social psychology, Vol. 1*, NY: Academic Press.

Fiedler, F. E. (1967). *A theory of leadership effectiveness*. NY: McGraw-Hill.

Fields, H. L., & Levine, J. D. (1984). Placebo analgesia: A role for endorphins. *Trends in Neuroscience, 7*, 271~273.

Flavell, J. H. (1973). The development of inferences about others. In T. Misebel (Ed.), *Understanding other persons*. Oxford, England: Blackwell, Basil, and Mott.

Fletcher, G. J. O., Fincham, F. D., Cramer, L., & Heron, N. (1987). The role of attributions in the development of dating relationships. *Journal of Personality and Social Psychology, 53*, 481~489.

Fleyner, L. (1967). Dissection of memory in mice with antibiotics. *Proceeding of the American Philosophical Society, 111*, 343~346.

Fontham, E. T. H., Correa, P., Reynolds, P., Wu-Williams, A., Buffler, P. A., Greenberg, R. S., Chen, V. W., Alterman T., Boyd, P., Austin, D. F., & Liff, J. (1994). Environmental tobacco smoke and lung cancer in nonsmoking women: A multicenter study. *Journal of the American Medical Association, 271*, 1752~1759.

Forgas, J. P. (Ed.). (1991). *Emotion and social judgements*. Oxford: Pergamon Press.

Forgas, J. P., & Bower, G. H. (1988). Affect in social and personal judgements. In K. Fiedler & J. P. Forgas (Eds.), *Affect, cognition, and social behavior*. Toronto: Hogrefe.

Foulkes, D. (1985). *Dreaming: A cognitive-psychological analysis*. Hillsdale, NJ: Erlbaum.

Fraser, S., and P. G. Zimbardo. (1969). Unpublished research cited in P. G. Zimbardo, The human choice: Individuation, reason, and order versus deindividuation, impulse, and chaos. In W. J. Arnold and D. Levine (Eds.), *Nebraska symposium on motivation*. Lincoln: Uni. of Nebraska Press.

Friedman, M., and Ulmer, D. (1985). *Type a behavior and your heart*. New York: Fawcett.

Friedman, A. J., Zhang, Y., et al. (1994). Positional cloning of the mouse obese gene and its human homologue. *Nature, 372*, 425~432.

Frijda, N. H. (1986). *The emotions*. London: Cambridge University Press.

Gabrenya, W. K., Jr., Latane', B., & Wang, Y-E. (1983). Social loafing in cross-cultural perspective. *Journal of Cross-cultural Psychology, 14*, 368~384.

Galotti, K. (1989). Approaches to studying formal and everyday reasoning. *Psychological Bulletin, 105*, 331~351.

Gardner, R. A., & Gardner, B. I. (1969). Teaching sign language to a chimpanzee. *Science, 165*, 664~672.

Gardner, R. A., & Gardner, B. T. (1978). Comparative psychology and language acquisition. *Annals of the New York Acad-*

emy of Science, 309, 37～76.

Garfield, S. L. (1983). Effectiveness of psychotherapy: The perennial controversy. *Professional Psychology, 14(1)*, 35～43.

Garner, W. R. (1974). *The processing of information and structure*. Potomac, Maryland: Lawrence Erlbaum Associates.

Gathercole, S. E., & Baddeley, A. D. (1993). *Working memory and language processing*. Hillsdale, NJ: Erlbaum.

Gazzaniga, M. S. (1972). One brain-two minds? *American Scientist, 60*, 311～317.

Gazzaniga, M. S. (1967). The split brain in man. *Scientific American, 217*, 24～29.

Gazzaniga, M. S. (1970). *The bisected brain*. NY: Appleton.

Geen, R. G., & Donnerstein, E. (1983). *Aggression: Theoretical and empirical reviews*. New York: Academic Press.

Geer, J. H., and Fuhr, R. (1976). Cognitive factors in sexual arousal: The role of distraction. *Journal of Consulting and Clinical Psychology, 44*, 238～243.

Geldaro, F. A. (1972). *The human senses* (2nd ed.). New York: Wiley.

Gelman, R. (1969). Conservation acquisition: A problem of learning to attend to relevant attributes. *Journal of Experimental Child Psychology, 7*, 167～187.

Goldberg, L. R. (1993). The structure of phenotypic personality traits. *American Psychologist, 48*, 26～34.

Goldbloom, D. S., & Olmsted, M. P. (1993). Pharmacotherapy of bulimia nervosa with fluoxetine: Assessment of clinically significant attitudinal changes. *Am. J. of Psychiatry, 150*, 770~ 774.

Gold, M. (1965). *Education of the intellectually gifted*. Columbus, Ohio: Charlse E. Merrill.

Goldfarb, W. (1945). Effects of psychological deprivation in infancy and subsequent stimulation. *American Journal of Psychiatry, 102*, 18~33.

Golomb, J., Kluger, A., de Leon, M. J., Ferris, S. H., Convit, A., Mittelman, M. S., Cohen, J., Rusinek, H., De Santi, S., & George, A. E. (1994). Hippocampal formation size in normal human aging: A correlate of delayed secondary memory performance. *Learning & Memory, 1*, 45~54.

Gordon, M. E., Pryor, N. M., and Harris, B. V. (1974). An examination of scaling bias in Herzberg's theory of job satisfaction. *Organizational Behavior and Human Performance, 11*, 106~121.

Gottesman, I. I. (1991). *Schizophrenia genesis: The origins of madness*. New York: Freeman.

Gottesman, I. I. (1993). The origins of schizophrenia: Past as prologue. In R. Plomin & G. E. McClearn (Eds.), *Nature, nurture, and psychology*, Washington, D.C.: American Psychological Association.

Gottfried, A. W. (1984). Home environment and early cognitive environment: Integration, meta analysis, and conclusions. In A. W. Gottfried (Ed.), *Home environment and early cognitive development*. San Francisco: Academic Press.

Gray, J. (1971). *The psychology of fear and stress*. New York: McGraw-Hill.

Greenfield, P. M., and Bruner, J. S. (1973). Culture and cognitive growth. In J. S. Bruner (Ed.), *Beyond the information given*. New York: Norton.

Greeno, C. G., & Wing, R. R. (1994). Stress-induced eating. *Psychological Bulletin, 115*, 444~464.

Grilly, D. M. (1989). *Drugs and human behavior*. Boston: Allyn and Bacon.

Grilo, C. M., & Pogue-Geile, M. F. (1991). The nature of environmental influences on weight and obesity: A behavior genetic analysis. *Psychological Bulletin, 110*, 520~539.

Guerin, B. (1986). Mere presence effects in human: A review. *Journal of Personality and Social Psychology, 22*, 38~77.

Guilford, J. P. (1959). *Personality*. N. Y.: McGraw-Hill.

Guilford, J. P. (1961). Factorial angles to psychology. *Psychological Review, 68*, 1~20.

Guilford, J. P. (1967). *The nature of human intelligence*. N. Y.: McGraw-Hill.

Guilford, J. P., and Hoepfnes, R. (1971). *The analysis of intelligence*. N. Y.: McGraw-Hill.

Haaf, R. A., and Bell, R. Q. (1967). A facial dimension in visual discrimination by human infants. *Childhood Development, 38*, 893~899.

Haber, R. N. (Eds.), (1968). *Contemporary theory and research in visual perception*. New York: Holt, Rinehart and Winston.

Haber, R. N. (Ed.), (1969). *Information-processing approaches to visual perception.* New York: Holt, Rinehart and Winston.

Halaas, J. L., Gajiwala, K. S., Maffei, M., Cohen, S. L., Chait, B. T., Rabinowitz, D., Lallone, R. L., Burley, S. K., & Friedman, J. M. (1995). Weight-reducing effects of the plasma protein encoded by the obese gene. *Science, 269*, 543~546.

Hall, C. S. (1951). What people dream about? *Scientific American, 184*, 60~63.

Hall, C. S., and Lindzey, G. (Ed.), (1970). *Theories of personality* (2nd ed.). N. Y. : Wiley.

Hall, C. S., and R. Van de Castle (1966). *The content analysis of dreams.* N. Y.: Appleton Century Crofts.

Hall, S. M., Muñoz, R. F., Reus, V. I., & Sees, K. L. (1993). Nicotine, negative affect, and depression. *Journal of Consulting and Clinical Psychology, 61*, 761~767.

Hall, W. S., and Freedle, R. O. (1973). A developmental investigation of standard and nonstandard English among black and white children. *Human Development, 16*, 440~464.

Halpern, D. F. (1986). Sex differences in cognitive abilities, Hillsdale, NJ: Erlbaum.

Hanushek, Eric A. (1994). Making Schools Work: Improving Performance and Controlling Costs. Brookings Institution.

Harlow, H. F., and Harlow, M. H. (1966). Learning to love. *American Scientist, 54*, 244~272.

Harlow, H. F., and Zimmermann, R. R. (1959). Affectional responses in the infant monkey. *Science, 130*, 421~432.

Harris, R. J. (1974). Memory and comprehension implications and inferences of complex sentences. *Journal of Verbal Learning and Verbal Behaviors, 13*, 626~637.

Harris, R. J. (1977). Comprehension of pragmatic implications in advertising. *Journal of Applied psychology, 62*, 603~608.

Hartmann, E. L. (1973). *The functions of sleep.* New Haven, Connecticut: Yale University Press.

Haskins, R. (1989). Beyond metaphor, the efficacy of early childhood education. *American Psychologist, 44*, 274~282.

Hatfield, Elaine (1988). Passionate and companionate love. In R. j. Sternberg & M. L. Barnes (eds.)., *The psychology of love.* New Haven, CT: Yale University Press.

Hatfield, Elaine, & Rapson, Richard W. (1993). *Love, sex, and intimacy.* New York: Harper Collins.

Havighurst, R. J., Neugarten, B. L., and Tobin, S. S. (1973). Disengagement and patterns of aging. Paper presented at the meeting of the International Association of Gerontology, Copenhagen, August.

Hayes, J. P. (Ed.), (1970). *Cognition and the development of language.* New York: Wiley.

Haynes, D. M. (1982). Course and conduct of normal pregnancy. In D. N. Danforth (Ed.), *Obstetrics and gynecology.* Philadelphia: Harper & Row.

Heider, F. (1958). *The psychology of interpersonal relations.* N. Y.: Wiley.

Hellige, J. B. (1993). Unity of thought and action: Varieties of interaction between the left and right cerebral hemispheres. *Current Directions in Psychological Science, 2*, 21~25.

Hendrick, S., & Hendrick, C. (1992). Liking, loving and relating (2nd ed.). Pacific Grove, CA: Brooks/Cole.

Herman, C. P., & Polivy, J. (1975). Anxiety, restraint, and eating behavior. *Journal of Abnormal Psychology, 84*, 666~672.

Heron, W. (1957). The pathology of boredom. *Scientific American, 199*, 52~56.

Heston, L. H., and White, J. A. (1983). *Dementia: A practical guide to alzheimer's disease and related illness*. San Francisco: Freeman.

Hilgard, E. R. (1977). *Divided consciousness: Multiple controls in human thought and action*. New York: Wiley.

Hilgard, E. R., and Bower, G. H. (1975). *Theories of learning* (4th ed.). Englewood Cliffs, NJ: Prentice-Hall.

Hilgard, E. R. (1992). Dissociation and theories of hypnosis. In E. Fromm & M. R. Nash (Eds.), *Contemporary hypnosis research*. New York: Guilford.

Hochberg, J. (1978). *Perception* (2nd ed.). Englewood Cliffs, NJ: Prentice-Hall.

Hirshoren, A., Schultz, E. W., Manton, A. B., and Henderson, R. A. (1970). A survey of public school special education programs for emotionally disturbed children. *Eric Document No. 050540*.

Hobson, J. A. (1988). *The dreaming brain*. New York: Basic Books.

Hogan, R., Curphy, G. J., & Hogan, J. (1994). What we know about leadership: Effectiveness and personality. *American Psychologist, 49*, 493~504.

Holahan, C. J., and Moos, R. H. (1986). Personality, coping, and family resources in stress resistance: A longitudinal analysis. *Journal of Personality and Social Psychology, 51*, 389~95.

Holman, B. L., & Tumeh, S. S. (1990). Single-photon emission computed tomography (SPECT): Applications and potential. *Journal of the American Medical Association, 263*, 561~564.

Holmes, D. S. (1994). *Abnormal psychology*. New York: Harper Collins.

Hollander, E. P. (1985). Leadership and power. In G. Lindzey & E. Aronson (Eds.), *Handbook of social psychology* (3rd ed.). New York: Random House.

Holtzman,W. J. (Ed.) (1970). *Computer-assisted instruction, testing, and guidance*. New York: Harper and Row.

Horn, J. L. (1982). The aging of human abilities. In J. Woolman (Ed.), *Handbook of developmental psychology*. Englewood Cliffs, NJ: Prentice-Hall.

House, R. J., & Singh, J. V. (1987). Organizational behavior: Some new directions for I/O psychology. *Annual Review of Psychology, 38*, 669~718.

House, J. S., Landis, K. R., & Umberson, D. (1988). Social relationships and health. *Science, 241*, 540~545.

Hovland, C. I., Janis, I. L., and Kelley H. H. (1953). *Communica-

tion and persuasion. New Haven, Conn.: Yale University Press.

Howes, C. (1988). The relation between early child care and schooling. *Developmental psychology, 24*, 53~57.

Howes, C. (1990). Can the age of entry into child care and the quality of child care predict adjustment in kindergarten? *Developmental Psychology, 26*, 292~303.

Hubel, D. H., & Wiesel, T. N. (1979, September). Brain mechanisms of vision. *Scientific American*, 150~162.

Hunt, E., and Poltrock, S. (1974). The mechanics of thought. In B. H. Kantowitz (Ed.), *Humam information processing: Tutorials in performance and cognition*. Hillsdale, NJ: Lawrence Erlbaum associates.

Hyde, J. S., & Linn, M. C. (1988). Gender differences in verbal ability: A meta-analysis. *Psychological Bulletin, 104*, 53~69.

Ilgen, D. R., and Seely, W. (1974). Realistic expectations as an aid in reducing voluntary resignations. *Journal of Applied Psychology, 59*, 452~455.

Ingham, A. G., Levinger, G., Graves, J., & Peckham, V. (1974). The ringelmann effect: Studies of group size and group performance. *Journal of Experimental Social Psychology, 10*, 371~374.

Inglehart, R. (1990). *Culture shift in advanced industrial society*. Princeton, NJ: Princeton University Press.

Izard, C. E. (1971). *The face of emotion*. New York: Appleton-Century-Crofts.

Jackson, J. M., & Williams, K. D. (1988). *Social loafing: A review and theoretical analysis*. Unpublished manuscript, Fordham University.

Jacobs, P. A., Brunton, M., Melville, M. M., Brittain, R. P., and McClemont W. F. (1965). Aggressive behavior, mental sub-normality and the xyy male. *Nature, 208*, 1351~1352.

Jacobs, P. A., Price, W. H., Court Brown, W. M., Brittain R. P., and Whatmore, P. B. (1968). Chromosome studies of men in a maximum security hospital. *Annals of Human Genetics, 31*, 339~358.

Jacoby, J., Speller, D. E., and Berning, C. K. (1974). Brand choice behavior as a function of information load: Replication and extension. *Journal of Consumer Research, 1*, 33~42.

Jacoby, J., Speller, D. E., and Kohn, C. A., (1974). Brand choice behavior as a function of information load. *Journal of Marketing Research, 11*, 63~69.

Jamison,K. R. (1989). Mood disorders and patterns of creativity in British writers and artists. *Psychiatry, 52*, 125~134.

Janis, I. L. (1982). *Groupthink: Psychological studies of policy decisions and fiascoes*. Boston: Houghton Mifflin.

Jeffrey, R. W. (1989). Risk behaviors and health: Contrasting individual and population perspectives. *American Psychologist, 44*, 1194~1202.

Jencks, G. (1972). *Inequality: A reassessment of the effect of family and schooling in America*. New York: Basic Books.

Jensen, A. R. (1970). IQ's of identical twins reared apart. *Behavior Genetics, 1*, 133~148.

Jensen, A. R. (1973). *Educability and group differences*. NY: Harper and Row.

Jensen, M. R. (1987). Psychobiological factors predicting the course of breast cancer. *Journal of Personality, 55*, 317~342.

Johnson-Laird, P. N., & Byrne, R. M. J. (1989). Only reasoning. *Journal of Memory and Language, 28*, 313~330.

Johnson, M. K., Bransford, J. D., and Solomon, S. K. (1973). Memory for tacit implications of sentences. *Journal of Experimental Psychology, 98*, 203~205.

John, O. P. (1990). The "big five" factor taxonomy: Dimensions of personality in the natural language and in questionnaires. In L. A. Pervin (Ed.), *Handbook of personality: Theory and research*. New York: Guilford Press.

Jones, E. E., and Davis, K. E. (1965). From acts to dispositions: The attribution process in person perception. In L. Berkowitz (Eds.), *Advances in experimental social psychology*. New York: Academic Press.

Jones, E. E., and Nisbett, R. E. (1972). The actor and the observer: Divergent perceptions on the causes of behavior. In E. E. Jones et al. (Ed.), *Attribution: Perceiving the causes of behavior*, Morristown, NJ: General Learning Corp.

Kagan, D. M. (1990). How schools alienate students at risk: A model for examing proximal classroom variables. *Educational Psychologist, 25*, 105~125.

Kagen, J., and Klein, R. E. (1973). Cross-cultural perspectives on early development. *American Psychologist, 28*, 947~961.

Kahneman, D. (1973). *Attention and effort*. Englewood Cliffs, NJ: Prentice-Hall.

Kallman, F. J. (1958). The use of genetics in psychiatry. *Journal of Mental Science, 104*, 542~549.

Kaufman, A. S. (1983). Some questions and answers about the Kaufman assessment battery for children (K-ABC). *Journal of psychoeducational Assessment, 1*, 205~218.

Kelley, H. H. (1967). Attribution theory in social psychology. In Levine, D. (Ed.), *Nebraska symposium on motivation, Vol. 15*, Lincoln, Nebr.: University of Nebraska Press.

Kelley, H. H. (1973). The processes of causal attribution. *American Psychologist, 28*, 107~128.

Kennedy, W. A. (1971). *Child psychology*. Englewood Cliffs, NJ: Prentice-Hall.

Kerckhoff, A. C., and Davis, K. E. (1962). Value consensus and need complementarity in mate selection. *American Sociological Review, 17*, 295~303.

Kerr, N. L., & Bruun, S. E. (1983). Dispensability of member effect and group motivation losses: Free-rider effects. *Journal of Personality and Social Psychology, 44*, 78~94.

Keys, A., Brozek, J., Henschel, A., Mikelsen, O., & Taylor, H. I., (1950). *The biology of human starvation*. Minneapolis: University of Minnesota Press.

Kiecolt-Glaser, J. K., and Glaser, R. (1991). Stress and immune function in humans. In R. Ader, D. Felten, and N. Cohen. (Eds.), *Psychoneuroimmunology II*. San Diego: Academic Press.

Kiesler, C. A., & Simpkins, C. G. (1993). *The unnoticed majority in psychiatric inpatient care*. New York: Plenum.

Kimmel, D.C. (1974). *Adulthood and aging*. New York: Wiley.

Klerman, G. L., & Weissman, M. M. (1989). Increasing rates of depression. *Journal of the American Medical Assocation, 261*, 2220~2235.

Kobasa, S. (1979). Stressful life events, personality, and health: An inquiry into hardiness. *Journal of Personality and Social Psychology, 37*, 1~11.

Kobasa, S. C., Maddi, S. R., & Kahn, S. (1982). Hardiness and health: A prospective study. *Journal of Personality and Social Psychology, 42*, 168~177.

Kobre, K. A. (1971). Negative contrast effect in newborns. Unpublished master's thesis, Brown University.

Kohlberg, L., and Gilligan, C. (1972). The adolescent as a philosopher: The discovery of the self in a post conventional world. In J. Kagan and R. Coles (Eds.), *Twelve to sixteen: Early adolescence*. New York: Norton.

Kohlberg, L., and Turiel, E. (1971). *Research in moral development approach*. New York: Holt, Rinehart and Winston.

Kosslyn, S. M. (1994). *Image and brain*. Cambridge, MA: MIT Press.

Kramer, P. D. (1993). *Listening to Prozac*. New York: Penguin

Books.

Lakoff, G. Hedges. (1972). A study in meaning criteria and the logic of fuzzy concepts. Papers form the eighth regional meeting, Chicago Linguistics Society. Chicago: University of Chicago Linguistics Dept.

Langlois, J. H., Roggman, L. A., & Musselman, W. (1994). What is average and what is not average about attractive faces? *Psychological Science, 5*, 214~220.

Latane', B., and Darley, J. M. (1970). *The unresponsive by-stander: Why doesn't he help?* NY: Appleton-Century-Crofts.

Latane', B. (1981). The psychology of social impact. *American Psychologist, 36*, 343~356.

Latane', B., Dabbs, J. M., Jr. (1975). Sex, group size and helping in three cities. *Sociometry, 38*, 180~194.

Laurence, J. R., & Perry, C. (1988). *Hypnosis, will and memory: A psycho-legal history.* New York: Guilford.

Laumann, E. O., Gagnon, J. H., Michael, R. T., Michael, S. (1994). *The social organization of sexuality: Sexual practices in the United States.* Chicago: University of Chicago Press.

Lazarus, R. S., and Alfert, E. (1964). Short-circuiting of threat by experimentally altering cognitive appraisal. *Journal of Abnormal and Social Psychology, 69*, 195~205.

Lazarus, R. S., and Folkman, S. (1984). *Stress, appraisal, and coping.* New York: Springer.

Lazarus, R. S. (1968). Emotions and adaptation: Conceptual and empirical relation. In W. J. Arnold (Ed.), *Nebraska sympo-sium on motivation*. Lincoln: University of Nebraska Press.

Lazarus R. S., Averill, J. R. and Opton, E. M. Jr. (1970). Toward a greater cognitive theory of emotion. In M. B. Arnold (Ed.), *Feeling and emotions*. NY: Academic Press, 207~232.

Lazarus, R. S. (1984). On the primacy of cognition. *American Psychologist, 39*, 124~129.

Lazarus, R. S. (1991). Progress on a cognitive-motivational-relational theory of emotion. *American Psychologist, 46*, 352 ~367.

LeDoux, J. (1994). Emotion, memory and the brain. *Scientific American*, June, 50~57.

Lehman, H. C. (1953). *Age and achievement*. Princeton, NJ: Princeton University Press.

Lepper, M. R., and Greene, D. (1975). Turning play into work: Effects of adult surveillance and extrinsic rewards on children's intrinsic motivation. *Journal of Personality and Social Psychology, 31*, 479~486.

Lepper, M. R., Greene, D., and Nisbett, R. E. (1973). Undermining children's intrinsic with extrinsic reward: A test of the "overjustification" hypothesis. *Journal of Personality and Social Psychology, 28*, 129~137.

Levinson, D. J. (1978). *The seasons of a man's life*. New York: Knopf.

Levinson, D. J. (1986). A conception of adult development. *American Psychologist, 41*, 3~13.

Lewandowsky, S., & Murdock, B. B., Jr. (1989). Memory for serial order. *Psychological Review, 96*, 25~57.

Lewis J., Baddeley A. E., Bonham, K. G., and Lovett, D. (1970). Traffic pollution and mental efficiency. *Nature, 225*, 96.

Light, E., and Lebowitz, B. (1989). Alzheimer's disease treatment and family stress: Directions for research. Rockville, MD: National Institute of Mental Health. DHHS Publication No. (ADM) 89~1569.

Lindskold, S. (1978). Trust development, the GRIT Proposal, and the effects of conciliatory acts on conflict and cooperation. *Psychological Bulletin, 85*, 772~793

Lindskold, S. (1986). GRIT: Reducing distrust through carefully introduced conciliation. In S. Worchel & W. G. Austin (Eds.), *Psychology of intergroup relations* (2nd ed.). Chicago.

Linz, D. G., Donnerstein, E., & Penrod, S. (1988). Effects of long-term exposure to violent and sexually degrading depictions of women. *Journal of Personality and Social Psychology, 55*, 758~768.

Lipsitt, L. P. (1971). Babies, they're a lot smarter than they look. *Psychology today*, Dec., 70~72.

Locke, E. A., and Latham, G. P. (1990). Work motivation and satisfaction: Light at the end of the tunnel. *Psychological Science, 1*, 240~246.

Locke, E. A., & Latham, G. P. (1985). The application of goal setting to sports. *J. of Sport Psy*, 7, 205~222.

Loehlin, J. C., Lindzey, G., and Spuhler, J. F. (1975). *Race differences in intelligence*. San Francisco: W. H. Freeman and Co.

Lopez, S. R. (1989). Patient variable biaser in clinical judgment: Conceptual overview and methodological considerations. *Psychological Bulletin, 106*, 184~203.

Lozoff, B. (1989). Nutrition and behavior. *American Psychologist, 44*, 231~236.

Lucke, E. A. (1975). Personnel attitudes and motivation. In M. R. Rosenzweig, and L. W. Porter (Eds.), *Annual review of psychology*. Palo Alto, Calif.: Annual Review, Inc.

Lubersky, L., Dockerty, J. P., and Penick, S. (1973). On set conditions for Psychosomatic symptoms: A comparative review of immediate observation with retrospective research. *Psychosomatic Medicine, 35*, 187~201.

Ludwig, A. M. (1966). Altered states of consciousness. *Archives of General Psychiatry, 15*, 225~234.

Lutz, C. A., & Abu-Lughod, L. (Eds.). (1990). Language and the politics of emotions. Cambridge: Cambridge Uni. Press.

Lynn, S. J., Rhue, J. W., & Weekes, J. R. (1990). Hypnotic involuntariness: A social cognitive analysis. *Psychological Review, 97*, 169~184.

Maddox, G. L. (1970). Themes and issues in sociological theories of human aging. *Human Development, 13*, 17~27.

Martinsen, E. W. (1987). The role of aerobic exercise in the treatment of depression. *Stress Medicine, 3*, 93~100.

Marx, J. L. (1985). The immune system "belongs in the body."

Science, 227, 1190~1192.

Marzetta, B. R., Benson, H., and Wallace, R. K. (1972). Combatting drug dependency in young people: A new approach. *Medical Counterpoint, 4*, 13~37.

Maslow, A. H. (1954). Motivation and personality. New York: Harper & Row.

Maslow, A. H. (1967). Self-actualization and beyond. In Bugental, J. F. T. (Ed.), *Challenges of humanistic psychology*. NY: McGraw-Hill.

Maslow, A. H. (1970). *Motivation and Personality* (2nd ed.). New York: Harper & Row.

Masters, W. H., and Johnson,V. E. (1970). *Human sexual inadequacy*. Boston: Little Brown.

Masters, W. H., Johnson, V. E., & Kolodny, R. C. (1985). Human sexuality (2nd ed.). Boston: Little & Brown.

Maugh, T. H.II. (1974). Marihuana: The grass may no longer be greener. *Science, 185*, 683~685.

Maugh, T. H.II. (1974). Marihuana (II): Doesn't damage the brain? *Science, 185*, 775~776.

Mayer, J. (1968). Overweight: *Causes, cost, and control*. Englewood Cliffs, NJ: Prentice-Hall.

Mazursky, D., & Ofir, C. (1989). "I could never have expected it to happen": The reversal of the hindsight bias. *Organizational Behavior and Human Decision Processes, 46*, 20~33.

McCartrey, K. (1984). Effect of quality of day care environment on children's language development. *Developmental Psychology, 20*, 244~260.

McCaul, K. D., & Malott, J. M. (1984). Distracting and coping with pain. *Psychological Bulletin, 95*, 516~533.

McCauley, C. R., & Segal, M. E. (1987). Social psychology of terrorist groups. In C. Hendrick (Ed.), *Group processes and intergroup relations*. Beverly Hills, CA: Sage.

McClearn, G. E., and DeFries, J. C., (1973). *Introduction to behavior genetics*. San Francisco: Freeman.

McClelland, D.C., Atkinson J. W., Clark R. A., and Lowell, E. L. (1953). *The achievement motive*. New York: Appleton-Century-Crofts.

McClelland, D.C. (1961). *The achieving society*. Princeton: Van Norstrand.

McCormick, D. A., & Thompson, R. F. (1984). Cerebellum: Essential involvement in the classically conditioned eyelid response. *Science, 223*, 296~299.

McConkey, K. M. (1992). The effects of hypnotic procedures on remembering: The experimental findings and their implications for forensic hypnosis. In E. Fromm & M. R. Nash (Eds.), *Contemporary hypnosis research*. New York: Guilford Press.

McFarland, C., & Ross, M. (1985). The relation between current impressions and memories of self and dating partners. Unpublished manuscript, University of Waterloo.

McGregor, D. (1960). *The human side of enterprise*. New York:

McGraw-Hill.

McGuffin, P., & Reich, T. (1984). Psychopathology and genetics. In H. E. Adams & P. B. Sutker (Eds.), *Comprehensive hand-book of psychopathology*. New York: Plenum Press.

Mckey, R., Condelli, L., Ganson, H., Barrett, B., McConkey, C., & Plantz, M. (1985). *The impact of head start on children, families, and communities: Final report of the head start evaluation, synthesis and utilization project* (No. OHD5 85~ 31193). Washington, D.C.: US Government Printing Office.

Meisels, M. M., and Cantor, F. M. (1972). A note on the genera-tion gap. *Adolescence, 6*, 523~530.

Melzack, R., & Wall, P. D. (1965). Pain mechanisms: A new the-ory. *Science, 150*, 971~979.

Melzack, R., & Wall, P. D. (1983). *The Challenge of Pain*. New York: Basic Books.

Meredith, H. V. (1970). Body size of contemporary groups of one-year old infants studied in different parts of the world. *Child development, 41*, 551~600.

Mesquita, B., & Frijda, N. H. (1992). Cultural variations in emo-tions: A review. *Psy. Bulletin, 112 (3)*, 179~204.

Meyer, A. J., Maccoby, N., & Farquhar, J. W. (1980). Skills train-ing in a cardiovascular health education campaign. *Journal of Consulting and Clinical Psychology, 48*, 129~142.

Meyer, A. (1951). The psychobiological point of view. In E. E. Winters (Ed.), *Collected works of Adolph Meyer*. Baltimore: John Hopkins Press.

Milgram, S. (1965). Liberating effects of group pressure. *Journal of Personality and Social Psychology, 1*, 127~234.

Milgram, S. (1970). The experience of living in cities: A psychological analysis. *Science, 167*, 1401~1408.

Miller, B. D., and Strunk, R. C. (1989). Circumstances the deaths of children due to asthma: A case-control study. *American Journal of Diseases of Children, 143*, 1294~1299.

Miller, J. G. (1984). Culture and the development of everyday social explanation. *Journal of personality and social psychology, 46*, 961~978.

Miller, N. E., and DiCara, L. (1967). Instrumental learning of heart rate changes in curarized rats: Shaping and specificity to discriminative stimulus. *Journal of Comparative And Physiological Psychology, 63*, 12~19.

Mills, J. L., Granbard, B. I., Harley, E. E. (1984). Maternal alcohol consumption and birth weight. *Journal of the American Medical Association, 252*, 1875~1879.

Minkoff, H. L. (1987). Care of pregnant women infected with human immunodeficiency virus. *Journal of the American Medical Association, 258*, 2714~2717.

Mischel, W. (1976). *Introduction to personality* (2nd ed.). New York: Holt.

Mitchell, D. B. (1989). How many memory systems? Evidence from aging. *Journal of Experimental Psychology: Learning, Memory, and Cognition, 15*, 31~49.

Monson, T. C., & Snyder, M. (1977). Actors, observers, and the attribution process: Toward a reconceptualization. *Journal of Experimental Social Psychology, 13*, 89~111.

Morrow-Bradley, C., & Elliott, R. (1986). Utilization of psychotherapy research by practicing psychotherapists. *American Psychologist, 41*, 188~205.

Money, J. (1987). Sin, sickness, or status? Homosexual gender identity and psychoneuro endocrinology. *American Psychologist, 42*, 384~399.

Money, J. (1988). *Gay, straight, and in-between*. New York: Oxford University Press.

Moran, J. S., Janes,H. R., Peterman, T. A., & Stone, K. M. (1990). Increase in condom sales following AIDS education and publicity, United States. *American Journal of Public Health, 80*, 607~608.

Moreland, K. L., & Zajonc, R. B. (1982). Exposure effects in person perception: Familiarity, similarity, and attraction. *Journal of Experimental Social Psychology, 18*, 395~415.

Morris, R. G., Baddeley, A. D. (1988). Primary and working memory functioning in Alzheimer-type dementia. *Journal of Clinical and Experimental Neuropsychology, 10*, 279~296.

Moyer, K. E. (1983). The physiology of motivation: Aggression as a model. In C. J. Scheier & A. M. Rogers (Eds.), *G. Stanley Hall lecture series* (Vol. 3). Washington, D.C.: American Psychological Association.

Mueller, E. (1962). Survey methods as a forecasting tool. *In psychological research on consumer behavior*. Ann Arbor, Michigan: The Foundation for Research on Human Behavior.

Munsinger, H. A. (1978). The adopted child's IQ: A critical review. *Psychological Bulletin, 82*, 623～659.

Murdock, B. B. (1974). *Human memory: Theory and data.* Potomac, Maryland: Lawrence Erlhaum.

Mussen, P. H., J. Conger, and J. Kagan. (1974). *Child development and personality* (4th ed.). New York: Harper and Row.

Myers, D. G. (1993). *The pursuit of happiness.* New York: Avon Books.

Myers, D. G., & Diener, E. (1995). Who is happy? *Psychological Science, 6*, 10～19.

Nash, M. (1987). What, if anything, is regressed about hypnotic age regression? A review of the empirical literature. *Psychological Bulletin, 102*, 42～52.

National Academy of Sciences. (1974). *Doctoral scientists and engineers in the United States.* Washington, D.C.: National Academy of Sciences.

National Institute on Aging. (1984). *Age page: Can life be extended?* DHHS, National Institutes of Health.

National Institute of Mental Health (1988). *Approaching the 21st century: Opportunities for NIMH neuroscience research.* DHHS Pub. No. (ADM) 88～1580.

Navanjo, C., and Ornstein, R. E. (Eds.). (1971). *On the psychology of meditation.* New York: Viking Press.

Naylor, T. H. (1990). Redefining corporate motivation: Swedish style. *Christian Century, 107*, 566～570.

Neath, I. (1993). Distinctiveness and serial position effects in recognition. *Memory and Cognition, 21*, 689~698.

Neher, A. (1991). Maslow's theory of motivation: A critique. *J. of Humanistic Psychology, 31*, 89~112.

National Institute on Drug Abuse. (1991). National household survey on drug abuse: Population estimates 1991. Rockville, MD: Alcohol, Drug Abuse, and Mental Health Administration.

Nemeth, C. J. (1986). Differential contributions of majority and minority influence. *Psychological Review, 93*, 23~32.

Neugarten, B. L. (1974). The role we play. In American Medical Association, *Quality of life: The middle years*. Acton, MA: Publishing Sciences Group.

Newcomb, M. D. (1987). Cohabitation and marriage: A quest for independence and relatedness. In S. Oskamp (Ed.), *Family processes and problem: Social psychological aspects*. Newbury Park, CA: Sage.

Newcomb, T. M. (1961). *The acquaintance process*. NY: Holt, Rinehart, and Winston.

Newell, A., Shaw, J. C., & Simon, H. A. (1958). Elements of a theory of human problem solving. *Psychological Review, 65*, 152~166.

Newell, A., and Simon, H. A. (1972). *Human problem solving*. Englewood Cliffs, New Jersey: Prentice-Hall.

Nidich, S., Seeman, W., and Seibert, M. (1977). Influence of transcendental meditation on state anxiety. *Journal of consult-*

ing and clinical psychology.

Nisbett, R. E. (1972). Hunger, obesity, and the ventromedial hypothalamus. *Psychological Review, 79*, 433~453.

Niswander, K. R. (1982). Prenatal care. In R. C. Benson (Ed.), *Current obstetric and gynecologic diagnosis and treatment.* Los Altos, C. A.: Lange Medical Publications.

Nolen-Hokesema, S. (1987). Sex differences in unipolar depression: Evidence and theory. *Psychological Bulletin, 101*, 259~282.

Nunnaly, J. C., and Lemond, L. C. (1973). Exploratory behavior and human development. In H. W. Reese (Ed.), *Advances in child development and behavior, Vol. 8*. New York: Academic Press.

Oden, M. H. (1968). The fulfillment of promise: 40-year follow-up of the terman gifted group. *Genetic Psychology Monographs, 77*, 3~93.

Olds, J., and Milner, P. (1954). Positive reinforcement produced by electrical stimulation of septal area and other regions of rat brain. *Journal of Comparative and Physiological Psychology, 47*, 419~427.

Osgood, C. E. (1962). *An alternative to war or surrender*. Urbana: University of Illinois Press.

Osgood, C. E. (1980). GRIT: A strategy for survival in mankind's nuclear age? Paper presented at the Pugwash Conference on New Directions in Disarmament.

Paffenbarger, R. S., Jr., Hyde, R. T., Wing, A. L., & Hsieh, C-C.

(1986). Physical activity, all-cause mortality, and longevity of college alumni. *New England Journal of Medicine, 314*, 605 ～612.

Pasamanick, B., and H. Knobloch (1966). Retrospective studies of the epidemiology of reproductive causality: Old and new. *Merrill-palmer Quarterly, 12*, 7～26.

Perls, F. S. (1969). *Gestalt therapy verbatim*. Lafayette, CA: Real People Press.

Pauls, D. L., Morton, L. A., & Egeland, J. A. (1992). Risks of affective illness among first-degree relatives of bipolar I old-order Amish probands. *Archives of General Psychiatry, 49*, 703～708.

Pavlov, I. P. (1927). In G. V. Anrep (Trans.), *Conditioned reflexes*. London: Oxford University Press.

Paul, J. L., and Neufeld, G. R. (1974). *Contemporary treatment approaches for emotionally disturbed children*. New York: Exposition/University Press.

Pelleymounter, M. A., Cullen, M. J., Baker, M. B., Hecht, R., Winters, D., Boone, T., & Collins. (1995). Effects of the obese gene product on body weight regulation in ob/ob mice. *Science, 269*, 540～543.

Perkins, K. A., Dubbert, P. M., Martin, J. E., Fawstich, M. E., & Harris, J. K. (1986). Cardiovascular reactivity to psychological stress in aerobically trained versus untrained mild hypertensives and normotensives. *Health Psychology, 5*, 407～421.

Pedersen, P. (Ed.). (1987). *Handbook of cross-cultural counseling and therapy*. New York: Praeger.

Peterson, A. C. (1988). Adolescent development. *Annual Review of Psychology, 39*, 583~607.

Peterson, C., Seligman, M. E. P., & Valliant, G. E. (1988). Pessimistic explanatory style is a risk factor for physical illness: A thirty-five year longitudinal study. *J. of Personality and Social Psy, 55*, 23~27.

Piaget, J. (1950). *The psychology of intelligence*. London: Routledge and Kegan Paul.

Piaget, J. (1970). Piaget's theory. In P. H. Mussen (Ed.), *Carmichael' s manual of child psychology* (3rd ed.). New York: John Wiley & Sons.

Piaget, J., and Inhelder, B. (1969). *The psychology of the child*. New York: Basic Books.

Piaget, J. (1972). Intellectual evolution from adolescence to adulthood. *Human Development, 15*, 1~12.

Pierce, J. P. Macaskill, P., Mappstat, & Hill, D. (1990). Long-term effectiveness of mass media led antismoking campaigns in Australia. *American Journal of Public Health, 80*, 565~569.

Pion, G. M., Bramblett, J. P., Jr., & Wicherski, M. (1987). *Preliminary report: 1985 doctorate employment survey*. Washington, D.C.: American Psychological Association.

Polivy, J., & Herman, C. P. (1985). Dieting and binging: A causal analysis. *American Psychologist, 40*, 193~201.

Polivy, J., & Herman, C. P. (1987). Diagnosis and treatment of normal eating. *Journal of Personality and Social Psychol-*

ogy, 55, 635～644.

Powers, S. I., Hauser, S. T., and Kilner, L. A. (1989). Adolescent mental health. *American Psychologist, 44*, 200～208.

Premack, A. J., & Premack, D. (1972). Teaching language to an ape. *Scientific American, 227*, 92～99.

Quigley, M. E., Sheehan, K. L., Wilkes, M. M., & Yen, S. S. C. (1979). Effects of maternal smoking on circulating cate-cholaminc levels and fetal heart rates. *American Journal of Obstetrics and Gynecology, 133*, 685～690.

Quillian, M. R. (1969). The teachable language comprehender: A simulation program and a theory of language. *Communications of the Association for Computing Machinery, 12*, 459～476.

Raven, J. C. (1977). *Raven progressive matrices*. Los Angeles: Psychological Corp.

Ray, O. S. (1983). Drugs, society, and human behavior (3rd ed.). St. Louis: Mosby.

Raymond, C. A. (1987). Birth defects linked with specific level of maternal alcohol use, but abstinence still is the best policy. *Journal of the American Medical Association, 258*, 177～178.

Reiss, A. J., Jr., & Roth, J. A. (Eds.). (1993). Understanding and preventing violence. Washington, D.C.: National Academy Press.

Riegel, K. F. (1973). Dialectic operations: The final period of cognitive development. *Human Development, 16*, 346～370.

Robbins, D. (1971). Partial reinforcement: A selective review of the alleyway literature since 1960. *Psychological Bulletin, 76*, 415～431.

Roberts, L. (1987). Study bolsters case against cholesterol. *Science, 237*, 28～29.

Roberts, S. B., Savage, J., Coward, W. A., Chew, B., & Lucas, A. (1988). Energy expenditure and intake in infants born to lean and overweight mothers. *New England Journal of Medicine, 318*, 461～466.

Rodin, J. (1987). *The determinants of successful aging*. Washington, D.C.: Federation of behavioral, psychological and cognitive sciences.

Rogers, C. R. (1961). *On becoming a person: A therapist's view of psychotherapy*. Boston: Houghton Mifflin.

Rogers, C. R. (1980). A way of being. Boston: Houghton Mifflin.

Rogler, L. H., Malgady, R. G., Constantins, G., & Blumental, R. (1987). What do culturally sensitive mental health services mean? The case of Hispanics. *American Psychologist, 42*, 565 ～570.

Rosenthal, A. M. (1964). *Thirty-eight witnesses*. New York: McGraw-Hill.

Rosenthal, R. (1964). Experimenter outcome-orientation and the results of the psychological experiment. *Psychological Bulletin, 61*, 405～412.

Ross, M., Karniol, R., and Rothstein, M. (1976). Reward contingency and intrinsic motivation in children: A test of the delay of gratification hypothesis. *Journal of Personality and Social Psychology, 33*, 442～447.

Ross, L., Bierbrauer, G., and Polly, S. (1974). Attribution of educational outcomes by professional and nonprofessional instructors. *Journal of Personality and Social Psychology, 29*, 609～618.

Roter, D. L., & Hall, J. A. (1989). Studies of doctor-patient interaction. *Annual Review of Public Health, 10*, 163～180.

Rothbart, M., & Park, B. (1986). On the confirmability and disconfirmability of trait concepts. *Journal of Personality and Social Psychology, 50*, 131～142.

Rozanski, A. et al. (1988). Mental stress and the induction of silent myocardial ischemin in patients with coronary artery disease. *New England Journal of Medicine, 318*, 1005～1012.

Rubin, Z. (1973). *Liking and loving: An invitation to social psychology.* New York: Holt.

Ruch, J. L., Morgan, A. H., and Hilgard, E. R. (1973). Behavior predictions from hypnotic responsiveness scores when obtained with and without prior induction procedure. *Journal of Abnormal Psychology, 82*, 543～546.

Rushton, J. P., Fulker, D. W., Neale, M. C., Nias, D. K. B., & Eysenck, H. J. (1986). Altruism and aggression: The heritability of individual differences. *Journal of Personality and Social Psychology, 50*, 1192～1198.

Russell, J. A. (1991). Culture and categorization of emotions. *Psy. Bulletin, 110 (3)*, 426～450.

Russell, W. R. (1971). *The trumatic amnesia.* London: Oxford

University Press.

Rutherford, W. (1886). A new theory of hearing. *Journal of Anatomy and Physiology, 21*, 166~168.

Rutler, M. (1972). *Maternal deprivation*. England: Penguin Books.

Saegert, S., Swap, W., and Zajonc, R. B. (1973). Exposure, contest and interpersonal attraction. *Journal of Personality and Social Psychology, 15*, 234~242.

Salapatek, P., and W. Kessen (1968). Visual scanning of triangles by the human newborn. *Journal of Comparative and Physiological Psychology, 66*, 247~248.

Salzman, C. (1992). The current status of fluoxetine. *Neuropsychopharmacology, 7*, 245~247.

Schachter, S. (1970). The assumption of identity and peripheralist and centralist controversies in motivation and emotion. In M. B. Arnold (Ed.), *Feeling and emotions*. New York: Academic Press.

Schachter, S. (1971). Some extraordinary facts about obese humans and rats. *American Psychology, 26*, 129~144.

Schachter, S., and Singer, J. E. (1962). Cognitive, social and physiological determinants of emotional state. *Psychological Review, 69*, 379~399.

Schaie, K. W., & Parham, I. A. (1977). Cohort sequential analysis of adult intellectual development. *Developmental Psychology, 13*, 649~653.

Schaie, K. W., and Hertzog, C. (1983). Fourteen-year cohort-sequential analysis of adult intellectual development. *Developmental Psychology, 19*, 531~543.

Schaie, K. W. (1994). The course of adult intellectual development. *American Psychologist, 49*, 304~313.

Schaie, K. W., and Strother, C. R. (1968). A cross-sequential study of age changes in cognitive behavior. *Psychological Bulletin, 70*, 671~680.

Scheier, M. F., & Carver, C. S. (1992). Effects of optimism on psychological and physical well-being: Theoretical overview and empirical update. *Cognitive Therapy and Research, 16*, 201~228.

Schmitt, R. C. (1957). Density, delinquency, and crime in Honolulu. *Sociology and Social Research, 41*, 274~276.

Schmitt, R. E. (1966). Density, health, and social disorganization. *Journal of American Institute of Planners, 32*, 38~40.

Schoenborn, C. A., and Wilson, B. F. (1988). Are married people healthier? Health characteristics of married and unmarried U. S. men and women. Paper Presented to the American Public Health Association, Boston.

Schultz, T. (1972). What science is discovering about the potential benefits of meditation. *Today's Health, 50*, 34~37, 64~67.

Seay, B., Alexander, B. K., and Harlow, H. F. (1964). Maternal behavior of socially deprived rhesus monkeys. *Journal of Abnormal and Social Psychology, 69*, 345~354.

Seeman, P., Guan, H-C., & Van Tol, H. H. M. (1993). Dopamine

D4 receptors elevated in schizophrenia. *Nature*, 365, 441~445.

Segerberg, O. (1982). *Living to be 100: 1, 200 who did and how they did it*. New York: Scribners.

Segert, S. (1975). (Ed.), Crowding in real environments. *Environment and Behavior*, 7. (Whole No. 2).

Seligman, M. E. P. (1991). *Learned optimism*. New York: Norton.

Seligman, M. E. P. (1988). Boomer blues. *Psychology Today*, October, 50~55.

Seligman, M. E. P. (1991). *Learned optimism*. New York: Knopf.

Seligman, M. E. P. (1988). Why is there so much depression today? The waxing of the individual and the waning of the commons. G. Stanley Hall Lecture to APA convention.

Selye, H. (1956). *The stress of life*. New York: McGraw-Hill.

Selye, H. (1976). *The stress of life*. New York: McGraw-Hill.

Shaffer, D. R. (1989). *Developmental psychology: Childhood and adolescence*. Pacific Grove, CA: Brooks/Cole.

Siegel, B. (1988). *Love, medicine & miracles*. New York: Harper & Row.

Simmel, E. C., Hoppe, R. A., and Milton, G. A. (1968), (Eds.). *Social facilitation and imitative behavior*. Boston: Allyn and Bacon.

Simonton, D. K. (1994). *Greatness: Who makes history and why*. New York: Guilford Press.

Skeels, H. M., and Dye, H. B. (1939). A study of the effects of differential stimulation on mentally retarded children.

Preceeding of the American Association for Mental Deficiency, 44, 114~136.

Skeels, H. M. (1966). Adult status of children with contrasting early life experiences. *Society for Research in Child Devel Monographs, 31*, No.3, 1~65.

Skinner, B. F. (1957). *Verbal behavior*. New York: Appleton-Century-Crofts.

Slobin, D. I. (1971). *Psycholinguistics*. Glenview, Illinois: Scott, Foresman.

Slovic, P. (1987). Perception of risk. *Science, 236*, 280~285.

Smith, M. E. (1926). An investigation of the development of the sentence and the extent of vocabulary in young children. University of Iowa, *Studies on Child Welfare, No. 5*, 311.

Smith, E. E., Shoben, E. J., and Rips, L. J. (1974). Structure and process in semantic memory: A feature model for semantic decisions. *Psychological Review, 81*, 214~224.

Smith, J., and Baltes, P. B. (1990). Wisdom-related knowledge: Age/cohort differences in response to life-planning problems. *Developmental Psychology, 26*, 494~505.

Smith, J. C. (1993). *Understanding stress and coping*. New York: Macmillan.

Smith, P. B., & Tayeb, M. (1989). Organizational structure and processes. In M. Bond (Ed.), *The cross-cultural challenge to social psychology*. Newbury Park, CA: Sage.

Snowden, L. R., & Cheung, F. K. (1990). Use of inpatient mental health services by members of ethnic minority groups.

American Psychologist, 45, 347~355.

Solomon, Robert C. (1994). *About love*. Lanham, MD: Littlefield Adams.

Smith, M. L., & Glass, G. V. (1977). Meta-analysis of psychotherapy outcome studies. *American Psychologist, 32*, 752~760.

Smith, M. L., Glass, G. V., & Miller, T. I. (1980). *The benefits of psychotherapy*. Baltimore: John Hopkins Press.

Sontag, L. W., Baker, C. T., and Nelson, V. L. (1968). Mental growth and development: A longitudinal study. *Monographs of the Society for Research in Child Development, 23*, No. 68.

Spanos, N. P., Salas, J., Bertrand, L. D., & Johnston, J. (1991). Occurrence schema context ambiguity, and hypnotic responding. *Imagination, cognition and personality*. New York: Academic Press.

Spence, J. T. (Ed.) (1983). Achievement and achievement motives. Psychological and sociological approaches New York: Freeman.

Sperry, R. W. (1968). Hemisphere deconnection and unity in conscious experience. *American Psychologist*, 23, 723~733.

Squire, L. R. (1987). *Memory and brain*. New York: Oxford University Press.

Stampfl, T. G., and Lewis, D. J. (1967). Essentials of implosive therapy: A learning-theory-based psychodynamic behavioral therapy. *Journal of Abnormal Psychology, 72*, 496~503.

Stellar, E. (1967). Hunger in man: Comparative and physiological studies. *American Psychologist, 22*, 105~117.

Sternberg, R. J. (1986a). *Intelligence applied: Understanding and increasing your interllectual skills*. San Diego: Harcourt.

Sternberg, R. J. (1986b). A triangular theory of love. *Psychological Review, 93*, 119~135,

Sternberg, R. J., & Lubart, T. I. (1991). An investment theory of creativity and its development. *Human Development*, 1~31.

Sternberg, R. J., & Lubart, T. I. (1992). Buy low and sell high: An investment approach to creativity. *Psychological Science, 1*, 1~5.

Steuer, F. B., Applefield, J. M., and Smith, R. (1971). Televised aggression and the interpersonal aggression of pre-school children. *Journal of Experimental Child Psychology, 11*, 422~447.

Sternberg, R. J. (1985). *Beyond IQ: A triarchic theory of human intelligence*. New York: Cambridge University Press.

Sternberg, R. J. (1988). Triangulating love. In R. J. Sternberg & M. L. Barnes (Eds.), *The psychology of love* (pp.119~138). New Haven, CT: Yale University Press.

Stevenson, H., Azuma, H., & Hakuta, K. (1986). Child development and education in Japan. New York: Freeman.

Stevenson, H. W. (1992, December). Learning from Asian Schools. *Scientific American*, 70~76.

Stroebe, M. S., Stroebe, W., & Hansson, R. O. (Eds.). (1993). Handbook of bereavement: Theory, research, and intervention. Cambridge, England: Cambridge University Press.

Story, M., & Faulkner, P. (1990). The prime time diet: A content analysis of eating behavior and food messages in television program content and commercials. *American Journal of Public Health, 80*, 738~740.

Stunkard, A. J., Harris, J. R., Pederson, N. L., & McClearn, G. E. (1990). A separated twin study of the body mass index. *New England Journal of Medicine, 322*, 1483~1487.

Sue, S., & Okazaki, S. (1990). Asian-American educational achievements: A phenomenon in search of an explanation. *American Psychologist, 45 (8)*, 913~920.

Sue, S., & Okazaki, S. (1991). Explanations for Asian-Americans achievements: A reply. *American Psychologist, 46 (8)*, 878~880.

Suls, J., & Wan, C. K. (1989). Effects of sensory and procedural information on coping with stressful medical procedures and pain: A meta-analysis. *Journal of Consulting and Clinical Psychology, 57*, 372~379.

Sundstrom, E., De Meuse, K. P., & Futrell, D. (1990). Work teams: Applications and effectiveness. *American Psychologist, 45*, 120~133,

Sweeney, P. D., Anderson, K., & Bailey, S. (1986). Attributional style in depression: A meta-analytic review. *Journal of Personality and Social Psychology, 50*, 974~991.

Szasz, T. S. (1960). The myth of mental illness. *American Psychologist, 15*, 113~118.

Tanner, J. M. (1970). Physical growth. In P. H. Mussen (Ed.),

Carmichael's manual of child psychology, Vol. 1. (3rd ed.). New York: John Wiley & Sons.

Taylor, G. T. (1974). Varied function of punishment in differential instrumental conditioning. *Journal of Experimental Psychology, 102*, 298~307.

Taylor, S. E. (1986). *Health psychology.* New York: Random House.

Taylor, S. E. (1990). Health psychology: The science and the field. *American Psychologists, 45*, 40~50.

Taylor, S. E., & Brown, J. D. (1994). Positive illusions and well-being revisited: Separating fact from fiction. *Psy. Bulletin, 116*, 21~27.

Taylor, S. E., & Brown, J. D. (1988). Illusion and well-being: A social psychological perspective on mental health. *Psy. Bulletin, 103*, 193~210.

Taylor, S. E. (1991). *Health psychology* (2nd ed.). New York: McGraw-Hill.

Taylor, S. E., & Brown, J. (1988). Illusion and well-being: A social psychological perspective on mental health. *Psychological Bulletin, 103*, 193~210.

Taylor, S. P., & Chermack, S. T. (1993). Alcohol, drugs and human physical aggression. *Journal of Studies on Alcohol*, Supplement No. 11, 78~88.

Tesser, A., and Brodie, M. (1971). A note on the evaluation of a "computer date". *Psychonomic Science, 23*, 300.

Tetlock, P. E. (1988). Monitoring the integrative complexity of

American and Soviet policy rhetoric: What can be learned? *Journal of Social Issues, 44*, 101~131.

Thomas, D. W., and Mayer, J. (1973). The search for the secret of fat. *Psychology Today, 7*, 74~79.

Thurstone, L. L. (1938). Primary mental abilities. *Psychometric Monographs, No. 1.*

Torrance, E. (1959). Current research on the nature of creative talent. *Journal of Counseling Psychology, 6*, 309~316.

Triplett, N. (1897). The dynamogenic factors in pacemaking and competition. *American Journal of Psychology, 9*, 507~533.

Tsuang, M. T., & Faraone, S. V. (1990). *The genetics of mood disorders*. Baltimore, MD: John Hopkins University Press.

Tulving, E. (1968). When is recall higher than recognition? *Psychonomic Science, 10*, 53~54.

Tversky, A., & Kahneman, D. (1986). Rational choice and the framing of decisions. *Journal of Business, 59*, 5251~5278.

Valenstein, E. S. (1986). *Great and desperate cures*. New York: Basic.

Van Horn, J. D., & McManus, I. C. (1992). Ventricular enlargement in schizophrenia: A meta-analysis of studies of the ventricular: brain ratio (VBR). *British Journal of Psychiatry, 160*, 687~697.

Vaughn, V. C., Mckay, R. C., & Behrman, R. E. (1979). *Nelson textbook of pediatrics*. Philadelphia: Saunders.

Vingoe, F. J. (1973). Comparison of the Harvard group scale of hypnotic susceptibility form A and the group alert trance scale in a university population. *International Journal of Clinical and Experimental Hypnosis, 21*, 169~178.

Von Bekesy, G. (1960). *Experiments in hearing*. New York: McGraw-Hill.

Vroom, V. H. (1964). *Work and motivation*. New York: John Wiley & Sons.

Wacks, T. D., & Gruen, C. E. (*1982*). *Early experience and human development*. New York: Plenum.

Wagner, K. R. (1985). How much do children say in a day? *Journal of Child Language, 12*, 475~487.

Walk, R. D., and E. J. Gibson (1961). A comparative and analytical study of visual depth perception. *Psychological Monographs, No. 75*.

Walker, P. C., and Johnson, R. F. Q. (1974). The influence of pre-sleep suggestions on dream content: Evidence and methodological problems. *Psychological Bulletin, 81(6)*, 362~370.

Wallace, R. K., and Benson, H. (1972). The physiology of meditation. *Scientific American, 226*, 84~90.

Wallach, M. A., and Kogan, N. (1965). *Modes of thinking in young children*. New York: Holt, Rinehart and Winston.

Walster, E., Berscheid, E.. and Walster, G. W. (1973). New directions in equity research. *Journal of Personality and Social Psychology, 25*, 151~176.

Walster, E., Walster, G. W., & Berscheid, E. (1978). *Equity: Theory and research*. Boston: Allyn & Bacon.

Wanous, J. P. (1975). Tell it like it is at realistic job previews.

Personnel, 52, 50~60.

Wanous, J. P. (1976). Organizational entry: From naive expectations to realistic beliefs. *Journal of Applied Psychology, 61*, 22~29.

Wasserman, D., Lempert, R. O., & Hastie, R. (1991). Hindsight and causality. *Personality and Social Psychology Bulletin, 17*, 30~35.

Watkins, L. R., & Mayer, D. J. (1982). Organization of the endogenous opiate and nonopiate pain control systems. *Science, 216*, 1185~1193,

Watson, J. B., & Rayner, R. (1920). Conditioned emotional reactions. *Journal of Experimental Psychology, 3*, 1~14.

Webb, W. B., and Agnew, H. W. (1973). *Sleep and dreams.* Dubuqne, Iowa: William C. Brown Company.

Weiner, B. (1990). History of motivational research in education. *J. of Edu. Psy. 82*, 616~622.

Weinstein, N. D. (1990). Optimistic biases and personal risks. *Science, 246*, 1232~1233.

Wever, E. G., & Bray, C. W. (1937). The perception of low tones and the resonance-volley theory. *Journal of Psychology, 3*, 101~114.

Wilson, J. Q., & Herrnstein, R. J. (1985). Crime and human nature. New York: Simon & Schuster.

Winnick, M., and P. Rosso (1969). The effect of severe early malnutrition on cellular growth of the human brain. *Pediatric Research, 3*, 181~184.

White, B. L. (1969). Child development research: An edifice without a foundation. *Merrill-Palmer Quarterly, 59*, 49~79.

White, R. W. (1959). Motivation reconsidered: The concept of competence. *Psychological Review, 66*, 297~333.

White, H. R., Brick, J., & Hansell, S. (1993). A longitudinal investigation of alcohol use and aggression in adolescence. *Journal of Studies on Alcohol*, Supplement No. 11, 62~77.

Whorf, B. L. (1956). *Language, thought, and reality*. New York: Wiley.

Wolpe, J. (1958). *Psychotherapy by reciprocal inhibition*. Stanford, Calif.: Stanford University Press.

Wolpe, J. (1974). *The practice of behavior therapy*. Elmsford, New York: Pergamon.

Wong, D. F., Wagner, H. N., Jr., Tune, L. E., Dannals, R. F., Pearlson, G. D., Links, J. M., Tamminga, C. A., Broussolle, E. P., Ravert, H. T., Wilson, A. A., Toung, T., Malat, J., Williams, J. A., O'Tuama, L. A., Snyder, S. H., Kuhar, M. J., & Gjedde, A. (1986, Dec.19). Position emission tomography reveals elevated D2 Dopamine receptors in drug-naive schizophrenics. *Science, 234*, 1558~1563.

Woodhead, M. (1988). When psychology informs public policy: The case of early childhood intervention. *American Psychologist, 43*, 443~454.

Wright, L. (1988). The type a behavior pattern and coronary artery disease: Quest for the active ingredients and the elusive mechanism. *American Psychologist, 43*, 12~14.

Yang, K., & Bond, M. H. (1990). Exploring implicit personality theories with indigenous or imported constructs: The Chinese case. *J. of Personality and Social Psy., 58*, 1087~1095.

Yankelovich, D. (1969). *Generations apart*. New York: CBS News.

Yantis, S. (1993). Stimulus-driven attentional capture. *Current Directions in Psychological Science, 2*, 156~161.

Yapko, M. D. (1994). Suggestibility and repressed memories of abuse: A survey of psychotherapists' beliefs. *American Journal of Clinical Hypnosis, 36*, 163~171.

Zajonc, R. B. (1965). Social facilitation. *Science, 149*, 269~274.

Zajonc, R. B. (1968). Attitudinal effects of mere exposure. *Journal of Personality and Social Psychology Monograph Supplement, 9*, 1~27.

Zajonc, R. B. (1980). Feeling and thinking: Preferences need no inferences. *American Psychologist, 35*, 151~175.

Zajonc, R. B. (1984). On the primacy of affect. *American Psychologist, 59*, 117~123.

Zeskind, P. S., & Ramey, C. T. (1981). Preventing intellectual and interactional sequelae of fetal malnutrition: A longitudinal, transactional and synergistic approach to development. *Child Development, 52*, 213, 218.

Zimbardo, P. G. (1969). The human choice: Individuation, reason, and order versus deindividuation, impulse, and chaos. In W. J. Arnold and E. Levine (Eds.), *Nebraska symposium on motivation*. Lincoln: University of Nebraska Press.

Zimbardo, P. G., & Leippe, M. (1991). *The psychology of attitude change and social influence*. New York: McGraw-Hill.

Zube, M. (1982). Changing behavior and outlook of aging men and women. *Family Relations, 31*, 147~156.

Zubek, J. P. (1969). *Sensory deprivation: Fifteen years of research*. NY: Appleton-Century-Crofts.

索 引

一劃

一般問題解決者（general problem solver） 205,206

二劃

人事心理學（personnel psychology） 9

人知覺（person perception） 505,506,507,508

人格（personality） 3,6,7,9,10,13,23,24,25,60,68,95,98,99,100,106,111,
114,126,143,148,201,202,223,224,227,248,249,318,362,369,
390,410,411,412,413,414,415,416,417,418,419,420,421,422,
423,424,425,426,427,428,429,430,431,432,433,434,435,437,
438,444,445,446,447,451,452,457,458,459,461,465,477,483,
491,493,507,508,515,530,540,562

人格二元論（two-factor theory of personality） 414

人格失常（personality disorders） 441,446,447,457

人格的衡量（personality assessment） 409,432

人格特質論（personality trait theory） 413

人格發展階段（personality development stages） 418

人格類型論（personality type theory） 411

人際吸引（interpersonal attraction） 502,513,518

人際關係（interpersonal relations） 3,110,369,371,386,395,399,422,
476,478,483,487,488,497,504,507

人類需求的層次（hierarchy of human needs） 380

三劃

三級預防（tertiary prevention）　　　　　　　　*398,495*

下視丘（hypothalamus）　*43,44,50,51,55,57,334,336,361,364,367,368,369*

大麻菸（marihuana）　　　　*306,317,318,319,446,461*

大腦皮質（cerelnal cortex）　*25,30,42,43,45,46,51,176,177,338*

小心轉移（cautious shift）　　　　　　　　　*533*

小腦（cerebellum）　　　　　　　　　　　*42,177*

工作動機（work motivation）　　　　*564,565,570,571*

工作滿意（job satisfaction）　　　　*565,566,567,568*

工具性制約（instrumental conditioning）　　　*134*

工程心理學（engineering psychology）　　　*9,553*

工業心理學（industrial psychology）　　　*6,8,9,562*

干擾學說（interference theory）　　　　　*181,182*

四劃

不可能的圖案（impossible figures）　　　　　*299*

不定比例增強（variable-ratio reinforcement）　*139,140*

不定時距增強（variable-interval reinforcement）　*139,140*

中介作用（mediation）　　　　　　　　*160,161*

中介變項（intervening variable）　　　　　*357*

中腦（midbrain）　　　　　*41,42,43,52,309*

內向型（introvert）　　　　　　　　*412,414*

內省法（introspection）　　　　　　　*20,21,22*

內容效度（content validity）　　　　　　　*226*

內導神經原（afferent neuron）　　　　　　　*33*

內轟治療法（implosive therapy）　　　　　　　　　　480,481

分析心理學（analytical psychology）　　　　　　　　420,421

分散練習（spaced practice）　　　　　　　　　　　　153

分開腦（split-brain）　　　　　　　　　　　　　　　49

反社會人格（antisocial personality）　　　　　446,447,458

反應式制約（respondent conditioning）　　　　　　　127

反應性精神分裂（reactive schizophrenia）　　　　　　465

反應類化（response generalization）　　　　　　　　132

心向（set）　　　　　　　　　　150,151,163,209,210

心因性疾病（psychosomatic illnesses）　　　　　384,389

心身性疾病（psychosomatic illness）　　　　　　328,347

心動力（psychokinesis, PK）　　　　　　　　　　　303

心理分析法（psychoanalysis）　　　472,474,476,483,497

心理分析學派（psychoanalytic psychology）　11,23,24,106,392,420,
　　　　　　　　　　　　　　　　　　　　　　421,449,452

心理外科（psychosurgery）　　　　　　　　　　　　493

心理生物學（psychobiology）　　　　　　　　　　　　8

心理年齡（Mental Age, M.A.）　　　　　　　　228,229

心理神經免疫學（psychoneuroimmunology）　　　　　390

心理物理學（psychophysics）　　　　　　　20,254,255

心理社會性的學（人格）說（psychosocial theory）　　422

心理計量學（psychometrics）　　　　　　　　　　　　8

心理疾病（mental illness）　324,443,447,448,454,488,489,493,494,495,
　　　　　　　　　　　　　　　496,497,498,499

心理病態人格（psychopathic personality）　　441,457,458

心理的價值（psychological value）　　　　　　　　　212

心理藥物學（psychopharmacology）　　　　　　　　　　　　8

心電感應（mental telepathy）　　　　　　　　　　　302,303

支助團體（support proups）　　　　　　　　　　　　　399

文化公平的智力測驗（culture-fair intelligence test）　232,233

月亮錯覺（moon illusion）　　　　　　　　　　　　　297

月暈效應（halo effect）　　　　　　　　　　　　　　506

五劃

主題統覺測驗（Thematic Apperception Test, TAT）　376,437

主觀的利益（subjective utility）　　　　　　　　　　212

主觀組合（subjective organization）　　　　　　　　155

代替性（理）增強（vicarious reinforcement）　　　149,427

代溝問題（generation gap problems）　　　　　　　　105

代幣經濟（管制）（token economy）　　　　　　　146,482

功能固著（functional fixedness）　　　　　　　　　210

功能性的失常（functional disorders）　　　　　　　448

功能學派（functionalism）　　　　　　　　　　　　21,22

可重複性（repeatability）　　　　　　　　　　　15,303

可逆性（reversibility）　　　　　　　　　　　　　　90

古典式制約（classical conditioning）　126,127,128,129,130,131,132,134,
　　　　　　　　　　　　　　　　　　　　　　136,152,154

外向型（extravert）　　　　　　　　　　　　412,414,421

外導神經原（efferent neuron）　　　　　　　　　　　33

外導移動（induced motion）　　　　　　　　　　　　288

市場研究（marketing research）　　　　　　575,576,577

平衡（equilibration）　71,87,253,272,275,278,279,349,367,372,392,403,

	468,516
平衡覺（equilibrium sense）	*275,278,279*
冥思打坐（meditation）	*26,307,308,320,322,396*
本我（id）	*416,424*
正值的遷移（positive transfer）	*162*
正增強（positive reinforcement）	*137,138,141,142,146,399,481,482*
正增強物（positive reinforcer）	*399*
生物心理學（biopsychology）	*8*
生理反饋（biofeedback）	*25,145,146*
生理心理學（physiological psychology）	*7,8,31,47,176,334,490*
生理性動機（physiological motives）	*358,359,360,372*
生理治療法（physical treatment）	*488,489*
甲狀腺（thyroid）	*53,54,56*
白音（white noise）	*273*
皮亞傑的道德觀（Piaget's moral concepts）	*106*
皮膚感覺（觸覺）	*277*

六劃

交互抑制（reciprocal inhibition）	*479*
交替概念（disjunctive concept）	*200*
交感神經（sympathetic nerve）	*37,39,55,333,334,336*
全有或全無原（法）則（all or none principle）	*33*
共事效應（coaction effects）	*522*
再認法（recognition）	*167,168,169*
再學法（relearning）	*167,168,169,170*
同化（assimilation）	*87,88,213*

同時制約（simultaneous conditioning） 130,131

同時效度（concurrent validity） 227

同儕關係（peer relationship） 103

因素分析（factor analysis） 220,221,413,414

回振圈（reverberating circuit） 177

回溯（retrieval） 167,170,171,174,179,180,181,182,184,185,187,188,348

回憶法（recall） 167,168,169

回響記憶（echoic memory） 172

在場者的介入（bystander intervention） 523

多重人格（multiple personality） 446,452,465

多基因遺傳（polygenic inheritance） 59

妄想症（paranoid） 446,466

安全性行為（safe sex） 372,402

成就需求（need for achievement, nAch） 376,377

成熟（maturation） 16,22,26,66,70,72,74,80,81,85,86,92,98,99,102,103,
105,106,107,125,209,399,418,420,429

收受者操作特性（Receiver-Operating-Characteristic, ROC） 259

有氧運動（aerobic exercise） 394

次要預防（secondary prevention） 398,494

老年心理學（psychology of aging） 7

老年的改變（changes in old age） 115

老年人的適應（adjustment in old age） 119

自主制約（autonomic conditioning） 145,146

自主神經系統（autonomic nervous system） 37,39,55,317,333,334,352,
388,396

自由回憶（free recall） 155,159,161

自我（ego）　　　*20,89,94,98,100,101,102,103,104,116,143,146,149,249,250,*
308,322,332,333,351,380,381,382,392,415,416,417,418,421,
423,424,428,429,430,431,432,434,445,448,450,451,457,458,
462,476,477,478,479,480,484,485,487,497,504,512,519,521,
527,528,534,544,559,570

自我中心（egocentric）　　　*89,458*

自我防衛機制（構）（ego defense mechanisms）　　　*392,417*

自我混淆（self diffusion）　　　*103*

自我實現（self-actualization）　　　*26,429,430,431,445*

自我認定（sense of identity）　　　*102,103,104*

自我認定危機（identity crisis）　　　*103*

自我說（self theory）　　　*429*

自我增強（self reinforcement）　　　*149,428*

自我觀念（self concept）　　　*100,101,423,430,477,478,485,528*

自動效應（autokinetic effect）　　　*288,290*

自尊心（self esteem）　　　*100,101,143,240,350,351,370,395,423,459,516,*
519,541

自發性恢復（spontaneous recovery）　　　*131,132,136,496*

自誦（self-recitation）　　　*166,185*

色彩（hue）　　　*70,261,262,263,266,267,268,269,291,332,369,460,573*

色彩視覺（color vision）　　　*261,266,268,269*

行爲改變技術（behavior modification）　　　*146,444,479*

行爲治療（behavior therapy）　　　*479,483,497*

行爲的污水槽（behavioral sink）　　　*554*

行爲塑造（shaping of behavior）　　　*25,144,444*

行爲學派（behaviorism）　　　*22,23,24,126,132,449,451*

行為遺傳學（behavior genetics） *8,57,62,68*

七劃

位置法（method of loci） *185,186*

冷火雞日（cold turkey day） *400*

吸毒（drug addiction） *35,57,315,316,319,322,363,399,435,447,460,*
461,481,546

均衡作用（homeostasis） *358,359*

完形心理學派（gestalt psychology） *22,23*

完形派的組織原則（gestalt laws of organization） *293,294*

序列式回憶（serial recall） *168*

序列位置效應（serial position effect） *156*

序列預期（serial anticipation） *155,156*

序列學習（serial learning） *155,156,159*

形式運思期（formal operation period） *90,91*

快速眼動睡眠（Rapid Eye Movement sleep, REM） *309,311*

技能學習（skill learning） *152,153,154*

折半法（split-half method） *225*

投射法（projective method） *435,437*

抑制（inhibition） *35,39,40,51,98,133,138,159,181,182,250,265,315,*
317,364,373,390,404,419,460,468,479,491,492,531,547

攻擊（aggression） *8,23,25,44,60,94,331,356,378,379,380,422,462,466,*
532,545,548,554

狂躁性精神病（manic psychotic） *464*

系統化脫敏法（systematic desensitization） *479*

系統觀察法（systematic observation） *11,12*

育兒方式　　　　　　　　　　　　　　　　　　　　　　　*98*

貝理嬰兒發展量表（Bayley Infant Development Scale）　　*81*

身體感覺（body senses）　　　　　　　　　　　　　　　*278*

八劃

依附（attachment）　　　　　　　　　　　　*95,96,467,520*

依變項（dependent variable）　　　　　　　　　　*14,15*

具體運思期（concrete operation period）　　　　　*89,90*

刻板化（stereotyping）　　　　　　　　　　*455,505,507*

刺激（stimulus）　　*20,22,25,26,33,34,37,40,42,43,44,45,46,47,49,50,51,*
　　　　　55,56,69,70,71,79,82,85,96,102,126,127,128,129,130,131,132,
　　　　　133,134,140,145,149,150,151,156,157,158,159,163,172,177,
　　　　　221,236,240,247,249,250,253,254,255,256,257,258,259,260,
　　　　　264,266,267,268,269,270,272,274,275,276,277,278,283,287,
　　　　　293,294,295,296,298,300,302,307,314,317,322,332,334,336,
　　　　　337,338,339,340,356,357,358,359,363,364,367,369,370,372,
　　　　　373,374,375,389,419,420,426,435,449,458,464,479,480,483,
　　　　　492,523,528,545,559,560

刺激類化（stimulus generalization）　　　　*132,133,159,340*

制約（conditioning）　　*24,25,93,94,96,125,126,127,128,129,130,131,*
　　　　　132,133,134,135,136,138,144,145,146,149,150,152,154,178,
　　　　　197,399,414,426,450,472,479,481

制約反應（Conditioned Response, CR）　*128,129,130,131,132,133,134*

制約刺激（Conditioned Stimulus, CS）　*96,127,128,129,130,131,132,*
　　　　　　　　　　　　　　　　　　　　　　　　133,134

味覺（taste）　　　　　　　　*43,79,82,256,275,276,277*

和茲（Hertz）　118,270

固定比例增強（fixed-ratio reinforcement）　139

固定時距增強（fixed-interval reinforcement）　139

定向反射（Orienting Reflex, OR）　129

定值刺激法（method of constant stimuli）　257

延宕制約（delayed conditioning）　130,131

延髓（medulla）　41,42

性別角色（sex role）　99

性腺（sex gland）　56,85,369

性驅力（sex drive）　358,366,368,369

性變態行爲（sexual deviations）　462,463

明州多樣人格問卷（MMPI）　434,435

明暗適應（light and dark adaptation）　264,265

服從（obedience）　8,105,107,483,526,527,528

枝狀系統（limbic system）　43,44

枝狀突（dentrites）　32,34

注意（attention）　10,13,36,40,60,79,89,92,101,104,115,116,148,149,150,
153,172,175,179,197,203,234,241,278,283,298,300,301,307,
312,315,316,320,323,343,347,362,374,396,403,415,427,449,
454,531,573

波長效應（wavelength effects）　266

物體永存觀念（object permanence concept）　88

直覺段（intuitive phase）　89

知覺的恆常性（perceptual constancy）　291,292

知覺的發展（perceptual development）　82

知覺假設（perceptual hypothesis）　295,296,298

知覺速度（perceptual speed） 221

社區心理衛生（community mental health） 493,494,495,496

社區心理學（community psychology） 493,494,495

社會心理學（social psychology） 8,10,406,504,508,515,523,526,533,535,
547,553,555,560

社會支持（social support） 120,389,394,395,396

社會促進作用（social facilitation） 522,523,529,531

社會病態人格（sociopathic personality） 458,461

社會欲求性（social desirability） 415,519

社會學習 148,149,340,379,408,425,427,428,444,482,546

社會讚許的需求（need for social approval） 377

空氣污染（air pollution） 557,558,559

空間（space） 50,173,179,221,236,242,267,278,283,284,292,293,
298,307,318,344,374,412,518,556

空間知覺（space perception） 283,292

肥胖（obesity） 361,362,363,364,365,366,403,404,411

表同（認同）作用（identification） 99,100,419,420

表面特質（surface traits） 413

表現（performance） 98,99,125,148,149,151,162,167,191,212,220,223,
226,230,233,249,319,325,330,338,339,341,342,344,351,359,
369,376,377,379,419,429,433,449,450,451,474,478,519,522,
525,529,562,563,564,565,569,570,572

近親交配（inbred strains） 60,61

長期記憶（long-term memory） 44,161,171,174,175,180,183,199

門檻控制說（gate-control theory） 277

非快速眼動睡眠（nonrapid eye movement sleep, NREM） 309,311

非制約反應（unconditioned response, UCR） *128,129,130,134*

非制約刺激（unconditioned stimulus, UCS） *127,128,129,130,131,*
133,134

九劃

亮度（brightness） *261,264,265,267,291*

信度（reliability） *224,225,226,352*

信號偵測學說（signal detection theory） *257,258,259*

保存（storage） *161,167,170,171,172,174,175,176,177,180,183,184,*
186,187,191,199

保留（retention） *89,90,91,151,167,171,174,175,179,341,370,417,426,*
474,477

促動說（activation theory） *332*

冒險（risk-taking） *212,215,248,257,478,528,532,533*

冒險轉移（risky shift） *528,532*

前進傳導法則（law of forward conduction） *34*

前腦（forebrain） *41,42,43*

後退健忘症（retrograde amnesia） *183*

後腦（hindbrain） *41,42*

後像（after image） *268,269*

思考的主要原素（elements of thinking） *199*

施金納箱（Skinner box） *135,136*

映像記憶（iconic memory） *172*

柯爾柏的階段（道德）說（Kohlberg's moral theory） *107*

流動（drift） *278*

活動說（activity theory） *119*

相減混合（subtractive mixture） *267*

相關法（correlational method） *12,13,16*

看電視與攻擊行爲（T.V. viewing and aggressive behaviors） *379*

胚胎（fetus） *62,75,77*

胎兒酒精中毒（fetal alcohol syndrome） *78,401*

胎兒期（fetal period） *75,240*

負值的遷移（negative transfer） *162*

負增強（negative reinforcement） *137,138,141,368,399,520*

負增強物（negative reinforcer） *399*

重建（rehabilitation） *168,495*

重造性（reconstruction） *508*

重測法（test-retest method） *225*

重複演練（rehearsal） *160,161,171,172,173,174*

重疊（superposition） *285,286,294,466*

韋柏常數（Weber's fraction） *256*

韋柏定律（Weber's law） *255*

音色（timbre） *271,273*

音強（loudness） *256,272,273*

音調（pitch） *85,256,270,272,274,275*

飛現象（phi phenomenon） *290*

首要預防（primary prevention） *397*

十劃

倒向制約（backward conditioning） *130*

倒行抑制（retroactive inhibition） *181,182*

個人心理學（individual psychology） *421*

個人潛意識 (personal unconscious) *421*

個別測驗 (individual test) *230,231*

個案研究法 (case study) *11*

剛可察覺差異 (just noticeable difference, jnd) *255*

原初效應 (primacy effect) *156,543*

員工選拔 (personnel selection) *562,563*

家庭治療法 (family therapy) *488*

差異閾 (difference threshold) *255*

振幅 (波幅) (amplitude) *262,270,271,272*

挫折——攻擊假說 (frustration-aggression hypothesis) *379*

效度 (validity) *226,227,233,352,434,564*

時近效應 (recency effect) *543*

時距 (latency) *131,139,140,141*

核醣核酸 (RNA) 與記憶 (RNA) *177,178*

消除歷程 (extinction process) *131,132,141*

消費心理學 (consumer psychology) *9,10,573*

特別智力因素 (specific factors, s factors) *220*

眞實運動 (real movement) *287*

神經原 (neuron) *32,33,34*

神經病 (neurosis) *314,362,434,442,449*

神經傳介 (導) 物 (neurotransmitters) *36,56,178,360,399,456,468*

神經衝動 (nerve impulse) *31,33,34,35,253,272,274,367*

神經質的趨勢 (neurotic trends) *422*

脊髓 (spine) *31,33,36,37,39,40,41,253,277,278*

胰腺 (pancreas) *55*

胼胝體 (corpus callosum) *43,45,49,50*

記憶（memory）　　　　　*7,14,19,35,36,40,44,45,46,47,57,116,117,118,126,148,*
155,156,157,158,159,160,161,162,167,168,170,171,172,173,
174,175,176,177,178,179,180,181,182,183,184,185,186,187,
188,199,211,221,228,236,302,312,313,314,338,348,417,451,
452,454,458,459,493,508

記憶的測量（measures of memory）　　　　　*167*

記憶烙印（memory engram）　　　　　*177*

記憶痕跡（memory trace）　　　　　*177,180,182*

記憶術（memonic device）　　　　　*185,186*

記憶鼓（memory drum）　　　　　*156*

記憶雙軌歸檔系統（dual encoding system）　　　　　*187*

訊息超載（information overload）　　　　　*559,560*

訓練團體法（training group, T-group）　　　　　*487*

迷幻藥（LSD）　　　　　*77,317,318,461*

退隱說（disengagement theory）　　　　　*119*

逃脫訓練（escape training）　　　　　*138*

閃動（stroboscopic motion）　　　　　*290*

高度反應者（hot reactor）　　　　　*396*

高層次制約（higher-order conditioning）　　　　　*133,136*

十一劃

做決定（decision making）　　　　　*8,99,101,141,173,190,210,211,212,213,215,*
259,358,519,533,576

健忘症（amnesia）　　　　　*183,323,446,452*

健康心理學（Health Psychology）　　　　　*120,121,385,397,398,401*

副甲狀腺（parathyroid）　　　　　*53,54*

副交感神經（parasympathetic nerve） 37,39,334

動作的發展（motor development） 80

動姿學（kinesics） 343

動機 3,6,7,15,24,25,26,35,43,44,47,79,95,107,126,142,144,167,170,182, 209,225,231,248,249,300,314,319,330,345,347,357,358,359, 360,361,369,372,373,374,375,377,378,387,415,416,421,426, 429,430,431,437,457,460,461,479,481,483,513,535,556,564, 565,568,570,571,572

動機因素（motivators） 565,568

動覺（kinesthesis） 275,278,286,287

商業廣告（advertisement） 290,347,572,573,574

問題解決（problem solving） 23,126,150,151,205,206,207,208,209,555

唯樂原則（pleasure principle） 416

基本心理能力（Primary Mental Abilities, PMA） 220

基本情緒（basic emotion） 44,332,339

基因（genes） 58,59,61,62,179,364,468

常模（norm） 104,193,224,349,435,468,525

康南——巴德學說（Cannon-Bard theory） 335,336

強迫症（obsessive-compulsive disorder） 450

強迫反應（obsessive-compulsive reaction） 451

得失理論（gain-loss theory） 519

從近而遠的發展（proximodistal development） 74

從眾（conformity） 502,525,526,534

從頭到尾的發展（cephalocaudal development） 74

患者中心治療法（client-centered psychotherapy） 476,477

情感性精神病（affective psychosis） 464,467

情境測驗（situational test）　　437,438

情緒（emotion）　7,9,11,15,22,25,31,35,36,37,43,44,53,57,69,78,95,99,
101,110,116,126,143,167,193,203,204,209,300,330,331,332,
333,334,335,336,337,338,339,340,341,342,343,344,345,346,
347,348,349,350,351,352,369,387,389,391,392,394,395,397,
414,415,422,429,430,438,443,444,445,446,449,450,452,453,
454,455,456,457,458,459,463,464,465,466,467,469,474,475,
476,477,478,479,488,492,494,495,498,505,520,524,530,543,
544

情緒的發展（development of emotion）　339,340

情緒理論（theory of emotion）　25,328,335

情緒與心身性疾病（psychosomatic illness）　347

情緒與動機（emotion and motivation）　345

探索與好奇（exploration and curiosity）　373

推理（reasoning）　26,40,90,105,162,200,201,202,203,204,207,221,
228,230,232,236,357,505,525,538

教育心理學（educational psychology）　6,10

敏感訓練（sensitivity training）　486,487,488

液態普通能力（fluid general ability）　233

深度知覺（depth perception）　82,83,263,286,287,298

理智的決定者（rational decision maker）　211

現實原則（reality principle）　416

痕跡制約（trace conditioning）　130,131

移動（movement）　261,278,286,287,288,289,290,300,309,310,318

第一印象（first impression）　504,505,506,507

細胞聚（cell assembly）　177

通諾氏症（Turner's syndrome） 59

連結概念（conjunctive concept） 200

透視（perspective） 52,221,284,297

部份增強（partial reinforcement） 139,483

部份增強效應（partial reinforcement effect） 141

酗酒（alcoholism） 78,120,316,385,400,401,404,435,441,446,447,448,
458,459,460,461,481,536

陰影（shadowing） 286

十二劃

創造力（creativity） 40,117,210,223,227,247,248,249,250,348,431,572

喂哺與人格發展 95

單一記憶說（single memory theory） 174,175

單眼線索（monocular cues） 283,284,285,286

堪非特氏症（Klinefelter's syndrome） 60

惠慈定理（Fitts' law） 154

普通智能（general intelligence, g-factor） 219,220,223,232,233

晶態普通能力（crystallized general ability） 233

智力結構（structure of intellect） 221,222,247

智能（intelligence） 53,59,60,71,76,117,118,206,207,219,220,221,222,
223,224,227,228,229,230,231,232,233,234,236,239,240,242,
245,246,247,341,362,446

智能不足者 71,245,246

智商（Intelligence Quotient, IQ） 59,71,102,225,229,230,233,234,
235,236,237,240,242,243,244,245,546

智商的分佈（distribution of I.Q.） 218,243

智商的穩定性（stability of I.Q.）　　　　　　　　　　218,234

期待說（expectancy theory）　　　　　　　　　　　　564

期待價值（expected value）　　　　　　　　　　　　211,212

渴（thirst）　　　　　　　350,357,366,367,368,372,375,521

測謊器（lie detector 或 polygraph）　　　　　333,352,353

無意義音節（nonsense syllables）　　155,156,157,158,168

痛覺（pain）　　　　　　35,57,277,278,289,399,453

發展心理學（developmental psychology）　　7,10,16,68,115

發展常模（developmental norms）　　　　　　　　　　79

短期記憶（short-term memory）　117,160,171,172,173,174,183,211,228,
　　　　　　　　　　　　　　　　　　　　　　　　　236

結構學派（structualism）　　　　　　　　　　20,21,22,23

絕對閾（absolute threshold）　　　　　　　　　　　255

腎上腺（adrenals）　　35,36,39,55,56,57,78,334,335,336,337,388,390,399,
　　　　　　　　　　　　　　　　　　　　　　456,490,491

視丘（thalamus）　　42,43,44,50,51,55,57,264,269,334,336,338,361,364,
　　　　　　　　　　　　　　　　　　　367,368,369,469,493

視覺敏銳度（visual acuity）　　　　　　　　　　　265,266

視覺辨別（visual discrimination）　　　　　　　　　82

視覺懸崖反應（visual cliff response）　　　　　　　83

詞句（phrase or sentence）　　　　159,192,193,410,573

超我（superego）　　　　　　　　　　　　416,417,420

超然冥思（Transcendental Meditation, TM）　　　　320

超感覺知覺（extrasensory perception, ESP）　　302,303

軸狀突（axon）　　　　　　　　　　　　　　　32,34

進食中心（eating center）　　　　　　　　　　　　361

集中練習 (massed practice)   *153*

集體潛意識 (collective unconscious)   *421*

順行抑制 (proactive inhibition)   *181,182*

十三劃

傾向 (disposition)   *59,100,119,204,313,344,351,370,412,414,416,419,*
420,421,422,425,429,430,432,460,492,493,508,509,513,535,
546,547,562,575

催眠狀態 (hypnosis)   *322,323,324*

嗅覺 (olfactory sense)   *43,275,276*

嫌惡性 (厭反) 制約法 (aversive conditioning)   *399,481*

意象 (imagery) 與記憶 (imagery)   *159,186*

意象 (images)   *3,20,26,50,88,89,116,159,160,161,186,187,198,199,269,*
307,483,485,547,576

感覺中樞 (sensory area)   *45,47*

感覺剝削 (sensory deprivation)   *374,375*

感覺神經原 (sensory neuron)   *33*

感覺記憶 (sensory memory)   *171,172,174,175*

感覺動作期 (sensorimotor period)   *88,89*

感覺閾 (sensory threshold)   *20,255,256,257*

新進健忘症 (anterograde amnesia)   *183*

極少原則 (the minimal principle)   *293,295*

極限法 (method of limits)   *256,257*

概念 (concepts)   *89,90,91,99,162,167,181,182,191,195,197,198,199,200,*
205,228,234,261,307,358,416,424,426,430,431,507

源本特質 (source traits)   *413*

節省分數（saving score） 170

節省法（saving method） 169

腦下腺（pituitary） 55,56,313

腦部手術（lobotomy） 489,493

腦橋（pons） 42

腦激盪術（靈腦術）（brainstorming） 532

葉克士——達德生法則（The Yerkes-Dodson Law） 345,346

董氏症〔Down's syndrome,又叫蒙古症（Mongolism）〕 59,76,246, 247

補色（complementary colors） 268

詹姆士——連吉學說（James-Lange theory） 335

資賦優異者（the gifted） 244,245

運思前段（preoperational phase） 89

運思前期（preoperational period） 88,89

運動中樞（motor area） 45

運動神經原（motor neuron） 33

道德的發展（moral development） 106

過份理由化效應（overjustification effects） 509,510

過度學習（overlearning） 184

過食（overeating） 50,51,361,362,363,403,418

電子計算機與思考（computer and thinking） 204

電子計算機輔助教學（Computer-Assisted Instruction, CAI） 147

電療（shock treatment） 489,492,493

零的遷移（zero transfer） 162

預測效度（predictive validity） 226,227,233

預感（precognition） 303

頓悟（insignt）　　　　　　　　　　　　　　23,150,151,154,205

飽和度（satuation）　　　　　　　　　　　　262,267,268

十四劃

厭反（嫌惡性）制約法（aversive conditioning）　388,481

嘗試練習（trial）　　　　　　　　　　　　9,129,130,131,257

暖身（warm-up）　　　　　　　　　　　　　　　163

團體決議（group decision-making）　　　　　532,533

團體治療法（group therapy）　　　　　　　　486,488

團體測驗（group test）　　　　　　　　　　　　231

團體解決問題（group problem solving）　　　531,532

圖案識別（pattern recognition）　　　　　　85,301

夢（dream）　　7,24,199,207,307,308,310,311,313,314,318,435,475

實用心理學（applied psychology）　　　　　　　8

實驗心理學（experimental psychology）　　7,19,23,146,155

實驗法（experimental method）　　　　　　13,14,15,16

實驗變項（experimental variable）　　　　　　14

對比（contrast）　　　　　　　　　　264,265,300,561

對等理論（equity theory）　　　　　　　　　518

對聯學習（paired-association learning）　156,158,160,161,163

態度（attitude）　8,13,15,95,98,99,101,103,104,105,119,120,121,149,162,
　　　　187,202,209,215,223,232,233,249,259,320,370,371,395,410,
　　　　421,430,437,438,460,476,477,484,493,497,504,516,521,533,
　　　　535,536,537,538,539,540,541,542,543,544,547,549,556,560,
　　　　571,572,574,575,576,577

構想效度（construct validity）　　　　　　　227

滯留現象（fixation）　　　　　　　　　　　　　*152,418,419,420*

漸次接近法（method of successive approximation）　　　*144*

睡眠（sleep）　*7,14,36,42,43,52,182,306,307,308,309,310,311,312,313,314,*
315,322,323

精神分裂症（schizophrenia）　*35,60,61,400,446,447,464,465,466,467,468,*
469,490,498

精神病（psychosis）　　　*9,23,24,318,371,411,418,424,437,442,443,446,*
448,463,464,466,467,468,469,476,482,488,489,490,492,493,
494,496,555

精神病醫生（psychiatrist）　　　　　　*9,23,411,437,488*

網狀促動系統（Reticular Activating System,RAS）　　　*42*

網狀結構（reticular formation）　　　　　　　　　*42,334*

網膜像差（retinal disparity）　　　　　　　　　*286,287*

聚會團體法（encounter group）　　　　　　　　*487,488*

聚斂思考（convergent thinking）　　　　　　　*247,248*

腐蝕學說（decay theory）　　　　　　　　　　　*180*

蒙古症〔Mongolism,又叫董氏症（Down's syndrome）〕　*59,76,246,*
247

語文學習（verbal learning）　　　*154,155,157,159,161,169,186*

語文瞭解（verbal comprehension）　　　　　　　*220*

語言（language）　　*33,46,47,48,49,50,82,85,87,88,89,91,92,93,94,102,*
154,173,176,191,192,193,194,195,196,197,198,200,205,207,
343,433,467,487,499,540,545,557,575

語言中心（卜洛卡區，Broca area）　　　　　*47,48,94,176*

語言的表面結構（surface structure）　　　　　　*193*

語言的深層結構（deep structure）　　　　　　　*193*

語言的發展（development of language）　　　　　　　　87,91,93,193

語言相對原則（linguistic relativity principle）　　　　　　195

語言學習器（Language Acquisition Device, LAD）　　　　94

語音（phonemes）　　　　　85,91,92,173,191,192,193,194,557

語詞流暢（word fluency）　　　　　　　　　　　　　　220

語意性記憶（semantic memory）　　　　　　　　　　　118

認同（表同）作用（identification）　　　　　99,100,419,420

認知（cognition）　　　　7,26,68,85,87,88,90,91,117,118,120,126,149,150,
　　　　　　　152,153,167,193,194,202,203,205,206,211,214,215,223,236,
　　　　　　　240,247,295,301,314,328,336,337,338,339,347,389,392,395,
　　　　　　　399,403,406,427,428,447,456,457,472,483,484,485,504,507,
　　　　　　　508,511,535,541,544,545,558,559,574

認知——生理學說（cognitive-physiological theory）　　　336

認知——評鑑學說（cognitive-appraisal theory）　　　　337

認知失調（cognitive dissonance）　　　　　　　　　　541

認知的發展（cognitive development）　　　　　　　26,87,91

認知派（cognitive approach）　　　　　　　　　26,126,150

認知發展理論（cognitive development theory）　　　26,87,90

認知性學習（cognitive learning）　　　　　　　　126,149

認知歷程（cognitive processes）　　　　　126,194,427,508

認知壓力（cognitive strain）　　　　　　　　　　　211

輕鬆訓練（relaxation training）　　　　　　　　397,480

領袖與領導行為（leadership）　　　　　　　　　530,571

十五劃

增強（reinforcement）　　25,92,93,94,134,136,137,138,139,140,141,142,

　　　　　　144,146,149,177,197,240,265,368,376,379,380,392,394,396,

　　　　　　399,425,426,427,428,429,445,449,450,451,452,481,482,483,

　　　　　　510,516,520,538,543

增強物（reinforcer）　　　　　*134,136,138,139,142,144,146,197,399,483*

增強的安排與分配（reinforcement schedules）　　　　*138,140*

慾力（libido）　　　　　　　　　　　　　　*416,421,424,426*

數量心理學（quantitative psychology）　　　　　　　*8*

數學心理學（mathematical psychology）　　　　　　　*8*

標準分數（standard score）　　　　　　　　　　　*224*

模倣（modeling）　　　*92,100,103,107,126,147,148,149,152,205,340,342,*

　　　　　　　　　　　　344,379,380,399,427,481,482

模擬模式（simulation model）　　　　　　　　　　*205*

編目歸類　　　　　　　　　　　　　　　　　*174*

編序教學（programmed instruction）　　　　　　*25,147*

衛生因素（hygiene factors）　　　　　　　　　　*568*

複本法（alternate-form method）　　　　　　　　*225*

複合方式（compound schedules）　　　　　　　　*140*

複音（morpheme）　　　　　　　　　　　*191,192,193*

調適（accommodation）　　　　　　　*88,286,365,402*

質地（texture gradient）　　　　　　　　　*285,292*

十六劃

噪音（noise）　　　　　　　　*273,387,556,557,558,559*

學如何學（learning-to-learn）　　　　　　　　*163*

學校心理學（school psychology）　　　　　　*6,7,8,10*

學習心向（learning set）　　　　*150,151,154,163,209*

學習曲線（learning curve）　131,132,136

學習高原（learning plateau）　153,154

學習階段（acquisition stage）　130,156

學習遷移（transfer of learning）　151,162,163

導向式思考（directed thinking）　207

擁擠（crowding）　10,301,387,554,555,556,559

操作式制約（operant conditioning）　93,126,134,135,136,138,145,152,154,399,426

操作性（制約）行為（operant behavior）　24,134,136,137,367

操作程度（operant level）　136

操弄（manipulation）　373,420

整併學說（consolidation theory）　180

機巧（heuristics）　205,208,214

機體性的失常（organic disorders）　448

機體性精神病（organic psychosis）　464,467

歷程精神分裂症（process schizophrenia）　465

獨立變項（independent variable）　14,15

興奮劑（stimulants）　315,316,319,489

諮商心理學（counseling psychology）　7,9,10

輻射理論（perspective theory）　297,298

輻輳（convergence）　287

辨別（discrimination）　82,85,133,140,192,196,199,200,221,227,267,268,272,285,288,302,309,318,331,334,341,343,344,345,357,364,376,475,557,575

選擇交配（selective breeding）　60,61

遺忘學說（forgetting theory）　180,181

遺傳諮詢（genetic counseling）　　　　　　　　　　　　30,62

錯覺（illusion）　　　288,289,290,296,297,298,308,464,505

錯覺移動（illusory movement）　　　　　　　　　　　　288

頻率（frequency）　　　78,130,270,271,272,273,274,275,457

十七劃

優生學（eugenics）　　　　　　　　　　　　　　　　　　62

壓抑〔repression,動機性遺忘（motivated forgetting）〕　182,183,391,
　　　　　　　　392,399,417,418,421,451,474,475,476,478,538

壓抑性健忘症（hysterical amnesia）　　　　　　　　　　183

嬰兒性自閉症（infantile autism）　　　　　　　　　　466

應用心理學（又叫實用心理學，applied psychology）　6,8,495,553

營養（nutrition）　　78,79,80,86,95,120,183,240,246,363,369,403,555

環境心理學（environmental psychology）　　　　　　10,553

環境的充實（environmental enrichment）　　　　　　69,70

環境的剝奪（environmental deprivation）　　　　　　69

聯合中樞（associative area）　　　　　　　　　　　46,47

聯接神經原（association neuron）　　　　　　　　　　33

聯結（association）　　　33,46,156,126,128,129,130,134,150,153,157,158,
　　　　　　　　　　　　　159,161,179,209,247,474

聯結歷程（associative processes）　　　　　　　　　126

聯想性思考（associative thinking）　　　　　　　　　207

臨床心理學（clinical psychology）　　　　　　　　6,8,9,10

避免訓練（avoidance training）　　　　　　　　　　138

十八劃

擴散思考（divergent thinking） 247

歸因誤差（attribution error） 511

歸因論（attribution theory） 502,508

歸檔（encoding） 170,171,187

歸屬需求（affiliation need） 377,378

職務分析（job analysis） 562

轉化性（transitivity） 90

轉移（transference） 22,40,68,151,450,475,476,494,528,532,533,539

轉換（transduction） 206,230,253

鎮定劑（sedative drugs） 316

雙生子研究法（twin study） 60

雙矇法（double-blind） 15

雙眼線索（binocular cues） 286

顏色立體（color solid） 267

魏克斯勒成人智力量表（WAIS） 230

魏克斯勒兒童智力量表（WISC） 230

魏克斯勒量表（Wechsler scales） 229,230

十九劃

懲罰（punishment） 17,101,107,109,137,138,141,142,143,144,149,357,
427,428,449,485,526,527,528,538,568

羅夏克測驗（Rorschach test） 436,437

藥物（drugs） 8,9,15,25,34,35,51,62,77,78,107,116,125,178,268,296,
307,312,315,316,317,318,319,321,322,324,359,371,385,397,

399,401,446,460,461,468,481,489,490,491,492,493,497,498,
545

藥物治療（chemotherapy）　　　　　　　*35,399,461,473,489,492,497*

邊際抑制（lateral inhibition）　　　　　　　　　　　　*265*

關係概念（zrelational concept）　　　　　　　　　　　*200*

類化（generalization）　　*16,79,132,133,136,159,196,199,206,339,340,425,*
427,447,450,483,505,506,544,545,556

類似運動（apparent movement）　　　　　　　　　　*288*

二十劃

觸處（synapse）　　　　　　　　　　　　　　　*33,34,35*

觸處傳導（synaptic transmission）　　　　　　　*33,34,35*

觸覺（touch）　　　　　　　　　　　　*43,253,277,373*

二十一劃

驅力（drive）　*27,358,359,366,367,368,369,372,421,422,426,429,523,543*

驅力──消減理論（drive-reduction theory）　　　　　　*372*

驅力減低（drive reduction）　　　　　　　　　　　*543*

二十二劃

聽衆效應（audience effects）　　　　　　　　　　　*522*

聽覺能力（auditory ability）　　　　　　　　　　　　*85*

二十三劃

戀親情結（Oedipus and Electra complex）　　　　　　*419*

變項（variable）　　　*3,12,13,14,15,35,139,155,160,163,170,357,555*

變態行為（abnormal behavior） 8,11,24,371,435,444,445,448,462,463,
498

邏輯理論家（logic theorist） 205

體幹神經系統（somatic nervous system） 37

體語（body language） 343,344

二十四劃

靈覺（clairvayance） 302,303

二十五劃

觀察學習（learning by observation） 94,147

三民大專用書書目——心理學

心理學	劉安彥	著	傑克遜州立大學
心理學	張春興、楊國樞	著	臺灣師大等
怎樣研究心理學	王書林	著	
人事心理學	黃天中	著	淡江大學
人事心理學	傅肅良	著	前中興大學
心理測驗	葉重新	著	臺中師院
青年心理學	劉安彥 陳英豪	著	傑克遜州立大學 省政府
人格心理學概要	賈馥茗	著	國策顧問

三民大專用書書目——美術

廣告學	顏伯勤	著	輔仁大學
展示設計	黃世輝、吳瑞楓	著	
基本造形學	林書堯	著	臺灣藝術學院
色彩認識論	林書堯	著	臺灣藝術學院
造 形（一）	林銘泉	著	成功大學
造 形（二）	林振陽	著	成功大學
畢業製作	賴新喜	著	成功大學
設計圖法	林振陽	編	成功大學
廣告設計	管倖生	著	成功大學
藝術概論	陳瓊花	著	臺灣師大
藝術批評	姚一葦	著	前國立藝術學院
美術鑑賞（修訂版）	趙惠玲	編	臺灣師大
舞蹈欣賞	平珩	主編	國立藝術學院
戲劇欣賞——讀戲、看戲、談戲	黃美序	著	淡江大學
音樂欣賞（增訂新版）	陳樹熙、林谷芳	著	臺灣藝術學院
音 樂	宋允鵬	著	
音 樂（上）、（下）	韋瀚章、林聲翕	著	

三民大專用書書目——教育

書名	作者		機構
教育概論	張鈿富	著	國立政治大學
教育哲學	賈馥茗	著	國立臺灣師範大學
教育哲學	葉學志	著	國立彰化師範大學
教育原理	賈馥茗	著	國立臺灣師範大學
教育計畫	林文達	著	國立政治大學
普通教學法	方炳林	著	國立臺灣師範大學
各國教育制度	雷國鼎	著	國立臺灣師範大學
清末留學教育	瞿立鶴	著	
教育心理學	溫世頌	著	傑克遜州立大學
教育心理學	胡秉正	著	國立政治大學
教育社會學	陳奎憙	著	國立臺灣師範大學
教育行政學	林文達	著	國立政治大學
教育經濟學	蓋浙生	著	國立臺灣師範大學
教育經濟學	林文達	著	國立政治大學
教育財政學	林文達	著	國立彰化師範大學
工業教育學	袁立錕	著	國立彰化師範大學
技術職業教育行政與視導	張天津	著	臺北技術學院
技職教育測量與評鑑	李大偉	著	國立臺灣師範大學
高科技與技職教育	楊啟棟	著	國立臺灣師範大學
工業職業技術教育	陳昭雄	著	國立臺灣師範大學
技術職業教育教學法	陳昭雄	著	國立臺灣師範大學
技術職業教育辭典	楊朝祥	編著	教育部
技術職業教育理論與實務	楊朝祥	著	教育部
工業安全衛生	羅文基	著	高雄市教育局
人力發展理論與實施	彭台臨	著	國立臺灣師範大學
職業教育師資培育	周談輝	著	國立臺灣師範大學
家庭教育	張振宇	著	淡江大學
教育與人生	李建興	著	國立臺灣師範大學
教育即奉獻	劉真	著	總統府資政
人文教育十二講	陳立夫	等著	國策顧問
當代教育思潮	徐南號	著	國立臺灣大學
心理與教育統計學	余民寧	著	國立政治大學
教育理念與教育問題	李錫津	著	臺北市教育局
比較國民教育	雷國鼎	著	國立臺灣師範大學

中等教育　　　　　　　　　　　　　司　　琦　著　　前政治大學
中國教育史　　　　　　　　　　　　胡　美琦　著　　文化大學
中國現代教育史　　　　　　　　　　鄭世興　著　　臺灣師大
中國大學教育發展史　　　　　　　　伍振驚　著　　臺灣師大
中國職業教育發展史　　　　　　　　周談輝　著　　臺灣師大
社會教育新論　　　　　　　　　　　李建興　著　　臺灣師大
中國社會教育發展史　　　　　　　　李建興　著　　臺灣師大
中國國民教育發展史　　　　　　　　司　琦　著　　前政治大學
中國體育發展史　　　　　　　　　　吳文忠　著　　臺灣師大
中小學人文及社會學科教育目標研究總報告
　　　　　教育部人文及社會學科教育指導委員會　主編
中小學人文學科教育目標研究報告
　　　　　教育部人文及社會學科教育指導委員會　主編
中小學社會學科教育目標研究報告
　　　　　教育部人文及社會學科教育指導委員會　主編
教育專題研究　第一輯
　　　　　教育部人文及社會學科教育指導委員會　主編
教育專題研究　第二輯
　　　　　教育部人文及社會學科教育指導委員會　主編
教育專題研究　第三輯
　　　　　教育部人文及社會學科教育指導委員會　主編
選文研究──中小學國語文選文之評價與定位問題
　　　　　教育部人文及社會學科教育指導委員會　主編
英國小學社會科課程之分析　　　　張玉成　著　　教育部人指會
　　　　　教育部人文及社會學科教育指導委員會　主編
如何寫學術論文　　　　　　　　　宋楚瑜　著　　省政府
論文寫作研究　　　段家鋒、孫正豐、張世賢主編　政治大學
美育與文化　　　　　　　　　　　黃昆輝主編　　總統府
　　　　　　　　　　　　　　　　陳奎憙　著　　臺灣師大院
師生關係與班級經營　　　　　　　王淑俐　著　　臺北師範學大
　　　　　　　　　　　　　　　　單文經　著　　臺灣師大
　　　　　　　　　　　　　　　　黃德祥　著　　彰化師大
輔導原理與實務　　　　　　　　　劉焜輝等編著　文化大學

教育叢書書目

西洋教育思想史　　　　　　　　林玉体　　　臺灣師大　　已出版
西洋教育史　　　　　　　　　　林玉体　　　臺灣師大　　撰稿中
教育社會學　　　　　　　　　　宋明順　　　臺灣師大　　撰稿中
課程發展　　　　　　　　　　　梁恒正　　　臺灣師大　　撰稿中
教育哲學　　　　　　　　　　　楊深坑　　　臺灣師大　　撰稿中
電腦補助教學　　　　　　　　　邱貴發　　　臺灣師大　　撰稿中
教材教法　　　　　　　　　　　張新仁　　　高雄師大　　撰稿中
教育評鑑　　　　　　　　　　　秦夢群　　　政治大學　　撰稿中
高等教育　　　　　　　　　　　陳舜芬　　　臺灣大學　　撰稿中

中國現代史叢書書目（張玉法主編）

中國托派史　　　　　　　　　　唐寶林　著　　中國社科院　　已出版
學潮與戰後中國政治(1945～1949)　廖風德　著　　　政治大學　　已出版
商會與中國早期現代化　　　　　虞和平　著　　中國社科院　　已出版
歷史地理學與現代中國史學　　　彭明輝　著　　　政治大學　　已出版
西安事變新探　　　　　　　　　楊奎松　著　　中國社科院　　已出版
　── 張學良與中共關係之研究
抗戰史論　　　　　　　　　　　蔣永敬　著　　　政治大學　　已出版
漢語與中國新文化啟蒙　　　　　周光慶　著　　　華中師大　　已出版
　　　　　　　　　　　　　　　劉　瑋
美國與中國政治(1917～1928)　　吳翎君　著　　中央研究院　　已出版
　── 以南北分裂政局為中心的探討
抗戰初期的遠東國際關係　　　　王建朗　著　　中國社科院　　已出版
從接收到淪陷　　　　　　　　　林桶法　著　　　輔仁大學　　已出版
　── 戰後平津地區接收工作之檢討
中共與莫斯科的關係(1920～1960)　楊奎松　著　　中國社科院　　已出版
近代中國銀行與企業的關係　　　李一翔　著　　上海社科院　　已出版
(1897～1945)
蔣介石與希特勒　　　　　　　　馬振犢　著　　中國第二歷史　排印中
　　　　　　　　　　　　　　　戚如高　　　檔案館
　── 民國時期的中德關係
北京政府與國際聯盟　　　　　　唐啟華　著　　　中興大學　　排印中